村野藤吾著作集

全一巻

鹿島出版会

提供：MURANO design

早稲田大学建築科卒業設計：マシーンショップ

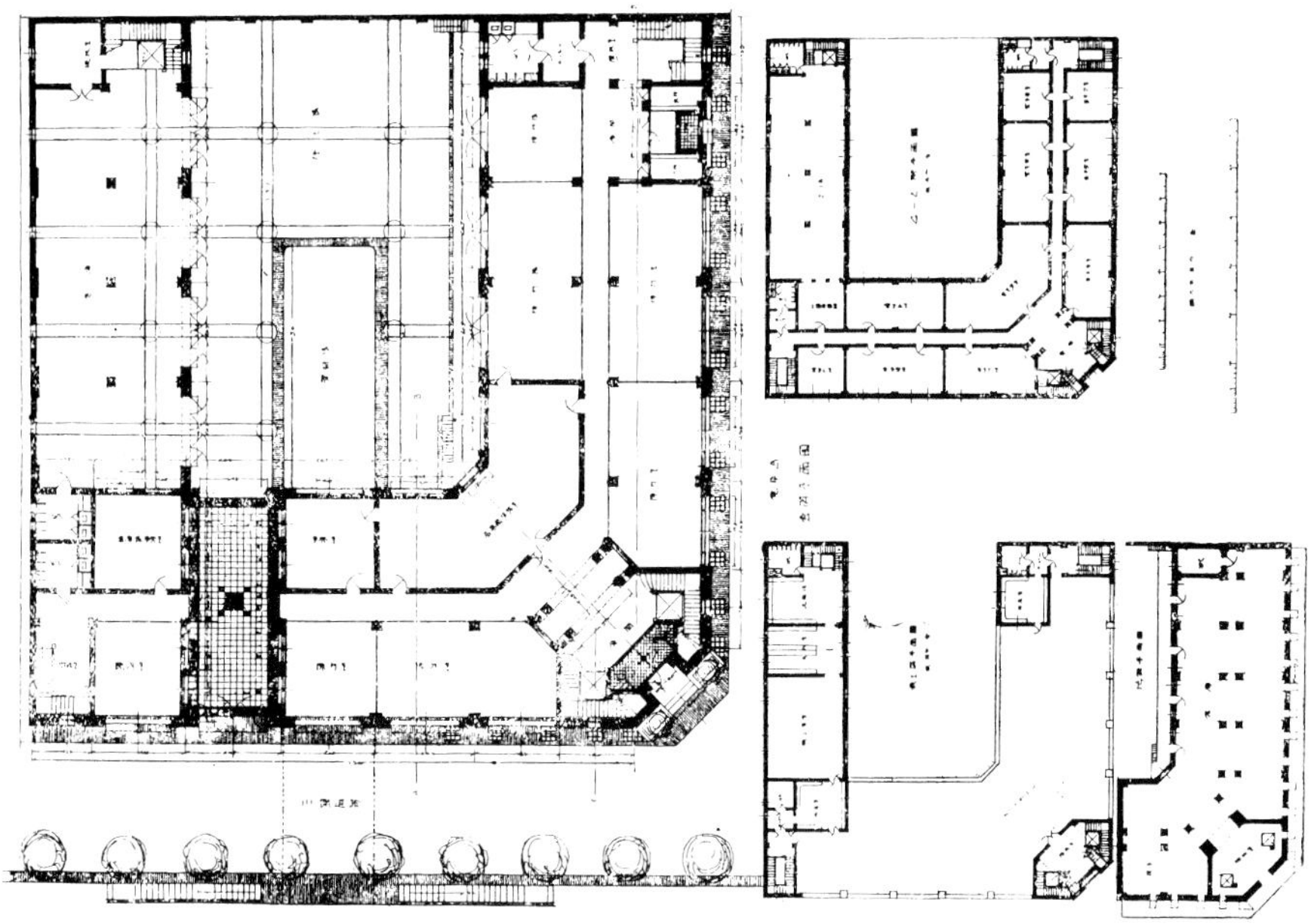

マシーンショップ平面図

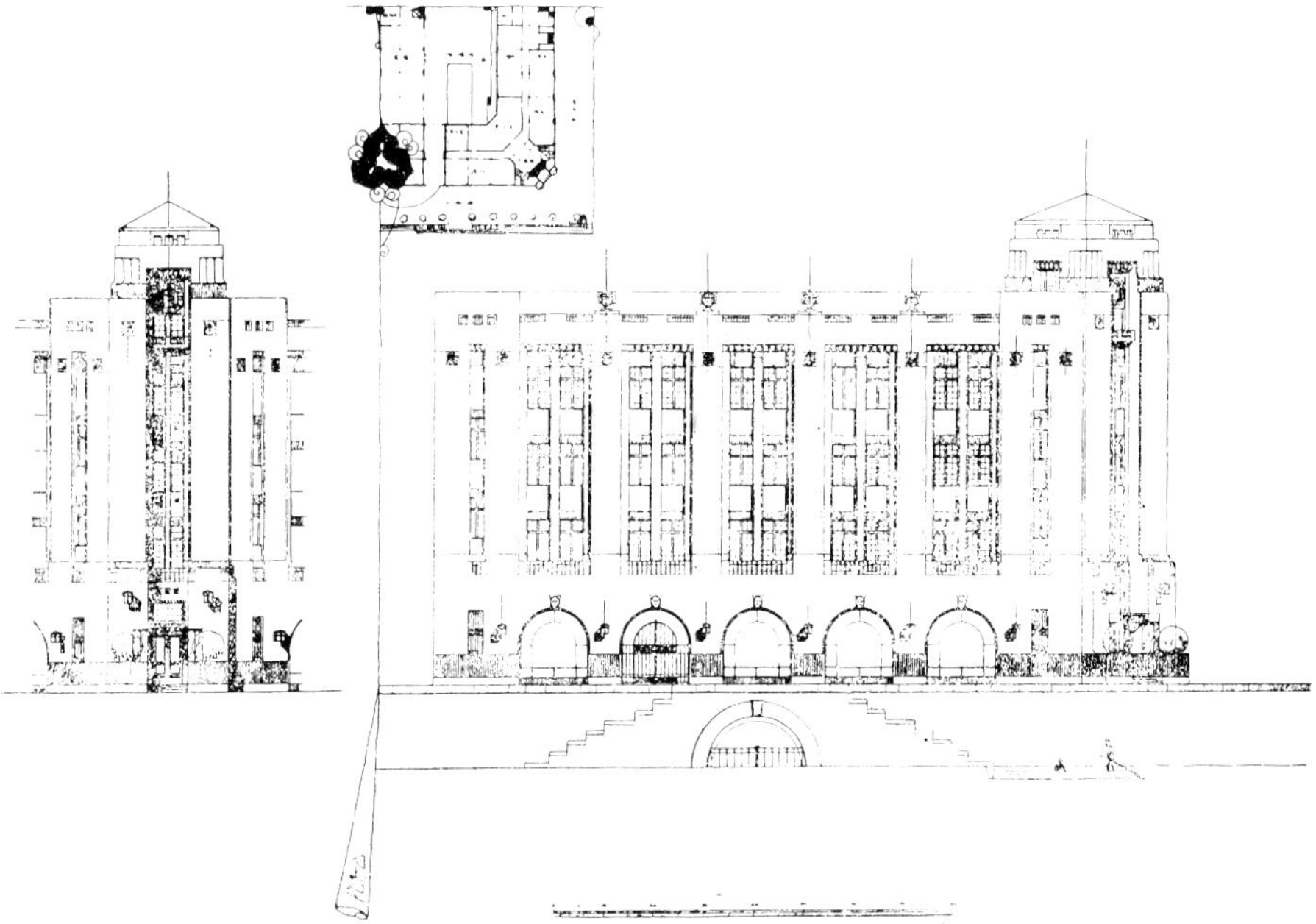

マシーンショップ立面図

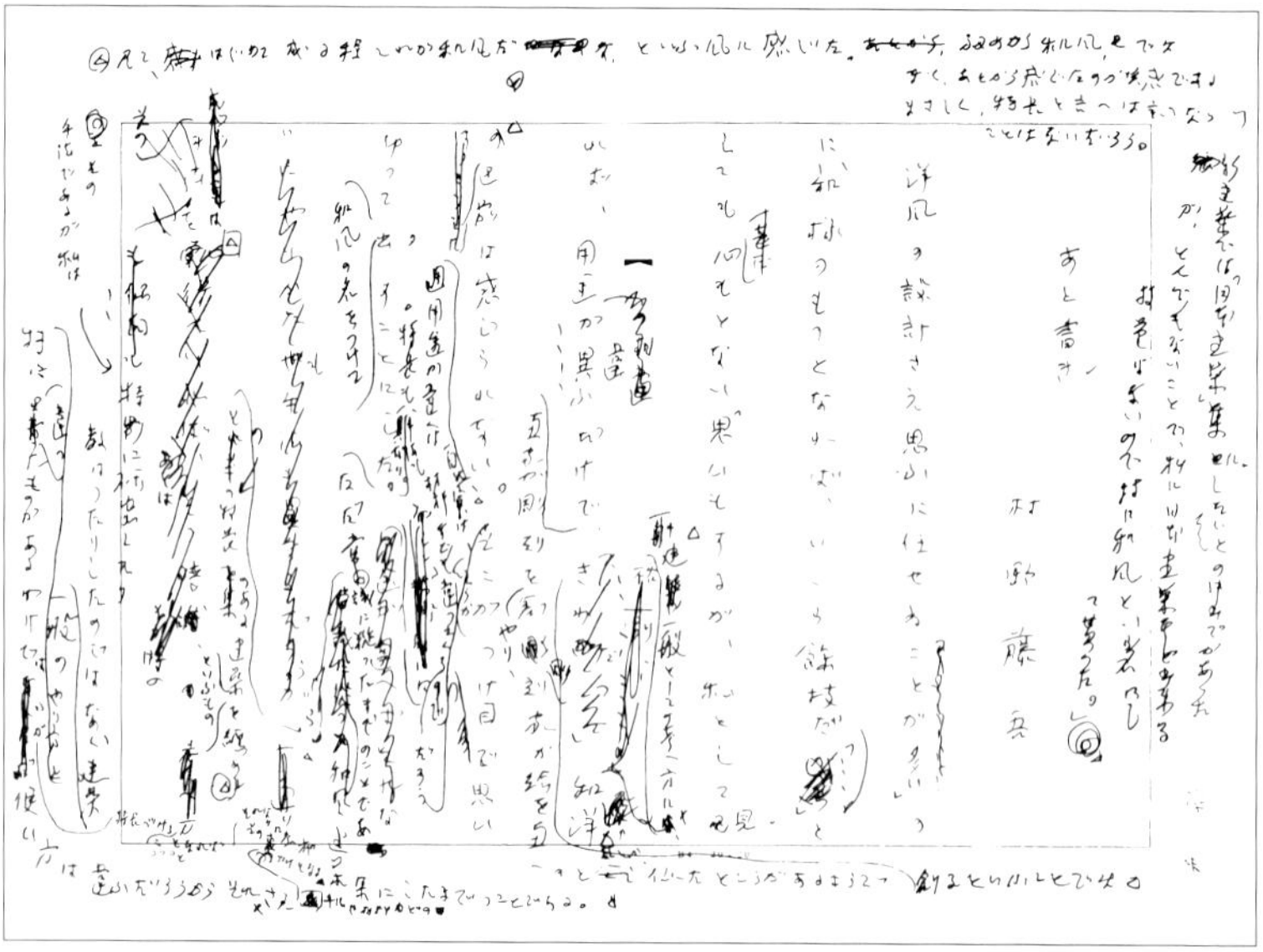

草稿「あと書き」（本書では「和風建築について」）

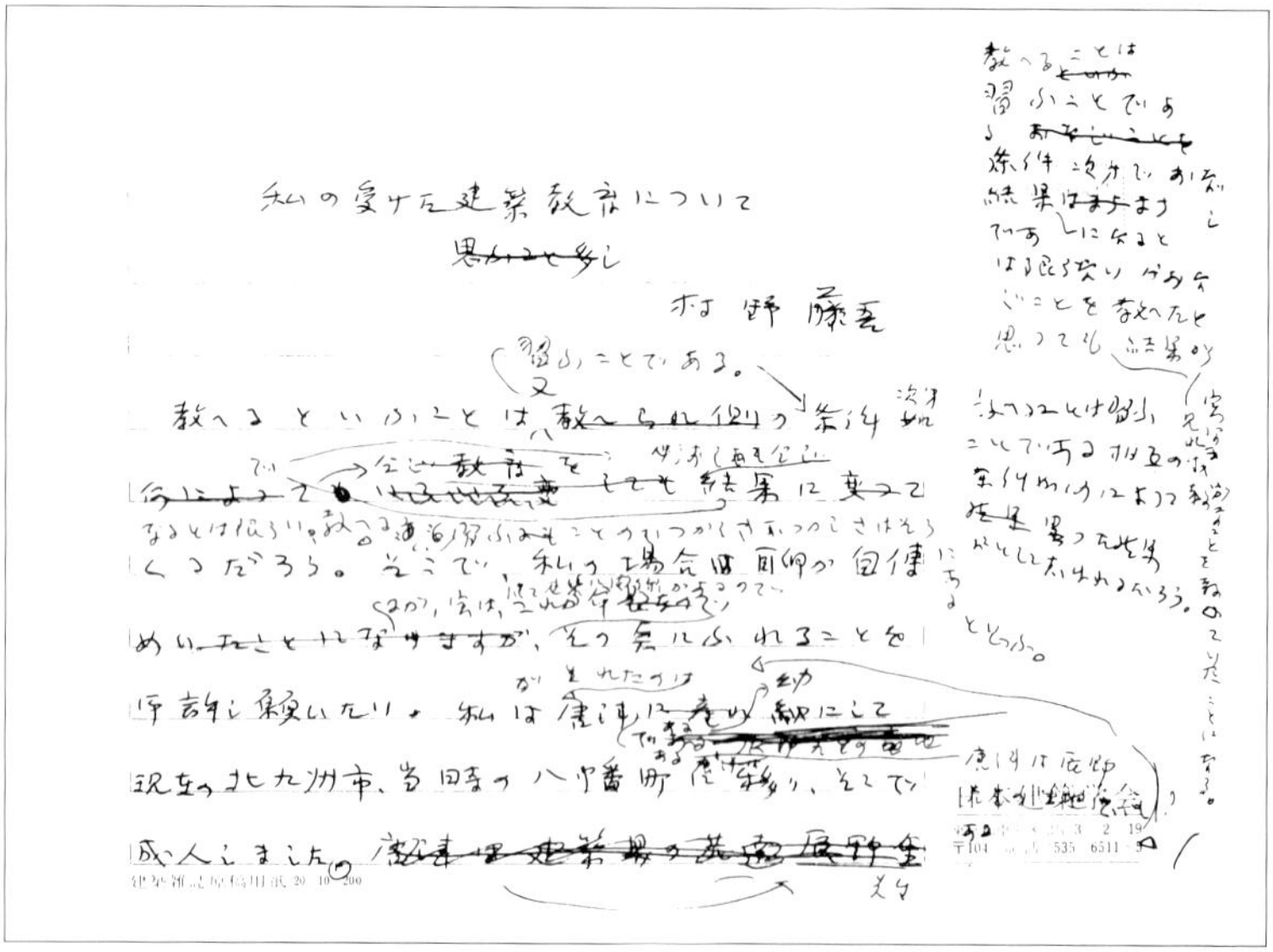

草稿「私の受けた建築教育について」（本書では「教えることは習うこと」）

村野藤吾著作集　目次

第一章　建築を語る(1)……7
様式の上にあれ――8
無目的なる現代建築様式の煩悶とその解釈――32
俺の作物よ!!――35
米国における貸金庫見聞記――37
いわゆる大谷石の庇に対する私の見方と帝国ホテルの感じ――73
建築の経済的環境――81
現代文化住宅の煩悶――92
「グラス」に語る――105
ウールウォースの凋落前後――111
建築一言／商業的一面――119
建築の経済問題――123
動きつつ見る――134
フリッツ・ヘーゲル氏の近作――157
商業価値の限界――159

チェルニホフの翻訳出版について――163
建築左右展望――166
防火か避難か――白木屋の大火に思う――170
日本における折衷主義建築の功禍――173
木とファンタジー――181

第二章　建築を語る(2)……185

建築の場合――186
審査――207
ノイトラ的・ライト的――209
欧米建築の変遷――214
ソビエト建築を語る――232
建築美を探る八章――241
色雑観――256
しのびよるロマンティシズム――258
都市雑観――262
人とふれあう建築――273
編集者への返事――282
数寄屋造り――286

ディテールについて――298
建築をつくること――301
タリアセンの印象――F・L・ライトの工房を訪ねて――304
建築と装飾――307
私の感銘をうけた本――317
建築教育考――319
社会的芸術としての建築をつくるために――327
自然との調和が大切――336
豊多摩監獄――342

第三章　作品を語る……345

設計について――346
志摩観光ホテル 創建の頃、前後――352
百貨店・丸栄――受賞雑感――355
聖堂の建築――受賞雑感――357
大阪新歌舞伎座――361
日生を語る――363
日本生命日比谷ビル――地的環境と表現――378
光と肌理――千代田生命本社ビルの設計について――381

宝塚カトリック教会――384
西宮トラピスチヌ修道院――387
湖畔の四季――箱根樹木園記――389
迎賓館の改修に思う――390
建築的遺産の継承――395
迎賓館赤坂離宮の改装について――415
迎賓館の職人たち――418
松寿荘の建築について――423

第四章　人を語る……427

追憶二つ――佐藤功一先生――428
安井先生――430
創設期の建築科教室と佐藤武夫博士――434
佐藤武夫博士――437
「友」――朝倉文夫先生――440
最後の椅子――中橋武一さん――442
渡辺節先生の死――445
渡辺事務所における修業時代――448
追憶――内藤先生――453

内藤先生の思い出──456
機智と克明の今和次郎学──458
坂倉準三先生──459
岸田先生──460
優れた話術、伊藤先生を懐う──462
〝なつめ〟吉岡氏を語る──464
吉田流──466
吉田五十八氏の作品作風──468
吉田流私見──吉田五十八先生の一周忌を迎えて──472
温故知新──吉田五十八作品集に寄せて──478
人と人との結びつき──小山敬三先生──480
大沢一郎先生の講義──482
線に詩趣あり──谷口吉郎作品集に寄せて──484
谷口先生──492
今里さんの建築について思う──494

第五章　自己を語る……499

卒業当時のこと──500
建築家の人間形成──502

想いだすことども――507
設計態度――511
建築家十話――533
わたくしの建築観――552
建築いまむかし――569
黄菊白菊――586
受賞有感――588
大阪の建築界のこと――590
建築家への道――610
仕事と年齢――634
教えることは習うこと――649
和風建築について――653
わが建築青春記――662
解説　一九二〇年代と村野藤吾の言動……藤森照信　665
解題……神子久忠　678
資料編　都市建築論……*1*

第一章　建築を語る（1）

様式の上にあれ

一、序　論

様式の上にあれ！

様式に関する一切の因襲から超然たれ！

われらは様式の上にただ感省の能力しかもたないものである。だから、すでに過ぎ去った様式でもまた現代の様式でも、様式という様式の、一切の既定事実の模写や、再現や、復活などという、とらわれたる行為をよせ！

それはまったく無意義である。無益である。否《いな》、罪悪である。それよりも自分みずからの思惟の発達と、観念のモーラリゼーションにみずからの自由意思によれ！　というのが私の結論である。私のマトウである。

この結論ははたして正当なりや。この結論の真相は何であるかを窮尋するために、私は以上の順序に従ってこれを研究してみよう。私はこの意味をもっと私の本当の心の言葉で翻訳してみようか。元来私は「様式」というものを定義することについては、不必要とするものである、否、無意義とするものではあるがただ私の推論上便宜のために、私は様式に関する過去の連想や概念をまとめて次のごとく定義する。だが、これを将来にまで特定しうるかどうかは、私自身にも不可解である。

『様式とは構造と装飾とのある特有なオルガニゼーションである』

われらは「何々様式」という已定条件を認める以前に、われらは、われらの建築的意匠を構成すべき一切の環境に忠実であり条件の「オルガニゼーション」にわれらの修養によって得たる理想（あるいは観念）をもってこれを「オルガナイズ」しようとするものである。

極端ないい方かしらないが、実をいえば様式というものが何であろうと、それは私の関するところではない。そんなことは型態学や分類学者たちの閑仕事にすぎない。

オーダーの高さが直径のいく倍あろうと、ペヂメントの角度がいく度あろうと、サイマレクタの格好がどんなふうであろうと、それは私にとってたいした価値のあるものとはならない。この頃のように鉄やコンクリートで機械的に、もっと痛切にいえば生産的に、どしどしつくっていこうとする状態では、そんな面倒な——しかし、一部の古典的な貴族的な官僚学者たちにはそれは一種の物識りとするかもしれない貴重なものであろうが——事柄を忘れまいとするためには、よほど細心な注意と努力とを要するのである。かくて、私たちの心の底から芽生えようとするもっとも自然的な、本質的な美的覚醒は、それが、成長の間もなく枯れていく。

　われらが価値とし、そして、われらの思索が現実と一致されなかったときに起こる苦痛の高価な反語は、いかにしてか真実に人間を養い、いかにして人間により高い香を彼らの感情のうちに見出すことを得るか、またいかにして全人類をより聖なる、より純一なる高い境地へ歩ましむるかという、私の建築家としての義務をはたすことである。つまり私は、義すなわち権を知り、これを知ることによって終始し、私の修養によって得たる、構造と、装飾と、そうしてこれを統一するある理想をもって、私の建築行為の最初の出発点としようとするものである。

　私の意匠するものにどんなものができるかわからない。それがクラシックにいこうと、それがゴシックに帰ろうと、それがまたルネサンスに合体しようと、ないしは米国式であろうと、独逸式であろうと、それは見る人々の権利と、独断とに任せる。

　ただ私は、羅列せられたる一切の建築条件を忠実に体得する、だがこれをどうオルガナイズするかは私の権利である。教育と道徳とが私の本性を、私の霊魂をめざさしてくれるときに自覚する私の義務である。

二、様式再現は愚策のみ

不思議なことには今頃何々様式のプロポーションはいかほどだから、いかほどにしなければ駄目だ！だの、ここをこうすれば何式になるから、そこをもう少し変えたらどうだ！だのという人がまだ、わが国建築界にかなり勢力をもっている人々の間にあるから驚く。なんという愚な忠告であろう。なんという僭越な婆心であろう。もちろん私はこの忠告を感謝する、それは私の美的感情移入の一つの参考にすぎないものとして。

一体われらは現在一九一九年に生存しているものである。しかるにわれらは今日すでに過ぎ去ったたとえば十八世紀だの、七世紀だのという、過去の様式を真実に再現することができようか？

これが様式再現にさいして起こる第一の疑問である。かつて伊藤清造君の様式論中にのべられたごとく、われらの全感情を過去に没入しない限り、人間の能力ではとうていできないものと信ずるのであるが、このことはたんなる推論や、考察だけによってのみ断ずることはできない。深く人性の神霊的生物学的に討究する必要がある。かかる広汎な問題にたいしてもちろん私の貧弱な能力のよく解決するところでないが、これを生物進化の現象について考察してみる。進化とは要するに、時却と、遺伝と、環境とによる生物界の変化現象である。これが人類界においては、一度進化したる人類は永遠に野蛮未開の状に逆行することができないことを意味するものである。人類は時の進転とともに、その肉体および精神の変化を意味する。したがって人類の一切の所有は漸化しつつなお歴史上の痕跡を標しつつエネルギー不滅の無限大円を歩むのである。

またこれを人類学的考証に依頼するに人間の頭蓋骨は、時とともに変化し、したがって、脳神経組織や知的能力に影響を及ぼすことを立証しているのである。厳密にいえば、人間は時が dt より dt' に移っても、それは明らかに能力の変化を意味する。つまり人間の能力は時の Funecon である。こういうふうな考えから、私は疑いもなく同一ならざる人間の性情は同一なる様式を現出することの不可能なることを裏書するものであると信ずるものである。なんとなれば、歴史や対照の研究は知情の作用にうったえなければならないからである。

また様式再現に関する研究者の側より観察して研究者の個性は必ずその研究に影響を及ぼすものである。ひとり研究者の個性ばかりでなく、その時代と時代思潮とも研究に影響を及ぼすことはとうていまぬかれないことであるから、その時代を離れて他の時代に発生した様式を再現しようとしても、人間の個性を全然没却することができない限り、史的研究の立場より見るも不可能のことに属する。要するに、時代を異にしては、人間の認識の対象内容が同一対象にたいして一致しえないことは、様式再現論者にたいし、かれらの計画の無意義と不必要を語って余り有りというべきではあるまいか。

十八世紀における優秀なる英国の建築家たちはこの問題にたいするもっとも適切なる失敗の経験を教えている。当時、かれらはあらゆる史的考証と、一切の細密なる施工とをもって忠実にゴシック建築の再現を企てたのであった。しかるにこの人間として成しうる限りの企画も、ついに真のゴシック建築を得ることができなかったといっているのは、もっとも興味あることである。もしそれ様式再現ということが、異世の、ないしは異邦様式の時代的「モデフィケーション」であるなれば、そは再現にあらずして一種の模倣というべきである。われらはかかる不徹底なる妥協に芸術の名を冠することを恥辱だと思う。そしてわれらはかかる過去の特権にたいしして、われらのドグマを加えることの僭越を思うものである。

線と色との特異な交錯のもたらすいみじき旋律のうちに沈面して、そこに、時代の所有する特有な一切の世相を追想するときに、われらはかかる愚策に最後の望みを断つまでもなく、十八世紀の終わりにおいて、もっとも精密に、かつもっとも熱心に、その不可能なることを立証されているのである。

しかり、紫空に輝く雅典《アテネ》の宮は、三千年の昔、アクロポリスの丘上に建てられてこそ、真の「クラシック」でありえた。北欧の暗雲を衝いて高く光る寺院の尖塔を望んで、うちつどう善男善女に天国を教え、一切の権力より脱して市民の特権を教えたる早鐘の響き、それはすべて、昔のゴシック建築のみがうける誉れであった。時は移り人また去り、民族は滅び国境はかわり、世界はいく度となく栄枯盛衰の夢をたどりて、いまは昔の影だに留めず。この時にあたり様式の再現、それはとうてい不可能なる計画である、空虚である、無意義である、憐れむべき執着の眩影である。驚くべき寛容なる建築家らよ。

諸卿は大英博物館内のフラグメントを組み合わせて、プロポーションの正しいパースペクチーブを見ようとして、卿らの尊い手をもってすることをやめよ、それで真のクラシックは流れてこない。それで真のゴシックも現われてこない。芸術的更進にたいする「ジスカレッジ」は、こうした愚かなる間隙から侵入するのだ。

私はこの意味をもっと拡張する。そして僭越なる未来派の様式論者に向かって、われらが過去の様式再現論者に適用したる一切の言葉をそのまま提供して、その噪急なるをわらう。

私は厳格なるプレゼンチストである。現在に生の享楽を実感する現在主義者われらに、過去と未来の建築様式を与えんとすることは不必要である、むしろ罪悪である。

驚くべく無頓着なる美的夢遊病者らよ、卿らは実に幸福である、しかし憫《びん》然である、卿士は真に寛大である、しかし罪人である。

ああ一切の費用と労力とを計算の外に奴隷を苦使し、定規と鉄鎖の苦痛から生まれた、クラシックのモールヂングやアカンサスや……の強烈なる陰影のうちから、われらは、今日何を感ずるか、沈痛と、号泣と、哀訴と、そして、もっとも恐ろしき悲哀とを痛感するほかに、クラシック芸術のもたらすなんらの恵与をも受けようとしないのである。

経済問題や労働問題にわれらのもっとも純なる精神の一部をデポートせんとする現代に、こうしたモールヂングや、アカンサスを、いまもなお強制せんとするのは、なんという恐ろしいアイロニーであろうか。

私は将来という言葉がはなはだしく独断的限定的であると思う者である。しかしもし、われらの努力と修養とをもって、追求し、憧仰してやまない理想が将来を意味するなれば、それは私にとりて幸福である。われらの事業を遂行する唯一のモチーブである。私はこうした理想を考えない現在論者でないことを悦ぶ。

およそわれらにとりてもっとも必要なるものは、すべて完全なる今日である。これによりてわれらは生の満足を実感し、理想への躍進を生命づけられるのである。過去はすべて骨董であり、将来はすべて眩影にすぎない。ともに私にとりて、そは、感情の浪費であり、空虚なる必要にすぎない。

三、科学の進歩と美的観念の時代錯誤

換言すれば様式は時代思潮と地方的民族的精神の経緯である。反映である。

必要はついに構造の進歩を促した。これを動かしたるものはいうまでもなく科学の進歩とこれにともなう社会組織の変化、社会状態の進歩とこれにともなう科学の発達である。しこうしてこれはすべて人類の自由な本能の発現であったのである。

サイエンスの発達と、社会状態の進化とはともにともに建築の内容を動かし、内容の動揺は様式を動かし、様式の

動揺は構造と美的意義の変化を意味するようになったのである。

私はいまこの意味を拡充する。

ある時代の建築的要素は、その時代の手法か構造か装飾によることをもって、もっとも幸福にしてかつ正当なることであると思う。たとえばアカンサスや、グロテスクや、雲肘木や……などはギリシャや、ゴシックや、飛鳥や……の時代においてはもっとも正しいそしてもっとも自然的のものであった。しかるに、われらはいまもなおこれを美として感ずるであろうか？ 否、感ずることは正当であろうか？

過去において美であったものも、現在では必ずしも美でないものがありはしないか。また過去において必要であったものも、現在では必ずしも必要でないものがありはしないだろうか。こはわれらにとって大いに考うべき問題であると思う。

過去において面倒な構造も、今日ではきわめて簡単にできるようになったものがある、過去において超経済的であったものも、今日では経済的でなくてはならぬものとなったのである。たとえば、雲肘木や蟇股や原色であくどく塗った遺物など私にはありがたすぎて決して美意識の動かないものである。また大黒柱に一尺角の欅《ケヤキ》を用いようとして莫大なる金を費やそうとすることよりも、鉄筋コンクリートの柱に欅ベニアでも張れば、五寸角でできるうえに経済的じゃないかといおうとする態度に賛成するものである。

だが、私は雲肘木や蟇股や極彩色や一尺角の欅柱を必ずしも必要とは思わない。しかしそれは私にとりて史的考察のうえにまた美的追想のうえに、己が心の琴線を奏でる天使の音楽を聴き、太しき柱のまわりに団欒する家族制度の根義にまでも私の心を引きのばさんとする。だが、切実なる必要と、そして、私の思惟とは協力し、社会的要求として、そこに本然なる道徳的観念を構成しながら、私の既定の希望は私の先入と空想を裏切って、雲肘木を鉄のブラケットに極彩色を「ペンキ」や「ワニス」に、一尺角の大黒柱を五寸角の鉄筋コンクリートに代え、オーダーや、アーチに表わされたヘレニズムや、ヘブライの思想を、鉄やコンクリートで表わさんとするうちにより合理的なる美を感ぜんとするものである。私はこうした態度のうちに、より高き道徳性の香を感受し、より本質的なる美的感情を移入するものである。

　もしだれかが鉄のブラケットは雲肘木よりも美でなく、ペンキは極彩色よりも美でなく、五寸角の鉄筋にコンクリート柱は一尺角の欅柱に比してプロポーションが悪いといえば、私はその人にいってやりたい。

　君は千年前に生まれた方が幸福だ！と。

　道幅の狭い都会の真ん中に、町を空中に延ばして人は年中空中生活をしなければならないようなスカイスクレーパーを建てて、それが狭くなれば、その上にどんどん積み重ねていくような今日に、プロポーションがどうの、ギリシャのオーダーのプロポーションがこうの、ゴシックのどこはどうの、といってるのは実にばかげきったことである。数十尺余も上にある蛇腹のモールヂングがどうあろうと、パラペットのプロポーションが少々ぐらいどうあろうと、そんなものは少し離れて見りゃ、ろくすっぽ見えやしない。しいて見ようと思って建物から離れでもすると、建物全体が他の建物のために隠れてしまうような今日の状態に、クラシックや、ルネサンスの考えで小言や批評をするならば私はその人にいってやりたい。

　君はまず世界経済を自足経済に、いまの文化をイモ虫の状態に返すがいい！と。

　私たちの様式はこうした遺物の先入主にありて時代を誤判し、時代様式を建設せんとしてパラドックスとジレンマに陥らしめる。

　事実、サイエンスの進歩と、時代の転化とは私たちの過去の研究によって獲る一切の美意識を根底から改革しなければならないことを要求する。

　もしわれらが、時代の真相に忠実であることが建築行為の上にもっとも道徳的であるなれば、私たちは型や色などの枝葉の問題よりも、もっと科学や、材料や、これに関連する構造や、意匠上の理論などの根本問題の研究によって得たる形か色彩などの美的観念を構成する方が、より本質的でかつよりフレキシブルなものであると思うのである。建築家は一面において科学者でなければならないという私の主張はこれがためである。とにかくこういうふうに本質的に考えてくれれば今日われわれが有している色彩や彫刻やプロポーション観念をよほど改革しなければならないことはもちろんである。

　私にとりて真実なる美は道徳である。ある不注意なる建築家は一種のとらわれたる概念より出発して線と影との交錯を得んがため石の上に巧妙なる意匠をする、かくて得たる建築家の賞讃は一方において石工の平均生存年限を著しく短縮するのである。なんという冷酷な建築家の道楽であろう。

鞭と定規をもって鉄鎖の奴隷を叱咤し、そして完成された石の溝をわれらはもっとも憧仰すべき、モールヂングと呼んで、これをクラシック建築のうちに眺めて典雅と優麗との讃辞を呈する。なんという惨酷なる賞讃であろう。なんというみじめなアイロニーであろう。

われらは何を苦しんで二千年後の今日尊い人間の生命を縮めてまでも石の凹凸をかくも要求することが必要であろうか？　しかしある人々の群はいう、そうしなければ貧弱だ！と。

だが貧弱とは一体何を意味するかをその人たちは知るまい。同時に彼らはリッチな装飾をなんと心得べきかをも知らないであろう。

われらはこうした「パラドキシカルビュウティー」を現代建築のいたるところに認めなければならないことは真に私たちにとりて大いなる不満ではないか。

われらが画くただ一本の線のうちにも深い人生の要求と、神への奉仕と、感謝と、そして人類愛のおさえがたき涙の一滴を含んでいることを彼らは知るまい。

私には深く刻まれたる石の彫刻よりも一度に「キャスト」された「プレーン」なコンクリート壁の方がどんなにありがたいことであろう。

あえていう、私は道徳に一致しない一切の美を排斥する。われらは一個人として平等なる資格を相互に尊重しなければならないことが正当である以上、一切の思索と行為とに先だちて道徳的に覚醒しなければならない。

かくのごとくにして改革されたる観念が、やがて時代の真正なる要求として、われらが完全なる今日の一部分だけでも全人類の上に光被するのはその幸福増進の運動に参加する尊い使命を遂行するゆえんだと信ずるからである。

私はこれまで便宜上構造と装飾とを別にして論じたが、しかし、もと両者は、そが真なる意味においてともに内容を異にする美にほかならないことは今日美学上の定説である。すなわち構造に真なることといわゆるコンストラクチーブ・ツルースと、装飾に真なること、いわゆるオーナメンタル・ツルースとはそが道徳的に一致するという意味において共通相照すわれらが実用を主とするもまた美的憧仰全力を注がんも、ともにその絶対価値は同一でなければならない。われらがしいてこれを分離しようとするところに建築問題の破綻があり、争闘がある。われらがいずれの範囲に自己の性格を見出さんとするも、要するに、建築をしてその目的を満足させんがための意味において、真実に時代の真相に忠実であり、時代の文化に飛躍の要諦を残さんとする、尊ぶべき建築家の努力によって、相照の境地を見出すであろう。

　私たちは、時おり、装飾のベタクサついた構造物よりも鉄筋コンクリートそのままの倉庫や、黒く塗られた鉄骨工場に、美術建築の真の意味を感ずることがあるのはよくこの間の消息を暗示するものである。

　原始人が二個の石の上に一個の石を置いたストーンヘンジは、まさに人類が初めて知れる構造上の一大奇跡であった。そして、彼らはこのあまりにシンプルな、しかし、あまりに合理な壮厳のうえに、神美の桂冠を捧げて跪座した。かくも厳粛なる美的原始的自然生活より人類はしだいに都会に蝟《い》集するようになって以来、ついに現代においては、縦に通ずる暗いトンネルを昇降して、空中生活の奇観を呈しなければならなくなった。かくてスカイスクレーパーはくしくも現代建築様式の本流を代表する一大壮観として klorsaboad の螺塔に比するべく、ピラミッドの偉大にも劣るまじく見える。

　げにわれらは近代文明の産んだ偉大なる遊戯として、かくも壮観なる出来事を記すに人類歴史のいく頁かを割くに躊躇しないであろう。われらが美的先入を根こそぎにもぎとらんとする、かくも偉大なる遊戯をなんと書くであろう。

　「ストーンヘンジ」よりスカイスクレーパー。

　「マスタバ」よりスカイスクレーパー。

　天地根元の造りよりスカイスクレーパー。

　われらはいまこの相連続せる両端を対照する。

　たれかこの偉大なる皮肉の光景をいい表わすことができようか。たれかこの広大なる人類奮闘の跡をいいうることができようか。私はいまさらのごとく打ち驚く。驚きはやがて静かな心の池に投ぜられ感激の波紋を産みて、はてしもなく想像の波は拡がり行く。

　私は限りなき悲哀の心をもって、かくも盛んなる人類が生の進軍を見送る。そして私は耐えがたき暗い心をもって独語する。

　ああ可愛想に彼らもまた死地に向かって進んで行くの

か！

あまりに壮大なる現代建築の遊戯はまたあまりに惨酷であった。彼らが盛んなる建築文明の経営は、やがて死城を築くことに気付かなかった。多くの人々の、血や、肉や、骨を、下積みにしながら、ただ一人の資本家は微笑んでいる。冷酷なる科学者は計算に誤りなきことを誇っている。

しかし彼らの血液のうちにはただ一滴のセンチメントも交えない。もっともシンプルなしかしもっとも憐れな彼らは「サイエンス」と「ヒュウマニチー」とに無関心であるらしい。クリチカルサイエンスがもたらす「イデアリズム」の薬の一滴だにも飲まんとしたことはないだろう。現代建築のかかる壮観なる堕落はかかる無頓着なる資本家や真理を研究するという冷酷なる科学者たちの虚栄の賜である。

野に咲く一輪の花だにも如《し》かなかったのはソロモンの栄華ばかりか、われらが本当に人間らしい生活をするためには、かく偉大なる雲際城も寒村の茅屋だにも如《し》かないであろう。

私は時代の真相に忠実なれ、そしてそうすることがもっとも道徳的であり厳密なる現在主義者の立場はここにありと主張した。加うるに道徳と一致しない一切の美を排斥した私の心は、かかる時代の奇形にたいしてその存在と発生の理由を許さないであろう。だがこの建築的時代の寵児を呪うものはおそらくこの世の中で私一人かもしれない。しかし私は信ずる、もしかかる建築の主流が永久に世界の表面と空間とを占有するようになればその時こそ人類は金と真理のために虐げられて、歴史には、ただ虚栄と、野望と、争闘のみが残されるであろう。私の筆はかかる奇型の建築にたいしてすこぶる酷烈である。

そんなものは半分から折っちまえ！

ああマスタバよりスカイスクレーパー。

ストーンヘンジよりスカイスクレーパー。

天地根元の造りよりスカイスクレーパー。

私はこの大きな対象のうちに沈面して、ここにもまた相容ることのできない、宇宙の二元的対立を感ぜずにはいられない。さらに私は疑う、建築は、はたして進歩したるや、建築の進歩とは一体なにを意味するかを。

「一切の美は道徳と一致せざるべからず」

今日のところでは一種の謎である。われらはこの謎を背負い、いまや迷宮の前にたたずみて永遠の扉を叩かんとす。

この謎！　しかりこの謎こそ、はてしなき迷路の奥に秘められたる鍵のほか解くことはできない。この鍵の把握こそ、この鍵の究尽こそ、尊ぶべき若き建築家たちが肉を躍らし血を湧かして迷い歩く永久の綱であろう。

とまれ私は時代の推移と科学の発達による建築構造の進歩とはわれらの建築美に関する観念を根底より改革し、したがってわれらが創作せんとする芸術の世界は材料や構造やあるいは手法の発達によって動揺し、この動揺のうちにやがて純一なるある者を創造せんとする、その観念の根本となるところの道徳に覚醒しなければならないことを迂遠ながら書いたつもりである。

あえていうまでもなく、私は公平に見て、科学の発達がもたらす建築上における幾多の恵みを是認するに躊躇しない。構造が自由になったこと耐火耐震などの危害にたいして安全になったことなどはまさに近代建築界の驚異である。しかしかくのごとき建築界の異常なる発達は、人類がより聖なるより合理なるより本然なる生活欲求を助長し、並流し、誘導したのかといえば、われらは「必ずしもしからず」と、答えんとする者である。現代建築の基潮にたいする私の大なる疑問はここにある。

四、国風問題と批判能力

超様式にたいする私の議論は叙上の三項によって曲がりなりにもほぼその意を尽くされたと思う、しかし、それは、見様によっては純然たる現在主義者としての立脚地において、既成様式にたいする一種の否定的態度ともいわれないことはないゆえに私は私の所論をもっと徹底させるために、すなわち超様式論の根底をもっと鮮明するために、残されたる問題につきて研究する必要がある。なんとなればいうまでもなく超様式とは無様式でなくてわれらが有する道徳観念の統一する建築知識が人生の目的、人間の自然的な欲求にたいして判断し識別し、助長してもって、われらにとりて「不断に新しき様式の創造」にたいする研究にあるからである。以下の論文は、ある意味において超様式論の全肯定的解釈ともみられないこともない。

超様式論者の唯一の依拠は道徳的観念の豊富なることは再三高調したるとおりであるが、たんに道徳的観念というだけでは、あまりに抽象的な言葉である。ゆえに私はもっと具体的にこの問題の内容につきて研究する必要がある。

われらの道徳覚醒の前提には、必然的に、個人としての自覚に次いで、社会的覚醒、次いで国民としての自覚より世界人としての立場を考え、ここに初めてわれらは一個の人間としての総合的なしかもきわめて複雑な自己意識が生ずるものと信ずる。第一期においてわれらに関する一切の問題が展開され次いで社会的にこれを養い、次いで国人として思索し、最後に世界人として合体するところに道徳性の全充があるのである。ともすれば、われらは「アブノーマル」な「コスモポリタン」となり、ともすればわれらは極端なエゴイストとなって世界的にもまた社会的にもまったく盲目となり、個性完成の対象を失うことがある。

切論して、われらは、道徳性の発展には、どうしてもいずれの方向からか、以上の経験を踏まなければならない。こは単なる推論ではなくて、事実――民族生理とか民族心理などの動かすべからざる条件――に立脚するまったく「ナチュラル」な現象の具体化である。米国の某女流地理学者かの説によれば、自然に忠実なることはやがて文化生活の豊富と正康とをもたらし、文化の発展と同時に人類はますます自然の恩恵に浴しなければならないことが真実である限り（文明協会発行地的環境と人生を読む）による。

われらの論旨は聖なる実在の具象を目的とし、確固たる事実上に安住せんとすることにほかならない。

私は、かく順々に発展する道徳観念の経程はまた、建築様式の反面でなければならないと信ずるものである。以下論ずるところの様式問題は、「吾人は日本人なり」という意識に立脚して「ナショナルスタイル」に関する問題に触れんとする考えである。

概観してわが国の様式とおよび様式論は二様に分類することができよう、一つは国粋論者および準国粋論者と、他は世界論者および準世界論者である。私は仮に、前者を国家民族伝統主義者と見、後者を四海同胞人道主義者と呼ぼう。先年明治神宮懸賞に表われたる作品を前者の代表と見ることができる。この方は近来いくぶんその勢力を失ったような観はあるが、隠然たる伝統はいまなお建築界に底流している。次に、最近盛んに論ぜらるる構造論および青年建築家たちの間に現わるる一般的思潮およびその作品の一般的傾向は、後者に属するものとみることができる、しこうして国人としての意識を肯定する意味においては、双方異論なきがごときも、論ずるところ、窮するところはおのずから相反するはけだし当然の勢いである、概して前者は古き建築家に後者はいわゆる新しき建築家のうちに表わるる傾向である、とみて差支えない。

いかなる国家といえども外国文明の移入によって国民思想の一時大いに動揺することは事実であって、強き国民はこれを消化し、同化して、自得のものとするに反し、弱き国民はこれがために滅ぼされたることは、世界歴史の教うるところである。しこうしてこの間にありて、わが国民は今日まで幸いにも強き国民であることを示したのであった。たとえば仏教渡来およびそれ以後における国内の状況や、明治維新の世界文物移入およびそれ以後におけるがごとく、その初頭一時大いに動揺したる民心も、やがてわが民性はその強さに一歩を進めた以外に、一切の動揺は世界に雄飛するゆえんであった。この表面に現われたる事実をつかんで、ますます世界的に躍進せんとしているのが、世界主義者の声明で、この事実より一歩退いて、国家観念の捧持を主張して、民性を重視し趣味に憧憬して、この異状なる近代的発展のうちに要約しているのが伝統主義者とおよびその作品に見える思想である。先者はますます海外文明を移入せんとし、そのよっていうところは、「日本人の作為はとうてい日本人の外に出でざるゆえに、いかに海外様式を移入しても、そはやがて、日本人の作為の圏内を出でざるのみか、日本をしてますます躍進せしむるにほかならない」というのである。後者は、これに反して、海外文明の無制限なる移入はひいてわが国家の独立権に危険なしとせず、否、危険なりとするも、国家を異にして生まれたる様式である以上、これを直ちに取って用うるは不合理なる事なしとせず、ゆえに海外の進歩せる様式をつとめて彼らの見るところの現代日本固有の趣味と、民性を一致せしめんがために、つとめて国風に変容せんとして、そのよって立つところは伝統の勢力である。吾人は両者の説に尊敬すべき幾多の重大なる真理を教えらるるものである。

しかるに、ここに、両者の説に見ることのできないある重大なる問題がある。それはすなわち「批判能力」にたいする論者の無反省なる点である。

おもうに、現実的精神を注入せられ、覚醒せしめられなかった私たちの仲間の多くは、歴史、伝統、国家組織などの現実的、精神的、情意的、実的方面をみずして、いたずらに官能生活の放縦なる空想と、理知主義的空想の、空中楼閣的建設にふけっているのである。かくて、当然の傾向としてわが国建築家中の一部の人たちは当分安易なる建築界の状態を楽観している、享楽主義者となろうとしているのである。彼らはいわく日本民族の一員たるよりもなにがしたることにより多くの誇りを感ずる。いわく、日本人たるよりも人間たることにより多くの権利および義務を感ずるなどといっているのである。人間の思想もこうなれば、個人から民族、または、国家という現実的立脚地を飛び越えて、一躍人類へ飛翔しようとするのであって、その思想はまったく抽象論的空想であり現実への手続順序に無頓着な、極端なる理想主義的空論である。かの仏教文明によりて一時大いに動揺したるわが国思想界も、やがてこれを消化体得したる、また基督教の伝来によりて当時の国体擁護論者を裏切ってよく今日の文明を誘致したるがごとく見ゆは、彼ら建築的世界主義者のために万丈の声援をするものとして常に引用さるる実例なるが、深く彼らの思想の奥底に沈面して考うるときに、彼らは実に大いなる誤断に陥っていることを知るのである。なんとなれば、仏教文明渡来当時の世界思潮と、今日の状態とは、その文明および思想の内容、状況などに大いなる差異がある、ことに当時の日本と、現今におけるわが国の国際的地位および思想界の状況とは、まったく異なりたる事情のもとに置かれてある。なお基督教伝道に関してもまだ必ずしもわが国に適するものなりや否や、なお疑問のうちにあって直ちに取ってもって不都合なしと断ずるは噪急というべきではあるまいか、ことに一部基督教信者中においてさえも国教樹立を目下の急務なりと絶叫しているくらいである。しこうして、様式に関する理想派の人々の思想も、ちょうどこれと同様の誤断の上に築かれているのである。

これを要するに彼らは過去の事実を推してこれを将来にまで論及しようとすれども歴史家の教うるところによればわが国近代以前において移入されたる文明はある固定せる動揺少なき文明であった。しかるに、現戦乱の影響により、いまや、世界を挙げて一切の思想は混乱し、一切の文化は動揺しつつある世界的革命が現出せられつつあるではないか。かくのごとく動揺し混乱せる思想は現にわが国にも移入され一般思想界や社会制度など文化的レボリュウションのすでに逢着しているがごときは、決して、過去の経験を推して、これを将来にまで断定することを許されない事情があるものと信ずる、社会心理の不断の衝動は決して人間の性情を動かさずにはおかないのである（文明協会発行「都市の児童」高田保馬著『社会学的研究』）。かくのごとく人間性情の変遷に人類の現出しうる一切の文化の根本をなすに無頓着に論ぜらるる推論には一顧の価値なきものと思う。

思想の自由と交通の至便と、科学文明の「インターナショナライズ」と人道観念の高潮とは相互いに交錯してともに建築様式上世界的共通のタイプを生じつつあることは近代建築界の特長と見ゆるが、われらはこの点に深い注意を払わなければならない。

国民性の自然に適合する人道観念や思想や科学を探究することなしに主張せらるる人道主義や科学的普遍方則の探究に、研究者の素質や境遇が意義を有していることに無頓着なる科学思想の概念的認識の一形式に根底を有する、アブノーマルな思想を矯正するために深い考案を要すると思うものである。

ひるがえって国粋論者を見ればわれらはもちろん常に有意義なる幾多の説を与えらるるのであるが、概観して彼らの説は固陋である。思惟の自由と科学精神の発達にともなう近代文化の異状なる発展に没反省に思惟せらるるその憐れむべき過去への執着や、趣味性の偏狭が、石と煉瓦と鉄とコンクリートをもってことさらに唐破風や高欄や、軒の反りを作って、これ新日本の趣味性を具象したる新様式なりと称するがごとき作物の可否を論ずことの徒労は今日そのあとを絶たれたるごときけだし当然の趨勢というべきである。

おもうに初等教育の目的が人間霊智の覚醒、自我の開放にあるがごとく、海外文明の移入によりて教育せられ開発せられたる日本は、従来のごとく、永久に精神にもまた物質的にも欧米の生徒であってはならない。何人といえども海外文明を模し海外文明に追従することが必ずしも文明の進歩であると思惟するものはおそらくあるまい。わが建築界も海外様式を移入して以来すでに数十年を経、この間に失われたる犠牲や、この間に得たる経験は必ずしも少しとせず、しかるにいまさら建築界の混乱は依然として、様式の送迎は昨是今非の浮薄極まる盲動を継続している状態である。主義開放といい、また正義の開放といい、ないし様式の開放というも、それらはそれ自身が、他にたいして批判能力を有することに根帯をおくものであって、先に論じたるごとく、正義も人道も、ないし様式上の一切の問題もともに、民族生理や民族心理というがごときある不可避なる条件の認容によりて、全体としての世界を光被し、合流するところにその意義を有するもので、正義人道に憧仰するわれらは、当然にも民族自決にその根底を置くことに合理性を見出すものである。

いつまでも他を模倣し、他に追従するものに世界にたいして全体と融合すべき自我の主張もなければ、自己を他己の上に生かす、デザインの確信もあるまい。すなわち批判の必要であるとはこのゆえである。私は先に今日の文化現象が科学にその根拠を有することを主要なる要素とする以上、しこうしてわれらが科学の上に立脚して建築上の画策をなす以上、過去現在、未来における一切の決定せる建築様式に依拠する事のできない、否、その必要なきことをのべた。それは全様式の撥無ではなくて、ネグレクトである。かかる思想の当然の結果として、様式上の現象は無常であらねばならぬ、しかしそれは、現代日本における様式上の不断なる昨是今非の浮動ではなくて必要それ自身を科学と人道とをもって人生に即して整頓するところの常に新しき様式の創造である、それは一貫せる真理の随時なる「アダプテーション」であり、現実の全充であらねばならぬ。

とにかく私はいかなる海外建築様式といえどもそれを自国に移入することにつきて現象にたいする共鳴は別問題として、その根本において、その「インスチンクト」においてて一つの大なる疑念を挿むものである。しこうしてこはわれらの肉体細胞や、日本人の血統が遺伝法則や生活上の一切の条件を対外的結婚による混血や機能の改造をしない限り、この疑問を一掃することはできないのである。すなわち批判にたいする国人の思考はこの間当然起こらなければならない問題であって、いやしくも全世界が、全然国境を撤廃しない限り、しこうして、おのおの自身の文化を持することが正しい限り、自己保存にたいする人類の正当なる欲求であらねばならない。

しからば批判能力はいかにして養うべきか、それは自国文化の窮尽と、自国民性の洞察によらなければならない、しこうして広く日本様式を開展せしめて、これを世界に光被せしめなければならない、この意味において世界文化、いうところの世界各国の建築にたいする批判と、自国文化いうところの自国建築の開展とを志す民族主義、日本主義は、日本人としての現実的運命からもっとも自然の主張であらねばならぬ。それは鉄と、技術と、組織と、算数と、一切の科学とを有する国民がその意志を主張しうる現実的世界の必然的要求である。それは一切の科学批判に対す哲学を有するところの国民のみが思惟しうる権利ではないか。

ただしいうところの日本的建築がどんなものであるかは私にも不明であるが、それはおそらく今日以後発展する、経済と、交通と、科学と、芸術とにたいするわが建築家の正当なる研鑽と忠実なる究明と、しこうしてよってもって得べき批判能力の自由なる創作のみが決しうる問題であろう。

吾人は、より世界的なれという意味において世界主義者や、理想派の人々と共鳴し、より国民的なれという意味において国粋論者や、伝統派の人々と合体する。「ただしアブノーマル」な「コスモポリタニズム」と固陋なる「ナショナリズム」との二つの邪道に陥らないために、そして、われらの国家的観念と、世界的観念の上に、より健全なる拡充を与うることを得るのは、ひとり批判能力のみが有する特権である。

未曾有の講和会議において、わが人種案も、世界的正義の最高なる権威者によりて無視せられ文化の最高権威を誇る紳士国によりて一蹴された。かくて正義の仮面は女夜叉のごとく、われらの前に、なお恐ろしき暴戻が横たわっているのである。われらの行手に立ち塞がる一切の没義道なる障害は白人文明の仮面と、白人正義の自己擁護のみである。

他に隷属している民族には、科学も、芸術も、哲学も、発達すべき機会は与えられない。本国人の贅沢費をつくるために苦役せらるる領土的亡国民と、異邦人の侮蔑に答えることのできない文化的亡国民には、永久に科学的研究の余裕はないのである。

かかる一切の悲痛なる運命より脱出せんがために、しこうして個体存在の理由の奥に秘められたるものの窮尽によりて、自己が他己のうちに調和進展せんがためには、唯に建築問題といわず一切の自主的文化を有するよりほかはない、広く民衆のうちに文化を進展せしむるよりほかはない。ただ一人の天才よりも平易な民衆の覚醒を希望せずにはいられない、しこうしてこはすなわちいうところの批判能力を有する国民のみが有する光栄ではないか。

五、無目的なる現代建築様式の煩悶とその解釈

目的の上に真理を認める古い思想の裡に建築様式の本然が潜むか過程の上に真理を認める新しい思想に建築様式の如是相が存ずるか。すなわち建築様式は目的を有するものか有せぬものか、もし有するものとせば、これを倫理に約して、はたして如何の価値を有するものか、この疑問は往古より深海の底に横たわって、いまにいたるもなお解けざ

る不可解の謎である。

建築様式に目的がありとするの、目的なしとするに勝って真なるか、目的なしとするの、目的ありとするよりも真なるか、これを端的に決定することは不可能なることである。なんとなれば、様式が時代文化精神の複雑なる諸要素を背景としている限りにおいて、要するにそはその時代の傾向に従うより仕方がないからである。現代においてこの二種の傾向を有する人々が併存しておのおのその塁によると同じく、異世においてもまたこの傾向が相抗して、一張一弛一進一退していたのであった。時代の傾向がときとして過程の上に真理を認めんとするの多きこともあれば、またときとして目的の上に真理を認めんとするの多きこともある。人類の文化生活は目的が過程といえる一主調をもってこれを貫くことができると同じく、建築様式に関する一切の思想史はまたこの前提をもって分類総合することができる。

さらば、現代は目的に真理を認めんとするの時代か、過程に真理を認めんとするの時代かといえば大観してこれを後者なりと断言せざるをえない。もとより、現代といえども、これに反する思想は厳として存している、けれども十六、七世紀に「ガリレー」や「ベーコン」や「デカルト」に現われたる「ルネサンス」の精神が近世科学文明を起こして人類の文化現象の上に常に新しい事実を寄与して以来、この新しい事実から新しい思想を産みつつあるにおいては、現代の傾向は、明らかに目的よりも過程の上に真理を認めんとしつつあるを看取せざるをえない。新しい思想が先に生まれてしこうして後新しい事実が生ずるならば、過程よりも目的が力強い影響を建築現象の上に寄与するであろうが、それとまったく反対な順序をもって、新しい思想が生ずるとせば目的に真理を認めるよりもむしろ過程に真理を認めるのが自然ではあるまいか。たとえば吾人が近世初期における産業状態について学ぶがごとく、いまだ科学精神の勃興せざる時代においては一つの「ギルド」における弟子たちは年期奉公としてその間つまびらかに彼らが主人たちの手法を忠実に会得する以外に彼らがやがて来ん主人としての地位を恥ずかしめざる方策を知らなかった。この場合において、弟子たちに絶対に必要であったものは主人の思想であった。彼らが長い年期奉公中における惨たんたる苦心はいかにして主人の全思想の精神を会得するかということに費やされたといっても過言ではなかった。かくて承継したる彼らの思想は「トラディション」の領域を脱することができなかったのである。したがってかかる思想に育まれた新しい事実は彼らがある目的に接近せんとするより高き階級であったのである。しこうして、かかる時代における建築様式が戦争や巡礼や交貿などによる異邦人の芸術思想に触れる場合がない限り、とうてい一つの規範より超脱すること能わずして彼らの美的および構造的に、すなわち一般建築様式にたいする観念が常に前代文化の踏襲であって一つの順当な「トラディショナルステップ」を一段一段踏みしめていったことは当然の成り行きであったといわねばならない。いわゆる独創などということや建築的革命などということは近代科学が真にその価値と「アビリティー」とを顕わすにいたるまではとうてい望まれないことであったのである。ゆえに時代の仰望は天才の出現であった。時代は天才の出現によって驚異と改革とを呼び起こすにいたるまで一般民衆や一般建築家の脳裏には、深く伝統的執着心が強固な美意識を構成していたのはけだし当然の事実であるというべきである。この場合「時」と「力」とは建築が有機的に人生に即するためにはなくてはならない必須の条件であったのである。「クラシック」も、「ゴシック」もその他一切の決定せる過去の建築様式が一つの「スタイル」となるにいたるまでは天才たちによって覚醒させられた広大な民衆の力と長い時の助力と目的の上に真理を認めたい古い時代には必要であったのである。

しかるに建築が近代文化の潮流にさおさして以来、その構造および材料の進歩とともにわれらがすでに前節においてのべしごとく美的観念の上に一大改革を起こしたることは当然なる出来事といわなければならない。

真に近代人のいかなる芸術も科学の助けなければ完成することができない。したがって、吾人はいかなる芸術も思想も科学の助力によって自由に発表することができ哲学によってこれを批判することができるようになったのである。ゆえに吾人は、吾人の自由のためにはあえて必ずしも前代の手法や様式によることの必要が少なくなったことは、今日いわゆる「新しい」という言葉が建築の意匠に関して一般青年建築家の中にかなり強い根定を有する当然の傾向をうかがうことによるも明らかなる事実である。今日一般に学校教育において「メーソンリー」とか「カーペントリー」というごときその多くが半ば伝修による学課が軽視せられ計画とか計算というごとき基本学課が重要視せらることを連想するときに、われらは現代建築界の主潮を知るにかたくない。

しこうして、今日の文化意識が、将来においてもまた変化せざるものとせば、この傾向がなお将来に向かって進展する状態を考えるときに、今日一般に論ぜられているところの主義とか意義とかに関する議論のうちに大なる誤りを発見するものである。

今日における一般の様式論者は過去においてかくありしがゆえに将来もまたかくあるべしといい、彼らの議論はすべて過去の事実の上に根底を置いて将来を論じ、またはこれを推断せんとしているのである。しかるに吾人が再三論じたるごとく近代人の頭のうちに培われたる科学とともに発達せる自由精神のために吾人の直感は古来の殻を破って無限活動の範囲を拡めたのである。すなわち消極的に一定の規範に蠢々《しゅん》していた吾人の感覚や印象が積極的に活動することができるようになったのである。「クロイッチェ」のいわゆる「直覚の積極的加工」ができるようになったのである。かくて真理は過程のうちに存ずるようになったのである。

したがって吾人はかかる思想や研究方法をもってしては、とうてい真の解釈を得ることはできないのであって、つまり彼らは目的のうらに真理を求める古い時代の連想以外に一歩も出ていないのである。

いやしくも近代の文化運動の梗概だけでも知るものにとっては、かかる議論は一種不可解なる立場にあるものといわなければならない。過去はすべてわれらの一切が過去に没入してこそ、また、将来はすべてわれらの一切が将来に合体してこそ、真実の批判がなしえらるるのであって、異なれる時代におけるわれらの批判は、決して真実なるものとはならずして、われらが真に批判することを得、また批判しうる「アビリチー」を有するものはただ現実のみに限られるのである。

われらの様式はもはや過去の事実のうちに見出しうべきものでなくして、われら自身のうちにあるところの、近代文化の恵沢が資格づける思想と、能力のうちに潜在して、これが将来われわれの生涯における建築的手段のうちに自由に表われるものである。かくてわれらが求めんとする現実の様式は、個性に自由なる、しこうして大胆なる発表以外にはあるまい。後段にのべるごとく、念々刹那にこそ様式の創造があろう。いいかえれば創造は刹那であらねばならない。かく考えくれば、われらは現代における建築行為の上になんらの目的をも認めることができない。われらの念々刹那の行為はすなわち転成にして、この転成の上にわれらの知力の全幅を挙げて物の本質にたいする窮極と交渉しようとするのである。

切論すれば現代建築様式の傾向はなんらの目的をも有せぬをもって主要なる性格とする、この点より観察してベルグソンが創造的進化を論じて『進化と云うものはある特別の道を指示するのではなくて終局を狙うというよりもむしろ方向を取って、しかもその適応においてさえも創造的なのである』といっているのはよく現代建築様式の性向と一致していると思うのである。

われらの解するところによれば、ベルグソンがいうところの創造的進化にはなんらの目的がない。一切の転変合成は果たしていずれを目的として進化すべきものか、いかなるが転変合成の窮極か、いかなるが創造的進化の落所かを知るに苦しむのである。もとより窮極する転成落所ある進化があるべきはずなければ、一度窮極と落所とに行きつけば、ここに転成と変化とはまったくなくなるのである。しいていうべくんば転成は転成が目的であり変化は変化が目的であらねばならぬ。念々刹那が真でもあれば目的でもある刹那の転成と変化とを撥無して、ついになんらの目的をも捻出することはできない。われらが現代建築様式にたいする煩悶は実にここに胚胎するのである。しこうして、目的のない転成と刹那の変化からは、永遠につねに倫理、久遠に存ずる神を認めることはできない。転成の目的には涅槃もなければ、神もないただ純粋の時却あるのみである。

かくのごとく論じ来れば、現代における建築様式とおよびこれに関連するわれらの思想からは、当然の経路として、宗教と倫理的意義を生ずることはできない。もし、ベルグソンの哲学をもって、現代思想の無目的なる傾向から生じたものとすれば現代建築様式は類推して宗教と倫理的意義を付することはできない。つまり久遠なる建築芸術の意義は、刹那のうちに流れ去らなければならない吾人が前項数節にわたって研究したる議論はほとんどこの無目的なる建築様式の窮尽に費やされたといってもよい。多くの人間の血と肉とを下積みとして、ただ一人の資本家は微笑み、冷酷なる科学者は己が計算に誤りなしと誇っている、かの「マンハッタン」の奇観こそまさに煩悶せる現代建築様式の産める邪道である。

現代建築様式の煩悶はいかにしてこの無目的なる傾向を宗教と倫理とに約してその商を見出さんかというに存ずる。換言すればいかにして過程の真を目的の真に調和せしめんかというにある。これがためにはすなわち科学をヒュウマナイズする以外にわれらに残されたるなんらの方法もないと信ずるものである。けだし私が前数項にわたって論じたるがごとく、建築行為の一切をあげて科学に依拠し、しこうして近代文明の志向が科学に真の根拠を有する以上、この志向が今後なお変じないものとすれば、科学の本性として当然様式は無常であらねばならないといった。しかし私は今日における科学の陥れる邪道にまで信拠せんとするほど寛容ではなかったつもりである。

トルストイなどもいっているようにすべての意味において従来の科学は多くの破綻を生じた。しこうしてこは現欧州戦場において救うべからざる欠陥を暴露し惨禍の原因として科学にたいする呪咀が今日多くの識者によって高潮さるるにいたったのである。つまり現代建築様式の邪道に陥りし原因はまさに破綻せる科学にたいする無批判なる全信頼に存ずるのである。さればわれらはいかにして科学を「ヒュウマナイズ」するかはおのずから別途の問題であるが、とにかく私は前述せしごとく「ダヴィンチ」や「ガリレー」によって体験せられたる「ルネサンス」の科学精神を研究高潮することはこの問題にたいする断案と信ずるものである。これによって一貫せる久遠の真理に建築様式が真実の生命を得、われわれ人類がこれによって「ヒュウマンウォース」や「ヒュウマンシグニフィカンス」を知ることができるのである。その時こそ個人主義は人道主義と一致し、過程の真は目的と合体し、目的の真は過程と楔合するのである。これ私が本論文にたいする諸論である。もし世界の文化が一つになる時が来なければならないことが本来の志向であるとすれば、その時こそ建築様式は一切の事象に共鳴し、一切の差別を打ち貫いて、そこに大なる歓喜が妙なる旋律に打ちふるうであろう。「ヘレニズム」の上に「ヘブライ」の黒い法衣をまとえる「ジュリアン」が神たちの進軍の先頭につっ立って黒旗を巻き下す（メレジォウスキ著『神々の死』松本雲州訳）「マンパワー」の虚偽が取り除けられるであろう、すべては普遍われに帰一するであろう。一切の経済、一切の交通、一切の思想……それはすべて一切の科学が世界に帰一する時にこそ、世界的理想の空中楼閣に、適確なる基礎をつくり、国家主義的国粋論者に四海同胞の真実の装飾が施されるであろう。

われらは、こうした人類と、神の世界の建築とを産まんがため、——それは遠い将来であろうが——現実の世界から将来を仰望しよう、すべて現実を歓喜し、現実の純真性の上に人の響を打ち鼓らそうぞ。

それは国人の義務である、国家の責任であり世界人類共通の仰望であらねばならぬ、われらはやがて世界がただ一つの様式を産まんがために、そしてそれが一切の差別を打ち貫かんがためにわれらは一切の交通、一切の経済、一切の政治、一切の芸術すべて一切の科学と哲学とを見なければならない、すなわちわれらは文化の先駆者であらねばならぬ。

（八、八、十四）

＊『日本建築協会雑誌』（大正八年五月号～八月号）所収。

読後感

年末に岡田孝男博士よりお手紙をいただきそのなかに下刷りのコピーが添えられてあった。このコピーは大正八年七月に本誌の何号かに載った拙稿である。題して、「様式の上にあれ」という。まったく記憶はないがまさに拙稿である。読んでゆくうちにしだいにその当時のことが思い出された。「様式の上にあれ」、この「上にあれ」というのは、ベルンハルデー（?）という人が書いた「アボーブ・ザ・バトル」からとったものである。この本は読んだ記憶はないが、あとで邦訳されたのであるいは読んだのではないかと思う。学生時代に、当時の早稲田大学の総長で、後に、大隈内閣の文部大臣になられた高田早苗博士が、戦後の欧州視察の際に持って帰られたもので、あちらでも、非常に評判になった本である。総長は全校の学生を集めて帰朝演説の際にこの本の内容について話をされたのを聴いて感銘したことを覚えている。それを覚えていたのでつけた題名だと思う。ついでだが、高田博士は若い頃、大隈さんに従って政治運動中に壮士から背中を切られたというくらいの人であるが、見たところ、長身の貴公子然たるところがあり、その風格は、日本芸術院長の高橋誠一郎先生に似ていた。私は、建築のことも好きだが、政治や思想的な方面のことも好きであった。高等予科時代の科長で、社会主義者であり、後の労農党の委員長になられた安部磯雄先生からうけた影響は、その後の私の人生観に決定的な感化を与えたように思う。社会主義者といえば、当時では、あとから刑事がつきまとうくらいにおそれられていた。しかし、教育家としての安部先生は実に立派な英国風の紳士で、みずからを厳にして他を許すといったところがあった。拙稿のなかで、繰り返しのべているように、建築家として、また、実際に設計する場合の心がまえとして、建築的諸条件を建築にする場合の思想的中心を建築家の倫理観においているところなどは、まったく、安部先生の影響ではないかと思う。いろいろ問題はあるにしても、また、すべてというのではないにしても、当時においては、われわれの周囲に、天下、国家があり、理想社会にたいする夢がつきまとっていた。いまさらながら、教育の大切なことを思う。

大正八年といえばいまから五十二年前になる。あれこれと道草を食っていたので二十七歳で早稲田を出て、渡辺節先生の事務所に入ってから二年目の二十八歳の夏にこの論文を書いたことになる。今日から見れば、ぎこちない文章で、恥ずかしいような気もする。学生時代はセセッション万能で通したのに、渡辺先生のところでは、新しいものは一切まかりならぬというので、たいていはアメリカ風の折衷主義をやった。いまから見れば良い勉強をしたと思う。学校で我がままばかりしたのでずいぶん苦しかった。ただし、この論文を書いた頃は、事務所に入って二年目だから、まだ、仕事らしい仕事はしていなかったように思う。学生時代にラスキンやウイリアム・モリスに傾倒し、ハワードの田園都市計画などに虚無的な心を癒した。大正九年に分離派ができたのだから、当時でも、それなりに建築論がわれわれの周囲に横行し、ことに、大戦後の社会状態には敏感であった。米騒動があり、物価騰貴、住宅問題なども今日と変わらぬくらい深刻であった。心の安定を得るには、しょせん、自分自身を振り向くよりほかはなく、その頃の精神的な動揺や社会観が拙稿の随所に散見され、ことに、マンハッタンの高層建築に名を借りて、この傾向を否定するような思想は五十年後の今日でも支配的で少しも変わっていない。つまり、大量消費は必ずしも、人間の幸福につながるものでないという考えに共通するからである。思想的に未熟で、しかのみならず、文章などもぎこちないので、まったく恐縮の至極の思いもするが、青年建築家村野藤吾のひたむきな一面を見るようなので面白く、あえて、岡田先生のお手紙に従ったゆえんである。

＊『建築と社会』（昭和四十七年二月号）所収。

無目的なる現代建築様式の煩悶とその解釈

次代建築文化の捻出を約するわれらの建築的画策に、その根拠を過去に求めずして現在に求め、外に求めずして内に求むることの正当なるは、現代文化現象の主潮たる科学の志向とそのアビリティーの許す限りにおいて当然であろう。

かくてわれらが現代文化のうちに沈潜しその正しき思潮を摑んでやがて創作せんとする建築が現在の全充であり次代への飛躍を約するなればいうまでもなく様式は常に様式の上にあらねばならない。

目的の上に真理を認める古い思想の裡に建築様式の本然が潜むか。過程の上に真理を認める新しい思想に建築様式の如是相が存するか。すなわち建築様式は目的を有するものか、有せぬものか、もし有するとせば、これを倫理に約してはたしていかんの価値を有するものか、この疑問は、往古より建築界の底に横たわっていまに至りてついに解けざる不可解の謎である。人類の文化生活は、目的か、過程か、といえる一主調をもって、これを貫くことができると同じく、建築様式に関する一切の思想史は、またこの種の前提をもって分類総合することができる。

さらば現代の様式は目的に真理を認めんとするの時代か、過程に真理を認めんとするの時代かといえば、大観してこれを後者なりと断言せざるをえない。ベーコンやデカルトに現われ、ダビンチやガリレーに体得されてともかく今日に至れる近代科学が、人類の文化現象に、常に新しい事実を寄与して以来、常に新しい事実から新しい思想を産みつつあるにおいては、しこうして建築がこの事実のうちに一切の援助を求めつつあるにおいては、現代建築の傾向は明らかに目的よりも過程の上に真理を認めんとしつつあるを看取せざるをえない。新しい思想が先に生まれて、しこうして後に新しい事実が生ずるなれば、過程よりも目的が力強い影響を建築様式の上に寄与するであろうが、それとまったく反対な順序をもって、新しい思想が生ずるとせば、目的に真理を認めるよりもむしろ過程に真理を認めるのが自然ではあるまいか。換言して、われらが先に様式は常に様式の上にあらねばならないとは特にこの意味の別語にほかならない。

切論すれば現代建築様式の傾向はなんらの目的を有せぬをもって主要なる性格とする。ベルグソンが、彼の進化哲学の一節に、「進化というものは、ある特別の道を指示するのではなくて、終局を狙うといよりも、むしろ方向を取って、しかも、その適応にさえも創造的なものである」といっているのはまさに現代建築の様式の性向と一致していると思うのである。われらの解するところによればベルグソンがいうところの創造的進化にはなんらの目的がない。一切の転変合成は、はたしていずれを目的として進化をすべきものか、いかなるが転変合成の窮極か。いかなるが創造的進化の落所かを知るに苦しむものである。素より窮極する転成落所ある進化があるべきはずなければ、一度窮極と落所とに行きつけば、ここに、転成と変化とはなくなるものである。しいていうべくんば、転成は転成が目的であり、変化は変化が目的であらねばならぬ。おもうに刹那が真でもあれば目的でもある。刹那の転成と、変化とを撥無して、ついになんらの目的をも捻出することはできない。目的のない転成と刹那の変化からは、永遠にわたる倫理久遠に存ずる神を認むることはできない。転成の目的には涅槃もなければ神もないただ純粋の時却があるばかりだ。かくのごとく論じ来れば、現代における建築様式の性向と、およびこれに仕向するわれらの思想からは、必然の経路として宗教と倫理とを生ずることができない。もしベルグソンの哲学をもって現代思想の無目的なる傾向から生まれたものとすれば、様式の性向は類推して宗教と倫理的根底とを目的とせぬと切論しなければならない。多くの人々の血と肉とを下積みとしてただ一人の資本家は微笑み、冷酷なる科学者は計算に誤りなきことを誇っている、かの「マンハッタン」の奇観はまさに煩悶せる現代建築様式の性向がもたらしたる邪道である。

現代建築様式の煩悶はいかにしてこの無目的なる傾向を、宗教的倫理的観念に約して、その商を見出さんかというに存ずる。換言すれば、いかにして過程の真を目的の真に調和せしめんかというに存ずる。これがためにわれらに残されたる余白はすなわち科学をヒューマナイズすることである。

われらがより正しきより聖ならんとする情熱のうちに、科学を投げ入れて、やがて燃え出ずる満腔の炎は、一切の障害を熔かし尽くして世界の上に光被するであろう。世界は真に人類のために聖地と化するであろう。そして、建築がその真実の果実をわれらの心の奥にもたらすのはそのときであろう。われらが聖霊と自由惟思と、しこうして、ヒューマニズムとサイエンスとを背負って、一歩、一歩、喘ぎ進み、踏みしめ、登りつつあるときこそ、われらの胸の竪琴は天国の山彦に、大きな感激の旋律に、うちふるうであろうぞ。

（八、五、十六夜）

＊『建築評論』（大正八年六月号）所収。

【補註】 思想的には今日においても、五十年前と変わってはいないようである。進歩や変遷にたいする過程に弁証法的な考えを入れていくような思考方法によるのが、私の最近の傾向である。考えれば、さすがに五十年の歳月は長かったと思う。（昭和四十五年四月一日）

俺の作物よ!!

一昨日は突然出まして失礼いたしました。
僕らにとってなんといっても学校は楽しい里方です。古い印象を呼び起こす痕跡が、どこにもここにも残っております。製図場にかかげてあった学生時代の私の作物などを見ると、わずか二年か三年ですが、その時代とひどくかけはなれたいまの私の生活を悲しむ気持ちが湧いて出ます。フレッシュな、真純な一本調子でしたいことをしたり、いいたいことをいったりした学生時代が、複雑ないまの私の生活からかけ離れて、とてもとどかぬことのようにも思われます。伝説と規約とレゾテーションの殻を破って進もうとした私の古い作物の前に立って、私はしばしの間そこを去ることさえ得しなかったのです。

なつかしい　俺の作物よ!!
この二か年に余る月日を
屋根裏のうず高い塵の中に埋もれて
次の年もその次の年も、そのまた次に入って来た
新しい俺の弟たちに
お前は俺のその頃の心を伝えてくれたね——
だけどその間に俺は何をしたか?
働いた　働いた　あくせく働いた
そしてどうした………
あゝあゝ
「進化」の美しい餌につられ。
「労働の神聖」!
馬鹿! 何をいっているんだ馬鹿!
…………………
それはみんな堕落の断頭堂に進む近路だったよ
屋根裏から製図場へ
製図場からまた屋根裏へ
塵と光とでお前のからだがなくなるまで

お前はその頃の俺の心を伝えておくれ
俺は忙しい。忙しい罪の世界へ帰らねばならないんだ
ではさようなら　小さき者らよ！　さようなら！

＊『早苗會』第七号（大正十年十月）所収。

米国における貸金庫（セーフデポジットボールド）見聞記

これは、昨年滞米中各地の貸金庫の実情や直接メーカーについて見聞したことなどを、実際に日本でこれを取りつけた経験も加えて書いた。

セーフデポジットボールトは日本で保護預り、または貸金庫といわれているからしばらくこの言葉を用いることにする。いうまでもなく保護預りとは貨幣貴金属類、重要書類、有価証券、書画骨董の類を有料にて保管するものである。近来銀行建築の更新とともに、すでに二、三の銀行はこれを直接外国から取り寄せて据え付ける計画があり、現にわれわれの関係する日本信託銀行の新館には日本最初の丸扉を有するセーフボールトを完成し、東京丸の内の日本興業銀行の本館はさらに大なるものを先頃完成した。聞くところによれば東京の正金銀行にも同種のものが取り付けられるとのことで、これから先いやしくも大銀行といわれるものには、セーフボールトを持つことが一種の流行のような徴候が見える。日本ではセーフボールトを利用することをまだ一般に知られていないようだが、彼地では労働階級の人でさえ大いにこれを利用しているとのことである。

昨年私がボストンで調査した結果によると、次のごとき統計を示している。

(A) ボストン市内に九〇の貸金庫がある。その内箱数二、〇〇〇を有するもの二〇。一、〇〇〇を有するもの二〇。五〇〇を有するもの五〇。合計八五、〇〇〇の箱数である。いまボストンの人口を八〇〇、〇〇〇とすれば箱数は人口の約一〇パーセントとなる。これを銀行別にすれば、

(B) ボストン市内大貯蓄銀行では客数の約二・五〜六パーセントが貸金庫を利用している。

また、

(C) Commercial Bank (saving department を有せざる) では、客数の約二五〜三〇パーセントの人が利用している。

(D) Hingham (ボストンより一七マイルのところにある小都会) では五〇〇の貸金庫があり人口五、〇〇〇に比し一〇

パーセント。

(E) モールデン（ボストンより七マイル）では箱数三、〇〇〇。人口四九、一〇三に対し約六パーセント。

(F) ポーツマス、ニューヘヴン（ボストンより六〇マイル）では箱数三、〇〇〇。人口一三、五〇〇に対し二七・五パーセント。

これは昨年九月二十一日ボストンにおける調査でその結果大体において人口の一割内外がデポジットの客であることを示している。

以上の結果から推してもわかるように米国では、これを利用する傾向が盛んに、またしだいに一般的となりつつあるものと解せられるのである。社会状態や国情などの異なっている日本で、今後大いにこれを利用する傾向を生ずるかどうかは専門外の私にはわからないが、彼地の状況などから推察して日本でもこれを利用することが便利であり、かつ将来にはしだいに需要が増すものとみて差支えあるまいと思われる。しかしなにぶん日本ではセーフボールトさえ見たことのない者が多く、いわんやこれを取り付け、またはは建築とどんな関係にあるかということについてほとんどなんらの知識も経験もなかったといっても過言ではあるまい。もっとも大銀行などで各自小規模の保護預りを兼営しておれど、これは本物のそれに比しとうてい問題にならないくらいのものであって、実際の設計にはあまり参考になるものはなかった。また学校の講義で大体のことはわかっていたし、実際設計に当たり多少調査もし、研究もしたのであるが、いざ、実行ということになれば種々不明の点が多く、ことに最近の米国におけるセーフボールトは非常に発達したものであって、講義の知識や多少の研究などではとうてい追い付けそうにも思えなかった。したがって最初日本で計画したことも、帰朝後種々の誤りを発見して訂正をしたようなしだいである。私が米国でセーフボールトを初めて見たのは、例のエクイタブルの地下室であった。実際のものは写真で見たのとは非常に感じが違い、一見して構造の雄大なのに驚いた。このへんはニューヨークにおける、いな、世界におけるフィナンシャルセンターのことでもあり、これに関する種々な設備を見せてもらって、まず最初に度胆をぬかれたようなしだいである。それから各地のセーフボールトやバーグラーアラームシステム、すなわち非常報知器そのほか、これに附属する設備を見るに及んでますます感心させられたが、こんなにしなければ保管の安全を期しえない米国の社会状態の危険と、日本のそれとを比較していまさらのごとくその差異のはなはだしさに驚いたわけである。米国ではたいていの場合、セーフボールトは半公開してだれにでも喜んで見せているようである。これは一方において自己の安全を広告する商略でもある。

最初私の不思議に思ったのは、なにゆえにこのような丈夫な完全すぎる装置を要するのかということであった。これはもちろんある程度まで商略上設備の完成をうながしたことにもよるが、また、おおいに彼地の社会的不安に原因していることにも関係がある。日本人の頭には想像もつかないくらい大仕掛な盗人や、その団体がたえず社会を脅かしている。その手段方法の奇計にして進歩せることは、実に驚くべきものがある。そこで、彼地のセーフボールトの発達は裏面からみれば、警察上の不安を意味している。これを知らなければ私たち日本人の目にはこの魁偉なシロものは謎である。だから、この方面から私の心に経験したままを書くこととしよう。

＊　＊　＊

お祭りのような人込みのなかをかきわけて、私はエクイタブルビルディングにある正金銀行に小使銭を取りに行った。なんのことだか知らないが金儲けにはすこぶる縁の遠いわれわれのような建築赤毛布《あかゲット》には、混濁した人の息と文字どおりめまぐるしい群衆、肩相擦す雑踏とは、その頃の私には解しがたいものであった。なんのために働くのか、さっぱりわからなくなるくらいだ。いつもなら呑気そうな米国人だのに、このへんではまるでどれもこれもユダヤ人のように、いやに利走った顔をしている。しかし、人込みと私とは無関係だ。建築のことなら便所の隅までもいちいち手帳に書きとめまじき私だもの。あるときその人込みの最中にぼんやり立って、いまから考えればたいしていいとも思わぬ丸天井の隅っこの方を念入りに眺めては感じ入っていたのに不思議はない。ニューヨークっ子の目に映じた私の姿や、間抜けた顔を想像するといまでもハッと思うくらいだ。すると、私の体をドンと横に突きとばしたものがあった。気がついてよく見ると、六尺豊の大男が何者かの通行に道をあける拍子に私の体につきあたったものとわかった。これが日本なら小言の一つもいいかねはせぬが、そこが他国人の遠慮心に、こちらがあの蒸し返るような人込みのなかにぼんやりしていたのだから文句のいいようもなく、いったっていえもせぬ代わり眼で知らせると、もう、その男は人込みの中にもまれていた。一体なんのためにあの男に道をあけたのかとよく見れば、屈強の男が左右前後を物々しく警護しながら、箱のような帆布の袋のようなものを重そうに持ち運んでいた。片手に腹帯のあたりに吊るして短銃を握りしめ、片手にその袋を左右から二人掛かりで持ち、他の二人が前後を守って歩いていた。男たちの威勢の物々しさ、いざといわば打ち殺しても使命を達せん物腰は日本で見れない光景であった。いうまでもなく箱の中には正金がうめいているのだ。

私はあとからその男らの姿をじっと眺めてなんという物騒なアメリカかなと嘆息やや久しからざるをえなかった。小使いか人夫のような男が、丈夫そうな木製の金箱を車にのせて、守衛が一人か二人呑気そうにつき添って行く姿をときどき日本で見たことはあるが、なんという違った光景だろうと平安な日本の社会を思ったくらいだ。エクイタブルのロビーでぶつかったこの光景は、先ずジゴマの活動写真を見るような感じがしたといっても誇張ではない。事実彼地では警察のお巡りさんなどの活動にのみ信頼し、枕を高くして自己の貴重品や財産などを保管していくことについては少なからざる不安や不便があるようだ。

警察のごやっかいになるときは、もう駄目なときだ。それ以前に警察力以上に打っても衝いても切れもこわれもせぬ何物かに保護してもらわなければ安心がいけないくらい、物騒な社会状態で、いかなる新聞も日に幾件かのホールドアップの記事を掲げていないものはないとのことで、あるとき、貴金属屋の主人が下町の人込みの中をおし合いへし合い通っていたそうだ。すると周囲の人々が丸く輪をつくって、その男が堅いペーブメントの上に打ち倒れている姿を取りまいているのに気がついたときには、その男の息の根は切れていたそうだ。多分曲者の強奪をうけ損じてホールドアップをくったものだろう。それは白昼瞬間の出来事だったそうだ。ある若い男が、自動車を買うべく、ある店に行った。値踏みがまとまって、いざ試運転となった、店の二人（多分そうだと思う）が同乗し、その若い男がハンドルを取ってドライブをやり出した。自動車の姿は並木の中に消えた。すると数日後の新聞には同乗の二人は惨殺され、自動車はもちろん、その若い男のものとなっていたのを、警察の力でようやくひっ捕えたことや、その若い男の悲惨な家庭の記事など面白く書いてあった。これは私が九月中旬、カナダのムースジャウからシカゴに至る「シカゴスルーライン」の汽車中で見たことだ。もちろん退屈な車中ではあり、非常な評判だった。私がこれを書く目的は、それがやはり白昼の出来事であったことと、やり方がてきぱきしているからだ。やり方がてきぱきしていることの例で、いま一つ最近ニューヨーク下町の金権の中心地で起こった出来事を書いてみよう。私たちは町を暗記するためにも、また建物を写すためにも、もっとも便利な日を日曜と決めた。それは日曜だけはトラフィックが少ないために写真を撮るのにしごく好都合であるからだ。そこでたいていの日曜は町から町へと写真行脚したものだ。週日中火の出るような下町の雑踏でさえ、日曜ばかりはひっそり閑として気味が悪いくらいだ。ある日曜の午後、第一銀行の西村好時氏と一緒に私はモルガン銀行の角に立っていた。銀行の入口には立派なブロンズ製の格子がある。私はいつからか、その格子を撮ろうとねらっていたのだ。カメラのシャッターがまさに動かんとした切那、私の腕をムヅと摑んだものがあった。と見れば、それはある日の夕方、モルガンライブラリーの前で、はからずもホテルのことから立ち話した男と同じ男であった。むろん彼は好意ある眼つきで無断撮影を禁じたのである。いうまでもなく一見して彼が刑事であること、そしてこの建物を警戒しているものと知った。しかし、そこは偉大なアメリカ人である。シガーをやることとCould you kind enough ……という言葉を教えられたままに用いることで十分であった。わけを話すとよろしいという。撮ってしまったあとで、彼の話によれば、先だって銀行の前で爆弾を投げたものがあった。そして何十人かの死傷者があった。その跡はここだといって銀行の根石の破壊されたあとを指した。話術に自信がないので詳しいことは理解できなかったが、要するに爆弾の目的は金を獲らんがための直接行動だったそうだ。その行動がいかにも単刀直入的で、ぐずぐずしていない点はすこぶる現代的である。地中を掘り貫いて地下室の金庫を破るといったようなことは、すでに近代の米国式盗人の手段としてはすこぶるもどかしいことで、なんでもよいから爆弾を投げつけておいて人殺しをし、恐怖せしめておどしつけ、またはどさくさまぎれに金を持って行くというやり方である。こうなると警察も頼みにはならない。まるで金権と否金権の戦争といってもいいだろう。だから鉄砲でも爆弾でも飛行機でも[1]、壊されないものが必要なこととなる。

ある貴夫人は本物のダイヤモンドを指に嵌めおると命が

危いから、本物は保護預けとしておいて、一見それと同様な偽物を常用しているといった滑稽なことになってくる。

こんなことを考えると、日本にいることが多少ありがたくなってくる、警察が無能だなんていわれなくなる。見様によっては日本の強盗が米国のそれのようにならないとも限らない。ともあれアメリカの社会が物騒千万な状態を知ってもらうために二、三の例を挙げたのである。

私はなぜ米国におけるセーフボールトや非常報知器などが発達したか詳細の点は知らないが、厚さ十数インチないしそれ以上もあるような、まるで大砲の閉鎖機のようにおそろしく頑丈な扉や、極度に精巧な非常報知装置や、種々の強盗よけの設備などは日本人にはとうてい理解しきれないし、また不必要なものに思えるが、一度彼地の状況を見るに及んで必ずしもその不当でないことがわかるどころか、もっともっと丈夫にする必要が今後起こってくるものと思われるのである。むろん、それは客の安心を買うため、すなわち、営業上のポリシーとして必要以上に発達した点もあろうが、これからますます物騒になっていくような社会不安の状態では、その必要性が、必ず強調されるにちがいないと思う。

先般日本信託銀行の地下室に、日本最初の円扉つきのセーフボールトができあがった。扉の直径八〇インチ厚さ一六インチである。初めて見た人はだれ一人として驚かない者はなかったそうだ。今日の日本の状態からいえば、いささか過ぎたるの感があるかもしれない、しかし今日の日本を見て、決して安心はされない、十年後の日本はどう変化するかわからない。でなくとも、いやしくも他人の物件を保護預りする以上、安んじて客が銀行を信頼するためにはいくら丈夫であってもいいわけである、いわんや社会状態は刻々に悪化せんとも限らぬ徴候光が見えぬでもないにおいておやだ。

私は前段において米国社会の物騒千万な有様を書いた。あの魁偉なセーフボールト扉や精巧というよりむしろ神経過敏にできている非常報知器の必要さにふれたが、いうまでもなくセーフボールトはひとり賊団に対する用意ばかりではなく、また、あらゆる災害に対してもその安全を保証するものでなくてはならない。震災、洪水、火災などに対し、たとえ建物の本体がいかように変化しようともセーフボールトだけは絶対安全に保たれなければならない。少なくとも破壊に長時間を要するようにするのは、あたりまえのことである。こんなことを考えると際限もなく私の頭は安全から安全へと保証の方法ばかり考え続けるが、結局、そんな危険なものをそうまでして預けておかなければならぬなら、そんなものを持たぬ方がいいことになってけりがつく。考えてみるとこんな問題について書き続けていくことさえばかばかしくなってくるのだ。実をいえば、これほど馬鹿げた設備はまたとあるまい。いやしくも国防上の軍備問題と同じく、考え方によってはまったく不必要なものかもしれないが、そんなことはここではしばらく問題にしないこととして、さらに私の見聞記を書き続けることとしよう。

建築の平面計画とセーフボールトとの関係

私が見たものの内では(5) First National Bank of Chicago と Federal Reserve Bank of Boston だけが一階にあった。それ以外のものはほとんど地下室にあった。もっとも、Federal Reserve の方は半地下室といってよいくらいな位置にあったのであるから、これも地下室にあるものといえないこともない。要するにセーフボールトは、ほとんど全部が地下室にあるといってもよい。なにゆえ地下室を便利とするかというに、もちろん、ボールトの一切の危険にたいし安全を期するうえからいって地下室が最良の位置であるのと、一方においてセーフボールトのごとく、かなり広い場所を占めるものを、一階に取るのはもっとも有効な面積をこれがためにさくことになるので、営業上の方針からも一階に取ることを避けるものと考えられる。すなわち前段にも調査の結果を書いたとおり、米国では普通の貯蓄銀行は、その銀行の所在地人口の約一割、商業銀行ではカストマーの約二割五分ないし三割がセーフボールトを利用しているくらい盛んである。だからセーフボールトだけは、銀行業とは別に単独で営業しているところもあるのである。したがってボールトを利用する客の出入りは、あたかも普通商店に買物をあさるのとなんら変わるところがないくらい頻繁である。私たちは自分のセーフボールトを得意顔に案内してくれる事務員が、いかにも忙しそうにしているのに、悠々見学しているのが気の毒になった。それくらい客の出入りが頻繁に行われているのをどこのボールトでも見受けた。その出入りには特別な専用の出入口が直接道路と連絡しているか、またはこれに準ずる設備となっているのである。原則として米国のセーフボールトは、専用の出入口が直接往来と連絡を持っているのが最近の傾向だということができる。これは別に施工上の点からきているようであるが、このことは非常報知器のところでのべることにしよう。しかし、セーフボールトを地下室におくことについてはこれを日本でやる場合を考えると、彼地のやり方を全然まねることができない事情がある。日本では雨期になると非常に湿気が多い。いかに[6]ベンチレーションがうまく行われようともこれを完全に駆除することはなかなか困難である、いな、ほとんど不可能のことに属するといってもよかろう。次にボールトの扉やその他附属品の運搬に関する問題であるが、ほとんど二十幾トンもあるくらい大きな扉を地下室に運搬することになれば、初めからそのことについてよほど考えておかなければならぬ。安全に運搬するためにはかなり大きな口、少なくとも幅九尺以上の通路と適当な勾配を準備しておかなければならない。私は、この点から考えてもセーフボールトだけは直接外部からの通路を持っていることが便利であると、思う。たとえこれは大したことではないにしても、これを地下にどうしても取らなければならないということについては、湿気の関係からいってもあまり賛成できない。いうまでもなく一般にベンチレーションに関する工事は割合に費用を要する。これを完全にやろうとするには費用の点だけでも想像以上である。いわんや日本のごとく[7]防水防湿の工事が進歩していない国では、いっそう困難な問題でもあろう。以上の点から、私はこれをできうるだけ、一階に取るように計画した方が良策だと思う。いずれベンチレーションの問題は、あとで詳しく書くことにしたい。そうすればもちろん運搬の問題なども容易に解決ができるのである。この運搬の問題は簡単なようであるが、実は非常に面倒な問題であって無理をしたり、またはちょっとの過ちでデリケートなメカニズムを持っている扉に故障がこないとも限らない。信託銀行の方は地下室にセーフボールトがあり、東京の興業銀行は二階に取ってある。ために両方ともこの問題はかなりやっかいな注意と、多少の損害を忍ばなければならなかったのである。興業銀行のごとく押し上げるよりも、信銀のごとく地下室に下す方がよほど危険の程度は高いようである。ともにあらかじめその計画をめぐらしておかない以上、双方とも賞めたことではない。この点はセーフボールトの営業上の関係や銀行の性質および湿度を異にしている米国のそれとは、よほど考え方を異にすべきであろうと思う。

セーフボールトを一階に取るか地下室に取るかということは、よほど重大な、そしてそれだけ銀行の建築には興味ある問題であって、一概に地下室がいけないとはいえないかもしれないが、少なくともボールトのプランニングにあたり、以上の諸点はよほど考えを要する問題であろうと思う。

前述のごとく一般にセーフボールトは銀行の建物内にあるが、必ずしも全部がそのとおりになっているのではない。ちょっとした貸事務所建築の地下室などに間借りして営業しているものもあれば、ホテルの地下室の一部を借りているものもある。つまり、私などがぼんやり考えていたように、セーフボールトとは銀行業の[8]片手間のようなものではなく独立してどこにでも営業しているので、場合によると別に小規模の安全倉庫とでもいったようなものを兼営していることもある。それは貴重品を入れたトランクだの何百年前の椅子だの、箪笥だの、長持だの、いろいろな家具や、はなはだしいのになるとアパートメントを借りている夫婦者がちょっと旅行するからといっては家財をトランクに入れて預けて行く者さえあるそうである。その期間中アパートを空けて費用を節約する。まったく簡単明瞭にさっさとやっていけるところはうらやましいくらいである。私はこ[9]の種の大型のデポジットの設備を兼ねているものをサンフランシスコで見た。

次にセーフボールトは大体建物の中心におくことが必要である。少なくとも建物の外壁に接していないことに注意すべきである。ボールトが直接外壁に接しているのはあたかも直接危険にさらされているようなもので、これはなるべく避けねばならぬことである。もしどうしても外壁に接しなければならないのなら、それ相当に防備の程度を高める工夫をせねばならない。原則としてセーフボールトはその安全を期する唯一の方法として、四方八方全部通路や見透しのできる空隙を取り、そのうえ各隅々は斜めに鏡を取りつけて一方の通路や空隙から他の通路や空隙の有様を見うる仕掛けとして、そのうえ不安心なれば槍だの鉄砲だのを備えつけおけばいいこととなる。実際私はボールトの入口に数挺の鉄砲がいかめしく、砲架に立てかけてあるのを見て驚いた銀行も一再ならず出合わした。それはまったく、こけおどし以外、なんらの権威もなく、また安全性を保証しているものは見受けられなかった。だが、こんなことで安心している米国人は案外おめでたい。そのくせ彼らがいかに神経過敏になっているかということについて面白い話がある。僕と西村氏、ことに同氏はどんな天気でも写真機のサックを肩からぶら下げていない日はなかったくらい、建築家の洋行には写真機は必要である。その写真機を二人とも肩からぶら下げて、あるセーフボールトを見学に行った。しかるに先方では支配人格の人が出て来て、いろいろと世話を焼いてくれたまではよかったが、僕らが肩から吊しているサックを見て、『それはピストルではありますまいねー』といった。どう見たってまさか写真機のサックをピストルの入れ物と思う間抜け者はあるまいに、彼らの過敏さはまったくかくのごとくである。まことに笑止千万である。

ボールト外壁の構造と建物との関係

一般に構造上から、ABCの三類に区別されるこの分類は National Fire Protection Association によってなされたところのものである、次にこれを簡単に紹介してみよう。

A号

最高限度の構造を有するものであって、長時間の火災や衝撃や賊団の襲撃に耐えうるもので、したがってその構造はきわめてマッシーブにできている。Trust Company や、これに準ずる大銀行はこの種の構造を用意しているのである。

B号

ボールトを有する建築物が全部焼け落ちても、中の預り品を十分に保護するだけの構造にしておくもので、普通ボールトが何階にもなっているもの。

C号

耐火構造建築の骨組みの上に設けられてボールトを支える構造体の強さを限度として、内部の預り品を十分保護するだけのものにしておくこと。

A号ボールトの構造一般

第一の方法としては鉄筋コンクリートをもって壁も床も天井と同一構造とすることが良策である。鉄筋コンクリート構造の利益とするところは

一、強度を一様に構造できること。

二、高熱のために起こる expantionstress によって破壊されることの少ないこと。

三、火災などの場合落下する物体によって破壊されること

が少ないこと。

四、穴を開けることがもっとも困難であること。

しこうして煉瓦または煉瓦と鉄筋コンクリートを外壁に用いることは、A号程度のボールトには避けることが必要である。

第二の方法としては鉄筋やその他の補強材を各種型鋼、すなわちIビームやレールなどを併用することである。第一のごとく鉄筋コンクリートの構造にその鉄筋の材料としてこの種のものを併用することは、米国ではその例もっとも多いようである。これは各種の危険にたいし最高程度の保証を与えるものといってもよかろう。その一例として別図の構造を見れば、その大体を知ることができる。これはFederal Reserve Bank のボールトに用いられた構造であるから、まず米国では第一位のものといってもよかろう。

その他参考図を見れば種々の構造を知ることができるから、これ以上書くことは消略することとしよう。

第三の方法としては、壁は必ず一様にでき上がることが必要である。これがために、コンクリートの仕事などは必ず連続的にやって十分つきうずめて最高度のコンクリート工事をやることが必要である。

外壁

大体前節に書いたとおりであるがここに注意すべきことは、構造上ボールトそれ自身建物から独立していることである。これはボールトの構造としては、もっとも注意しかつ厳密に実行すべき点である。これがために建物に起こった種々の危険を防ぎ、またはその損害の程度を非常に限定することができる。ことにボールトが防火的建築でない場合にはもっとも必要である。この場合は絶対に直接地盤上にボールトを築造すべきである。たとえば防火的建築といえどもこの程度のボールトは一階以上につくることは絶対に避けなければならない。この点で日本興業銀行のセーフボールトは設計の初めにおいて非常な誤解をしていたのであるが、いまさらいかんともいたしかたがない。幸いに銀行の建築が非常に安定にかつ丈夫にできているゆえ、われわれはその安全を絶対に保証することができるものと信じている。元来セーフボールトのことについては研究や調査をするものはなく、わずかに学校の講義や外国から取り寄せた図面以外にはなんらの資料もないようなわけで、興銀ばかりではなく信託銀行の方も種々と不完全なことや研究不足のところがあった。したがって多少の失敗を免れなかったことは遺憾である。ボールトの構造が建物本体と独立している実例としてFirst National Bank of Chicagoのセーフボールトをあげよう。その構造は大体図のごときものであったと記憶している。床と天井とは説明を聴く以外には全然知ることができなかったが、建物の途中の床だけはボールトとは独立した構造となっていた。その他、もっともいい実例としてニューヨークの[10]モルガン銀行をあげてみよう。これはかつて賊団のために爆弾の洗礼をうけた物騒千万な銀行ではあるが、さすがに銀行中の銀行としてウォールストリートの一角に金権の覇を称えている銀行だけあって、見物するのにも刑事などがたえず張番をしているくらいなかなか面倒であった。どこを見ても清楚な意匠で、ともすれば誇り顔する金権の横暴や低級な金力的乱費などの空気はさがしても見当たらない。実にすっきりとした良いデザインである。たとえ、エレベーターのカー一台に価三千ドルをかけた寄木細工のすばらしいものであったとはいえ、その美しい彫刻はいかにもつつましやかに見受けられた。階段を降りて、狭い廊下をぐるぐる案内の人の尻について歩いているうちにセーフボールトの前に出た。ここにはさすがに鉄砲のこけおどしは見当たらなかったが、見るからに十二分の警報装置や防備上の設備が施されてあることが感ぜられたのである。いま私の印象に残っている構造としては、大体図面のとおりであったかに記憶している。ボールトの壁が、ときとして建物の鉄骨で支えられることがある。そのときにはもちろん鉄骨には十二分の安全率を見込むことが必要であることは、いまさら呶《ど》々を要しないことであるが、そのときには鉄骨を少なくとも、厚さ六インチの鉄筋コンクリートで、保護しておくことを忘れてはならぬ。この場合鉄筋は柱なり、または梁に十分取り付けておくようにしなければならない。

以上のごとくボールトは構造上建物本体と構造的に連絡することは絶対に望ましくないが、やむをえず床などをボールトに連絡しなければならない場合には、一朝建物に変事が起こって破壊するようなときでも、ボールトはなんら耐火力を弱めらるることなく、安全に引き出されうる構造としておくだけの注意は必要である。以上種々のアクシデントの場合を考慮すればボールト外壁の厚さは、鉄筋コンクリートで少なくとも一六インチ以上、煉瓦では二〇インチ以上、もしコンクリートを煉瓦で囲っているときは少

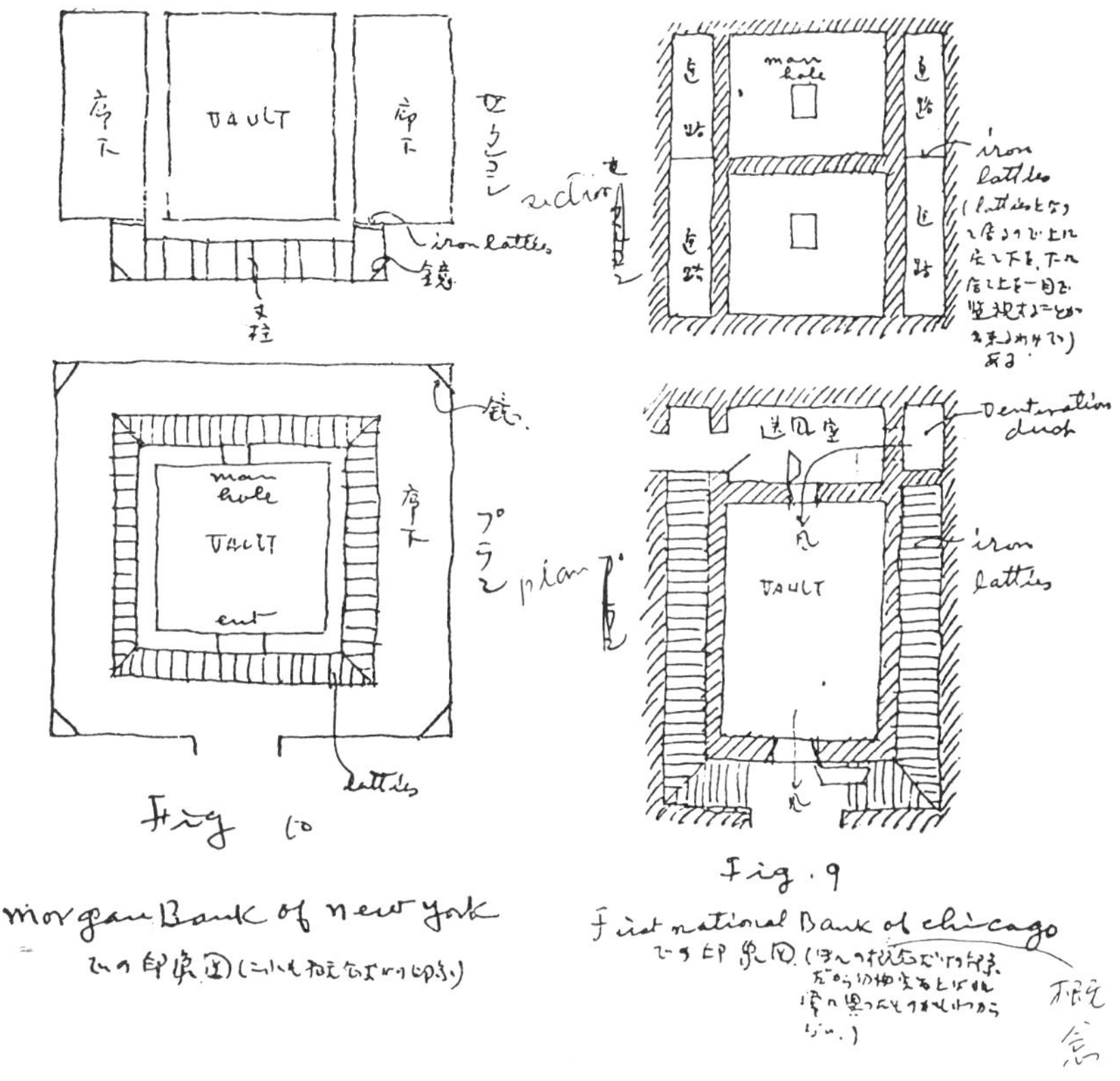
廊下
VAULT
廊下
セクション
section
iron lattice
鏡
支柱
man hole
VAULT
ent
廊下
プラン
plan
lattice
Fig 10
Morgan Bank of New York
通路
man hole
iron lattice
送風室
Ventilation duct
iron lattice
VAULT
Fig. 9
First national Bank of Chicago

なくともコンクリートの厚さ一二インチ、煉瓦の厚さ八インチ以上を要すといわれているが、A号程度のものには鉄筋コンクリートまたは鉄骨鉄筋コンクリート以外に信頼すべき材料が見当たらない。

屋　根

厚さは少なくとも外壁より四インチ、あるいはときとしてそれ以上を増すことが必要である。理由は外壁に比し、より大なる衝撃に耐えなければならないからである。もちろんその強度はボールトのスパンによりて根本的の決定がなされるけれども、特に建物の破壊するような場合に上階にある機械だの金庫だの、その他壁や重い物体の落下の程度なども十分に考慮して強度の設計をしておくことが必要である。元来ボールトの内部に柱を立てることは決して望ましいことではない。私の見た内でもボールトの内部に、柱の立っていたものは一カ所もなかった。しかしむやみに広いボールトをつくらなければならないときには、柱を立てて梁をかけ、または間仕切りを取らなければならないことになる。この場合その柱なり梁が鉄骨であるときには、少なくとも厚さ二インチ以上の鉄筋にて、コンクリートのプロテクションをしておかなければならないことになっている。

床

厚さ少なくとも一二インチあるいはそれ以上を要し、床が鉄梁の上にあるときは、検視ができるように構造しなければならない。もしボールトが一階以上すなわち二階なりまたは三階になっている場合には、各階は各別に入口をつくることが必要である。この場合階間の床は厚さ少なくとも六インチを要する。National Fire Protection Associationでは床の仕上げを不燃物質でなければならないといっている。これはもちろん非常に望ましいことであるが、場合によってはルバータイルまたはリノタイルあるいはコルクタイルなどを用いても支障なかろうと思われる。実際においてルバータイルなどを用いていたものもあったように記憶している。米国では客の出入りが非常に頻繁であるからボールト内部のごとく、非常に狭い通路はこれがために、割合に早く磨滅するおそれがある。事実みるからむごたらしく磨滅しているのがかなりにあった。ゆえにこんな場合容易に修繕ができること、または修繕が大げさにならないような材料を選ぶことが必要であると思う。

以上はA号セーフボールト外まわりの大体の構造を書いた。その詳細は図面を見れば理解することができよう。

次にB号C号ともに大体A号に準じたものであるが、ただB号は内部の面積一五〇平方フィート以下、C号は一〇〇平方フィート以下のものとなっている。別段ここに各別に詳細に書き立てるほどのものでなく、要するにA号に準じて丈夫に構造すれば支障なしと思われる。

図は厳密に何号と弁別することができない、またする必要もないが、大体AないしB程度のものと思ってよかろう。

防水および湿気止め工事

この目的のためには種々実験の結果上等のコンクリートを、壁も、床も、天井も用いることが一番良いことになっている。仮に他の材料を用いるとしても、可燃質のものは絶対に避けねばならないが、ときとしてフェルトの類を採用することがある。しかしこの場合は、それを壁体と内部の鉄板との間に張る方が良い結果が得られることになっている。私は不幸にして、そんな工事を見る機会がなかったので詳しくは知らない。

ボールトが地下室にある場合には、いっそう注意を払って工事をすることが大切であるが、特にボールトを有する建物の付近に高位の水面を有するか、または何かの都合で地下室に水が浸入するおそれがある場合には、この問題は深甚の注意を要することとなるのである。たとえば近く新築さるべき某[11]大会社本店の建築には、大規模の書類保管倉庫を設けらるることとなっている。しかもこの建物は河に面し建物の光庭には、直接河から水を導いてだいぶ大きな繋船場があるために、一朝河が洪水にでもなる場合は、たちまち建物の地下室は濁水の浸すところとならないとも限らぬ。こんなときに、その保管庫内の預り品が濁水のために損ぜらるるようなことがないためには、もちろん別な装置を要することとなるのである。状況はこれと異なっていても、ニューヨークの下町のように地階が幾階にもなっているような場合には、高圧の水位を完全に防ぐことはとうていできない。どこかに水が湧出せずにはおかない。こんなときには初めから水が出るものとして、防水工事が施工されることとなるから、こういった場合などもまたこの問題を考える一つの例とならないこともない。がこんなに水が出るかまたは水が他から浸入するか、いずれにしても水

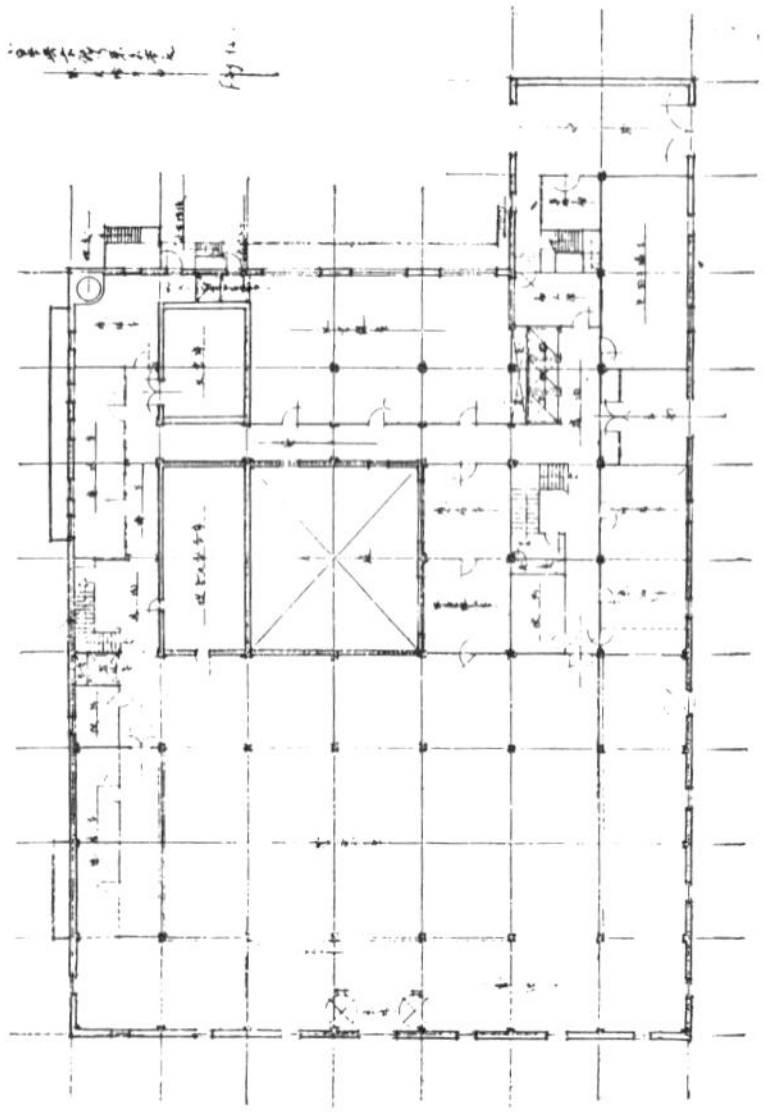

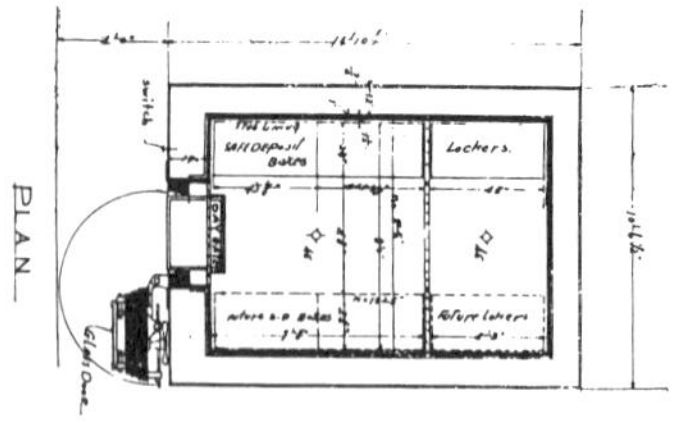

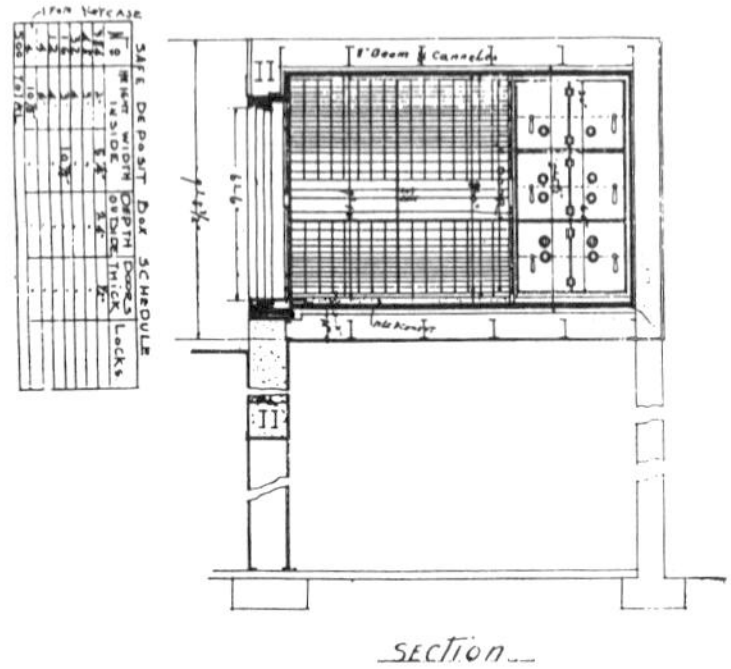

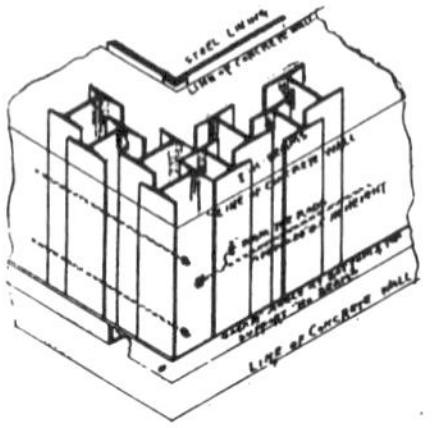

PERSPECTIVE ELEVATION SHOWING "H-BEAM
CONSTRUCTION AT CORNER OF VAULT

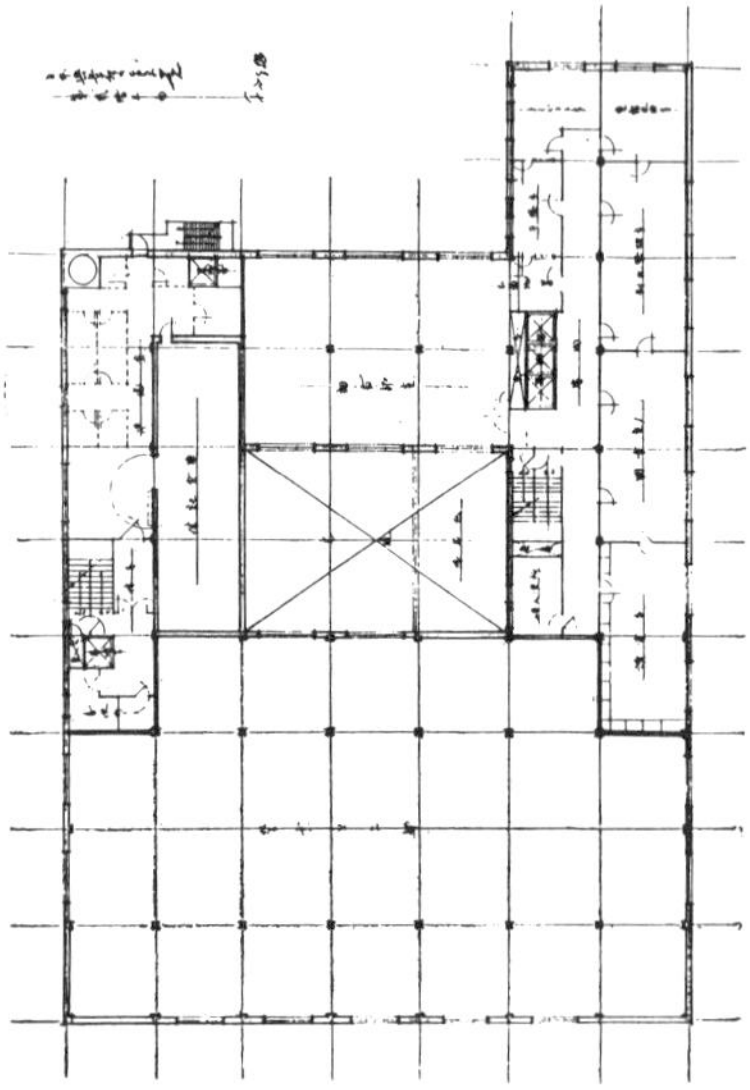

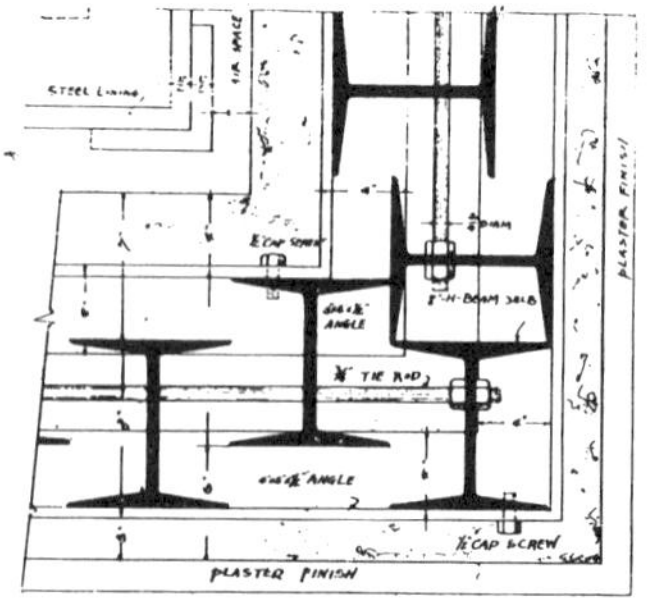

興銀の扉

の危険がある場合に、ボールトの構造と、また特別に考えておくことはむろんのことである。こんなときに採用される一般の方法としては、もちろん別に防水の用意としてポンプだとか、またはその他の種々の手段が講ぜられることであろうが、ボールトの入口を五、六インチも上げておくことや、床一面に溝を設けて、水を他の会所に導くことなどは、手近な、そして有効な方法である。入口を上げることはいろいろの点で不便である。ことにトランクやその他大型のものを預かる目的のボールトはいっそう面倒であるが、こんな場合には往々斜面を設ける工夫をしておくことが必要である。

水の危険がある場合には右のような手段が講ぜらるるほか、扉の方にもまた特別に水が内部にもれぬだけの設備が施されなければならない。元来ボールト扉は手荒い攻撃に対する防備に耐えることもむろんであるが、一面において水を漏らさぬようにきっちりとしめつけられることは、もっとも大切なことの一つになっている。だから場合によっては扉を取り付けた後に、いわゆる water tightness に関する試験をしろと勧めるところさえもあるくらいである。しかるに万々一水がボールト内部に浸入することがあるという懸念があるときには、預り品はその安全を期するために床からは少し上げて安置するようにしなければならないのである。

通　風

通風の完全を期するは第一 地下防湿防水の工事を完全に施工すること。第二 ボールトの位置、第三 通風工事、第四 ボールト扉および内部鉄板の取付工事の時期、第五 マンホールと入口扉との位置の関係などに注意すべきである。[12]私はさきに日本では通風の関係からボールトを地下室に取り付けることは考えものだと書いたが、これは地下室を二重にすること、すなわちボールトを置いてある地下室の下に、さらにもう一階地下室を取ることができれば、それこそボールトとしては理想的であるが、こんなことは普通まずできっこはないから、別の方法を考えることが大切である。

米国などのように、どんな家に入っても、臭気がない、そこいらの安レストランに入ったって、臭いと思ったことがないくらい、通風設備はかなり完全に行われている。ことにホテルとか大きいレストランだとか、あるいは少し重要な建物の地下室に入ってみると、通風設備の完全さにはまったく驚かされる。地下室の天井はほとんど通風用のダクトでいっぱいになっている。縦横無尽にダクトの網が張られている。どこの隅に行ったって、臭いと思ったことはかつてなかった。これは建物を極度に利用するためでもあろうが、まったくそれには驚くのほかはない。したがって機関部などはさながら一個の大きな工場である。こんな場合にはわずか一個のセーフボールトの通風などは問題とはならないが、単独にボールトだけを完全に通風することになるとなかなか問題であり、かつ非常に面倒である。だから日本でやる場合は十二分の研究と維持中の面倒を予期してかからねばあとで取りかえしのつかぬこととなる。何をいうても預り品はまったく人の命から二番目のものであるから、長い間にはどんなことが起こらぬとも限らないことを、むしろ神経質に考えて差し支えないくらい十分に研究しておくことが大切であると思う。

一般にボールトはその取り付けた当座と雨期には内外の温度に相違があり、したがって高温な内部はまた湿気の停滞しがちなところだともいえる。だから取り付ける前に室内全部十二分の通風と乾燥をしておいて取り付けの後にも、なお湿気が停滞せぬようにしなければならない。新築の建物はいくら乾いているといっても、本当に真から乾いているものではない。ことに地下室などは種々の関係から、どうしても湿気が籠っている。それを考えずにボールトの扉や、鉄板や、種々の取り付けをして安心していると、あとで外壁と鉄板との間に挟まっていた湿気が冷却して露となり、それが鉄板の継目からもれることなどが往々にしてある。そのために電線やはなはだしいのになると盗難よけの種々の装置を害する原因となる。取り付ける以前には十分ボールト周壁を乾かしておいてから取りかかるのが良策である。そしてその後は十分通風をよくし、内外の温度を常に平均することに努めなければならない。しかるにそれを放置しておくと、あとで内部の鉄板をはずさねばならぬようなはめに陥って非常に面倒である。通風の一般的手段としては機械場から風道をもって風をボールト内に押し出す方法と、ホールに小型の扇風機を取り付けて内部の空気を抜き出す方法と、別に最小型の扇風機をボールト内部に幾個も取り付けて内部の空気を始終渦混することなどの方法がある。しかし、これは前にもちょっと書いたとおり、ボールトの入口とマンホールの位置が対称的になっていること、あるいは内部の空気がうまく交代するような位置におかれていなければ、いくら送風、通風を完全に行うとしてもとうていうまくいく道理はない。ゆえに建物の平面をつくるときにこのことを十分考えに入れておいて、二つの入口をなるべく接近しないように（普通は）することが必要である。

たとえばＡＢＣにおいてＡが最良、Ｃがその次でＢが最悪の場合を示している（ただし入口には直径（または高さ）八〇インチで、マンホールは高さ普通人の首の高さに取り付けられている場合）。

なおＡのような場合に貸金庫と現金庫とを一カ所に置くと非常に都合が良い。この場合はマンホールすなわちエマゼンシーホールを別にとらないで、入口を二カ所図のようにとればよいことになる。これは通風の問題からいってもまた現金庫と貸金庫とを別々に取らなくてもいいことになって、種々の点で大変経済的でありかつ非常に便利である。たとえばニューヨークのウールウォース地下室にあるものなどは、この方法である。それは大体Ｄ図のようなものであったと記憶している。この場合仕切りの鉄格子には、適宜開放せらるるようになっているほか、別に盗難用意の種々の装置が施されていることはむろんである。

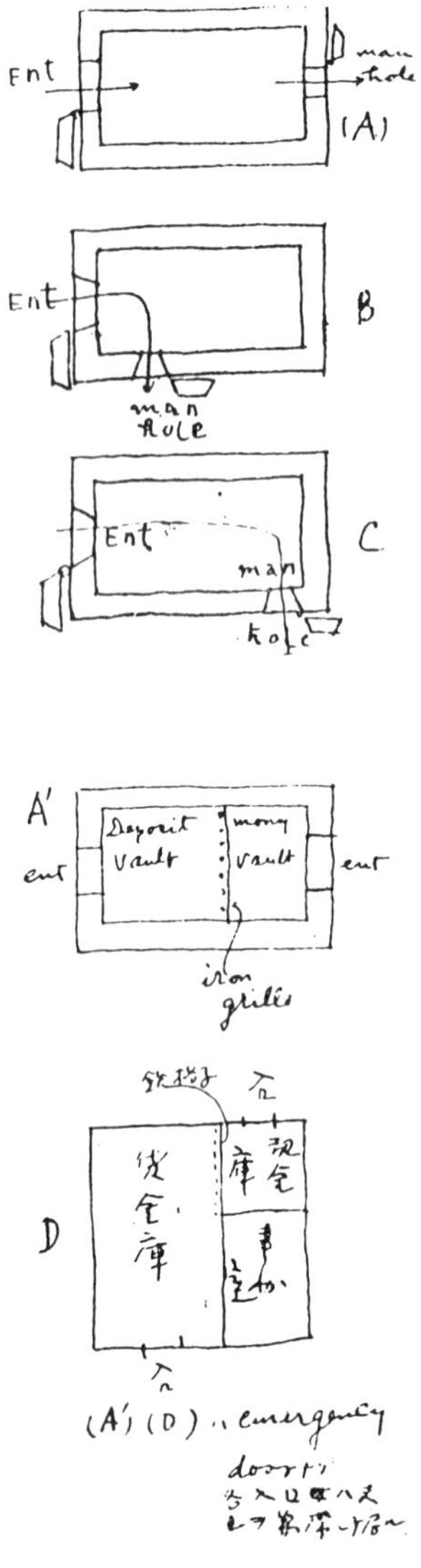

© MURANO design, 2008

通風は普通ボールトの使用中すなわち扉が開いている間行われ、そのほかは行わないのである。

ダクトによらぬ通風用扇風機はたとえばsturvant fanのようなものとボールトの容積と、change of airを考慮して決めればよいわけで、これは別に困難なことではない。大体図のようにして取り付けられ、しごく簡単である。米国各地のボールトにこの方法で通風せられていたところもなかなか多いように見受けられた。それは図のようにエマゼンシーホールのところに鉄のアームで支えられエマゼンシードアーが開くとその代わりにこの扇風機を回転して、その口に嵌め込んで運転すればよい。しかしもっと完全にやるにはどうしても風道を用いなければならない。これはinside parmanent duct systemといわれる方法で、ダクト（その大きさはボールトの容積による）を床に埋め込んでその口を上向きにして、床にあらわしておいてその口から空気を室内に吹き出すのである。しごく簡単なようであるが、なかなかうまくいかないで困る。ボールト内外のダクトは時間の初めに入口のフートステップのところで連結せられ、また時間の終わりに連絡をたたれるようになっている。その構造も図を見れば大体了解できることと思われる。図中Aは Federal Reserve Bank of Bostonに採用せられた方式であってBoston Vault EngineerでTrippという人の考案になったものである。Bの方は日本信託銀行に応用されたもので、もちろんわれわれの考案である。

元来通風の問題は米国各地で、私の見聞した範囲内ではいずれも困っているようであるから、日本でもボールトの設計にあたっては別に専門のエンジニアに依頼した方が良策であると思う。

通風の問題で考えなければならないことは、例のTripp氏の説によれば空気は絶えず吸い出すようにした方がよいといっている。しこうしてボールト内の空気はいかなる場合といえども、絶対に乾燥していなければならぬこととすれば、もしボールトが地下室にある場合など日本の気候を考えると、いかに換気せられても湿った空気がたいていの場合は交換されることになるから、さしずめ駄目ということになる。だから日本ではTripp氏の説は考えもので、やはり屋外の新しい、そして、なるべく乾燥した空気をボールト内に送るようにした方が良策だということに帰着するのである。

各種配線工事

ボールト内の配線としては、普通、電灯、電話および盗難よけの配線などである。しこうして内外の配線は自動的に開閉されるか、または図のようにプラグを用いて扉を開いた後に、サーキットを閉じられるように工夫されているものなどが多いようである。私はここでは主として電灯および電話配線のことを書き、盗難よけ用配線はあとで書くこととしよう。

元来ボールトの周壁には、絶対に穴を掘らないことが理想である。穴を掘れば——仮に壁に配線すると、長い間か、または壁をつくるときのコンクリート打ちの手落ちなどのために、電線のまわりに穴や空隙ができないとも限らぬ。こんな場合、この穴や空隙はむろん各種の危険が襲う導きとなるのであるから、できうる限り壁体を貫通する配線や配管などはよした方がよい。そしてプラグやコードを用いるなり、あるいは別な自動的な手段で内外のサーキットを開閉するように工夫すべきである。この点は彼地でも非常に厳密に研究せられているのである。もし、どうしても壁体内に配線の要あれば天井に近く壁の外面にターミナルをつくって、そこから壁を通貫して配線することが必要である。この方法はやはりボストンで工事中のものを見たが、非常に厳密なる注意が費やされていた。Tripp氏によれば電線はなるたけ被鉛線かまたは、特別の方法で、内部の電線を補強した電線を用いることを忘れてはならない。米国では、この目的に使用される特殊の電線を供給せられているのである。しかしなるべくこの方法はよして、プラグやコードをもって扉が開かれた後に連絡されることが一般に推選されているようである。

要するに見張りの番人が忘れても、扉を閉めたときには電気的に開かれて、ボールト内の電灯は消され、電話は通じないようになればよいが、同時に番人が忘れても思い出すようにするか、あるいは決して忘れぬように仕掛けることが大切である。この工夫は電気的にいかようにも工夫できることであり、かつ米国でも種々に異なった珍工夫をしたところもあったが、いまはあまり詳しいことは忘れてしまった。けれども考えればできることであるから、これ以上書くことはよすことにしよう。

扉およびスチールライニングその他のエクイップメント

専門外の私がこんなことを詳しく、かつ、要領よく書こうとは思わない。米国でさえボールトのことは、別に前掲Tripp氏のごとく、専門的に、vault engineerがおって臨機に完全な新工夫をこらしているくらいだから、詳しくはわからない。そのエンジニアは、注文主の依頼をうけてみずから新しいボールト扉や、ボックスなどを設計してこれを製造屋につくらせ、みずからその仕事か取り付け工事の完成まで現場の監督をやっているのである。その他後述すべきはずのバーグラーアラーム、すなわち盗難よけの装置など、きわめてデリケートなそしてかなり専門的なこととなっているため、素人たる私は、その大体を知ればすなわち足るわけである。

高級のボールトではたいてい扉は二枚になっている。すなわちダブルドアである。しかしシングルドアのものも、また、かなりたくさんあった。信銀および興銀の扉は、厚さいずれも一六インチ直径八〇インチでシングルドアである。そして真から平炉鋼[13]（オープンハース）およびクロームスチールでできているのであるが、これはわれわれの特別の注文で米国では必ずしも全部真から鉄でつくることは必要としていない場合もある、こんなときには中味に鉄屑またはコンクリートの類を入れるのである。シングルドアの厚さ一六インチというのは最小限度のもので、たいていはそれ以上のもので、一見あたかも大砲の閉鎖機のようなのがある。この点について例のNational Fire Protection Associationでは扉の厚さ一六インチと、その中に少なくとも六インチ厚のコンクリートを入れることを要求している。しかるに、ダブルドアになると外扉が厚さ八インチ内部に三インチ厚さのコンクリート、あるいはそれに相当するものを入れることを最低限度としている。そして内扉は厚さ少なくとも半インチ厚の鉄板でつくり、外扉との間に、少なくとも一二インチの空隙、いわゆる、dead space を取ることが必要である。元来この空隙の役目は内外の絶縁をするのが目的である。すなわち大火の場合、この空隙はボールト内部に熱の伝導に抵抗するのが主要の役目であるから非常に大切なものとせられている。

以上の扉には全部それ相応種々の錠や、または例のバーグラーアラームデバイスが電気的に生きるような仕掛けを備えていることはむろんのことである。私はいま一つ、タイムロックや、コンビネーションロックや、その他のロッキングメカニズムについて、ここにいちいち説明する時間もなければ、その必要もあるまいと思うのでよすことにしよう。またマンホールのエマゼンシードアのことについても別にとりたてて書かなくとも、要するに、入口扉と同じ強さにしておくことだけがとりたてて書くべき点であろう。

しかるにここに一つ注意すべき点はきわめて重要なる扉、ことに前述のごとき水の浸入する危険がある場合などは扉（ダブルドアの場合は外扉）の外周に溝の筋を入れておくか、ジャムに合わせて凹凸をつくるか、あるいは両者を兼帯せしめるか、またはこれに準ずる仕掛けとしておけば水ばかりではなく、火煙にたいして大いに抵抗力を増すわけである。普通のものはすべて段形（図示）になっているから、希望があれば注文のときに、特にこれを指定する必要がある。そのほかもっと重要なものになると、扉とジャムの扉と密着するところにパッキングを取りつけているものもある。そうなれば水の浸入にたいしては、絶対に安全であるが、それは扉を取りつけた後に必ずテストをすることを忘れてはならない。

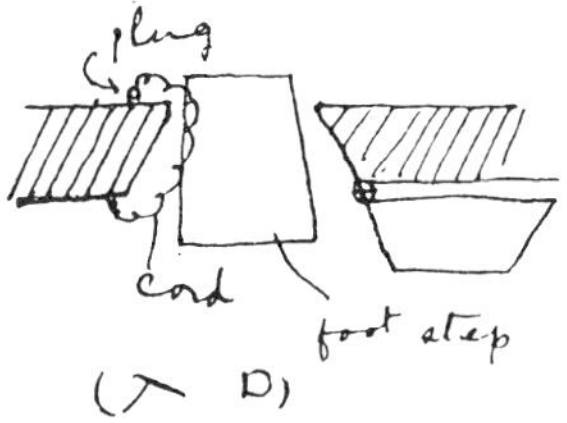

スチールライニング

少[14]なくとも厚さ半インチの平炉鋼とクリーム鋼とを交互に三枚以上を重ねて、床も、天井も囲壁も一様に張りつめ、その上にさらに外観を良くするために一分ないし一六分の三インチ厚さの一面磨きの鉄板を張れば実にすばらしいものができあがるのである。そしておのおのの鉄板はみな目違いにスクリュアップされるわけで、したがって鉄板の強さはどこも同一となるのである。ただし例の表面を磨いた鉄板は必ずしも取り付ける必要はない。そのかわり下地の鉄板の表面には目留めをしてペンキを塗っておけば安上がりであって、米国などでも大銀行といわれるボールトでさえ磨き板を取り付けていないものもあったが、最近のものはたいてい取り付けているようである。とにかく外観は実にすばらしいものとなり、したがって、商売柄大いにおどしはきくが、そのかわりそのためにだいぶ金がかかるから大いに考えものである。ここに注意すべきは、外壁のコンクリートとスチールライニングとの間には少なくとも二インチ、天井は三インチあるいは全部三インチだけの空隙を余分に見込んでコンクリート壁なり、またはボールト内部の大きさの寸法を決定することを忘れてはならない。この空隙は鉄板取り付け用のアングルや、または種々の配線のおさまるところとなるので、これを忘れるとあとで大変なことになるから、あらかじめ注意しておく必要がある。注意しておくことで思い出したが、これは私どもの実際に失敗したことだからついでに書いておくが、最初コンクリートの周壁をつくるときに入口やマンホールをあらかじめ開けておく必要がある。この場合には図のように扉の内側から一七インチぐらい間をおいて大きく開けておかないと、あとで厚いコンクリートを外づらねば額椽がおさまらぬことになる、そして丸扉は丸く開けないでやはりその大きさに角に開けねばならない。

非常報知および盗難よけの装置

ボストンに Electric Bank Protection Association というのがある。その副支配人で Whiting という人があった。その人が例の burglar alarm のデモンストレーションをやっているので西村氏と二人でわざわざボストンまで出掛けて行った。行ってみるとちっぽけなつまらぬものを見せられて、なあんのこったと思ったが、よく考えてみると、なにも大規模にやる性質のものでないので、心を安んじて熱心に彼らのやることや、説明することを聞いて帰った。それまでというものは何のことだか、またどんなものだかさっぱりわからなかったが、実際についてみると、非常にデリケートなもので、第一こんなものを日本に買って帰ったってどうして取り付けてよいか、また、一朝故障のときにどうして修繕するかすべてが最初の試みである以上、そんなことが先に心掛かりになってしまった。彼らの言によれば図面一枚あれば材料は全部こちらから送るゆえ、電気的に専門家であれば、だれでも取り付けることができ、またわれわれは今日までたくさん米国内地の銀行も取り付けたが、いまだかつて故障ありしを聴かないなどと自慢していたが、そんなことはあてになったものではない。それを知らずに最初扉やその他のものを外注するときに麗々しくwith burglar alarm device 云々などとカタログで見たまま、仕様書をつくってやったのが恥ずかしいくらいに思った。実際のところ、先方でやっているようなデリケートな装置は、試みにだれか金をすてるつもりでやるほかはちょっと勧める気にはなれないほどであるが、いま考えると最初の計画さえ適当であれば、さほど心配したほどのものでなく、聞けば日本にもこの種の仕事を専門にやっているところもあるそうであるから、案外安くやれるかもしれない。

＊　＊　＊

われわれはいまここに多忙な大正十一年を大平のうちに送ってそしてまた多忙な、しかし大平な大正十二年の新しい年をめでたく迎えると人並にいっておこう。この大平から大平のめでたき送迎に私はまた盗賊や危険に備えるためにその見聞記を書き続けていることはなんたる不都合、なんたる矛盾であろうか。しかし、古往今来歴史は矛盾とその撞着の連続でないものひとつもありえなかったではないか。世相とはとりもなおさず、矛盾の合言葉ではないか。矛盾とその上に建設される世相は、ついに破壊から破壊への近道をたどって、悪化していくよりほかはなかった。

愛も寛容もおよそ一切のいい言葉は、みな、人の獣性を引き止めるにあまりにばかげきった、弱いまやかしもののようにみられないではないのか、五十円百円の粒々たる収入は悪い世相となればいつ相殺されるかわからない、この世の中で私たちは自分で何もかも歩いて行くよりほかはないように思う。独りで考え、独りで守って行く方がよかったように思う。初めからこわされないものを考える方がこ

興銀のマンホール

わされたあとで怒ったり、泣いたりする方が悪い人間ということになりそうである。

＊　＊　＊

白昼爆弾をなげつけておいて掠奪されるよりもより以上に私は貸金庫のために「火」を恐れる。多くの実例がそれを示しているからだ。数カ月にわたる貸金庫素見記の概略は主としてこの見解に立って書き続けていたことをここに改めて書き加えておこう。

上の写真は、貸金庫外部、扉の下部が床に隠れているのはボールト内外の床面に高低をつけぬこと以外いま二つの重要なことがある。それは扉の開閉の自由を束縛することと床下に通風用のダクトなどの装置がさきに説明されて、ここに挿入した風道開閉装置などの取扱い上の面倒をみなくとも一切合切皆この床下に装置することができ、またそうした小面倒な装置をここに装置しておくことができる余裕を与える場所である。そこで扉前面の床は必要な面積だけ必要に応じて上下するように仕掛けられていることはもちろんで、この上下する部分だけの床を称してプラットフォームといわれている、そしてすべてのオペレーションは皆電力でなされている。こんな装置をしているのは米国でもたくさんはあるまいと思う、私の見たのはニューヨークのグランドセンチュラルの横にある City National Bank のボールトであって、所掲の写真も多分それではないかと思われるが、いまははっきりと記憶しない。Mosler 会社自慢の製品でなかなか立派なものであった。私が会社の人と一緒に見学に行ったときには、ほかに四、五人の素人の見物人とも居合わせて一緒に見せてもらった。事務員がいちいち丁寧に説明したり機械や諸装置を動かしたり忙しいのに何かと親切に見せてくれた。そして私ども七、八人の素人の見物人をして自分のボールトの安全さについて十二分の信頼と満足を致さしむることに努力しているかに見受けられた。かくて私どもは字義どおり自他ともに満足して帰って行った。考えてみればなかなかうまい商売のやり方だ。こんなぐあいに彼地ではボールトや銀行などはなおさら商売柄田舎から出てくる町の見物人やそのほか建物の美しさを見るためにやってくる人たちには非常に親切に見せてくれる。そこいらにうろついているアイリッシュ系の魁偉なそして子供でもなつきそうなお人良しのしかしいかめしい制服の巡視に「ちょっと巡視さん。私はこの建物が大変美しいのでご面倒だが見せてもらえないでしょうか」とでもいおうものなら得意になって飽くほど見せてくれる。帰りに握手して葉巻でも贈るとまた来いというくらいである。こんなぐあいに彼地ではちょっと小ぎれいな建物ができるとしばらくの間は見物人がやってくる。それを親切に見せてくれるという有様である。もちろん私は短い見学旅行で多くは知らないから例外はあろうが、私は見たいと思ってだまって建物の中に入って行って見たいから見せてくれろといって頼んでみて失敗したことは一度もなかった。要領もあろうがお世辞の一つもいえば気持ちよく見ることができるのはうれしかった。日本でもどうかこうありたいものである。建物やそれにちなんで自分の商売を広告するためにも必要であると思う。日本ではちょっと面倒なことだ、ことに、銀行などではいっそう危険視される。日本でももっと建物を解放して一般に見せてくれるように建物の設備も注意するし、また所有者もその心掛けをしてほしいものである。

だれが看守を看視するや

看守を雇うときにしばしば発せられる言葉はこれである。こうした考えがまた必然的に Electric Protection の場合にも思い出されるのである。一朝有事の場合——もしも電線が切断されあるいは電池が破壊されまたは装置がその用をなさぬ場合——これを補うただ一つの方法は「警報」よりほかにはない、急を八方に告げて救けを呼ぶよりほかにないのである。今米国には Mercantile Burglar Alarm Company of N.Y., Holmes Electric Protective Company, American District Telegraph Company, Bankers Electric Protective Association of Boston などがしきりにこの目的に使用する有効な方法を研究しているのである。いま私はこのことについて知り得たことだけをまとめて書いてみよう。[15]

それには次の三類がある。そのほかに適当な方法があるかもしれないが私は知らない。

A、closed circuit の絶縁線をボールト外壁内に埋め込む方法

B、右の電線を外壁の内側に取り付ける方法

C、電線を用いないで tin foil すなわち特製の錫箔を用いる方法

以上の三類は全部電気的に非常報知の作用をするもので簡単にいえばそのサーキットに故障が起こればシグナルまたはベルで、番人や警察に通報するようになるのである。ABC類は同時にその構造および安全の順序である。いまそれをやや詳しく説明してみよう。

A 類

前にも書いたとおり絶縁線（米国ではこの目的のために使用する特別の電線を売っている）は、ボールト外壁をつくるときに同時にコンクリートの中に打ち込んでしまうのである。どんなぐあいにやるかというに、たとえば外壁にレールや鉄筋を配列する（鉄筋は多く twisted bar を約六インチ間に配列する）とすれば、そのレールなりまたは鉄筋に沿って電線も約六インチ間に外壁の四方八方一面に碁盤目に巻きつけておいて、あとからコンクリートを打つのである。もちろん電線は一様に同一回路にあることが必要で、その有様は図面を見れば大体を察することができようと思う。そしてこの電線はもちろん各種の警報装置にたとえばメートルや、シグナルやベルや警察などに電気的に連結されているのである。かなり面倒な注意を要する仕事でもあり、かつ地下室の仕事であるから米国では建物の基礎ができれば第一にボールトを先につくるのが普通であるといわれて

いる。この方法はボールトの安全を期する最高の構造である。ところが仕事の都合やまたはその他の故障のためにA式を採用することができない場合がある。BまたはC類を用いるのである。

それは外壁をつくっておいて、あとから例の電線を外壁内に埋め込む代わりに壁の内側にたとえば図のごとくセメントモルタルをもって張りつけるのである。あまり望ましい方法ではないが、外壁を先につくらねばならぬときは仕方がない。しかるにこの方法さえも採用することができない場合はどうするかというに、仕方がないからC類すなわちtin foilを用いるよりほかに方法がないのである。tin foilとはどんなものかというに、これは前掲ボストンのBank Protection Associationの特製のものでは錫の両面を特殊の方法で絶縁したものである。それを壁の内側に張りつけるのである、BもCも張りつけることには変わりはない、しかしBは電線を張りつけるのに少なくとも四分の三厚のモルタルを要する代わりにCでは特殊の方法で張りつけるためにそれだけのスペースを要しない。わずかに四分の三内外のスペースではあるが鉄板と壁との間では非常に重要な関係を他に及ぼすことになるためにBまたはCを採用する場合は結極を用いなければならぬこととなるそうである。したがってこのtin foilは特別なそして特長あるものを工夫することが自然に競争されるようになるのである。

tin foilのことについてはもっと詳しい説明を聴いたがここでは必要がないからこれ以上はよすことにしよう。

ただここに注意すべきはもしこれを日本で試みる場合で

構造中のボールト

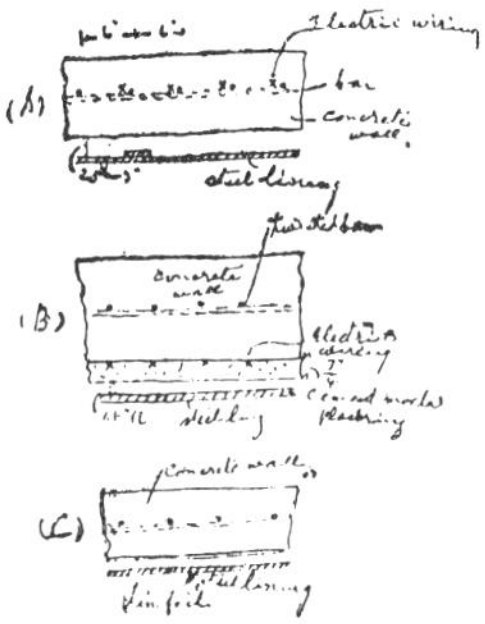

ある。A類を採用することは日本の事情では許されそうにも思えないからどうしてもBまたはCを採用するほか仕方はあるまい。

そこで私は次に以上の装置がどんなぐあいに働くかを書いてみよう。

配線やまたは回路にどんなにかすかな故障が起こってもおのおののメーターはあたりまえの働きをせず、指針はその指示すべき位置にとまらぬようにできているのである。たとえば、front door の inner door と emergency door の inner door はおのおの別に同一の回路にあって、その二つの回路はまたおのおの別に outer door の方は primary に inner door の方は secondary のメーターに通じてある。そこで以上の combination はまた同時に縦と横との combination になっているのである。すなわちその作用はおのおの別に独立しているように連結されてある。

そこでもしも emergency door と front door の inner door が両方とも閉ざされているときにはメーターは図示の位置にくる。また双方の outer door が閉ざされたときも同様である。だが、front door の内外両扉が閉ざされても emergency door が閉ざされぬときにはもちろん小さな方のメーターはその任務の示すとおりを指示するが、大きい方のメーターは指針があらぬ方へ動くかまたは少しも移動しない。その他一切の遺漏の場合といえども同様である。(この場合 inner door または outer door とは二枚の扉を用いている場合すなわち double door single door の場合は wiring はもっと簡単になる。)

メーターには赤標が刻んである。それは、開閉中間の作用をするものである。たとえば扉に取り付けてある time lock が朝一定の刻限に達して、そのとき以後は扉を開いても支障ないときに達したときには、メーターは赤標へと移動して扉の combination lock をあつかっても支障ないことを意味する。扉を開けばメーターは赤標から(?)と刻んである位置へとさらに移動するのである。

次いで door を閉じるときは、どうかというように、メーターは、open の位置から再び赤標のところに動く。番人はメーターが赤標を指すや別に装置した、押ボタンを圧してメーターを shut の位置に移動せしむるのである。以上が拙いながらその作用の概略である。ボストンの Federal Reserve Bank では各種メーターのうち primary meter だけは銀行の頭取の部屋に取り付けてある。その意味は

primary door はいずれにしても最後または最初に取り扱われ、したがってその状況を示すこととなるから頭取はいながらにしてメーターを見さえすればボールトの状況を知ることができるからである。詳細は図を見れば大体を知ることができると思う。

以上はただ日常のことであるがもしアクシデントが起こった場合、たとえばボールトの外壁を破られるとか、夜分扉をこじあけられるとか、とにかく非常のときは、多くの場合AまたはB類の構造では電線が切断せられしたがって回路に故障が起こり警鐘は乱打せられまたは所轄警察に警報せられあるいは電話のベルが鳴りわたって電話でボールトの危機が各方面に通じられることとなるのである。数分たたずして巡査が駆けつけてここに活劇が演ぜられんとして幕が閉じるわけであるが、これ以上は本見聞記以外だから後日にゆずることにしよう。

ところで tin foil を用いた場合はどうであるかというように、例によって tin foil が破られると、そこに short circuit を起こしたときに警鐘がけたたましく鳴るのである。tin foil

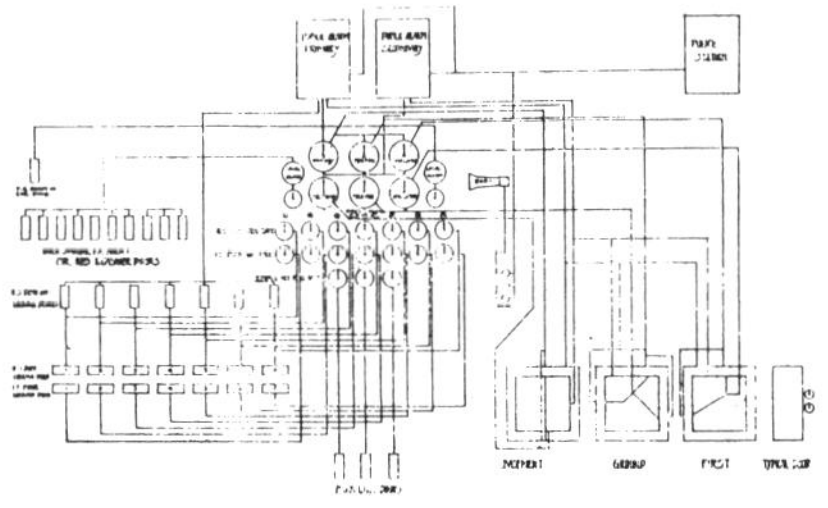

警報装置配線図

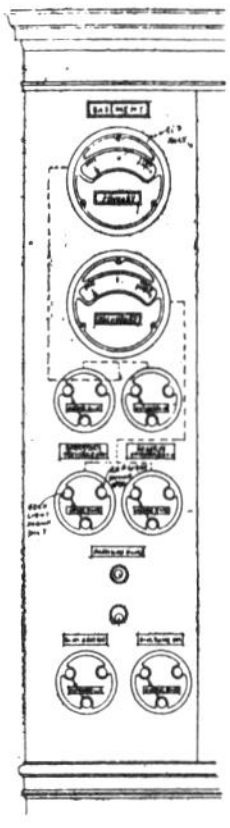

配電盤

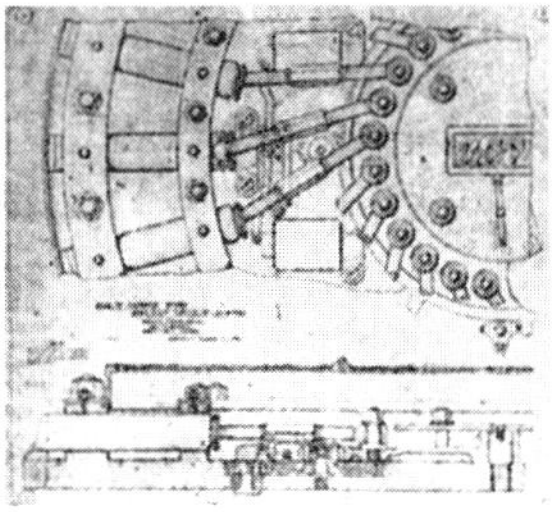

扉の構造

がどうしてshort circuitを起こすかというとtin foilは前掲のごとく幾枚かの錫箔がたがいに両面を絶縁して合わせてあるから、これを破れば合わせてある錫箔は破目のどこかで接触することとなるのである。私は西村氏とともにわずかに木綿針一本をtin foilにほんのさきだけ突き込んだのに私たちの耳のそばで警鐘がなり渡ってびっくりしたくらいである。この場合もちろんメーターはおのおの事の異状なるを指示していた。Whitingの言によればわずかに二シリアムペアーの電流をもってメーターもベルもなんらの支障なくおのおのの任務を全うすることができるといっていた。実際私たちは以上の装置のデモンストレーションを実地に試験してその字義どおりに精密なのには驚いた。

警鐘は多くpublic systemを採用している。[16] public systemというのはベルを建物の外に取り付けて鳴る場合に道を通る人が聞きつけうるようになっているのである。だがもしこの装置を日本に輸入してきてもいったん異状の場合ベルが鳴っても路傍のだれもが、なんのことだかわからぬようでは変なものであろう。だからこの方法はむしろ別な考えを工夫した方が適当かもしれない。大銀行といわれるものはたいていベルを二つ以上取り付けているのである。以上はburglar alarmの一般的な装置である。もちろん別な方法を採用しているところもある。たとえばニューヨークのCommercial City Bankであったかいまははっきりと記憶しないが——steam jetすなわち蒸気を噴き出して盗人を蒸し殺すという方法であるが想像しただけでもちょっとおっくうな気がしたので親切な案内人の勧めを無理に断った。

ボールト内の箱やケースの配列は大体図のような方法で列べた方が良い結果が得られる。

それから箱の大きさを決めるには、それから箱がケースの数を決めるには、

もちろん銀行の営業方針によってその大体のことは決まるわけであるが、前述のボストンで調べた結果に、銀行の性質による住民と箱の関係および銀行の客数と箱の関係ことに、客数との関係など多少加減すれば、かなり参考になることと思われる。とまれ大体の箱数を決定することが根本的である。これを決定し、箱の大きさを決めれば自然にボールトの大きさは出てくるわけである。日本では貴金属か現金などを預けることはきわめてまれで通常証券か証書類または軸物などだそうであるから、こんな関係からその大きさをいく種かに分けて、特殊な方法でぐあいよく配列すればいい（図面参照）。その配列の仕方というのは、箱を縦と横とに分けるのに、縦を箱の深さの公倍数（または公約数）とし、横を箱の幅の公倍数（または公約数）にするのも一法だと思う。そうしてボールト内天井の高さを八尺ぐらいに取れば、箱の全数の幅は自然に得られるであろう。図はボストンでtripp氏の説を参照して、日本では大体このくらいが適当だろうというので決めてもらったのである。日本でも預蓄銀行などに小額預金者などの階級が、これを使用するようなことにでもなれば、箱の大きさは非常に小型となり、また非常にその数を増すことになろう。かように銀行の性質は箱の数およびその大きさを決めるのに大関係があるのであるからあらかじめ設計に当たって大いに考慮する必要があろう。

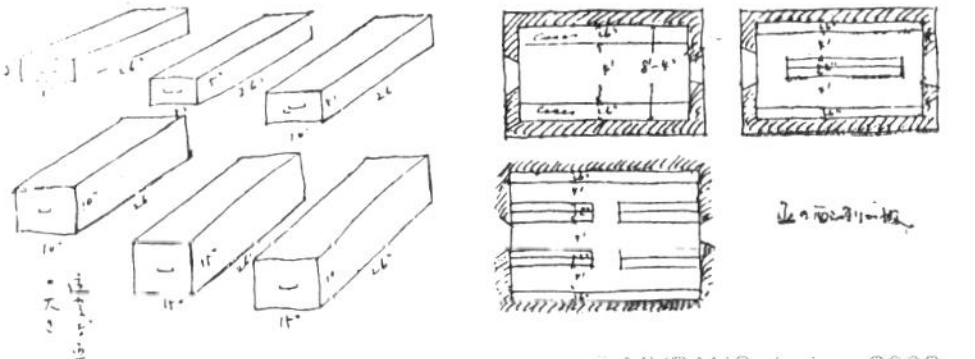

種類	寸法			料金		
	深	幅	奥行	一年	半年	一ヵ月
甲種	1.00	2.20	2.00	45.00	25.00	5.00
乙種	1.00	1.00	2.00	28.00	15.00	3.00
丙種	0.50	1.00	2.00	24.00	13.00	2.50
丁種	0.25	1.00	2.00	15.00	8.00	1.50
戊種	0.50	0.50	2.00	15.00	8.00	1.50
巳種	0.25	0.50	2.00	10.00	6.00	1.20

日本信託銀行

種類	寸法			料金	
	深	幅	奥行	半年	一年
甲	8.5	12.3	15.5	10.00	18.00
乙	3.8	12.3	15.5	6.00	10.00

日本興業銀行大阪支店

種類	寸法			一ヵ年料金
	深	幅	奥行	
	尺	尺	尺	円
第一種	0.45	0.40	1.62	5.00
第二種	0.45	0.93	1.62	10.00
第三種	0.45	0.93	2.25	12.00
第四種	1.00	0.93	1.62	17.00
第五種	0.95	2.00	2.25	35.00

三菱銀行大阪支店

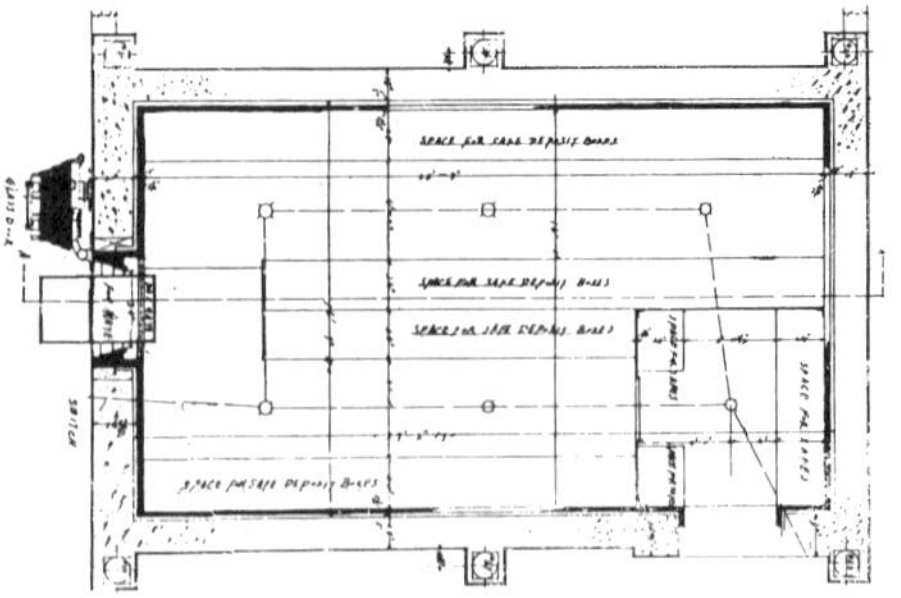

セーフボールト構造の例

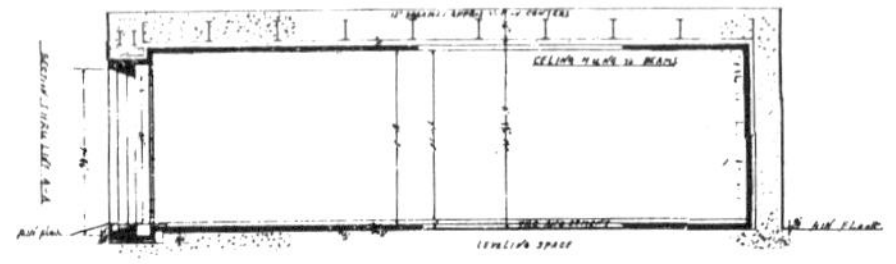

セーフボールト外壁構造の例

先だって三菱銀行大阪支店および興業銀行大阪支店で調べた両支店の箱数およびその大きさを参考のために掲げることにした。

クーボニングルームやボールトのものと大切な点について私はより詳細に書いてみたいが、見聞記の範囲から脱してあまり専門的にわたるのを恐れもするし、それに私自身堅いことを書くことはあまり専門的でなさそうな、この種の雑誌に書き続けていくことに飽いてしまった。顧れば過

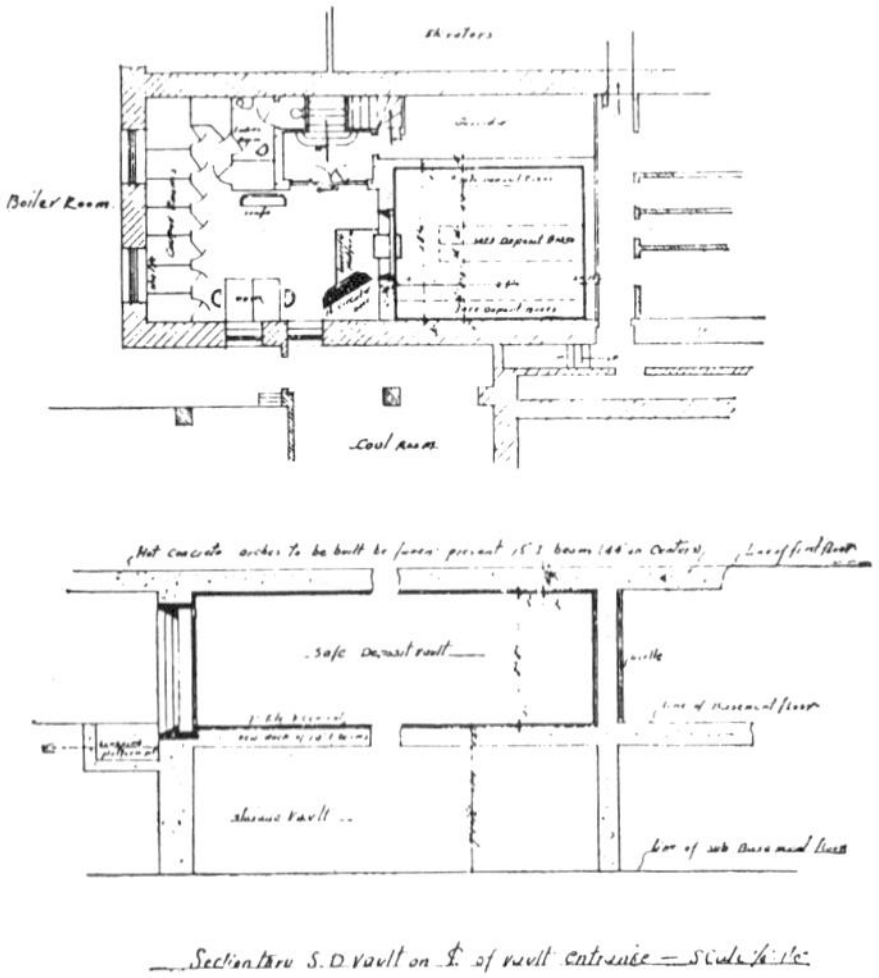

セーフボールトとクーボニングルームとの関係

る数カ月間ずいぶんと物騒なことばかりを目的として、それをやわらかく、そして面白く書こうと思った初志に反して、私の筆はあまり専門的になりかけ、そして、その筆はしだいに堅くなっていった。(17) 私はもう飽いてしまった。

＊『建築と社会』（大正十一年十一、十二月号、大正十二年一、二月号）所収。

【註】

（1）飛行機と書けば、すぐ今日の状態を考えるが、当時の飛行機

は話くらいの程度である。長距離は、すべて汽車と船である。
（2）日本信託銀行は渡辺建築事務所の設計であって、私がその担当をした関係もあり、かつ興業銀行のものを図面のアップルーブに行なって、帰朝後、最初の保護預かりである。
（3）約五十年後の日本の社会不安と、そのときに感じたことを比べて、いささか思い半ばにすぎないものがある。
（4）賊団と書いたのは、面白い。今日の集団強盗の様相が常態であったアメリカ社会の不安を想う。
（5）最近できたFirst National Bank（Chicago）本店には、大規模のボールトが一階にある。Hanover Trust Bankのニューヨーク5番街にある有名な建物にも一階にあり、しかも扉を外から見える（デモンストレーション?）ようにしてある。
（6）ベンチレーションのない時代。
（7）当時はセメント防水はなく、主としてアスファルト防水で、しかも外防水であった。
（8）アメリカの貸金庫利用の盛んなことはChicagoのFirst National Bankの状態を見ればよくわかる。ことに夕方や休みの前日などは大変な人が出入りしている。したがって、規模も大きく、警備もやかましい。
（9）いわゆるトランクボールトであって、拙作、日本生命東京総局の地下にある。
（10）モルガン銀行とは、銀行と直接のつながりはないにしても、モルガンお雪のことで有名である。まず高価なエレベーターはＡＢＣの製品であったと記憶している。当時のＡＢＣとしてはお自慢のもので、私はこれに乗ったことを記憶している。また先般興銀の設計の関係で、親しく保護預りを見学した。
　この記憶は少しまちがったところがある。監視路と正面の扉の関係位置がそうである。しかし、このプランは低い旧館部分にあって、高層の部分にあるのが先般見学したものではないかと思う。実際に扉の開閉をしてまで親切に見学させてもらったが、ボールトなど容易に改装などできないところから考えると、このスケッチと似たところもある。

　詳しく見せてもらったし、案内してもらった人がＡＩＡの会員だったりして、非常に親切にしてもらった。

　この見学記は、長文になるので後日にしたい。ともかく、旧館はいま見ても立派だし、当時のことがここに書いてあるが、様式的ないい建築は、その格が落ちない。どちらにしても、日本のとは土台、考え方、使い方が違う。
（11）現在の大ビル旧館、すなわち当時の大阪商船本社のことである。
（12）当時は地下一階が普通であった。戦前、拙作、そごう百貨店が地下三階とし、ニューマチックケーソン工法、今日の深礎工法を採用した。これは内藤博士の計画による。
（13）平炉鋼または軍艦に用いる装甲用。
（14）構造上の変化もあるが、日本では壁用鋼板は普通一枚である。これではあってもなくても、よいようなものである。安全標準がアメリカと異なるためかと思う。
（15）今日では二重三重の予備が装置されているが、危険が皆無とはいえない。
（16）public alarm systemは強力な盗難にあって、暴力に対抗するには街頭に向かって警報するほかにないという考えによる。public alarmに対し、silent alarmという方法がある。そっと足で警備ボタンを踏むとか、平服の看視が行内に怪しい者がいると見たら、そっと看視用電話機を取って暗号で通報する。
　一般に保護預かり内外その他の通報は、public stationに連

日本興業銀行本店　© MURANO design, 2008

絡されるようになっていたが、今日の日本の実際はガードマンシステムのようであるが、暴力の攻撃の方が護る方より先行するのがアメリカの状態である。

(17)　保護預かりのことについては、当時の記憶だけでも、まだつきないし、東銀や興銀の設計に関係してアメリカの銀行を見学したものも資料があり、かれこれ比較しても興味があり、保護預かりは人間の生命の次に大切なものであるから、その国の社会や世相と結びつき、非常に興味がある。

【補註】約五十年前の見学記で、約半世紀前の保護預かり見学記である。今日のものと比較して、ずいぶん相違していることがわかる。

最初の外国行きでもあった。その頃はまだ洋行という言葉が残っていた。失敗もあったが、また有益でもあった。

保護預かりという特殊なものの興味とともに、今日から見ればいささか幼稚であるが、五十年前と今日と比較して興味がある。

その頃、アメリカの社会を若い一建築家がどんな目で見たかということも、いまから見ればすべてが幼稚であるが、また考えさせられる。

興銀のボールトは二階にあったが、震災直前に出来上がり、建築が渡辺建築事務所設計、内藤博士が構造を担当され、いわゆる内藤博士の耐震壁が証明され、被震がなく、また保護預かりの安全が証明されたことは有名である。

四十五年後に、奇しくも私がまた、この建築を担当し、保護預かりを設計することになったが、今日の場合を考え、創建当時のことも比較して、いまさらのごとく、今昔の感にたえない。

いわゆる大谷石の庇に対する私の見方と帝国ホテルの感じ

実物を前に控えていないのですから、ただ私の記憶や、印象をたどることにします。厳密にいうなら、それははなはだ無責任のようでもありますが、必ずしもたんなる規定でないことだけを前もってお断りしておきたいのです。ただしお前のいうことは事実とは非常に違ったものだといわるればそれまでです。私は文句なしにこの小述を引き込めるだけです。

ホテルの北側入口に低く、そして、非常に長く突出した平ったい庇があります。見たところ一間半ぐらいも突き出ているかもしれませんが、とまれ非常に長く突き出ていることだけは確かです。外観は庇の三方の縁が大谷石で、一方は建物にくっついています。そして、庇の下は直ぐに入口になっていて、気持ちの良いくらい開けっ放してあります。しかし庇を支えるためには外部になんの仕掛けもありません。むろん、ブラケットだの吊金物のというようなきわめて通俗な、私どもが普通やりそうな手段さえも講じてないのでちょっと見ると危険な感じがします。庇の平ったい部分がなんであるかは少しもわかりません。甲は鉄筋コンクリートの平ったい突出だともいい、乙は、鉄骨になにか張っているんだともいいますが、多分そんなものでできていて、三方に大谷石をなにかの方法で取りつけてるんでしょう。

庇の三方の縁が大谷石でできてるために、見たところ、大谷石の庇のようで、そして自身の強度で自重に耐えているもののようにしか見られませんが、それにしては大谷石の形があまり細長い感じがして、多少力学上の頭のあるものにはとても自身の強度では支えきれないだろうと思うことだけは確かです。

「危険な感じがするなァ」

「異様だね」

「大胆というよりもむしろアブノーマルだよ。それに不自然じゃないか」

と、次から次にそうした感じがこみ上げてきます。すると知恵が安心しろ！と命じます。

命が惜しいんでしょう。一度はきっと歩みをとめるかまたは知恵が私に安心を強いる前に、少なくとも最初の一度は好奇の目を見はって庇の恵みを仰いでみます。

○「そりゃ危険な感じがすると思う君の考えがまちがってるんだ。いまの科学があの大谷石を支えきれないと思うか。……たとえブラケットもそれから吊金物もないにしろ」

△「だって僕は、僕の実感を裏切るわけにはゆかないからね。どうも、僕だけが神経質にできてるせいでもないらしい。AもBもそういってるようだというのは、あの庇は、大谷石のほかなにも見えてないじゃないか。明らかに大谷石の……あの脆弱な大谷石の庇にしきぁ見えないじゃないか。あんなプロポーションで、どうしてあの長い突出が支えられるんだ」

○「だけど、内部に石を落とさないように丈夫な仕掛けがしてあるんだよ」

△「しかしあの庇の意匠を見給え。大谷石の突出のほか、なにも見えないじゃないか。明らかにそれは大谷石の庇なんだ。仕掛けがしてある。丈夫な架剛が石を支えているといっても、それは僕にいわせれば弁解としきぁ取れないね。弁解なら弁解のように目に見えるようにしてもらいたい」

○「見えなくったって、君の優秀な科学と経験で考えたらそんな問題は出ないはずだがね」

△「僕はまぬけだよ。一にこれはこうして持ってるんだと表わしてなけりゃあんなに重い石の突出が、あの細さで支えられそうに思えないんだ。実際計算をしても、また実験をしても、あの格好じぁまず大谷石の庇は折れっちまうにきまってらあね」

○「そう考えるのは君の勝手だが、君の頭の悪いことだけは確かだ」

△「どうでもいいさ。……しかし僕の頭は正直だよ」

○「……」

△「……」

これが先夜協会の席上で私が提案しました、大谷石の庇に対する案の内容だったつもりなのです。これが本野さんのお説の出発点と、どんな関係にあるかは私にもわかりませんが、とまれ、この印象と対話とをお読みになる方はだいたいにおいて二つの問題に気付かれるでしょう。一つは構造の問題……ある架剛が大谷石を支えていることをどうみるか。……他の一つは意匠の問題……庇の主体がある丈夫な架剛体であるにもかかわらず、一見大谷石の庇のように見えることをどう考えるか。しかも大谷石の格好が自身の強度では支えきれないような細さであるにもかかわらず、折れもせずにいることをどう考えるかという二つの問題を。

そこで私は右の二つの問題を考えたところで、私自身の分野に入ってしばらくこの小述を進めていこうと考えます、その前にちょっと断っておきたいことはライト氏の態度の問題です。幸いにして私は氏の作品についてはわずかに二つしか知りません、一つはシカゴで例の団子の串ざしのようなものがくっついた建物と、いま一つは帝国ホテルです。その他のことはいわゆる巷間の噂であって、むろん根拠あるものとは思えません。ところで氏の態度がどうであるかということを初めから極めてかかることは事実を事実として、感触するうえに非常な不便があり、かつ結論の帰終において冷静なる判断をあやまりはしないかと思います。こう私は初めから氏について知らないままのまったく白紙の態度でこの小述を進めることにした方がいいと思うのです。

私はこの庇を非常に長い突出だと考えます。そう考えた方が問題の性質からいってもわかりやすいと考えます。なぜなら一間半にしても、またそれより長いと考えても、落ちそうな危険な感じということについては変わりがありません。そして先に暗示した二つの問題がこれから後に進んでゆく私の小述にたいしてどんな割合で織り込まれていくか、私にもはっきりとはわかりませんが、私はまず構造上の問題だと思われることに向かって最初の考案を試みましょうか。

素直に私の考えをのぶれば、石と、架剛体（仮に鉄筋コンクリートとする）との接際に向かって私の注意の焦点が燃焼を始めます、そして疑問が次の諸点に向かって放たれるのです。

大谷石の色と線と面の感じを利用せんがために、われわれの目にははっきりと知ることのできないような状態にある鉄筋コンクリートに大谷石をくっつけている点……構造を大谷石が隠して自分がそれに代わっている点……つまり、大谷石はみずから構造と装飾とを兼ねている代わりに力学上の欠陥を補うことを忘れているような点に向かって。

それは明らかに……A大谷石の犠牲を越えた意匠から起こってくるものと……B主体の架剛を大谷石が包んでいることから起こってきたのだと思います。

そしてこの疑問は大谷石をたんなる張りつけ石とみるよりほかに解決の路は開けていないかと思いますが、これを装飾とみるには、あまりにゴツイ石の重さであります。それは装飾としては意味をなさないくらいに（constructive meaning）に欠けているようです。大谷石を取り付けてあることを表わすために、ボールトの頭を出しておくというような、まず私どもがやりそうな低俗な手段さえも欠けています。

すべては知恵と知識だけが、それを推断しうるばかりですからむずかしいんです。

しかしながら大谷石はその折れそうなプロポーションであるにもかかわらず、依然として雨露にたいして突き出ている。落ちもせず、折れもせずに客を待っています。それをどう考えたらいいか。これをジャスチファイするために鉄筋コンクリートの例――鉄筋コンクリートが生まれた頃は、だれしも持ち送りのない突出を危なげに感じたことと思う――しかし長い経験と習慣とはついに安心してこれに対することのできる境地に導き入れた……というその鉄筋コンクリートの例をもって引証されるのがどうか。

思うにもしこの庇が鉄筋コンクリートばかりでできていたら、だれも危なっかしく思うものはありますまい。思う方がまちがいであります。そしてむろん問題はありません。なぜなら、鉄筋コンクリートが安全だということを今日人が知りうるのは、それを構造としてみるも、またこれを装飾としてみるも、意匠において、それが美であるところに一致した暗示上の、また、したがって心理学上の根拠を持っているものと思うからです。たとえばだ円が美しいとか、三角形が良いとかいうのは、エラスチシチーとか剛性が、ある美を暗示しているからです。つまり最高の美は、またそれだけ深刻に数理の上に根拠をおいているものと思うのです。ところが、私はその鉄筋コンクリートのうちに大谷石の特性と、その形や格好というものを考えなければなりません。

しかし人はその大谷石を丈夫な鉄筋コンクリートで支えているんだというでしょう。しかしながらBは馬鹿をいえ！　そんなことがあるものか！　それは明らかに大谷石の庇なんだ！　というかもしれません。またBはそういいうるのです。なぜならもしもこの石が鉄筋コンクリートの剛性で安全に支えられているためには、しかも人々の心に安心を訴えるためには、大谷石の意匠はもっと軽い意味のものであるか、または、それ自身の格好においてもっと科学的の意味を表わすものでなければならぬと考えます。それにもかかわらずコンクリートは明らかに大谷石にその責任を転嫁して、自身は人々の目から隠れて、ただ推断の世界に引き込んでいるのが事実としての庇の感じです。ですからこうしたコンクリートの役目をどうみようと、みる人の勝手であるように思われます。この考えの下に、私の見方は鉄筋コンクリートの剛性というものを考える理由を見出すに苦しむものです、そしてこの問題にたいする鉄筋コンクリートの例による引証は、全然役立たぬこととなりました。

依然として庇は――この大谷石の庇は危なげな格好からわずかに支えられて、永久にその不自然な姿を雨露にさらすことでしょう。しかし人は落ちないでいるんだというでしょう、Bはそれだから不思議だというのです。

問題はもとに帰ります。

しからばこの石とコンクリートとの合成庇の突飛な突出にたいして科学がこれを認めるかどうか。そして科学は架剛と石との結合をどう考えるか。私はここで科学が持つところのある悪魔的な魔術についてのべようとは思いませんが、私とても科学の力でこの不思議な石の突出が支えられていることだけは認められます。そこで私は構造上の真という問題に入って、このことを考えてみようと思います。

私によれば、すべて一切の醜悪は不合理なるものの別名です。

ここで私は意匠の問題に入ったような気がします。元来構造上の真ということは材料や施工法の変遷や進歩か科学思想の発達から、いまと昔とはよほど異なってきました。しかしながら、仮にこれを材料にだけについて考えれば、材料それ自身の有する美観なり、または構造上の意義はその材料の特性の上に変化がこない以上、それらの材料が構造的にわれわれに訴える、ある美しいプロポーションには限度があるはずです。むろん時代思潮とともに多少の変化はあるにしても、鉄と石とを同一の美におくことはできません。これはたんに感じの問題でなく、明らかに実験することができます。同様に鉄筋コンクリートの剛性と大谷石の強度とが一致しない以上、鉄筋コンクリートの力学上、合理的なプロポーションを直ちに大谷石をもって代用することの不合理な意匠であることが証明されます。いかなる現代科学思想をもってしても脆弱な大谷石の特性を鉄筋コンクリート同様に考えることはできないことだと思います。

むろん現代科学の賜として、構造は自由になりました。あるいは無限に自由になったといってもいいでしょう。といって、鉄筋コンクリートの突出が大谷石の庇に化けることはできないと考えます。

つまり大谷石にも、その分子の構成や強度からくるあの力学上の美的限度があるはずです。この限界においてのみ大谷石の美が生まれることと思います。ましてその限界においてのみ、大谷石は構造上の真にあるはずです。換言すればその特性を越えては、本来の美を、これをたんなる張りつけものとみる以外には考えられないはずです。たとえば折れそうな大谷石の庇には、われわれは美というものを認めえられないということです。つまり構造においてもまた装飾においても、美は同時に数理上の合理性をそれみずからのうちに表わすものでなければならないと考えるのです。そして、それ以外においては断じて醜悪なるものの範囲から脱することができず、またこれを手伝った構造を虚偽とみないではいられません。

こう考えるところで、私は再び帝国ホテルの庇を眺めますと、不幸にも失望せずにはいられません。あの偉大なライトの傑作にたいし、一抹の暗影を投ずるものはなんのためか。明らかにそれは科学の有する、その無限な構造上の自由性ではないでしょうか。科学が鉄筋コンクリートと大谷石との結合に役立ったことから起こったのではないでしょうか。

人はこうした構造上の自由性を醜悪に使用した結果をみて、なおこれに「構造上の真」という最上の言葉を用いるだけのブロードマインドがあるか。

私はこうした構造上の現状にたいして、「自由」という言葉をさえ用いることを慎みたいくらいに思うのです。

そこで私は構造上の真と、構造上の自由性とが美において一致するためになんらか考えねばならなくなりました。これがために私は構造を表現の手段としてライトが使用しておられるという言葉を借りて考えることを許してもらいたい。

表現の手段として構造を使用することは、ある限度以内においてはおそらく建築術のすべての場合であり、同時にまた構造それ自身の自然的な志向からある表現が生まれることをもって意匠の一面だと考えることもまた、ある限度以内においては十分信ぜらるべき根拠をもっています。けれども問題はそのうちに含まれている悪魔的な側面であります（私が悪魔的というのはたとえば排他、抗争、唯我独尊、我執、虚偽、醜悪、誇大などを指すのです）。そしてこの悪魔は多くの場合手段がある限度を越えて強行された場合にわれわれの目に映ずるのです。

たとえば、私がある建築の意匠に最高の美を自信しているとします。……衆愚はただ私を信じて私の作品を眺めさえすりゃいいんだ……というくらいの自信をもって。

そして私は私の自信をついに実行しえたとします。自然の結果として多少の不満や失望か、またはとうてい理解しえない美や、環境や、条件の軽視、または自然的な構造上の志向から著しくその自由性の酷使乱用、そしてその結果は意外の出費が施主の不満を買うようなことはありがちのことだと思います。ありえたという仮定のもとに、私の考えを進むれば、こうした私の態度をだれが是認するでしょう。たとえ私の態度が至高至純であるとしても、私は結果をその批判なしに是認するわけにはゆきません。

むろんそれらはある程度まで、おそらく建築工事におけるすべての場合に起こる問題であるかもしれませんが、ライトは帝国ホテルの建築において豊富な天分を実現せんとして、氏の芸術的良心を強要しなかったでしょうか。ありありと私はそれをホテルの随所に実感します。そして大谷石の庇や食堂、天井のブラケットのごときは、おそらくそのもっともはなはだしい例であるかもしれません。たとえ氏の態度が至高至純であるとしても、それではあまりに興奮しすぎてはいないでしょうか。そして、実際建築の担当者だと考え得られるでしょうか。いわゆる巷間の噂であるとしても建築当時の当の責任者たる某重役の辞職説の真相などは、この間の消息を裏書きするものではないでしょうか。

そこで私はそうした芸術的良心の強烈な把持者たちに警告したい。

真と自由とが美の王座にあらねばならぬということは、至高の道徳がこれを支配する場合であると。これを要するにライトはその浮世絵のような色において、また線のデリカシーにおいて、またその面の交響楽において、何者かを常人のとうてい企図しえない程度に表現しえたかもしれませんが、私はライトにおいてのみ表現せんがための表現を罪悪だと思うのです。

私はこの小さな庇についていうべくあまりに多くの言葉を費やしてしまったことを感じます。それは私の実感によれば、ホテルの建物の感じをもっとも端的に表わしているものを、私はこの庇に見出したからです。

「極端な建築」ただこれだけでこの建物にたいする感じは尽きています。そして私は次の数句を書き添えることによってさらに私の考えを進めることをよしましょう。

人間は彼の特権を濫用することによって、特権のために濫用される。大地に根をおろして梢を空にもたげるものは栄える。梢に大地をつぎ木して、そこに世界をつくろうとするものは危ない。しこうしてこの奇怪な軽業がいかにわが芸術家によって好んで湧出されるよ。（有島氏『芸術と生活』）

（大正十二年、八、二十六）

＊『建築と社会』（大正十二年九月号）所収。

【補註】 旧帝国ホテルの保存問題について、私も賛成であったし、保存方法については別の機会に愚見をのべたが、大正十二年といえば関東大震災の年であり、私のアメリカ旅行の前年でもあった。

その頃、氏の建物について、このようなことを書いているのは、非常に興味があり、当時においてさえ、この建物について、このような意見をもっていたことを考えれば、保存問題につきて、また世評なるものについても、慎重でありたいと思う。

私との話相手は、本野精吾先生であったと思う。

建築の経済的環境

（一）

建築が他の企業組織と同様に生産行為の結果と考えられるようになりしことはさまで古きことにあらず、建築の一切の現象たとえば美観、用途、構造、施工、その他あらゆる事柄が一つとしてこれに深い関係を持たざるものなく観賞、嗜好とともに一つとしてその掣肘《せいちゅう》を受けざるものなきは今日の状態なり。旧来の考えにおいて、われわれはもはや建築労作のうえに百姓の芸術を求めることは不可能なるがごとし。

建築の上に共通の形式を生じ、したがって流行が著しく互いに国境を越えて共通観念の交歓にさまで不思議を感ぜるにいたりしことは、当然の現象とはいえ、もはや店頭に飾られた友禅模様と建築とをだれが今日切り離して考えうるか。この意味において建築もまた一個の商品にすぎない。もはやわれわれはスタイルを創造することはできない。ただ同じ形式の下において異なった嗜好を表現しうるばかりなり。

製作場と組立場とを兼ねたる旧来の施工方法から、建築現場がたんに組立工場に移りつつあることは最近における著しい傾向にして、期間の短縮、工費の節減、施工の単純化を極度に要求せらるる今日の建築、ことにオフィスビルディングのごときはますますこの傾向を助長すべく分業および外来品の発達はこれを助くる唯一の方法なれど、今日の状態はいまだ全しというべからず。

（二）

ここに、郊外地のごときしだいに発展しつつあるところに空地ありと仮定せよ。しからば地価の騰貴とともに、税金はしだいにかさみ、そのままに放置していては、この空地から一文の利潤をも得られぬこととなるべく、地価はいよいよ騰貴すれば、損害は一層はなはだしくなるべし。よって、人はここに建築することとなるべし。かくすれば、ひとり建築そのものより利潤を上げうるのみならず、ここに初めて地代を生じ、空地は一転して有利のところとなるべし。しからば、いかなる種類の建築をなすべきか。この空地に適当なるか。その階数、その割合、その構造、そのアコモゼーション、その場所柄、および将来の発展にたいする用意、または予想、価格。しこうして、ここに初めてその敷地から得らるる適当なる利潤について、深く考えねばならぬことが問題として起こりきたるべし。この問題を相当な効果を予想して解決することは、決して容易なる問題でない。

あるいはここにすでに建築せしものがあると仮定せよ。さきに投資せし（土地および建物）ものにたいして、いまは適当なる利潤を挙げえられるようになりたいと仮定せよ。それは建物自身の衰退によるか、さらに地価の騰貴による家賃の不合理なる高騰によるが、さらに地価の下落による家賃採算上の不利によるか、または場所柄あるいは町の変化により用途の上に変更を余儀なくされたるためか、いずれにせよさきに建築せしものの改造に迫られることあり。この場合、人はいかにこれを改造せんとするか、決して容易なる問題でない。都市計画による渡辺橋筋の近頃の混乱を見よ。さきの近松座が今日の変化を見よ。さらに転じて、近年とみに行人の眼に映ずる移り行く街頭を見よ。重苦しき土蔵造りが華やかな店頭をつけて、近代日本の都市文化のあるものを表現しゆくさまを見よ。かくて都会の中心から、しだいに住宅が駆逐されつつある状態を見よ。それは一つとして経済上の原則を超えて、街頭を変化させるものはあるまい。新築の場合といい、あるいは改造の場合といい、いずれにせよそれは、建築自身の問題と、建築と土地との問題と、およびこれを営利的見地より打算したる問題、あるいは以上の相関する範囲より出づることは多くあるまいと思われる。建築自身の問題を解決することは、きわめて困難な問題ではない。たとえば構造、装飾、設備、計画、デプレシエーションなど。

しかるに土地と建築との関係にいたりては、学者の間に種々の説あるがごとく、複雑にしてその関係するところははなはだ広く、これのみにて一個の社会問題となるべし。さらに地価の問題、社会心理の問題、都市問題など関連輻輳して、これを経済的に顧慮することは、決して容易の業にあらず。

詮ずるに建築の経済的意義を明らかにせんには、第一、そのよって立つところの土地の問題にもっとも深く左右されることを知らざるべからず。土地の問題とは、すなわち地価の関係なり。地価はその場所柄、あるいは地相を知る必要あり。地相を見るには容易ならず。一に移りゆく状態について、考察と経験とをもって断ずるより詮なかるべし。いずれにしてもやっかいしごくの業にして必ずしも理論をもって推すべからざるもののようなり。次は建築自身の問題なれど、これは多くその関するところ技術的方面にして、また理論的にも相当推断しうべき性質のものなれば、さまで不可解なるものとも思われず。以上の事柄を営利的見地より、その利害得失を打算し建築を維持する方法を攻究して、投資にたいする相当の利潤を上げんとする行為を、建築家は決して等閑に付すべきものにあらずと信ず。

(三)

建築は建てられたるままにて長く維持さるべきものにあらざることは明らかなり。二十年、三十年、いかなる建築といえども、近代建築として百年を出でてなお余命を保つものは少なし。多くは七、八十年をもって限度と考えらるべし。これを構造的生命（structural life）とせん。ここに例外あり。たとえば歴史的建築（法隆寺、サンタ・ソフィアなど）なり。これとて永久というべからず。

建築は利潤を上げつつ朽ち果つるものなることは明らかなり。しかしながら、朽ち果つるまでも利潤を上ぐるものはまれなり。建物の幾千の期間が利潤を上げうるか不明なれど、とにかくこれには一定の期間あることだけは、何人も想像するにかたらず。たとえば機械について考えん。磨滅してはなはだしく能率低下せるものを無理に使わんよりは、さらに新品を購入するにしかず。建築もこれと同様なり。朽ちて用をなさざるものを、無理に改造せんより、改築してさらに大なる利潤を上げんとするは、企業家ならずとも考えうるべきことなり。この不明の期間を、仮に営利的生命（commercial life）とせん。これにも例外あり。たとえば、田舎地方の建築のごとく、朽ち果つるまで用途に供せらるるもののごとき、欧州にその例多し。長くは数百年住宅または商店などの用に供せられつつあり。しかしながら、これらは経済的にみればまったく零なり。あるいはマイナスのものもあらん。およそ歴史的建築は、例外なしに経済的打算の外に超然たり。以上の事柄は、建物の内部に設備されたる種々のエクイプメントについても、またほぼ同様なり。この二つの生命が土地を交錯するところに営利的打算が挟まれる。しこうしてこの二つの生命がしだいに衰滅する方向を究めることは、経済建築の重要なる問題であって、ここに初めて打算の基準を見出すものなり。一般に建築の営利的生命は、構造的生命よりも短く、建物の性質、構造、種類によりて長短あれど、概して住居の用に供するものは長く、構造的生命にたいし営利的生命が九〇パーセントに達するものもあり。商業用のものは概して短く、六〇パーセントに達せざるものもあり。第一、第二表、および第一、第二図によりてその概念を知るべし。

ここにストラクチュラル・バリュウ（structural value）と、コマーシャル・バリュウ（commercial value）と称するものあり。構造材料良好にして、構造法よろしきものは、ストラクチュラル・バリュー高く、良好なる計画、優秀なるデザインは、すなわちコマーシャル・バリューを高くす。両者の間に因果関係あることはもちろんなり。この価値のいかんは、いつにかかって建築家の双肩にあるや当然なり。

建築の種類により、腐朽の順序に一定のコースあり。第一、二、三図はすなわちこれを表わす。しかしながら、建築は各部一様に腐朽するかというに、たとえば木造建築のごときは、腐朽する状態概して根本的なれども、その他は部分によりて長短あり、第三表はこの概念を示す。

以上をもって、吾人は概略建物の構造的生命、および営利的生命、両者の価値またはその変化しゆく状態について述べえたりと信ず。さて、以上の事柄が、経済といかなる関係を有するかは爾余《じよ》の問題なり。この二つの生命の問題が、地価と相関するところに経済的議論を生ず、したがって企業家は、建物の性質、種類、構造、設備によりて将来にたいする営利の方針を定むべきや論なし。しかるに最近において、建築の発展に伴い内部の設備も非常に進歩し、また複雑多種となりし。こは、ひろく人の知るところとなり。したがってその価格も非常にかさみ、最近アメリカン・アレクチクト誌の報ずるところによれば、ホテルのごとき高級建築においてはその主体工費の約三割ないし三割五分を占むるの状態にして、普通の事務所風建築においては約二割および二割五分を要し、いかなる安普請といえども六分を下ることなかるべし。最近竣工したる大阪ビルディングのごとき、約四割五分に達せり。しかしながらこ

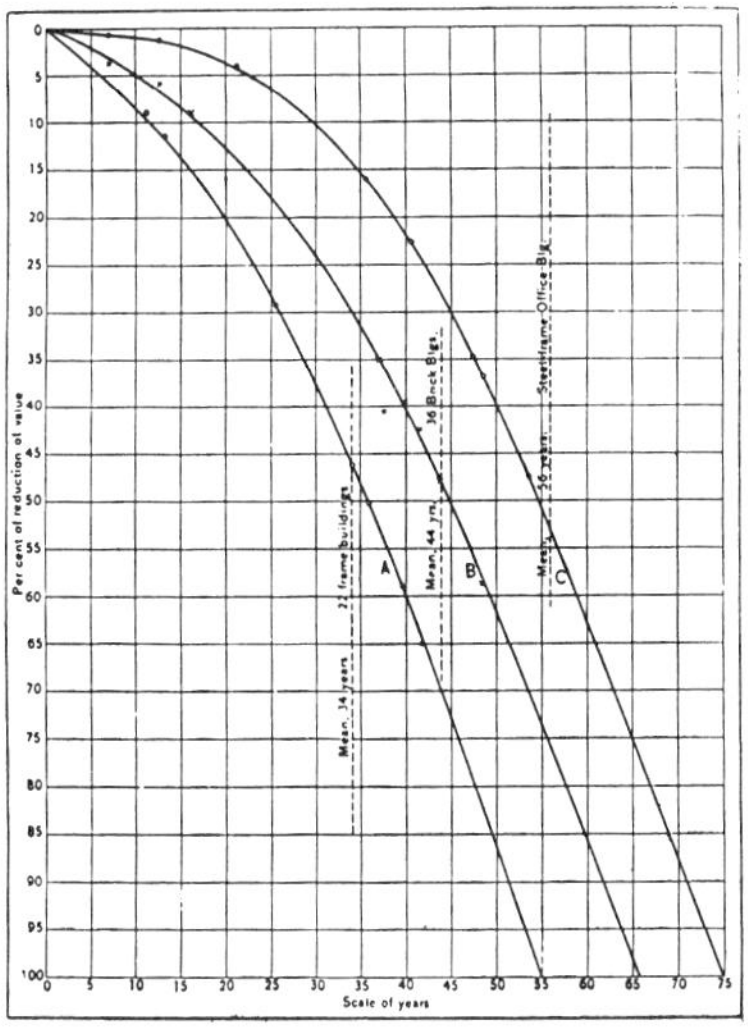

第1図

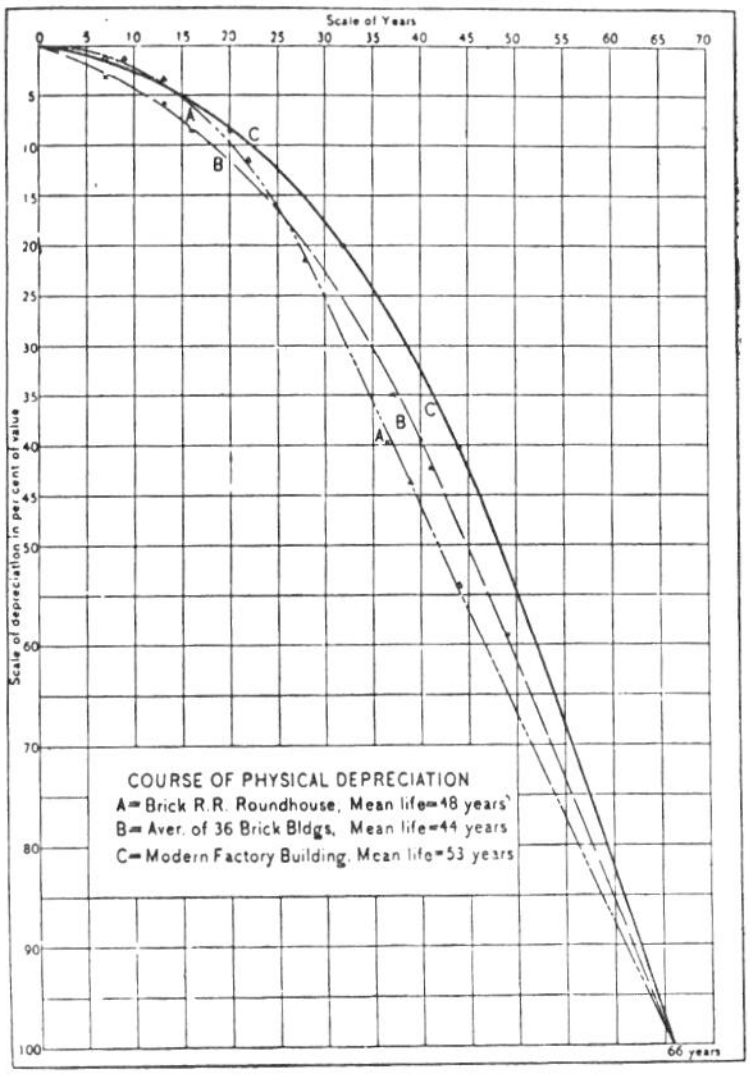

第2図

TABLE OF APPROXIMATE STRUCTURAL AND COMMERCIAL LIFE OF DIFFERENT CLASSES OF BUILDINGS. ALSO ANNUAL STRUCTURAL AND COMMERCIAL DEPRECIATION.

	Structural.		Commercial.	
Class of Building	Life in years	Per cent of average annual depreciation.	Life in years.	Per cent. of average annual depreciation.
Cheap detached frame residences	30-40	2.90	25	4.
Good detached frame residences	40-60	2.10	35	2.90
Ordinary brick residences	50-75	1.65	40	2.50
Good brick and stone residences	100-150	.83	45 or more	2.20
Frame tenements	25-35	3.50	27½	3.17
Brick tenements and flats	40-50	2.25	35	2.90
Good class apartment houses	60-75	1.66	45	2.20
High class fireproof apartment houses	75-100	1.16	45 or more	2.20
Cheap brick shops and dwellings	40-50	2.25	40	2.50
Ordinary brick shops and dwellings	50-75	1.66	45	2.20
Good brick and stone stores and offices	75-100	1.16	45	2.20
High class offices & stores of brick, stone, terra cotta and iron or steel construction	150	.83	50 to unknown	2.

N. B.—In frame buildings and the cheaper brick buildings, there is apt to be a considerable excess depreciation over the average in the first year or two, owing to shrinkage and settlement, special allowances can be made for this where necessary.

第1表

TABLE SHOWING APPROXIMATE COMMERCIAL DEPRECIATION OF A BUILDING COSTING $10,000, THE STRUCTURAL LIFE OF WHICH WOULD BE ONE HUNDRED YEARS, THE COMMERCIAL LIFE BEING FORTY YEARS.

	Approximate structural value at the end of each five-year period, based on a life of 100 years.	Per cent. of annual commercial depreciation per five-year period, based on original cost.	Approximate commercial value at the end of each five-year period.
Cost value of building	$10,000	...	$10,000
Approximate value at the end of five years	9,500	1%	9,500
do. 10 "	9,000	1%	9,000
do. 15 "	8,500	1%	8,500
do. 20 "	8,000	1%	8,000
do. 25 "	7,500	1%	7,500
do. 30 "	7,000	1%	7,000
do. 35 "	6,500	6%	4,000
do. 40 "	6,000	8%	0

第2表

Material	l Life rel. to 66 yrs	c Cost rel. to total cost of bldg.	$l \times c$
Foundations	100%	5.3%	530.0
Steel framing	100	7.6	760.0
Masonry	100	33.7	3370.0
Fireproof floors	100	2.0	200.0
Ornamental iron	73	6.3	459.9
Heating	50	3.3	165.0
Plumbing	50	1.5	75.0
Electric wiring	50	2.0	100.0
Partitions	70	1.2	84.0
Joinery	70	3.4	238.0
Fixtures (plumbing)	29	12.6	365.4
Roofing (tile)	59	2.0	118.0
Plastering	54	3.8	205.2
Marble	54	9.6	518.4
Elevator	30	3.1	93.0
Hardware	37	0.5	18.5
Glass	14	1.3	18.2
Paint	10	0.8	8.0
Totals	...	100	7327.6

Mean, $\frac{7327.6}{100}$ = 73.276% of 66 years, or a mean life of 48.36 yrs.

第3表

の結果は特別の事情あるをもって一般に応用するをえざるも、本邦における一般的の比率は今後三割内外を要すべし。しかもその生命たるや、建築のそれに比して短く、長くも四十年を出でて余命あるものまれにして短きは七、八年に達せざるものすらあり。さらにその営利的生命にいたりては知るべきのみ。概して運転するもの短く、これなきものは長し。第四表、および第四図はこれを示す。

(四)

ふつう家賃と称せらるるものは、建築費と、建物の維持に要する資本の利子とを回収さるるものと、元本の償却に充つべきものとを合したるもの、および建物の建てられた

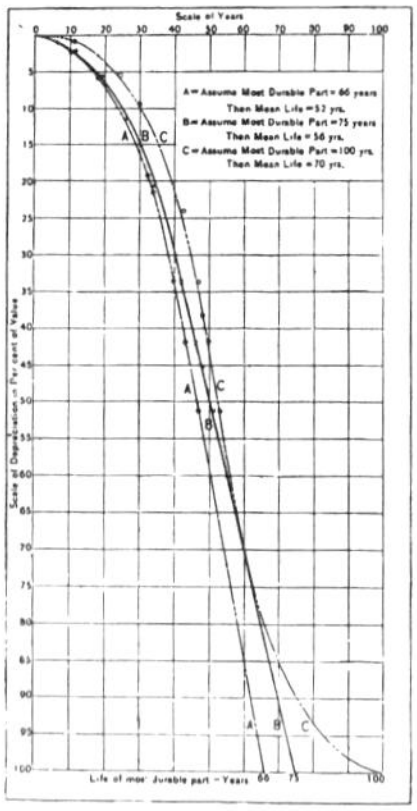

第3図

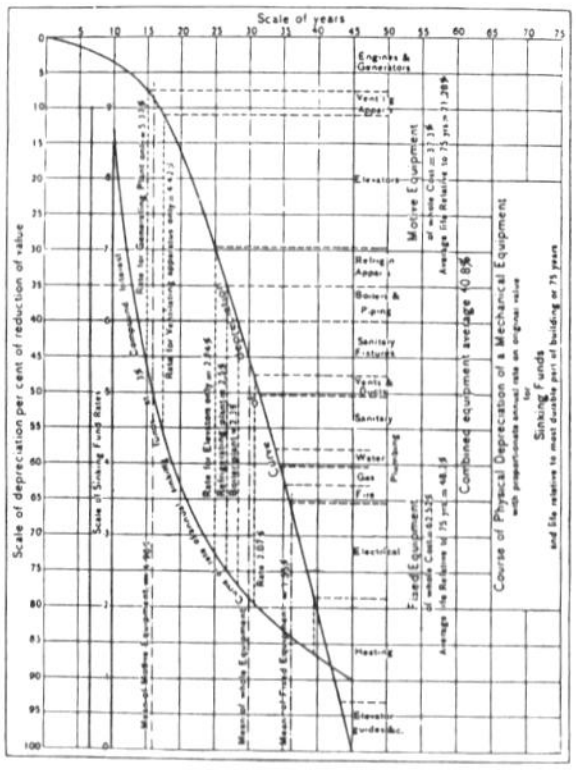

第4図

TABLE OF PHYSICAL EXISTENCE OF MECHANICAL APPARATUS.

I. FIXED EQUIPMENT.

	Life in years.	Commercial life.
Most durable elements—steel construction foundations, elevator guides and overhead framing.	40	30
Exterior framing, copper-cased housings, etc., heating pipe systems used part of the year, gas piping	33	27
Buried vents and ducts, when painted	32	25
Steel platestacks and smoke ducts, cold-water piping, electric conduits	30	24
Heating-boilers used part of the year	28	22
Roof-tanks, sanitary piping systems	27	21
Pressure steam piping and appliances	26	20
Interior drums and tanks, hot-water and pneumatic piping	25	20
Exposed and unpainted vents and ducts	24	19
Highest-class pressure steam boilers	22	17
Sanitary fixtures, refrigerating piping, kitchen fixtures and valves	20	16
Drip and drain piping, cheaper class of pressure steam boilers	18	14
Electric switches, wiring and connections	15	11
Exhaust heads, exposed galvanized ironwork, hot-water drums	12	9
II. MOTIVE APPLIANCES.		
Slowest speed apparatus, apparatus intermittently used	24	20
Dumbwaiters, switchboards, elevator gates, slow speed elevator engines, shafting and bearings, slow-geared apparatus, elevators intermittently used	22	18
Motor-driven pumps, compressors, and moderate-speed fans	20	17
Slow-speed reciprocating apparatus, such as pumps, elevator reversing gear, platform lifts	17	15
Elevators in regular use, laundry, kitchen, refrigerating, electric devices and other apparatus frequently reversed	16	14
Moderate-speed reciprocating engines, medium-speed rotary apparatus, dynamos and motors	15	12
Fan engines, high-speed rotary apparatus, on large variations of loads, dynamos, motors, high-pressure engines, condensers	12	9
High-speed, high pressure, reciprocating engines and machines on extreme variable loads	10	7

第4表

る土地の地代とを合したるものにして、理論上真に家賃と称すべきものは、地代を除きたる部分のものに相当す。たとえば、家賃の中に、

イ、地代を含まざるものあり、これ田舎地方の建築、またはなはだしく都市中心をへだたりたる土地に、地価の吊上策として試みられたる建築、または衰退しつつある場所にして、家賃下落し、爾後また繁栄の回復さるるとも、あらたに家を建てて賃貸するもとうてい収支償わざるがごとき。

ロ、地代を含むもの、これに二種あり。たとえば大いに発展しつつある都市の郊外のごとく、位置の便否に比例して、同額の建築費および維持費を要する建物にも、すこぶる家賃に高低あり。しこうして、この家賃の高低の差額はすなわち地代たるものにして、その地代が位置の良否により高低を有するのみ真の家賃にいたりては同額なるべきはずなり。他はすなわち都市中心地にある建物にして、需要は通常供給に優りしたがって地代もまた高きは明らかなり。その他支那のごとく城廓にかこまれたるところ、あるいは周囲に山嶽、河川ありて、自由に発展するに困難なところあれどこれは略す。

以上の理由を顧慮することによりて、吾人は家賃の適、不適を知ることを得るなり。たとえば、同一の場所にして、同額なる二個の建物ありとせん。しこうして一は数年前の建築にして、他は最近のものなりとす。しかもその家賃同額なる場合には、前者の方不当なることは明らかなり。この場合前者の高きは建物古きがゆえにあらず、同額の土地にして、地代を不当に含むがゆえに不当なりというなり。なおこれには、デプレシエーションの関係を顧慮すべきや当然なれど、概していえば普通徴せらるる家賃の中、真の家賃にたいし地代を含む分量によりて、建築の良否家賃の当不当を云々すべきものなり。かくのごとく建築は、そのデプレシエーション（構造および営利とも）の道程において、地代との間に面白き関係あることを知るべし。たとえば第五図のごとく、最初の建築費をABとし、地代を一とす。ゆえにAB＋一は、建築に際し最初に現われたる実際の価額なり。しかるに年とともに、地価は通常騰貴するものなり。これをADとす。一方建物は年とともにその価格を減ずることはすでにのべたるところなり。これをBEをもって表わす。しかるに建物の営利的生命のうち、たとえばCにいたるまで土地および建物の最初の価格は不動なり。C

を超えるに従い、その合計は減じて、ついに構造的生命の終わりにおいて零となるべし。すなわちCを超えるにいたりて、家賃は下落するを当然なりとす。しかもなお依然として同額を徴すにあれば、それは不当のものなり。都市中心地、または非常に発展しつつある場合にして家賃高しと称して空家のままに放置せらるるは、おおむねこの類なり。いわゆるこのCがクリジカルポイントにして、善良なる家主はここに初めて家屋を改造して、家賃の騰貴を計ることとなるべし。こはすなわち家賃の中に合理的な地代の分量を含ませんとするの行為にほかならず。いまここに二、三の図を示して土地と建物との関係につき読者の便に資せん。

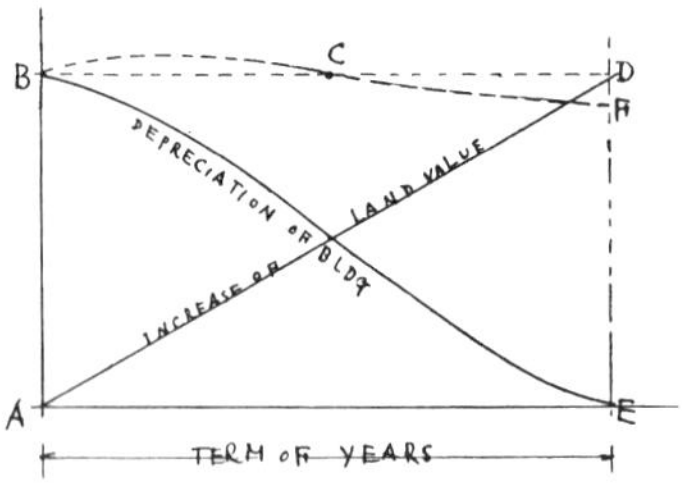

第5図 (1)

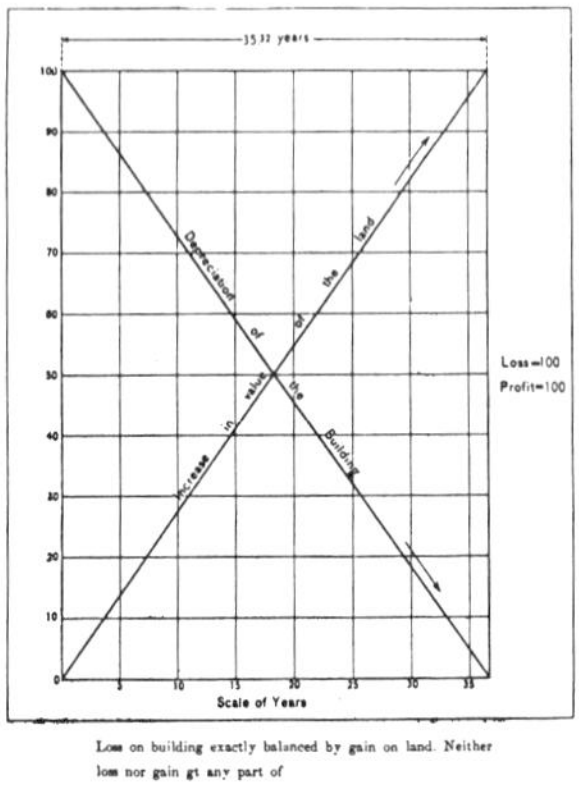

第6図

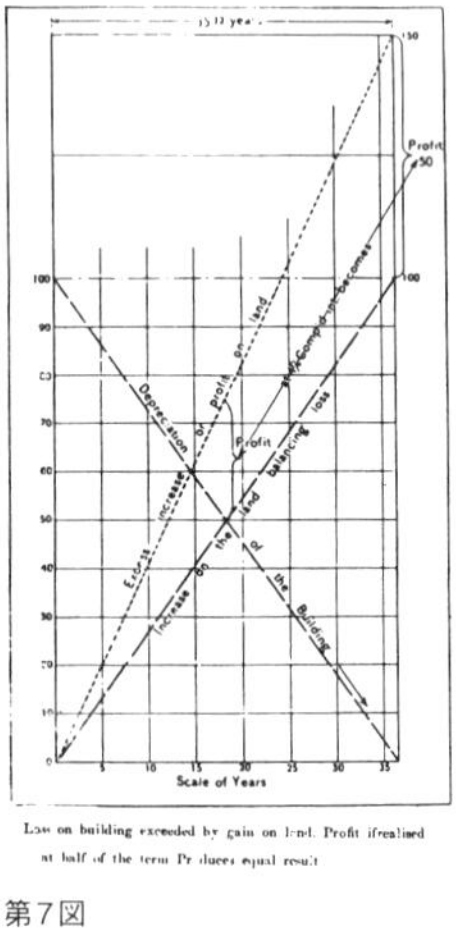

第7図

（五）

以上のごとく、地代と家賃、すなわち地価と建築費との間に深き関係あることは、これによって見るも明らかなるが、さらに重大なる問題あり。建物の大きさはその建てらるべき建て方により、または地区によりて、経済的に大小の限度あることは想像するにかたからず。都市の中心と、郊外地と同一の建物を建て同様の利益を上げんとすることは、何人も考ええられざるべし（公共建築、または郊外電車会社などの特殊のものも、同様なれど、性質はおのずから別個の問題なり）、あるいは敷地全部にたいし建築することの不利益なることも同様なり。すなわち五表はこれなり。Aは大なる建物にして、光線に多寡あるもの、Bは小なる建物にして、各地同様に光線をえらるべきものとす。地価と建築費との経済的比率についても種々の議論あり一般に建築費を地価の四ないし五倍以下とし、これ以上に出づるときはもはや適当なる利益を上ぐること不可能なりとし、これ以上はいかに投資するも、それにたいし適当の利益を上げえられざるものにして、これすなわちインベストメント・オブ・ディムニッシング・リターン（investment of diminishing return）となり、しこうしてもっとも良好なる結果をあげんには、地価と建築費とがほぼ匹敵するを可とす。わが国都市建築がはたしてかくのごときの状態におかれるや否やはなお研究を要し不明なれど、これはすこぶる根拠ある説と信ず。かのむやみに高層なる建築をなさんとする企業家、またはこれをなさせんとする建築家のごときは、まったくこの法則を知らざるものなり。しかしながら、以上は現在を基準として打算したるものなれば、建物の生命の間将来変化する土地の状況を顧慮して、適当なる建築を計画することもまた必要なることにして、われわれが日常関係する多数の事務所建築も、多く後者の例にもれず、さて、以上のことをさらに進んで研究せんに、概して建物は、広さの割合よりも高さの場合において建築費に影響するところははなはだしきがごとし。一見高さを増すに従い、建築費の単価は減せらるるがごときも、実はしからず、高さとともに反対に増加すべきものにして、その増減の状態に差あるのみ。

建物の高さと、家賃および地代との関係については、種々の説ありて一定せず、一般に建物は高くなれば家賃もまた高くなると称するものあり。第六表は高さにたいする家賃の率を示せるものなり。しこうしてかくのごとく、家賃は地代に関係するやもちろんにして、関博士によれば、宅地地代は、土地にたいする建物の利用率によりて上下し、都市の特質、建築条例、国民性の習性、交通機関の発達などに関係するものにして、都市の地域狭少にして、地価高き場合に、みだりに建物の高さを制限するときは、延べ坪当たりの地代はしたがって上騰し、家賃の騰貴となり、延べ一坪の収益を増加し、地価は割合に低下せず、といえり。なお博士は、市の中央部は需要が多く、地価高く、高層建築によりて利用率を増加する必要に迫られ、家賃の延べ坪当たりは、かえって安くなる、といえり。以上の問題にた

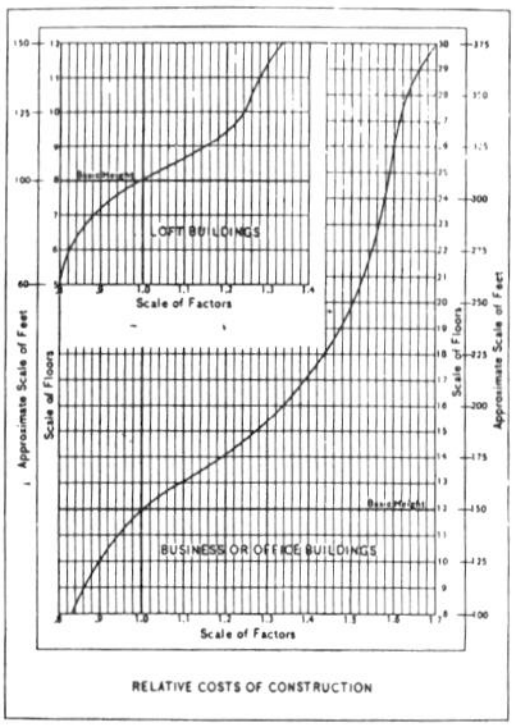

第10図

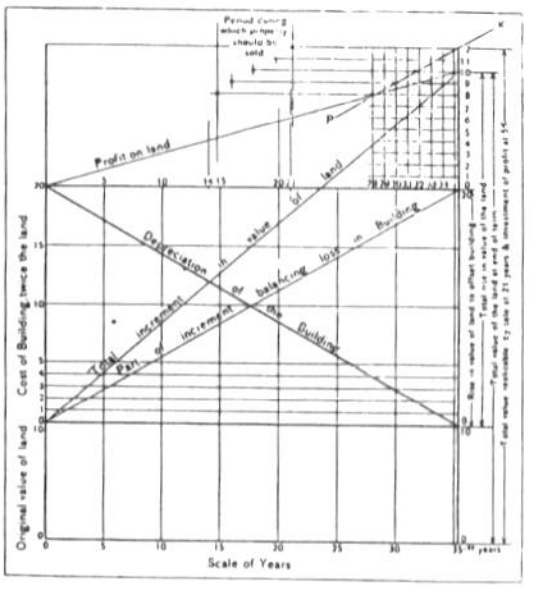

Showingthe effect of a gain in land Valne in excess of the deprecea tion on the building when a gratester return is Recred by realising Profit before the end of the term of existence.
Medlately set up by its additional Valeee, in taxation and amments and its own depreciation. Not only so, but it will offer a greater obstraction to future improve ments after its moximum

第9図

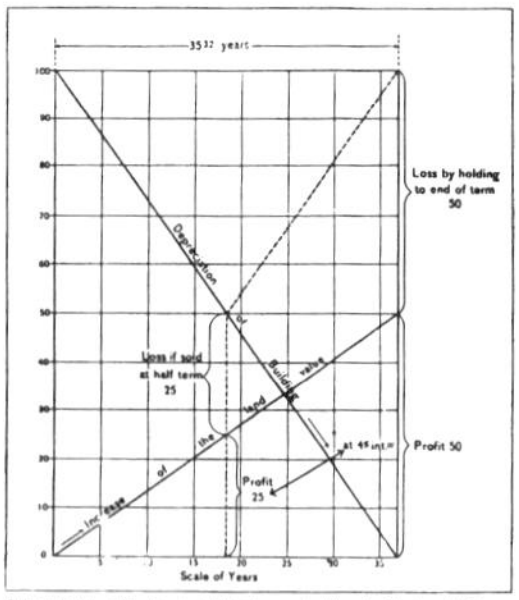

Gain on land has than loss on building. Loss reduced by sale Prior to end of trem

第8図

Example	Lot	Bl'd-ing	Cost	Occupied Area	Net area	Rent front	Rent rear	Average rent	Total in come	Exp.	Return	Interest on cost
A	100	80	800	80%	64	1.25	0.75	1.00	64	50%	32	4%
B	100	60	600	80%	48	1.25	1.25	1.25	60	50%	30	5%

第5表

Type of building	APARTMENTS									LOFTS						OFFICES								
	Flats			Medium			High-Class			Light Manufactur'g			Warehouse or Mercantile											
Height in stories from street	4 to 6			6 to 8			9 to 12			5 to 8			9 to 12			8 to 12			13 to 17			18 and Over		
Height per story in feet	11.83			12.0			11.75			11.83			11.91			11.91			12.83			12.83		
Rate	Low	Aver	High	Low	Aver	High	Low	Aver	High	Low	Aver	High	Low	Aver	High	Low	Aver	High	Low	Aver	High	Low	Aver	High
Rentals per sq. ft., net area	53	68	90	80	100	135	96	115	150	52	78	104	97	120	156	150	179	200	175	203	250	200	250	300
Rentals per sq. ft., gross area	33	42	55	50	63	85	60	72	94	40	59	80	75	92	120	105	125	140	122	140	175	140	175	210
Rentals per cu. ft., gross contents	2.8	3.5	4.6	4.2	5.2	7.0	5.1	6.1	8.0	3.3	5.0	6.8	6.2	8.0	10.0	8.8	10.5	11.7	9.5	10.9	13.6	10.9	13.6	[illegible]
Construction cost per cu. ft., gross	18	24	28	30	33	36	32	35	38	18	22	26	[illegible]	[illegible]	34	29	33	37	37	44	51	50	54	[illegible]
Relation of rent to construction cost in %	15.5	14.6	16.4	14.0	15.7	19.4	16.0	17.4	21.0	18.3	22.7	25.3	23.8	26.6	29.4	33.4	31.8	31.6	15.6	24.7	26.6	21.8	25.2	[illegible]

第6表

いする当否は他日に譲り、たんに一説として紹介するに止む。要するに、建物の大きさには、採算上その土地の地価にたいし、一定の限界をおくべきところあるや明らかなり。要は地価の移動にたいして、その制限も移動すべし。通常市街地の商業中心地において建物高かるべく、郊外地にいたるにしたがいしだいに低くなるなり。例外として市街地の建物高きは、土地投機、および土地独占による関係にして、まことに不自然なる結果なり。かくのごとく地価と建物との高さに一定の関係を生ずれば、したがってこれにより建物の高さを算定するに難からず、よって建築条例において規定せられたる最高限度にたいし、採算上明確なる判断を下しうべく、また都市中心地において、低い家屋の存在しうべからざることは当然にして、ここに条例により市街の状況と地価を顧慮して、最低限度を制定することは、国家経済上まことに有益のことなり。反対に、地価いよいよ騰貴するにもかかわらず、高さを制限することは、テナントに不当の家賃を負担せしむる結果を生ずべく、この場合至便なる交通によりて地価の下落を計るより詮なかるべし。

次は建築経営の問題なり。いわゆるオペレーションの問題なり。しかしながら、家賃の算定、建物の利用、収入に対する税金、その他各種のメインテナンスなどいわゆるオペレーティング・エキスペンスについてのべんか。数字を多く要し、本稿の目的にあらざるべければ、この研究は他日に譲ることとすべし。

終わりに都市中心地の移動と建築との関係について、これを経済眼より考えん。いま仮に都市の中心が永久的建築によりて占められたる場合、これが営利的生命の終わりにいたらばしだいに下級の商業地となるか下級の住宅よりしだいに貧民窟、はては倉庫ともなるべし。その結果地価は下落すべく、建物の性質上改築困難なるべければ、中心は自然に移動せざるをえず、マンハッタンはすなわちこの好例なり。この場合、不燃堅牢なる高層建築が、中心地にあることはやっかいしごくなり。もしこれに反し木造建築のみならば、改造容易にして中心地は移動することなし、旧日本の都市は、すなわちこの適例なるべし。されば初めより一定の中心を定め、ここに商業区を設定して高率の建築費用と、不燃最硬の建築構造を規定することは、百年の計にあらざるべく、もしそれ、莫大の空地と、至便なる交通を用意せざるにおいては、今日の美観、今日の繁栄も、百年後においては罪悪、陰惨、不潔など、とうてい見るに堪えざるものあるべし。

（十四、十二、二〇）

＊『建築と社会』（昭和元年一月号）所収。

【註】

（1）このグラフは私の想像図である。

現代文化住宅の煩悶

英雄、書画、骨董、邸宅、政争、まだあるかもしれないが、政治家や政党なるものを考えるとそんなことばかり連想させられるが、住宅問題などを政策や政綱にかかげて真面目に考えてくれないのはまことに遺憾である。欧州戦争の頃、交戦国はおのおの軍需品工場に働く職工のためその住宅を盛んに計画した。日本の住宅問題が世論となって表われたのは、たぶんその頃であったと思う。戦中戦後の好況時代に住宅難がはなはだしくなるにつれて、いっそう世論を刺激しその視聴を集めるにいたったが、さてその解決はひじょうに困難で前途なお遼遠の観がある。解決の方法とはもちろん量と改造の問題で、一日も早く国民に合理的な住宅を供給することである。

世論の風潮に前後してわが建築界にも住宅問題に関する議論がたたかわされた。しこうしてその最初の試作展覧会なるものが先年上野に開かれた平和記念博覧会における文化村となってあらわれた。思うに文化住宅の名は、たぶんその頃に生まれたもので、旧日本住宅に対する建築家の具体的改造案であった。

文化村の諸建築は、しかし建築界を代表する改造意見でないことはもちろん、なかにはあまり感心しないものも多かったが、日本の住宅改造にたいする実際上の指針を与えて将来の住宅改造に大いに資するところがあったのは多とすべきことであろう。

その後、日本建築協会は住宅博覧会を大阪の郊外桜ケ丘に開催して大いに朝野の興味をそそった。文化村に比し一段の進歩をみせ、ことに畳を含む二重生活にたいし建築上の具体的意見がいずれの建築にもあらわれ、その苦心のあとを認めることができた。しかし、いまにして思えば、当時の企てが中産以上の生活をなす者のために、洋風住宅の模型を示したような感じがして、今日多数の者が切実に求めている合理的な住宅にたいする具体案を見せてもらえなかったことについて、協会当事者の心意を遺憾に思う。こんな企ては今日やかましくいわれる文化生活が、その住宅問題の大局には、さして影響したとも思えず、住宅にたいする世人の考えを浮薄にするばかりではないかと思われる。この点になると文化村の場合の方がはるかに有効であったように思われる。ことに安達彌氏の出品のごときは現代日本の住宅改造にたいし、もっとも端的にその改造意見なるものを提示せられていたことをいまに記憶している。

住宅博覧会の出品はこの切実なる要求に欠け、払った犠牲にたいし世人が、ややともすればおちいりつつあるところの文化住宅の本質的な考えに対する誤解について、真面目な反省をうながしたとは思えない。文化生活—簡易生活—一間の家—ハイカラ生活—文化住宅—こんなふうに思わせつつある傾向にたいし、建築家は責任がないとはいえない。

今日世人が求めているところの文化住宅というものは、やはり外観に重きをおきすぎてはいないかと思う。旧式な生活や二重生活を脱することについて、また過渡期における生活の方法をどうするかということについて、はっきりとした見解にとぼしく、ただ建築家に任せているように思われる。そこに大きな欠陥がはらみはしないか。文化住宅にたいする識者の顰蹙《ひんしゅく》には理由があると思う。

住宅改造にかんする議論がやかましかった頃、生活改善同盟会の住宅改造案なるものが発表され、ついで文化村の出品規定が発表された。いずれも当代専門大家の意見として住宅建築の方向を左右するもので、多少の異見はあるが、だいたいにおいて今日の文化住宅と称せらるるものの多くは、その意見のごとく進んできたものと思う。しかし、これだけではもはやわれわれの要求を満たすことができなくなった。ただ椅子式に改め、科学的に改造しただけではいけない。われわれの思想を含む生活様式と建築とを、おのおの別に解決するような在来の文化住宅に不満を感ずるようになった。そしてその有機的な連鎖について、さらになんらかの方向に進路を開く必要にせまられてきたのである。いまや文化住宅の問題は、文化村以来第二段の階梯に達しているのではないかと思う。これについてはいろいろの議論があるが、私はわれわれの住宅をさらに洋風に近づけるという説に賛成する。洋風というのが悪ければもっと世界的にするといってもよい。

このごろ男子も婦人もいちじるしく西洋臭くなったことが目につく。ことに婦人の服装や身のまわりの品々、姿体、化粧法などはそのいちじるしい現象であるかもしれない。ひところ婦人の改良服なるものを見受けた。たぶん生活改善同盟会や何々女学校の先生たちによって考案せられたものであろうが、幸いにこの低級な改良服なるものは世間の評判があまりよくなかったので流行を見ずにすんだ。そんなことをしている間に婦人の服装はどしどし洋装にかわっていった。器用な婦人になると、服装やその歩きっぷりまで、本場の西洋人に及ぶのがある。子供の服装などもそのとおりだ。ほとんどすべてが洋服にかえられていくのを見ると、その善悪は別とするも、それには理由があると思う。明治初年の欧化は政策であったが、現代のは勢いである。

この調子で進むといまに義太夫、歌舞伎、落語、そんなものは第二の文楽になって、説明付きでないと一般には理解せられぬ時代が遠からずやってくるかもしれない。そんなことを考えると、片手落ちの改造意見などに思いを寄せているわけにはいかなくなった。佐藤先生の話によると、今日の日本の建築でもっとも古く見える（古い？）建築はセセッションだということである。つまり建築は、その直前の時代にあったものが一番古く見えるということである。古いということは必ずしも醜いことではないが、私はこの場合に限って古いものは醜いものだといいたい。先生の言葉はよく流行の心理をいい表わした、言葉として面白く拝聴したが、文化の進展のうちに取り残されていくものの姿をうつして住宅を眺めると考えさせられることが多い。やむをえないことではあるが、今日の文化住宅は文化移動期における一種の醜い謎である。それを解きうるものはただ「時」ばかりであろう。

今日の建築界には西洋風になることを恐れて、盛んに建築上の日本化を叫ぶ人たちがある。国体、土、習慣、そんなものが連想の的となって、一日も早く日本には日本固有の建築を持たねばならぬというのがそれだ。もちろん日本固有のものといっても、旧日本の建築に帰るというのではあるまい。話はよくわかっているが、さてそれができるかどうか、根本の問題になると洋化も日本化も同一とは思うが、議論に役立たない議論は結局遊戯であると思う。

いったい習慣というものはさほどわれわれを根本的に支配しているかどうかというに、私にはそうとは思えない。一度外国を旅行した人はだれでも経験しているように、長いあいだ椅子や洋服の生活をして、洋食ばかり食っていてもさほど不自由とは思わない。たまに日本飯を食べたいと思うこともあるが、それはほんの気まぐれだ。外国で日本飯を食べるということは、食べながらお国情調を味わったり、国をなつかしんでみたり、あるいは家庭にのこした妻子を連想したりする気持ちであって、日本飯を食べなければ死ぬというものでもなければ、洋食の代用食として日本飯を食べるという人はあるまいと思う。夜分寝るときにゆかたを用うることはゆかたが日本物だから用うるのではなくて、ゆかたが便利だからであると思う。便利ということはその意味で世界共通の考えである。もしゆかたに代わるものがあったらそれを用うることもできるし、また用うるにちゅうちょする人は物ずきだといわなければならぬ。便利が実用に役立たぬときがくればどしどし捨てなければならなくなると思う。ボーリス氏はその著『わが家の設計』のなかで畳のことを非常に褒めておられるが、ボーリス氏のようなプロジャパニーズでもやはり西洋の人は西洋の見方があるものだと思った。また、ある人は畳ほど気楽なものはないというが、西洋にも畳に代えられるものはいくらもあると思う。もっとも現在日本に使われている家具類などはよほどまずいもので、利用の方法も、つくり方も、家具にたいする考え方もだいぶまちがっているから西洋風の家具とはそんなものだと思われては困るが、とにかく畳代用に西洋の家具を用うるとしても、畳以上にわれわれの気持ちを安楽にもするし、また安逸な生活にふさわしいように按配することもできると思う。もしそれ、青畳の上で、ゆかた掛けにアグラをかいて浅酌低唱の気持ちを得るには、畳にしくものはないという人があるとすれば、その人たちは茶屋酒を飲むがよい。そんなことはわれわれの住宅問題にはなんの関係もないぜいたくな考えである。初めて日本の土を踏んだ西洋人は、日本の建築がしだいに欧化していくのをおしんで、なぜ日本は西洋の醜い模倣をやる必要があるか。日本には古来立派な建築があるではないか。日本人はなにゆえにこれによって新日本の建築を打ち建てぬかという人が多い。たぶん本気でいっているのではないと思うが、西洋の人たちはいつまでも日本を桜の国、日光の国、芸者ガールの国とみなしている。日本はよく例外を求める国である。労働会議でも、醜業の禁止問題でも、理由をつけては例外を求めて恥としない国である。しかし住宅のことに例外を求めるのはちゅうちょした方がよくはないかと思う。祖先が数かぎりなくわれわれに残してくれたもののうち、今後、真にわれわれの生活に役立つものがどれだけあるか。いったい日本固有とは何を指していうのか。親子、既成宗教、夫婦、家族制度、まだあるかもしれないが、すべてそれらのものに新しい解釈をくわえなければならぬ時代ではないか。なにを日本固有といい、なにを日本風というか。日本は常に動いていると思う。あまり国というものにとらわれて、なにごとも国家的精神を加えすぎると困ることがある。人として生活するのにどこの国のものであろうが、生命に役立つものはどしどし利用してはどうかと思う。もし、われわれの精神が世界の人たちと一つになって世界の文化を築き上げることにたいし、共同の喜びを感じるなら、われわれはより進んだ文化的な国の長所を、恐れずにわれわれの生活をよくするものを取り入れるだけの雅量と、度胸と、確信とを持ってはどうか。それによって、もしわれわれの根本がおかされたり、国が滅びたりするなら、そんなものは早晩どうにかなるにちがいないから、一気にやられたほうがよいとも思うが、それは杞憂にすぎないだろう。立派な証拠としてはルボンの著書があるし、維新の大業もある。われわれに土と血とがある間は、さほど心配したものではないかと思う。

かように考えてくると、われわれの生活様式を世界的に近づけていくことは、文化住宅の問題にはもっとも都合のよい方法でもあるし、また押しせまったことのようにも思う。ここに世界的というのは自然と科学の上に立った様式を指すことで、必ずしもある国のものばかりを指していうのではない。しかし、その生活様式が日本在来のものよりも、西洋の生活に接近していることだけは事実であると思う。畳を廃することも、寝室を仕切ることも、椅子を用うることも、こまごましたことは訪問販売せらるる書物や、雑誌に書いてあるゆえ、そんなことはここには書かないが、何もかもこの際思いきって洋風にすることがもしできるとすれば、改良服のような今日の文化住宅をさらによいものにすることができると思う。実際、今日の文化住宅くらい、ちぐはぐなものはないと思うが、私はしかしこれにたいしては一種の同情をもっている。また肯定もしている。日本の現状から考えて、やむをえないものと思う。それを、一部の人たちのように、頭から西洋の模倣であるといってしまう説には賛成できない。これはひとり住宅の問題ばかりではない。ひろく日本の建築様式にかんする問題でもある。

日本の建築は西洋の直写であって日本風に醇化されていない、創造がないとはよく聞く言葉である。建築ばかりではない、美術や音楽や文芸などもおそらくそうであろうが、しかし、何を日本風というか。答として満足なものをかつて聞いたことがない。示されるところの対案なるものがバンガローであったり、ミッションスタイルであっては、せっかくの対案がなんにもならぬと思う。日本の産業がまだ幼稚なころ、逆輸入という方法があった。日本のものを西洋に持っていって、西洋のラベルを貼って日本に入ると喜ばれた時代がある。日本の住宅国粋論者のなかには、様式逆輸入の方法があるから御用心。

それかと思うと、模倣や伝統を口ぐせのように意気地なし呼ばわりをしておきながら、その対案を欧州の近世建築に求めて、盛んにその直輸入をやる人たちがいるのでこれにも御用心。

また、日本の建築は混乱している、日本の建築界は百鬼夜行の状態であるという人があるが、その混乱の原因や、混乱とみなされることがすでに、その人たちの描いている幻影ではないかと思う。動くものの影、その本質、その塊が、何を目的として移り行く方向に動いているかを、しっかりと見つめる必要があると思う。日本の文芸が、日本の政治が、日本の科学が、しこうして日本の文化がそのとおりであると思う。おそらく日本ばかりではあるまい。

米田博士によると、世界は広い意味で、文化移動期の状態にある。故意と掣肘とはよくない方法である。文化促進のうえには大の禁物だと思う。何もかも自然にまかせたほうがよいと思う。混乱を混乱として肯定してはどうか。伝統も、模倣も、独創も、直写も、すべて創造への過程とみれば、その一つにこだわっていることは神経質すぎる。混乱を、乱脈を、そのまま現世の姿と見たほうが気楽だと思う。

日本の文化住宅は貧弱だという人がある。そのとおりだと思う。しかし、貧弱なものにはちがいないが、ただ貧弱だといってしまっては無責任だと思う。よくないことだと思う。おそらく、その人たちは立派な邸宅や、雑誌にあるような西洋の住宅に比較して貧弱だというのであろうが、西洋にもずいぶん貧弱なものも多いと思う。ただし同じ貧弱さにもいろいろある。金のかかった貧弱さと、金をかけぬ貧弱さとがある。金をかけぬ貧弱さはあたりまえだが、金のかかった貧弱さには手がつけられぬと思う。教養と芸術を欠いた高級住宅によく見受ける現象であるが、その社会に及ぼす影響を考えるだけでも恐ろしくなる。ある人が今日の文化住宅問題は中流以上の人たちにもっとも必要であるというのは、完全ではないがうがった言葉だと思う。元来、金の多寡によって建物の出来ばえに差を生ずるという考えがすでにずいぶん馬鹿げた観察であることまではわかっているが、さてそれから先のことになると、世人は多く建築家まかせであるから建築家というものは、ずいぶん無理な仕事をさせられるものだと思う。金に糸目をかけずにやった建物によいものができた例はきわめてすくない。建築に金をかけすぎることは、建築家を堕落させるか馬鹿にすることが多い。それかといって、金をかけなさすぎることもよくないことはわかっているが、世の中には金をかけずによく見せようと思う人がある、建築家の腕とはそんなものくらいに思いこんでいる人があるから欲が深すぎる。ともに建築を貧弱に見せる手段を考えているようなものであると思う。要するに、金の多寡と建築の本質とは関係がないということである。

建築とは形を含む思想であるといってもいい。金をかけてもかけなくても問題の本質にはふれぬ。金のある人が別荘に住むなら、金のない人は金をかけすぎてはできない家をつくって楽しむもよし、丸木の小屋をつくって、その中で哲学の本でも読むがよいと思う。そんな人から建築を頼まれたらずいぶん気持ちのよいものができると思う。

いったい世人の文化住宅にたいする考えはすこし贅沢だと思う。生活にたいするはっきりとした考えなしに住居をいとなむことは、すでに危険をはらむものと思う。国民のだれでもが合理的な家に住む権利があるにもかかわらず、家らしい家に住むことができないのは、たぶんそんな考えにもわざわいされていないかと思われる。どんな貧弱な家でもよいから、少しでも合理的な家に住ませるためには、貧弱なくらいは我慢しなければならぬと思う。この意味で、住宅公営も営利的な住宅経営も、生産住宅も、たとえ、多少の弊害はあっても、ボロ借家に住むよりもましだと思う。しかし、いくら住みたいといっても、金儲けよりほかのことは考えない人や、一人一人の生命を尊重しない人たちによって経営される住宅に住まわされてはやりきれないと思う。こんな住宅に好んで住まったり、また、住むことを名誉と心得ている人はきっと犬とラジオが付きものである。彼らの芸術はラジオ以外には出ない。大都市の郊外にある何々住宅経営地、何々文化村と称するものは、皆とはいえないがよく見うける現象で、その低調な文化生活ぶりには鼻持ちならぬことがある。

一国の芸術が全的に進行している場合には、もしそこにある新しい衝動にかられて、ある刺激がその芸術圏の一端にふれると、そこに新しい芸術の形成が曙光を見せ、やがてその芸術圏全体をめぐって新時代の表現がおこり、詩に、音楽に、やがてそれらの綜合芸術たる劇と建築にまで及ぶのであるが、もしこれに反して、各種の芸術がそれぞれに孤立的な姿で存在している場合には、かりに、ある思想、ある傾向の芸術が現われても、芸術圏全般の運動にはなりえないで、それぞれの中心を中心として終わるものである。日本の住宅が文化と有機的な連鎖に欠けている状態がすなわちそれだ。そこに日本の文化住宅をして、貧弱ならしむる原因をはらんでいる。住む人が進みすぎているか、住宅が進みすぎているか、あるいはそのいずれもが文化の志向にそれているかということである。この場合における建築家の態度は注意すべきことであろうと考える。

今日の時代は、もはや専門家的批評の時代は過ぎつつあるものと思う。住む人が、真に、自己の創造物として住宅の内容に立ち至って、自己のものに役立たせんとする傾向が現われてきたと見るべきである。それゆえに、住む人は、まず建築家に依頼する以前、彼はすでに生活上の芸術家であらねばならぬ。かくのごとき傾向は、しかしきわめて進歩的な人たちの思想であって、今日の文化住宅の本質的表現にたいしその「貧弱」さを救う唯一の方法である。

人は自己の創造したものを役立たせるために建築家に依頼する。建築家は人の望むところのものを与え、望まぬものはまた捨つべきであろう。もし、建築家が理想家となり、建築家が政治家となり、建築家が芸術家となるなら、住宅の文化は依然としてその意味の貧弱さをたどるであろう。建築家は建築家にすぎない。建築家は一個の工人としてもまた立派にその立場を保証しうることができると思う。

せんだって私は、パトリックという人の書いた弛緩心理論を読んだ。そのなかにこんなことが書いてある。現代の文化は人類が数千年の間に蓄積した緊張生活の産物である。愛と理想とが今日のごとく叫ばれた時代は史上いまだかつてなかった。しかるに戦争、殺戮、社会的争闘などは、かえってますます深刻に、野蛮になっていくのは、まったくこの緊張文明の行きづまりであって、過般の欧州大戦争なども、現代人が弛緩心理を求むる結果であるといわなければ解決ができないということである。そこで、進化生活の高度の緊張は、おりおり原始的行動によって解決されなければならぬ。人間はも一度武器を使用し、両脚を使用し、その筋肉を使用し、その低級な頭脳を使用しなくてはならぬ。これ現代の文明病を癒する方法である。そこに平和と調和がくるので、ふたたび知力と意志の緊張した能率生活に復帰する用意をしている。能率ということは、注意力、集中力、自制力および忍耐の力を要する。そしてこれらの力は、極端な疲労を起こすもので、随時休養の弛緩を要する。もしこの休養が欠乏すると均衡を回復せんがために、大なる反動作用がくるものと覚悟しなければならぬというようなことが書いてあった。

よく今日の文化住宅には能率ということが叫ばれる。佐野博士の住宅論を読むとそんな意味を随所に散見する。先生の御宅のプランを見ると、その思想がもっとも端的に発揮されている。先生はさすがに算数にたけた人だと思う。外で働き疲れて家に帰ると、家内から明日の計画についての相談される。右を向くと女中が茶を入れる。左を向くと煙草盆を出すというようにされたらやりきれないと思う。疲れた頭は一層いらいらするにちがいない。主人の顔色ばかり注意する生活くらい家庭らしくないものはないと思う。能率万能を心得ている婦人が、主人の出勤退出の時間を心得すぎているとしたら、今日の男はさらに苦痛を増すにちがいないと思う。能率本位の住宅とはこんな思想の持主に多くはないかと懸念される。

いったい、今日の住宅に能率を必要とするのは、多く婦人の仕事に関係あるものばかりであると思う。その他のことは、さほど能率の必要はないと思う。なにゆえに能率が必要だというに、それは婦人に時間の余裕を与えて、教養や娯楽のために機会を与えるということに帰すると思う。しかし、結果は必ずしも目的のとおりに行われていない。家庭の生活は簡素であることの必要なのはパトリックの説と同じである。しかし簡素な生活といっても、家の間取りを簡単にするとか、実用一点張りの生活をするとか、科学的な生活をするばかりでないと思う。現代人はいろいろの意味で複雑な生活やその考え方に悶えているが、そのうちから、真にわれわれの生命に役立つものだけを残して、それだけで生活しようとするのが簡素な生活だと思う。
現代人心理の複雑なままで簡素な生活だけを家庭で営もうとするなら、家庭は淋しすぎるところだと思う。そこで家庭はこうした現代人の悩みを捨てさせ、また、その心に糧と休養を与えるために役立つように構成されねばならぬと思う。

「家」の機能は結局そこまでいかねばならぬものと思う。よい家とはこの意味で、神の宮であるを思う。家のなかを機械仕掛けにしたり、天井も、壁も、床も、およそ空隙という空隙をあますところなく、押入れや引出しにし、家の中から無駄という無駄を残りなく剪除して、能率生活に役立たせようとすることが、はたして人類全体の理想、その中庸の生活、その簡素な生活を営むことになるものであるかどうか。私はこれについて詳しい批評を書く気になれぬ。人がもし、偉い人になるとか、金儲け、位階、野心、学問、色欲、奢侈、人生を装飾するそれらのものを捨てずに、複雑なままの心で生活するなら、家庭はしだいに機械と、実用と、能率のところに変わっていくに違いないと思う。そして、詩と音楽とはついに現代の文化住宅から跡を絶つにいたるであろうと思う。衛生の問題でもそのとおりである。台所は主婦の実験室だといっては病院のようにするし、衛生的にしなければならぬといってはどの部屋もサンルームのようにしないと承知せぬ人があるのは困ったものであると思う。私は、室内を一個の舞台と考えている。光線と色とを適度に使いわけることは部屋を美しく見せる。適度の暗さは、人に安静と思索を与える。反省と休養を得るに適当である。ときとして心を神に帰らしむるものであると思う。実用を、能率を、経済をやかましくいう人たちも、田舎の謙遜な民家の設計を悪罵することができないだろう。山奥の賤《しず》が伏家《ふせや》を見るときにその前に口をつぐむに違いないと思う。人はときとして直線よりも曲線を愛することがあるということを承知してもらいたい。美と実用とが一つになり、実生活がそのまま芸術となって人生を美しく見せようとするには、現代の文化住宅病患者の頭脳を訂正する必要があると思う。

私はしかし、われわれの生活を字義どおりに原始に帰り土俗に帰らせようとするのではないが、旧日本の生活法を訂正するに忠実すぎて、そのうちに失われつつあることに無関心であることは、決して、人生を美しくすることにもならぬし、われわれの家庭生活を正しくするゆえんでもないと信ずる。われわれはもはや米国式能率心酔をやめて、パトリックが指摘したように、アリストートルに復帰し、その中庸の教えを遵守したい。私はあえて現代文化住宅が理想とし、そしてその陥りつつある欠陥にたいし抗議したいと思う。

子供本位の家庭ということが流行する。悪くないことである。しかし、この次代国民を愛するあまり、一切をあげて子供のために資するという考えは割引きして考える必要がある。少なくとも、住宅の場合には必要であると思う。私の愛読の有島さんの著書で、「幼き者へ」というのがある。ある友人にこれを贈ったら読む間涙を流していたといってよこしたが、この書物など、私は新時代の親と子の聖典だと考えて愛読している。本能と理知とが適度に交感された美しい感情で、子供のために全我を投げ出しているその態度を考えると、涙なしには読めない。しかしながら、それほどまで子供のことを考えていても、やはり心のどこかに親と子の生活が相いれぬもののあることを感じる。子供のためにエゴイズムを捨てきらぬ悩み、親と子の間には一抹の淋しさが漂っていることを認めざるをえないのである。私は今日の家庭を、自分、夫婦、子供、親、兄弟というふうに考えている。立派ないい表わし方ではないかもしれぬが、そう考えた方が親にも孝養をつくすこともできるし、また子供のことを本当に考えることもできると思う。こうした家族的観念の下に、これが建物に影響してできたものを私は住家と思っている。家屋の構成、配列などもこんな考えが基調になってできているのではないかと思う。つまり私は自分を除いては夫婦というものが家を構成する根本であるといいたいのである。このことはしかし当然のようではあるが、日本の家族関係は決してそのとおりにできているとばかりは思われないのが、私のいわんとする主眼である。子供中心の思想もその考えの元はたぶん夫婦に帰することであろうが、それがために夫婦の生活が犠牲にさせられる理由は少しもないと思う。親のために子供が身売りするのもよくないことだが、子供のために親が命を投げ出す理由も成り立たないと思う。そんなことを考えすぎたり、理屈をつけたり、また本能と道徳とを置きかえたりしては、人間を真に生かす道ではないと思う。本能と理知とは、よく道徳に生命を吹き込むものである。家の構成に役立つものは夫婦を中心とする生活であるといいたいのである。そこで夫婦であるが、夫婦はお互いに適度の性生活を持続することが必要である。性のないところに家庭生活はありえないのである。性生活は一切の家庭現象を支配していることはもちろんである。見方によればこの意味で住宅とは、夫婦の性生活を営むところともいいえないことはない。この関係が住居の構成に及ぶところに文化的意義を多分に含んでいると思う。住居の文化史的意義は夫婦の性生活なしには考える価値のないもので、その文化的な価値はまず夫婦の性生活を基点として展開するものである。進んだ住宅とは、能率本位、簡易生活などでいい表わすには単純すぎると思う。もっとも、以上のことは一夫一婦の制度を土台として考えたことであるが、もし夫婦の性的関係が一妻多夫、または、一夫多妻となり、異性間の性的関係が自由恋愛となり、自由結婚となったら、もちろん今日の住居は、本質的にも、外部的にも、その構成の上に過半の改造をよぎなくされるに相違ないと思う。こうした夫婦関係、異性間の性的関係が、どんなぐあいに住居の構成に及ぼしているか、また及ぼすものであるかということについて、こまごまとした考えを書くことは許されないが、今日の文化住宅がこうした考えの下に、あるものは進み、また、あるものは悩んでいることだけを書けばよい。進んだ住居とは、夫婦関係を中心として構成されるもので、親、子、孫といった関係が逆になることは文化の志向に対する例外の例であると思う。住居は夫婦を中心とする家族が、おのおの独立の思索を盛るに必要な部屋を得ることをもって理想としたい。一間の家とは、その要求を最小限に満たされたもので、決して物質的に最小限の生活を営むためのみにつくられたものでないことを指摘したいのである。

大人が客間や書斎を持つから、子供もその専属の部屋を持つことはあたりまえである。悪くはないが、それかといって、私はこのごろ流行する子供室なるものにあまり感心できぬ。教訓めいた絵などを壁にはりつけた部屋に押し込めていることは、少しも子供を善導することにはならぬと思う。広くもない家にもっとも良い部分を子供に与うることをもって子供を愛することのように考える人は、子供を戸外で遊ばせるがよいと思う。

西村伊作氏の生活にたいする態度および座室にかんする意見は、すでに定評がある。何人も氏によって啓発されないものはないと思う。私の小文もまた氏の著書に負うところが多い。しかし氏の思想の卓越している割合に、氏によって設計された建築にあまり感心させられないのは不思議である。

私は現代の文化住宅が悩みつつある問題についてあまり長く書いたことを思う。しかしかように広汎な問題について、この小文がよく批評しうるとも思わない。ただ私は二、三の興味ある問題を選んで、現代文化住宅の進みつつあることについて書いたつもりである。ゆえに、その他のことやこまごまとした問題については本文の目的でない。あとは察してほしい。

＊『建築と社会』(昭和二年一月号)所収。

【補註】大正十一、十二年頃?に書いたものだから、約四十五年前である。いわゆる文化住宅の初期の頃が連想される文意である。文章にも、いまとなればいささか未熟で意をつくさぬところもあるが、設計対象としての一面を強調したまでである。

たぶん、襖や障子のことや、プライバシーのことを念頭におく頃である。「家」にはもっと高い意味があることはもちろんだが、例外は別として、明日の労働力の価値を維持し、また創造するための手段として考えるといった方が、もっと私の考えに近く、はっきりとすると思う。

かくいえば、人間労働や住宅(建築一般)を商品とする考えに近いようになる。見方によれば、そのように説明した方がはっきりすることになるが、それは言葉のあやであって、もっと高い次元で解釈すべきであろう。しょせん、価値論にまで及ばねば切りがつかぬ。

「グラス」に語る

彼は一日夢遊病者のように町の商店街を歩いていた。そこには三越や大丸や白木屋があった。シカゴのマーシャルフィールドもあった。ニューヨークのギンブルもロードオンテーラーもフィラデルフィヤのワナメーカーもあった。ガラスの列、商品の山など彼の目に映じた飾り窓に向かって、彼はガラスに何を語り、何を話したか、以下はその記録である。どうか皆さん、しばらくの間それを読んでいただきたい。

グラース！

君が人間の所有権を紙のような薄さをもって法律と権力と個人主義的経済圏を守っていることは、おそらく他のどんなものをもってしてもまねることはできない芸当だろう。だが、君はたんにそれだけのはたらきをするばかりならまだいいとして、君はまた資本主義のお先棒を勤めるどころか、むしろその先端に立ってたえず人間を誘惑しているとは一体どうしたことだねー。それはエジプトの昔、神様の恵みによって人間社会に産みつけられたその運命を越えて君はまったく予期しない方向にではない、むしろ邪道に迷い込んでいるとは気付かないのか。博物館の棚の上に君らの遠い祖先が虹のような色を浮かべて並んでいるのを見ると、実に今昔の感にたえないというのはこんなものかと思わされるんだ――それから君はただ自然の暴威と戦って長いこと人と家とを守ってくれた歴史と、それを守ってくれた一つの材料として人間の生活に役立ってきたものが、いまの変りようはまたなんということなんだ。君が持っているその美しさ――透明の――だが、おそろしく大胆な君の姿は欲望とその対象をへだててはいるが誘惑そのものだ。魔女の、香料を塗った魔女の裸体に等しい君の姿の奥には、人間のあらゆる罪悪と欲望をとげるに十分な「物」と「誘惑」

とが潜んでいるんだ。さぞかし創造の神という奴は、君の姿を見てなげくことだろうよ。

いまのところどこまで君は時代の寵児であるのかわからない。人を人とも思わぬ近頃の大胆な姿はおそらく心あるものの指弾をうけるに十分であると思うのに、なぜ、純潔と、道徳と、神とを、専売のように心得てる人たちは見のがしているのだろうか。君の姿と君の性質は近代における不可思議なるものの一つであるといってもいいのだ。都会的なそして科学的な君の美しさは、独り資本家的社会に重要せらるるばかりでなく、モスクワにも人絹の靴下をガラス越しに、いや君の姿を透かして欲しそうにジッと眺めているマルクス的フラッパーがいるそうだ。そうなると同じだね！人間という奴は。僕はなぜ君が人の欲望と物との間に立って利用されるかをよく知っている。アメリカ的社会といわずロシア的社会といわず、君は君の持ち前以上に利用されすぎてはいないのか。かつて物を照らすことだけで義務を尽していた電灯が、近頃ではもう立派な芸術となってしまった。それ以来君の姿は光と色とをもって偽りと誘惑とをもって、いよいよ美しく誇張されてきたのを見ると、どうしても人間が本当の生活をするために有用な働きをしているとは受け取れないのだ。だが、近代の建築家はもちろん、近代の企業家も生産者もその建築も、君をあまりに信じすぎているし、また君の魅力に陶酔しすぎているようだ。おそらく君自身君の運命を恐ろしいものと思わぬことはあるまい。そこで僕は、君を科学の力をもってする近代的ペテン師のうち最高の役目をする者の一つだと断言するにはばからない。しかも、君は臆面もなく衆人環視のうちにつっ立ってマネキン的作用をする。路と家、いや欲望と財貨に透しの垣を作って人を誘惑する。建築家たちはあらそって君の姿に追従する。企業家は君の魅力をあのずるそうな手段でもって利用する。もういい加減そんな罪な役目を縮少してもらう意志はないのかねー。しかも君はたしかに人の生活を活発にし、人の生活を明るくし、また人の生活を愉快にした。だがそのかわり君は生産者のために散兵線を敷いて人間の弱点、いわば人の罪悪を挑発して資本家的二重搾取手段のお先棒をつとめているではないか。見ろ！　デパートの窓という窓を。その誘惑を。それを眺める人の目を。その醜悪な顔を。

先ごろ大阪にもマネキンガールが現われて好奇な眼をわ

れこそと思わん人たちによってデパートは人の渦を巻いたとの噂が新聞をにぎわしたが、いったい企業家というものは人のふところ勘定と収益のためにどんな手段でもやってのけるものだと思われる。早い話だが、ニューヨークに行ってみたまえ。デパートのなかで物腰やさしいマネキン娘をホンモノのマネキンだと思ったら大まちがいだ。その唯物的行為は、赤い着物を着た町の娘に、青い舞踏着をつけた女優に、はては掃除道具を持つ美しい掃除女にふんしたマネキンたちをして、ブロードウェーの飾り窓に、五番街の店頭に人の山を築いているのだ。さすがにヤンキーたちもこのあさましい人間広告をいいものだとは思うまい。君は一体これをなんと思ってるんだ。僕はこのあくなき企業家の手段を決していいものだとは思わないが、グラースよ君はそれを一体どう思う？

僕はあえて君に忠告する。君はいま建築家は企業家に、企業家はまた建築家によってあまりに利用されすぎてはいないのか一考を要する問題なんだ。君はいまその明るい科学的な美しさと、この広々とした姿をもっともっと人間が切りつめた生活、企業家のギマンと搾取とからさけて、たとえば中世紀のような生活をするために君の広さを縮める意志はないのか。くだらないことをいってると笑っちゃいけない、本気になって君のいきすぎた道を引きもどそうと思って、こんなことをいってるのだから。

「ブリットル」という言葉を物で表わすなら、君くらいそれに当てはまるものはあるまい。それでいてその守るところは法律以上だ。試みにいま鉄と君との前にあって、盗人はそのいずれを破るであろうか。明らかに鉄は君よりも弱く無力だ。この不思議な特長と性質とを持って産まれた君は、人類の文化と、文明とを正しい道に歩ましているものとは思えない。その第一は前にもいったように、悪らつな企業家の先棒をつとめうること。第二、見えすいたぎまんをもって人を誘惑すること。第三、近代建築家にたいする建築家たちの無批判なる君にたいする信仰だ。見ろ！たとえば蟻のように群がっているフラッパーを、ラッパズボンの常習的安物買いの諸君を。

なにゆえに君はそのぜい弱なる堅い力をもって、人の所有権をその透明な姿をもって確保しようとするのか。明らかにいま現代の法律と、警察官諸君は君の前に、無力を示しているではないか。なぜなら、君はそのただ一枚の、たとえば紙のような薄さをもって、人間の欲望という欲望を目当てに星のように輝くダイヤモンドで人間の心の奥に巣喰っている、ある野性と黒く混った毒血を沸きたたせるからだ。君は企業家の前哨であるばかりか、それよりももっと大きな役割は誘惑の手先だ。たしかに君は近代の文化的罪悪史に重大なる役割をなすものの一つだ。もし人間の社会において君の誘惑、君の魅力をもって人にせまる者があるとしたら、法律も警察官もだまってはいないだろう。君は確かにそれらの無力を笑っているようだ。

かつてデパート無用有害論をとなえた人があった。人の生活のため、その必要のために産まれたデパート、ワナメーカーは、いま日本に移されて誘惑と浪費の府だとまでは極論されぬが、ともかくも社交と紋付きの着物を着て来る遊山気分、デパート情調は確かに日本デパートの一特長である。僕はいまさらのごとくチェーンストアー、ウールウォースの十銭店をうらやむものの一人である。日本金にしてタッタ二〇銭のスプーンが、すれるほど使ってもまだ銀裸を保ってあせない。その飾り窓は必ずしも誘惑的でないがすこぶる実質的である。ならべられる形は必ずしも近代的ではないが、すこぶる内容的である。窓は低くして広いとはいえないが、出入りする人たちは無為である。デパートに紋付を着ていく有閑婦人はないが、籠をかかえ手さげを持った多数のハウスワイフとチミッドワイフとを顧客とするこの十銭店の情景を見ては、いまさらのごとくアメリカと日本を比べてみる。映画的なアメリカではない、都会的なアメリカでもない、軽薄なハリウッド主義でもない、チミッドワイフのアメリカを、そのアメリカのチミッドワイフを見よというのだ。

テンポの早いことをもって名誉とするなら、日本の建築はその最高なものの一つであるにちがいない。だがそれははたして本質的な推移をもって流れているであろうか。商売によると一年の間に二、三度くらいの模様がえをしなければ客足がにぶるとさえいわれているのは一体なぜなのか。コルイズムを鉄をガラスをとやかましく、たとえば学生のように、たとえば大学助教授的思弁をもって建築のことをやかましく論じているまに、ジャズ的変化とその建築的手段をもって銀座の街は手軽に変えられていくのだ。ただ一つの雑誌、ただ一冊の商店建築号さえあれば店の建築はいくらでも生産できるというのが銀座の建築なんだ。東京を警戒しろ！　その直訳と不消化の東京を。東京式を。

拝啓。前略……小生その後独露に遊んで議論をたたか

シュツットガルトの駅附近に建つミース・ファン・デル・ローエの設計（実現していない）

ミース・ファン・デル・ローエ

わした結果、かつて小生がとなえた住居機械の説は、いささか変更するの必要を感じ申候…下略……。これはコルビュジエがスタジオの編集氏に送った手紙の一節であると思うが、訳のまちがいはもとより僕には責任がない。かつてピカソがなんだかわけもわからぬ絵を描いていた、夢中になってピカソを追いかけていた絵かきたちがあった。ピカソは手をあげていった、いままでおれがやってきたのはみんなクラシックへいく前提なんだ。といったときにそれを聞いていた日本の絵かきたち、過ぎたものでさえあればなんでも馬鹿にしていた、日本の絵かきたちのあるものがぼー然として開いた口がふさがらなかったかどうかは知らないが、多分あったことと思うが、グラースよ、あやしげな日本のコルイズムファンに、その思弁に、君はあまりに柔順すぎると思わないかねー。だれかがいったように過渡期というのは、古いものから新しいものに移ることだと思ったら、日本の過渡期だけは新しいものから古い物に移ったようなものだとさ。

＊『建築と社会』（昭和四年九月号）所収。

ウールウォースの凋落前後

ボルトン氏（Reginald Pelham Bolton）はその著『経済建築』の中に、もし借り手が高い家賃を払ってもかまわなければ、ある地点からの距離が横へ拡がっているのと、縦に延びているのと同一である場合に、借り手はどちらを選ぶかというに、むしろ高い方に行くであろうといっているが、この関係がアメリカのように極端なる高層建築が建てられる理由の一つになるのである。それゆえ借り手はあらかじめ高率の家賃を支払うことを前提としているものであって、高層建築が有利であるというのは、まったくこれがためである。しかしながら一般的にいえば摩天楼にも一つの経済限度があって、われわれはこれを立体的利用限界点、すなわち“investments of diminishing value”の点といい、これ以上に延びるときはいわゆる収穫逓減の法則に従うことになるもので、採算上表面的には有利であるとは限らない。かつてアメリカ・ビルディング協会の調査したところによれば、一九二三年頃の経済限度はおよそ四百尺くらいのものであったものが、最近においては七、八〇階に延びたといわれ、すなわち数年間においてアメリカの高層建築は真の採算限度が倍加したことになったのである。これは驚くべき変化であるが、その理由についてわれわれは、たんにアメリカの暴富、人口集中、建築術、機能主義などに普通の条件以外のものが数えられなければならない。かくて久しく中止の状態にあった高さの競争が、最近にいたって再びすさまじい勢いをもって台頭したのである。

一般に建物の高さは地価の騰貴が主なる原因であり、科学の進歩はその助因であるが、同一の条件の下においても建築術の進歩はその高度を高めるものであって、近年マンハッタンのスカイラインがいちじるしくその高度を増したのは以上の理由が数えられるはずである。ともあれ、水に浮かぶ高層建築群が夕陽を背にして銀波にうつる光景は、実に名状しがたい壮観を呈し、その背後をなすところのアメリカの進歩的経済組織と美しい調和を持っている。これを見ると欧州の建築界はいかにも淋しくて、小さく、いまさらのごとくアメリカの建築的盛況に驚かざるをえないのである。最近竣工したもののうちでその最大なるものを選ぶとすれば、何人もまず自動車の名で有名なクライスラー・ビルディングの七七階、高さ地上一〇四六尺を指すであろうが、日本人建築家松井氏の名で衆知のごとく、バンク・マンハッタン・ビルもまた、これとその高さを競うもので、かつて、ニューヨーク・タイムス紙上で両者の高さ争いに関する記事がニューヨーク人の興味をひいたことはすでに読者の知らるるところであろう。その他、現に建築中のエンパイヤー・ステート・ビルディングの高さ一〇九二尺（または一二〇〇尺ともいう）、すなわちエッフェル塔を百尺以上もぬいた建物が来年ニューヨークを訪う人の目を驚かすことを考えると、いまさらのごとくアメリカにおける高層建築の盛況を想像せらるるであろうが、これらの大建築もやがてまた数年ならずして、さらに高い建物のために記録を破られることと想像するにかたくない。いな、現に百階の大建築が計画中だと聞いている。

アール・エル・デュッフス（R.L.Duffus）という人は一九六五年におけるニューヨークの大都市計画はどうなるかという問題のうちに、市内の実際の外観は、新しい建築群が新式の公共建築物などで摩天楼は相櫛比《しっぴ》することになり、まったく面目を一新するだろう。そしてハーヴェー・コルベット（Harry Corbett）の案によると、一般に建築物の高さは現在のニューヨークよりもはるかに高くなり、将来のニューヨークは二階三階の街路を持つ市街、露台、庭園、高い歩道、小さな峰のかなた雲際にそびえる千尺以上の塔楼が特色となり、しかも下層の建築物は採光に困らぬようにすべてガラス材を使用することになる。こうした構造の時代で、市民たちの中には一生涯土地を踏まずに生活するものもでき、電送写真によって演劇その他全国各地に起こる事柄が、自宅で自由に見たり聞いたりすることができることになれば、多くの人々はおそらくその住む地区内から一歩も外へ出ずに時間の大部分を過ごすようになるだろう。そして小型飛行機の垂直下降が可能になればビルディングの上を平らにしてその発着場となり、今日の自動車のように飛行機の数が増して各戸にその格納庫の必要が起こるであろうということをのべているが、これは今日のダウンタウンや中央停車場の付近やシカゴの中心地などを見ると必ずしも遠い将来でなく今でもありそうなことである。かつて高さ七九二尺にして過去十六年の間全世界のレコードホルダーとして、またその調った美しい型として自他ともに許した、カルスギルバートのウールウォース・ビルディングなどはもはやヤンキーたちの話題にのぼらず、いまはただ、孤影淋しく下町の一角に昔を語るにすぎないようなありさまである。この変化は一体われわれに何を語っているか。この変化はアメリカ建築の最近の機能主義の強調によるか、それとも組織立った産業主義のいちじるしい結成のためか、いずれにせよ、かつてアメリカの建築文化を飾った折衷主義的華麗さは、ここに松井氏の言葉を借りていえば極端ではないが、しだいにその型を改めるにいたったことについて、筆者はここにクライスラー・ビルディングにたいするニューヨークの関心について語る興味を感ずる。

かつてアメリカは、過去において、欧州の建築を移入しながら、自国の文化を飾った。そのためにアメリカの若い建築家たちにとって日本の建築家もそうであるように欧州はじつにその聖地として建築的巡礼にほこりを感じた。かくてイタリア・ルネサンスを、フランスのゴシックを本場以上の美しさで移植して自国の資本を背景とした。それゆえ、たとえその外観は華麗な折衷様式にあるとしても、その背後には恐るべき産業組織が建築との調和を望んだ。その華麗さも、その高さも、その機能主義も、すべて極端なる能率増進の場所として生まれた。そのためには、もちろ

ウールウォース・ビルディング

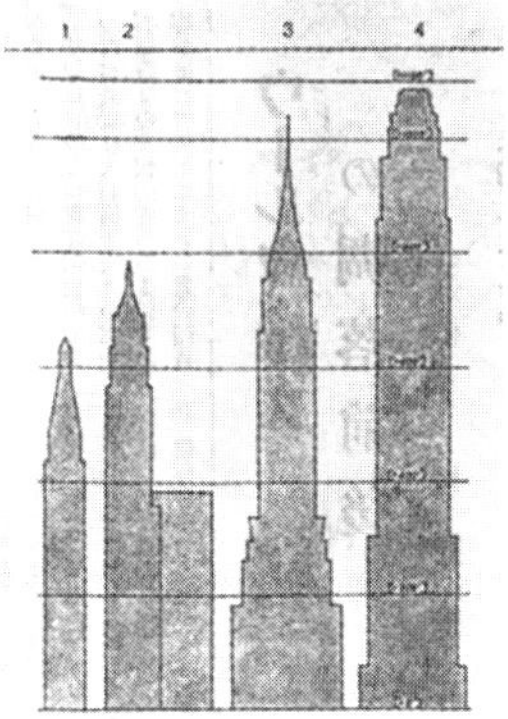

1. メトロポリタン・タワー
2. ウールウォース・ビルディング
3. クライスラー・ビルディング
4. エンパイア・ステート・ビルディング

ん些末なディテールにこだわることが許されなかった。それゆえにわれわれは、このアメリカにおける欧州の借り物にたいして特にアメリカの名を冠したほどであったが、これがためにすでに欧州においては歴史的残骸として見せもののほか価値を持たぬものも、アメリカにおいてはあらためてその価値が再生産せられたのである。さればこの場合価値とは何か。民衆の好尚がその一つに数えられなければならぬ。そしてその型は利潤として投資者を悦ばせた。それゆえ理論において、民衆の好尚はいつでも建築に先行した。アメリカにおいては例外なしにそれが行われたといっていい。その頃かような折衷主義的傾向にたいして進歩主義的純理論家と様式的美学者とは、アメリカを罵倒してその建築文化をこきおろしたが、じつはそのうちに時間と空間との過程を逆に、ごっちゃに考えられたる観念論にすぎないものがあった。アメリカニズム！　これがいつでもその口をついて出る正攻法であった。だが、それでアメリカは折衷建築を捨てたか。いや、それどころか反対に華々しく栄えていった。結果からみて莫大の金がこの折衷主義建築に投資せられたのは、それ自身一つの理論を含んでいるし、俗衆の好尚とその支持は結果において建築術とその作品を指導することとなったのは、明らかに一個の理論を仮想しえないことはなかった。たとえば、われわれはいまここにベルリンの町を想像する。あの巌窟の底のように陰惨なベルリンの町を想像すると、郊外の新しいジードルンクはだれでも望むところにちがいない。だから、少なからぬ権利金がこの明るい住家を得んがために争って提供せらると聞くが、それゆえに建築家は民衆の要望に先んじて郊外の住宅群を建設したとみるのは浅見であって、いつでも民衆の希望がこの運動を支持することに先行した理由となるのである。それゆえムーブメントは強くて正しい。同じ理由はアメリカの場合にあてはまらぬとは思われない。一時代前に折衷主義は転落した、少なくとも理論においてはそうであった。しかし、その時代、アメリカの折衷主義は極度に栄えた。そして、つぎの時代はその内に準備されたのである。それゆえに、つぎの時代に民衆は決してちゅうちょしなかった。現にドイツ流の建築運動を母体とするフランス流のいわゆるアメリカにおけるモダーンデザインは、たとえそれは一種のやくざな新折衷主義を含んでいるとしても、もはや完全に民衆を捉えてしまったといっていい。この点において日本とアメリカとは議論の割合にその速度が反比例するのは皮肉であろう。

進め！　いかにその号令がソビエト流に鮮やかであろうとも、人がそれに頓着しない間は、一種のモダーニズム運動に堕落するおそれがあり、事実ロシア以外の大小資本主義国においては、おそらく日本もそうであろうように、そこでは臆面もなく左翼企業が行われるのである。おそらくその運動が本格的な効果をもたらすためには、イデオロギーの放射と、環境の克服とは唯一の目じるしであり、政治的進出が実際に行われなければならないにもかかわらず、マルクスはいつもえん尾服を着ておどっている。

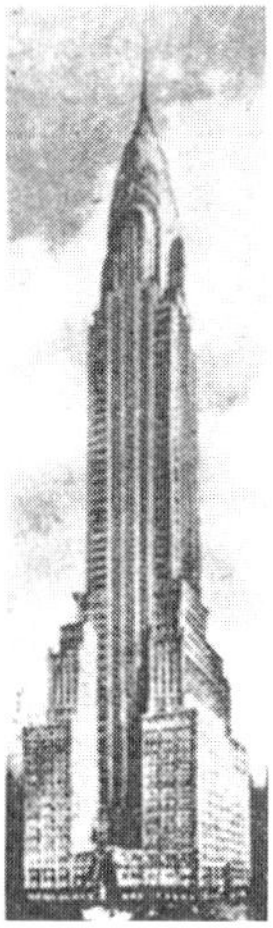
クライスラー・ビルディング

クライスラーのてっぺん、何と馬鹿々々しい、白頭よ、銀光よ、しかつめらしい批評家達は驚殺されなければ怒号するだろう、アメリカニズムの鼻つまみ！
馬鹿！　余けいなお世話よ、アメリカガールが肩をたててそり身になった、活達を世界がそれだ

エンパイヤー・ステート・ビルディング

ともあれ、最近における高層建築はもはや完全に欧州の残骸をぬぎ捨てて、自身の建築を持ちつつあるかのようである。はたせるかな、この傾向にたいして欧州の建築家たちは、半世紀間の議論がはからずもアメリカにおいて解決されたことに驚きの目をみはったのである。われわれはその理由について、かの恐るべき経済力のほかに最近の傾向としてつぎの三点を顕著な事実とみる。
すなわち、地域制の設定、商業的生命の激減、いわばテンポの急変、ヨーロッパ建築家の移住がそれである。そして、その結果として生まれた無数の新興建築のうちから、筆者の好尚にしたがって選択するならユニオン、ダウンタウン・テレホン、ホテル・ニューヨーカーの諸ビルディングと、目下施工中のニュース・ビルディングがフード氏（シカゴ・トリビューンの設計者）によって計画せられたものを挙げることができる。いずれの建築もその背後に整備せる物質文明の組織と、機能主義の結晶とが、完全な調和を保っ

て全世界の建築界はある意味においてアメリカ建築に刺激されたといっていい。

だが近き将来において千尺の窓のない建物が可能だというではないか。かくて、アメリカとロシアはリアリズムの意味を折半して対立することとなった。構成派の驍将タトリンは、あの熊のような手を振り上げて私にいった――それゆえに世界中で何よりもアメリカニズムを賞する、われわれのプロレタリアートはアメリカニズムの協力によって初めて完成されるのだ――もとより当然な言葉であろうが、私の興味はその機械力と機能との完全なる唯物的文明以外に、大衆との協力のなかにタトリンの意味を見出そうとする。

フランクフルト・アム・マインの進歩的建設事業の指導者エルンスト・マイは、せっかくやり出した仕事をなげ出してソビエトに招聘された。その手紙によれば、建築課題の実現は資本主義的無政府状態のうちでは、恐ろしく制限をうけねばならぬこと。いまは遠大な建築課題はソビエト同盟においてのみ実現化されうるといっているそうだが、彼はロシアにおいておそらく自分だけその建設的才能のうちにかくされた科学的ロマンチシズムを存分に行うことができてさぞ満足であろうが、マイの逃避はタトリンによって笑われるにちがいない。

筆者は先にアメリカにおいて興った新興建築にたいし唯物思想の関係について簡見したが、ビルディング・クライスラーを引例した意味については語っていない。事実アメリカの新興建築は機械と能率との結晶ではあるが、必ずしもそれは栄養不良的骸骨でもなく、また、右も左もかちかちにたたきつけられているという意味ではなかった。むしろそれとは反対に、窮屈な世界からのびのびとした空気を呼吸せんとする傾向が、一種の好尚をそれと同じ状態にあるところの、大衆のうちに呼び起こしたことは見逃せない現象である。そこでは一切の規約は浮雲のように取扱われ、法則という法則は音楽のようにつかむところがなく、大衆はこの傾向にたいして何がなしに雷同するかのように見えて、その実、それは大衆の現実をけとばす有効なる心理現象であり、切実なる欲求でもあった。この傾向にたいしわれわれは、ある建築経済上の法則をあてはめて考えうるとすれば、商業的生命の激減、すなわちテンポの急変をあげることができる。投下資本と利潤は建築の商業的生命の、きわめて短期間の間に回収せらるるところのなんらかの方法が、建築意匠のうえに表われざるをえないこととなるのである。必然の結果として建築のクオリティー、すなわち質の低下となるが、その低下は人造材料の採用と建築術と、その期間の異常な発達と短縮とを招来する。この傾向は資本主義を背景とする建築としては当然の帰結であろうが、さらにこの傾向を助長するものとして世界における利潤の低下を数えることができ、いまや世界の建築はあげてこの利潤低下とそれにともなう建築的合理化と唯物思想の行きづまり、いわば建築のナンセンス的傾向とテンポの変化に備えんとして、それがためには質の低下はやむをえざる現象であるが、その余沫は時として一時的効果を呼ばんがための建築を招来する結果をともなうものである。ウールウォース、かつてアメリカのほこりとしたウールウォースの凋落は、この意味で指摘さるるであろうように、もはやウールウォースの美しさに人は関心を持てなくなった。かくてこの建物はいまだ商業的生命が残されているにもかかわらず、しだいに空室を増していくのである。建築のこの傾向にたいして投資者が盲目であるはずがない。彼らはその有効な手段として建築を選んだとしても、求むるところは百パーセントの広告価値を案出するにある。かくして、クライスラーはこれらの近代的輿望によって生まれたといってもいい。われわれはあのお寺じみた格好と、にぶく光る白銀の塔のぶざまな形を馬鹿にして笑う前に、千尺の高塔がどれだけの荷重を負わなければならぬかを考えるなら、Kメタルの白塔はたしかに理由があり、いわんやその

鉄で造られた明日の家と町

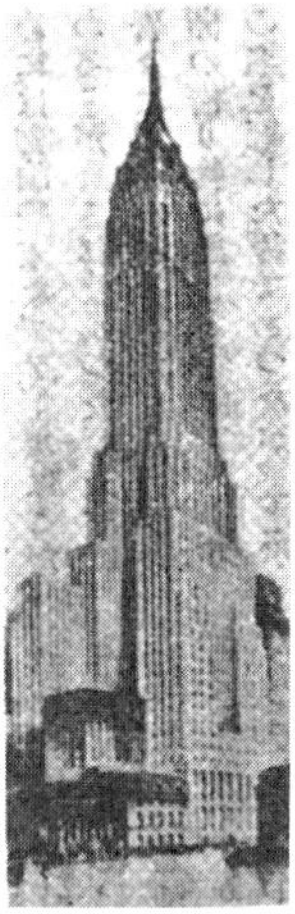
バンク・マンハッタン・ビルディング

ホテル・ニューヨーカー

ニュース・ビルディング（デイリーニュース・ビルディング）

チャニン・ビルディング

格好は大向うから大衆に呼びかけて、ただ何がなしに噂の種をまき、新しくアメリカ人の世界一的幻影を加えたことにおいてをやである。そして、それがためには百尺の旗ざおさえも必要とせられた。かくて建築はウォール街の黄金的求心力に巻き込まれて、人はそのキャニオンの底から高らかに新興建築クライスラーを仰いでわめきたてた。だがそのわめきの正体は一体なんであったか。そのわめき、大衆の関心こそ投資家の求むる対象ではなかったか。もはや投資の対象は建築そのものではなくて、クレージーに、その気狂いじみた大向うの喝采に移っていったとは、明らかに新時代の活発な経済的方向を表徴するものとして、その傾向を注意することができる。いまやアメリカニズムは好むと好まざるとにかかわらず、その資本と映画とともに建築もまた、世界に進出したといわるるが、筆者はそれについてなんらの関心ももたない。

＊『建築と社会』（昭和五年十一月号）所収。

建築一言／商業的一面

A　酒場のボス（ちょっと理屈をいう男）
B　（A酒場の筋向うにある酒場の名。末梢神経的アクドイ建築）
C　建築家

道頓堀の夜景。赤い火青い火あり。A酒場改築落成の日、B酒場よりヤケにジャズの音聞こえ小僧、小商人、モボら多数酒場に押しかける。

C　Aさん、その電灯をも少し明るくしたらどうです。ついでに赤い火をやめてもらわないと僕の設計は台なしになります。あの形はトゲトゲしすぎてるじゃありませんか。僕のいうとおりにしてください。
A　どのくらいにしたらいいですか？
C　この雑誌をよく見てください。いいでしょう。
新着のフランスかドイツの雑誌を見せる。
A　少し考えて　Cさん、せっかくあなたにやっていただいたが、なんだか客がサッパリ寄りつかないし……やはり元どおり赤い火、青い火でトゲトゲした建築のようなものにしてくださいませんか。Bのようにしてくださいな。そのほうが客がよく集まるようですから……。
C　なぜです？　そんなヤクザなものなら装飾屋にお頼みなさい。僕はやる気になれません。建築家はそんなものをするものではありません。
A　そういわないでやっていただけませんか？
C　できませんね。そんなにやりたいならどうです。……一体なぜそんなことというのですか。
A　客がこないんです。ふしんをしてから……。
C　なぜです？
A　なぜって……こないから、しかたがありません。ふしんをしてからすっかり客足がにぶったんです。Bカフェを見てください。

Cちょっと B を見て、いやな顔をする。またAの顔を見る。

やかましいほどジャズはあるし、電灯も装飾もなってないんです。とてもデザインなんかなっていないとあなたがクサされますから、あなたにお願いして、すっきりしたものにしましたが、ふしんしてから私の方のお客はすっかりBにとられてしまったんです。困るなあ……。

C　そりゃ行くやつがなっていないんです。低級だからです。T町へ行ってごらんなさい。そんなカフェは一軒だってありませんよ。

A　お説は何度もうかがってわかっております。私だってT町に行けばそうします。

C　O町だって、ゆくゆくそうなりますよ。しばらくお待ちなさい。

A　私の方は日歩のついたお金を使っているんです。待てないんです。そのときになればまた、そのときの気持ちに合うようにします。いま、いまが大切です。いやでしょうか。あのあくどい元のとおりのようなのにしていただけないでしょうか？

C　まあお待ちなさい。僕のやってるのは尖端的な流行型です。フランス風を加味したんですが、国民性と時代と環境に合った合理的の建築ですから……。

A　私の方は何式でもいいんです。一番もうかるやつがいいんです。客が集まるようなのがいいんです。

C　低級な趣味は結局いけないんです。

A　私には低級が何だかわかりません。多数の客が好いたもの、一番利益のあがるものがいいんです。またそれが一番高級なものだと私は思ってるんです。

すこし語調荒くなる。

高級とは……高級とは、一体どんなものが高級なんです。いくら高級だって損をするような高級が、いまどきなんになります？

C　（買い言葉で）あなたは教養がありません。教養のない人にはわかりません。

A　高級や教養がなんです。自分勝手な高級や教養がなんです。役にも立たない教養や高級がなんだ。言葉や技術にかくれた教養や高級が一体なんの力があるんです。

語気さらに荒く、

このカフェーは一体だれのものです。私のものじゃありませんか。私の命と家族を養うために必要なカフェーです。あなたの高級や教養はご自分の家を建てるときに使ったらいいだろう。私はあなたに設計料を払っているんだ。金をやったうえに私の希望は達しられていないんです。あなたのお草紙になりたいために頼んだのではないんです。Bカフェーをごらんなさい。あのとおり、人だかりです。

このときAカフェーを圧倒するようなジャズの音聞ゆ。

C　Bカフェーなんか、アメリカ式のヤクザなものです。頽廃的な表現派風のいやらしいものです。僕はあんなものをどうしてもやれません。いったい建築は建築家の人格を表現するものです。

A　なんですって……?!!　他人の建築を建てておいて自分の人格を表現するんだと……!!　だれがそんなことを頼んだ……!!　この建築を一番よく知っているものは私です。私は私の生活、私の魂を表わしてもらうためにあなたに頼んだんだ。なんでもいいから私の考えを表わしてくれませんか。

C　科学が進歩したいまごろ、あんな旧式はやれません。

A　馬鹿なことをいっちゃいけない、学問が進んだからこそ、どんなものでもやれるようになったんじゃないか。学問が進んだから旧式のものはやれないという理屈はありません。一体Bカフェーがなぜ古いんです。私にいわせると一番使いどころのあるものが、一番新しいんだ。いくら新しいものだって、客がこないものが何になる?　あなたはペテン師だ。世間を知らない人だ。古いも新しいもあるものか。

C　僕は新進の建築家だ。僕の建築理論は建築界を指導してるんだ。

A　指導されるやつが馬鹿だ。どうしても変えてくれませんか。

C　御免こうむる。金の話を聞くと反感が湧く。一体あなたも資本家のような搾取をやっているんじゃないか。大資本主義的なカフェーをやろうとしているんじゃないか。

A　もし私が悪い資本家としたら、あなたの高級や教養はそれ以上に私の生活を搾取し、欺瞞し、また翻弄しているんだ。設計料を返し給え!!

C　頼んだ以上は返さぬ。返す理由がない……。

A ……。

C ……。

…………………………………………………………………

読者諸君……このゆえに僕らはCおよびC式建築家の意識を疑う。その尖端的旧式を笑う。

C式新派は、はからずも僕らの祖父の時代と隣り合わせであることを知る。高級とは、教養とは一体なにか。笑え、世間知らずの教壇的な題目を……。

四月九日　　奉天にて

＊『早稲田建築講義録』（昭和五年、No.8）所収。

建築の経済問題

第一章　緒　言

建築の経済問題は最近、建築企業ことにビルディング(building)にたいする投資と、その結果によって著しく世間の注意をひき、これに関係する建築家はその計画の初めにおいて、あらかじめ投資収益などの採算について依頼者に相談をうけ、またその採算上の結果を知らしめることの必要に迫られてきたのである。しかしながら建築家が建築そのものの意匠以外その収益または投資などについて、あらかじめ経済計画をなすにいたったことは、日本においては最近のことに属するといってもよく、いわば日本においてはこの方面の正確なる知識は、企業家に属するものとしてやや等閑に付せられたような傾向があったのである。しかるに外国の例に従えば、建築家は自己の計画による建物の営利または商業的効果、すなわちその経済価値について、あらかじめその依頼者に採算の基礎と結果とを提出して、建築の完全なる働きについて企業家の同意を得ることを例としているのであった。たとえその結果が企業家の立場と一致せざる場合といえども、建築家は自己の計画にたいする経済的効果については、必ずしも企業家の営利的見解とその立場を同じくしていないばかりでなく、その専門的立場よりして企業家とは別に、あるいはそれ以上に建築的効用とその結果の打算についてはもっともよく建物を理解しているはずであるがゆえに、建築家の採算とその行程は、普通、企業家に取りては唯一の参考資料となり、また現になりつつあるのである。これがために建物の商業的価値、土地と建物すなわち地代と家賃との関係についても種々の研究がなされ、またかなり科学的研究がなされているのである。しかしながらそれらの研究は各部門ごとに優に一冊をなすに足るだけの内容があり、かつその関連するところ都市問題、土地問題、社会問題などにわたって、とうてい短日月の間に研究しつくされるものでもなく、しかのみならず性質上この種の研究は長年月の間、たえざる観察と注意をなすの必要があり、さらにその関する範囲は非常に広汎であるために、土地改良論者、住宅問題研究家または建築の経済的立場などより種々の議論がなされて、学者の間にも一致したところがないようであり、ことに土地問題、土地と建物との関係のごときそのもっともはなはだしい例であるといってもよい。

かくのごとき広汎なる問題をとらえ、わずかな紙幅をもってよくのべ得らるべくもなく、また私はその資格あるものとも思わない。さればこれがために私は建築経済上のべなければならぬ問題たとえば建築形態が土地に作用する影響、地域制あるいは建築取締規則などの経済的考察など、かなり重要な問題についてもその概略にとどめるにすぎないような有様であったのである。ことに最後においてビルディングの**運用状態**または**経済的作用**の実際理論との比較研究はもっとも興味あるものであったにもかかわらず、紙幅の関係と事実上の発表を懸念してこれまた割愛することとなったのである。

地代論と地価に関する議論は、リカルドー氏（Rikald）以来経済学上の難問であるがごとき問題をとらえて、本講の項目としたることは実は私自身その分を知らざるものといってもよく、ひたすら過なからんことをおそれるしだいである。しかしながらボルトン氏（Reginald Pelham Bolton）が〝**建築はたんに地用の保証にすぎない**〟と喝破しているように、建築の経済問題はしょせん土地問題に帰着することが多いとしてみれば、われわれはまず地代の性質から研究することをもって至当であると考え、この問題に相当の紙数を費やしたのであるが、ただ過なからんことを思うしだいである。

私はあえて建築の経済問題について堪能であるとは思えない。ただ今日まで多数のビルディング建築に関係し、したがってこの問題の研究は必要であったし、またいささか興味と理解とを有し、いささか研究と調査をなしているにすぎないのであるが、いよいよこれに系統をたてて研究することとなれば、第一、集めえたる調査資料をいかなる方法によって整理するか、またその資料がはたして有効なるや否やについても規範となるべき参考書を得ることは必要であったが、私は不幸にして日本にはこれに関する科学的系統的研究をなしたる文献を得ることができなかったのである。されば私は、本講のために前掲ボルトン氏、エバース氏（Cecil C. Evers）、フード氏（Richard M. Hurd）などの著書を参考としたのである。ゆえに私は以上の三著に負うところ非常に多く、またそれらの著書はいま私の知る限りにおいて建築経済上の教科書といっても差支えないのである。また日本においては、現大阪市長にして都市問題の大家たる関博士の著書に、土地問題については河田嗣郎、高田保馬の両博士の著書に(1)、実際的の問題については大阪ビルディング理事者に負うところ非常に多い。

第二章　総　論

土地はそれのみにては、一個の不生産的財にして、たんに税務署の注意を引くにすぎないのである。しかしながらいまこれに資本を投ずることによってわれわれはここに土地からある利潤を得ることとなるのであるが、その利潤は常に必ずしも有利であるとは限らない。その位置、性質などによってこれに費やしたる生産費の割合により利潤の上に差等を生ずることはまぬかれないのである。いわばこの場合、土地の位置性質など地用の重要なる函数は、利潤のためにきわめて必要なる問題として表わるることとなるのであって、これが研究は投資上非常に重大なる意義を有することとなるのである。私はこれを**地相**と呼んでいる。ゆえにもしわれわれはこの地相を正確に知ることができれば、したがって建築企画上大部分の要件を解決したものといってもよい。しかるにこの地相は今日のところ帰納的にある程度までは測定することができるのであるが、もっとも重要なる点にいたってはいわゆる企業家的精神によるほかはないといっても差支えない。されば建築経済学上の大半部分の研究は、土地問題に帰着するといってもよく、現にエバース氏は、ボルトン氏もいったごとく〝**建物はたんに土地の付属物にすぎない**〟といっているのは、よくこの間の事情をいい表わしたものと思う。

しかるに土地に関するすでに指摘したるがごとく、その根本において社会問題、政治問題などに関係があり、したがって一国の政治的機構のいかんによりその性質、運用を支配せられ、自然その経済価値の上に反映せられるところはまた建築上の問題としてその範囲を限定することとなることは、土地または地代に関する問題において広く知られるところである。それが資本主義的社会にあるか、社会主義的機構のうちにあるか。とにかくその左右せられるところの社会的政治的影響によって非常な差違を生ずるものであるがゆえに、一概に建築の経済問題についてのべることは不可能である。現に土地国有を実行しつつあるドイツと、個人の自由と権利とを憲法によって保証せられているアメリカの建築問題と、またわれわれが目撃しつつある日本の状態との間には、それぞれ異なったる事情と影響があり、したがってその研究はそれぞれの立場において参考となるとしても、問題はついにわれわれの場合に帰ることはもちろんである。されば本講においては現にわれわれが立つところの実際社会に広く行われつつある実際問題、その社会的条件と、これに近似する種々の文献とにより、建築の経済的運用についてのべんとするものであって、おそらくはこれが実際上の要求であるべきを信ずるものである。

私はここに建築の経済問題、特に建築企業の立場において考える場合において、もっとも注意すべき点は建築取締規則との関係であると思う。地域制といい、また建築取締規則といい、本来は企業の合目的保護とその発達にあると思う。現にアメリカの各都市は地域制の採用によって、往年の自殺的投資から覚醒はしたが、決してその企業的立場を害せられることがないといわれているのである。もちろんアメリカにおいてさえも、たとえばロサンゼルスのごときその制限にたいして緩和すべき点を主張する人もあるけれど、だいたいにおいて企業の目的と関連して著しくその運用の円満と経済的にまた理論的にその有効なる結果を示しているものである。アーキテクチュラル フォーラム（Architectural Forum）誌の報ずるところによれば、一九二九年度におけるアメリカ全部の建築予想総額は、政府の建築を除いても約七三億ドルといわれ、その内アパートメント、オフィス、ビルディング、またはこれに類似する建築にして、建築そのものが直接企業の目的となるものの建築費総額だけが、約一五億ドルというがごとき驚くべき数字を示している。もって米国における建築的投資のいかに盛んなるかを知ることができよう。いささか旧聞に属するが日本勧業銀行の調査によれば大正十五年度における六大都市の建築費は、住宅一億八〇〇〇万円、商業用建物一億八八〇〇万円、工業用建物五七〇〇万円にしてその他の建物を合計すれば建築費総額は約四億四九〇〇万円くらいにして、延べ一坪当たりの平均建築費は次のとおりである。おそらく今日といえどもこの価格に大差ないことと思う。

大正十五年度における建築費単価（延べ一坪につき円）

	住	商業用	工業用	その他
木造	一三五	一六〇〜一八〇	一〇〇	一六〇〜一八〇
石造	二七〇	二三〇〜二七〇	一八〇	二三〇〜二七〇
鉄造（また鉄筋コンクリート）	四〇〇〜四五〇	三二〇	一六〇	三二〇

私は先に建築における経済問題と取締規則との関係について注意を向けたが、はたして日本においてこの点につき十分なる研究と運用の実際的効果について考えられ、また考えられた結果であろうか、第一、利用率の制限について、たとえば絶対高さの問題について、たとえば光線の問題について、たとえば安全荷重の問題について、たとえばその運用および運用者の非経済的解釈について、数えあげれば多数の問題が考えられるのであるが、われわれはこれらの制限のうち、あらためてその運用と効果につき経済的な考慮を払うことによって、さらにその過酷なる取締りを緩和すべき点を論ずることは徒労であろうか。都市の人口は日々その数を増し、その集中の密度を増し、その交通は都市の外延的、平面的効果を表わさんよりもむしろ、かえってますます中心地への利便と集中との傾向を強め独占的地用は依然として都市の中央を離れないのである。これがために騰貴する地価は、あるいは建築の高さをさらに低めることによりて低められるよりもある程度まではむしろ利用率の増加によりてこれを緩和せしめるよりほかはないとさえ考えられるのであって、利用率の絶対的制限は、たんに企業の点についてのみならず、かえってテナント（tenant）のためにその負担を増加するがごとき結果を想像することは困難でない。ある程度まではやはり、地価に比例してその利用率を増加すべき通則は、日本の場合においても適用されなければならないものと断ぜられるが、さらにわれわれは交通の問題について考えたい。

普通、**家賃**（rent）と称せられるものは、建築費と建物の維持に要する資本の利子とを回収されるものと、元金の償却に充つべきものとを合したるもの、および、建てられたる土地の地代とを合したるものにして、理論上真に家賃と称せらるるものは地代を除きたる部分のものに相当するものを指すのである。家賃に関するかくのごとき経済的概念は、いかなる建築といえども適用されるものにして、一見非営利的建築たとえば自家用住宅、官庁の建築あるいは公共団体のごとき建築といえども、家賃の経済的掣肘を受けずしては考え得られないものである。ただそれらの建築が企業的建築たとえばアパートメントとかビルディングなどと異なる点は、前者においては利潤が直ちに消費に変わるだけの相違であって、いずれも営利的概念においては、もし経済制度の現状が存する限り存在するものであると考えた方が経済的でもありまた理論的でもあるのである。されば私はこの考えのもとに一切の建築を経済問題の題下に論ずべきであるが、その運用においてはもちろんそれらの非営利的建築は企業的建築からは区別して論ぜられなければならず、ことにその根本においては土地国有などの問題にも交渉するところがあるから私は主として企業的、営利的の建築、ことにオフィスビルディングまたはこれと同様なる性質、運用を有する建築について、研究することにしたいと思う。

建物の場合において、われわれが使用する利潤の意味は**総収入**（gross rent）すなわち通常、家賃として収得せらるる総額より、建物の運用に要する費用を控除したるもの、すなわち**純利益**（net return）を指すものであって、この利益は投下資本にたいする利回り、または配当率等を規定するものにして、純利益のいかんによって、建物の投資価格を決定すべき基準となるものである。この利率は建物の種類、用途目的および階級によって異なり、また一般の投資物にたいする利回りの市価によっても異なるものである。企業家の収得するものはそのうちからさらに、消却資金、法定積立金、各種の準備金などを控除したるものである。それらの利潤はすべてふつう家賃の形式のうちより収得せらるるものではあるが、土地と建物との経済的関係は以上のごとく、主として家賃収得の期間すなわち建物の有効生命の期間における現象であって、企業家の立場としては生命の終わりにおける土地と建物の商業価値の目算についてもまた重大なる経済的結果のいかんを打算するのである。建物の構造および商業的価値の減退、建物の有効生命、地価の騰落など、以上三個の価値が結果においていかなる値をもって現われるかは非常に興味もある問題にして、ときとしてこの関係が投機の形式をもって表われるのはその変態的、人為的行為のやや不自然なる現象であるにすぎないのである。しからばそれらの利潤はいかなる手段によって産まれるかといえば、すでにのべたるがごとく、ふつう地価に応じて建物の利用率を加減することによって得らるるものである。しかしながら、地価は通常地用に限度がある。ゆえに、利用率の増加は、建物の高度を増すよりほかはないのである。されば建物を高くすることの経済的意味を繰り返していえば、与えられたる地用の収得、すなわち地代を、利用率の増加、いわばその上に投ぜられたる建築費の増加によって得らるるものであって、これによって得られたる総額は、その地方における平均賃貸料の時価と、土地の商業価値との関係を表わすものであって、その利率がいかなるものにもせよ、建物の高さすなわち、利用率ばかりでなく、利用率の増加のために要したる資本すなわち主として建築費との間にもまた関係を生ずるものである。いま私は、建築の経済的行為を分けて便宜上次のごとくすることができる。

一、主要なる目的が家賃収得にある投資

二、地価高騰の過渡的時期間中の地用として投資せらるるものであって、ある場合それは地価の吊上策または地方関係の一手段となるものにして、タックスペイヤー（tax payer）と称せらるる建物はこの一種である。

三、投機的建築

四、非営利的建築

第一は投資そのものが営利的企画の中心問題となるものにして、企業的建築たとえば住宅経営、ビルディング、アパートメントなど。

第二は目的そのものは地価にあるがこれが人為的でない点において第一に近く、結果からみれば第三に近い普通小規模の商業建築、小売商店などである。これらの建築はその土地がやがて殷盛の商業区となるにいたればさらに高級であって、大規模の建築に改造または改築せらるべき運命にあるものである。いわゆるタックス ペイヤーの称あるゆえんである。

第三は一時的建築または郊外地などにおける土地投機の目的をもって建てらるるものと、往年ニューヨークの下町またはその他の米国都市において行われたるがごとき極端なる建築投資による極端なる土地の集約的利用と、その間に起こる土地投機的傾向中に起こる現象にして、建築経済上かくのごとくの極端なる地用の建築を**自殺的投資**と称し、地域制の必要をなしたるものである。

第四は非営利的建築などと称するも、本質的にいえばやはり一種の営利的建築にして、利潤のこの形式において利益が収得せられないまでであって、ただちに消費に変化することはすでにのべたとおりである。いわば消費とは利用価値の対象となって、記念、奉仕、公共、威権などの利用価値の対象として働くものである。

近代建築のもっとも顕著なる特性は経済的であるといっても差支えない。宗教、封建などによって表わされたるものの建築、唯理思想によって変化したる近代建築以前の近代建築等は、皆その変遷の主動となるものは本質的であったが、しかし決して経済的ではなかった。ラスキン（John Raskin）さえも奢侈を経済的美論の中心から除こうとした。だが近代建築の中に含まれたある経済的部分は、たとえみずから崩壊の運命を内蔵するものとはいえ、それが社会の希望によって支持される限り存在の価値と理由を有するものとして、現在における価値とその認識の上に立って一切の建築の立場、および内容を是認するために、現実にある一切の建築を認めようとし、またその変化のうえに経済的価値を置こうとするものである。ゆえに、構造、美観、用途、施工などの現象の一切は、ひとまず経済の点において認め、ついで芸術の点において、いわばその巧拙の点において観賞せらるるのである。さればこの考えは明らかに形態を超越して新しくその出発点を、経済的価値、たとえば貨幣において収得せらるるものと、利用において収得せらる経済価値に置くものである。この点において一切の建築は経済的掣肘を受けるものであるということになるのである。ゆえに、かくのごとく建築の対象となるものは、一方において社会の支持、あるいは依頼者の意向と、一方においては建築的技術家の労作と、また一方においては請負業者の行為とおよびそれらの関係が、建築形態の上に表われ、これが将来いかなる現象を持ち来すものであるべきかについて考慮することは、経済建築上の重要なる展望であって、建築的技術者の技術的低下とその唯物的行為、建築主の営利的意向、請負業における打算の科学的討究、施工法の合理化、利潤の低下、下請負人の倒産、建築的大資本への統合などで、しょせん建築もまた資本主義の道をたどってしだいに行きつくべき道を歩いているにすぎない。ここに注意すべきことは、現に起こりつつある建築経営または建築的企業投資の現状、および将来への傾向である。たとえば大都市におけるビルディングおよびビルディングの間における経営上の競争的傾向と、投資における安定に関する問題のごとき各建築の間におけるテナントの移動状態を観察することによっても、われわれはほぼ企業における建築的傾向とテナントの意向を知ることができるのであって、このことは投資上における非常に興味ある問題であると思われる。おそらく経営者は将来いかなる方法によってもっとも有利なるテナントの永住性を持続せしむべきか、また有利なるテナントをいかなる手段によって誘うかについて最大の努力を払うべく、現にビルディングにおける施設において、また建築的意匠の広告的効果について、日々われわれの比率はこの点について非常な努力を払わされているがごとき状態をもって、将来の傾向を推察するに困難でない。日本におけるビルディングもまた外国ことにアメリカにおけるそれらのごとく、テナントの誘引のために誇大の広告を掲げるがごときことは必ずしも遠い将来ではあるまい。

建築の合理化はまた広い意味における単純化、機械化、カタログ生産化であって、工作場と組立場とを兼用したる建築の現場は、すでにたんなる組立工場と化し、工期短縮の傾向とあいまって、建築の生産化は近来著しくその合理化の道程を急いでいるのである。しょせん、企業、営利、投資、利潤を目的としたる建築はまた一切の生産およびその製品と同じく、民衆の向背によってその売れ行きを、その価値を指導せられることは、この意味において店頭において飾られる機械染めの友禅モスリンとなんの選ぶところもなく、創造、形式、芸術など、過去の建築に与えられたそれらの偽記念的勲章は、それらの建築的光栄とともに、一切は価値に換えられ、類形的傾向の潑醸となりつつあって、まさにこの意味において建築もまた一個の商品にすぎないといっても差支えない。この観察は明らかに建築における誹謗であるかもしれないとしてもわれわれはかつて建築に起こったところの唯理的変化は、さらに経済的見方によってその価値を見直す必要に迫られているのであると思う。

以上は主として新しい建築にたいする考えであったが、最近建築経済上の一つの重要なる問題として改造の問題はまた見逃してはならないことである。いわば利潤の再生産に関する問題であって、長い生命を有する建築としては当然起こるべき経済上の問題である。このことについて、ビルディングス アンド ビルディング マネージメント（Buildings & Building Management）誌は、ほとんど毎号面白く、かつ有効なる実例を掲げて投資者の注意を促しているのであるが、アメリカのごとく建築的企業の盛んなるところにおいて、多額の投資をもって永久的建築をなす以上、かくのごとき問題が起こるのは当然である。建物の構造的生命は建物の用途、構造、材料などによって長短あることはもちろんであって、二〇〜三〇年より長きものは一五〇年以上、現に数百年の長年月にわたって実用に供せられているものもあるが、これらの永久的建築はたとえ構造的に生命ありとするも意味をなさぬものであるがゆえに、普通、構造的生命は耐震耐火の永久的高級構造物においても一五〇年くらいにとり、現にエバース氏も一五〇年と定めているが、かくのごとき長い生命の間に起こる種々の変化は、建築の商業的効果のうえに影響して、ついにはなんらの利潤もあげえない状態になるのであって、この期間すなわち営利的期間がいくばくであるか事情によって不明であるが、普通、構造的有効期よりも短く永久建築においてその五〜六割くらいであるとせられ、一般にこの基準は投資上に採用せられているようであるが、最近流行の問題が建築上にもまた新しく経済的に考慮せられなければならなくなった。かくのごとき大衆的嗜好の営利化的風潮のために、建築の商業的生命には非常に影響せられ、概して、その生命は従来よりもさらに縮められるがごとき傾向を助長せられ、その他部分計画、町の変化などによる影響などのためにも、建築の商業的生命はしだいに短縮せられるのみであって、その商業的生命は一般に信じられるがごとく長いものでなく、最近ある統計によれば、三〇年以下といわれている。しこうしてこの傾向は今後しだいに助長せられ、したがってこの二つの生命の開きはしだいにその間隔を延ばすものと思われるのである。この問題は、建築の消却に非常な影響を有することは明らかであって、したがって建築改造の問題は、たんに廃物の価値を再生せしむるというがごとき単純なる問題ばかりでなく、最初よりこれにたいする準備と収益との間に研究さるべきことが必要となるのであると思われる。されば、建築はひとり現実の要求に応ずるばかりでなく、将来の建築的変化に従って、その商業的価値を上げるために、相当に改造しうるように意匠されなければならぬこととなるのであると思う。

以上私は建築の経済的環境について概略をのべた。建築経済上の競争、請負業者の傾向、技術家の技量、腕、利潤の低下と大資本への統合、建築形態上の問題などは、われわれの注意はたんにそれの変化にたいする外観上の観察にのみ費やされることを好まない。われわれはこれによって将来起こるべき建築上の変化について想像するにかたくない。しかしわれわれはそれを知っているとしても、その変化に応ずる過程を認め、これにたいする認識を深めるよりほかはない。されば、かくのごとき経済的見方においては、現在たんに形式についての問題はもちろんのこと、それらの推移についてさえも、われわれの観察はそれらの上にあるべきはずである。たとえばそれが利潤を産み続ける間は、そしてそれらが営利の目的である間は、私の講述もまたこれに従う。

＊『早稲田建築講義録』（昭和五年）所収。

【註】

（1）高田保馬博士の社会科学誌に出た論文に啓発されたが、戦災で消失してしまった。

【補註】この原稿を書いた当時においては、地代論は農業地代論からのものが多く、市街地域あるいは都公地、地代論の系統的なものは文献がなく、わずかに勧業銀行などの不動産融資のための地代論があったくらいで、Principles of Cityland Value-Hand のごときは、非常に参考になったことを憶えている。

「建築の経済問題」は後日、次のような考えとして表わされる。すなわち建築作品は建築家の作品であっても、一般には社会的に再評価される。再評価されるということは、建築がはじめて社会的に機能することを意味するものであって、人間が社会的に生産関係を背景としている限りにおいては、作品としての建築はここにはじめて建築家から離れる。すなわち主観的なものから客観的なものになるし、またこれこそ社会的には建築のほんとうの姿であることを意味する。（四十五・四・一）

動きつつ見る

「われわれがドイツにきてみると、ドイツ人よりもわれわれのほうが、ずっとアメリカに近いと感ぜざるをえなかった。アメリカ風な事物の中に、「故国」を感じるしまつだ。たんに、知識としてだけでなく、感情や感覚の領域にまでアメリカニズムの浸透をふりかえって認めざるをえないという事実は、いまさらながら、驚くべきことなのである。……ベルリンの労働者区域ノイケルンの中央にあるヘルマン広場に、百貨店「カルシタット」というアメリカ風の巨大な新建築がある。これを見ると私は、やはり「日本」を感じる。そのなかでアメリカ風の理髪店がある。そこへ行くとまた、日本の理髪店が、すべてアメリカ風だったのだな、ということがわかったりもする。

われわれは実務的で、明快で、スピーディーで、簡素で、衛生的なもののなかに感情の奥の方に、また感覚の隅々にも、現在の「日本」とくに「東京」を感じる。——建築におけるこのような「アメリカニズム」は、もとはといえば、オーストリアやドイツ自身が発祥の地でもあったが、いまではドイツ人でさえ、それをアメリカ風のものとして感じたり、理解したりしている。」

これはある人のベルリン手記だが、だいたいにおいて私も同感である。アメリカ資本で経営しているカルシタットも、ロンドンのセルフリッジも、アメリカ的であることは当然であろうが、ドイツの建築、ことに産業的な建築とその組織さえもしだいにアメリカナイズされてゆきつつあることは事実のようである。しかしながら私の興味を感ずる点は、ドイツの文化が一度アメリカに渡ったものをアメリカから逆輸入して、それをまったくアメリカ風だとベルリンの人たちが思っているのを、同じものを見ている一日本人が、「日本」を感じる。つまりベルリンにおけるアメリカ風なものを見てなんとなく「日本」を感じさせられるということは、いかにも皮肉のように思われる。

日本の新興建築のうちにはドイツ的な影響をうけていると簡単にいってのける人があったら、ドイツにおけるアメリカ的影響を考えるがよい。アメリカ的合理主義、唯物主義がどんな形でドイツの建築に影響しているか、どんな形でドイツの建築家たちがアメリカの建築に賛同したかを想像すると、われわれのドイツ讃美はいちおう考えなおす必要にせまられはしないかと思える。メンデルゾン、ノイトラなどの所説もそうであろうが、私はその実例についてのいくつかをあげうる。たとえば、ドイツ有数のオフィス・ビルディング、チリー・ハウス[1]はどうか。先頃皮肉にも日本の新派の建築雑誌が争って転載したと思われた、デパート・ショッケン[2]はどうか。ただ形を見ての批評ならお話にならぬが、その内容を見るとうなずかれる点があるにちがいない。だが、建築をアメリカ的に取り扱い、また考えるという点だけを考えると、だれもがいうように日本はどの国にもまけてはいないようである。試みにエレベーターを考えても、機械のことを考えても、設備の傾向を考えても、何ひとつアメリカのごやっかいになっていないものはない。恥じてもいいと思われるが、しかし、それゆえ、われわれの眼にはいかにもドイツの建築——ことにデパートとか、オフィス・ビルディングとかになると、じつに、けちくさくて、なっていないと思うことがかなりあった。それを見ていると、われわれのほうがよほど進んだ考えを持っていないかと疑ってみたりする。

かような考え方は、ひとり私ばかりではない。おそらく専門家という専門家は口をそろえて、欧州においてもはや学ぶべきものがなくなったということを耳にするが、今日の日本はどの点においてもさほど外国の衣鉢《いはつ》を眼を皿のようにして受け継ぐ必要のないことは当然であるし、また、そう思ってみたくもなるのである。

なるほどオットー・マイヤー氏はオランダにおけるデ・シュチール一派の影響を否定して、いまはドイツ風の考え、おそらくグロピウスの考えが反対にオランダの思想に影響しつつあることを力説したが、しかしこの考え方は私にいわせると、実験室的建築論であると思われた。その証拠として、私はバウハウスの建築をあげる。フェーゲル氏は、ハンブルグの彼の事務所でその過大な、なんの意味だかわからないようなガラス窓を嘲笑していたが、デッソウの郊

グラスハウス　向うに見えるガラス張りの建物が、写真のようにできるならおなぐさみだ。実際この建物がどんな風に建てられるか。ミース・ファン・デル・ローエ氏 (3)

夜になるとこの美しい建物も真昼に見るとまるでごみをなすりつけたようである。(4)

外になんの必要あってあんな建物を建てたか。多少とも実際の建築をやった経験のある者ならすぐ、気付くであろうところの欠点がいたるところにあるが、なかんずくあのガラス――なんの意味だかわからないようなあの窓ガラスこそ様式建築が往々にして侵すところの欠陥とはまさに反対の欠点ではないか。

　だから、バウハウスの一教授は私に弁解していった。われわれも、この建物が世間で問題になったほどではなく、かなりの欠陥を認める。これが今日のバウハウスの思想でないことを極言して、彼はハンネス・マイヤー氏の近作として、またバウハウスの今日を代表するものとして、ベルナオ（ベルリン近郊）における労働組合の学校を見ることを極力提唱した。ハンネス・マイヤーといえば今夏バウハウス内における共産主義的政治行動のゆえをもって、その責任上ついに校長の地位を追われたことはすでに読者の知らるるところであろうが、彼はこれについて皮肉たっぷりの声明書を発表してこれを否定しているとしても、私はいまベルナオにおけるこの学校――寄宿舎を有するこの学校の新築を見るに及んで、種々の意味において、彼が包懐するところの思想を読むことができるような気がしてならない。

　バウハウスの存在をしるすところの伝統的思想として、何人《なんぴと》もその社会主義的傾向を指すであろうが、しかしながらその作品の傾向は、いまグロピウス時代とマイヤーのときとを比較するに、その間に非常なへだたり、いわば、しだいにプロレタリアートの芸術運動に、その深度を加えつつあることを感ずるのは、この学校を見ただけでもよくわかることであった。

　この建築の意味は、もちろん平面計画にある。そして、露出した鉄骨に赤、黄などの原色を塗るかと思えば、グラスブリックの壁をつくり、惜しげもなくプレートグラスを用いるかと思えば、これと接して鉄筋コンクリートの露出したはだを合わせて、天井にはなめらかに塗ったプラスターの面に淡緑色のペンキを刷《は》くというような、たとえば工場に花をさし、清涼な空気と光線を送ったようなこの建物を私は意味深く眺めた。常に圧迫を受けつつあるところのバウハウスの活動をして、所期のごとく新建築と、工芸の生産組織が、しだいにその完成に努力しつつあることは認めえらるるとしても、その努力は今日のドイツのシチュエーションの下においてはとうてい望みえらるべくもなく、その効果はしょせん実験室的労作であって、それが大量生産的となるにはさらにアメリカ的組織と、巨大なマーケットの必要があることは当然である。建築の工業的生産の態度が、ロシアの構成主義の立場とも一致するといわれているが、私の見るところによれば、労農ロシアの建築的傾向とはよほど異なった傾向であるように感ずる。私は一再ならず構成派の驍将《ぎょうしょう》、タトリン氏との対話を例にとるが、彼はよきアメリカニズムの輸入を、ソビエト連盟が高度の

バウハウスの椅子　考案するとまず色、掛け具合、などについて医学上の意見を聞き、次いで製作について工場の意見を聞き、そして生産的に作り出すという順序である。パイプ製のものに比べて、さらに掛け心地よく、椅子全体をフレキシブルにしていることが注意せらる。

ハンネスマイヤー氏作　ADGB労働組合学校（その1）ベルリン郊外ベルナオ所在

（その2）バウハウスの最近におけるひとつの提案と見る

文化をつくり、そして先進諸国のブルジョア文化を追い越すところの唯一の方法であることをくりかえした。そして、現にその実行として私はモスクワにおける、新興の建築を見たのであるが、いま、バウハウスの諸種の作風を想い起こすに、そこには依然として、ドイツ的理論建築、理屈張った建築的傾向をマイヤー氏のベルナオにおける作品に見たのである。(5)

だが、それはしかし、グロピウスの時代に比し徹底している点は非常に見ごたえのあるものである。

現に、ソビエトの新建築は、初期のロマンチックな傾向を清算して、しだいにリアリズムの傾向を更新しつつあるといわれた。そして、良きアメリカニズム、実務性、高速度性、大量廉価生産性、合理性などなど、人類生活の生産、消費の全幅にわたって、あくまでも健康なアメリカニズムがその建築組織の標示であるかにいわれているとしても、さて実際の状態はどうであったか。発表せられた大建築の計画はいまなお、計画のままのものも多いのであるが、ヴェスニーンなどの初期の作品、たとえば例のおそろしく大きなガラスを有する商業所、いわゆるデパートなどの建築を、かつて、コルビュジエは、ガラスのロマンチシズムと笑ったというが、事実初期の作品も、また、最近の建築のうちにも多分にこの傾向のぬけ切らないものもかなりに多い。しかしながら一般的にいえば、唯理主義的建築がしだいにその傾向を染めていくことと思わる。私はいま例を二、三のアパートにとる。このアパートの建築が、いったい資本主義的合理主義建築とその本質においていかに異なるものであったかを的確にのべることはとうてい困難である。たんに無装飾のゆえに、それをソビエト特有の思想ということができないのはむろんのこと、配列せられた各室を見てもなんらの特性を感ぜぬのみか、それはたんに、安建築の一種にすぎないといってもよい。もしそれ、共同の食堂を作り、共同のクラブに、レーニンの肖像を飾り、淡墨の濃淡をもって外装せられた以外にソビエト建築の特性として、何を求めていくか。婦人を家庭のわざわいから解放して労働に従事せしむるためにアパート内の各戸から、台所を廃するという計画は近く実現せらるると、教授ドクチャエフ氏が説明したが、いまのところどのアパートにも台所は家庭円満の策源地として残されていたのを見る。だが、限られたるソビエトの財政と、ドクチャエフ氏の言のごとく、過渡期の建築としてはやむをえないものであるかもしれない。

現に、教授は、将来ソビエトがいかなる生活様式をとるかという問題について説明をし、そして、それがために必要なる住居の型式として、高層アパートメント建築が行わるべきことを主張して、その計画の実際について詳細なる説明を試みたくらいであるが、今日のモスクワ市内では依然として、土色によごれたままの帝政時代の建築のなかに多数の市民は熊のごとく生活しているように思われた。

ロシアといえば、例の、フランクフルト・アム・マインの建設的建築として令名あった、エルンスト・マイが本年ロシアに招聘せられたことは、ハンネス・マイヤーの事件とともにわれわれの注意をひいた。彼が発表した声明書のとおりだとすれば、ソビエト同盟は建築家の計画的良心にたいして、まさに天国であるらしい。彼は共産主義者でないとしても、ドイツの反動的時局の影響にたいし、また、資本主義のらち内での不十分な建設に見切りをつけた点において、われわれに一種の予感を与えた。モスクワ市内における、唯理的な新興建築について、私は多く語るべき必要を感ずる。なんとなれば、それが、ドイツ——たとえばバウハウスの方向と、オランダの、デ・シュチール一派(おそらくいまは消滅したと思うが)の方向との差異について、また、共通の傾向において、かなりの興味を感ずるからである。だが、いまこれを割愛するかわりに、それらの唯理的傾向と、いくぶん趣きを異にするところの建築をあげてみれば、共産党労働者クラブ(6)がそれである。そのロマンチックな作風において、クラブ的ふんいきを、ソビエト特有の異様な表現をもって建てられたこの建築は、おそらく、モスクワ市内においても注意せらるべき建築であるに相違ないと思う。だが、私は、案内の人たちとともに最上階のガラス張りの室に昇ったときに、最悪の実例を説明してくれた人は皮肉にもこの建築をほこる建築家であった。

冬になると、とてもこの部屋は寒くていられないんです。いくら暖房があったって寒くてしようがないんだといった。むろんこの見やすい過誤はときとして日本の新興建築と称せらるるものがおかすところと同じではないか。だが、コルビュジエの中央連盟会館にはパネルヒーティングの方法をもって、あの過大なガラス面、彼にいわしむれば、不足がちな北国の冬に必要な窓の面積であろうところの窓を通す寒さの侵入はこの方法をもって防がれるとのことであるが、このことは、われわれの嘲笑、ときとして、難癖をつけるところのこの嘲笑にたいし、ついに弁護の余地を科学的に説明することとなるのである。もし建築が、あくまでも環境的条件に静的な盲従を続けることが当然であるとすれば、われわれは科学を棄つべきではないか。庇を棄て、ガラスを拡げても、われわれの建築上における地的要件はこれがために殺されると思惟する者は、ついに唯物論を笠に着る資格なき科学の背信者ではないかと思う。

読者はおそらく、リシツキーのルスランドを見られたであろうが、ソビエトが、将来いかなる建築文化を打ち立てんとしつつあるか。その、活気ある新興文化の躍進的歩度を想像することができるとしても、現実に見たところのものはドクチャエフ教授の言のごとく、すべて、過渡期の作品として、さして、見うるべきものも割合に少なく、表現においても、設備においても、また細部の取扱いにおいても、ブルジョア・レアリズム的作品となんの選ぶところもなく、また、この意味では、かなりの欠陥を有するものと断ぜざるをえない。もちろんこれがために私は、モスクワの建築的将来について軽々しく断定する資格あるものとは思えない。現に、最近竣工したる商業所（デパート）実は市場のような建築、その粗雑にして、ほどほどの安建築こそ、ヴェスニーン[7]などのごとくガラスを乱用せるロマンチックな建築に比しソビエトの建築としてわれわれの注意をひくに十分であった。これまで発表せられ、また、われわれが知り、はたまた建築計画中、実施せられたものを見ることは相当困難でもあるし、また、その多くは、たとえ、われわれの注意をひくに十分であるとしても、建設当初の興奮にかられたる跡、いわば一種形態上の新奇と、その、ロマンチックな好尚が、プロレタリア・レアリズムの背後から執拗にうかがっていることを感ぜられる。事実、ソビエトの建築計画上における各自の理論的型態と称するものが、実際にいかに表現せらるかは興味ある問題であって、これはひとりソビエトの建築家ばかりの困難ではなく形態、色、機能などなど、資本主義国家の合理的新建築にわれわれが感ずるところの価値が、そのままモスクワ市内の建築にたいしても同じように感ずる事実を読者はなんと思わるるか。鉄、コンクリート、ガラス等をもって主体とする建築がひとりこの国特有のものでないとすれば、いまのところは、手法、細部、設備などの不完全さをいわなければならぬ。

[8]プロレタリア・レアリズムと、ブルジョア・レアリズムの両様の理論的型態が、建築的にいかなる表現上の差異を取るものであろうか。私はこの問題について、友人O氏の提案に興味をもった。おそらく、氏のときとして提唱せらるるところのものとこの作品を対照する場合に、われわれがレアリズムの問題を論議するとき、多く、後者の型態を予感しているのではないのか。この過誤は、現にモスクワのアパートにおいて見たところのものも同様であったことは注意するに足る。私はこの点について、ベルナオにおける、ハンネス・マイヤーの作品について興味ある提案が、おそらく将来における問題の楔点を握るものとして注意を

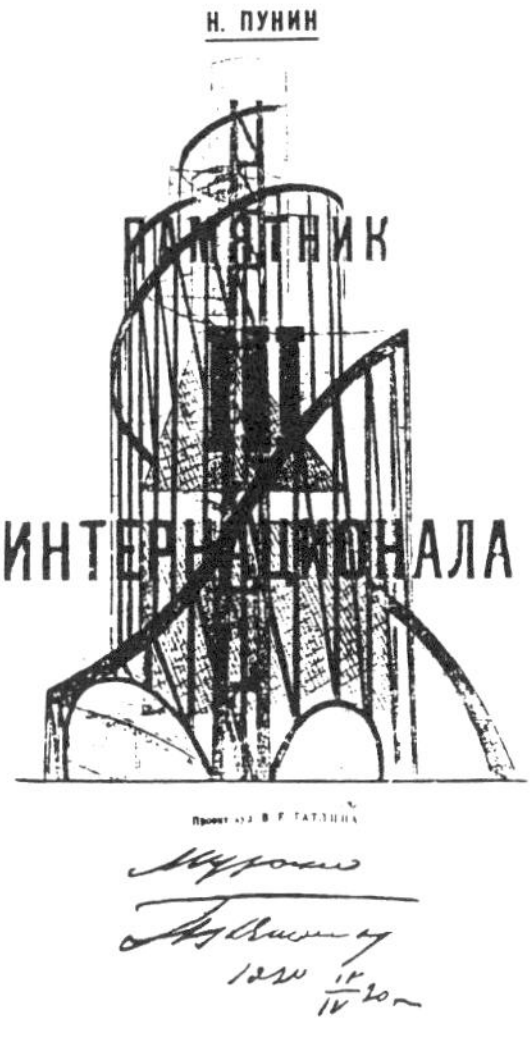

タトリン作　第三インターナショナル記念塔と筆者に贈った作者のサイン

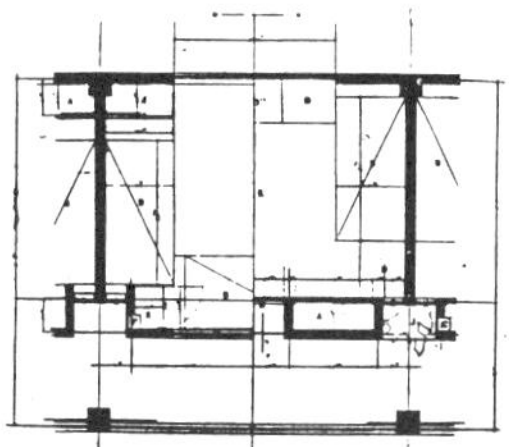
O氏の提案　女工寄宿舎の平面

O氏の提案　女工寄宿舎

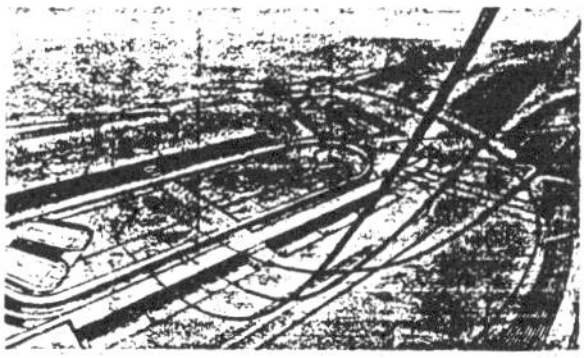
ケーブルでスタジアムに達する都市計画案
モスクワの郊外に広い盆地がある、そこがスタジアムになるということである。郊外の丘からの美しい眺めは旅行者が一度は経験するところである。

「春の兄弟」……モスクワ市におけるB・T・レーニン記念のソビエトロシアの公立図書館連盟の建築設計図（1923年）図書館の基礎的機能は次のごとし。(1)読者への奉仕 (2)読者の供給 (3)書籍の保存 (4)書籍の完備 (5)図書館の管理

社会的タイプの労働者クラブ（正面）
イー・イ・レオニダフ設計　現代の学術及び技術をもって労働者諸君の新教育館建設の問題を正確に解決せる点において建築技師の製作発表中の最も傑出せる収穫のひとつなり

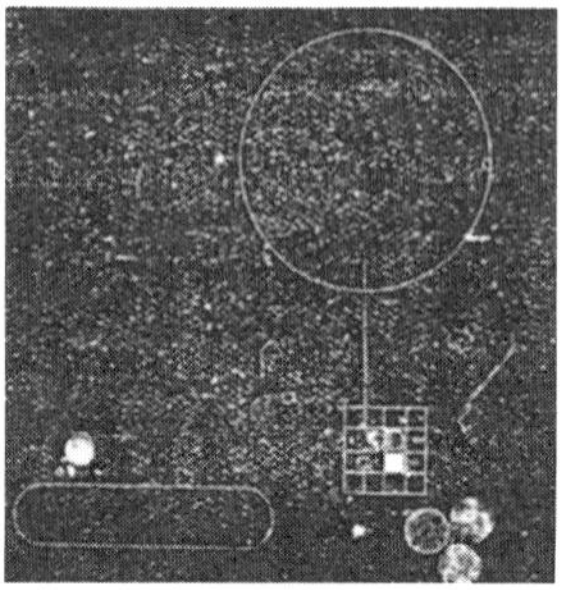
社会的タイプの労働者クラブ　1階平面図
イー・イ・レオニダフ設計

アパート・モスクワ

アパート・モスクワ

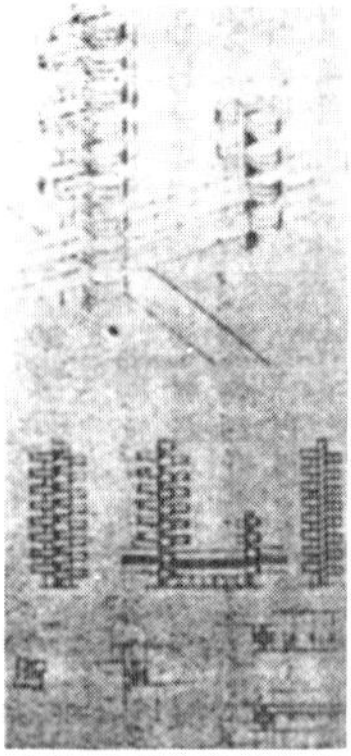
ソビエト将来のアパート計画

国立商業所・モスクワ（ヴェスニーン作）

ヴェスニーン作・鉱物学研究所　同氏初期の作、商業所にくらべて変化の状態に注意

ソビエトの綜合政庁　ハルコフ所在

ひくものであることを特記したい。とまれ、ロシアの建築においてわれわれの注意すべく、また、興味を引く点は、たんなる建築上の型態の問題でなく、その計画の基礎と提案の骨子である。この意味で私は各種団体のクラブ、台所の撤廃、共立食堂兼食糧品製作所、パン工場、各種の研究所、高層アパート、工場、都市計画などなどに、社会構成の基本を異にする、社会に必要なるこれらの諸問題を含む建築に興味を覚えるばかりであって、いまのところ問題はむしろ将来にある。貧窮なるソビエトのプロレタリアたちが、その平均収入を増したる将来において、建築がなお、このレアリズムの提唱を続けるであろうかということも。(9)

建築上の発達において、もし、材料(10)がその主要の役目を持つものだとすれば、私はここにメッセ、または、展覧会における速成の建築に注意したい。速成の点において、大胆なる点において、無条件さにおいて、合理的なる点においてなどなどにおいて、展覧会はそのつど新建築運動の発祥ともなり、また種々の意味で将来を暗示し、また、その実験室でもあったように思われる。

私は本年度のこれらの建築について、つぎのごとき場合をあげる。

アントワープにおける世界博覧会、ストックホルム一九三〇年博覧会、ドレスデン衛生博覧会、パリ装飾美術展覧会、チューリッヒ万国料理法展覧会など。アントワープ博覧会の諸建築については蔵田氏のオランダ館の図集のほかはあまり多く伝えられていないようであるが、規模においては他にあげたもののうちで、格段の相違がある。建築として前記オランダ館の大建築のほかはわずかにきわめて少数の小建築に注意せられたほか、多くは展覧会建築として私の指摘せんとするがごとき問題にふれたものはきわめて少数といってもよく、その多くは在来の手法を踏襲していたように思われる。オランダ館については多く語る必要がない。ただ注意をひいた点を記するならば、内部の手法、特にベニヤ板をもって壁を張り、そしてそれに、油絵を描き、またペンキを薄くなすりつけて木の味をそのまま保存していることなど、博覧会式にきわめて簡単に、また無雑作につくりあげたものとしてはよほど優れた人の手になったものとしか思えなかったのは、特に人の目をひいたようである。

機能主義工芸美術をもって目的とするところのストック

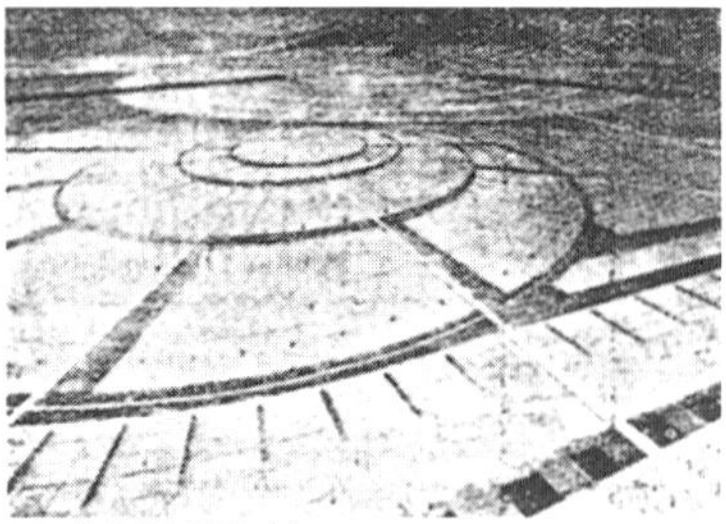
D.B. 基本都市計画（1）

チューリッヒの万国料理法展覧会場

D.B. 基本都市計画（2）

チューリッヒの万国料理法展覧会場・色の美しい点でその他の展覧会に優っている

アントワープ世界博覧会の正門

アントワープ世界博覧会・スウェーデン館

アントワープ世界博覧会におけるひとつの小建築

アントワープ世界博覧会・オランダ館

ホルムの博覧会が、そのとおりにできていたかどうかは別問題として、さして大規模とも思われなかったこの展覧会の諸建築がにぎにぎしく日本に紹介されたのは、もちろん雑誌を通じて宣伝せられたからであった。型態の美しくして、清新な点においてまさにこの種建築中の白眉といってよい。しかるにこの建築場で、私の注意をひいた点は、新材料の自由な使用法ではなかったかと思われる。たとえば鉄板を、ベニヤ板を、スレート板を、ことにスレート板を大胆に外装用として使用しているところなどはかつて見ない傾向である。さらにすべての使用材料の寸法を極度に小さくしている点など写真を一見しただけで何人《なんぴと》もわかるところであろう。それゆえ、ここの建築は、どれも一様に、飛行機のように軽くて、細くて、薄い表現となったのである。新しく強じんな材料の発見の下においても、なお、煉瓦時代の寸法を踏襲するようなことは、しだいになくなったとはいえ、この建築のように徹底したものは少ない。

新興ドイツにおける展覧会の常設は何人も注意している現象であるが、これがために常設館となるべき建築にして相当立派な建築を建てらることは、都市の郊外に群をなせる住宅建築とともに新興ドイツの特異ある建築的現象として指摘される。ケルン、ベルリン、ライプチヒなど、私の見ただけの範囲としても、かなり高級にして、かつ理論的な建築として特に注意をひいたものであった。いま、私は新しくできたものの一つとしてドレスデンの衛生展覧会場建築を数える。ドレスデンといえば、ラファエルのマドンナを蔵し、また美術の都としてドイツきっての貴重なものを有する美術館の名とともに、例のボール・ハウス、球形建築の試験場として何人も記憶せられていることと思う。だが、この球建築、おそらく、作者にとっては与駄《よた》どころの騒ぎでなく、真に現代都市のゆきづまった建築を打開して将来に実現を期待せられたこの建築は、ちょうどこの会場にあったにもかかわらず、じつにやっかい視せられていたように見えたのは、いささか気の毒であった。事はたんに一模型建築にすぎないとしても、鉄材をもってつくられた、かなり大規模のその建築をよくもつくらせたし、また、これをつくった建築家の努力などを考え、そして、それがいまはただ見せ物のように取り扱われていた点などを考え合わせると、問題は、さらに深い考察にまで達せなければならぬようにも思われる。今夏、神戸の博覧会、おそらくドレスデンの博覧会にも匹敵せらるるほどのこの博覧会の

ドレスデンにおける衛生博覧会建築

ドレスデンの衛生博覧会場本館

ドレスデンにおける衛生博覧会建築

ドレスデンにおける衛生博覧会建築

諸建築を見た人たちは、かりに雑誌を通じてでもドイツのものと比較せらるるがいい。なにがこの建築をそうしたのであろうか。これ以上書くことは無駄であろう。

ル・コルビュジエはひところ日本の建築家という建築家の頭を占領してしまっていた。わがコルこそ建築の王者であると祭り上げたものもなかにはあった。ただコルの建築に難癖をつける者といえば、建築的ニヒリストか、さもなければ建築的ファシストの群だけであったように思えた。あげて、わがコルこそは世界の建築的思想界を支配する偶像ではなかったか。

これはわずかに二年前のことである。その頃[11]チューリッヒではサルブラを中心とする一団の壁紙工芸術家たちのなかにアンチ・コルビュジエの声をあげていたと聞いた。ところが日本ではどうか。その王者コルにたいして無礼者が出だした。「ル・コルビュジエ検討」などとやり出すものが出た。われわれは、王者としてのコルに中毒したと同様に、しかつめらしい、幾多の「ル・コルビュジエ検討論」

にもまた中毒しなければならないことを覚悟しなければならぬ予感が湧いてくる。彼は建築を貴婦人化し、有閑婦人の背景とし、流行衣裳の広告に借景的役割をなすものとい、はては、「お蚕《かいこ》ぐるみ」式、モダン貴婦人ごのみとなり終わった彼の建築がもつところの居住価値も、視覚的様姿も、いまや、高級フランス製化粧水の容器になり終わったと嘲笑し、失礼にも、あえていう者が出だした。

　そのたんかはなぜ二年前にいわなかったか。もう遅い。おかげで、学校ではフランス語を急にやり出す者ができ、コルの事務所に働く者が増えたのである。だが、偶像コルに幾年かの巡礼を終えた人たちの作品を見るがよい。コルはついにコルのほかコルではないことを深く感ずるのである。日本の新興建築はかように、悩み少なく生まれるものであろうかと考えさせられるのである。

　これはしかしコルビュジエの作風が、最初の確固性からしだいに変質したものであるとはいえない。私は、ワイゼンホフでもまた、パリにおける彼のいくつかの作品を見ても、彼のもつところの優秀なる作風を認めずにはいられない。およそわれわれの建築批評の基準として、その批評がたんに発生学的のものであるならば、資本主義圏内においては問題になる余地は多くあるまい。それゆえ自然、イデオロギー的批評だけが問題となるのである。おそらく、コルの作風についての幾多の批評はすべてこの意味においての論議がなされるのであって、たんに建築として見たるコルの作風はいまなおわれわれの胸を打つものがあるといっても差支えない。だが、彼の作風はしょせんフランス的資本主義背景が骨格をなしていると思われる。ゆえに、教授ドクチャエフ氏は、モスクワ大学の教室で、彼の作品とわれわれのごとき思想を有するものとの間には一致しないものがあるといったのである。

　私はいまコルの作品をしょせんフランス風であるとひと口に書いたが、もし、これをアンドレ・ルーサーの作品に比べるなら、そこに断然越えがたいところの二つの美しい個性を見出す。ペレー、コル、ルーサー、マレ・ステバンなどは皆、あまりに日本の建築界におなじみが深い。私がここにコルと、ルーサーの二人を引例した意図は同じく、住宅の建築において一つはあまりに絵画的であるのに比し、他はあまりに建築的である点を注意したのであって、ペレー以下これらのフランス建築家の一団と群雄割拠の観あるドイツの建築家の一団、いま私の頭に浮かんでいるところの建築家、たとえば、フェーゲル、ファーレンカンプ、オスカー・カウフマン、カール・シュナイダー、メンデルゾン、エルンスト・マイ、ペルチッヒ、グロピウス、ベーレンス……などなど、それぞれの作風をもって、それぞれの地方的地盤を持っているところの建築家を想像対比して、そこに一種の興味を感ずる。

私はいまこの興味を、一九三〇年度における、パリの装飾美術家協会の主催する、工芸美術展覧会について考えてみたい。この展覧会にドイツのヴェルクブンド、くわしくいえばグロピウスの指揮した、ドイツ側の出品が一見バウハウスの作風を連想することは当然であって、フランス側の出品にたいし断然その趣を異にしているのは興味をそそっていた。この展覧会のことについては、すでに、多くのことが語られているが、フランス側の華やかな美しいモダーンぶりにたいしてドイツ側の機械的総合、尖端的新材料のあらゆる作品の総合との間には断然異なった興趣があった。今和次郎先生はロンドンの宿舎で、この二つの傾向について、フランスのは美しい、その華やかさは実にすばらしいが、それだけの意味しか含んでいない。ということをいっておられたのには意味がある。しかし私はドイツ側の作品に、一切のブルジョワ趣味がほとんど抹殺されていたという日本への報道は必ずしも真相を伝えたものでなく、そこには新材料、ことにガラス、鉄、ファイバーなどの乱用が機械のごとく冷たく光っていたし、それらの総合が、コバルトとバーミリオンを主色として、黒と、銀色とを按配されて、そこに一種のプチブル的趣味のふんいきがかもされ、この室内にもし暖房がないとしたら住むものは寒さにふるえるにちがいないと思われるような気持ちであった。対比を、たんにフランスとドイツの作品に限ってみたところの感想がそのまま日本に伝えられることは種々の意味において危険をかもすものであることを感ぜざるをえない。だが、技巧においてフランスのすばらしい作風を、思想においてヴェルクブントの作風をとるということは、ひとり私のみの感想ではあるまい。そしてこの工芸的傾向は、ひいて独仏の建築的傾向の一般特長として表われているのではないかということは興味あることではないかと思う。

概して、欧州の建築界はさびしく感ぜられた。ただ、北欧諸国の、地についたような諸建築、たとえばストックホルムの市庁舎なり、音楽堂なり、図書館なり、また、フィンランドにおけるサーリネンの作風なりが、独仏の建築と同じ程度に紹介せられてないことは残念に思った。そこに理由があるとしても、これはたしかにわれわれの損失である。あるいはこれを紹介するにはあまりに芸術的であるかもしれないからであろう。北欧の旅をするものの一度はこの町を訪れて、市役所の高雅な建物を見ることは悦びであろうが、感銘の極、ただただ頭がさがるというほか、表わすべき言葉もない。近代の建築的傾向を云々するなら、あるいは多くの欠点を持っているであろうところのこの建築は、芸術的香気において一切の理由を超越していた。

ブレーメン号

　ストックホルムにも、コペンハーゲンにも、いわゆる新興の合理的、国際的の建築が台頭していることは注意するに足ると思うが、フィンランドではまだ、サーリネンの残した特異な新建築と、平和なネオ古典趣味の建築の新しいものがあるほか概して静かであった。イタリア、イギリスなど、一日で見物しても時間が惜しいような気持ちで過ぎてしまったといいたい。

　サザンプトンを出帆してからわずか四日と二十時間でブ[12]レーメン号はわれわれをして平和の女神を見せてくれた。おそろしいスピード化ではないか。いまさらドイツの新興ぶりを一人だってほめないものはなかった。この新しい船の形を見ているだけでもわれわれは大船に乗った気持ちだった。イギリスの船会社はこれがために伝統的横柄ぶりを改め出したそうである。

　船がハドソンの河口に近づくと特有の霞をとおしてわれわれの眼前を塞いでいるものに気付く頃は、船はずっとマンハッタンの諸建築を指顧《しこ》するところに来るのである。折り重なった水晶のような高層建築群の盛観は足かけ五日の間茫洋たる海原を見つめてきた人たちの頭に調和ある像をつくり出すことはできないくらいである。まさにこの、近代建築のローマの都は名状すべからざる偉観であって、われわれはこの光景をいく度見ても科学と建築との芸術にたいし嘆賞の言葉を禁じえない。建物の高さと、そそり立った大群の建築で、岸壁は海面とすれすれに見え、マンハッタンはいまにも沈みそうである。銀波が斜陽にきらめいていて、背光を帯びた建物の群塊が淡黒く海から立ち上っているようにも見える。私はいく度となく、アメリカ見ずして近代建築を語る資格がないと思い返してみたのである。

　私としては八年前のニューヨークを印象している。しかしいま、欧州の建築界を見た記憶をもってアメリカの建築にふれ、またこれを新しい眼で見ることはたしかに私にとって一つの悦びでもあり、かつ、新しい批判の対象をつくるものという意味で期待せられた。ある人はおそらく、この町を訪れた大多数の建築家たちは、アメリカについて多く語ることを好まぬときくが、それはおそらく、アメリカニズムの、いわばヤンキーをもって代表せらるるアメリカ臭のためか、高い建物によってかもされる圧倒的感じと、うるおいのない町の風景か、数えあげれば、芸術と、哲学に欠けた雰囲気にへきえきしたために起こる気持ちであるかと思われる。それがたんに建築上の問題に限ったこととすれば、とまれその人はアメリカを理解しえないことから起こる気持ちであろう。もし、アメリカニズムに善悪二つの意味のものがあるとすれば、一つは、スターリンがソビエト連盟にその輸入を促進したような、実務性、スピード、マッスプロダクション、ファンクショナリズムなどの一面と、他は消費を主題とする映画的、ドル箱的マーカンティリズムと、コーネーアイランド的ナンセンスの方面であろう、と思われる。他の一面は、ロシアを含み、また、イギリスを含まざる汎欧州の建築家たちを実務的にまた、大量的にリードするところのものであり、次の一面は、成金と、顔と脚とに自信を持てるほどの女なら、猫もしゃくしも好むところの一面であるかもしれない。ヨーロッパ的教養からいえば、アメリカはじつに無作法であり、無遠慮であり、無教育であり、下劣であるが、アメリカからいえば、欧州は、じつにしまつにおえぬすね者であり、気取り屋であり、実行力をもたぬ学者であり、机上の空論家であり、ペダンチックであるかもしれない。それほどの差異が両州の建築的傾向を形づくっている以上、土台根本において、二つを同一に論ずることは無理である。アメリカにおける、新興建築が現にアメリカ特有のものとなったように、欧州的好尚と、その理論と、教育と、趣味とをもって、アメリカを論ずることは無茶である。

アメリカの建築が欧州の後塵をなめているものだという見解はもはや十年前のことに属するといってもよく、新興アメリカの建築の傾向が、すでに一個のアメリカ特有のものとなったことは、しかしながらきわめて最近のことに属する。

サリバンはニューヨーク市庁舎の設計案に、もしも、ハウエル、ストークス両氏の案が入選していたなら真のアメリカ式高層建築は一九〇八年頃から始まっていたに違いないといっているが、マッキム、ミード、およびホワイト氏などのイタリア・ルネサンス風のものが当選したために、われわれは長い間、アメリカ式高層建築の範をこの市庁舎に求めたといってもよい。だが、一九二二年[13]シカゴ・トリビューンの世界的懸賞を転機として、地域制、いわゆるゾーニング・ロー[14]の実施と、欧州建築家たちの移住によって、アメリカの新興建築はついに自身の傾向を持つように変わっていった。フィンランドの有名なる建築家、エリエル・サーリネンの二等当選案がアメリカにおける高層建築の代表的傾向となったのはこの頃からであった。

しかしながら八年前におけるアメリカの建築の印象をもって、最近の建築を比較するに、おびただしき大量の建築はいまや中央ステーション付近を中心としてマンハッタンをうずめつつあるにもかかわらず、建物の質を通じて見たるアメリカの建築は概して低下してきたことは注意すべき現象である。このことはあらゆる場合において気付かれるが、特にいちじるしい実例として高価な材料、たとえばテラコッタの需要が激減したことなどはいちじるしい例である。もって建築の全般をうかがうに足ると思う。いまここに多数の本年竣工したる新建築のうちから筆者の好尚にしたがって二、三の重要なる建築をあげるとすれば、バンク・マンハッタン・ビルディング、クライスラー・ビルディング、ニュース・ビルディングなどはその主なるものである。一時中止の形にあった、高さの競争が再び台頭しだしたことについてはバンク・マンハッタンとクライスラー・

ビルに関する論争と、一四〇〇尺の高さを有するエムパイヤー・ステート・ビルディングの施工中をあげたい。経済上採算の限度を七、八〇階とすれば、それ以上はまったく広告塔[15]に同じい。かような建築的傾向がなにゆえに生じ、また、なにゆえに必要であるかという疑問を理解するには、根本からアメリカの新興文化を勉強しなければならぬが、そのうちからわれわれはきわめて最近の建築的傾向としてクライスラー・ビルディングの表現の意味を一考したい。この建築の野蛮なことについてわれわれはたんに普通の考えをもって批評してはならない。むろん欧州的理論とはこの場合、おそろしくかけ離れたものであろうし、また、常識的に判断することのできないくらい馬鹿げたような建築でもある。私はこの建築について一つの仮想をいだく。ナンセンス的、おそらく、ゆきづまった唯理思想の窮屈さを蹴飛ばして、なにかしら、高らかに歌い、かつ踊るところの潤達にして、秩序を無視する者の姿ではないか。世間はあまり窮屈であり、虚偽であり、時代の新しい自然主義が、モダーニズムの形をとって現われた姿をクライスラーの白銀の塔に見るのである。この建築がセンセーションを起こしたことは事実である。自動車の広告としても、それはあまりに乱舞にすぎた形である。クライスラーの傾向はしかし、クライスラーだけで終わるものとは思えない私には、その実例として、パレー・トラスト・コムパニーの建築をあげる。読者はこのカルメンの髪にさされた櫛のような塔に敬意をはらう必要があるかどうか。

最近のアメリカ雑誌はいよいよニュース・ビルディング、くわしくいえばデリー・ニュースの新聞社の竣工を報じているが、作者が青年建築家レーモンド・フッド氏であることを知れば、この若き建築家がシカゴ・トリビューンの一等当選以来一躍有名となり、あいついで[16]アメリカン・レラジエーター会社の黒と金との建築を設計して世間をあっといわせたことを知らるるであろう。この作者の作風が、一作ごとにあらたまって、ここにニュース・ビルディングをつくり上げたのである。私は、高層建築としての範をなした建築として、過去に、市庁舎、シカゴ・トリビューン二等当選案をあげるとして、さらに今後の傾向としていまひとつニュース・ビルディングをあげたい。簡潔にして、いちじるしくドイツ的（この言葉は適当でないかもしれない）なこの作風は、アメリカのごとき極端なる高層建築にとりていかに効果的であるか、理論的に批評するなら、さらに数頁にわたって論ずべきであると思う。純白と濃いセピアの対照はあたりを払う趣きがあり、パラマウントの屋上から眺めるなら、クライスラーと相並んで実にすばらしいモダーンぶりを発揮しているのである。

ひとわたりニューヨークの新建築も終わったらしく、どこの事務所も淋しい。不景気は大きいだけにアメリカにおいて最悪だといわるるが、私の見るところではベルリン、おそらくドイツがもっとも淋しいように思われる。期待したオランダは工事としてはやや盛んではあったが、建築的、特に新興の建築的見方としては、さほどでもなく、ただロッテルダムの郊外にあるファンネレー[17]だけは、これこそ真に鉄とガラスと、ベトンの詩であるといってもよく、この建築を見ただけで私は、期待をはずした欧州の建築旅行に満足したくらいである。しかしながら、アメリカの盛況に比すれば欧州はいかにも淋しく、おそらく本年中何が建築上の中心問題として論議せられたか、またその価値が

ニュース・ビルディング　レーモンド・フード氏及びジョン・ホーエルス氏

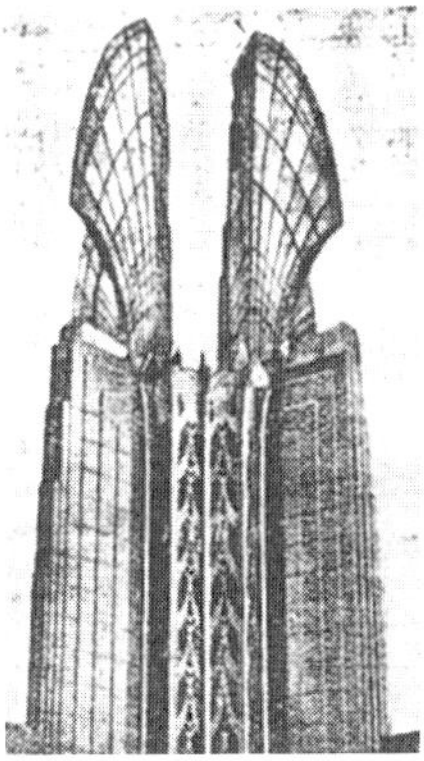
パレー・トラスト・カンパニーの塔　カルメンの櫛のようなこの形を何と見る

ファンネレー、ロッテルダム郊外

ファンネレー、ロッテルダム郊外

あったであろうか。実際問題としての世界的な建築上の推進力は依然として、アメリカの莫大なる新興建築にあると思う。筆者はそのうちから、レアリズムの対象をロシアとアメリカに、実験室的理論と意味深い新建築の技巧とをドイツ、ことにグロピウス、カール・シュナイダー、ハンネス・マイヤーおよび、カウフマン、ファーレンカンプ等を好んでとり、あいも変わらず、ドイツの出版業者は若き日本の建築家たちの心に魅力ある雑誌を送るであろうことを予記して筆をおく。

（十二、二十二）

＊『建築と社会』（昭和六年一月号）所収。

【註】

（1）東ハンブルグ、フリッツ・ヘーゲル作

（2）靴店。ベルリン、メンデルゾーン作。東西ベルリンの接点、ヴェルトハイムの百貨店の前にあったが、戦災で大破壊。

（3）この鉄とガラスの建物は、仮装である。実際は建てられていないと記憶している。一九三〇年には、ここで欧州の新進建築家の住宅小展示会があり、コルビュジエの作品もあり、最小限住宅問題はフランクフルト郊外のエルンスト・マイの労働者住宅のプロジェクトがあり、日本でも問題になった。今日と同様、戦後のドイツの住宅問題でもある。

　この写真にも見えるシュッツガルトのステーション（ポール・ボナッツ作）が、当時感銘をうけたが、昨年見たところでは、実に見るもあわれな状態であった。さすがの名作も四十年の風雪に耐えかねたのを見て、憐れを感じ、人ごとでないように思った。

（4）当時のドイツにはウム・バウ、すなわち古い建物を改装して使うということが流行した。戦後のことで当然である。この建物もその一例。

（5）戦後における日本のコンクリート打放しの流行と相通ずるコンクリート・ロマンチシズム。

（6）氏の建物は市内の新建築、たとえばヴェスニーンその他の政庁の建築とは異なり、力強く厚みのある、やや闘争的な感じをうける建物であった。

　外套掛けが回転式であったり、コバルトブルーの強い色彩とインデアンレッドの強烈な色彩や、食堂の花の代わりに色紙でつくった折紙が、テーブルデコレーションになっていたことが、印象に残っている。生花さえつくれなかった当時の貧しい状態がわかる。

（7）ヴェスニーン作のデパート。これをデパートということは、当時のロシアでなんというのか。デパートとここで書くのは、少しまちがいのように思う。がしかし、そのなかに百貨店があり、大勢の人が買物をしているのだから、まさに百貨店であるが、当時としては物品配給所といってもよいような建築である。

　しかし、磨きガラスの大きな窓は、そうだとすれば必要はないように思う。色彩は薄ネズミ一色。今日の事務所のスチール製の机の色を想像すれば似た感じである。

　買物をしている婦人の顔は、一様に暗い影があり、明るさや笑顔のようなものは、売る人にも買う人にも見られなかったことが、建物の色彩とあわせて印象的であったことを記憶

している。しかし建物は、それなりの美しさを感じた。タトリンの服装と、ヴェスニーン作のデパート、モスクワ大学の学生の行動、共産党クラブとともに、日本における当時の女性と電車の車掌の服装とをプロレタリア・リアリズムの美しさとはなにかと、いまでも考えている。

（8）つまり生産手段が同一である以上、同じ形態のものができるはずであるという考えのもので、同じ合理主義が両方の社会で、どのような差異が表われるだろうか。

（9）今日においてもロシアの消費財の供給は十分でなく、これまでにもコルホーズその他の組織労働の変遷は、資本主義国の様式を取り入れているように思い、この点、今日の中国の行き方と対照すると興味がある。

（10）生産手段

（11）チューリッヒではダス・ヴェルクの編集者ドルトル・ガントナー氏を訪問し、またサルブラの事務所を訪れたことを思い出す。

　その当時、コルビュジエのことを聞いた。アメリカでも聞いたことだが、コルビュジエは絵を描くが家を建てないというのが、一般の噂であった。後年、彼の建築的活躍を思い合わせて興味がある。

（12）この船は、戦争中、ジグザグ形に逃げたことは有名である。クインメリーに対し、ドイツがつくった姉妹船ブレーメン、オイロッパとともに有名である。

　ブレーメンの室内装飾。当時のドイツの室内装飾の美しさは、いまでも印象的であった。図書館の書棚の扉に、本を踏めば罰があたると書いてあったことを記憶している。

（13）シカゴ・トリビューンは国際懸賞募集をして、レーモンド・フッド氏が一等当選し、グロピウスや同窓の峰好治郎君はイリノイ大学在学中に応募し、しかもハーフダーンで同じく選外佳作となった。フード氏の作はゴシック風であって、現存している。しかも同氏が、その後まもなくニュースビルを建てたことは注意すべきである。

　アメリカにおける欧州風の新興建築は、ヒッチコック氏およびフィリップ・ジョンソン氏によって一九二二年頃に紹介されたと伝えられている。

　サーリネンの高層建築棟が、わずかにテレホンビルの建築にとどまって、その後はロックフェラーセンター以後、ついにマッキム・ミード・ホワイト風のイタリア・ルネサンス様式が姿を消したのも、その影響と思うし、またアメリカの商業主義的方向の転換ともつながるものと思う。

　その意味でも一九二二年はアメリカの建築傾向のエポックメーキングになったと思う。

（14）ドイツの不況。その後に起こるヒトラーの台頭のために、グロピウス以下多数の建築家がアメリカに移住した。

（15）建物を高くすることは、地用の限界によって定まる。戦後まもない頃は、四三階くらいとされているものが、より高くなることは技術革新による経済の高度化によるものと思う。しかし過度の地用は、危険である。

（16）取り壊し前の大阪朝日新聞ホールがこの建築を模したものである。四二丁目辺にあったと記憶しているが、いい建築である。

（17）この建物は二年前にも見た。一九三〇年以後にロッテルダムにもいく度か行ったが、ついにこの建物を見る機会がなかったが、この前に見て驚いたことには、以前と少しも変わらず、さらに驚いたことには、工場の近くの芝生で乳母車に乗った子供と母親が親しそうに遊んでいたことを考えると、不潔と公害になやむ日本の工場と比べて、羨ましいと思った。

この建物は、煙草工場。外は網入のプレートガラス張り。機械室もプレートガラス張りで、文字通り、当時のロッテルダムの理論を具象したものである。

【補註】一九三〇年欧米旅行記のうちより。私の旅行目的は、当時日本においても盛んにラジカルな思想が論議され、建築界でもその圏外ではなかった。そこで革命ロシアにおけるリアリズムの思想の実体を見ることが主な目的であった。

一九三〇年という年は、文化的にも政治的にも、非常に重要な年といわれている。ドイツはヒトラー出現の直前の危険な政情、イタリアもまたムッソリーニがまもなく現われる。ロシアは革命後十年。まだ荒廃のなかに埋もれていた。インフレはやまず、ドイツの社会は乱れて、共産党の台頭とヒトラーの出現と、この社会を考えると興味深い。

一九三〇年の旅行の目的は百貨店見学であったが、しかし主たる命題はロシアのプロレタリア・リアリズムの美について考え、また実際に見ることであったことは記載したとおりであるが、資本主義社会に住み、そこで日常感じている美とは精神構造において理解できないものをもっている。

これに対する自己矛盾に悩んでいたこと。またそこになにかの共通点を見出そうと考えて、革命後のロシアを見たいと思ったことである。

この旅行は仕事の関係もあり、あまり長くないので、ワン・ウェーの旅程を組み、モスクワ、レニングラードを経て、フィンランド、スウェーデンその他の欧州諸国に及んだ。ロシアの旅行では、ウクライナにいくように大使館で勧められたが、旅行者には大変な物価高で限られた旅費では長居はできなかった。ただレニングラードで非常に有益な本を、手に入れた（チェルニホフ）。このことについては、先年、毎日新聞の対談閑話で話したので、読者はそれを読んでいただきたい。

フリッツ・ヘーゲル氏の近作

最近ヘーゲル氏より送られた写真によると、かねて建築中のシュプリンケンホフの建物がいよいよ完成したらしい。わずか一年もたたないうちに、ハンブルグの海岸通りは立派なビルディング街に改造されたことであろうが、赤黒い煉瓦張りのビルディングや、倉庫ばかり居並んでいるあの付近を考えると、なんとなく「花」があって欲しい。

有名なチリーハウスがこの付近の中心といってもよく、それと向かい合わせてこの建築が建てられていると、氏一流の手法が、見る人にも歩く人にも異状な圧力を感じさせる。

ヘーゲル氏の作品を、ことに、斜めから氏の手法を見てると、まるで熱情と精力の昏倒を感じるし、どす黒い、いわば、ドイツ的な神秘さがうかがいしるようにも感ずると評したことがあるが、一躍天下に美名をはせたチリーハウスはもちろんのことお得意の煙草工場などを見てると、何かしら壁の全面がキリキリ舞いをしてるようである。そして、氏は自分の意匠に必要な材料を氏独特の手法によって用意しているようだし、何かにつけて特異な感覚を持っているらしいところは、一面、氏の芸術家としての強さがうかがわれる。湾曲した窓ガラスや、鉄色のブリックがときとして金箔をなすりつけられているのを見るが、一体に、大胆で奔放で、精力的とでもいおうか、まさに氏の風ぼうに接するようである。氏においては、合理、科学有機などというような近代建築の合言葉は俗論であるらしい。そして、氏はまさに、氏独特の合理と、有機と、科学とを持っているようにも思われる。ハンブルグ アメリカン ラインの建築にも関与したといえば、氏は北独の商皐地、ハンブルグの商勢にふさわしく、建物に商業的な価値を観念する点においてはメンデルゾンなどとは異なった味があることはもちろんである。

かく書いていくうちに氏の存在は僕らが考えているようなドイツ的な明快な建築的傾向とは別に独自な地位にあって自分をすてないようである。表現派とひと口にいってしまえるかどうかは知らないが、氏の事務所が殷盛をなしている原因もまたそこにあるといえよう。

＊『建築と社会』（昭和六年七月号）所収。

商業価値の限界

見方によってはいろいろの価値が建築にもあるにちがいない。あるとすればどんなものか。

答え方によって種々の態度が生まれてくる。

今日のところこれらの態度はみんなそれぞれ存在の理由と権利とを持っているようでもある。

ある批評家が、鉄骨石造の様式建築を無価値だと主張したとする。今頃鉄を骨にして石の柱をおっ建てるやつがあるものか！

ローマにはそんな建築はなかったはずだと主張したとする。

ごもっとも千万！

ローマにはそんな建築は一つもなかった。

なかった！

なかった!!

やっぱりないものはないはずだ！

すると、この建物はローマの時代の建築でないことだけは明らかになった。なんだか、ローマ風には見えててもローマ建築でないことだけは確実である。

こんな問答なら十九世紀以来いくらも繰返された。

だが。

なぜ、こんな建築が建てられなければならないかということについては、そう簡単にいえるであろうか。

執ようにこの建築がローマの建築だと主張する人があったら、その人の意識が現代人でないことだけが明らかになりはしないか。

僕はパラドックスをいっているのではない。

するとこの建築の価値は？

没落資本主義の……。

待ちたまえ。まだ残ってるものがある。

構造は！

ローマには鉄骨石造がなかったはずだ。

だからこの建築は虚偽であろうか……と反問してみる。

だが。

厳として石と鉄との組合せである。

それならこの組合せは不都合であろうか。だれがこの構造を虚偽だと断定する権利があろうか。科学的でない。進んだ科学的ではないというかもしれない。

しかし。

進歩した時代だからこそ、こんな建築がやれたではないか。

これは強弁だろうか？

なるほど。合目的、生産的、国際的、などと、いくらか実証的な、科学的な、近代的な批評があるにはある。

しかし。

コルビュジエはもちろん、その亜流たちは一歩もそこから出ていないではないか。いくらか近代的ではある。しかし。

自然科学と同じように、ただ建築の近代的な美学だけしかいってはいないではないか。

そして価値については一歩も。

彼はいつも、食べない前からりんごの甘さを主張しているだけがちがうだけだ。

だが。

われわれはいつでも、勝手にそこから必要な価値をエリミネートすることができる。

こんなことを書いてくれれば際限がない。およそ、こんな建築がいけないといえるだけの断定について、またそれと同じ数の疑問が浮かぶようだ。

しかし、

いけないという理由はまだ決まらない。

よろしい。

それは雑作さもないことだ！

コルビュジエの作品とこの建物とを並べてみるがいい。

おまけに、コルビュジエのすばらしいお題目も。

『いまや素晴らしい時代が始まったところだ。

新しい精神がみなぎっている。

この新精神の籠った多くの作品が存在する。それらは工業生産に由来する。

建築は因習の内にあえいでいる。

いわゆる「様式」なるものは虚偽である。

様式とは一時代に属するすべての制作をいかし、特徴ある精神状態から発生する根本原理の統一である。

現代は日一日とわれわれの様式を定めつつある。

吾人の眼は、不幸にして、これを鑑別しえない。』

なるほど！　いい詩ですな。

…………。

ちぇ！　馬鹿にしてらあ。

あの薄っぺらな銀行に大切な金が預けられるけぇ！

僕は、純理的であるのにもかかわらず、これをいくらかカリカチュアライズしていることと思う。

だが！

百人が百人とも、大衆は同じ結論に達するであろうか。だれがこれを実証しうる権利があろうか。いまのところ、大衆は何を感じてもいいように、価値についてもまた何を判断してもいいはずだ。

しかし。

と唯物論者はいう。

階級的には一致してるではないかと。

それならなぜ、ヴェスニーンはモスクワの商業所に不必要なプレートガラスを用いたか？　ガラスのロマンチシズムという美名（?）は？

われわれはなぜタイルを、色を、形を考えなければならぬであろうか。

そして、この建築は蓄積資本の代表だとしたら。

僕はついに、最後になって、イデオロギーの問題にたどりついたと思う。商業価値の問答もまた、このへんで打ち切ってもよかろう。

いくらかセンチメンタルではあるが、僕は最後につぎの文句を加える。

個人主義的、自由主義的考えが行きづまって、社会主義的のそれへ移りつつあることを考えてみると、その変革の容易でないことを感ずる。政治的の意味ならもっと直截にやってのけられるかもしれない。

しかしながら、われわれは今日、せおいきれないほどの遺産をせおってこの変革にのぞもうとしている。けっして容易のわざではないことを感ずる。一つ、一つ、あるものは清算し、またあるものはつぎの段階にしまい込まなければならないかもしれない。この驚くべき事業が、しかく容易に行われるであろうか。われわれの悩みもまたそこにあろう。いかなる科学者にも劣らぬほどの熱心さで深く深く究められねばならぬであろうが。

人はコルビュジエの建築とともに、たとえば、この鉄心石造の、様式建築の前に立ってもまた謙譲と厳粛の気持ちを失ってよいであろうか。私の考察は不足であるかもしれない。

＊『建築と社会』（昭和六年七月号）所収。

チェルニホフの翻訳出版について

一九三〇年、晩春とはいえまだモスクワの近郊は黒土の上にかすかな緑色がただよっているにすぎなかった。私はここに渡欧の第一歩をおろし、許されて数日間を新興建築の見学についやした。ある日、タトリンおよびギンスブルグの両氏を訪問の帰途、ある書店でふと手にしたのがこの本である。一見なにが書かれてあるか、私は、言葉を越えてこのなかに蔵された思想を感得するに困難でなかった。多数の挿絵と、エタイも知れぬ曲形がなにを表わしているか。私はその瞬間かつて覚えぬ大きな衝動を感じたのである。帰朝の後、これを友人たちにも見せ、かつ、私自身もこの内容を知りたいと思った。たまたま玉村氏の希望によってこれを翻訳出版さるることとなったのが、ざっとこれまでの経過である。玉村氏の露語についてはすでに友人間に定評があって、私はたんに専門的な語解についてわずかにその責を塞いだにすぎない。しかしながら、この翻訳はけっして容易でなかったことを感ずる。幾多難解の専門語があるうえに一貫して、形而上的言葉をもって形而下の事象を説明しているのである。たとえば「リズム」「内性」というような内容をもって、構造、機械、材料というような方面の説明を試みていることは、たんに自国語をもってするもけっして容易でない。いわんやこれを異国語に訳出するのであるから､訳者の苦心は想像以上である。したがって、読者は、このへんの意味を解せらるることがかなり困難であろうと思う。書中幾多の直訳的な言葉が残されているが、これはおそらく直訳以外に表わす言葉が、これ以上はむしろ民族の相違であるとして読者のゆるしを乞わねばなるまい。

いま私はひとわたり本書の内容について読了した。依然として価値は多数の優秀なるカットが負うべきであるという感じがある。のべられた意味についてはあえて新奇とせぬ。むしろある種の問題については、われわれはもっと高度の理論を把握しているかもしれない。もともと本書は産業五カ年計画に必要なる技術者、いわば、既成建築家に対立する建築技術者、学生のために書かれたものであるといわれているが、しかしながら、近代建築の精神をかくも要領よく、しかもきわめて系統的にのべることはけっして容易でない。一貫するところの思想が唯理的であることは言をまたない。しかもそれは、金属的な唯理思想でなく、あくまでもファンタスチックであり、しかも多分に芸術的でさえもありうる。われわれは多数の近代建築論を読んだ。しかしわれわれはけっして多数の近代建築の基礎とそのイデオロギーについて読む機会を持ったとは思えない。チェルニホフ氏は、これがために口をきわめて基本教育について語っているように解せられる。私は本書に二つの新興ロシア的な重圧と尖鋭を感ずる。明らかに西欧的な理論と傾向に対立を覚える。

「人生の全テンポと組織とが新たな建築構想の形式化を要求しつつある今日、全文化領域の進化にともないながら建築の領域のみ古き昔に復帰せんとする企ては愚の骨頂である。しかしながら、それと同時に過去の様式のもった「確実な長所」を否定し去って、それをまったく無益のものと考えるのは誤りである」とチェルニホフ氏は書いているのみか、さらに語を進めて「美」については人間本来のそなわったこの感覚を人間から取り去ることは、あたかもある物にたいして当然向けられた注意を、しいて他へ転ぜんとする牽強附会の愚説であり、機能合理、構成などなど、近代建築の目標を強調するのあまり、厳として存ずる歴史の事実がわれわれに訴うる美を排斥することは「美」の欠格者だと喝破している。公式的新型病者の三省するべき点であろう。これはしかし一面の主張であるとしても、いたるところ旧態破壊の暴風にふき荒らされて寺院も宮殿もしだいに取り壊されつつあるモスクワの町を想起し、しこうして幾多の尖鋭的な理論を考えると、チェルニホフ氏の所論に一種の興味を感ずる。しかも、同氏が新興ロシア中にあって、いくらか古典的であり、ブルジョア的であり、アカデミックの香りを有するレニングラードにあることは、さらにいくぶんの興味を増さぬとはいえない。しかしながら、かえりみてわれわれは過去において、また現実において、チェルニホフ氏のいわゆる「確実なる長所」について教えられたであろうか。現にわれわれの眼前に展開せらるる建築的混乱は、なんの理由によるであろうか。

＊『現代建築学の基礎』（ヤコブ・チェルニホフ著　玉村春夫訳　昭和七年一月刊）所収。

建築左右展望

そこはかな新作と研究によって、不当にも優越感が起こり、これがために最近において欧米諸国の建築的、またはその傾向に対して、一部の人たちのようにわが建築界がそれに優るとも劣るものでないとの自覚を生ずるにいたったことによって、『建築世界』十一月の巻頭言は興味ある、示唆に富んだ言葉であった。そしてそれらの自覚もまた、かつて新興運動が不当なジャーナリズムの言葉によって優越したように、優越な感じを起こさせているようでもある。

ひところ社会的な、また文芸的な側面の刺激が建築界を異常に刺激したが、いまやそれらの側面的状態がそうであるように、われわれの建築界もまた清算期にあるといってよい。われわれはいま、そのころ刺激と興奮にかられて、その尻馬に乗った一種の新興的ジャーナリズムが閉塞して、静かにその過去を顧みれば一種の寂寥を感ぜぬこともない。

そしてそのころ、これらの渦中にあって思うまま、そのジャーナリズムに乗った人たちのうちから頭のいい者は素早くこれを乗り越えて、これらの取り残された新興的興奮を笑っていう。「やつらは機械的センチメンタリズム、科学的ロマンチシズムだ」と。

これらの頭のいい一団はそしてまた、自負を交えた不当な優越感をもって残された者たちの指導的立場を買って出るのである。

どの道これらの興奮と尻馬的ジャーナリズムは、建築界のためには一日も早く閉塞すべきであった。閉塞すべきことが何よりも幸せであったことはもちろんである。これは決して様式的な建築によって、地道な方向をたどっていく者にとりて幸せであろうばかりでなく、事実日本の建築が、本格的な道を歩むためには有害無益なことであったといってよい。われわれは過去において、いく度か新興的な海外の刺激とそれにともなうジャーナリズムのために、多数の、しかも似ても似つかぬ新建築と称するものを残した。

事実、海外の運動と傾向とが、その地道な研究によりて表われるよりも、日本においてはそれが持つところの新奇と新尖なるに刺激せらるるため、これが商業主義的ジャーナリズムの風をはらんで、一日も早く町の表に現われることに専念してこれを依頼する者が、その新様式なるものを広告的価値に百パーセント利用するために、その真の傾向と地道な底辺の研究がなされたかということについて、いく度かわれわれは識者の苦言を聞く。

われわれの敬愛する老大家――様式的建築によることを本格と想像するような大家たちは、最近において新建築の決定すべきその決定的将来について、賞讃を交えた楽観的な言葉を私は一再ならず聞いた。これは私にとりて実に奇異でもあり、また実に驚くべきことであったのである。もはや、新興的な建築についての杞憂は、その反対の牙城だと想像された人たちをかくも普遍化したのかと思ったのであった。しかしながら左様に普遍化したのであろうか？事実はまさに反対のようでもあり、普遍化されたものはただそのぬけ殻でもあるようだ。

過去において日本の新建築が鳴物入りで、喧ごうたりしことは研究と本格的進歩とを顧念する人たちにとりては、およそ反対の結果が残されたと思われることが多い。それゆえに、人は日本の新建築をそれが海外において必然のまた発生的由因のために、また生ずべくして生じたるものをジャーナリスチックに表わすことによりて、それぞれの時代に、それぞれの役割を演じつつ起こりまた消えていったのであって、われわれの社会的機構とどれほどか有機的関係を持ったのか。むろん、私はこの「有機的」という言葉をいろいろの社会的状勢について用いたる意味に考えるとしても、コッケイなことは一つの新建築が海外において発生する間に、われわれは数回の新建築と称すべき運動に接した。それゆえに日本の新建築は、それが独創的であれ、ロシア的であれ、それがナショナリズム的であれ、それがまたインターナショナリズム的であれ、等しく新興的な名において、またアメリカ的モダニズムの名において、一種の流行型にすぎないようである。だから一つの新建築があるためにはその直前の新建築は「もう古い」といわれなければならぬようになるのである。強大なジャーナリズムの力で古きも新しきもひとまとめにして、時代からどしどしと押しやられようとする。われわれはいま、選良（代議士）の選挙に立看板を見るようなものを建築に見るのである。

「アカデミズムとジャーナリズムという二つの社会的勢力にたいしては、ただ諦観の微笑をもって傍観しよう」と弱そうにして強く、強くして弱そうにいってる間に騒然としてジャーナリズムの動揺があり。これはしかし、社会的にはむしろ当然だといい、この傾向を是正して、あらゆるテーゼを樹立しようとしてドン・キホーテを気取ってみたところでそれが何になる。といったふうにこの建築的風景を眺むる人たちがいる。

しかしながら、これらの風潮はやがて閉塞すべきであろう。日本にもようやく建築のおのおのの部門に基礎的な研究が確立したといわれる。海外に遊ぶ人たちはほとんど一様に学ぶべきものがなくなったという。これは事実である。だが、その言葉はただそれだけで完全であるのではない。われわれはいま、この言葉を頭脳だけでいう。頭脳だけがこの言葉を大胆にさせているのではないか。しかしながら、われわれの技量はどうか。テクニックの点はどうか。科学は、理論は、研究は、それのみで科学であるのではなく、研究であるのではなく、理論であるのではなく。……われわれは少しばかり、歴史を学ぶ必要があろう。

日本製の飛行機を私の子供たちはもうケイベツしないばかりか、自負的優越感をもってアメリカを笑う。そこで、私はいま朗らかにわれわれの敬愛する老大家たちとともに、新建築の将来について楽観する。

白木屋の火災について、種々の問題が湧きおこった。そのうちからわれわれは、次の二つの問題について注意する、すなわち高層建築にたいする恐怖と、これにたいする取締り上の問題である。事実、一つの建物内で今回のような災害を受けた例はきわめて稀有のことである、かような例を出発点として、恐怖したり、そしてまたその取締上の問題を考えることは、いまの興奮から一度さめる必要があると思われる。普通の場合でいえば、建物を防火的にするということはさして困難なことではない。一冊の防火建築書がよくその問題を解決してくれる。すでに日本でも有数な建築はすでに十年前にその問題を事実に解決し、かつ徹底している。しかしこれはビルディングのような比較的簡単な建物についてのことであって、デパートのごとき、実に複雑なものにいたってはなかなか単純に解決できない。顧客の性質、デパート内の光景、下駄、靴、老幼男女、田舎者、見物、催物などなど、雑然とし騒然として、購買という実際的の目的から、実用からしだいに遠ざかりつつある営業の状態、客の性質などを考えると、アメリカのデパートのように、エレベーターもエスカレーターも、階段も、縦の交通路に全部蓋をするというわけにはどうしてもいかない。それほど、デパート内においては交通路、ことに階段が営業上、また、買物をするためにどんな役割を演じているか想像以上である。防火建築はそれのみにては百の施設も非常に期待することはできない。この機会にアメリカの例にならって、職業的な消防夫を大建築に雇っておくか、常設しておく必要があると思う。あれほどの消火設備を備えた白木屋が、一瞬の間に火を拡大するとは想像できない。この点につき建築にたいする非難は当を得たと思わぬ。もし誰か有効にこの消火の設備を駆使することができなかったであろうか。私はくれぐれも遺憾に思う。私はこの点について、折角の苦心が不幸にして酬いられなかった建築家の心情にたいし、心からなる同情を禁じえない。

＊『建築と社会』（昭和八年一月号）所収。

防火か避難か

——白木屋の大火に思う——

　かつてシカゴの消防部技師長であったジョン・ブランという人は、消防の最高限度を六―七階と断言して、高層建築の消防にサジを投げ、また同じ消防部の発表するところによれば、建物を外部より消火しうる限度は八階までだといっているが、世界一の消防機関を有すと称せられるシカゴ市の消防部すらこの嘆声を聞くとすれば、まず消防能力の最高限度を七階内外と思って差支えないようである。しかしながら、それでも建物はぐんぐん高くなるし、またわれわれは近頃の摩天楼について、この種の危険に戦慄して特別な工夫を施されていることを注意してみたことがない。これはおそらく、われわれが無知であるためばかりではなく、建築術と建築材料の変化と、その進歩を意味しているからであると思われる。建物はその構造と非常の速報とによって災害を予防し、またこれを極限することができるのである。人の感覚が鉄に印刷した木目から木の香を感じうる程度に変化し、美の感覚が耐ええられさえすれば建物を軍艦のように防火的にすることはさほど困難ではない。数十階の建物は程度の差こそあれ、一様に器械のような建築でもあり、このなかに暮らす人たちは、皆一様に天国のなかにあって機械のうちに生活しうる人たちだとも考えられる。つまり消防が有効である以上に、建物自身を防火的につくっているからではないか。

　建物が、「め組」の勇みはだに信頼し、木やり節を聞いているうちは、火事は一種の芸術であったし、建物は災害に対して無防禦の時代でもあった。そしてわれわれはいつも火災に対して小心であり、また憶病であったのである。しかしながら、今日われわれの頭は稀有の火災と称せらるる白木屋の火事を見てさえ、怖るる前にその原因を研究し、その結果を批判するまでに変化したことを思う。これはしかし、建築術における進歩を、また建築に対するわれわれ

東京白木屋災害写真　西南隅より眺めたる全景

の考えの開きを意味するものといってよい。いまさらなにを考え、、なにを施すべきであろうか。

われわれは依然として顧客のことを考え、利便と繁栄の問題を考え続ける。この考えは、しかし、繁栄に汲々たるがゆえではない。われわれの建築術が少なくともわれわれの頭が進歩して、災害の大なる割合に原因の単純なることと、建物の防火構造に対する常識が普遍しているからだとも思える。白木屋の火災は一般の人たちになんの印象を与えたか。この印象が百貨店内における防火施設の上になんの反映を求めるか。なにを要求するであろうか。われわれの興味は依然として、顧客の心理が中心問題である。

建築学界は、先に百貨店の防火施設に関する意見書を内務大臣に建議し、現に本協会においてもせっかく考究中である。その内容はつぎのとおりである。

一、防火区画
二、階段室の防火設備
三、避難階段の設置
四、昇降路、自動階段等の開口部の防火設備
五、窓の構造
六、天井吹抜けの制限

七、売場通路の取締
八、避難用具の設備
九、消火栓およびその他消火設備の整備
十、セルロイド製品その他引火性物品の取締
以上

これはおそらく、今回の火災を動機として建築家の意見を代表しこれを要約したものといってもよい。しかしながら、これらの施設を完備したとしても、これをもって災害に対してビルディングのごとく効果的になり、この危険がまったく解消せらるるものとも考えられない。

これらの問題は以前から論議せられたことであって、かかる常識的な防火施設が簡単に行われないところに、百貨店建築の悩みがあるとも考えられるのである。たとえば昇降路の防火構造にしても、エレベーターに慣れぬ顧客はアメリカのごとく単純にはいくまいし、また顧客の性質を考えればなかなか困難な問題でもある。非常の場合の故障などを考えれば限りなく心配の種がつきぬ。吹抜けの問題にしても、現にベルリンのカルシタット百貨店のごとく、比較的新しい建物さえも廃することができないでいるくらいである。早晩、アメリカのようになるかもしれないが、急に改廃することは困難ではないかと思われる。現に各百貨店がこれをいかに有効に利用されているかを考えてみれば、その存廃は相当の議論が残る。セルロイドが危険だとしても、内に燃えやすい品物が山積みしているし、陳列、販売、装飾の方法が、アメリカのごとく統制的に表われていない以上、建築防火の問題はまず経営上の問題とその方策が問題となるのではあるまいか。要するに、防火施設が実際の問題となっては、消極的になることはやむをえない傾向である。いずれにせよ、日本の現状では建築上改良すべき点があるにしても、これを徹底せしむることはビルディングのごとく単純には行われないし、いわんや消防能力の問題などを考えれば、建物を防火的に徹底せしむることは非常に困難ではないかと思われるがゆえに、むしろ建物の避難施設の完全を期する方がもっとも容易であり、かつもっとも経済的ではあるまいか。建築学会の意見書のうちからわれわれは、この点を重視する。

＊『建築と社会』（昭和八年二月号）所収。

日本における折衷主義建築の功禍

ただいま司会者から私がかつてロシアに参りましたときにロシアの建築を研究してきて、そうした建物が今度御堂筋にできるというようなお話がありましたが、ご承知のごとく日本とロシアは経済その他社会機構を異にしておりまして、それらの条件を異にしている国からわれわれが何をとってよいかということはすこぶる疑問でありますし、また大いに研究すべきことであろうと思います。しかしながら私が今晩お話し申し上げたいと思いますことは、それらの問題ではありません。過去二十年間われわれの同僚および先輩たちが日本においてなされたところのその努力にたいして敬意と同情をもってその業績を回顧し、同時にそれらの努力が将来日本の新しい建築を生むのではないかという私の考えの下に、今晩の題目を選んだのであります。（拍手）

私はかつてフランクフルトに参りまして、ご承知でもありましょうが、いまのノイエ・シュタット、すなわち当時の『ノイエ・フランクフルト』の編集者でありましたガントナー氏にお目にかかりました際、私はそのときはあちらにおりまして知らなかったのでありますが、ノイトラ氏が日本に来朝されて当時集められたいろいろの文献をガントナー氏に送られて、その雑誌にのせられたのを私に示され、日本の新しい建築の傾向についていろいろと話されたことがあります。私はノイトラ氏の来朝によって日本に新しい傾向の建築が起こり、また現に起こりつつあるということについて世界にその存在を知られたことにたいして非常な敬意をはらっておりますが、それらの新しい建築がなにゆえに日本に起こったかということや、日本の折衷主義建築のことなどについて、タウト氏のご来阪を迎えた今夕、ここにもう一度申し上げる機会をえましたことは私の非常に光栄とし、同時に諸君にもともにこの光栄に浴していただ

きたいと存ずるしだいであります。(拍手)

そこで私が折衷主義の建築と申しますのは、過去二十年間、すなわち大正の中期から今日まで引き続いて建てられ、あるいは建てられつつあるところの各国の様式をとった建築、あるいはその後日本においてしだいに転化しつつあるところの主としてスタイリッシュな建築についてであります。

ご承知のごとく日本に初めて様式的な建築が入りましたのは、ヨーロッパにおけるいわゆる折衷主義の建築が行われた時代からであったと私は承知しております。その後日本の建築はいろいろと変わってきましたけれども、その日本の建築なるものは、私の考えではそのときどきの外国の影響を受けて変化したとは思われないのであります。すなわち日本の建築は日本独自の社会機構と経済的要求のもとに変化しているのではないかと想像しておりますが、この考えはあるいは誤っているかもわかりません。ご承知のごとく折衷主義なるものは各国ともほぼ十九世紀の終わり、あるいは二十世紀の初頭においてその命脈は絶えていると私は思うのであります。また歴史はわれわれにそう告げているのであります。ただその例外として、イギリスが今日もなお折衷主義を保っているのでありまして、これはああいう伝統を尚ぶ国柄として当然でありましょうが、それさえもしだいにその命脈は絶えつつあるのでないかと思います。しかるになお例外としてアメリカは長い間折衷主義の建築が行われておりまして、今日においてはやや独、仏の影響を受けて、いくらか折衷主義の傾向から離れているでありましょうが、その根本においては依然として折衷主義的であります。しかしその内容あるいはその傾向の動き方というものは、主として経済的な、すなわち私にいわせれば、非常に唯物的な傾向をたどって変化しつつあるのではないかと思います。日本の建築もまた一般には折衷主義といわれておりますが、これはいわゆる便宜上の名称であります。ただいまも申し上げましたとおり、真の折衷主義なるものはすでにその命脈を絶っておりまして、日本の折衷主義なるものは日本独特の方法、日本独特の変化の仕方によって今日まで変化し、あるいは建てられつつあるのではないかと私は想像しておるのであります。

しかるに日本の折衷主義の建築なるものは今日まで、新興建築家諸君および新興的精神に燃えておる人々から非常な非難を受けておったように考えます。すなわちその傾向の誤れる点を数々指摘されたことを私どもは日常耳にし、あるいはいろいろの文献によって知らせられておるのであります。おもうにこれらの考え方は、過去十三、四年前私どもの学生時代の頃から勃興してきたところのいわゆる建築革命の思想、セセッションの思想なるものが学校教育の一般的方針となって、その歴史学の教程のうえに非常な変化を与えつつ、それらの学生を今日まで教育してきたためであろうかと思います。しかるにそれらの思想、それらの教育、それらの学問的立場がはたして日本の実情に即した批評をわれわれに与えてくれたであろうかということを今日において考えてみますと、私どもは学校教育なるものにたいして一つの疑問をもつような気持ちにさえもなるのでありますが。ともかくもそれらの思想というものは最近においで一面には文芸的な、あるいはいわゆる社会的な側面的影響を受けて、かなりひどく批評されたように思いますが、はたしてそれらの批評が適当であったかどうかということをいちおう検討してみる必要があるのではないかと考えます。それは真の新興建築なるものはかような批評あるいはかような考えのもとにけっして起こりえない、もしくは起こるべきものではなかろうという私の予感の下に、私はこれを申し上げるのであります。

そこでまず第一に私の考えを元に戻しまして、日本の折衷主義なるものは、はたしてどういう状態にあったかということを、もう一度諸君とともに考えてみたいと思います。しかして私はこれを仮に功利的な方面と、われわれの視覚にうったえ、感触にうったえる問題との二つに分けて考えてみようと思います。

功利的な問題について、これをまた仮に三つばかりに分けまして、日本の折衷主義の建築なるものは近代生活と相《あい》容《い》れなかったかどうか――日本の折衷主義の建築なるものは経済機構および利便、すなわち便利さと相容れなかったかどうか――もう一つ、日本の折衷主義の建築なるものはその機械的設備および近代的ないろいろな内部的設備が欠けていたかどうか、ということを考えてみますと、私はこれらの条件は完全に備わっているとは申しかねますけれども、最近はかなり立派なもので、その設備なりあるいはその用途にたいしてだいたい欠けるところはないと存じております。しかしてこれら三つの条件というものは、取りもなおさずわれわれがモダーンな――というと語弊がありますけれども、いわゆる新興建築に求めるところの条件でありまして、われわれは新興建築にたいしても同様にこれだけの条件は欠くべからざるものであるという意見をもっているのであります。すなわちはたして日本の折衷主義の建築なるものがこれらの条件を具有しているとするならば、それらの建築にたいする功利的な非難をなしうる余地はないように考えられます。で、これは私が外国へいってみてからの感想でありますが、私はかつて佐藤功一先生にむかって日本の折衷主義の建築は世界無比であるということを申し上げたことがあります。それがはたしてもっとも優れているかどうかは問題でありましょうけれども、少なくともわれわれの同僚および先輩たちのなされたところはさほど誤った途をたどっているものではないということを、私はつらつらと考えております。欧米へ行かれたお方はご承知でありましょうが、アメリカは特別の事情がありますから、除外いたしまして、ヨーロッパにおけるいかなる国の建築に対比しても、その功利的方面の点においては日本の建築はけっして欠けていない。少しも遜色はないのでありまして、これらの点においては今後といえどもいっそう発展するのではないかというような私は考えをもっているのであります。すなわちただいま申しましたところへ私の考えを進めますならば、今日までの日本の折衷主義の建築なるものは功利的方面ではあまり非難する余地はなかろうかと存ずるのであります。そこでつらつら考えてみますのに、これらの建築にたいする非難というものは主として視覚的方面、われわれの感触における非難ではなかろうかと思うのであります。しかしながらこの点においては日本のいわゆる新しい建築、新興建築と称せられているものについてもまた同様に非難せらるべきではないかと存じていま す。（拍手）

そこでさらに話題を転じまして、しからば建築の美というものはどうかということを考えてみることが必要であろうと思います。これらの美についてわれわれはいろいろの方面から教えをうけ、その説を聴いておりますが、そのうちから私は、ここに便宜上ある書物の中からこれを抜粋いたしますと、建築の美は第一、功利的結果から自然に生ずるもの、第二、功利的局限の中で意識して求めた美であり、第三は表現の美であるといわれ、またこれをややいわゆるイデオロギー的に申し上げるならば、すなわち社会的あるいは階級的と申し上げてもいいであろうと思います。その他いろいろと考えられましょうが、これらの美の考え方について考察してみますのに、それは主として主観的な問題、建築それ自身の美の哲学的な解釈ではないかと思われることが多いのではないかと存じます。それならばわれわれがこれを美と感じ、これにたいして一種の感触を覚えるということは、それに対立したあるものがあるべきであります。たとえばここによく磨かれた床があり、あるいはほどよく暖められた部屋があるとして、それにたいしてわれわれが美を感ずるということは、その対立するものとの間になんらかの測定すべきものがないかということを感ずるのであります。また私はこの食い違い、この対立するものとの間における作用を今日なんらかの方法で現わす必要はないかということを感ずるのでありまして、これはすなわち経済価値として現われているのではないかというふうに考えますと、私がかねて考えておりました商業的な、経済的な価値というような問題にふれるのではなかろうかと思います。たとえばここに非常に装飾をされた建築があるとして、われわれは建築は装飾するものではない、裸でよいものだと考えていると仮定し、また別に装飾のあった方がよい、装飾を施すことによってそれらの建物の価値を増し、いわゆる大衆にたいしてその関心をよび起こすことができるというふうに考える者があるといたします。その場合に装飾がなくして、それらの価値が多くなれば、それはわれわれの理論が正当であります。しかしながらもし装飾がないために、それらの価値が大衆の関心をよび起こすに足りないとするならば、それらの建物ははたして価値があるやいなや、今日考えて疑問であろうと思います。はたしてそれが価値がないとするならば、これはセセッション以後、すなわち私が先刻も申し上げました建築革命以後に養われたところの建築的な思想の下にそれをいうのではないか。私がここに申し上げようとするのは、すなわちそれらの装飾されたところの建築がいいか悪いかということは、今日非常に考えるべき点ではなかろうかと存ずるのであります。一般にこれらの建築はいけないということはわれわれの進歩的建築家、すなわち新しい思想の人たちの通説であろうかと思いますが、問題はまたそこに非常な複雑さを加えてくるのではないかと思います。(拍手)　たとえばここにコンクリートに石をはりつけた建物があり、それがローマのスタイルをまねているとして、新しい建築家はそれにたいして今日鉄筋コンクリートあるいは鉄骨の心を持ったところの構造に石を貼りつけるということは誤っていると申したといたします。しかるにこれを建てた人はその建築をすることによって自分の富を世間にあらわし、それによって利潤を得ることができたとするならば、はたしてその建築はローマ風の建築なるがゆえに悪いということがいえるかどうか、今日非常に問題であろうと思います。そういうふうに考えてみますと、経済価値、いわゆる大衆を対象としての考え方というものは無限に発展をすると思います。もしその利潤の対象となるならば、われわれはローマを一日にして建てることもできるし、ギリシャから現代の建築にいたるまで何を建てても差支えないという結論に達しはしないかと思います。そこでこれらの傾向をもっているところの日本の建築にたいして、セセッション以後の今日まで養われたところの考えをもってこれを非難することができるやいなや、非常な疑問ではなかろうかと思います。私の考えでは、それらの思想はけっして日本のこれらの建築的傾向の中心を突いた批評にはならないと思います。日本の新しい建築家諸君はしばしば日本の折衷主義建築にたいして非難をされ、それを攻撃されたと私は存じておりますが、私自身の感じでは世人の考えがどうであろうとも、とにかくそれらの非難はけっしてその中心を突かない、またそれらの批評のいかんにかかわらず、日本の建築というものはその欲するままに、社会機構の命ずるままに発展したのではないかとも私は考えております。それゆえに新しい建築家諸君の議論はややもするとロマンティックといわれ、直写的であったようにいわれるのでありまして、私の考えをもってしますと、それらの思想はけっして中心を突いていない、またそれらの思想によって、日本の建築は、全然とは申しませぬが、あまり多くの効果をみていないのではないか。今後われわれはそれらの建築にたいして批評をするならば、いま少しく考える必要はないか。われわれの新しい思想なり、われわれの同僚諸君がもっておられるところの新しい思想なるものはいま少しくその方向を転換する必要はないかと思います。それはあまり直写的ではないか、あるいはあまり多く外国の思想を受け入れすぎているのではないかということを私はつらつら考えるのであります。

しからば私がただいま申し上げた商業的傾向にたいして今後どういうふうに進むべきか、おそらく建築界は依然として百鬼夜行の状態を続けるのであろうということもまた、一つ考えるべき点ではなかろうかと思います。しかるに今日の産業界、企業あるいは商業上の傾向は、しだいに合理化をして無駄を少なくするように進んでいることはご承知のとおりであります。これらの社会的嗜好、大衆の要求にたいして、百鬼夜行の建築をもって、はたしてこれに応じうるやいなや、今日まではできたかもしれませんが、今後は非常な疑問であろうと考えます。そこで今日折衷主義の建築はしだいに従来の乱脈な状態から離脱し、折衷主義の建築をなされる人たちがその作品の上に漸次単純化をはかられ、それらの形をしだいに改めていかれつつあるということは注意すべきことでありまして、これはけっして新しい思想、新しい批評の側面的の影響ではなくして、みずから気づかれ、みずから開拓されたところの傾向ではなかろうかと存じます。

以上私はだいぶん折衷主義の建築にたいして好意をもち、その考え方にたいして理解ある態度をもちたいと努力してきましたし、またそういうふうに私の話を進めてきたように存じております。これは私の話の結論でありまして、私が従来の日本建築界の状態、あるいは先輩同僚諸君がなされた努力の結果についてしみじみと考えてみますと、当然こういうふうな結論に到達いたしますので、これは必ずしも私一人の考えではなかろうかと存じております。しかしながらそれにもかかわらず私は私自身のこの結論にたいして一つの疑いをもっております。これにたいして完全に同意しえない一つの観念が私には生じております。すなわちこの私自身私の結論にたいして一つの疑いをもつということは、やがて将来における新しい建築にたいして、一つの疑問を投げかけているものと私は考えております。もう一度申しますならば、私は前述のごとき好意ある結論を折衷主義建築の上に投げかけてきましたけれども、この結論にたいして私自身非常な不満をいだいております。この私の不満がはたして正当なる道をたどるかいなか、今後この結論が正当なる道を踏むであろうかどうかということは、諸君とともに私自身の今後の努力にまつよりほかないと考えております。簡単ながらこれで御免をこうむります。(拍手)

＊『建築と社会』(昭和八年六月号) 所収。

【補註】この講演は『近代日本建築学発達史』(丸善) 中に収録されたものである。この編者は後記として、私の講演が「禍」については書いてないという意味のことがあった。「禍」については、講演をよく読んでもらえばわかると思います。私のいわんとするところは、現代の新様式の緒建築も含めて、当時は――その後も――商業主義的な背景のもとに社会化され、本質的なものとして派生したものではないということである。

　その意味において、商業主義は、日本近代建築の発達にたいし、非常に貢献をしたともいえる。が同時に、「禍」の根源ともなったと思う。

木とファンタジー

一

かつて、ある座談会の席上で、若い建築家がこんなことをいっていたことを覚えている。日本で木造建築が発達したのは千何百年間に洗練されてきたもので、これをコンクリートなどの材料をもって木造らしく見せる（コンクリート製の和様建築を指す）などのやり方は不自然だと思うと同時に、コンクリート風の住宅（近頃の白い建築）を木造でまねるということもまた不自然だと思う。

一時代前の議論のようにも思えるが、興味を覚える。その言葉そのものではなく、その裏に興味を覚える。私の筆もまたこの言葉から出発する。

われわれは頭でいろいろのことを想像することができる。これはしかし空想のようにも思えるが、空想でないこともありうる。いまこの若い建築家の言葉を借りていえば、無庇、無瓦の白い、豆腐のような建築を木造するのは不自然だとのことであるが、木に非常に有力な防腐剤を塗るとか、絶対耐火剤を注入するとか、とにかくなんらかの方法で科学的な処理を加えてみればコンクリートのように耐火的な永久性を持たせることができないことはない……と頭のなかで勝手に想像する。しかし、そんなものは現実にはできていない。だがわれわれは、少なくとも私は、いま頭でそんなものを想像できないという時代ではないと思いもするし、またいますぐにもできる時代を勝手に予想してはいけないとは私の頭のなかで考えない。なぜなら人生にはいままで不可能だと思われたことがいく度も達成せられた事実を経験し、現にその自負と自信とほこりを持っている。これはわれわれの人生観の一部であり、かつわれわれの思惟の世界に一画をしめていないとは思わない。木造にたいするすなおな考えを持った、この若人はおそろしく自然主義の信者だと思える。

それゆえに豆腐のような張りボテの木造建築に反対するこの若い建築家の議論に、私は反対である。これは私ではない、私の頭脳である。たとえこの建築が五年はおろか三年、二年で腐りはてようとも、その永久的可能を信ずる頭脳の働きが観念化して、この種の建築の存在を是認することができないというようには働かない。しかしこの木にたいする可能は、有力な防腐剤と耐久剤の発見の可能からの直接の原因ではあるが、よく考えてみると、じつは鉄やコンクリートの建築的自由性、その偉大な建築的可能から由来する。いわば広く科学と芸術の自由の世界からひろげられていくものと思える。木から糸を、木からガラスを、木から鉄を、木からコンクリートを、などなどをと考えていくうちに、木そのものの世界はわずかに現実の、しかももっとも安易な木造建築の一局部でしかないように思われて、その反対に科学の関する限り木の世界は、あらゆる建築的偉大な可能性を有する考えとともにそのなかにとけていく。木によって魚を求むというのではなく、木によって魚を求めうる思惟の世界がひろがっていく。だれか、星に懸くる建築といったが、われわれは想像しうるかぎりにおいて、建築を建築しうる予見を持ちうると思える。この一見現実からはなれたような馬鹿げた考えは、めぐりめぐって木の可能性をおそろしくひろげることができる。もしこれが空想だとしたら、おそらく飛行機はまだ地上をはなれていないかもしれない。それゆえに木造ハリボテの豆腐建築の存在を是認する。たとえ、それが数年のうちに腐りはてようと、それは木の関する限りではない。木にたいする頭の世界の関する限りでもなく、建築術の未熟、いわば広く、科学と建築、しかも現実における木造建築の問題でしかない。われわれは、いつも現実の条件から一つの仮定をつくって理論するのが普通である。しかしながらときとして、観念は現実から一歩先んずるのである。瓦葺きがいやでなく、コンクリートの合理建築の美しさにあこがれてのためばかりで、あの豆腐型の木造ハリボテ建築をするのだと想像することには誤りがある。沓《とう》たる建築材料の発見と構造法の変化は、よく庇と屋根の必要を打ちくだくかもしれない、もとより、それは庇と屋根、日射と風土の日本建築の理論そのものの変化でない。としてみれば、科学的自由の世界では、庇と屋根の瓦を固執するいわれはないと思われる。この考えからみれば、庇をつけたコンクリート建築はときとして玩具のように思わせることがある。しかも、なおそれを固執するとすれば、理論でなく、それは庇と屋根の宗教ではないか。われわれの観念のなかには、もはや、科学の可能の世界を織り込み、おそろしく偉大となった近代建築術の働きがその自由と、可能の世界を拡げていることを頭のなかに信じているからではないか。必ずしも観念の遊戯ではあるまい。

二

頭脳の関する限り、科学と芸術の名によって、自由に建築を論じようとすることは、さして難事でないかもしれぬ。われわれは頭で物を思い、想像し、その可能を信じ、そして頭脳で建築する。多かれ少なかれ、日本では過去二十年来頭でしか建築しなかったようにも思えた。あえてそのときどきの新興建築ばかりだとはいわない。それゆえに、その結果として理論はいつも現実からときとして遊離し、またおそろしく先行した。それらの理論の躍進的な結果として、らち外の最多数の建築と、建築的傾向とは、折衷主義の焼印を捺されて、教師は教壇から、若い建築家たちはまたそれぞれの立場からこの建築を非難した。それにもかかわらず、ひさしく伝統と現実の奥深くしみ込んだこれらの建築は、ともかく、一つ一つ現実の問題を解決して、やがて行きつくところに行くのではあろうが、これに反して、およそ新興的な理論という理論は、いまのところふるわなくなったようにもみえる。これはしかし、理論そのものの欠陥というよりもむしろ、理論の代弁が性急であった結果であると思われる。様式建築にたいする見方と現実の問題にたいする解釈にたいして、ことさらに自分たちのイデーの代弁に引用したり、またそれを固執しなくとも、みずからの実践と理論のうちにもっと多面性と多角性とを持ってもよいはずではなかったか。かつてグロピウスの理論が、「日本」の名によって、一つの運動を植えつけようとした。風土、住むに適した日本の建築、などを基礎として科学の世界が論議せられた。がしかし、それはさらに広い日本を忘れて部分から全体をめざしたように思われた。広く、いや、一つ一つの環境と条件を、克明に克服していくことのかわりに、性急に一定のイデーを代弁した、その結果として、理論はおそろしく窮屈なものになり、したがって作品は硬化して型にはまり、陳腐となり、固定してポスターのようになっていく傾向をみせた。かような状態は、芸術あるいは芸術的心境において奥行きを失うおそれをいだかしめないとも限らなくなったのである。人は、そうした固定した世界には入っていくことを好まないという社会と、イデオロギーを逆にしてみれば、不合理の代名詞たる折衷建築がもっとも合理的であったり、合理建築がときとしてやくざなものになったりする世界が、現われてきたのである。「合理」とはなんぞや、という疑問が出て、われわれは合理主義を安易に使えなくなったのである。

三

ある小劇場の廊下で『舗道』という雑誌を買って読んだ。生活が解決されずに何の様式ありや、という意味の建築論が書いてあった。百の議論も、生活問題の前ではハタと行きづまってしまう。そのとおりである……………

……………………

……………………

煙草を指頭にはさんで、椅子によった男が静かに煙を見つめている。「木によって魚をもとむ」か、「木によって魚をもとめうる」かという問題を頭のなかでまだ考えている。おそろしく生活のない風景ではある。

（九、一二、二十六）

＊『建築と社会』（昭和九年三月号）所収。

第二章　建築を語る⑵

建築の場合

食糧形態と住居形態

座談は時節柄食糧のことから始まる。日本の建築、ことに市街地の住居建築は米食に依存している間はとうてい進歩も改良も多くを望むことは至難であると思う。ことに米食というのは米を常食とすることとそのことだけを指すのではない。だから粉食にしろというのでもない。久しい間の慣性がそんなに急に改められるものでないばかりか、たんに米飯だけなら以前から船場、島の内、東京の下町などでは飯も必要量だけ買って食ったものである。どこかの仕出屋か飯屋から丼や小さな櫃に入れて配給してくれたので非常に便利でしかも経済的でもあったのである。しかしここで私がいおうとするのは米食のことばかりではない。いや米食よりも米食につく副食物のことの方が実は大切なのである。

いうまでもなく料理は一種の美である。美味はもちろんのこと、視覚もともに美でなければならぬ。したがって米食には米食にふさわしい副食物が添えられてこそ、米食の味も感じも出るのである。ところでわれわれは日常米食に添えてどんな副食物を食べているか。

戦争中は別として、家庭における主婦一日の仕事ぶりを見ればたいていの男は想像がつくのである。第一、台所で厨芥の出ること、不潔なこと、そのうえ御用聞きだの、買出しだの、燃料だの、お櫃、お茶、鍋、茶わん、すり鉢などなど、こうして書くだけでも気ぜわしくなるぐらい、主婦の食品工場は多忙をきわめる。出たり入ったりその間に、やれ洗濯、やれ掃除、やれ何だかだと一日中そんなことに追われ通しているのが日本の主婦たちの日課である。

そこでわれわれがもっとも注意される点は、台所あるいは家の内部と外部との連絡のことではないかと思う。注意して見ていると一日中どのくらい主婦や女中などが食事のたびごとに台所から土間あるいは外部に出たり入ったりしているかしれない。そのために家庭労働は案外過激なものであることを知るのである。上り降りのちょっとした寸法などよほど注意しないとわずかの寸法のために、意外に努力を要するものであることがわかるのである。

われわれが住宅の設計を依頼された場合、ときどき経験することであるが、研究的なまた進歩的な夫人などから外国の台所の写真など示されて、いろいろと工夫を凝らしてつくってみてもたいていの場合失敗をする。むろんそれは私の未熟からくることで別にその奥さんが悪いというのではないが、失敗の原因はいつも台所と、それから家の外部との連絡にたいする注意、いわばその機能にたいする研究が行き届いていないために起こる場合がかなり多いのである。実に日本の台所くらい土間や外部との連絡を要するものは、おそらく他の国にはない現象であろうと思う。それはなぜかというにすべて食糧の関係からくることである。すなわち御用聞き、牛乳配達、出入商人、近所の人々、魚屋等々の各種各階級の人々が出入りし、ために主婦の必要労働時間の大部分が無駄に消費せらるるといっても過言でなく、また厨芥などによって生ずる不潔は、ともすればわれわれの台所を非衛生に陥らしめる。食事のこと日常のことにたいし無駄などといっては相済まぬ気もするが、実際いま少し台所の仕事は簡単にならぬものかと思うくらいである。しかもこの多忙な家事の大部分の日課が台所でなされるというにいたっては、大きくいえば一国の消費経済上の問題であることはもちろんとして、その原因が主として食糧形態に関係しているかと思えば、今度の戦争に代用食でさんざん苦労した経験からしても、この食糧形式をなんとかしなければ時間的にも労働の点からいってもまた広く国の文化形態の方面からいっても大問題であると思う。

外国では皆さんも知らるるとおり、家庭内では日本ほどの過程を経ないでも食卓を用意することができる。しかるに日本では極端にいえば畑から、あるいは生から仕上げまで料理全部のほとんどすべてが家庭でなされるのである。したがって台所設備や調理用品や台所の面積など、何から何まで、それは実に大変なものになるのである。少し富豪の家庭ではお客や法事のときのことまでも考えに入れるということになると、台所の面積はばかばかしいくらい広いものになるのである。最近ではかような要求をする人もしだいに少なくなり、ことに進歩的な家庭になるほど台所を合理化することに苦心されるけれども、私は米食に関連した食料形式が改良されない限り、大きくいえば住居の改良は至難ではないかと思う。

もしそれ、主食が粉食にでもなれば、したがってこれに調和する副食物の系統や形態もしごく簡単なもの、あるいは貯蔵性のあるものに変化するであろうから、家庭内における以上のような無駄や不純性もよほど改善され、自然住居特に市街地住居形式も改良進歩さるることになるものと考えられるのである。

台所や住居形式一般にたいする日本の住居形式の欠陥といおうか、ともかく進歩改良すべくしてなしえないことについては、ひとり日本ばかりではないが、たとえば英国のように名家の家庭などを見るとちょっと、日本の大家の家庭に似たようなところもないではない。しかし、おそらく日本くらいたくさんの厨芥の出る、また労働を要する台所は文化国中ではほかに例があるまいと思う。いわんやキッチンネットのような頭を半分くらい突き込んだ程度でできるような料理場——むしろ料理棚——や、ドイツのお内儀さんのように台所をきれいにお掃除したあと、そこでゆっくり昼寝でもするというような風景はちょっと日本の家庭では望まるべくもないと思う。しかしこれを無批判に取り入れようとする考えはないが、ともかく参考にはなると思う。

私は台所のことについて、また食糧形式のことについて、くだらなくあまり長く書いたと思うが、市街地住居形式を高層化しなければいけないという持論——かくすることによってのみ、日本の市街地はすべての都会的な罪悪から解放される——その持論の根底をなすものは実にこの食糧形式の改革、つまり国民的食形式の嗜好の転換をもってもっとも重要な問題であると考えるからである。

私は終戦直前の某日、某食糧研究所の研究室で工場長のN農学博士と会った。N博士はいわく、戦災の結果によって日本の住居形式はずいぶん変わることでしょうね。しかし私は答えた。いや、変わりませんよ、日本人は生命を大切に考えませんよ、そのように無駄をですよ、津波でさらわれようが戦災で焼かれようが、日本人はきっと元のところに帰ります。だが、もし、食糧形態が変わる、少なくとも米食一本の主食形態が少しでも変わるようなことにでもなれば、日本の住居形式は明日からでもわれわれの理想に近づきましょう。[1] 日本の住居文化の建設はもはや建築家の手から離れて、あなたたち食糧戦士の頭脳に依存していますよ。N博士は莞爾《かんじ》とされた。しかしその笑いは何を意味するのであろうか。

One block one building

これは当日伊東氏の発案であったと記憶する。たまたま著者もかねて同様の意見を有するがゆえに、いささかこの問題について愚見をのべることとする。

都市中心といってもこの場合いわゆる商業中心地のことであるが、かく経済的中心地の建物は理想として一画地一建築になすべしというのがこの場合の主旨である。かくすることによって地用と経済的活動を集約化し、同時に中心地の整備が行われる。むろん道路は広くなるであろうし交通にたいする十分の配慮も行われ、かくて市街地の経済的なまた近代的な美観は一段と光彩を発揮する。商業中心地の地価はなにゆえに高くなるかということと、建築の高度化との間には一種の比例法則のようなものが存在する。この関係については学者間にも論議があって、必ずしも一致しているように思えない(2)。たとえば建築を高度化することは高地価の原因となるし、また高地価は建築高度化の結果を産むというがごとき問題にいたっては、単純なるがごとくして必ずしも簡単に決論することは困難である。市街地発展の順序より考うれば戦災都市はとりあえずバラックが建てられるであろうが、やがてそれがいわゆるtaxpayerのような過渡的な建物に変わり、しだいに地価の安定をまって本格的な建物が建てられるという順序になるべきであろう。東京および大阪のごときは中心地区の戦災はともかく形骸だけでも存在しているので、今後とも大いなる変化なしに中心地ができるであろうと思われる。大大阪大東京というような問題について、現にまた今後とも各方面から種々の意見が発表され、なかにはまことに景気の良い理想案なども提案されているが、実際にはまず現在のものを利用しこれを整備していく方向に進むであろうし、かかる理想的都市をつくる前にまず現在の市街地を整備し、これを少しでも理想化することに努力することも大切であるし、また、そうすることによってわれわれが実際描いているようなかなり理想的な都市になるという考えは十分に持てるのであるが、さてある意味において千載一遇ともいうべきこの機会においてこれが行われるかどうか。それさえすこぶる懸念に堪えないものがある。政党や政治団体の政策発表なるものを見ると直接生活上の問題についてばかり取り上げていることは事情上やむをえないとしても、都市生活広くいえば市民の文化生活の根本となるところの都市計画問題については、どの政党もこれを政策的に取り扱っていないのはわが国の政治家に文化性がなく、また政治的貧困の結果であるともいいうる。ただわずかに社会党の政策中に住居問題を取り上げていたのを過日の新聞紙上で見たが、これなどは政策中の異色であると考える。

さて高度地域の設定あるいは指定というような理論的には市街地の自然的なまた経済的な発展に添うて発生するものであるから、別に指定しなくとも差支えないようなものであるし、またこれを法的に指定するということは困難にしてかつ無理であると思う。しかし市街地の発達を発生学的に観察すれば、これを技術的に設定するということは必ずしも無法なことにはならないと思う。それゆえ高度地域を設定するということは、都市全体の構想の点よりいえば必要ではないかと考える。またかくすることによって地価は安定し、同時に地相もまた中心地としての資格が備わってくることになり、市街地はこれを中心としてそれぞれの性格に応じて発展すると思う(3)。

理論的にいえば、地用の集約性はすべて地価のうえに現われるゆえに、市街地の建築的高度なるものは地価の先行のうえに行われるのが普通である。しかしこの地価なるものはすこぶる不正確不安定な要素を性質として内包する。いわば利潤の余剰にたいする資本化価格であって、地用の利潤によって変わるものである。たとえば企業家の能力あるいは絶対地代のごとき必ずしも差等地代としてではない。結局、地用にたいする需給両者の社会的勢力関係によって定まるという議論は肯定できる。かくのごとく市街地の地価なるものが絶対地代や勢力関係によって影響される要素を多分に内包しているということは、実は市街地、ことに中心地のごとき高地価にしてしたがって地用の極端な集約性を持つところではいっそう顕著に作用するため、一区画一建築のごとき理想がいかに中心地の建築としてすべての点より考えもっともふさわしいものであるとしても、実現するところは非常に困難な事情にあるというのがことに大阪における実状ではないかと思う。

画地は多数の所有者によって占められ、しかもこれが家族制度によって縛られ、しかのみならずその私有権は絶対的である。地形がいかに狭少であろうとも頑として私有権を主張して下らず、しこうして、その名のごとく地用を凍結して社会化せず、ついには、これが一種の絶対地代に転化し、いわゆる地用の価格は不相応に高騰するばかりでなく、これがために都市の自然的な発展も経済的な大建築も出現を阻まれる場合が少なくないという実情にあるのである。[4]

狭少な地形が醜悪な広告塔に変わったり大地積の大切な一隅がチッポケな煙草屋によって占められているようなのは、大都市の発展にたいし大手を拡げて立ち塞がっているようなものであって、こんな土地の買収交渉でもしようものなら法外な値を吹きかけられるので、かような土地への交渉はいつでも最後に残される。いわゆるhold up valueを形成するといっているところをみれば、同様な実情はひとり日本ばかりではないと思う。しかしこれとて経済力さえ旺盛であればついには吸収してしまうであろうが、それには建築法規なるものが最大の癌をなしているのである。第一、かかる狭少の土地にたいする建築的な制圧方法がない。よしんばかかる土地を非建築地にしても地用全般として否定することができぬ以上、いかんともすることができない。仮に非建築地ほどでなくとも高度地域内の画地が小面積の地用の集合であったり、また、その中に小面積の土地があるような場合でも建築することはできる。できるというのは、建物自体が構造的にいっていかに不経済であっても規則としてできるようになっているのである。たとえば道路に面する以外の部分が採光の点では対向壁との距離が高さの二〇分の一以上あれば建物は居室として有効であるということ、すなわち二〇尺の空地が許されることによって道路さえ差支えなければ最高一〇〇尺の建物を建てることができるのである。つまり一〇〇尺の建物にたいし最小幅六七尺の道路を必要とするのにたいし、二〇尺の空地を残しさえすればいかに狭少の土地にも最高の建物が可能である。[5] 内面積と道路幅との関係価値についていえば、道路幅の大なるものほどこの影響は大きく、したがって内面的に残さるる地用の価値損失は建物の大なるほどかえって大きく響くわけである。

中心地の地用はますます集約性を発揮するであろうから、いずれはかかる土地にも大資本の投資の手が延びてやがては吸収される運命にあるとしても、これは日本のごときたかだか一〇〇尺あるいは七、八階程度の建築的な集約の力ではたして可能であるかどうか。おそらくかくのごとき経済作用はきわめて特別な地域、いわゆる独占地価を形成するようなところにのみ作用するものであって、中心地全般の発展的な見方からいえば多くを望むことはできぬ。

さて、かく中心地画内の地形によれば僅々二〇尺を余すことによって最高の建築をなしうるとして、これを地域全体としてみるなればかかる内面的な未利用地積全体は、かなりな広さになることと思われる。いま仮にかく未利用地積を道路側に残すことができるとしたら、都市全体の厚生的な点はもちろん、経済的に及ぼす影響はけだし非常なものであると思う。元来わが国の建築法規なるものは、主として厚生的方面のしかもその否定的な面のみをチェックすることばかりではないかと思う。これは少し極端な批評であるかもしれぬが、それさえその目的が十分に達せられているとは思えない。たとえば、前述のごとくわずかに二〇尺の余地をもって一〇〇尺の居室が可能であり、地用は平面的に極端な集約が可能であるために高度地域の下階が非衛生になること。郊外地はもちろん、市街地内部の住居地帯はあたかも鳥小屋のごとき過密状態になるかと思えば、中心地帯のしかも地価数千円と称する土地にもわずかに、一〇〇尺の建物より建てることができない。むろん例外はある。この例外に当たるものとしては、その当時建築課長の英断によって許されたという某新聞社建築があるのみである。これさえ、たかだか一〇〇尺以上いくばくも出てはおらぬ。いま仮に中心地の地価三〇〇〇円とすれば、筆者の見解では、建物はおよその三倍以上の建築費を投ずることができる。地価三〇〇〇円は戦前における大阪市内某地の最高価格である。しかも当時の建築費は高級建築にして約五〇〇円ないし七〇〇円を要したものとすれば、建物高さは一三階ないし一八階となる。仮に地下二階をつくったとしてもなおかつ地上一五階くらいの建物が経済的に可能であるばかりでなく、かくすることが経済的であるということになるのである。

高層建築にたいする賛否の点は、いまなお種々の議論がある。しかし一五階以下の建物では、さして大なる問題とはなるまいと思う。ただここに問題となるのは火災の点と、ともかく高層街の交通量が相当に増加するという懸念である。事実アメリカにおいてさえ消火限度は地上五階まで約六五フィートぐらいまでであるといわれ、ただし特別な装置ある場合に限り一〇階すなわち約一二五フィートぐらいまでということであるが、私見によれば一五階ぐらいの消火は絶望であるとは思わない。

次に交通の問題である。道路の現状では非常に困難が伴うことは事実であろうが、それかといって建物を低くして解決できる問題ではない。たとえば一階の建物を一〇組だけ集めても一〇階の建物一つあっても交通の点では同様であろう。歩行の長さの点では両者おのおの異なった問題となるのであって、もし都市の人口が不変であれば一階建ての方が平均歩行長は長くなるのは自然の理であるし、人は一尺だけ横に歩むよりも、それと同じだけ縦に歩くことを好むのはまったく機械力によることができるからである。

建物を高くしたからといって人口の都市集中がその割合に増加するものではない。その良き例はボストンとシカゴである。ボストンのごとく建物高さを制限していても、一日の都市集中量が平均五〇万人にたいし、シカゴのごとき高層建築群区域において約八五万人平均となっている。しかもその建物平均高さはボストンはシカゴの比ではない。ということは高層建築が必ずしも人口集中の主たる原因でないことにたいする問題を提供しているものと考える。

また路面交通にしてもむやみに道路幅員を増すことは考えものと思う。事実道路幅を増加するのは少なからざる費用を要するものであるにも関わらず、交通緩和のためにそれほどの効果がないということを専門家はいっている。たとえば自動車および電車を例にとれば自動車は one trip につき一人弱、しかもその占有道路面積は一〇〇ないし二〇〇平方フィート、電車は二〇〇ないし四〇〇平方フィートで、しこうして一時間一五ないし二〇マイルしか走らぬ。交通の点よりいえば路面交通の考えは一世紀前の考えであるといっている。要するに交通能率の増進は、百の制限よりもその良き解決方法として交通の利便と量とを増やしてやることである。

それにはどうしても交通のグレードを分けて、各グレード間が交叉せぬように工夫することである。すでにこの方法による交通計画はニューヨークおよびシカゴに実施せられているが、なおそれよりもさらに合理的な案としては歩道を建物沿いに二階に取り、路面は自動車用、その下に地下鉄をつくり、両側の歩道は橋をもって連絡するという案である。(by Ernest Flagg and Wiley Corlett)

また高層建築をわが国の特殊事情により構造的に否定するかもしれないが、今日の構造的進歩によればこの程度の高度に難色があろうとも思えぬ。ただ法規に示されたところの構造計算様式なるものはその構造的な考え方の根本において、われわれは一種の疑問を持つものである。たとえばかの戦時規格のごとき、あれは一種の政治的計算であると思う。事実われわれは戦時中ずいぶん大胆な仕事をした。木造ならば従前の約半分の数量でかなりな建築が可能であった。むろん構造方面の研究発達もあったであろうが、そのかわり施工の粗悪を差引けば戦時規格のもたらす積極的方面は、さしていうべきほどでもないと思う。そこで計算なるものはずいぶん掛引きのあるものだと思う。慎重にすればするほど建物は重くなるし、鉄筋一本の計算にも正直にやれば並大抵の手数ではない。結局仮定なるものがいけないと思う。大建築に法規どおりの荷重を負わして、地震を起こして実験したわけでもあるまい。かつて筆者の関係した某百貨店の建築中施工に欠陥があるというので床上約一メートルばかり字義どおりに砂を積み床の defrection を計ったことがあったが、その結果はほとんどいうに足らぬ状態であった。法規上計算とはおよそかくのごとし。一方において針のごとき精度をもって計算が強要されているかと思えば、窮すればずいぶん大胆なところまで割引が可能とせられ、また現に可能の範囲で戦時中われわれはかなりな建築を建てたのである。もしそれかくのごとく政治的な構造的な割引が可能とすれば、現行法規中構造規定による計算の結果なるものは、おそらく量的に半減せられよってもって建築高層化の可能性はさらにさらに加えられるものと思う。

とまれ建築法規中に含まれる経済的なまた衛生学的な根拠なるものはいずれにありや。おそらくは一貫した精神、理論的な根拠なるものがないのではないか。今後かかる問題については十分の検討も必要であるし、また改正されることが期待される。

そこで筆者は一案を有す。それはまず中心地の建物はすでにのべたるごとく one block one building にする。しこうして、これが助成をまず法規の改正に求める。それには中心地の最低階数または建築高さを規定することが必要である。この最低規定は都市によってはすでに定められていること読者も知らるるとおりであるが、仮に最高階数を一五階あるいは一八〇尺くらいにすれば最低規定を五階ぐらいに取り、しこうしてブロック内の狭少地積の建築を経済的に不利なようにして、ブロック内部に残される空地をできるだけ道路側に取るように規定するのはさして困難なことではないと思う。

次に高度規定を一八〇尺または一五階をもって最高とはするが、その代わり四階ないし五階あるいは五〇尺ぐらいのところから急梯的な set back とすることによって建物をピラミッド形にすることである。しかも屋階部分は面積規定を厳に取り、ある程度高さをゆるやかにすることによって、建物は画一的に高さをそろえなくともすむようになるのである。現行規定でいけば仮に建物が全部最高標準で建てられるとした場合、街路は兵隊のように一〇〇尺の建物が軒を並べて建つことになるのである。しかも一〇〇尺以上は一寸たりとも許されないのである。

ボストンの町にコプレスケヤーというところがある。この辺一帯の建物は全部七、八階ぐらいの同じ高さの建物が軒を並べて建っているが、決して良い感じの街ではなかったことを思い出す。もし屋上に若干の建築部分が許されるならば、室としての経済価値がないとしても広告や装飾に美化されて適当にそれが使用されるから、建物のスカイラインはリッチとなり街路の美観はいっそう加わることになるかと思う。むろんかくすることによって隣地に投げる日照は一〇〇尺の場合に比して有利になり、建物は構造的に安定し、さらに地用にたいする法権は合理化されることになるのである。現にブロック内には多数の私有地があり、各私有権が確立して頑として都市の発展に立ち塞がっている。あるものは先祖代々の土地であり、またあるものは粒々辛苦の結果かちえたところの土地であり、私情においてこれが大資本に呑まれることの苦痛は察する。よってこれらの土地は建物に提供し自分はその株主となる。すなわちこれを一種の証券化したものにすれば、問題の解決はしかし困難ではないように思われる。地用の発展が急激な場合、個人的なかつ小資本の存在は許されないのが普通の状態である。その良き例は、かかる経済地中心地区の角地に残された建物である。(6)

低層にして小資本であるこの種の建物は普通は回転時間の早い高率利潤の営業をもって支えられているが、地価の騰貴いよいよ加われば、かかる建物と営業とはとうていその圧力に耐ええずして、やがて進出するであろうところの大建築に併呑されるのがその運命である。

以上 one block one building の理想をもって中心地区の経済活動が可能であるとすれば、われわれの計算にして誤りなくばわが大阪市のごとき現に残された経済地域のみにても街路の快適はもちろん経済的にも十分の活動が許されるのである。ただしこれにはただ一つ、しかりただ一つだけ例外を設けたいというのは、高層建築、それがたとえ適当に疎開されまた街路の緑樹はいかに美しくあろうとも、それはただそれだけのことでしかない。そこにはたとえば生き馬の目を抜く経済的な血みどろな活動が展開され、人間性の野蛮と、ありのままなる弱肉強食の世界が建築のところ嫌わず反映するかに思われてならぬ。むろん良き建物こそわれわれの希望であろうが、しょせん心を洗う場所とはならぬ。そこで筆者はかような高層建築群の中、特に株式取引所の近くにほそぼそとした、しかも最高の建築をもって一棟の教会堂をつくりたいと思う。経済的狂噪の中にあって林のごとき静けさをたたえる出世間的なこの風景は、けだし無用の構想であろうか。

かつて筆者はニューヨークの下町にあるトリニチーチャーチに眠るロバート・フルトンの墓に詣でたことを想い起こす。雲間に聳える高層建築もなれてみれば、さして高いとは思わないが、それでもこの辺一帯はさすがに下町の経済中心地である。建物は水晶のごとく屹立して芋を洗うような歩道の人込みも、ここだけはまったくの別天地であった。

集約論

用途地域を法的に維持することは、現に維持しえざるがごとく、将来もまた困難であろうと思う。なぜなら都市は生き物である。その成長に従って身丈を延ばしていくからで、生きんとする力はついに諸法を突破して進むところへ進むのである。都市が発展の初期に必要であったところの工場は立地の条件としてその後方に労働市場を持つことを必要とした。しこうしてそれが都市生活の一つの現象をなしたものだが、やがて、膨張するにしたがい周辺の農地を蚕食しはじめる頃になると、工場はすでに市中に包まれる。やがてまたあらゆる都市的利便を背景として都市の外延に工場が移ると、労働者たちはおそろしく遠隔の地から通うか、さもなければ市内の工場周辺を包んでその付近に労働者の集落を形成するのである。しかるに社会総資本のうち、労働者の生命の糧、その生活資料となって労働力の維持に変えられる資本はいくばくもなく、生産力の発展に輪をかけて生産手段の資本は増すばかりであろうから、かかる傾向は工場街をしてあらゆる都市の east end を形成するにいたる原因となるのである。

ロンドンおよびニューヨークのそれは、ただその顕著な実例にすぎない[7]。やがて都会はその血管の方向へ、その成長の理論に従って変転するのであるが、これを自然発生的というようにはあまりに近代的な現象というべきである。

かようにして都会は農地や工場のごとき生産区域をしだいに都市の周辺へ周辺へと駆逐していき、それにとって代わるべきものがすなわち商業資本である。商業資本の特長は高率利潤と消費表現である。およそ人間の生活本能にとり、消費的な生活環境ぐらい好適なものはあるまい。それは生命の栄養であるよりも刺激であり興奮となるからである。必然の傾向として工場と農地のごとき生産条件の場所はほとんどまったく都会的影響から断ち切られて、やがて好適なる立地条件を求めて労働力とともに都会を去り、新しく生産都市を形成するのである。その良き例としてシーメンス工場とシーメンスシュタットおよびチェコスロバキアのトマス・バーチャ製靴工場の例をあげる。また、戦時中わが国においても計画された多くの例についてはあまねく人の知るところであろう。かくて都市は中小家庭工業のほかは港湾に隣接する造船修理工場およびその派生的な工場のさまざまなものが残り、これらの小規模工業もやがて資本的集約のために地用の集約が起こり、しだいにその設備を立体的にするのである。loft building の出現がすなわちその例である。

以上は生産対消費、工業対商業の都市的機能に及ぼす関係であったが、同じ傾向の影響中にあっても勢力の均衡は必ずしも単一ではない。たとえば商業区域中の住居地帯、その反対に住居地域中における商業地帯のごときそれである。すでにのべたるがごとく、地価の変在はそれのごとく自然に地用の性格を表わすものである。たとえば同じ商業地域内においても地価の高低は自然、商業利潤の高低を表

バーチャの靴工場と研究所

バーチャの靴工場社員住宅

わすに違いない。したがって商業運営の形式もまた自然にそれのごとく表現形式を採るであろうから、その運営の様式に従い商業労働者も商業の家族たちもまた、自然その付近に居住をもとめるにいたるのである。交通と騒音と塵埃からこれらの住居が逃避することは、やがて都市の住居地帯が主街路（high way）から後退しあるいは小公園に隣接しあるいは河辺に帯状となって現わるるのである。それゆえに都会地の住居がその居住条件として都市的活動と住的な静浄をもとめ、さらに都市的利便とその生活上の享楽とを併せもとめることを必須の要件とするゆえんである。またそれとは反対に居住地も動く。たえず商業地へと動くのである。その唯一の原因は、やはり地価の動きにあるというのほかはない。居住がたんに平面的に集約せらるる間に仮にその地帯が高級の住居地帯としても、地価の集約性は知れたものであって、ある限界以上に上ることは絶対にないといっても差支えない。われわれの例でいえば、たかだか戦前において三〇〇円、四〇〇円というのが最高の価格であったのである。この現象はひとりわれわれの場合のみではなく、各国とも概して同一の傾向である。

このことは住居地帯が飽和点に達すると、その性格がしだいに商業地に変遷する状態を示すからである。つまり地用の高率使用を自然に要求することの顕われである。住居地帯における角地が居住者用の商店であったり、高級住宅の末期がアパートや下宿屋に変わったりするのは、まったく以上の現象の地的環境を表現したものにほかならぬ。われわれはその良き例としてニューヨークのセントラル・パーク・ウエスト、パーク・アベニューおよびリバーサイド・ドライブを、しこうしてそのもっとも悪き例としてダウンタウン各区の住居地帯を指摘しよう(8)。

かく、都会地の地用は自然に生産から消費へ、工業から商業へ、あるいはまた住居から商業へと地用の集約的性格とその機能に従って変化することは自然の理法であり、これはまた資本的にみて価値創造の人間的活動の理法ともみられる。しこうして消費を表現とする都会的特長はむろん資本家的社会の現象形態であるが、一切の商業利潤を社会の断面とせざる都市にありても、これを快適と能率の一点に帰するならば、地用の集約にたいする様式においては資本家的社会の都市表現と異なる理由にはならぬ。

さて筆者は再び大阪の場合に戻る。過般小林前復興院総裁の言として、わが国の都会地地価は世界中の最高位をなしているのでこれを低下せしむる必要があるということを新聞紙上で読んだ。筆者ははたしてしかるかどうかを知らぬ。しかしながら都会地地価の高騰はおそらくわが国都市のみの特異的現象ではあるまいと思う。仮に高いとしてなにがゆえに高きや、その理由と原因はわが国特有の木造建築都市の平面集約の封建的形骸に帰するものと思われるが、その後、雑誌『新生日本』紙上で、さらに大阪の新都市形体の構想に関し同様の問題について総裁の意見を読んだ。以下簡単にその概要を紹介する。

それによると、地価が高いというのは、郊外住宅地のことであり、しこうしてその主たる原因は資本家の投機的思惑にあるというのである。原因は人口の都市集中と国土の狭小にあるというけれども、新京などどこでも郊外は五、六〇円になっているのは皆スペキュレーションのためであるから、どうしてもこのスペキュレーションを絶やして地価を極度に下落させねばならぬ、というのが地価にたいする考えである。次に郊外住宅の単位は百坪にたいして建築様式は洋風、また庭樹は松や槙のような伝統的な樹木をやめて柿栗のような果樹にし、垣根はブドウのようなものにする。次に大阪の今後の人口は一五〇万くらい、市域約二、一一五万坪、また住吉区や淀川区などの接続市街は切りはなして創意のある別な都市とする。しこうしてこの縮小された大阪市は北は新淀川、東は城東線、南は木津川、中心地区は中之島から北浜船場とし、南部は本町通り西部は西横堀、北部梅田新道まで、また現在の大阪線は将来弾丸列車開通のためにさらに北方に移動せしめる。そのため大阪市の表玄関は築港方面とする。しこうして築港と中心地帯の連絡は高速地下鉄または高架によること。また郊外電車との連絡については大軌は本町へ、京阪は高麗橋、新京阪は梅田へ天六から地下によること。さらに堂島川、土佐堀川、安治川などの川沿いには緑樹地帯を新設し、流域を工業地帯や中小工業の住宅区域とする。長堀川の南から南海駅を中心にした区域を特殊商業地帯とし、ところどころに広大な緑樹地帯を新設する。なお市内の集合住宅は五、六階ぐらいの建物を建設する。

以上が小林前総裁の大阪復興にたいする構想の概要である。近頃とかく巨大都市大阪の構想案などが横行するとき、総裁のごとき実際にその責任の地位にある人の意見としてはさすがに実際的であり、また、だいたいにおいて妥当な草案であると思う。しこうして都市人口を一五〇万、市域をわずかに二、一二五万坪に限定せんとすることや、また郊外地低地価政策を提唱して植樹にたいする細やかな注意をするなど、なんとなく大都市排斥論者のごとく、またいくらか田園都市的な構想のごとくであるが、総裁の構想案もまただいたいにおいて無制限に引伸ばされた大都市形態にたいする誤謬を訂正しているところの都計案のごとくである。さらに戦災都市の復興に関してはチェコスロバキアのバーチャ氏（Tomas Baza, Zlin 市製靴王のことと思う）の例を引いて、地方有力者の復興にたいする協力を提唱せられ、あわせて復興都市の郷土的な色彩と特長を持つようにする点など、主旨はともかく果たしてこの程度の都市さえ出現できるやいなや、大阪市の現状を考うれば、うたた寒心に堪えざるものが感ぜられるのである。

都市が無制限に発達することはむろん望ましいことではないにしても、一国の政治経済および文化の中心において大都市出現を否定せんとするがごときは実際において不可能でもあるし、また現実を無視した考えであると思う。過般五大市長会議において、佐藤名古屋市長は都市の人口を人為的に制限することは不可能なるのみならずむしろ制限すべきでない。のみならず植民地を失った内地人はやがて本土に渭集するであろうし、今後大都市の人口が増加するのは当然である。しかも名古屋市のごとき現在一二一万の人口は今後二倍になっても差支えない。しかしながらそれには市の施設ごとに住宅設備などの施設を充実する必要があるということがのべられていたが、筆者もまた佐藤市長の意見とまったく同様の考えを有するものである。いま仮に大阪市の人口を一五〇万、その市域を二、一二五万坪と仮定し、建築その他の地上構作物用地を市域の約五〇パーセントというのはワシントンの場合と同様であるから、市街地はよほど公共または緑地の部分を含みワシントンのごとく静かな町となると思う。しこうして建築用地の平均七〇パーセントを実際の敷地とし、さらにそのうち八〇パーセントぐらいを住居用として考うれば平均坪当たり〇・二五人すなわち一町歩内の人口は約三〇〇人ぐらいとなり、二〇坪の平家に一人の割合となる。われわれの目算にして誤りなくば、建築禁止区域四〇パーセント平均人口五〇〇人ごと一町歩のベルリンの場合に比し、はるかに快適のところとなろう。将来大阪市の建築平均階層を三階と仮定する（三階平均となるにはよほど建物の高度を充実していなければならぬ。一九一六年におけるニューヨークの建物はまだ平均三階に達していない)。その収容人口を三階建て坪当り〇・三七五人すなわち三階建てを平家建ての収容人口の一・五倍とみなせば(平家と二階を区別せず、日本の特殊事情による)、大阪市の人口は二二五万人となる。しこうしてこの計算は市域六、一七五万坪、建築禁止区域五〇パーセントに相当する。いまもし建築禁止区域を三五パーセント(ニューヨークの場合に相当すると思う)と仮定すれば、大阪市の人口はさらに増加して約三二〇万人となる。今後建築禁止区域をいくばくに取られるか不明であるが、仮に四〇パーセントないし五〇パーセントとして三階建て平均とすれば約二五〇万内外の人口となるのである。元大阪市の有力なる理事者たりし某氏の意見によれば、大阪市の人口は約一〇〇万人が適当である。その理由とするところは、主として配給およびこれに関連したる機構を標準とせる意見のごとくである。思うに今日大都市人口にたいする支配的な意見は、人為的に圧縮しようとすることである。しこうしてその根本的な思想は田園都市の運動に由来するようである。しかしながら佐藤名古屋市長の意見のごとく人為的に制限することは不可能にして、都市が消費的表現および内容を持つ限り世界的の傾向であって、人口の都市集中を国家的にみて不可能なりとする所論はおのずから別個の問題とする。R・Mハード氏のいえるごとく都市は夜となく昼となく始終旅行の連続をやっているのがその生命であり、しこうして市域全般にわたり構成の基本をなすものはその運行の正確さおよび規則正しさではないかとのべているがごとく、都市は絶えず運行しかつ創造するのがその常態である。けだし大都市弊害論の由来するところは、わが国における都市がなんらの正確なる運行もなく、また規則正しい外延もなくしてただ延びるがままに行政的に市域を拡げたにすぎず、これがために施設と市域との均衡を失い、市域の外延とともに施設は著しく貧困となり、いわゆる利用限界はかえって内攻してあらゆる都会的欠陥が露呈するにいたったのである。しかもかく欠陥の招来するところはといえば、わが国の特殊事情たる木造建築が都市構成の中核をなしている点に帰するほかはない。住居を地表に求めることについてはすでに食糧事情の場合にのべたるがごとく必須の条件であった。かかる日本的なる生活と木造建築とは経済的にもまた機能的にも地用を直接地表にもとめることとなり、したがって地用は著しく平面的な集約によって過密状態を誘致し、ますます過群住居の都会的な様相をなすのである。地用の強度が建物の高度を層化する作用を持つことは経済的原則であるにもかかわらず、わが国では都市の中心区域になおかつ木造にしてしかも平家さえ密集している状態は珍しからず、地画の事情が封建時代を改めざるがごとき状態であるのは、まったく木造都市の特殊事情である。

資本的にみれば、木造建築は経済的にまた物理的にその寿命終期が接近せることを特長とする。この点不燃建築の場合と格段の相違である。かかる性質あるがために建築の寿命が限界に達すればその更改は同じところにおいて行わるるのが日本的な伝統でありかつ経済的に容易でもあるために、日本の都会は依然として経済中心地においてさえ高低あい櫛比《しっぴ》して容易に旧態をあらためず、都市は懐中に可燃建築を抱いて防火地区の完成はますます遅滞するのみである。かくして地用の合理的なる集約が凍結されるため、その外延は急速に拡大され、したがって都市の郊外は小資本さえも投機の場所となる。しかるにもしも都市建築が不燃の建築をもって進むならば、限界地用の線はおそらく自然的現象として、その止まるところに止まり、木造の場合に比し外延の速度は著しく遅速となろうし、したがって地用の投機もまた著しくその機会を減少し、地価は落ち着くところに落ち着いて低廉となるほかはないと思う。

かく木造建築の作用によって、都市はしだいに名のみの市域を外方に圧迫されるほかはないのである。この傾向は明らかに近代都市の経済原則に反する不自然なる状態である。そのために市域の改良も文化的近代感も醸成せられずして、地用の社会的見地がこれらの低層木造建築のために凍結せられるのである。地用が収穫逓減の法則によって中心より外延するなれば、ある外延限界の範囲内においては建物はその経済的なる強度に従い、ある経済中心地より高さを変えて逓減することは原則である。むろんこれはたんなる原則であるし、むろん市域の外裾地、たとえば郊外電車終点駅付近のある場合、投機が地用に加わりて価格をなすことも往々にしてありうる。しかしながら投機もまたあえてありうるところの高地価は、それのみにて地用の強度と性質を表わし、郊外地の改良となり、地用の強度、したがって地価の流れは逆に中心地のある点にたいして高さを増加する作用となるのである。かく高地価をもって不徳のごとく人為となすことは少なくとも経済的でない。

地用の作用は投資をまって初めて行われるのである。しこうして地価は高価なるにしたがいますます資本的には敏感となる。資本的であることはまた、それだけの集約性を意味する。しこうして集約と能率とは相表裏する。機械はそのもっとも良き代表である。ゆえに都市はあたかも機械のごとくに機能的に充実されなければならぬことは、小林総裁の都市電化説と表裏一体である。ここに能率的であり機能的であるということは、必ずしも騒然たることを意味しない。快適もその一つ、享楽もその一つ、労働もまたその大なる一つであることを併せ意味する。都市をもって価値創造を意味するなればわれわれのごとき都市労働は、都市の機能が近代的なる作用をもって日夜となく運行さるる限り、しこうしてその運行が常に高度へ、高度へと意味するならばもはやわれわれの都市労働は一種の抽象である。労働そのものによって直接われわれの生活のための資料を得るのでなく、直接社会に帰属する他人のために使用価値をつくることは確かにこれまで著者がのべきたりたる都市概念とは別な世界、別な社会を考えなければならぬこととなるのである。かく都会は、しかし、いまわれわれの視野のなかにはないとしても、やがて、いつかはわれわれの時代に支配的な問題を提起するに違いないと思う。

ともあれ、都市がますます資本的に地用の集約を高度化するならば、たとえば、同一の人口許容量をもってしても、その面積は著しく圧縮されるであろう。これは明らかに機械的な志向たる有能にしてかつコンパクトを意味する。建物の高度をもって利潤計算のみに終始するならば、土地はあますところなく利用さるべきである。しかるにかく資本作用がついに人生をして破綻に導くものであることは、何人も疑わない。かようにして地用の良き強度があらゆる意味において建築を通じて社会化される機構は、一種の必然である。しかもかかる必然がなにゆえにこれまで都市をして暗黒のごとくに罪悪のところとし、たとえば田園都市のごとき運動が胚胎したかということとは土台根本から異なる。異なるというのは地用の集約、すなわち資本作用と大都市反対論とはなんらかの関連があったかどうかということである。

むろんなんらの関連もない。関連を有するものはその反対、すなわち良い意味に投資的でない作用である。たとえば建築規則がそれである。また地用の強度をいわれなく低下せんとすることもその一つである。前者は厳格に行いかつ主意を文字どおりにすることによって、建築は健全に成長するよりもむしろまげられたし、他は低地価によって少しでも地用の平面集約が緩和せられたであろうかどうかということである。大都市の郊外地に蕪雑にも平面的集約住宅群が文字どおり、たとえば鳥小屋のように建てられているるのはそのためである。地価を下げるという考えは、このゆえに住宅問題の根本的解決とはならずかえって富者の対象となる場合が多い。仮に中産以上の人たちが快適なる住宅を持ちえても、都市の暗黒面はもちろん郊外地の鳥小屋のような平面的な集約作用も、改められることにはならぬ。もし低地価がありうるならば高地価の存在することも理論的には正しい。いま仮に五ないし六階の集合住宅を考えるならば、地用が自然の状態にあるとしてわれわれの目算は地価一五〇円（戦前）にしてこの程度の不燃性建築を許すこととなる。たとえ住宅地域における最高価格が経済地区に比し一定の限度以上に昇らないとしても、なおかつ三〇〇ないし四〇〇円にも達しうるのである。にもかかわらず建物はわずかに二階を許すのみである。たとえ質的に高度化されるものとしても、それでは普遍的価値とはならぬ。いかにも市街地の経済的なるに比し住居地域は享楽的であるとしても、かくては都市の自然的な無理なき状態においての発展は望みうべくもないと思う。郊外地の投機が小資本の跳梁にゆだねられた時代は、すでに過去の時代とされなければならぬ。かくてこそ都市は集約化され、たとえば精密機械のごとくコンパクトにして、なおかつ大いなる機能をもつであろう。

問題の焦点は地価の高低ではなくして、地用の集約利用にたいする正しき技術的見解ではないか。それゆえにわれわれの考えによれば、大都市反対の概念それ自体をもってする大都市反対論とあわせて中都市論をも含んで過去の時代に属するものとしなければならぬ。

都市はあらゆる意味においての有機体である。しこうしてその機能として、なにゆえに働く人々を郊外に駆逐したのであろうか。しかしながらかような考えはすでに昨日のものである。われわれは明日の都市に快適と合理によって住居を持たねばならぬと考える。正しき意味において、労働と生活とが同じところに行われることは、人類の理想である。しかるに都市生活はわれわれをして二時間の余をついやして労働の場所に往復することを余儀なくさせているのである。

いまより二十数年前のニューヨーク市は、三階の平均階層を持たなかった。もし建物が平均して三階に達するならば、当時においてさえ殺人的な交通は大いに緩和されたのである。なぜなら、人は市内に住みかつ市内に労働の場所を持つからである。しかるに日本の現状は……もはやわれわれは地表に住みかつ喰らうこと、木造をもって日本的と考えることを揚棄しなければならぬと考える。

＊『新建築』（昭和二十一年二月号）所収。

【註】

（1）当時の考えは、日本人多数の食生活は家庭内で原料の加工から始まる。必要のものを必要量だけ買い、半加工品にするという今日の志向と異なる。
　しかし、これの方法の良否、生活感情への影響については、おのずから議論は別である。しかし論旨は、すでに今日の状態を示している。また日本の家庭の常用形式、木造および「土」と「家」との家族制度と、当時の社会について考えられる。

（2）静的計画ならば、容易に算定できる。しかし、ここにいう比例法則とは動的の意味である。これは算定に困難な事情がある。しょせんは地用の限界効用に対する考えに帰着すると思う。
　私は、土地と建物との相互作用に注意する。これは地相と呼んでいる。地相には無数の作用、反作用がある。法則の社会心理的原理でもある。

（3）スプロール現象を不可とする見方に疑問をもっていて、発生学的に把握したうえで、その指向に応じた計画をするのが、真の計画、人間を中心とした都市計画。いうなれば、自然主義的都市計画であって、初めから計画的に地域指定をすることは、一種の統制計画、計画経済であって、現実的でないとの考えであって、一種のヒューマニスチックな考え方だと思った。
　したがって、商業中心地域は高度地域なるものは各種の社会的条件に従って帰納され、また高度地域は場所により、自然に独占地価が形成されるという見方である。

　今日の都市の混乱は、見方によればむしろ計画前よりも悪く、歴史、地域、地方の特色等々を平均化し、いわゆるブルドーザー都市といわれるゆえんである。そのよき例が、かつてグロピウスが指摘したいわゆる公団アパートが日本全国、津々浦々に同じ形であることや、都市の高速道路や、どこの都市計画も根源は一方式で、地形や地方、地域社会の特長を重視していない現象である。

（4）悪質な人によって狭い一画地がためられることを指したもので、原則として都会の自然的発展を尊重することは、当然である。しかし、それには需要供給の心理的相互作用があり、はなはだしきに至っては公益優先の名によって私権制限をするという考え方には、よほど慎重でないと禍を残すことを恐れるし、なにが公益性かということに至っては、説明は簡単ではないと思う。およそ「計画」なるものは、一つではないからである。

（5）建築法規が今日と異なる点にも注意を要す。しかし主旨は今日といえども変わっていないと思う。

（6）都市合理主義のみを考え、考えに余韻がない。

（7）今日のニューヨークの下町は改良され、またされつつある。

（8）ニューヨーク下町の経済中心地内にナッソーという通りがあ

る。大阪の心斎橋筋に似たところがあり、マンハッタンが開かれた頃から自然にできたショッピングストリートであろう。私は、この通りに興味があるので、アメリカに行くごとに、その変遷を観察しているが、都市発展の歴史的な見本のようなものである。

【補註】戦後五～六年目に書いたもので、国土の多くは灰土のまま、とりあえず戦災復興のバラック時代であるので、たぶん今日の事情と異なるが、それだけ興味がある。また引用の数字なども古いが、筋は変わっていない。

ここに書かれたものは、いくらか高層建築論者の面影があるとしても、今日の建築高度事情とは異なるが、論旨は今日といえども変わらぬ。

しかし私は根っからの高層建築論者でなく、その理想家であって、高層建築の現状とはいささか異なる。

その一、都市の建築の高層化は、都市および都市生活とその社会心理を危険にする。

その二、低層でも都市問題は、解決できる。

その三、都市建築の極端な高層化は、大量消費につながり、これに伴ういろいろの問題が起こる。

その四、低層部分、ことに一階の地用を制限しなければ、高層化の目的は意味なしと思う。

その五、高層化は、地用の合理的集約よりも、商業的競争を生み、一九三〇年前後のアメリカの事情に近づく恐れがあり、いずれは限界効用の自壊作用を受く。

審査

　進歩的な日本的風格とはどんなものかということについて、友人たちから質問を受け、また、審査の当日にもこのことについて諸家の意見をもとめたが、結論を得るにいたらなかった。ありていにいって、じつは私自身にも、これが日本的だというような進歩的な意見なるものを持っていないといっていい。

　ソンナラまったく意見がないのかというに、そうでもないと思う。宗教的記念的というようなことについてほぼ同様なことがいえるであろうが、しかしながら、あらゆる審査の場合と同様に、ただわれわれには、結果の予断というものが許されていない。与えられた課題にたいしてその結果の判断を応募者から信託されているようなものであるから、前もって、これが日本的であり、また、宗教的な、記念的なものであるというようなことはいえないと思う。ただ、与えられた課題を中心として、われわれの心象の動きにまって判断するよりほかはないのである。だから、結果からいえば、審査というものは、応募者の意図を審査するのではなくて、逆に審査員自身が審査されているようなものだともいえないことはない。一等賞を作らなかったこと、多数の優れた作品が佳作にさえも漏れたことを考うれば、顧みて、心中ジクジたるものを感ずる。

　さて、今回の応募図案は、少数の例外を除いてはいわゆる新建築と称せらるべきものが圧倒的であることは当然ながら、これはいささか意外であった。

　日本的なもの、進歩的な日本的風格の探究がいまの日本にどの程度許されるかは別問題として、一概に、建築自体を、純粋につきつめ、掘り下げてゆくことは、もとより大切なことにはちがいないが、そんなに切羽つまった考えでなくとも、なにほどかの工夫が、手ぎわよく取りまとめられ、すこしの矛盾も感じさせないようにすることは、これはまた、容易ならざる芸道の奥義であろうと思う。この意味でたとえば、佳作中の某氏（白砂青松岩の上に建てられた塔のある図案）の作品などは、私にはなにほどかの示唆を与えるようにも思われる。この作は不幸にして入賞するにいたらなかったが、私はこの種の作品がほかにも四、五枚も出たら面白い結果が得られたのではないかと思う。とにかく、百数十枚の応募作品はすべて、プログラムの規定にたいする答案であるとみるほかはないから、われわれはそれ以外にあって意識を働かせる余地がないような破目に立って図案を見なければならないような気がして、この点はちょっと苦痛であったが、戦時中戦後のかなり長い建築的空白時代をへて、若い建築家のうちにもち越された、旺盛な建築意欲の現われとしてみれば、なかなか興味がある。それとこれとは時代も事情も違うけれど、第一次欧州大戦後におけるドイツの建築的な動きを思いあわせれば、今後建築家たちに負わされた使命の大きさが思いやられる。かようなことを考えてみれば、物事を根掘り葉掘りくりかえし掘り返してつきつめてゆく態度を持った作品にあうと、ソコハカな表現や機能などの取り扱いにかかわらず、なんだか頭が下がるような気がする。

一般にいって、塔の形や取り扱いにはだれも困られたことであろうと思う。塔の形などおよそ、有名なものはだれも知り尽くされているだけに、新しい形を考えることは容易ならぬ業である。つぎに、応募者の大部分は敷地付近の環境を知られていないために、パースの描き方などにも無理があるのはやむをえないとして、表現を強調するあまり、距離の取り方や敷地の見方に少し無理があったのではないかと思う。ただ審査中に困ったことは、図面の仕上げ方で、影などが真黒にぬられたりして、多大の努力をはらわれたように思われるが、その割に、見る方ではさほどの効果を感じないし、いつまでもコルビュジエの建物の構想から図面の仕上げの末梢にいたるまでつきまとっているのには驚きもするが、私には、またかというふうに感ぜられた。これなどはいいかげん捨象されていいのではないかといってみたくなるようにも思う。

＊『建築雑誌』（昭和二十三年八月号）所収。

ノイトラ的・ライト的

アメリカの新興建築はニューヨークやワシントンやボストンからではなく、西から――シカゴ以西――しかも高層建築（例外はある）でなく、おもに、住宅から興ったといわれている。なぜか、ヨーロッパでは近代的な住宅は富める階級のものであるのにたいし、アメリカでは国民一般の傾向であることも重要な原因である。はじめはミシガン湖周辺から、西漸して、太平洋岸、ことにカリフォルニアはその中心であるかの観がある。サリバンおよびライトとその影響、これにたいするノイトラおよびその影響が支配的であったことはいうまでもない。ライトの影響の国際的なこと、当時欧州の若い国際建築家たちへの影響、ことにオランダにおよぼした影響についてはあまねく人の知るところである。

ライト的傾向のおよぼすかぎりにおいては、彼のあまりに個性的な、情熱的な作風にたいし建築家たちはむしろ無批判でさえもあったように思われるのである。ペレー、レーベンス、その他の建築家たちによって十九世紀的な建築上のロマンチシズムはいちおうの終止符が押され、ついで現われたコルビュジエ、ライト、グロピウス、オウト、ファン・デル・ローエ、その他一連の国際的な建築家たちによって次代の建築が用意せられたのである。

かかる建築運動のなかにあって、ライトの貢献は建築における第三次元への発展であるといわれている。しかるに彼の個性的な、あまりに天才的な傾向にたいしノイトラの地位は対照的な意味においてまさしく重要であると思う。(Toward an Organic Architecture の著者）ブルーノ・ゼヴィはライトの傾向にたいし若い建築家たちが指摘している欠点をつぎのようにのべている。

一、ライトの設計した住宅はときとして暗く、光線が不足していること。

二、ライトの装飾は過剰にして趣味性の浪費であること。

三、ライトの設計した住宅のあるものは外観が野性的に誇張されていること。（野性的という意味は材料および手法を意味する）

四、重そうな庇が長く突き出していること。

五、ライトは彼自身あまり家具の設計に関係しない。たとい設計することがあってもそれは不便である。これに反し最近の若い建築家たちはみずから合理的な家具の設計に興味を持っていること。

六、ライトはなんでも一つの形態にまとめることを喜ぶような傾向があること。たとえばある住宅が六〇度ないし一二〇度の角度（Paul Hann's Hous の著者）でプランを作れば、外観はもとより家具や便所までも同じ形でまとめるというようなことをする。

だいたい以上のような意味のことをあげているのをみると、ノイトラの地位および彼の作品が、ライトのそれに対しいかなる傾向にあるか、ライトを語るものは当然ノイトラを対象として語らざるをえないことになるのである。もとより最近の傾向は、ライトもノイトラも変化しているようであるから、必ずしもブルーノ・ゼヴィが指摘しているとおりではないが、過去の作品においては、だいたいそのとおりであるといっても差支えないと思う。

ノイトラは窓の天才である。そして、彼の使用する材料はおよそライトのそれとは反対のようである。彼の窓は薄くかつ開放的であり、彼の使用する材料は金属的である、たといコンクリートを使用しても軽快であるとともにいちおう科学的に合理的なところがある（ライトの帝国ホテルの玄関の上の庇と対照せよ）。彼の手法および傾向はライトのそれに比し著しくヨーロッパ的である。

元来、アメリカとヨーロッパとの間には——人間と環境または自然との概念において——根本的な相違があるといわれている。かかる相違が、すなわちヨーロッパにたいするアメリカの相違が、サリバンやライトなどの作品において、また材料の選択やその手法において、ヨーロッパの建築家たちのそれとは違って、著しくアメリカ的な傾向となって表現されることになるのである。しかるに、ヨーロッパ的な傾向においては、材料はむしろ二次的に考えられるのではないかと思う。それよりも、形態、——内容の表現としての必然こそ人生のための結界として発展し、材料は、構造および材料自身の持っている理念の表現としてのみ現われされるにすぎない。自然ヨーロッパ的傾向としての建築的理念は、純粋の追求となるほかはない。けだし、あらゆる経済界の究極における表現は、社会的平均の姿である。物自体の固有――その属性からの解放である。建築もまた一個の経済財であるかぎり、その究極の姿は社会的な平均作用を受け、必然の結果として社会的な抽象形態として理念されて追求される――環境および自然条件の制約から解放されたる――純粋ならざるをえない結界として表わされるのである。かくてライトとノイトラとの対照は、まさしくアメリカ的とヨーロッパ的との相違ではないかと思う。ノイトラの作品における地位もまたかかる意味において重要であると思う。

記憶によれば、ノイトラは一八九二年ウィーンに生まれ、一九二三年すなわち彼が三十一歳のときにアメリカに移住している。一九二三年はペレーがランシーの教会堂を建築した年にあたりヨーロッパにおいては新建築運動の初期にあたっている。

昨年八月号(?)のArchitectural Recordにヘンリー・ヒッチコックは、“The International style 20 year's after”という題で興味ある論文を書いている。彼は一九二九年、同誌に“New Pioneer's”という題で一九二〇年代の初めにおいて、ヨーロッパにおける新建築運動の業績についてアメリカでは最初に紹介したのであるが、その当時はまだ一般の注意を引かなかったといっている。一九二〇〜三〇年前後におけるアメリカの建築界はいわゆる高層建築ブームの時代で、非常な勢いで高層建築が建てられたのである。初期においては、ゴジック(ウールウォース)およびイタリア・ルネサンス(マッキム・ミード・ホワイトの活躍)など、いわゆる様式選択時代から、シカゴ・トリビューンの懸賞競技を契機として(この競技において一等レーモンド・フッド、二等サーリネン、グロピウスや筆者と同級の峰君も早稲田からイリノイを卒《お》えてまもなく応募しハーフダーンでしかも選外に当選している。)サーリネンの二等の設計案はその後、アメリカの高層建築界に一様式を作ったような観がある。

高層建築の様式にもようやく、選択時代を脱しようとする傾向にあったが、しかしいまだ、ヨーロッパにおける新傾向とは著しく異なっていたのである。その当時はライトなども実際建築の設計よりもむしろ雑誌への寄稿をもって、自己の考えを発表していたのである。その頃Architectural leagueの年次発表に選択する建築にたいし不満を有していたアルフレッド・トバル（ニューヨーク近代美術館理事）の依嘱で、ヒッチコックは、フィリップ・ジョンソン（昨年Forumに、自作のグラスハウス――四方ガラス張りの自宅――を発表している）と協同で、一九三二年、国際建築展示会（The International Exhibition of modern Architecture）を開き、同時にジョンソンと協力して“The International style Architecture since 1922”という本を起草し、その本の一九三二年度版の抜粋を引用してその後二十年間におけるアメリカにおける国際建築の発展にたいする展望をのべているのがその大様である。彼は、その論文の一節でつぎのようなことをのべている。いわく、建築の新しい概念としてマスよりもヴォリュームを、幾何学的均衡よりも秩序とともに個性の応用によって、インターナショナル・スタイルを形成すると主張しているのである。

また、この展示会には四人のヨーロッパの建築家、グロピウス、コルビュジエ、ファン・デル・ローエ、オウトの作品のほか特に、ライト、レーモンド・フッド（Raymond Hood シカゴ・トリビューンの懸賞に一等当選、その後マック・グロウヒル・ビル、デイリーニュース・ビル、ラジオシティーなどに関係す）、レスカゼ（Les Caze 一九二〇年以来アメリカに住む）、ノイトラ、ボウマン（Bowman）兄弟（兄弟についてはその後消息なしといわれる）など五人のアメリカ建築家の作品を参加せしめたことを書いている。それによればノイトラは、アメリカ移住後八年にして当時アメリカにおいてすでに新進建築家として認められていることがわかる。（1930“AMERICA”をドイツより出版）

先般の朝日講演において、彼の作品を美しいスライドによって見せてもらい、また、親しく彼の講演を聴いたのであるが、彼の用いる自然という言葉の意味は、非常に開放的なガラス面、単純な外光、外景と住宅との関係のようである。この点いくらか哲学的な考えを加えがちなわれわれの自然観とは、たとえばアメリカとヨーロッパとの相違のごとく、人生と環境との概念において、相違することはいたしかたがないことである。昨年東京において、彼は、アメリカ建築界におけるライトの影響にかかわり、ニーマイヤーおよびアルトの影響について語ったと聞く。むべなるかな、最近における彼の作品にも往年の純粋性が形を変えているように思われる。ヒッチコックはシカゴにおけるファン・デル・ローエの作品―アパート―および、マサチューセッツ・テクノロジーにおけるアルトのシニアハウスについて、国際建築家としての両者、作風について書いているが、ことにアルトを意識的にハーバードにおけるグロピウスと彼の学生たちの作品に対照せしめていることは興味が深い。それと同時に純粋そのもののようなファン・デル・ローエの作品への追求にたいしニーマイヤーの作風を対照せしめることは興味なしとしない。

＊『建築と社会』（昭和二十七年七月号）所収。

欧米建築の変遷

一、アメリカの三つの脚

村野　きょうの題目はなんですか。
中野　欧米建築の変遷です。
村野　それは非常にむずかしい問題です。皆さん一年も二年も行ってきたように思っているでしょうが、ただ二、三カ月だけちょっと行ってきただけだから。
中野　きょうは編集から頼まれて村野先生を中心に欧米建築の移りかわり、将来の見通しなどをうかがいたい。
村野　見通しといわれても、皆さんの考えておられるとおりだろうと思う。
中野　先生は二、三回おいでになっているから。
村野　行ったたびごとのものをつなぎ合わせばよいかもしれませんが、それは学者のほうが詳しいと思います。
中野　先生の頭の中をつなぎ合わせたらそのまま変遷になると思う。はじめに先生に話して頂き、あとで皆さんにお話を願いたいと思う。
村野　中野先生に司会して頂きながら、質問の形で出されたらいかがですか、そうでないとまとまりません。アメリカならアメリカ、ヨーロッパならヨーロッパというふうに。系統的には学者のほうが詳しいと思う。そしてある人の作品がでたなら、またそれについて話すようにしたらどうでしょう。
飯田　このあいだ、そごうでお話しなさったとき、アメリカ建築は三つの脚で支えているといわれましたが、そのお話をどうぞ。
村野　私は学者でないからよくわからぬが、それはこういう意味ではなかったかと思う。グロピウスを囲む座談会（The Gropius Symposium: The Future of Design）という題で Art and Architecture に載っていたのを翻訳してもらって読んで、アメリカの建築を理解するために予備知識をえていこうとした。つまり建築の生産性、在来のあり方、個性や芸術としての問題、またこんご建築教育をどうするか。みな大きな問題です。私はその前に文献などで予備知識をえていこうと思ったが、いろいろな仕事でできなかったので、旅程などは竹中の伴野さんに筋道を書いてもらってでかけました。グロピウスとしては、グロピウスの後継者だったミース、それに作品の上で対照的に思われるライトが頭にあった。この三人がむこうでは一番大きい建築家だということをきいたが、建築の生産性と個性的な問題は大きい問題だと思う。生産性はアメリカ建築の主流をなしていることを頭において行った。必ずしも全部が全部そうでない感じもあった。それでその結果、建築は人間の生活にどんな影響をあたえているか。またアメリカの人は生活を何によって保証されているかを、そごうのときにはちょっともらしたように思う。（アメリカの社会における保険会社の活動、高度資本主義社会の状態が私の頭にあったし、また建築以外の点で都市の構成や改良などが考えられた。）

中野　個性的とは？

村野　私の考えではライトが一番に考えられる。必ずしも生産力によらず自分の工夫でやる。グロピウスは生産力の尊重をいう。レバーハウスは八〇パーセントの生産品を使って組立てているということがあの座談会でのべられている。生産力によれば大体同じような傾向の建物ができるが、そのなかにクリエイションがどんな形で充たされるか疑問がある。グロピウスはそれでもバラエティーはできる、建築は建築家が生産工程のなかで、技術家のやっている仕事を建築家がはいって指導しろといっている。たとえば窓のようなものでもいちじは同じものができるが、必ず生産競争がともなうから変化が生ずる。建築家はそのうちのどれかを取ればよいから自然にバラエティー(1)が生ずるといっている。つまりこのバラエティーによってクリエイションが可能のように受け取れる。（生産品の八〇パーセントが使用されているというレバーハウスはスキッドモアーの名前が彫こんである。しかし、この建物は国連の事務所と本質的にはどう異なるか、その延長みたいなものでないか、それでもこの座談会の劈頭にグロピウスは芸術として建築のことを論ずるといっている。）生産力を利用するかぎり主体構造と外装は分かれる。これは現代建築の要素としてもっとも重要な、かつ建築を経済一般として論ずる場合もっとも根本的な理解の要素となる。主体構造と外装では物質のライフが違う。経済的なバリューが違う。広い意味で近代建築は主体と外装と分かれたときからはじまったといってもよいと思います。

中野　ライトはそんな考えと違うのか？

村野　生産的な影響をうけているだろうが、より個性的な形で無視しているようにみえる。

中野　ライトに時代的傾向がないか。

村野　近代生産形態でない形にみえる。（ライトの作品を生産性の形でいうことはあたらないと思う。彼の作品は心理的なOrganic Architectureとしてならだれよりも近代的であるが、その点ではだれよりも個性的に優れていると思う。）個人的なライト自身の天才的な分量を彼自身の形で、あるいは昔風の手法であらわしているといえるかもしれない。もう一つ補足すれば生産的建築には無名の建築、誰々の作といえない時代が来るかもしれないが、バラエティーは必ずできると思う。しかしそれが作品かということになるかどうか？

小川　ライトは日本でいえば小堀遠州といった存在と思う。自分のわくのなかだけでまとめあげる。外部のすべての圧力を全然問題にしていないようだ。新しい建築家の代表に先ほどのスキッドモアーがいるが、レバーハウスの設計者である。これは先ほどのお話のように生産品の建築をつくる過程に多くのアソシエイトがあるが、それをまとめるという立場である。

村野　それがアメリカ建築の主流をなしていると思う。グロピウスがいっているのは、たとえばオーケストラの指揮者のように一人で多くの協同者を指揮するようなものでなく、建築家はあらゆる分野に協力すべきだといっている。しかしそれでは建築家のクリエイションを実現できるかが困難な問題と考えられる。あの座談会でも学校の教育は協力者は作れるが、デザイナーを作ることは困難なうらみがあるようにいっている。建築の性格に近代性（唯物的生産性の意味）と芸術的なものを織りこんでくる問題で、その中間をゆくのがミースであるように思う。よくいえば両方を充たしうる傾向にある。話はとぶが、私はちょっとだけＩＩＴに行ってミースだけに会って彼の作品を見たが、またグロピウスのハーバードのグラデュエート・センターも見た。しかし作品は無味乾燥で作品としては駄目だと思う。彼は理論家だが作家でない。バウハウスにもあまり感心しない。写真を見ているといいが、あれを見て軽蔑したね。建築家として下手だと思った。機能とか合理だけでは機械はできるが建築になるとは限らない。（建築は常にそれ以上が問題だ。）しかしミースの作品を見てうまいと思った。彼は彼自身の理解にたいし彼自身の細かいテクニックを実にうまく使っている。ひと口にいって作品があか抜けしていると思った。

二、ヨーロッパに逃げるようにして

中野　理論的な説明を建物で表現するのではないか。

村野　理論だけでは建築はできないと思う。

小川　グラデュエート・センターはハーバード大学のスタッフの合作でグロピウス本来のアトリエでやったのではない。

村野　そこで平均点の問題がおこる。（これは近代社会の文化経済における平均の問題につながる。）

岡橋　最後にまとめあげる人の腕前能力の問題が起こる。

村野　それにふれたいわけだ。

中野　グラデュエート・センターには満足しないわけか。

村野　協同者があると思うがミースなら満足しないだろう。水準の問題だ。しかし大天才はどんな社会でも大きな指導者になり水準をあげる原動力となる。別な話だがアメリカの建築家のなかにもたとえばサリネンの作品などを見るとタッチがよいと思う。デトロイトのゼネラルモータースの工場では中に入れず外から見ただけだったが。

岡橋　私はサリネンの作品をボストンの郊外で見た。女子の宿舎だが……。

村野　いいね、実際はどうか。

小川　イーストゲイト100ドライブというアパートメント（MIT構内）も同じだ。アルトーよりは感覚的にシャープだと思える。

中野　サリネンは新しい人だね。

小川　親子の建築家で息子の方だ。方々にピリッとした作品を作っている。

岡橋　お父さんは亡くなった。

村野　シカゴ・トリビューンのコンペティションの二等に当選し一時アメリカの新しいスカイスクレーパーの主流となったくらいである。そのときにグロピウスや同窓の峰好治郎君も選外佳作。それまではゴシックまたはイタリア・ルネサンス風が主流であったが、それからアメリカのスカイスクレーパーの傾向が変わったと思う。もうあんなのはできない。

中野　前に戻るがさっきの話は大きな問題だ。

村野　日本でもそれは考えるが、ただ漫然としか考えていないようである。経済と建築の問題だったと思う。

中野　教育の問題もある。

村野　私はアメリカの騒音にまいってヨーロッパに逃げるようにして行った。都市の改良、speed way の改良などで建築を機械的なシヽツヽコヽクから人間的方向に変えつつあるが、私は一刻も早くアメリカを逃げだしたいと思った。いままではアメリカが好きであったが。戦前のアメリカはよかったと思う。

中野　なんでひいきか、いままでは。

村野　その生産力だった。ながく自分で仕事をして作品というものを考えるとライトのようになる。個性を尊重するようになります。

中野　方向を変えて建築をたくさん作ることから考えて生産性を押し出してもよいか。

村野　建築にたいして常に高いものを望む以上、何か個性的なものになるのは仕方のない問題だと思う。生産性だけではどうにも到達できない問題だと思う。

中野　どうすれば生産性の問題と結びつけるか。

村野　そこでマルセイユのアパートに私は結びつきができてくると思う。

小川　とにかく建築設計は絶対に作風である行き方は変わらない。スキッドモアーは非常に大きなデザインのシステムがあるが、それに非常に手足になる多くのアソシエイトがある。そこでその生産力と手をうつ。その線で多くの多角的な作品が一つの水準となりどんどん上がっている。作風のみを主張する作品と一つのマスでいくやり方とある。アメリカはマスプロダクションが少しオーバーした傾向にあるように感じた。

三、個性、作風

中野　話は先に進むがどっちが建築を進めるだろうか。量質の問題はあるが茶室のごとく一般化しない建築があっても構わんか。ゼネラライズされたものは生産工程で制約されると思うが。

岡橋　大量生産されるものは非常に価値あるものとみてよい。大量生産されるものは近代的な需要をみたす。

中野　作風は価値がある。それをいかに量産に送り込むか。

小川　ケースが別だ。その作風を求めるのはオーナーであり、それを生産工程とバランスさせて計画をするのがアーキテクトではないか。

中野　作風は特別なものにあるのか。大きなもの、工場とかビルなどは収納されてきている。コスト・ヴァリューの問題が強くなってくる。作風に現われる微妙なものが押し込まれるか、カットされるか。

岡橋　優秀な建築家の手によらなかった建築の運命だ。

中野　機械のごとくエフィシェンシーのほかに何かあるはずだが、しまいにはその製品はいいなあと思う。自動車でも一つのアイデアで行って改良されて、その自動車はいいなあと思うが、それは個人の作でない。

小川　機械は性能の問題だ。陶汰されて高性能なものだけ残る。

中野　一般的と個性的との問題の比較は？

岡橋　機械は性能が高くなければならんが、人間が使う以上そこに何かデザインがあるはずだ。

中野　そこに個性があるかどうか。

村野　I君などは機械でも個性があると、機関車や飛行機を例にしているが私もそう思う。個性は出る、しかし同時に個性は出る。

飯田　自動車、ラジオなど人間に接する部分の好みに応じにそれは芸術品となるだろうか？

村野　フォードのこと一時はフォーデリズム（マスプロダクションにおけるコンベヤーシステムの意味を含む）などいわれていたが、ゼネラルモータースは何台か車の種類があるが、現代のように文明が高度化してくるとバラエティーが望まれてきませんか？

中野　それはライトの個性と同じか？

村野　本質的にはどうかね。ちょっとアメリカとヨーロッパにひっかかっている問題にもからむ。最後に考えて到達する点がどの点にあるか、先生方の教育のなされ方がどこにあるかと同じだと思う。計画だけ教えられても、それは建築の土台ではあるが建築ではない。

岡橋　建物は外観上できあがってから最後の仕上げで建築になるのだ。

村野　私は前にちょっとそれをいった。

中野　グロピウスもいっているが「だれも手を持っているがその中で一番格好のよいのがよいのだ」と。

村野　わかりやすいことだがむずかしい問題だ。ここへいくと説明もできぬ。デザインは教えてもらうものでなく学ぶべきものだ。

四、建築の「裸」と「着物」

中野　いまの話からヨーロッパに移られたときの感想は。

村野　たとえば建築をやる。建築には骨になる部分がある。その上に仕上げをする。骨の部分とそれにくっつける部分を組み合わせて打算する。こんにちではお金を使ってむやみな建築は特別の場合でなければできない。またかけなくても広告的表現で利回りが打算される。（たとえばレバーブラザースのように石鹸の広告に建物を使うように）朝日ビルもそうではないか。家賃が高くてもこの建物にいるだけで広告的効果がでる。国連の建物でも、あれは政治的なプロパガンダに用いる。あれも安っぽい建物であれば皆感心しない。しかしそうした広告的でないかぎり経済（テナンシー）を土台にして一定の水準を考えて建物をつくると思う。それで役所では経済のことは考えなくともよいからしまつする。一応ビジネスとか能率のことだけとればよい。ファンクションだけで一応解決することができるが、町の建物はある程度よい着物をきせないと商品価値がでない。ここにわれわれのデザイナーも面白味がある。たとえばそごうの場合をとれば、それは大丸を対照として考えないといけない。商業建築として大衆にアピールする何かないといけない。中店から一躍百貨店になることに店としてものるかそるかであると同様、どこをねらうかが設計者としてむずかしい問題だ。その後神戸大丸をやったが、依頼者の方ではおれの方は箱でよい、金のかからん建築でもよろしいといわれた。すでに天下の大丸だから売れるに決まっているから建築に特別に金をかける必要はない。ただ百貨店として機能だけで建築してよい。しかし、そごうの場合はそれとはわけが違う。

小川　コストの問題とデザインのよしあしとは何の関係もない。内面的な事情とそれにともなう構造仕上材料との違いだけの問題です。

村野　問題になるのは建築の第一義性をねらっていくことだ。およそデザイナーなら第一義性をねらう。これは建築家の宿命だと思う。

岡橋　箱でいいといってもそれだけではすまされない。

村野　いい材料でなくてもよい。建築家である以上宿命的に第一義性をねらう。そこが大切な棄てられない問題だ。堂々巡りをして建築が芸術にからまり、口でいえない問題がいつもついてまわる。途中で中断したが仕上げすなわち着物と裸の問題。骨組なら百年たってももつ。こんにちの経済構造ではそれは土地と同じ性格に近づく。安定した性格を持った構造体にたいする利回りは土地と同様永久に考えてよいが、着物は十年二十年しか考えられない。着物を何年で償却するかライフが何年か？　組み合わせいかんによって価値の再生産が何年でできるかが問題となる。そこで着物をつけない裸であって同時に芸術的な建築の問題がおこる。くっつけたもののライフをすぐ考えなくてもよいことになる。そこで裸の建築をどうするか、これにたいする芸術的な問題を同時に考えなければならないことになる。

小川　コルビュジエのヨーロッパにおける建築はコンクリート打放しの裸の姿であるといわれるが、アメリカのスケルトンは現場加工でなくて工場生産をしている。レバーハウスから衣をとった場合も他のビルディングから衣を取り去ったときも同じだ。ヨーロッパのコンクリートの裸とアメリカの鉄骨の裸とどっちが進歩しているだろうか。コンクリートは型枠しだいでどんな表現でも意のままだが鉄骨は絶対だ。建物のウエイトを軽くすることは、船、自動車、飛行機もそうだが、アメリカの建築はヨーロッパより軽量になっていることはたしかである。地震のないこともあるが、日本みたいにコンクリートを打ったところへ石を貼り付けることはない。アメリカとヨーロッパの建築の進化をみるとはたしてどちらが進んでいるだろうか。

村野　その裸と芸術性との問題はいくらか性質が違う。私は裸をそれ自身としてみる芸術のアイデアを考えている。

岡橋　小川さんのいうのは建築技術としての問題だね。

小川　そうです。先生のいわれるのは感覚、コンクリートの肌ざわりですね。

村野　くっつけたもののライフと、くっつけていないものそのままのライフが、経済上のベースの上に立って建築をみると同時にそれがいっしょに複合された、いわゆる複合価値の再生産が重要な要素になってくる。

中野　コルビュジエのは裸のままで見れるのか。

村野　リーダース・ダイジェストでもそうだと思う。

小川　雨風にさらされてますます美しくなるという裸だ。

中野　それは意匠をもって裸にしたのか。

村野　裸とはそれだけで建築になるということだと思います。

中野　骨格と肉のついた裸の建築のことだろう。

村野　どんな問題でもそれがついてくる。一応それにたいする解決をしないかぎり飛躍しては考えられない。日本の現状を考えれば、あんなものができても日本では建築にはならんと思われます。

小川　吉阪氏が現場監督をしたが、一日中現場を回って来ると足が痛いといっていた。

中野　どうして？

小川　床が悪いそうだ。

村野　コンクリートを打ったままで表面がごろごろしている。アメリカではコルビュジエのことを、ヒー・メイド・ブックス彼は本を作るが建築は少ないといっている。私はマルセイユのを見て非常に考えさせられた。

中野　というと不作法か。

五、マルセイユのアパート

村野　彼はロマンチストだと思う。コルビュジエは新しい自然を作りつつある態度だ。いままでのを清算して、いまある自然を帳消しにして人間が住むのにもっとも都合のよい自然を人間が作るという態度である。ライトと一脈相通ずるものがあると思う。そこでボリュームの問題をこの間いったが、しかしマルセイユのアパートは収納の問題としては疑問があって受け入れられない。が態度には十二分の敬意を払いたい。私は感情的になんだかコルビュジエは好きでなかったが、マルセイユのあれを見て考えが変わった。

小川　ライトでもアリゾナに入って弟子を教えているあの生活、それは建築教育といえるでしょうか。

村野　昔の手工業的な時代の傾向のように思う。あれでないと「習う」ことができないのかもしれない。

岡橋　建築の雑誌を見ると、ライトはよく出てくる。

小川　あれはアメリカでの大御所であり、もっとも若い者の作品や言論をときどき鋭くついている。大きな目標なのですね。

村野　アメリカの建築を見て感心するというよりもうらやましいと思った。あれだけふんだんに物があるのは。

小川　それについてもとんでもないことを考えたのだが、デトロイトで山崎ミノルという青年建築家がある銀行の改造をやった。柱型のところはいままでコリンシャン・オーダがあったが、それをモダンなスパンドレルにかえていたがそれを見て、なんだこんなものかと思った。アメリカのはガサッととれる。先ほどからの技術的な裸のスケルトンがすぐ出てくる。重いものをとろう、軽量にして工場製品を使おうという社会的テーマによるリモデリングである。

いまのレバーハウスの構造で新しいシステムが入っている
がまったく同型だ。衣は二十年で変えるということになる
この構法はまったくうらやましい。日本でも焼ビルを直し
ている。そのやり方と比べてね。

飯田　時代とともに着物が変わるように建築も変わってゆく。コルビュジエの家と百年前の家とは建物自身が表わしている、そこに新しい着物をきせたい要求がでてくる。

村野　経済力の問題だと思う。アメリカでも経済的によい時は改造でなく、根こそぎ取り替えているが、そうでない時は改造が重要な問題となっている。コルビュジエのマルセイユのあれは、都市のなかに自然を取り入れる田園都市のようなアイデアが入っている。前期資本主義の時代には一坪の地表でも活用した。そうでない場合は、マルセイユのもそうだが間隔をおいて建物と建物との間に木などを植えて、都市の中に田園を作るようなことを考えると建物のライフは延びると思う。しかしマルセイユのようなアパートのようなのが都市の中に密接して並んで建っていたら、うっとうしいだろうが、適当な間隔をおいて点々とあればライフは長いだろう。これには複雑な問題が関係しているから無条件でいうのは危険だが。

六、建築のライフ

飯田　建築家としてもライフの長いものをねらうべきか。

村野　ライフが長すぎることはこんにちの経済ではむしろ困った問題になってこないか。いままでは税法では不燃性の建物は償却年限が八十年であったのが、六、七十年ぐらいに縮まっていると思う。償却年限が長いと税金をよけいに取られるから経営者側はもたない。そこでライフの途中で改造問題が起こる。経営の安全からいえば早く償却しなければならん。そこで償却年限が短くなったと思う。複合価値だから十年で償却するのもあるし、百年で償却するのもある。付帯工事の償却もあり、それを平均していくらになるか、おそらく五〇年以下と思う。

中野　着物のきせ方は時代的性格でないのか。(2)

村野　アメリカは一九二〇年から三〇年前後の建築ブームの頃は高くしたほうがよかったが、いまはそうでない。当時アメリカの平均利潤は不動産で四〜五分ぐらいであったと思うが、最近は平均二分五厘だとのことである。利潤の低下するということは資本信用が高まり、したがってトータル　アマウントを大きくしようとする。そうなれば不動

産投資に一番良い時期になる。この考えを徹底してゆくと、しだいに土地の経済的性格に似てくる。すると建築の裸の部分が経済的には土地の性質に近づくといったとおり、そうなれば着物はやっかいな問題になってくる。土地の破壊すべからざる地用の性質が地代となるといっているとおり、建築もボディと着物が同じライフで価値の再生産ができることが理想だが、近代建築はそうでなく分かれている。ともかくアメリカの利潤の低下のため保険会社の不動産にたいする投資がふえてきている。利回りのよいアパート・スラム街の改造は公共団体でやっているが、高級のアパートや住宅は保険会社の投資でやっている。が、その場合、着物のライフが短くて全体のライフに関係するなら投資に問題があるはずだが、もし人絹のようにすぐとりかえられるものなら問題はない。その方向からいってもむこうではいつでも着物はとりかえられるように建築する。着物を着せ換えるのがやっかいなら不動産投資は困難である。着物は何度着せ換えても差支えないが、問題は人間の労働を使うことだ。プラスチックなもの、アルミその他自然的材料からはなれたものなどは使ってもよい。たとえばすべての材料が空気からとれればさらによい。そう考えれば着物は問題ない。要するに人間の労働力をたくさん使う建築を考えれば問題になるが、建築が自然条件からの離脱いかん、つまり人間労働の使用いかんが問題となる。そこに生産力の問題が起こり、建築の不動産としての投資の問題が起こる。ヨーロッパにもこの問題は起こっていると思う。要するに、ただ感覚だとか好みだとか、その他一般建築論だけでは抽象論になりがちである。

中野　いまのところ、着物はライフが短いと考える傾向がある。

小川　アメリカの社会組織からみてそう回転しなければアメリカは食えない。循環を必然的にさせるように社会組織が協力している形だ。そうでないとダンピングが起こる。

中野　日本の場合もそうだろう。

小川　日本はまだ手工業だから。

村野　面白い問題だと思う。

小川　アメリカのリモデリング。二十年すれば変えんといけないのは宿命だ。レバーハウスがあの形を二十年たっても保っているかは疑問だと思う。

中野　その場合はコンバインされたライフが短くなることだね。

小川　スケルトンは残る。

村野　必要あればライフのある構造でもこわす。(3)　一九三〇年とこんにちでは違う。もうあんな高いのは建たぬ。性質はちがうがアメリカはロシアと近づいてきていると思う。アメリカのこんにちはもう資本主義国でない。利潤が低下すればヴォリュームがふえてくることが要素としてはいってくる。

飯田　ニューヨーク、マンハッタンハウスも不良住宅をつぶしてやったね。あれはスキッドモアーの設計ですね。利潤の問題があったらしい。

村野　私はあそこで飯を食ったが、内部はひどい色だった。

小川　あれも保険会社の投資だ。金をねかしているわけだ。ニューヨークでもこの間写真にあったが空屋で立っている。償却家賃が高い。それでも保険会社は投資して建てているわけだ。

村野　空屋は計算の中にいれてある。不動産は投資として安全性がある。土地の性格に近づいたわけだ。着物が問題になるならば投資しないと思う。アメリカは生産力にものをいわしてやっていることでわれわれの考えとは違う。何かしっかりしたものをねらって、その上に芸術上の問題が重なってくる。建築家である以上は第一義的なものをねらう。

七、ヨーロッパ一九三〇年

中野　ヨーロッパでは？

村野　作品で感動を受けたものはヨーロッパに多い。こんどは飛行機旅行だから、ヨーロッパはアメリカほどよくわからぬ。

中野　建築の進め方、方向、建築家の考え方は？

村野　とびとびの話になるが自分の見たかぎりでは、ヨーロッパはドイツ、オランダのロッテルダム、イタリアのミラノ以外はそう建っていない。それも戦災都市以外はそう建っていないようである。

岡橋　フランス、イタリアでも市内で新しいのはそう建っていない。

村野　ドイツではアメリカのセクト（区域）のスツットガルト、フランクフルトでさかんに建っている。スタイルはアメリカの資本だといわれているが昔のドイツ風でもない。アメリカ風ではないがアメリカ的要素が入っていると思う。高い。ロッテルダムは別として一般に従来よりも高い。アメリカの資本と思うが、アパートでも一二階くらいに、高くなってきている。一般に高さを高くすることは好きでないときいている。さっきからアメリカのことについてお話ししたが、それを対照としてヨーロッパの文献を見るとよくわかると思う。アメリカと似た傾向にあるのは生産性をもったことである。ロッテルダムの新しい建物の中の合理主義的建築は比較的いいようにみた。新しくできた建物、飛行場などは良いのがある（チューリッヒの空港が良いと思った）。従来のヨーロッパの傾向とは違う。しかし一概にいえぬが、アメリカのごとき生産性をもった傾向のものでない。非常に軽く見える建築でもない。ここには経済力の問題をいわねばならぬと思う。日本の事情と似ているように思う。人間の手を使った性質のものだ。私の感動を受けた建物は一九三〇年以前のものに多い。これは前回に見て感銘をうけたが、今度見てもいいと思ったのが多いように思った。戦後のは皆上手でないのではないか？

中野　間に合わせをやっているので本物が出てないのか。

村野　戦争のブランクだ。合理主義、機能主義のような骨組になる理論で一応建築はできる。がそれ以外のものに考えが及ばないのではないか。

中野　進歩していることか。

村野　進歩ともいえるがやはり一九三〇年頃見たのがよい。コルビュジエは今日の建築家か一九三〇年頃の建築家か、といってよいかわからぬ。

中野　理論は進んでいるわけだね。

村野　それだけで建築が生まれるのでないと思います。

中野　そこでなければできない建築はまだできていないか。

村野　そうだ。国際的な問題だが一九三〇年頃の国民的なもの、国によって性質の違ったものはでてない。例外はある。理論は進んでいるだけで、うわさは一応別ものだが。

小川　第二次大戦前後からアルトー、グロピウスなどアメリカにきたので、ヨーロッパがブランクになったということはないか。アメリカはその時フリーなゾーンであったわけだから皆、客員教授とかで招かれて行ったがあまり待遇されていないらしい。

中野　ヨーロッパでは経済的に作り出す能力がないのか。

岡橋　そういう感じもする。私がヨーロッパに感じたことは伝統の力の強いことだ。外形的に一つのスタイルがでることは伝統的に非常にブレーキになっている。アメリカはその点自由で日本とよくにている。

小川　アメリカでも浅いが伝統はある。アメリカではヨーロッパらしさをなんとかしていれたい層がある。それは西部を見ただけではいえない。東部、中部の田舎とか都会からドライブして行く所にヨーロッパがある。

村野　機械の生産は進んでいく。人間的でないとはわれわれの感覚がものとの間にズレがあることであり、そのズレをとり戻すのに時間がかかる。その間に好き、嫌いの問題が起こる。私がヨーロッパが好きだというのは、私のもとの感覚とあまり隔りがないかもしれぬ。

八、ヒューマニズム

中野　アメリカでは生産スピードが速く感覚がリファインされる方がおくれる。

小川　補足ですが人間的という問題でいくとアメリカの人間本位の機械主義も私の感じでは、飯を食う、寝る、くつろぐ時と、時間ずくで食っている時とは違う。くつろいで食うのに蛍光灯をつけているところはなく、キャンドル・ライトで食っている。これはヨーロッパから続いてきた歴史で、アメリカといえども飛躍できない。それでなければ身はもたんと思ったね。原始的な環境を愛するのはわれわれの比ではない。土曜日になると素っ裸になりたいという気持ちはわかる。人間的なことは許された範囲内ではとり残されている。

中野　それが人間の本来の場であるかどうか。本性としてはそれはあるが。

小川　われわれがレバーハウスでみるヒューマニズムと、くつろいだ場所でみるヒューマニズムとは違うと思う。あのとうとうたる流れはまだ先があると思う。

九、都市計画

村野　それは建築自身でなくほかのところ、たとえば生活態度とか、都市などで解決されると思う。

岡橋　ヨーロッパの町がきれいだという印象を受けるのは町全体が計画されているからだ。

中野　町全体に個性があるからではないか。

岡橋　都市計画が日本のようでない。いくつかの地帯、空間の計画が日本にない。建築家が努力する大きな目標だ。

中野　法律で決まった計画は小さいだろう。

岡橋　それを批判する目が一般に出ている。

村野　自然発生的でないだろう。

岡橋　おそらく小さな部分でも何かパリの真似をして何かそこに計画されたものがある。

中野　ロサンゼルスは新しい町だが、旧来的な問題を計画に入れているだろうか。性格的にはどうか。

小川　いまの新しいロサンゼルスは先へ先へとショッピングセンターを作っている。このブロックを中心に住宅群が集まるのではないかという印象を受けた。いわゆる保険会社の大投資によるものだ。

岡橋　視覚的に見たのとは別問題だね。

中野　ヨーロッパの土地を見るときれいだ。アメリカ、日本のどこを見てもきたない、といわれるがいまのロサンゼルスはある計画性を持っている。合理的にぐんぐんのびるのではないか。

村野　アメリカでも場所による。

岡橋　ワシントンは非常に計画的だ。

小川　極端にいうと、ロサンゼルスには古いダウンタウンからハリウッド、ビバリーヒルにかけて道路を縦横に作ってバスだけが通っている。その中間にシビック・センターをもってきている。そこがだんだんビジネス・センターになって連絡していくような、つまりオリンピック・ウィルシェアー・サンセットといったような幹線だけを先にどんどん作ってあった。遠からず連絡の都市となるだろう。

村野　向こうでは人間が歩くかわりに自動車で行くから土地のヴァリューが拡がる。

小川　ロサンゼルスでは自動車がなければ用をなさぬ。ニューヨークは地下鉄などあるからよいが。

中野　ヨーロッパは感じがよいか。

村野　両手をあげるよ。救われた気がする。

中野　それでライフが長いのだね。

村野　ニューヨークでも許されるかぎり改良すればライフはのびる。

一〇、ヨーロッパとアメリカ

中野　アメリカの文化が高度に発達したときには、ヨーロッパナイズされるだろうか。

村野　アメリカは文化でなくて文明だ、といった人がいるが、うまいことをいったと思う。

岡橋　私はヨーロッパのそうなった原因を調べたが何もないね。

村野　宗教的要素が入る。封建的だ。

岡橋　ヨーロッパはお互いに近い距離にあるから、あるところへ立派なものができれば周囲がよくなっていくのではないか。

中野　ヨーロッパ全体として共通な要素があるのだろう。

岡橋　王様の権力を持ち出すわけにはいかんか。

飯田　伝統の問題ではないか。絵にしてもアメリカではあまりいいのは生まれない。

中野　経済の公式でなく伝統だ。

村野　それは問題だ。フランクフルトでは建物を高くしたくなくても高くせざるをえないようにね。

岡橋　ヨーロッパへ行って建築家でない人が実によくコルビュジエの名前を知っている。が、コルビュジエは嫌いだといっている。

村野　進んだ建築とかそうでないかは大衆のアピールがなければなんでいえようか。(4) 建築家でない人がすぐコルビュジエのことをきく。建築にはユーズの問題がともなう。作品にたいする批判の態度、いやおうなしにそういう形になった建物にたいしてどう考えてよいか。

中野　ヨーロッパの経済がのびればもとのヨーロッパらしいものに戻るか。

村野　経済機構が違ってくれば変わるかもわからん。結局生産と経済の問題だ。人間の手でやるか、機械でやるかによってくる。手でやることは資本主義的傾向があるかぎりできない。

中野　いまの高くなったというのは、いいからするのでなく経済上の問題からそうなったのだね。

村野　生産力の問題がそこに表われる。各国とも輸入制限をやっている。それで近くにある材料を使うということは理論的には変わらない。利用率が高くなっているのでヨーロッパの趣味ではないと思う。ハンブルグは商都だから高い。

一一、建築教育

中野　このへんで日本の問題に入ってほしい。これから日本の教育に関する結論でも出るとよいが。

村野　何がよく、何が合理的だ、といえば頼りになるものはない。だから建築家の労力は大変だ。昔のふうには戦後の経済状態が許さぬ。生産力がそこに達しない。したがって建築が悪い。そこを埋めるのが建築家の努力だ。一人でもよけい努力する以外にはそれをうめる方法はない。こんにちでは建築の生産性はだいたい確立され合理的にできつつあるから、できた建物は信用を得つつある。しかしながらアメリカと比較すれば土曜、日曜を休むことなどはとうていできない。先生方が教えられるときはアメリカ、ヨーロッパの外観ばかり追っかけるようなことがあってはならない。

中野　身体ばかり強い者さえ作ってくれたらよい、といってくださる方もいるが。

村野　それはいつでもそうだ。

小川　手を下すごとに一番高級のができる。工場生産でできた家よりもカンナをかけてやった家の方が高級だ。それにあこがれることは事実だ。

中野　先のヒューマニズムのふるさとになっているあれだね。

小川　富の表現がヨーロッパナイズされている。数からいえば多くないが、アメリカの文化人はヨーロッパの環境をあこがれているのではないか。ヨーロッパの伝統を追っている建築が保存されているのではないか。

中野　雑誌にグロピウスの建築教育論が出ているが、これからの者にとっても大変参考になると思うが。

村野　学校教育は平均点でやっている。

中野　学校では共通能力を得る。スペシャライズするのは、その人の能力だ。スペシャライズが学校でできないかぎり学校では一般的なことを教える。たとえば水のようなものだ。水のレベルを高くすればよいのだが、その手当は学校ではできない。最小限のゼネラルなもので出て行く。のびるのは周囲が育てる。

飯田　向こうでは集団研究は進んでいないか。

小川　ディスカッションはよくやっている。

飯田　先ほどのお話で、リスボンでは学生がたくさん出てきたことをきいたが。

村野　外人はなんでも根本的なものの探究にたいする興味は深い。根ほり葉ほりきく。

飯田　ヨーロッパでは学生の中からそんな者を育てる空気はあるか。

中野　学校では個性的なものを育てる空気はあると思うが。

村野　MITに行ったとき見たが、教え方が根本的なものを教えている。物の考え方でも根本的なものの形体研究(Thought Form) をやっている。日本ではすぐ役に立つ教育をやっている。MITでは感銘を受けた。まね方が違う。

ドームにしてもいろいろの形体の研究をやっている。

小川　職業教育は学校を出てから実務で覚えるようにいまはなっている。

村野　アメリカでも一面ボザール風な考え方をしている学校もあるそうだが、図面でもきちっと描いている。ヨーロッパへ行くこと、ローマへ行くことがアメリカの学生の望みだ。ヨーロッパへ行ったといえば一応は尊敬してくれる。私と同窓の峰君などイリノイ大学を出た人だが、前にもいったとおりシカゴ・トリビューンの懸賞で選外佳作をとったが、その人の当選図面などは実に立派だった。

中野　ではこのへんで。どうもありがとうございました。

＊『建築と社会』（昭和二十九年七月号）所収。

【註】

（1）　Variety の点については、フォーデリズム（すなわちフォードのコンベアーシステムとフーデリズム、ゼネラルモーターを代表するシステム）。一方は単一運動、他方はカムの運動に似たものを想像する。

（2）　償却年限を長くすると、建物の利益が多くなるので、税金を多くとられるが、しかし経営者の側からいえば、早く償却しておいて、荷を軽くしたい。そこで有価償却という方法をとって、早く償却しておくということになる。

（3）　構造体の質や建築の規定が変化した今日と、当時のセットバックの時代とは異なる。

（4）　建築が社会的になるのは、建築家を離れて再評価をうけるからである。そうでなければ、価値とはならぬ。

【補註】　この座談会の私の発言は、戦後まもない頃の旅行の知識や印象なので、今日の考えとは、たぶん異なっているが、それなりの意味もあり、一つの記録として再録することにした。

ソビエト建築を語る

ソビエト建築にたいする疑問点の提出

司会　まず、ソビエト建築について、みなさんから日頃思っておられる疑問点をだしていただいて、それをみんなで解明していきたいと思う。

笹川　ソビエトへの疑問は、政治的な強制のもとの建築はこういうクラシックなものができているのではないかという疑問、建築自体のイデオロギーとの関係いかん。為政者がいてその為政者の考えを建築に施した場合にそういう建築の様式となっているのではないだろうか。つまり、政治と建築との疑問だ。私は、為政者のなかから出てくる建築は何か装飾的なものがあるように思う。

薬袋《みない》　国民性、生活の習慣などの表現が建築といわれている。ソビエト建築には、結局、一九三〇年頃の構成主義からみうける建築のうちに、一九五〇年のものよりも僕たちにはうけるものがある。現在の建築は二十世紀のそれでないような感がする。それは現在までソビエトは秘密主義をとってきた。ソビエト自体は進歩的だが、世界的にみると封建的だ。外観だけからみると、そういう印象をうける。外観からみると明瞭さが欠けている。近代性という点からは何か異質なものを感じる。もちろんソビエトの国民性、風土性をもっと研究してからでないとはっきりいえぬが。

田中　私は戦争前に大連におり、向こうの文献などをみていた。私は現在の本当のソビエト建築はあまり紹介されていないような気がする。向こうにはもっと落ち着いたものがある。『アルフィチェクツゥラ・エスエスエル』（ソ同盟建築誌）にでているものは、どちらかといえばアカデミィの建築のように思う。民族的見地からみれば、アカデミィでないもっといいものがあるのではないか……。

小林　ソビエトでは国民生活は低級ではないのか？　と思う。その平民の生活、衣食住の面から建築をみていく必要があるのではないか。冬では暖房などの点でどうしているのか、お聞きしたい。

木村 向こうでは設計の方法はどうなっているのか。建築家の社会的立場はどうなっているのか。国際的にみて、とくに他の共産圏の国でもみなソビエト建築のような様式をもっているのか。

角田 ソビエトの建築で気がついたものに、一九三七年頃ハバロフスクにおったとき、ファンタジーがあると思っていた。しかし最近「モスクワの建設」という映画をみたとき、高層のものがどんどん建っている。これはどうしてこうなったのか？ 施工法の近代化などの点からみると、その様式とマッチせんような気がする。

司会 いままで、みなさんからだされた疑問なり問題点を私なりに一応まとめると、

一、一九三〇年頃のいき方はインターナショナルのようだが、それからどうしてはずれてきたか。

二、建築と民族の伝統の問題がある。

三、建築の風土性ローカリティの要素の方が非常に近代技術以上に強いのではないか。

四、社会主義リアリズムというものは、施工面では近代技術的だが、デザインでは昔のものを頼りにしてやっているように思える。この解釈は？

五、建築の価値評価は大衆が決めるというが、はたして大衆が決めているのか、あるいは為政者が決めているの

建築的ファンタジー 1920年代

工業銀行コンクール案 1928年頃

イズベスチヤの建物 1928年頃

か？

以上、五つの疑問点をだしたが、ここで村野先生にまず一九三〇年代からのうつりかわりの点から話してもらいたい。建築家としてそれを追求していきたいと思う。

一つの鍵

村野　私にも提案さしてもらいたい。まず第一にソビエト建築が、進歩とか後退とかいうことが、一体どうしていうことができるか。第二に資本主義社会と社会主義社会との関係である。労働力の価値の問題をみる必要があると思う。これがソビエト建築の変化を、それに為政者と民族性との関係からみたときに、ソビエト建築を理解する鍵になるのではないかと思う。労働力の価値の問題からみると、生産性のある機械や工法を使うことになり、一般に建物は単純な方角に向かうはずであると思う。一九三〇年当時はスタハノフ運動などがあって、建設競争をするときだったので、建物なども単純であった。ところがこの頃の建物は複雑である。その複雑さは、なぜそうなるのか。労働力が不当に使われているという状態ではないかと考えられもする。もっとも不当ということ自体に問題は残るが。しかし、一面、民族性の上からみれば民族的な親しみを建築に表現することになる場合には、労働力の価値ということは問題にならぬこともある。このような二重の疑問があると思う。いずれにしても近代的な技術水準と、民族的表現に含まれる手工法的な安易さということがからみあって疑問が残されるようである。

司会　十九世紀にモリスは「手でやる喜び」をいっていたが……。

村野　その喜びは労働力の価値という問題、すなわち労働力の生産性に関する問題であると思う。その点ではアメリカの建築の場合でも同じだと思う。同じ生産力であっても生産過程において生産される生産物、すなわち一単位あたりに消費される労働力の分量がたとえ同じであっても、消費される労働力の性質により終局において異質なものが生ずる、かような状態をさすのではないかと思う。くりかえしていえば、近代建築は生産手段、生産力が土台になるが、生産過程においては消費される生産手段、さらにいえば、それに組み合わされる労働力の消費され方いかんにかかわる問題でもある。この点に関する資本主義国であっても社会主義国でも同じだと思う。さらに、第三の問題として、ヒューマニズムの問題が起こってくる。これは社会というものが存在するかぎり取り残される[1]。

一九三〇年に見る

村野　一九三〇年頃、日本の建築にもプロ・リアリズムの問題がとりあげられ、建築界でもいろいろラジカルな問題が論ぜられたり、またインターナショナル建築の問題なども論議されたりした。そして私はソビエトの建築を見る目的でモスクワにいった。革命後一三年目のときだったと思う。そのときはウクライナ方面の建築がもっとも盛んであった。もちろん官庁の建築である。モスクワに一週間滞在がゆるされ、小学校、共産党クラブ、工場建築、大衆の共同食堂、パン工場、各種のアパート、官庁、百貨店などを見学したり、大学を訪問したりした。そのおり、タトリン（装飾家・自由職業家で、有名な革命記念塔を設計した人）に会った。彼は、スウェディシュ系の人のように、北欧特有のゴールデン・ヘヤー、ブルーアイで、通訳も非常に立派な男だといっていた。ついでに当時の彼の服装を参考のために一言したい。一般に当時のロシア人のみなりはあわれであったがタトリンも紺色のカッターシャツにズボンをはき、これも同じスウェディシュ系の若い夫人と、パンに紅茶というきわめて簡単な朝食をしていた。きたない奥まっ

スモレンスク広場前の政庁　ゲリフレイフおよびミンクス設計　1952年頃

アパート　ペトロフ設計　1950年

アパート　パルスニコフ設計　1953年頃

た一階の部屋だった。そこで彼は手をあげて、言々火をはくように話ししたことをいまでも記憶している。

そのおり、彼はいっていた。「われわれの目標はアメリカニズムを追いこすのだ」と。これは生産力をより生産的にしてアメリカを追いこすことだろうと私は解釈している。そのようなときだから、非常に大規模な建築でも、一般にはタッチの荒いものが多かった。しかし共産党クラブなどでは内部など多くはこまかいものがあった。生地のままのものをだし木などは磨いたりしたものもあったが、壁などの色ではロシア特有の強い色をだしていた。一般的にいって、いわゆる構成派の建築といったようなものが形の上にあらわれているようには思われないが、交通整理とか公の他の宣伝的なものにはあった。しかし共産党クラブの建物は他の建物と異なり新しくあったが、どこかにロシア的な歩みを感ずる建物であったことを記憶している。建物は一般に灰黒色で、なかには白色のものがあった。当時のロシアの建物の色は西欧の新建築の色とはなはだしく異なる印象をうけ、ロシア特有のものであった。

司会　古い革命前からの建築家はどうしていたか。

村野　その当時は民衆のなかで一番いい地位にあるのは建築家、医師、技師だといっていた。革命当時は革命政治家だったものが、十年後の建設時代には技師、医者が有力な地位をしめていた。医師のアパートを見学したとき、内部の様子を見てその生活程度がわかるし、ロシアでもやはり医師は時間外に宅診を内職しているとのことであった。またモスクワ大学を見学したときも一般の服装は非常に悪かったが、大学の先生たちは立派な背広をきていた。当時大学の先生などは、ドイツにいって都市計画などを研究していた。大学ではドリチャエフ、ギンスブルグといった当時日本でもよく知られていた教授に会ったが、いずれも革命的な印象はなく、学究的な静かな印象をうけた。大学の研究などは“Russland”にでたものもあるし、学内に雑誌に発表された図面などが張りつけてあったことを覚えている。古いロシア風の建築の学生ホールで二、三の学生が静かに、ショウギをして遊んでいたのを見たとき、日本の左翼学生の尖鋭的なものと比較して興味があった。日本の建築だって、それに似た感じがある。

建設期でのやり方

笹川　建築思潮といったようなものに政治的なものがあっ

たか。

村野　その当時は建設時代だから、技師を速成的に養成するときでもあった。それと同時に、新しいイデオロギーをもった技師を教育する。学校の建設なども懸賞して競争するという状況であった。帝政時代では文盲が七割もいたから、これをなくすために、その当時は、小学校の建設を大いにやっていた。したがって、いい悪いはいっておれなかった時代だ。しかしレニングラードでは教会も破壊されておらず落ち着いて建設を進めていたし、また町全体もモスクワと異なり古典的であった。教会といえば、モスクワの一番大きな有名な教会堂はさすがに破壊されずに残されていた。ロシア人と宗教とのつながりの強さがうかがえる。

田中　村野先生のお話は現在でも続いているように思う。建設の時代が戦争のために挫折され、建物はほとんど破壊された。それで、新しくまた建設がどんどん進められている。高級技術者の養成よりも、教科書、設計基準などが豊富で、一応低い技術でもどんどん建設が進められるようになっている。最近では、それが落ち着いてきたように思う。

村野　当時は消費物資を抑えて建設にまわしていた時代だった。そのロシアでは少数の高級技師をつくる、それには十分な施設と研究を与える、大多数は速成の技師をつくる、ということだった。

司会　この「ソ同盟建築誌」で発表されたものは速成ではできないと思う。

笹川　私はソビエトの政治の最高幹部は政治家で、教養はあまりもっていないと思う。それが建築に宮殿みたいなものに表現される。為政者はぜいたくな希望をもっている。それで、モニュメンタルなものをつくりたいという思潮にかわってきているのではないか。

西欧的考え方では……

村野　私もそれは疑問ではあるが、建築はやはり大衆にアピールするものでなければならないということからでてくるのではないか。ロシア人は民族性が根強いのではないか。それは西欧的な考え方では理解できない。その民族性を為政者にも考えさせる。革命のあと新しいものを考えるが、実績があがらない。それぐらい民族的なものがある。そのような建築をわれわれの考え方でみようとしても、多分にわれわれの考え方は西欧的だ。私は最近のソビエト建築をその国のあり方からすれば、是認することになるのではないかと思う。

笹川　土方《ひじかた》氏の演劇の話を最近聞いたが、向こうでは大衆の教育は演劇で教えているといった方がよい。演劇では古典的なものがうける。建築でもそうではないか。

村野　モスクワでも、さきほどいったように大きい宗教建築はこわさない。こわされないのだ。そこにも民族性がある。ここに、これらの資料にでてくるこういう建物が、なぜおこなわれるかという疑問が理解されるのではないか。

田中　最近、民族的なものがでてきた一つの理由は、昔は全部破壊してインターナショナルなものをつくっていたが、第二次大戦後は各民族の自主性を認めてきたし、各地方の自治国の民族性も認めてきたことにもあると思う。

司会　構成主義は少数の者がとりあげただけで、国民のなかの血にはいったものではなかったのではないか。

村野　構成主義はよくわからぬが、二つの方向に進んだ。生産力の方は共産主義へ進む。それに民族性がプラスする。この変化が一国でわずか二〇年でこんなに変わる国はない。資本主義社会からみた建築とソビエト為政者からみる建築の二つの面からみると、たとえばナチスで左翼的なものをおいだした。その建築家はアメリカで成功している。ソビエトでも労働力の価値は利潤と関係する。そうすると資本主義的方式にならざるをえない。それで為政者は民族的なものを重視するのではないか。（註、ここでマルクスの「異質なものに変わる」という言葉を思いだす――村野）

私は大局的には、ソビエト建築をそのあり方として、現にあるのが当然の変化だと思う。

〔休　憩〕

いろいろ座談に話が咲いた。ソビエトアカデミーへの質問状についても討議され、とくにそのなかの意匠の点についての質問事項に討論点が集中した。参考までに同質問状の意匠の項目をかかげる。

意　匠

一、日本および欧米諸国においては、貴国において行われているオーダーや蛇腹などの古い彫刻的装飾要素は建築の近代化の方向とあい反すると考えられており、とくに高い技術的水準を有することによって成立する社会主義社会にあっては、手工業的要素の存在は矛盾するのではないか。パネル建築などのすぐれた技術的成果を示しているので、なおさらこのことを感ずるのであるが。

二、貴国の数多くの建築はそれが住宅であれ、また学校であれ、なんらかの類似した要素をもっている。たとえば、尖塔であり、その先にきらめく星であり、また葉などによるレリーフである。これらは意味なく取りつけられるものではなく、なんらかの文学的、歴史的、あるいは精神的内容を持っているものと思うが、いかに理解すべきなのか。

三、日本および欧米諸国においては、近代建築という枠のなかにおいてではあるが、建築評論が活発に行われ、それは雑誌を通じたり、講演会とか討論会、座談会の形によっている。貴国においては建築の批判および評論はいかなる機関組織によって行われているか。とくに作品にたいする国民の批判はどのように建築に結びついているか。

村野　「国民の批判はどのようにおこなわれるか」という点はうらやましい。日本でも戦争前、自分自身のものになりつつあったが、戦中、戦後は現在のとおりだ。外国の建築思潮は、日本では商業主義的過程をへて発展する傾向がある。そこには正しい理論にもとづいた国民の本当の批判を通さないで発展するように思われる。これは日本における新建築発展の著しい特長と思う。つまり建築発展の過程において、それ自身の理論がなくても発展するという特長である。

文明と文化

司会　では、さいごに「進歩か、退歩かの価値判断の問題」にうつりたい。

笹川　私は退歩だと思う。新しい感覚のもので装飾されたものであれば進歩だが、模倣を前提においた場合、退歩だと思う。

薬袋　いや、過去の形をそのままもってきたら模倣であるが、近代的なものは他国のものをとりいれたとしても模倣ではない。

笹川　それは知識だ。

村野　進歩とか退歩とかの問題において、文明と文化にわけて考えてみたらどうか。文化として考えると、進歩にも考えられる。文化的にはソビエト建築は肯定的、文明的には否定的とはみられないか。

薬袋　ソビエトの生活を知らないから、私には想像できない。

司会　生活には、ザイン（かくあること）とゾルレン（かくあるべきこと）の生活がある。ゾルレンを標準とすると、ロシア建築は考えられないと思う。

田中 もう一つ、ロシア人の生活を理解するうえに考えたいのは、ロシア民族は非常にナイーブな民族だということだ。たとえば農民なんか非常に素朴で、われわれ日本人にも道を尋ねるし、またごちそうしてくれる。

村野 それが団体になると、集団として思想的なものがある。

笹川 私は対応性の問題を考えたい。住まい方に対応性がある。しかし建築には対応性がない。

角田 近代的な施工技術をもっていながら、それがどうしてこういうロシア建築の様式になるのかわからない。

村野 しかし、その過程には必然性をもっているはずだ。

田中 ロシアの演劇にしろ、音楽にしろ、琴線にふれるものに非常にいいものがある。建築にはそれがあるかどうか。村野 いかんながら、わからない。しかし、いいか悪いかという問題でなくて、われわれは理解するよう努力すべきだと思う。

＊『建築と社会』（昭和三十年四月号）所収。

【註】

（1）この頃のロシアの状態は「ＵＳＳＲＳ」を見れば一番よくわかる。

建築美を探る八章

一、百貨店——建物の性格の表現

板垣　一番はじめ村野さんの作品を拝見したのはいまから十七年ほどまえ、大阪の十合（そごう）と神戸の大丸を見たときでした。あのときには、いわば都市計画的に考えても興味深いと思ったんです。両方とも、街路との関係や港との関係など……たとえばそごうの場合には、心斎橋の通りのほうの……。

村野　いまでいうオープン・フロントですね。

板垣　あれが非常に狭い通りによくあっておりましてね。今度の丸栄は……？

村野　大体やはりあんな調子ですけれども、丸栄のほうは柱が大きいですからね。元の建築が残っておりまして、その上にやるんですから、柱がムヤミに大きいんですよ。これが欠点ですね。ですから、そのままファサードをつくると固すぎて大衆とはなれるような気がする……そこでアーケードとして、やわらかくしながらファサードを締めるんです。

板垣　デザインも元の建物の……？

村野　それは制約を受けますがね……。

丸栄はもと丸物ですね。丸物の社長には住宅を私が設計したことがあるんですが、縁故という点では何も知らなかったんです。

京都の人たちはいままでの自分たちのもってる建築があまり立派なもんですから、新しい方向に踏みこみ切れないところがあるし、それかといって何か新しくしたいという気持ちがあるんですね……金持ちなんか。大きな金持ちでなんていったか、その人が都ホテルが気に入りまして、それが金持ち仲間で話に出たんでしょう……それなら百貨店のほうをやらしてくれればいいのにね、一番手のかかる住宅をやってくれということで……。そういう関係で戦前名古屋のほうの丸栄が二階までで中止になっていたのを、戦後再興するということになり、私が関係することになったのです。社長の中林さんがそごうが気に入ってるんだな……住宅のほうじゃ都ホテルの新館が気に入っている。京都の店（丸物）のほうは他の人の——渡辺先生の設計ですね。名古屋のほうは清水（建設）にたのんで——僕が推察するのに、たぶんそごう風にやったんだな。

ところがそごうじゃ六、七寸くらいのリブでできているんですね。似ているけれども幅が二尺四、五寸、柱の幅と同じだけとっているんですよ。途中でやめちゃったのを、柱のほうの形は残すだけ残して窓の中へ一本筋を通してね……。

そごうのやつは縦線ばかりでシマリがない……これは自分でも気がついている。縦は、横から見てヴォリュームがあってきれいだけれども、少し向きをかえるとどうしても横線というものがないとシマリがないんですよ。歩きながら見るもんですからね。だから縦と横、というようにすぐ頭の中にくる。こんなふうに考えることは……僕は日本的な感覚と思う……。

二尺四、五寸壁面があるでしょう。それはそれで残し、縦の線を横でしめよう……そういうところから……。もちろんそごうのアイデアの延長ですけれどもね。

板垣　それから高島屋（東京）ですけれども、前にああいうのがあって、あとをおつくりになったでしょう。それで上の小さい窓のところだけは、同じ様式でズッとまわされましたね……。

村野　あれはね、前の設計者が非常に喜んでくださったことを聞いて、非常に安心しているんですけれども……時勢がかわって私ということになって、私は前の設計者の気持ちをはかると身につまされるような気がするんです。どうかして前の延長でゆこうと思ったんです。それには前のとおりやろうかと思ったが、たいへんな費用がかかる……時勢が違うからね。天下有数の金のかかった設計ですからね。

一つは百貨店が入るということでしょう。もう一つは建物の持主は天下の日本生命、大会社の表現をしなければならない。それで非常に苦しい。百貨店のほうはモダンにやれという……。日本生命じゃそんなむやみにモダンなことをやられたら日本生命の格に関係します。そんなにモダンにできやしません。

それに前の設計者との関係……こういう三つの制約があ

ります。難をのがれるのに窓なしの建物にしようと思ったんです。窓なしだけでモダンになりますからね。近代の百貨店は窓がないですからね。

ところがね……窓がたくさん余っていると思ったんですが、旧館の窓の面積が非常に不足している。建築の規則がむずかしく解釈されることになって、前のものも一緒にして床面積の十分の一とられる。窓をふさごうと思ったら、まるで逆になってよけいにとられることになった。ところが百貨店が使うのは六階までで七、八階は幸いにして日本生命が使うんです。これは奥行きが少しございますから、まずこれは大きくしなくてもよい。それで上のほうに窓を通して、下のほうはガラス・ブロックにした。透明なガラスでは弱すぎる。ガラス・ブロックにするとゴツくなるのと、百貨店だから窓へ飾ってしまうから透明なものは使えない……そういう関係でガラス・ブロックにした……。

二、観光ホテル——自然との融合を第一に

板垣　都ホテルのお話が出ましたが、新館は実にいいと思うんですけれどもね、部屋の中が……。よくいうんですけれども、いわば人間学的に考えて部屋の壁は非常にむずかしく、しかも重要なもんですね。独居の空間を周囲からへだてて形成しながら、つねに中の人間に向かっている。しかも昼と夜と同じ壁なんですからね。あれ使い出してから、すっかり気に入ってしまいました。あの壁は昼間でも外にみえる緑との調和が非常にいいんです。また夜、たとえば宴会から帰ってきまして、部屋の中へ入るとシーンと気がしずまる。いつでも壁の問題をいうとき、都ホテルの壁を例に引くんです。壁だけではないんですが……。普通にはホテルの客室は昼間入っていると、外へ出たくなるんです。ところがあの部屋は、外へ出たくならないんです。一日いてもあきないかもしれない……。

村野　恐縮ですね。

板垣　それから宴会室……日本画がとび出しすぎているというお話があったんですが……。

村野　気をつけないと危険ですよ。工芸家、彫刻家と協同創作をするときは。芝居でも場合によっては、馬の脚が一番重要なときがあるんですね。

板垣　パリのパンテオンの壁画をシャヴァンヌが描いたとき、堂内の白い色調にあうように注意して非常に淡い色を使ってますね。まるで薄絹をかけたように……。ところが

ソルボンヌ大学講堂の壁画は、堂内の色調が濃いから濃くなっていたようです。実際に壁面に壁画を描く人はそういう注意が始終なくてはなりませんね。「壁が画を吐き出す」とかいう言葉をシャヴァンヌは使っていたように記憶しますが、うまい言い方だと思います。あまり自分を出しすぎるとそうなる。

村野　東郷（青児）さんよく頼むでしょう。なぜかというと、絵の専門的なことはともかくとしてタッチがうすいから、何をやられてもさしつかえないんです。色の色調だけ建物の雰囲気とあわせるように打ち合わせておけばいいんです。中のモチーフがなんであろうとかまわないでもいいから楽です。ところが他の人に頼むと、ドカンとやられるとどうにも抜き差しならない。都ホテルの宴会場もそうですね。

板垣　ところで、比叡山ホテルがなくなったこと、非常に残念なんです。ああいう山岳地帯につくるホテルとして模範的だと思うんです。

村野　どうですかね……。

板垣　どの角度から見上げても見下ろしても、外観が非常によく整って環境に調和し、あの自然に新しい生命を与えています。それに洋風の平面でしょう。曲面を持っている。そこへ和風の二階がついて日本瓦が貼ってあって、きれいに統一している。二晩泊まりましたが、実に印象の深いホテルで……。

村野　泊まった気分は非常にいい。

板垣　京都市を見下ろしても絶景だし、食堂のガラスの壁面に夕食のときなんか三十六峯が墨絵で描いたように入って……。

村野　比良の連峰は気象がしょっちゅう変わるんだ。それで刻々景色が変わってゆく。あれは見事ですね。

板垣　見事ですねえ。食事をしながら窓の外を見ているということそれ自体、じつに楽しいですね。そして私ことに気に入りましたのは、あの食堂の隔てかたです。下から始終ケーブルで上ってきて、ただ食事をして見物して帰ってゆく人たちと、宿泊客の間がきれいに隔離してある……あれが実にありがたかった。

村野　そうです、そうです。

板垣　あのホテルはまったく惜しいことをしましたね。今度の志摩は……？

村野　志摩の観光ホテルは、あれを頼んだ人が比叡山ホテルのようにやってくれという注文だった。非常にその人は趣味の高い……天野俊一さんといっていま名古屋におられますが、建設省の技師です……自分でお茶もやるし、お香もやるし、絵も描くし、感心しております……。

板垣　自然との融合は実に大事であるのに、しばしば観光ホテルというとさっきの絵みたいなもので、ホテルというものを持ち出したがって困るんですね。

三、カトリック寺院――外と内との秩序

板垣　昨年の夏は出張の帰りに広島へ行きましてね。三時間半ほどドライブして新しい建物を見たんです。一番はじめにあの教会堂を見ました。せんだって大阪でもお話がありましたが、本来のところ塔は非常にむずかしいもんですね。

村野　広島のも上から三分の一ぐらいのところから形がくずれてきたように思います。塔はたくさんあるんで、たいていみんな出つくしているんです。バーゼルのも写真でみると形がいいが、行ってみると、やっぱり、われわれが苦しんでいるところは、同じようにうまくないな……。

板垣　外国の古い寺ではマティリアルの持味が非常に重要でしょう。今度のは新しい構造と新しい材料で、それでいてイミテーションでなくて、カトリック固有の、塔固有の感じが出ているように思いました。しかし現在の外国でもカトリックの寺院建築はもっともむずかしい課題の一つではありませんか？

村野　南米あたりでは新しい変わったものができているようですけれども、一般には桁はずれのものは、はやらないようですね。ことに日本では……。

板垣　小さい寺にはなかなかいいものがあるんですけれども、大きいものにあまりないですね。

村野　お説のとおりですね。

板垣　一つはこういう点がありやしませんか。古い時代にはカトリック精神が、それ自体として造形感覚の中に生きていて、ごく自然な気持ちで寺院が建設されていたんだと思うんです。ところが現在になりますと、カトリックのいろんな制約が、むしろ外部から与えられた制約として出てきている。その制約の範囲内で、何か在来のものと違ったものをつくろうという気持ちになりやすいんだろうと思うんですがね。つまり以前ならば内面的に生きていた精神が、今度は外面的な制約に変わることになりはしないかと思うんです。

村野　今度の旅行では気をつけて見てきたんですけれども、私が見た範囲では、建築中のものでもカトリックのお寺は概して設計がまずいと思いましたね。どういうわけですか、いろんな要素があると思うんですけれども、外部的な制約が働いてきているので、何か変えなきゃならんという気分はありますね。ところがそういう試練にカトリックの建築は馴れてない。それでまずい。もうちょっとするとカトリックの古い気持ちを守っておれなくなるような傾向があるから、やがては変わってくるだろうと思います。

板垣　寺院は外から堂に入り、入口から奥に向かってゆく空間的秩序……それが造形的にすなおに出ているわけですね。そういうふうな空間構成なんか、新しい外国の寺院でうまくいっておりますか？

村野　そうですね。私が見た範囲ではあまり感心をしませんね。むしろ古い建築のほうにありますね。

板垣　古い建築はみんなできているんです。

村野　新しいものは、いきなり外から中へ飛びこんだような形ですからうまくいかないんですね。多少近代化したということになりますが、たしかにいまおっしゃったようなところに破綻がありますね。最近の教会堂でも新教のほうはそういう制約がないから、いきなり外と中と融合しているのですね。しかし同じ中と外との途中の気分ですね……これがはしょられても、ペレのやったランシーのは非常にいいですね。この前行ったときも感心しましたが、今度行ってみて……自分が苦労していますからね。

板垣　この間、日本建築史の関野克さんが行きましたろう。そのときどうしてもあれ見ようと思って、タクシーとばして行ったそうです。ところが運転手まで「おかげでいい寺見た」っていったそうです。

村野　そうでしょう。私は今度は通訳つれて行ったんです。婦人の通訳だったんですが「こんなのあるの知りませんでした。今度日本の人が来たら必ず案内します。」といっておりました。出たり入ったりして見ている人がいた……建築家もしくは信者さんだろうけれども、低徊去りがたしというふうでした。

四、外国旅行——ソ連建築への興味

板垣　今度はどういうふうにお回りになったんです？

村野　前は西から東、今度は東から西です。北欧は見ようと思うもっとも重要なぶんですね。イタリアはミラノ……

今度は戦争後の傾向だけをたどってみようと思ったもんですから、ミラノでは工芸品を見ようと思って行ったんです。しかし見本市の新しいテンポラリーな建物なんか見てきて、大体イタリアの傾向の一端がわかったような気がして感心したな。

板垣　ソ連へおいでになったでしょう。

村野　いや、いま行ったら赤で引っかかってしまうだろうから……（笑）。前には行きましたが、今度は行けなくて……。しかしベルリンの東の方のセクト（区域）を見にいったとき、町の両側に新しい高層アパートが建ち並んでいる。私が行ったときもつくっていましたが、実にまずい……写真をとる興味も出ないくらい。ドイツ人の通訳が、ソ連の建築を見たいならまずこれを見て想像したらいいといっていた……。

板垣　以前のは極端だったけれども、最近のはまた、ああいうものとしてすっきりしてないように想像するんです。

村野　よく調べてないからわかりませんけれども、ロシアの内部はやっぱり充実してきて、政治的な方策からああいうものをつくるんじゃないでしょうか。一種のナショナリズムでしょう。つまりロシア固有のものが出てきたんでしょう……現在の形は。モスクワの大学なんかコンポジションとしては、ずっと塔が高くなって、しかしディテールはロシア固有のものでしょう。古い時代の建築を尊重しているようですね。功成り名遂げるとそうなるでしょうから、ソ連の内部が充実したからじゃないでしょうか……。

板垣　たとえば映画の企画なんかでも回顧的になっていろいろな功労者の伝記をていねいにこしらえだしましたね。伝記映画の理論の非常にていねいなのが発表されているくらいです。それには新しいソビエトばかりでなく、ずいぶん古い伝説的な人間も入っております。だからそういうふうになってきているんだろうと思いますけれども、それならそれで、もう少し古い持ち味を感覚に生かして独特のものができそうに思うんですけれども、そこまでまだまだいっていない……。

村野　過渡期でしょうね。

板垣　ただ大きいもので、なんかどうも割り切れないような気がするんです。

村野　政治的でしょう。モスクワよりレニングラードのほうが、本当のものを持っているんじゃないでしょうか。だんだんおさまってくると、ああいう方面から変わってくるんじゃないか……。この前はモスクワからレニングラードへ行って、フィンランドへ抜けたんです。モスクワは大騒ぎをしているけれども、レニングラードは古典的です。なんにも影響を受けてない。

板垣　地下鉄の駅が非常に豪華なものをつくっているようですね。

村野　絵で見ると豪華なものらしいですね。

板垣　あれはどういうつもりなんでしょう。僕には興味があるんですけれども……。

村野　政治があるんでしょう。

板垣　一番大衆的なところに立派なものをつくったという政治ですかな。

村野　それから一つは、どこにでも通用することですが、えらい人が建築を残すからスターリンの事業として……。みんな想像なんでなんともいえないんですけれども、このごろの変化は興味を持っております。

板垣　ソ連から出た大百科辞典の抜き刷りで「ソ連民族圏の建築」というのが一冊になっておりますね。古い時分からの建築史まで出ております。宮廷文化時代のまで出ています。最近のものはもとよりです。読んでみたらおそらく現在ああなっているものの指導理論がわかると思うんですけれども、私は東ドイツから出た訳本を持っているのですが、この間うち忙しくて途中まで読んで、そのままになってしまって……。

五、京都と大阪——打放し、など

板垣　京都に調和する建物をどういうふうに設計されるかということをうかがったことがあるんですが、そのときの例として「ドイツ文化研究所(1)が一つの解決だ」ということでした。翌日行ってみたんです。たしかにあれは京都の雰囲気によくあっていて、同時にナチス時代の建築のアイデアがちゃんと出ているんです。

村野　それは私も意識してやったんです。

板垣　そして隣にフランスの会館がありましたね。あれのほうは向こうのあてがいぶちでしょうけれども、植民地に建てる普通の建物という感じでした。ドイツ文化研究所とこのフランスのが並んでいて、非常に面白いと思ったんです。

村野　そのころにはないことだったんですけれども、あのとき、すかしの塀をコンクリートの打っ放しにしたり、庭石を使ったり、竹なんかを使ったりしたんです。日本風な味を出した。ああいう試みですね……あのころの私のもっともやりたかった方法なんです。

板垣　あの時分ドイツは、ナチスふうの建物——一種の規格をたててましたからね。やっぱりその規格にはそうようになっていて、しかも実に日本的で、京都市の雰囲気にちゃんとあっている……。

村野　あれはドイツ人が非常に喜んでくれました。

板垣　それから大阪のフジカワ画廊。先日、事務所のかたに案内していただいて拝見しました。下のバーが新しくできていたんですが、なにか東京の画商たちの集まりの日らしくて、一緒に下のバーへつれてゆかれた。大阪ではああいうバーをほうぼうへつくるというのが一つの好みになっているんですか？

村野　いや野村証券が自分のところの専用に使うところなんです。お客さんつれて行きますがね。それから社員の遊びですね、公開じゃないんですよ。

板垣　翌日、吉田さんの設計された牡丹をみたんです。その説明によると、日本座敷に入る客と関係なく、バーには玄関から入るんだそうですね。大阪へ行ったらああいう特殊な建物の下に、みんなバーがあるもんですから、何か大阪的なサイコロジーによるんじゃないかという気がしたんです……。

映画館はいくつおつくりになりました？

村野　このごろは映画館ばかりやっております。最近ずいぶんつくったな……。

板垣　この間せっかく行ったときに、映画館も見せていただいたらよかった。

村野　いや案内の者に「見せるな見せるな」といっていたんです。

板垣　村野さんがそういう気持ちでおられることは、前にだれからか聞いたんです。

村野　「映画館は見せないで、フジカワ画廊を見せて……」と、うちのものにいっていたんです。フジカワは完全に……よくも悪くも私の責任なんです。ほかのやつはいろんな制約があって、必ずしも私のデザインということはいえないんですね。

六、日本的意匠と住宅——頼んだ人の満足を

板垣　いま住んでいらっしゃる、民家を改造した……。

村野　私のうちですか。

板垣　ああいうふうな、日本のものについて建築観をひとつ……。

村野　いやあ、日本のものはあまり手をかけませんのでね。そう……なんていっていいですかね。しかし非常に変動期にきてはいるでしょうね……なんとかしなくてはならんというような。たとえば日本的なモデュールからぬけ出したいような……。自分でたくさんをやっていないからわかりませんけれども、よく外国の建築家が日本に来て日本建築をほめたりするが、あんなの聞いて本気でなんかいられないような気がする。

日本の住宅建築というものは、依頼された実例を関連して考えてみると、でき上がって頼んだ人が満足したらヤレヤレと思っているんです。よしあしなんか考えていられないんです。めぐまれた条件で思いどおりにやれて、そのうえ結果がよかったというのは別問題ですが……。

住宅というものは、佐藤先生の言葉じゃないけれども、頼む人がみんな夢を持っているんです。それが自分で実現できないからわれわれに頼むまでで「先生よろしくやってください」というけれども、私はその言葉は用心しているんです。私は頼まれた人に「なんでもいいから描いてください」というんです。そうすると大体の希望はわかるんです。とても自分で自由にやるなんてもんじゃない、満足してもらえればヤレヤレです。どっか大きい建築やったとき、日本の部屋つくりましょう……そういうときは思い切ってやります。たとえば丸栄の応接間のようなのなんか、勝手気ままなことをやります。障子の桟やなんか、ひっくりかえしたようなものをやったりします。しかし私自身としては渋いというか、ずっと格調の高いものを一度はやってみたい。さもなかったら吉田さんや堀口さんがみんな開拓してしまっているから、余地がない……。

板垣　たしかに住宅建築というものは、注文者の夢を実現してやるというのが一番大切な方法でしょうね。

村野　そうです。いい気になってやっていったら、とんでもないことになってしまうんです。とても自分が思うとおりにというどころじゃありませんよ。いいとか悪いとかいっていられません。雑誌に出すとかなんとかいわれると、お断りです。

板垣　住宅というものはそういうものでしょう。

村野　おかしくって、はずかしくって、出せやしませんね。

吉田さんは思い切ってやれるからうらやましい。

板垣　吉田さんに頼むという場合には、吉田さんのスタイルをすでに承知していて、そして吉田好みでつくってくれっていうことでしょう。

村野　たいしたことだ……。ああなればしめたもんだが……。

板垣　しかし牡丹はよくできてますね。吉田さんの根本原理はみんな同じでいてバラエティがあって……。

村野　日本建築は隅々まで気をつけるのにいいところがあるんです。裏の裏まで考えているんです。しかしあれは吉田流で一つの様式ができているようなものだからやれるけれども、新しくやる人があれだけやったらたいへんな神経だ。吉田君に一つの古典ができているんだな。積み重ねて積み重ねて……。

板垣　そして整理してしまっている。

村野　われわれの友人たちもいうんだけれども、ずっとやっていくと、結局吉田流になってしまう。まねをする、せん、じゃない。いろいろなことを整理してゆくと吉田流になる。もっとも、ラジカルな方向に変わってるのは別だが……これも、こなれてくるとよくなってゆくでしょう。

七、旅客船――根本原理がちがう

板垣　村野さんの仕事にもどりますけれども、アルゼンチナ丸の意匠……。

村野　サロンね。ブラジル丸は食堂です。

板垣　ああいうものはいかがです……？

村野　やってみたいと思います。しかし、前ほど金をかけないでしょう……このごろの日本では。前は船のデザインはイギリスに頼んで、船会社のほうが頭を下げて、デザイン一式買うんだもの……それを日本がだんだん勃興してきて、なんでも国産奨励で、ことに大阪商船は急先鋒なんです。デザインも日本でやるということで、それからわれわれが関係したんです。

はじめは私ども船のデザインはなかなか困ったんですけれども、だんだん馴れてきて取扱いやすくなった。船というのはご承知のとおり、いきなり部屋の中へとび込むでしょう。建物だとその前に重いものの中を通って行くのだから、部屋の中へゆくと部屋という感じがするでしょう。船は、われわれの感覚にくるものは薄くて丈夫な鉄みたいなもの、それからまわりがガラガラしているし、光線が明るいでしょう。天井が低くて……つまり広さのわりに天井が低い。はじめは非常にやりにくいんだ。馴れてくるとだんだん調子がとれるようになったんですけれども……。

板垣　船はおもしろいと思うんです。

村野　おもしろいですね、実に。金をかけさしてくれるもの。自由自在ですワ。制約はありますけれども、船会社のひと声でいくら変えても知れたもんじゃないかといえば、思うとおりにさしてくれますワ。

板垣　私は昔から船が好きで、できるだけ見たんですけれども、不幸にして村野さんの設計されたものは見なかった。

村野　アルゼンチナ丸はサロンをやったんですけれども、檜を使ったんです。バックになるところ、山鹿さんの織物を使ったんです。これは実に絢爛たるもんだった。これはだいたい船会社も満足してくれて、自分でもよかったと思っております。しかし今度の戦争で何もかも、すっかり海の藻屑になっちまった。

板垣　普通の建築とは根本原理が違っているんですね。

村野　頭の持ち方がちょっと違うんです。そういう点、横浜の中村順平さん……前からよくやっておられて、絵もうまいし、船のデザインは名人だったな。

板垣　外国船、何か気に入られた船ありますか。

村野　やっぱり、いいと思ったのはブレーメン……これの二航海めですよ。これは実にいいですね。モザイクや、織物、金物……中に総合されていて、さすがに国際船だけあって実にいい。

板垣　私も現在まで船で感心しているのはブレーメンです。一つの歴史的作品として考えてみても、船体の形式が画期的です。ブレーメン以後あの新しい形ができたんですけれども、どこからどこまでも神経がゆきとどいています。ボートをレールで下ろすシステムになって、船全体の外観がキチッと引きしまるようになったのはブレーメンからでしょう。吃水のところに白線が入っていて船体の視覚効果を引きしめていますね。ブリッジに曲面を使った美しさもブレーメンが使いはじめと思いますが、煙突も……。

村野　煙突がいい……あのへさきの形がいいな……。

板垣　あれが、はじめの航海のときにひどく煙をかぶったそうです。それで高さを増すかと思ったら、そうしないんですね。流線型の断面になっている後部の上の方に小さな窓を開け、中の煙を吹き上げるようにした、という話です。

村野　あれから以後はいい形の船ができたから、あれがもとですね。内部の装飾もよござんすね。ガラス・モザイクがいいですね。

板垣 モザイクをたくさん使ってますね。写真ではどぎつく見えましたが、そうじゃないですか？

村野 どぎつくはありませんでした。

八、外国人の近作――芸術家の晩年の完成

板垣 今度ゆかれて、外国のいまの建築家の作品で大いに気にいられたものがありますか？

村野 あまり今度は会わなかった。ローエにはちょっと紹介してもらって会っただけなんですけれども……ミース・ファン・デル・ローエの最近に作ったシカゴのアパート――レークショア・ドライブだのプロモントリーだの……それとIITの学校建築……。あれは感心しました。とにかくあの人は、あのつきつめたあか抜けさは吉田君と同じで、自分のディテールを持っている。どんな場合でも自分のディティールを応用している。コルビュジエも同じですが、どうしてもまねのできない、練りに練ったディテールだな。なかなかあそこまではいけないな。またよく練っておりますね。もし自分がやったら、と対照して考えますね。かなうとか、かなわんとか考えます。実際うまいと思います。ライトなんかも、もちろんうまいと思いますけれども……。天気が悪くてあまり見なかったんです。

板垣 スイスでマイヤールの設計した橋をご覧になりましたか？

村野 見ませんでした。スイスへ行ったのはバーゼルの教会堂、あれを見ようと思って行ったもんですから、それだけで、すぐにもニースに行ったんです。ニースからマルセイユは自動車で。ものを見に行こうと思うと大変ですよ。飛行機で行って探していくの……時間がかかってしまう。コルビュジエのマルセイユのアパート見るのも大変なんです。マルセイユへ行くのはルートが悪いんですね。

板垣 あれ、いかがです。

村野 最近コルビュジエが来るそうですから、悪口はいえないんですけれども……（笑）……はじめ私はあまり好きじゃなかったんですが、マルセイユのを見て、じつはコルビュジエの作風がこれまで似て非なるものを伝えられているんだと思ったんです。もっとも彼自身も変化してるでしょう。例の機械論や、スロープなんかも……。

板垣 コルビュジエ主義になってしまっている……。

村野 ええ。そういうつもりでマルセイユを見に行ったた

んですけれども、コルビュジエがいっぺんに好きになっちゃったんです。

板垣　あれ、よござんすか？

村野　ええ、われわれ人間は同じですよ。グロピウスが来て、自然自然というでしょう。コルビュジエも年をとって、厚みを加えたんじゃないかと思いますね。私はルオーが好きになってきたんです。どうもコルビュジエも、一面そういうところがあるんじゃないかと思うんです。何か重厚さを加えたデザインです。

板垣　東京でルオー展が開かれたとき、ルオーを好むと好まざるとにかかわらず、あの展覧会を見るとルオーの人間というものが一貫しているところにみんな敬意を表したんです。

村野　ええ。はじめルオーを見たときにそうは思わなかったけれども、帰ってきて、ルオーが目的だと思うくらい好きになってきた。コルビュジエのマルセイユを見たとき、こういうゆき方の影響を受けているのじゃないかという気持ちを感じた。マルセイユを見て、これは私の造語ですが、彼はいっぺん自然をこわして人間が人間のためにつくる新しい自然をこしらえているんじゃないか……こういう見方ですね、私は。これは非常に感心しました。われわれがいままで——一九三〇年頃見たものや、今度行って例の学生会館なども見ましたが、それとは比較になりませんね。やはり積み重ねた、いいものができたと思います。

板垣　自分自身をだんだん建設していったんですね。

村野　ええ。建設して、新しい自然をこしらえたんだと思います。

板垣　前には妙な議論をしてましたね。あれがいやになるんです。

村野　へんな……ね。自分自身のドグマを加えたもんで……。

板垣　簡単なレトリックを使っていましたね。

村野　レトリックを使うからいやだと、だれかもいっておりました。いつでもあのセオリーですね。

板垣　マルセイユの作に使っている色、どうですか？

村野　効果的です。

日本流に難くせつけようと思ったら、いくらでもつけられます。ルーバーなんて一つの「形」ですよ。いいたいことだらけですけれどもね。まん中の廊下が暗くて、子供のある人には具合がわるいですね……いえばいくらでもあるけれども、全体として非常にいいと思います。あれだけのものを出すということは、たいしたことだと思います。

板垣　一体に作家というものは、その人の生涯全体で見なければいけませんね。

村野　そうです、そうです……私はそう思いますね。東西違いますけれども、安井・梅原クラスの人、晩年の鉄斎、それから多くの芸術家たちがだんだん変わってるですね。人間の歩いてゆく道は、東西軌を一にしているような気がします。つまり、ひと口にはいえないけれども、自然にたいする見方……これがだんだん変わって、そして宗教といいたいくらいのところまでゆくのじゃないかと思ってます。

板垣　私も芸術家の個性の問題をずっと考えつづけているものですからね。やっぱり一つ一つの作品というより、その人の一貫したもの全体を考えるという――興味はずいぶんあるんです。

村野　ファン・デル・ローエのゆき方はコルビュジエと違いますけれども、どっかに似たところがありますね。つきつめていくと、ことに色が……重厚な色を使っているでしょう。白い色をつけたら感じは出ないし、研ぎすましてはいるが重い色ですよ、テツ色……。そうでなかったら煉瓦のアパート……あれなんかでも、表面がガサガサして重い感じですよ。なんか行きつく先が似たような気がします。そういう感じで私は見てきました。私はだいたい北欧が好きなんですけれども、全体がなんていうか、うすい紫色……ネズミがかったヴェールを透した紫色、しっとりした香り、さわりのいいクラフトマンシップのうるおい……。今度行ってみて、アスプルンドのクレマトリウムがあるでしょう――公園墓地ですね。いいと思いましたね……なんとも感に打たれてきました。いいのには、どっか似たところがあるですよ。

＊『国際建築』（昭和三十年四月号）所収。

【註】

（1）ドイツ文化研究所は、昨年取り壊されました（昭和四十八年）。

色雑観

外国を旅行して案外だと思ったことは、あちらの建物は日本で考えていたほど色の調子は高くないということである（中南米は除く）。もっとも室内は例外である。シカゴで見た熱帯魚を連想するような壁画と色灯のある食堂、ロッテルダムの取引所の地下食堂、ハリウッドのキャバレー・ロマノフ等々、なにかの機会にわれわれも、そんなのをやってみたいと誘惑されるが、一般にはそうざらに強い調子のものはないように思う。日本調の灰色がかった薄い色を押し切って、強い色を使うにはよほどの手練と度胸のいることはもちろんだがこの狭い日本にそんな色がはんらんしたら、一体どうなるだろうかと、よけいな心配をしたりする。色のことで思い出されるのは、ショーウインドーの美しさである。フィフスアベニュー・サックスのクリスマスデコレーション。同じく、フィフスアベニューにあった、オリベッティのデモンストレーション。チューリッヒの、ある化粧品店等々。近頃は日本でもこの方面の人を使うようになったが、あちらではディスプレー専門の人は高い報酬を得ているそうである。そのとき、そのままの文化と生産の事情を知るには、これを見るのが一番いいと思う。私は建物などよりもウインドの美しさの方が興味があったし、またためにもなったと思う。

シャンゼリゼの夜の街に赤い火が禁ぜられているのは有名な話だが、ニューヨークのタイムズ・スクウェアの夜を見た印象でパリに着いたときにはなんだか田舎に来たように思ったことがある。空から見る東京や大阪の夜の姿は無邪気で、そんなにいやらしいとは思わないが、近くで見るとなんとかならないものかとも思う。だが、こんな照明でも、戦後幾年かしてネオンがついたときは本当に平和がきたなと、涙がこぼれるほどうれしかったことを思い出す。

メキシコの大学都市については、すでに知られているとおりである。あのすさまじい色と材料の使い方、強烈な、圧倒的な表現は、メキシコの絵画を見るのと同じように、好悪を超越して、私にはいただけないもののように思えた。ここにも例外はある。一〇万人を入れるスタジアム、荒井二生作のハンドボール・ジムナジウムなどはそうでもなかった。荒井さんはリベラのモザイクのある映画館の壁面をほめておられたが、私は見ただけで頭が痛くなりそうであった。やはり荒井さんはあちらの血がまじっているなと思った。同じ強烈な色でも北京の天壇の美しさは、また格別である。

昨年十一月号の『ドウジュルジー』にカラカスのハウジング・プロジェクトが紹介されていたが、実際は写真のように美しくなまやさしいものではない。セメント・モルタル塗りの上に無雑作に青黄緑赤などの原色を市松形にぬりたくった感じである。それ自身建物としてはデザインもよく、だれか然るべき建築家の設計だと思うが、東北部の丘陵に沿って建ち並んだ光景はともかく壮観である。カラカスの大学都市の建物を見て色の美しさに感心した。調子は概して高い。真赤な色の図書館とセメント色、例のカルダーが協力している大ホール前の広間、よく見ると、天井も柱もコンクリート打放しの上に、さらにセメントウォッシュをしている。その色に、レジエの黄色のタイル張りのパネルやアルプの彫刻などが配されていたり、適当に植栽の緑を施して心にくいまでのうまさである。レジエの赤とコバルトの壮大なステンドグラスのある図書館のホールはまだ印象にあざやかである。私を案内した自動車の運転手は黒人だったが、オモチャのような丘上のアパートの色は好きかと尋ねたら、いいと答えたところから考えれば、同じ南米でも中南米は先住民族の文化的影響のようで、強い色は野蛮の色に思えた。カラカスからリオデジャネイロに着いてホッとした。われわれも知らず知らずのうちに西欧的なものに影響を受けているのかもしれない。

ともかく『色』は、くせものである。

＊『建築雑誌』（昭和三十三年五月号）所収。

しのびよるロマンティシズム

最近サンフランシスコの街に、ほとんど時を同じくして興味ある二つの建物が完成した。クラウン・ゼラバックビルとジョン・ハンコックビルがそれである。しかもこのまったく傾向の異なれる建築は、SOMサンフランシスコ事務所の作品であるから、一層われわれには興味がある。クラウン・ゼラバックビルはマーケット街の貴重な場所を広く敷地にして、その一隅にアメリカントラスト銀行の丸い一階建ての建物を組み合わせ、しかも地盤の高低をたくみに取り入れて、主階の景観に日本的な手法を加味しているが、近頃流行のジャポニカ風なところは少しもなく、さすがにSOM事務所の設計である。

敷地の高低と建物基部の接触や、量感の軽重と線の粗密などの巧妙さなど非常に優れたところがあって、それを見ていると、この事務所の従来の作風といささか異なってはいるが、主階以上はこれまでの傾向と同じくガラス張りの建築であるのが不調和に思われる。サンフランシスコのように二〇階以上の建物が一ダースもないような都会で、しかも西部諸都市のうち比較的伝統的なところには、このような建物は必ずしも適当ではあるまいという向きさえある。これはニューヨークのように、街に光線が不足するような都会とはいささか趣きを異にして考えなければならないのではあるまいかと思う。

ジョン・ハンコックビルは、クラウン・ゼラバックビルの近くにあって、両者はまったく異なった外観であるのが非常に対照的である。一方がガラス張りの建物であるのにたいし、一方はミネソタ産の花崗石の磨いたものを張って、窓は拙作森五商店のように壁面に軽い凹凸はあるが、規則正しく浅い穴が開いているだけである。ガラスの青と花崗石の磨いた表面とが光線の明暗に映えて、全体としては黒色に見える。写真で見るように基部は大きなコンクリートのアーチで、表面はビシャン叩きを酸洗したままであり、しかも五尺以上も突き出て、その上に重そうな壁が一二階の高さまでつながり、さらにコンクリート打放しの重いコーニスが空と強い一線を区切っているのが印象的である。アーチの角の取扱いなどについては、四月号のForumでアラン・テムコ氏はこの建物の紹介文のなかで、アメリカのどこを探してもコンクリートがこのアーチほど愉快に使用されているところはないとほめている。アーチの中階には薄いバルコニーが横に流れるように歩道の上にかぶさっていて、バルコニーの存在がまた、この都会にたいし特殊な役割の鍵を与えているといわれている。バルコニーの下端はチークの細長い板が張られ、全体として節度のある外観となってはいるが、ともあれ基部と頂部をコンクリートに挟まれた漆黒の磨いた石張りの壁は奇妙なコントラストであり、いくらか不器用な点があるにしても同時に異常な創造性を有し、一見してルネサンス風な旧式なビルのように思われるが、しかしアラン・テムコ氏は、この建物の出現を開拓者たちの教訓が現代の新しい建築用語に忠実に書き直されたようなものであるといっているし、また日光の中に黒くどっしりと構え、空と天候とに表情豊かに呼応して、ロマンチックな町にたいするロマンチックな創造物であって、町にピッタリ溶けこんでいる。

クラウン・ゼラバックビル

　保守的なボストンの保険会社のこの西部の本拠は、サンフランシスコの活気に満ちた金融街に非常に想像力に富む手際と近代主義者のドグマから完全に解放された清新さをもってその位置をたかめたといっている。

　ほとんど三十年にもわたってミースの理論はオフィスビルの設計にたいして支配的であったし、いまなお支配的である。ところが、テムコ氏はいう。ハンコックビルの石張りがその使われていることをなんら秘密にしていないのは、ちょうどミースの主として装飾目的の非構造用金属部材の使用（鉄骨の部材を防火的におおったものを表に現わしたもの——隠蔽された鉄骨部分の表現）と同様、正直でかつ建築学的に有効な工夫であると主張し、また美の本質は各部のすべてが調和し協和した状態——それに何物を加えても、取り去っても、変えても悪くなるだけであるがごとき状態——いわば、建築のバイブルから引用したような言葉は、過去の設計者よりも現代の設計者たちの方がさらにおそれている言葉であって、ハンコックの設計者たちはこの言葉を肝に銘じて仕事をやったといっている。つまり同氏は、建築の近代主義者たちがニューヨークのパークアベニューでやったように、既存の美しい環境を一連のガラス張りの建物によって全部作り変えることに満足したようなことを失敗ではないかとして、ハンコックビルの創造的な建築的な業績を過小評価してはならないといっている。

ジョン・ハンコックビルの基部のコンクリートのアーチ

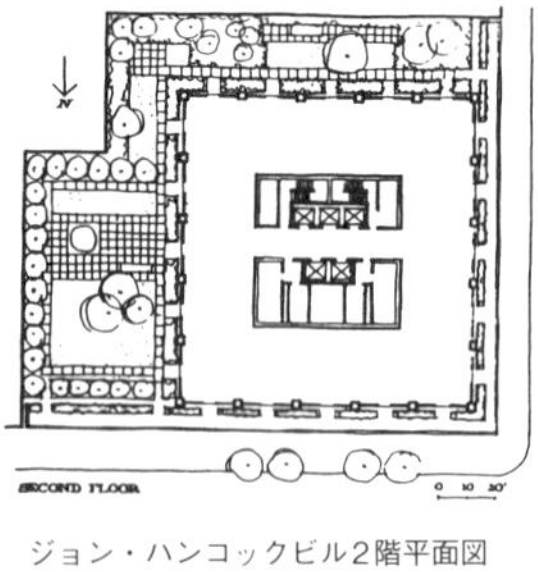

ジョン・ハンコックビル2階平面図

ところが、この建物の設計者がミースの理論から離れたということは、SOM事務所の名声と三十年間以上にもわたってミースの設計理論に忠実であったことを考えると、それだけでも重要な建築上の出来事である。

最近における同事務所の作風として、たとえばハンコックビルのほかにブラッセルの銀行などを考え、またサーリネンその他のアメリカ建築家たちの最近に現われた作風などを思うとき、ミース的な、しかしアメリカ的な傾向にもどこか曲がり角に来たのではないかと思う。

ハンコックビルの出現は、同時に設計者エドワード・チャールズ・バセット（三十八歳）は、SOMサンフランシスコ主任建築家として、またまれな才能ある浪漫派の建築家としての出現を意味する。テムコ氏はこの建物の紹介文の最後に、SOM事務所（おそらくサンフランシスコの事務所と思う）が浪漫派の光として存在してきたことは偶然とは思えない。この光はサンフランシスコの光であり、サンフランシスコ湾を見渡す四角い、黒い、強力な建物を照らす光であると結んでいる。

さて、われわれはここで前掲のクラウン・ゼラバックビルにもどる。ここにもミースの理論がある。SOM事務所の最近の建築的傾向――したがって広くアメリカの建築的傾向に視野を向けてみよう。ミースの理論は、オフィスビルの設計にたいし支配的であろうか。テムコ氏は、ハンコックビルの出現はサンフランシスコの光として、同時にこの建物の設計者エドワード・チャールス・バセットを浪漫派の光であるとしたけれども、竹中工務店のサンフランシスコ出張員北村氏は、私にこの建物の設計者は、ハンコックビルの完成とともに、みずから責任を取ってSOM事務所を辞職したと語ったのである。はたして事実だとすれば、なんのための責任であろうか。

＊『建築と社会』（昭和三十五年七月号）所収。

都市雑観

悲劇の壁

ベルリンを訪問したのは戦後二度目である。町もきれいになり、ティヤガルデンの木が十三年の間に見違えるほど大きく伸びていたのには驚いた。この界隈からハンザ地区にかけての景観はまったく美しい。ここを一番さきに見てください、といって運転手は車をとめた。いまごろこんなところを見物するのはいささか気がひけぬでもないが、むかし行ったところなので、どんなに変わっているのか、それも知りたかったので見ることにした。無造作につくられた木の階段を私たちはおそるおそる登った。目と鼻のさきの向かい側には有刺鉄線をぐるぐる巻きにしたものを張りめぐらし、背後の鉄道線路を越えて倉庫のような建物が建ち並んでいた。ひと気はなく、すべてがこげ茶色のもやに包まれて気味悪く静まり返っていた。どこからか銃弾でも飛んで来そうな恐怖感をおぼえ、そこそこに階段を降りた。

次は、十分くらいも走ったかと思うところにパイプ足場でつくった非常に高い階段があり、大勢の人たちが入れ替わり立ち替わり登っては壁越しに東側を見ていた。私たちも人混みにまじって登ると一坪くらいのプラットホームがあり、そこに立つと東側がよく見えた。むかしのベルリンの住宅地と同じような高いアパートが整然と建ち並び、天気のせいか黒ずんで見えた。家並みのはずれが電車の終点らしく、ひと気のない電車が二、三台連結されて方向転換するのが見えた。小さくておもちゃのようであった。ガランガランと音をたてているのがレールのきしむ音より高く聞こえた。左側の一段高くなっているところは運動場らしく、高い土手は芝もきれいに手入れされていて、照明器具の装置などもりっぱに見えた。ところが、これほどの町にしてはひと気がなかった。道幅が広いので二、三人の人が歩いているのが遠くからは動いているようには見えず、それがまたひとしおひっそりとした風景となっていて、アンリ・ルッソーの絵のことを思い起こした。

そのとき、近くの家から赤いものが出たのが見えた。しだいにわれわれの方向に近づいて来たのでよく見るとうば車であることがわかった。うば車はやはり西側でよくみかけたのと同じような腰高のかわいらしい形のものである。その中にはきっと赤ちゃんがすやすや眠っているだろうということはだれにも想像できた。見物人の視線はすべてその小さなうば車にそそがれ、手をあげた者もいたように思った。しかし父親らしい若い男は別段われわれに答えるでもなく、黙々とうば車を押して、反対側の横町に消えていった。

とたんに私はもう長く見ていることがばかばかしくなって、その場を離れようとすると、手すりに写真がかかっていた。二、三人の人が窓から腕を貸し、それを命綱がわりに西側に降りようとしているところだった。どうしてこんな写真をかけておくのか、これで東側の苦しい生活でも示唆しようとでもするのかと思ってその愚かさを疑った。たったいま見たあの赤いうば車のことを考えたからである。赤いネオン、美酒が飲め乱舞のできるクアフュルステンダムのことを思った。それが自由だろうかとも思った。いくらかの優越に似た感情があるとしたら、その本質を考えてみるがよいとも思った。異質なものをいくら比較してみたところで、結局はむだなことだと思った。赤いうば車のことを考えてみるがいいとも思った。

今度は壁に沿って車を走らせた。窓のガラスを破って煉瓦をつめこみ、へいはコンクリートと煉瓦で荒々しく積み重ねられ、その上には鉄条網がたれさがってさびついていた。私はこのように無残な光景をいくら露呈しても、そんなことにはおかまいなく人間の世界はどんどん変わっていくのにまったく知恵のないことをするものだと思った。そんなことをするよりも、このへいや建物をきれいに塗り替えてみてはどうかと思った。

それから壁にたてかけられたいくつかの花輪を見た。撃たれて死んだ人たちの場所だとのことで、私は車の中で帽子をとった。私は運転手に、君はこの花輪をどう思うかとたずねた。彼はすぐには何も答えなかった。しばらくたって、われわれは不幸です、とひと言つぶやくように答えたきり、車をホテルの方に向けた。

アパートと自然

ベルリンのハンザ地区には世界各国の有名な建築家の設計した高層アパートがある。十三年前のベルリンは、まだところどころに破壊跡の瓦礫がうず高く積まれていたし、クアフュルステンダム通りの歩道もデコボコ道であった。あのころ苗木だったティヤガルデンの木は、すっかり見違えるような森になっていたのには驚いた。

ハンザ地区の建築は、予期したほどのこともなくていささか失望したが、森の中に適当な間隔を置いて建っているので自然とのつながりがあって美しい。木が大きくなれば、もっと環境は良くなってくるだろう。十月のことだから木々は半ば落葉し、子供たちは落ち葉を踏んで学校に通っていた。うば車が小道の横におかれ、赤ん坊が眠っているのに付近にはだれもいなかった。森の中には池があったり、小鳥などが群れていてとうてい町の中とは思えない。これなら高層でも住めると思った。

私はアパートについて知識も経験も貧弱であるが、しかし人間は自然を離れては生きられないことぐらいはわかる。昨年の朝日新聞にのったアンケートにもあったように、最大多数の人々の希望は低層住宅に住むことである。けだし、土にたいする人間の愛着であろう。これにもいくらか観念的なところがあるように思う。文明はやがて人間を自然から離脱させるであろうといわれているが、だが私はその説を信じない。だから、いくら高層アパートについての提案があっても、人間はレグホンとは違うのだから土踏まずではやり切れないと思う。二、三階の低層のもので、しかも新しい時代を示唆しているような良い例なら世界にいくらでもある。

ベルリンの郊外だったかと思う。バラックのようなものが何軒もあって各戸に庭や畑があり、花や野菜をつくっていたのを見て、戦争の跡始末がつかぬのかと思ったが、あれはウイークエンド・ハウスだと教えられ考えさせられたことがあった。アパート暮らしの人たちは、そのようにして自然を呼吸しているのである。ローマの南郊にある労働銀行の資金で建てられたというアパートは、大木の幹から枝が出るように独立して突出し、高さもまちまちで日照を考えたのか同じ向きでもない。階段になる幹から枝で各戸がつながっているので、いわば路面から直接続いているようなものである。プライバシーもあり、ベランダには花も植えられて家族は気兼ねなく生活が楽しめるようなものであった。

　コペンハーゲンのアパートも有名である。市営で七階くらいの建物であったと思う。向きをいろいろに組み合わせて一団としているのがいくつもあり、中央に暖房や湯を供給する機械室があって各戸の計量器を通じ供給されるようになっていたと思う。建物の周辺は樹木と青い芝が美しく、これが低所得者向きのアパートかとうらやましく思った。請うて家の中を見せてもらった。二寝室に書斎と居間があり、小さいながらりっぱな台所もあってベランダには花が咲き乱れていた。このアパートの近くに軽工業の工場が美しい並木と芝生に囲まれて、田園工場といったかまえであった。多分、アパートの人は気がるに通勤ができて、昼には家に帰って食事をし、また働きに出かけるといった生活なのだろうと思った。国情の相違とはいえ、まったくうらやましい限りである。

　これもいつかの朝日新聞の記事にあったように、外国ではアパートの台所と湯殿は家付きが普通だし、せんたく機もある。乾燥機がなければ、地下室で小銭を入れさえすればかわかすことができてアイロンもかけられる。かわかしている間に、主婦は髪も洗うことができるという。そのような設備がなければ、近くに共同のせんたく場と乾燥場があるので、そこに持って行って頼んでおけばよいのでまったく手がかからない。湯と暖房の供給は建てる方の負担で設備するのが一般の傾向である。日本は光熱費が高いという事情もあろうが、あれだけの団地を造成するのだからできないのが不思議なようである。

　住居の質の問題もある。いまは絶対数が不足しているから仕方がないものの、やがて充足すればグレシャムの法則が作用して、いまのアパートには悪貨のようなものが残る状態になる恐れが皆無とはいえない。現に戦後すぐに建てられたアパートなど、その傾向はないだろうか。建築家の仕事は、一度はあるがままの自然を否定するかもしれない。しかし、人間にもっとも都合のよい自然をつくるものであると思う。

ブラックビューティ

　ニューヨーク博の会場で、私たちと同様大勢の人々に混じって順番を待っている四、五人の黒人の娘たちがいた。中学生ぐらいの年ごろだろうか、喜々として声高に話し合っていた。そのとき、音楽が鳴り近くに並べてあるさまざまな楽器がリズムに乗ってひとりでに動き始めたかと思うと、突然その娘たちはからだをくねらせて踊りながら列になって歩きだした。その様子がいかにも自然で板についていたので、その道にはまったく無縁の私にもそのうまさはわかった。見ているうちに、縮れっ毛で厚いくちびるの子供たちの顔にも不思議な美しさを感じた。

その夜、ホテルの食堂で一組の黒人夫妻を見た。堂々たる風体と魁偉《かいい》な容姿は、あたりを払うといったところがあった。西欧的な態度や物腰のやわらかさに反し、ま深くかむった帽子の下の夫人の目は、ほの暗い食堂の明りの下でらんらんと光っていた。物々しい装身具に威厳があって、私はなんとなく来たるべき世界を象徴しているような印象を受けた。

CBS放送局の建物は、シックスアベニューの五二丁目と三丁目の間にある。この建築はいろいろの点で話題になり、またニューヨークの建築群に新しい名物を加えたものといわれている。ここではあまり専門的なことには触れないが、概略をいえば壁兼用の柱がアコーディオン型に折れ、暗黒色の花崗石を張りつめて、同じ幅の窓にも黒いガラスがはめられているので外観は黒一色に見えた。一階の床が路面より少し降り、その周囲にプラザ（広場）があった。さほど大きくはないが高さ三八階、約五百尺の摩天楼はどっしりとして空中高くそそり立ち、その堂々たるたたずまいはあたりにムンムンとした黒い陽炎のようなものを漂わせていた。

黒い建物は近くにシーグラム・ビルもあり、またABC放送の建築も完工まぎわであって別段珍しくはない。例外はあるにしても、最近のものはほとんど同じ型のガラス張りである。ところがこの建物はそれとは逆で、横から見ると窓よりも壁の強さが目立つ。であるからCBS放送局の出現で建築界はガラスのはんらんにたいし、新しい建築美を示唆されることになったのである。事実、設計者はこの点を意識して創作したといわれるほど、これまでのような「鉄とガラスの箱」にたいして反省をうながしているようである。

この建築家は外観になぜ黒一色を提案したのか、どのような建築美をイメージに持ち、黒の魅力を表現しようとしたのか、もとより解くすべもない。

しかし、黒い石を白いものに置きかえて想像すればその秘密はわからぬでもない。下手をすれば、ボタ山のような泥黒が残る。それを救うには暗黒の世界に光を与えるよりほかはないと思う。そこで繊細で精緻《せいち》の美しさ、ガラスにうつる黒い影と光が必要になってくる。この窓こそ黒の魅力を解く決め手となるように思った。私はそのとき、昨夜の黒人夫妻と、あのらんらんたる美人の目を想像していたのである。

われわれは五二丁目の方から建物の中にはいった。室内はほとんど黒白の二色に限られ、壁も床も二色の量感で見事な調和を出していた。私はこの建築家は多分、東洋を理解しているのではないかと思った。たとえばわれわれの祖先が、白紙に墨の香を描いてあますところがなかったように、黒白の間に寸分のすきがなかった。黒一色から、やがて黒白の対比にわれわれを誘っていく作者の意図とその才能は心憎いばかりで、私はただ黙々として頭をたれた。

季、まさに中秋である。さして広くもないプラザには黄色い小菊がはち植えされていた。黒い建物の広場はやわらかい黄一色で埋めつくされていた。建築家の才能もさることながら、この建物の所有者の見事な演出には、忙しそうなニューヨークの人たちも立ち止まって見とれていた。しばらくして、私は黒白の若人が手を取って歩いているのを見た。ただの友だちでないことはその態度でわかった。このような姿はシカゴでもその他の町でも見た。説をなす者は、これこそ黒人の白人攻勢の現われであるという。しかし私はその説を信じない。

【註】この表題のブラックビューティはCBSのパンフレットの中にあったものであります。

プラザ

プラザというのは、建物の前にできた広場のことである。ここに千坪の土地があるとして、地面いっぱいに一〇階建てができるとすれば延べ一万坪の建物ができる。同じ敷地に建坪五百坪のものを建てれば二〇階になり、残った五百坪はプラザにすることができるわけである。そこに噴水をつくり、花を植え、彫刻なども置けるから、建物はもとより都市の美観も増し、通る人も楽しめて広々とした健康な都市のたたずまいができる。

ニューヨークの下町のように敷地いっぱいに摩天楼ができたのでは谷底のような暗い町になり、そこに大勢の人が集まるのだから弊害はますますはなはだしくなる。あのあたりにトリニチー・チャーチという古い教会堂がある。建物も良いが、墓地にロバート・フルトンの墓があるので昔から有名である。昼ごろにはたくさんの人が一度にどっと出るので道にあふれて肩々相摩《あいま》す、といった状態になる。のんき気そうに歩道でくつをみがかせる者もあり、墓地のベンチに腰をかけてのんびりかまえている老人の姿などを見ると、喧噪《けんそう》の中の静寂がなんとなく、このあたりを救っているような感じを受ける。ということは、このような谷底の町がいくらか行き詰まりかかっていることを示唆しているからではないかと思う。現に、チェスマンハッタン銀行ができたので、あのあたりが非常によくなったことをみてもわかる。

地用の極度の利用は、かえって自壊作用を起こすものである。その一つの例として、ナッソーの通りをあげてみたい。この町は、ダウンタウンの裏通りにあって、短くて狭い通りだがニューヨークでは古いショッピング・ストリートの一つである。興味があるので私は行くたびにこの通りを観察していたが、いまでは安物売りと広告がはんらんして年々衰微していっている状態が目立つようになった。いうまでもなく地用の酷使がはなはだしく自壊と衰退が相互に作用し合って、その様相は転落に拍車をかけているように思われる。

このような例は日本にもあって、洋の東西を問わず同じ道をたどるものである。町の盛衰は、人間の一生にもたとえられ興味深い。地用の極端な酷使の結果、なぜに地相が変化するかということになると、いろいろのことが考えられるが、空気の汚染と光線の不足が指摘されよう。とくに湿度の自然調節作用が低下することが最大の原因ではないかと思う。そのために有力な購買力をさえぎり、かえって購買力の貧弱な者が汚染されたところに集まる。この現象は生物学的にみてもうなずけることであろうと思う。ここにもグレシャムの法則が作用する。しかし購買力が低下しても人が集まれば広告が盛んになる。それを見込んで進出するのが大建築である。このようにして町の様相も変わり、建築の自然交流が行われるものだと思う。

不良地区を改造して健康な都市にすることは、今日ではどこの国でもやっている。ニューヨーク、シカゴ、ロンドン、ミラノ、私が知っているだけでも多数の都市が規模の大小はあっても都市の再開発をいろいろの見地から行っている。先ごろ日本でも建築の規則が変わって、条件さえ許せばアメリカ並みの摩天楼が建てられるようになった。いろいろむずかしい関係があっていますぐにはできないにしても、いずれは超高層の建築ができて、プラザのようなものも現われるかもしれない。

しからば、建物の周囲をプラザとして残すことが有利かどうか、打算的に考えれば高価な土地だから、あますところなく使うという考えにならざるをえないのではないかと思う。行き詰まったところがあるといっても日本は外国と事情が違うし、超高層の建築やプラザができるとは速断しかねると思う。そこでプラザはいったい経済的にどのような意義を持っているか、ということを知る必要がある。外観のことや町の健康のこともさることながら、経済的にも合理的であるということでなければ、意味がなくなるのではないか。プラザのアーニングパワーすなわち、その経済的な力を研究したものがアメリカの雑誌に出ていたのを読んだが、結局、結論が出ないというように書いてあった。

地用のおもなる経済手段は建築である。そこで、建物の高さということが当然問題になる。それには限界効用と時代の変化とが相乗して作用するので建築を地用の経済手段と考える場合には、そう簡単には答えが出にくいのではないか。いずれにしても、地用の酷使と過大な負担をかけることは危険のようであり、無理をすればかえって自壊作用を引き起こす結果となる。

ニューヨーク・ヒルトンの付近にはプラザを持ったいくつかの新建築がある。CBS放送のように花を植えたり、また彫刻を置いたりしたところもあり、その近くのシーグラム・ビルには噴水もあって、都心にいこいの場所を提供しているようである。昼下がりのひとときをスズメが電線に並んでいるように、たくさんの人がプラザの縁に腰かけて雑談にふけっている。昼だけかと思うとそうでもない。その光景は実にのどかで、ニューヨークのように忙しい都市だけにいっそう興味が深い。

この状態は、地用の限界効用の現象形態ともいうべき姿で、見方によれば地用の極端な占有にたいする社会的な自然調節が、プラザという開放的な形となってあらわれているのかもしれないと思う。

たたずまい

先日、英国の有名な評論家、ハーバート・リード卿が来日され、そのときの話が朝日新聞に出ていたのを読んだ。その一節で、日本の都市景観の混乱について語られ、これも過渡期の現象だろうというようにのべられていた。まったくそのとおりであろうと思う。日本にいると気にならぬが外国から帰って来るとよくわかる。過渡期といってもこの過渡期は戦前でもよくいわれたことだが、これから先も長く続きそうである。もっとも日本の都市が混乱して見えるのは、建築もさることながら看板だの電柱だのオーバーブリッジなどがあり、そのうえ都市建築に木造が混じっていて色も形も混合しているので、その点は非常に損をしていると思う。外国のように石や煉瓦でできているのとはおもむきを異にしているのだから、外国人に異様な印象を与えるかもしれぬ。

わが国に洋風の文物が輸入されてから百年にもなる。せっかくできかかっていた都市が戦火でだめになったのでいっそうみじめであるが、その割には比較的早く復興したし、ある部分などでは決して外国にひけを取らぬところまできたと思う。百年といえば一国の文化の定着期間としては短い年月ではない。昔の事は例にならないが、建築を例にとると百年もたてば一応の様式ができていた。ところがいまは違う。文化の交流が速いので、造形方面の定着が困難となり、そのうえ戦争があったり、そうでなくとも科学や生産関係の変化ですぐ影響される。とくに建築などはその響きが早くて根本的である。都市生活も急激な変化を受けているので、あながち都市の混乱を商業主義の悪影響ばかりとはいえないと思う。

いつになったらわれわれの町は美しくなるのだろうか。都市を美化するぐらいの費用はたいした額ではないし、やりかたによれば膨大な費用を要することもないのに、実功が顕著でないものはあと回しになるので、いつまでたってもめどがつきかねるのではないかと思う。この点、外国の都市は根本から考え方が違うようである。都市にたいする長い歴史や国民性の相違もある。

さて、外国の事情はどうか。ローマやフィレンツェのように町ぐるみ文化財のような都市は別として、同じイタリアでもミラノや、またロンドン、パリといった伝統を誇る都市でも変容しつつある。

戦火をうけたり、古くなって行き詰まった不良地区を再開発することは、ていどの差はあってもどこの国でもおこなっているので多少の混乱は見られる。だから都市の混乱はひとり日本ばかりではないが、わが国にはいろいろ困難な事情があるので、外国のような都市になるのはいまのところまったくお手あげというほかはないようである。しかし、いつかは良くなるだろうと思う。ところが最近になって建築規則が変わって、事情が許せばアメリカのような摩天楼ができるようになったので、都市景観が変わるようになるかもしれない。

それよりも最近の都市造形に大きな影響を与えたのは高速道路の出現である。微妙な寸法のことまで気にするような建築に影響したことはもちろん、いろいろな面で都市の景観に異変を生じることになったようである。私を含めてのことであるが、建築も都市の造形に関係があるので、顧みて他をいうことはそしりをうけることになるかもしれないが、あのボリュームが都市の量感に動揺を与えたことは

事実だと思う。

十分研究の結果だし、当然のことなのかもしれぬ。またリード卿の話を引き合いに出すようだが「アメリカだって高速道路が同時に美しい公園道路ともなっています」と批評にもあったが、すべて外国の物が良いというのではないにしても、外国では何か遠慮がちに見えて既存の造形や改造の一環として考えられているためもあろう。それには市民の声があずかって大いに力があるというのは、自分の都市を愛するからであろうと思う。

いまのところ高速道路は決してバランスのとれた景観を見せているとは思えないが、しかし一部にはダイナミックで未来の都市像を象徴しているという人もあるぐらいで、おそらくはそうなるかもしれないし、そのうちしだいにわれわれの目の方がなれてきて、いまとは次元の違う意味で良くなってくるだろうと思う。しかし現在は外国から来た人々にはどのように写るだろうか、リード卿のような識者の話など気にならなくもない。

外国でも川は都市のシンボルのようになっているところが多く、川にまつわるロマンスもあって市民のイメージに連なるので大切に保存されているぐらいである。時代が変われればまた新しいロマンスも生まれようが、変わっても昔のままの景観で流れ続けているのも悪いものではないと思う。われわれは、いつになったら白鳥が遊ぶような川を持つようになれるであろうか、百年河清を待つ思いである。

＊『朝日新聞』（昭和四十一年一月十五、十六、十八〜二十日）所収。

人とふれあう建築

「売れる図面を引け」

篠原　先生の作品を考えるとき、ウマサというものをまず取りあげてみたいと思います。これは誤解の多いことだと思いますがあえて使います。そうすればこのごろ見失われている大事なものがなにか、つかめるのではないかと予想するからです。

村野　そうですね。ウマサということは、それぞれの道を歩いているものが集合してウマサというものになるのではないかと、私は思っています。ただ職人のウマサということだけに偏ることをおそれています。しかしあの心掛けというものは必要ではないかと思っており、自分もそれを志しています。それのなかには理論もあるし、それから技術といいますか、普通の技術だけではいけない点があるのではないかと思います。手と心、これが必要なんですね。手と心を養うためにはどうしても勉強、精神的な訓練、それから学識といろいろなものとが必要なんですが、学識を忘れると、いわゆる職人芸になるおそれがありますね。

篠原　先生をはじめとして、日本の現代建築の開拓者たちの経歴のなかで一番特徴的なのは、戦後とちがって修業時代にギリシャのオーダーなど様式建築を学んでいらっしゃることだと思います。その問題は先生の場合にはとくに問題としていいように思うのですけれども。

村野　私は学生時代はなかなか反抗的で、ことに佐藤（功一）先生なんかに反抗して、様式的な問題が出てもその様式的な問題は少しもやらないで、当時日本へも伝わってきた新しい思潮のドイツのセセッションに非常に共鳴し、そればかりやっていて先生からにらまれていたのですが、学校を出まして渡辺（節）先生のところへきて実際に仕事をするにあたって「売れる図面を引け」といわれたんです。これは卑俗的な言葉ですけれども、現実的な世の中の動きというものをとらえた一つの考え方だと私は思っています。はじめは様式なんかやるのはつまらんと否定的だったけれども、実際に世に出てくると様式というものの当時の社会における重要さをつくづく知らされましたね。様式はアメリカ風な実用的なものでした。様式風なものでないと世の中には通らないからそれをやれということで、はじめはいやいやながらやっていましたけれども、やってゆくうちに興味が出てきたのです。様式のなかにかくされていた陰影だとか線だとかそれからプロポーションだとか、そういうものの美しさに興味をもちはじめたのです。しかし様式だけから出発した人はいまはほとんどそのまま枯れていってしまいましたね。やはり学生時代に反抗し、その後様式を学び、また現代にかえってきたということが私には非常にプラスになっていると思います。

篠原　「売れる図面を引け」といわれたことのよい面が先生のなかに残っていらっしゃるのですね。最近の建築家は、売れないというとおかしいですけれども、売れる図面を引けという要求にたいしては素通りをし、それから建築の職人的な修業ということについても素通りして、要するに二重に素通りをしているんじゃないかという感じがあります

ね。（笑）

村野　その当時、いうとおりにしてなければ設計してやらないんだというのが建築家としては偉いのだと考えられていたのです。ところが渡辺先生は、まず施主の要求を書き出させ、八の要求があったら十にしてあげるからこの予算を出しなさい、とこういうふうな行き方、売り方をされてました。非常に積極的なんです。その態度は立派だと思いました。

施主との応対

篠原　私はかねがね、自分の思ったようにしか設計できないと宣言しているのですが、先生は住宅を設計される場合、どのように進めてゆかれますか。

村野　前に篠原さんが私の家へ見えたとき、「わたしは自分の思うとおりのものしかやれません」といわれたのを聞いて、私の立場からみれば非常にうらやましいと思いましたね。建築事務所として住宅をやる場合、自分の思いどおりにするということは、よほどのときでなければ恵まれません。

私はよく「お前の思うとおりにさせてやる」という言葉

ほど建築家を誘惑することはないというのですけれども、かつて私は郷里の成功者で中山製鋼所というのをやっておられる方が、私の家を知っていた関係で私が事務所を開いて間もなく、家をやってくれというので設計したのですが、途中で解体船のものをここへおきたいから、というのでそれなら私はやめますというと、向こうではそれならお前の思うとおりにしてよいからやってくれという。それではとまたはじめると、また同じ話がもち出される。ということで結局床の間にかざることになってしまった（笑い）という話があるんです。

事務所をもって経営をしている以上は、施主の諸条件を聞いてそれに似合うようにするわけです。けれども実のところは、自分の思うとおりやっているわけですね。（笑い）

私はまず、あなたのところで書いてください、それから雑誌のなかで好きなものがあったら見せてください、というんです。私はこれを〈診断〉と称しています。そうして考えがわかると、「あとはおまかせください」というやり方をするんです。思うとおりにやりたいから、そうするための一つの手段としてですね。結局は篠原さんと同じように、作家である以上それは当然ではないかと思いますね。

篠原　私は、ときどき施主の条件を全部はねつけて自分の思うとおりにやっているというようにいわれます。そのとおりではないにしても、まあそれに近いかもしれません。しかしそういうやり方というのは、実はスケールが小さいやり方なのかもしれませんね。施主の条件をすべてのんだようなふりをして、結局は自分のものにしていく先生のようなやりかたの方がスケールも大きく、老獪《かい》です。（笑い）

村野　作家である以上、妥協に終わるということはいけないことだと思います。合意ということはあっても妥協に終わるということはよくないですね。やはり自分の作品として終始すべきだと思います。どんな結果になろうと、その責任はすべて作家にあるわけですから、責任のとれる作品にすべきですね。

和風は意識しない

篠原　〈日本〉というのはいつごろ先生のなかに入ってきたのですか。大阪パンションとか宇部の市民館とか、森五とか、そういう作品がつくられてくる間に〈日本〉がどのへんで、どのような形で先生のなかに入ってきたのですか。

村野　私のやったことは日本的だとよくいわれますが、自分ではわかりません。自分で日本というものを意識してやるということはありませんが、自然にそれが出てくるというのか、私が関西に席をおいたということから出てきているのではないかと想像しています。またスパニッシュを勉強していたことも影響しているかもしれないですね。ああいう面のなかに影を求めるということ、光を反射するものとしてではなく、その影を求めるということですね。そこからくる柔らかさといいますか。そういうようなものや、線の細さ、面の薄さとかというようなこと、そういうものを日本的と感じられるのでしょうが、私自身とくに意識したことはありません。

篠原　住宅についてもでしょうか。

村野　ええ、住宅でもそういうことは考えていません。住宅をやりましても、たとえば線とか面とか影とかいうようなことは建築一般として考えてゆく性質のものでしょう。それを住宅にやっている間に、どういうふうにするかということで建築一般についての教養がむしろ支配的ではないでしょうか。

私は日本建築というものは好きなのですけれども、まとまって日本建築をやるということは、いままでにあまりありませんでした。佳水園にしても、私はあまり和風を意識しないでやっているのです。あの格子にしても垂木にしても、日本的というよりもむしろ洋風だと私は思っています。あの場合は庇を薄く見せたかったため、垂木の間隔もずっと広くしているのです。昔からのものとはまったく違うはずです。その場所、その環境、その機能に応じて表現を異にするだけであって、手法そのもの、ものの考え方はやはり同じではないのですか。

人が見てこの陰影をどう感じるか、そこから受ける心の印象をどういうふうに受けとるか。その場合にそれがホールであるとか、あるいは食堂であるとか、あるいは住宅であるとかということの相違ではなく、ただその面の使い方を異にするだけです。面自身の研究については、和洋はないと思います。様式を学んだのが役に立っているとすればそういうところでしょうね。

天井は低く

篠原　住宅をつくられるとき一番関心のある問題は何ですか。たとえば住宅を担当される事務所の方にとくに注意しているようなことがありましたら。

村野　天井の高さというものを普通の場合よりも低く考えています。昔、素人の方ですが、日本建築へ私を導いてくれた人がありました。その人から天井を低くすることを教わったのですが、天井は高すぎるよりも低いほうが成功する率が多いという意味なのです。「十畳二間つづきの家でも、天井は七尺五寸以上はとりません」といわれましてね。それは坐るということからきていると思いますが、たしかに高すぎるというよりも低いほうがいいと思います。八尺という天井はよほどの場合でないととりません。洋風になると少しちがってきますが、それでも八尺というのはなかなかとらないですね。だいたい七尺から八尺の間くらいです。これはうちの事務所の特徴のようで、いつもそのへんできめています。逆に扉の高さは、洋風では七尺で日本間ですと五尺七寸ですね。それを私は五尺八寸にします。佳水園のときには九寸にとったんです。そうしたものとの関係からしても、天井を八尺とすると、建具や欄間のプロポーションがお寺みたいな感じになります。だから私は八尺はとりません。

篠原　私はいま、先生と反対に高い天井をやってみようと思っています。

村野　高い天井はなかなかやりにくいですよ。

篠原　ええ、プロポーションがむずかしくなります。しかし一つの住宅では一二尺の高さの天井をとろうとしています。

村野　そうですか。普通の住宅でですか。

篠原　普通の住宅です。私は日本的なものに関心をもってきましたが、しかし、そういう天井というのは日本の住宅のなかには見当たらないもんですから、手がかりがなかなかつかめずに苦しんでいるところです。

村野　私の場合、洋風の建築でもたいてい庇をつけたりする家が多く、そうするとどうしても庇のプロポーションや、窓との関係から天井は低くなります。もっとも初期のものの天井は高かったですね。中林邸などは天井は高くとってあります。しかしその後、天井はできるだけ低くして外観を低く見せ、なかに入るにしたがって大きくするという手法をとっています。これは関西の本当の金持ちとか、教養のある人というのは外見はできるだけ地味にし、なかでぜいたくをしようということなんですね。玄関からは大きい表現は出さない。こうした考えが私に大きな影響をあたえていると思います。たとえば「掛込み」という言葉がありますね。庇を低くみせて、なかで掛込んで上へあげて、なかを高く見せて外を低くするというやり方で、ああいうのが私にしみ込んでいるのです。

都市住宅と自然

篠原　最近先生が朝日新聞に書かれた、ヨーロッパの都市、そしてそこに住む人間についての文章は大変興味深く拝見いたしましたが、これからの問題としてどのように都市の住宅をお考えでしょうか。

村野　私が書いたのは、アパートと自然という問題です。いろいろな高層住宅にたいする提案がありますが、外国ではそうでないものが支配的ではないかということです。向こうではどんなに自然の必要さというものを感じているかということを書いたわけなのです。

それからこれは書かなかったのですが、コルビュジエのベルリンのアパートを見まして、これはだめだと私は思いました。とくに地下や色の問題ではまったく失敗しており、あの人のメリットはやはり造型的なもので、建築の主流ではない。主流というのは大多数の行き方であって、ああはならないと思いましたね。

篠原　都市住居の場合の問題は、自然との正しい意味の対決ですね。本当に自然を見つめてゆかなければ、たんなる空中楼閣のイメージのままに終わってしまうでしょうね。

村野　人間の適応性ということを過信する危険性が現代にはあるのではないですか。

篠原　私はいまこんな住宅を手がけています。一つの小さな住宅のリビングからもぐって庭のなかに入ります。その先に地中の寝室があります。このような小さな計画を実現に移すまでにも、ずいぶん長い時間と準備が必要でした。地中で寝るという行為がどれほど大変なことであるか。私たちはいまそういう実験をして一歩一歩人間の適応性をつくる、いいかえれば新しい空間を見出せないかと考えています。

村野　それは人間はどう住めるかという極限の実験ですね。

人間と建築のふれあい

篠原　村野先生にとって一番大きな関心は、建築と人間との身近なふれあいとでもいうような問題だと、私には思われるのです。様式についても、あるいは職人的手法についてのご意見も、すべて人間の生きた感情とのかかわりあい方が中心になっていると思われますが。

村野　どうしたら人間にたいして、人間が生きる方向に沿った設計ができるかということ、これを終始一貫考えています。そのときどき、空間のとり方、空間の刻み方、連続の仕方、それから空間がどうつながるかということから、いろいろな材料を組み合わせて、その陰影が、その面から発する一つの影がどうなるかということ、それからそのはしばしのこと、ものの切れめ、それと空間とのつながりというようなことを考えて、どうしたら人の心に良い影響があたえられるかということですね。これはどんな場合でも私にはついています。

篠原　まえに誤解された機能主義ということを考えたことがあります。住宅のなかにおける人間生活をたんに物理的な動きだけで理解しているものについてです。そういう考え方も自分たちで発見したんではなく、戦争に負けたあとで輸入されたものです。それをふり回してやったのが戦後のモダンリビングといわれているものですが、それも一つの役割はあったと思うのです。しかしなにか大切なものをそのとき見失っていたと思います。先生の場合と私の場合とでは、その具体的な方法においてあるいは正反対に見えるかもしれませんが、私は私なりに住宅という小さな場所で人間の生き方という問題を徹底して追求してみたかったのです。私はそういう点では建築家にとってのヒューマニズムという問題を、住宅という小さな、しかし重要な空間のなかでその限界までたしかめてみたいと努力してきました。しかしこういう試みはいつも、あの住宅は住めないなどというような眺め方をされます。通俗的な住宅観からは日常性を欠いているかもしれません。しかし日常的な何かを欠くあるいは消去することによって、人間と空間との根源的なかかわり合いをそこに表わしてみたいとたえず考えてきました。もし私にも力があるならば、やはり先生のように建て主のあらゆる条件をのみこんで、なおかつそれを上回るようなおおらかな方法論をもちたいものと思っています。

いまのところは私の分に合った方法で、人間と住宅との問題を追求しなければなりませんので……。

村野　それは若い人には若い社会、年寄りには年寄りの社会というものがありましょう。しかしいつでも大切な問題の探究と追究とが必要ですね、それがやがて作品の深みとなってきますから。いくたびかの喜びと悲しみとを通過すると、考え方の中心というものがしだいに移ってくるのだろうと、私は想像します。それにはやはり篠原さんのような若いときによい作品をお残しにならないと。それから積み重ねて、年代とともに変化するんじゃないかと私は考えています。

篠原　人間の生物的、物理的側面だけをつかんで、それをヒューマニズムだと建築家が信じている時代もありました。しかしそういう単純な方向や主義主張というものは、やがて役に立たなくなったことはだれでも気づいているようです。社会がそういう建築家をおいてきぼりにしたということもできましょう。ガムシャラにモダンリビングとか機能主義とかいう言葉を念仏のようにとなえても、本当の人間の生き方はとらえることができないからだと思います。

村野　社会というものは思想も文筆も含めて、どんどん消費してゆくでしょう。すべてはその時代とともに消費されてしまう。消費されないものは人間だけですね。これは変化しない。そうするとやはり作家は自分の心をきざみ、それからやはり悲しみと喜びを経験しながら、心の深み、あるいは広さといいますか、そういうようなものができてきて自然に自分に感じるものができてくるのではないかと私は思っています。

消費材でない建築を

篠原　先生のつくられた空間は呼吸しているという感じがします。建築感情という言葉がいいかどうかわかりませんが、村野藤吾という人間を切り離して考えられないものがそこにあるように思います。

村野　私がいつも考えておりますことは、建築と人間との関係ということです。技術として空間の美しさを出すのは、手法にしても、材料のえらび方、あつかい方にしてもそうむずかしくないのですが、それから先の問題ですね。これが非常にむずかしい。困難な修練を要することだと私は思っています。職人芸といったものの大切さもそこにあると思いますね。

篠原　必要条件ですね。

村野　今日はなんでもインスタントですが、手がともなわずに頭だけでやるということは、危険ですね。

篠原　だれにでもできるような技術や手法がはんらんしているから、なおさらその人だけが感じうるなにものかを先行させていかなければ、その時代に本当に生きてゆくことは、おそらくは成り立たないと思うのです。自分自身が社会をどう考えているか、人間をどう考えているかという課題を必死に問いつづけないかぎりは、絶対によい住宅はでてこないでしょう。

村野　そうですね。社会的平均の問題は、これはカタログだけでやっていてもできるでしょう。しかしそれ以上のものが問題になってくると思います。本当の人間の問題、これは依頼者からの条件ではわからないものです。条件以上の問題だと思います。これこそ作家が考えるべき問題ですね。もちろんそれ以前に、いわゆる社会的平均のものはマスターしなければなりませんが、それより以上のものは作家の信念に待つよりしかたがないものです。どんな小さな住宅でも、それはいいうることだと思います。

篠原　信念といいますか、人間にたいする本当に深い愛情がないと、まったく空疎な造型に終わってしまうと思います。だれもそれによって感銘を受けないし、感銘を受けないところでは社会的なつながりは閉ざされるということですね。

村野　すべてがそうなったら情けないことだと思います。われわれは消費財としてだけで建築をつくっているのではないのですからね。

＊『新建築』(昭和四十一年五月号) 所収。

編集者への返事

帝国ホテル——近代建築の命運（アンケート前文）

フランク・ロイド・ライトの手になる帝国ホテル（一九二二）は、すでに半世紀近くを生きてきた。その間、内外の市民に広く親しまれてきたばかりでなく、すぐれた建築作品として、ライトのいわゆるオーガニック・アーキテクチュアの空間を、日本の建築家たちに語りかけ続けてきたのである。けれども、周知のとおり、すでに十年来、敷地一帯の地盤沈下による傷みがひどく、また社会的、技術的条件の変化にもとづくホテルとしての機能の低下から、この作品も早晩取りこわしの運命にさらされてきたのである。ホテル企業の経営的観点に立てば、それも無理からぬところといわざるをえない。しかし、この作品のもつ歴史的・建築的意味の重さが、さすがに軽々の処理を阻んできた。ところが、最近明るみに出たところでは、いよいよホテル側として最後の態度を固め、取りこわして新しい高層ホテルをつくる青図が出来上がったようである。この段階に至るまでライトの秀作保存の方策について、結果としては無為に等しかったことは悔やまれるが、このままなんの手も打たれずに一つの大きな遺産が消え去ってしまうことは、あまりにも無念である。と同時に、この問題はひとりライトの作品に関わるのみでなく、都市再開発との関連において、近代建築の運命を深く考えさせるものといえよう。このような観点にたって、本誌は多くの方々の意見をうかがうと同時に、誌面を通じて読者とともに考える機会をもった次第である。

いよいよこの名作も姿を消すそうですが、遺憾ながらやむをえないと思います。世論のこともあって、ホテル側としては十分考えられた結果でありましょう。ご書面にもあったように、まったく無理からぬことだと思います。この建物ばかりでなく、最近における急ピッチの都市の変貌で、本当に変わりばえのする都市になるのはこれからも長い年月を要するだろうと思いますにつけ、変わるにしても日本橋のようなみじめなことにならないようにしてほしいものです。それとこれとは事情が違うので一律にはいえないところもあり、さて、このホテルをどうするかという質問をうけると、いろいろの点を考えなければはっきりしたことはいえないし、無責任なことにならないようにとなると事情もわきまえずに、ただ良い建築だから残せということだけでは「ふ」に落ちない点もあるかと思います。仮にこのまま残すにしたって、構造や経営の点などを考えると、なかなかむずかしく、おそらく相当の費用をかけなければ建物自体としても、いわんや近代のホテルとしても限界にきておるようだし、どうかと思うところが多いようで、たまに泊まった経験からいっても無理に無理したところがよくわかります。泊まってみてもこれではと思う節もあるように思うので、ホテル当局の人もさだめし気をつかわれるところが多いのではないか、それにしても食堂やロビー辺のたたずまいはさすがに旧態を維持して名作の味わいはつきないものを思うにつけ、できることならなんとかならぬものかとも思いますが、新聞にも出るくらいだし、また仄《そく》聞《ぶん》するところによれば改築期も急がれているさい、悠長なことを申し上げてもお笑い草になるのを覚悟で申し上げますが、先ごろ谷口先生のお話だと相当のお金をかけて札幌の郵便局を明治村に移築されたとのことからヒントを受けての案ですが、この建物も数個に区分して内外から仮の補強をやれば、この頃の移転技術ならそのまま移せるのではないか。その移築先は向かい側の日比谷公園とすれば電車道一つ越せばいいのだし、もちろん相当の費用はかかるでしょうが、この名作の代償としてみればそんなに驚くほどのことはないと思います。日比谷公園という公共の場所だし、建物との縁故だって、なんとなくありそうに思えるし、また低い建物のことだから周囲に庭でもあしらえば、いまま建っているほどのたたずまいにならないにしても、これならライトの作品を残しえたという悦びは味わえると思います。ただし公園を使用すること、またたとえ一時にもせよ交通を停めるようなこと、やるとしてもいろいろの問題はありましょう。その費用としては、できれば都費、国の補助、篤志家の拠金で特殊法人として、市民館、迎賓館、展覧会、食堂、結婚式場、その他考えれば案はいくらでもあるかと思います。問題は、期限、費用、補強等々、主として経済と技術のことになるのはもちろんです。それにしても、他人の所有物を勝手に論議する身勝手をお許しください。

これまた空想のようなことで、ことにホテルの設計者に失礼なことを申し上げるようで恐縮ですが、移築ができない次善の策としてのことをあなたの書面をいただいてからいろいろ考えたのですが、なかなか名案が浮かびそうにもありません。ずっと以前に世論のこともあってか、あるいはまた氏の名作をなんとか残したいというホテル側の真意の現われかとも推察したのですが、改築のさいは中央部分を残すということを仄聞にしたことがあります。中央部分というのはおそらくこの建物の一番良いところになるかと思いますが、素直にいって私はこの建物は外観よりも内部が好きです。ことにライトの建築観を表わしているかと思われる内部空間のいわゆるオルガナイズされた構成に魅力がありますので、この部分を切り取って、新しい建築のどこかにそのままの姿で組みこんでいただけないものかと思っております。それが中央の吹抜き部分になるか、二階の広間やその他の部分になるかはデザインの都合にもよることなのではっきりどことはいえませんが、ライトの片りんを味おうところならどこでもよいと思います。変わりばえのしない提案なので設計者に失礼の段はいくえにもお許しを乞いたいと思います。

この建物のことで気づかれることは、これまでにも、またこれからも起こることだと思いますが、残したい建物や建造物など、特に文化財として指定されないまでも、いろいろの事情で取りこわしやその所在さえ、懸念されるものなども、なんとかしてその一部分でも保有したり記録しておきたいものもありますので、「建築博物館」のようなものでもできて、名作のほんの一部分でも残せないものかと思ったりしますが、小さな建物と違うので、それも容易なことでなく、ただ空想してみるだけのことです。

建物にも運不運があり、幸いに文化財になって残されるものもあり、人に拾われて貰い児になる建物もあり、それかと思えば名作と人に尊敬されながら憐れな姿になって消えてゆくものもあり、人間の一生にも似て深い興趣を覚えます。

敬具

＊『国際建築』（昭和四十二年五月号）所収。

数寄屋造り

西沢　いままで、私、先生のこうディテールのうまい作品を感心して拝見していたんですが、一番私にピリッーとこうきますのは数寄屋をおやりになったときの……。

村野　いや、ちょっとした余技、余技みたいなものですよ。

西沢　それは……、今日は数寄屋のお話を聞かせていただくとうかがっているんですが……。

村野　いや、それは吉田さんかだれかの方が……私はなにも知らないんですよ。

西沢　先生が数寄屋にお入りになったのは、あれは中山邸をおやりになってからですね？　というとずいぶん昔になりますが、いつの間にご勉強になりましたか？

村野　いつの間にということはないが。私の数寄屋の方の師匠は数寄屋というものではなく、数寄屋というものの考え方ですね。それが一般の建築じゃなくって、一般日本建築にたいする考え方、それをいいました。

西沢　そうでございますね。だいたいそういう問題だろうと思います。

村野　それがないと見てくれになってしまう。西沢さんならそんなことはいうまでもないが、吉田さんではね。

西沢　いや、とんでもない！　私の方はやっぱり日本建築の根本としては、やはり数寄屋のもっている空間処理のうまさといいますかね、あのあたりは一番勉強になるところで、私も終戦直後それを勉強しました。

村野　これはあなたの作品でしょう。（庭を見ながら）拝見して感心した。

西沢　いやあ。最近、日本の伝統の中で建築と庭がいかに交わり、空間をつくり出しているかを突きつめようとして実測に通っているんですが、ボンヤリと写真を写して見ているときとはちがい、とても細かいことに気がつくのですね。

村野　実測をやっていると相当アタマの中に……。

西沢　非常に細かいところが肉体的によく見える。昔の人はわりにこう無造作にサーッとやってのけておりますね。

村野　そうですね。

西沢　この間、春日の若宮細殿入口のところをはかっておりましたが、細殿のほうから長押がこっちのふみ込みの方へすうっと出ておりまして、ズバリと切った長押の断面がそのまままる見えになっていて、どきっときました。やっぱしここいらに心をうたれます。

村野　いや、そういうことは西沢さんに教わらなければならんと思います。

西沢　その点、現代建築家よりも昔の人の方が割り切っていてうまいもんですね。納まらんところはサッとこう見せて、見事に納めている。そういううまさがありますね。

村野　そうですね。

西沢　そういうのは未熟者がマネをするととんでもないことになる。

村野　昔は名人がいましたからね。それを現場でやるでしょう。軀体《からだ》でやっていた。ズレがもう何ひとつない。あとは、みんな現場処理ですから。

西沢　そうですね。

村野　もう、そういう人は……いますかね？　いま。だんだん数が。

西沢　なくなっています。

村野　だんだん姿を消してきましたからね。

西沢　そうですね。これからは、本当にこう、そういうものが復活しなきゃならんのじゃないですか？

村野　やはりね、このあいだ庭をやるときに感じたのですがね、もうホワイト・カラーはダメですよ。職人のうちにはね、やはりなにか習得しようという努力がありますよね。それで、その点うれしいですね。いいなと思って。

西沢　やっぱりいまでも肉体でやっている職人が全然いないということではございません。なかにはおりますからね。

村野　まだこれから、これからだと思っていて、四十すぎて五十くらいになってくると、これから先はどうするのかと思って間に合わんとか反省もする。しかしだんだんツバぜり合いになってくると、こんどはそういかなくなってくる。それでないと商売もできなくなってくる。だから、結局若い人の行動範囲になってくる。最近の若い人はいいですね。

西沢　ちょっとしゃべりすぎるのが珠にキズ。

村野　頭脳の方が先に、アタマの方が先走るものですからね。割り切ることが一番いけないと私は思っています。何か割り切れんものを持っていて、それに関心をもつという認識があるといい。

西沢　若い人の指導も大変ですね。

村野　疲れます。しかし、私は必ずよくなると思うのですよ。

＊　＊　＊

西沢　ここへくるとき運転手に〝数寄屋というものはどんなものだ〟って聞いたら、〝お茶室よりはもうちょっと立派なものではないでしょうか〟といっていました。一般的には数寄屋というのは、むしろそっちの方がわりと新しいというようなところから、堕落したものだという観念が一般にはございますね。数寄屋という名前がでてきたのは、茶室ができてからでございますね。

村野　私はそういう文献的なことは読んだことはありませんし、あまり知らないんです。じっさい仕事にもあまり関係がないから、知らないんです。私は、ただ感ずるままに……。

西沢　それでなくっちゃいけないのでしょうね。われわれの方はこういうことをいいたい方で。(笑い)

村野　調べれば、わかるという気で……。

西沢　やっぱり、その、お茶室なんかを持ちますと、わりにこう閉じられた空間の中で、どんな空間をつくるかという、一つの何か……。

村野　私の事務所の近くに、いまは大成閣という料理屋になっていますが、そこに泉岡《いずみおか》という人がいました。ご承知ですか?

西沢　存じません。

村野　有名な大阪のお金持ちで材木屋をしていた。そこの家はなかなか立派なものでしたが、惜しいことにみなつぶれてしまった。戦争で。大金持ちでした。その人の借家に私は住んでいたのですが、数寄屋というか、建築の手ほどきみたようなものを私は教わった。その人は自分のところに大工をおいて、素人ですが自分で設計をして、図面を描いて原寸も描く。そうして大工にやらせるんです。いまも近鉄沿線に百楽荘というのがありますね。あれがあの人の描いたものなんで、あれは和洋折衷でマズイものですが、日本のはうまい。金持ちのくせに自分で設計をやる。その代わり、おれのいったとおりにせんと……と。設計料をもらおうといわんから……ですから、その人のやっている設計には品格がある。性格が惨み出ています。これがなくてはね。

西沢　そりゃそうです。

村野　だから、お茶の宗匠や大工のやった数寄屋にはない品格がその人のものにはある。それが私にはなんともいえない。同じ草庵ひとつにしても一種ちがった、こう、ひやっとくるものがある。

西沢　それが本当の数寄屋でしょうね。

＊　＊　＊

村野　その人がね、私に一つの基準みたいなことを教えてくれました。二尺四寸ということです。ご承知ですか？

西沢　いえ、存じません。

二尺四寸ということ。

村野　これはねえ、風呂先の寸法なのです。

西沢　ああ、そうか。

村野　それだけのことです。これがね、その人のいうものの考え方の基準なんです。なんでも、それが基準なんです。これを私は一つ覚えました。

西沢　ちょっと、こう、ちょっと低いめというわけですね？

村野　それをね、建てたときの高いか低いかの基準にするんです。

西沢　そのときに、その人のアタマの中に一つのモヂュールのようなものがあって……。

村野　そう、それをいわんとしているのでしょう。それがないと、どこでどう決めていいのかわからない。

西沢　木の厚みはものによってずいぶんちがってきますね？

村野　そうですね。

西沢　ただ図面で描いただけでは何もわからない。

村野　図面ではわかりません。私はいつもいうんですが、日本建築で図面のようなものはおかしい。三十万円も五十万円も、八万円もみな同じだ。

西沢　そういうことですね。五十万円のような図面を描いていて八万円でつくられるとバラックになってしまって見られない。材質によって太さがずいぶん左右されますからね。先生のおやりになるときはどうなさいますか？　一応図面としては、押さえておかれるわけですね。

村野　そうせんと仕事ができませんからね。

西沢　それでは、その寸法に合わせて材料を選ぶという、

新高輪ホテル　恵庵　© MURANO design, 2008

まあ極端にいうとそういうことになりますね。

村野　そう、材料を選んで寸法を決めるか、どちらかですね。

西沢　はあ、するとある程度に最初は押さえておかれる。

村野　ええある程度にだいたい押さえて、そうでないと、しょっちゅう自分が現場へ行っていられないから。

西沢　私もしょっちゅう、そのへんで困るんです。

村野　長さの関係もあるでしょう。

西沢　ちょっとした木目でずいぶんちがってきます。

村野　それから面ですね。面をおとりになるでしょう。面の幅がまた……。面幅一分にするとか、五厘にするか、ということによって寸法にも関係する。それから、私はね、面皮というやつ、あれは非常に注意して使おうと思っています。面というものは、ご承知でしょうが、壁をつくるとき非常に困るんです。ほら、壁が切れるでしょう。私は面皮は非常に注意するんです。だから面というのは、角、丸も混用しますけれども、その性質によって角ばかりにしたり、丸を一本入れたり、面皮一本入れたり、面皮の中に角をちょっと入れたり、ただね、私は、壁の散《ちり》ですね、これを非常にうすくする。

西沢　うすくなさる!?

村野　うすくする。

西沢　そうですか、私のなにでは、壁のチリは割合大きい方で……。

村野　それが、小さくするわけです。私のやつはどこも壁チリがうすい。これがね、柱によって壁チリが多いと、壁チリが多いということは、壁チリを大きくしないと、六分以上、いや六分ぐらいにしないと、面がとれないんです。そうしてネリ込みになってしまう。ところが、それをうすくするんですから、ずいぶん面皮の場合は困るんです。ですから、そこが切れるわけです。ふえる場合、それは困る。とにかくいろいろ工夫をして、ふえないようにしていますがね。そういう意味からも面皮は注意して使う。角もの、角ものに壁チリが六分もあったらとても料理屋のようになってしまう。そして面で加減する。部屋の大きさによって加減する。そうしないと部屋がくずれる。それから天井の高さ。七尺五寸という天井、それより高くなると料理屋になってしまう。

西沢　欄間の間が抜けてしまいますね。

村野　そうです。欄間の間が抜けてしまう。それから泉岡という人がいっていたのですが、碁平《ごひら》のコツを覚えること。この碁平というのは、横に使ったり、縦に使ったり、それは昔からやっています。そういうコツですね。それに面が加わる。大面と小面をかけて……。バラバラの話ですが、もう一つ印象に残っているのは、間を大きくとるということ。あなたは関西人だからよく知っていられるだろうが、元来大阪というところは庶民階級の町ですから、前の方はずうっと大きく見せる。よっぽど高くする。高いものを大きくする。これは自分の発見、体験だと思っています。

西沢　私たちは四分でやれば、貧相で見られません。

村野　いや、そんなことはありません。四分で結構。

西沢　柱の材質によりまして相当上等でないと。

村野　そのかわり四分の角柱の場合ですね、角柱一式はつけ焼刃ではできません。

西沢　そりゃそうですわね。やっぱり、お使いになる材料は相当いいものでないといけませんでしょう。私らは相当ヤクザな建物をやらんならんことが多いから壁チリはある程度とらないと材料が生きてこない。

村野　この頃は、たいていベニヤでしょう。本物はどうしても使えない。昔はスジの通ったものでした。

西沢　そうですね。

村野　面は面白い。面のとり方は面白い。面は千変万化ですね。面はなかなか面白い。

＊　＊　＊

西沢　スウーッと時代によってお変わりになるんですね。デザインが変わってくる。

村野　この頃は素朴な感じがします。私の家は田舎の家を改造したものですが、座敷を改造していま応接間にしています。その頃のものだから三寸八分、三寸五分かな。私はそんな大きなものは構造材でない限りは使いませんからね。ただ私は、さっきの泉岡さんの話とは混乱しますけれども、外面的にはやっぱり数寄屋よりはサムライの屋敷が好きです。

西沢　わたしもそう思います。

村野　この頃、数寄屋は、これは一段下がると。角ものの座敷はうまくできたら、これはやはり……。

西沢　昔からお思いになっていた？

村野　いや私は、つくづく最近思うようになってきました。

西沢　先生の木造を拝見していてそれと思いました。私も、そっちの方に努力したいと思っています。一生懸命に。木柄でも秀吉のイキのかかったものなど、なぜあんなにいいのかわかりませんが、結構細くてふくらみと艶があってとてもきれいですね。面のとり方もずいぶんうまいんだろうと思います。根本の秘訣はあっちの方ですね。お茶室のくずれじゃなしに。

村野　そうじゃない、そうじゃない。

西沢　茶室の持っているよさ、空間構成のうまさとかいろいろのものがありまして、それが数寄屋の場合に生かされているのかもしれませんが、本当の数寄屋と名前をつける場合にはですね、ああいう名前は桃山なら桃山といったものがもっている風格というか、格調、ああいうものがないとほんとの数寄屋じゃない。

村野　あなたに教わるくらいですけれど、そういうことですね。いわゆるその数寄屋普請よりも角ものの本ものが、私は最近好きです。これは上だなと。

西沢　その場合でも数寄屋式の空間、壁のとり方、あり方、ああいうものがしみ込んでいますわね。あのへんは何か数寄屋としてはいいところじゃないかと思います。そのへんを先生はずいぶんうまく……。

村野　いやいや自分ではわからんですよ。

西沢　そりゃあいつも感心して拝見しております。

村野　面皮は用心して使わないと……。

＊　＊　＊

西沢　一般的にいわれている数寄屋という概念は、茶室の系統を引いた多少秀吉の豪華さにたいする反発があるにしても、貧乏くさいところがあるんですね。そういう点では一般にいわれている数寄屋という観念からは……。

村野　西沢さん、逆質問になりますが、数寄屋と茶室を分けて考えたい？

西沢　そりゃあ、そうです。

村野　あれは調べたことはないが、秀吉があれだけの贅沢をして自分であきちゃって、それで草庵に興味をもった。その方が贅沢じゃなかったんですかね。

西沢　というのは、私はよくは存じませんが、利休にたいするインフェリオリティ・コンプレックスだったんじゃないですか？

村野　まあ、そうですね。私もそう思いますね。

西沢　利休に引張られたようですね。まさに。秀吉自身はちっとも快適じゃなかったが、むりをしてあそこに入りこんだというような……。本当は金の茶室の方がよかったんじゃないですか？　その方がやっぱり秀吉らしくて。

村野　まあ芸の方じゃやずいぶん負けたんだな。

西沢　完全に負けたんですね。

村野　腕くらべだから、しようがないが負けた。

西沢　秀吉のイキのかかったものには、艶っぽさというものがあるようです。きっと大工さんなんかに素晴らしいものがいたんじゃないかと思います。しかしああいうものは、やはりいつも磨きあげていないとダメです。障子でも、ピシッーとこう煉瓦目地に張ってあるのが値打ちもので……、この頃のように大幅ものをベタベタ張られては値打ちがね、ダメです。

村野　私の方はいろいろと……、民家や書院では、柱が六尺五寸間に並んでいますね。なんとなくそれが素直でいいように思う。なかなか六尺間に柱を立てるということはよほどうまくないと、変なじじむさいものになってしまう。それが昔のものはなんとはなしにいい。私はそこまではどうしても行ききれない。どうしても私は六尺間柱を建てきらない。どうしても九尺以上、あるいは二間以上になるのです。どうもあの点は私らまだまだだと思っています。

西沢　あれは舞良戸があったから、リズムがとれていてよかったんじゃないですか。あれが全部障子になったらどうも……、障子と舞良戸が交互に並んでいる。あいだに舞良戸が入っている。あれが相当きいているように思います。私は一間引違いはなかなかとりきらない。

村野　そうですか。

西沢　ところで私が今日一番お聞きしたいのは、木造だけではなしにコンクリートの場合でもその精神がきっと生かされていると思うんです。

村野　私のものですか？　さあそいつはわかりません。

西沢　いま外面的に分けて木造の話をされておりますけれど、きっとコンクリートの場合でもその精神は同じだろうという気がします。端的に表わせば早稲田大学の文学部なんか非常にはっきり出ています。よくわかりすぎて質問するまでもない。しかし日生劇場の場合なんか本当にはどういうふうに生かされているのか？　先生の心の中にはきっと関連があるんじゃないだろうか、という気がするんです。

村野　そう改まってこられるとですね……もう一つ私は……西沢さん、あなた寸法を、建物の軒先を決めるのはどうして決めておられますか？　日本建築では？　どういう手法ですか？

西沢　（手を伸ばして）だいたいちょっと軒先は自分の背伸びをした高さという……、西洋の黄金律よりちょっと低うございますね。

村野　具体的にはどれくらいの高さ？　何寸ぐらいですか？

西沢　六尺くらい、それよりちょっと低いんです。

村野　あなたのいうのはお茶室？

西沢　茶室の場合でも住宅の場合でも、せいぜい低くおさえるようにしています。

村野　それは軒ゲタですか？

西沢　庇の鼻です。

村野　鼻で……、私もそういう手法です。私は六尺というのは茶室なんかはそうですけれど、普通は、軒の出、出といいますね。軒の鼻先六尺から地盤までの高さをおさえる。何尺くらいと。普通、軒ゲタの高さで決めて出す。六尺というのはぎりぎりのところですね。

西沢　できるだけお施主さんに説得、できるかぎりこれで……。

村野　そうですか。私は普通の日本建築をやるときは鼻先で七尺五寸は高いという……。

西沢　そりゃあ高うございますね。

村野　いやいやそうでもないんですよ。そうはいかない。それでないと座敷の高さがこんどは低くなる。それはどうしても四尺の線、三尺八寸の線にしたところが五寸の……場合によったら六寸……。

西沢　そういうときは、そういうところからはみ出さんようにしておりますけれども。

村野　そりゃあ十畳もあって……。

西沢　そういうアプローチの場合は別として、部屋のなかのときはそういう囲いというのを軒先寸法と考えておりますけれどもね。垂木の鼻先下端と鴨居の下端がぞろになるあたりですね。

村野　だいたいね。

西沢　あまりこうなると（手で示しながら）ちょっと具合がわるい。そういう関係である程度こうきちんとしないと値打ちがございません。

村野　建物は高く見せないということですね。日本建築の場合は中で高い、中でゆったりとしている。

西沢　私の場合は中もみんな低くしてできるだけギリギリのところを狙おうと思っています。

村野　そのとおり。同感です。

西沢　いつもお施主さんに説得するのに時間がかかりますけれども、できたらやっぱり喜んでいただけるようなものをと思っています。

村野　まったくです。高い方に危険があります。

西沢　危険がありますね。

＊　＊　＊

村野　私は数寄屋をやっていると、非常にそれが好きになる。これは自分の血と接近しているからどうしても……材料を自分で見に行かねばならん。材料を選ぶということはなかなか重要だと思う。こんなことは贅沢になって、この頃では通用しませんけれどね。

西沢　これだけは通用しなくとも、どのへんで辛抱するかということだけですね。

村野　そういうことですね。

西沢　どんな安建築でも材料は吟味しませんとね。

村野　ベニヤはベニヤでも仕方がない。本物はとても……そこで我慢する。

西沢　我慢をせねばね。そこのところの技術もだいぶうまくなりました。われわれが見てもときどきはごまかされます。まちがいやすいですからね。

村野　そういうことですね。

西沢　ちょっとした厚味でね、ごまかされます。

村野　どうも、私は数寄屋なんて開き直って申し上げるほどの仕事もしておりませんしね。ただ非常に好きということで、私は日本式なんです、日本建築は楽しみなんです。

西沢　楽しみですね。コンクリートの場合でも数寄屋の精神を相当考えてやってらっしゃる。

村野　それほど意識してでもございませんけれど、ただあんまり強いもの、あまりゴワゴワしたコンクリートをやらずにいままできた。あまり興味がない。そういう機会もなかった。そういうことですね。前世紀のものに興味をもって……日生の場合はちょっとちがいますが。

西沢　日生は大変だったでしょうね。でもずいぶん楽しんでおられますね。

村野　楽しみといったらこんどの千代田生命の……。

西沢　そりゃあそうですね。

村野　こりゃあ全部良否は別として、お茶室の石まで何もかもまるきり干渉なしで……。

西沢　千代田生命はコンクリートの数寄屋普請だと思います。

村野　あれの良否を私がいうのはおかしいが、楽しむということだったら、あれは本当に楽しんでおります。日生の場合はいろいろな要素がありまして非常に困ったが。

西沢　こんど離宮をおやりになりますね？

村野　離宮はお手伝いで、いまのところ私は〝主任建築技師〟ですか、そういうことらしい。

西沢　むずかしゅうございますね。

村野　むずかしい。

西沢　それを楽しみに変えるのは？

村野　お手本があるでしょう。変えられるもの以外にはもう……、年寄りの仕事にはいいだろうと……。

西沢　やはり千代田生命などをおやりになった方が楽しいでしょうね。

村野　しかしあれもいいんですよ。大理石の建築を久しぶりにやれるということは楽しい。ああいう大理石のものを忠実にどう実現できるかということで。

西沢　復元というのは作者が、復元する人の感覚が、相当入るものじゃありませんか？

村野　あの場合には入る可能性はないんですな。

西沢　そうでしょうかね。たとえば日本の古建築なんか、わからんところがいっぱいありまして、だれが判断するかというと復元者がするということはだいぶあろうと思います。

村野　そういうところはできるでしょう。

西沢　むしろ復元者の人格がでてきますね。

村野　どうなるかわかりませんが。

西沢　だいたい昔のものが必ずしもいいとは限りませんしね。

村野　ええ、楽しみですよ。やはりこういういろんなデリケートなところ、面とか、壁とかやってみると……。私は渡辺先生のところでは、学校を出て左翼で困っていたんだが、先生のところに入って、渡辺先生のところで一切まかりならんと、いやというほどやらされた。それでやってみてじっさいなんですね、最後になると楽しかったですね。

西沢　そりゃやっぱり大工さんがカンナを削るのと同じで本当に肉体に通じる。

村野　本当にそうなんです。身にしみるような感じがしてね。

＊『ひろば』(昭和四十三年二月号) 所収。

ディテールについて

建築の美的表現とその内容の評価はディテールが決め手になる。たとえばミースのあの鉄とガラスの建築はたとえほかの人が外観のデザインを真似《まね》しようとも、ディテールまでは真似ができない。その、彼のこれ以上行きようのないつきつめたディテールがあることによってミースの建築があるといえます。たとえば彼の作品の中でミシガン湖畔のアパートやプロモントリー・アパート。前者はいわゆる鉄とガラスで、後者はコンクリートと煉瓦でできていますが、素材のレパートリーの幅広さは長い経験と蓄積したものを自分自身のオリジナルなものとして生かしてゆく、そういう姿勢によって培われたものなのだと思います。だからミースの建築はだれが見てもミースのものに見えます。日本の民家なども同様に、長い間人がそこで生活し、いわゆる「家」が愛情をもって大切にされて定着し、特有の普遍的な美しさが生まれたのでしょう。名器といわれる茶碗にしても、ただ生んだままだけではなく、愛情をもって可愛がり手入れをし拭いて丁寧に包んで箱にしまっておく――こうして長い時間をかけて、はじめて名器といえるようになると思います。建築もそれと同じことがいえますね。設計して建てるだけではない。施主の方に渡すときに私は、「大事にしてください」といって渡します。施主の中には、私を招待してくれて自分が手入れしたことを見せてくださる人もあります。数年後に自分の設計した建物を見ると、「あっ！ これが自分の設計した建築か」と思うくらい、柱・床・縁側・庭、どこを見ても光っていてよい建築に成長している。

よく生んでよいクライアントに渡り、十年、二十年たったときによい建築になるのだと思います。だから設計というのは建物が完成したときではなく、十年、二十年先が本当の設計ではないかと思います。

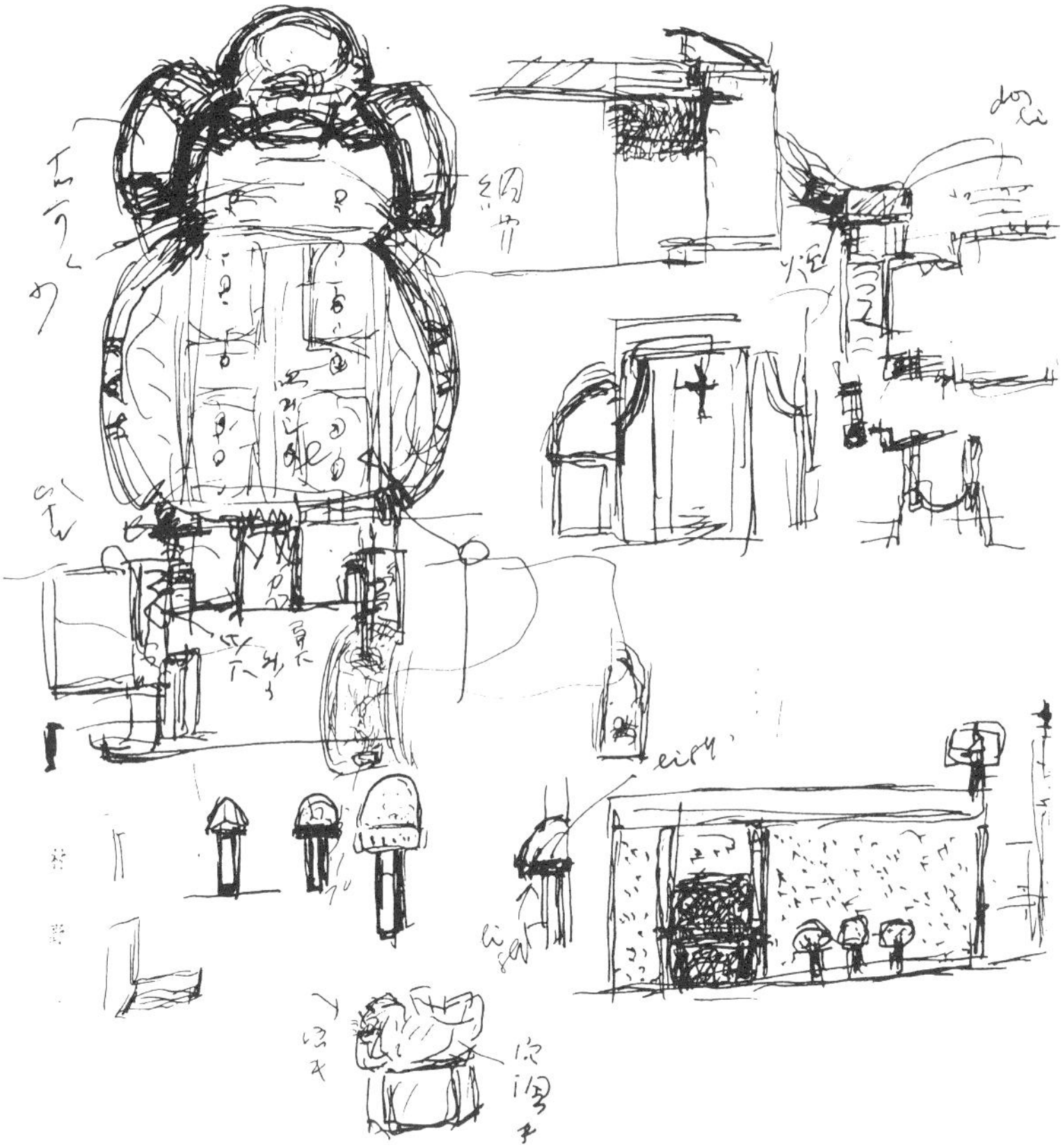

南大阪教会

ディテールについて人があまり気のつかない部分なんですが、「力」――物理的な力の相互作用、抵抗対抵抗という力学上の表現が建築一般でしょう。このような物理的な表現をもっと軟らかなものに、力の表現をもっと心理的に救えないでしょうか。たとえば、ジョイント部分にワン・クッションおいて、お互いにぶつかり合わないで共存するようなディテールにできないだろうか。そうすればその建物で生活する人びとの心がなごみ、人と人の心の触れ合いにも、とげとげしさがなくなって平和になるのだと思います。それには人の気づかぬところをよくする。これもその一つ。無抵抗な表現もその一つだと思います。見えるところのディテールをよくする――これは建築科の学生でもできます――よりも見えないところ、気づかぬところのディテールに注意して自分自身のディテールを持つように努力することがディテールの神髄だと思います。

＊『ディテール』（昭和四十九年四月号）所収。

建築をつくること

問1　A　一九〇〇年以降現在までの世界の建築作品の中で、あなたがこれまで深い関心を寄せられたり、あるいはご自身の創作活動に深い影響を受けたと考えられるものはなんでしょうか。
B　現在注目され、あるいは問題視しておられるものはなんでしょうか。
以上についていくつか作品名、作家名をあげ、ご指摘の主旨、作品の評価、デザイン活動において受けられた影響などについて、簡単にお話しください。

私は図面を描くばかりで歴史に対して専門家ではありませんから、特定の建築家の名前をあげて話をすることはむずかしいことです。また私が関心をもった建物といってもどなたも同じように関心を示されるものですから特に私が、ということもないものばかりです。たとえばストックホルム市庁舎などですが、ただいえることは人が感動するということはその時どきの見る人が置かれた状況とか心理状態に非常に大きく影響されるということです。戦後昭和二十四年頃、広島の教会の設計を機会に渡欧したときには、戦争中の貧困さというのは大変なもので、もう再び建築する時代はこないのではないかと思っていたときでしたから、このときの感銘は以前に増して大きなものでした。

問2　A　これまでに、ライフのある建築として変わらず評価してこられた近畿の建築作品にはなにがあるでしょうか。
B　評価の安定性に問題があっても、いずれかの時点で注目された、あるいは現在注目されている近畿の建築作品について、ご自分の記憶の中からあげてください。

関西のものでというと近代をどの頃までにするかがむずかしいのですが、長谷部（鋭吉）先生のものは立派だと思うし、尊敬もしています。先生は仕事の面で大変恵まれて幸福な人でありました。住友におられて仙人で暮らした人でした。この点では町の中にあって苦労して仕事をしていた人とは少し立場を分けて考える必要があるでしょう。その意味では渡辺節先生は偉かったと思います。仕事は上手で能力もあってそのうえ仕事をよく知っているし、人を使うことも上手でした。本当のアーキテクトらしいアーキテクトだと思います。新しいものも外国から採り入れたし、材料の使い方、請負の使い方、図面の描き方などあらゆる点で日本の建築を近代化した最初の人でした。いいデザインをするとか設計が上手だという人はたくさんいると思いますが、厳しい条件のもとでその条件をすべて満たしながら、しかも自分の考えを実現していくといったように街の中の建築とともに生きて、今日の基盤を作った人は渡辺先生以外には少ないと思う。私が教えを受けたからこういうわけではありませんが、あらゆる点でお出来になった一人であったと思います。

問3　建築デザインの今後の流れ、問題点、めざすべき方向について考えをお示しください。

現在のものに対しては、自分の作品自体にも問題があるのだからいうことは差しひかえさせてもらう。今後のこととなるとはっきりいえないということでしょう。ただ価値観が多様化しているのは事実でしょう。ひと頃のように理論でどうするとか頭だけでやろうとする傾向は若い人にはだんだんなくなってきているように感じます。頭だけでやるのでは、やがてすぐに皆同じ答えが出てしまう、その先をどうするかの問題があるでしょう。疑問に対してとにかく裸で勉強しようという態度が若い人に出てきたように思います。迎賓館の仕事では職人を探すのが大変なことでした。「これどうかね」といえる職人がいなくなってしまった。賃上げに関連した生産性を高めることと職人技術の低下とが相関していると思う。何もかもが頭で仕事をすることになってしまっている。教育にしてもだれしも大学へ行こうとするのだが、技術保存はできるだけ若い時期に早くからその職について年季をかけて習得しないといけないものです。そのためにはたとえば自分はこの仕事しかやらないのだ、という運動をやってはどうか。自分の技術を保存しながら間接的に賃上げにもつながるだろうし、自分の子弟が親の跡を襲うということにもなると思う。技術の保存にはだれかが犠牲にならないといけないのだが、職人だけに犠牲を強いるのは今日では通用しない。ただ左官、植木職などの若い人の中でこれではいけないと思う気持ちが増えてきているので将来は明るいと思っています。近年いろいろな形で再開発が行われていますが、再開発は決して強権でやるべきものではない。自然に、だれも疑問をもたないしだれもが喜ぶものでなければならない。

たとえばサンフランシスコのキャナリーは古い倉庫を改造したものだが非常によくできている。浦辺さんのやられたもの（倉敷アイビースクエア）もこれとは少し違うかもしれないが良いと思います。

こうしたものの計画では人間の心理を応用して狭いところ広いところ、折れ曲がったところをよく組み合わせて作らないといけない。すっと通っていたり道幅をきちっと揃えたりしては本当の人間の喜びというものが出てこないでしょう。また建築家は民間資本による建物でも、建築が公共性あるものという認識に立って、公共の場として公開すべく提案することが必要だと思います。しかし一方で使う側の一般社会にこれを大切にする気持ちが欠けているのは残念です。それは結局は自分たちのものであるはずなのですから大切に守っていく気持ちを育てることが必要です。いずれにしろ建築は社会化されるべき傾向のものでしょうが、社会化する方法はむずかしいと思います。

＊『建築と社会』（昭和五十一年一月号）所収。

タリアセンの印象 ——F・L・ライトの工房を訪ねて——

砂漠に建てた心境

七五年夏、アメリカ南部のコロニアル風建築を調べるため、フェニックスを振出しにかけ足で歩いた。その機会にフランク・ロイド・ライトが建築家の養成をかねて建てた冬の工房タリアセン・ウェストを訪れた。

アメリカへはかなり頻繁に旅行しているがいつもぎりぎりの旅程なので、ライトの作品はオークパークの初期のものやジョンソン石鹸会社くらいしか知らず、有名な落水荘(カウフマン邸)やタリアセンなど、少し不便なところにあるものは見たことがなかった。

タリアセン・ウェストは、フェニックスから車で一時間ほどのところにある。日本の建築家の中には、この工房で親しく彼の教えをうけた人もあり、文献や写真も多く紹介されている。あまり人口に膾炙《かいしゃ》されると私はかえって無関心になってしまい、ひいてはそれがライトについての無知につながる結果ともなっていた。

ライトがタリアセン・ウェストを創設したのは、彼が六十九歳の頃といわれる。人間六十九歳ともなれば、孤独や死のことについても考えが深まる。また若い頃から作品はもとより、女性とのスキャンダルなどでさらに有名になったが、その半面人としての苦しみもあったことだと思う。作品の傾向からも、彼の人生遍歴からしても、どこかに社会から遠ざかりたいと思うこともあったに違いない。どうしてそんな地の涯《はて》のような砂漠に、死のような不毛の地にアトリエを持つようになったのか。その心境について考えるのも、タリアセンを訪れるたのしみの一つであった。

私有財産を示す札

七月初旬のある日、私は孫娘を同道してフェニックスの空港に着き、ホテルに旅装を解くなり車でタリアセンの見学に出かけた。舗装された砂漠の道を一時間ほど走ると、写真で見覚えのある門があった。建物は雑草にかくれて見えなかった。鉛色の原野がはてしなく広がっているだけである。

門のところで車を止めて外に出た。からからに乾燥した砂漠の真昼は、射るような暑さであった。門内をのぞいていると、ガードマンのような鋭い目つきの若者が出てきて、うさんくさげにわれわれを見た。

来意を告げると明日が一般参観日だからそのときにしてくれ、とにべもなく断られた。なにげなく門柱にぶら下がっている札を見ると「ここより先は私有財産だから入ることはできぬ」とある。私はハッとした。タリアセンはまぎれもなく彼の財産であり、だれにでも両手をひろげて見せられるような文化財でもなんでもないんだな、と感じた。

彼の作風のどこかに物にたいする権利のようなものが厳然としてつきまとっている。こんな当然のことさえ気づかずに、百度（華氏）を超える酷暑の砂漠をやってきた、その愚かさを笑った。荒石とコンクリートの城塞のような壁が不思議なくらい軟らかく見えたのは、あれは夢ではなかったのか、あれはたんなる石積みの仕方ではないのか、しかもこの壁も大地も厳として彼の財産なのだ。

消え去っていく夢

翌朝、再びわれわれはタリアセンを訪れ、おのぼりさんのように案内人に連れられて見学した。すべて写真で見覚えのあるものばかりだったが、私がライトについて描いていた夢はもはや消え去っていた。堅固な要塞のような低い壁が水平に走り、その上にテントのような屋根が三角形の梁に吊り下げられた形で架かっていた。

なるほど彼を知る多くの人たちは、彼が自然を愛し自然にマッチする彼の作風の偉大さをたたえる。タリアセンは、確かに砂漠の中の建築であった。しかしその自然というのは、彼の愛する自然に対立する保護色のようなものではないのか。私はもはや自然という言葉に魅せられてはならぬと思った。

門を出たところで、私はもう一度ふりかえってみた。前日の若者のことを思い出したからである。私の印象に残るのは、三角形の鋭くて荒い城塞のような造型と、あの若者だけのように思えた。

＊「毎日新聞」（昭和五十二年一月四日）所収。

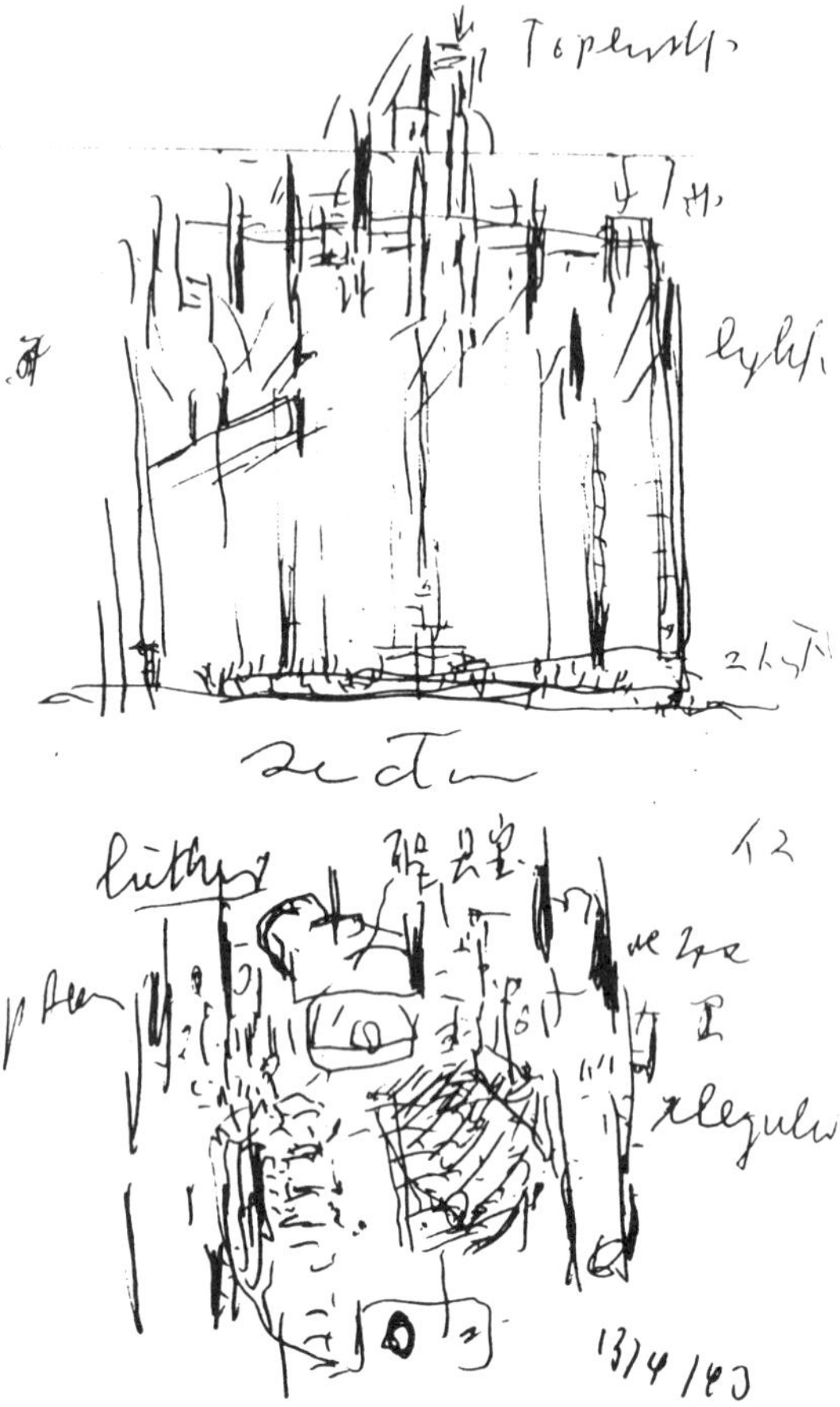

ルーテル神学大学　© MURANO design, 2008

建築と装飾

神代　本日は「建築と装飾」というテーマでお話し願うわけでございますが、集落などに行きますと神社の千木がありましたり、ヨーロッパとかアメリカなどになりますと、風見がついておりますね。あのような屋根の飾りのようなものについてのお話からうかがって、それから壁とか窓とかの外壁まわりのお話をうかがえたらと思っております。

と申しますのは、先生のおやりになった迎賓館で、正門を入りましたすぐ右のところに守衛所をおつくりになりましたね。僕はあの小さな建物が非常に気に入っております。屋根の形も非常におもしろいし、それから、鳥がついてございますね。あれは鳳凰でございますか。

村野　フェニックスの変形でございましょう。教会などにもついたのがありますが、みんな元はフェニックスだろうと思います。広島の平和記念聖堂にもつけました。

神代　先生はどのへんからああいうものを……。

村野　いやぁ、あのときは即興的ですね。いささかバロック風な形を頭において、それでああいうふうな屋根をこしらえたンですよ。銅板でつくりやすいですから、草葺きと同じようにできるわけです。屋根をできるだけ自由自在にしようと思いましてね。

神代　これまでにも、たとえば宝塚でございましたか、小さな教会をおつくりになりましたね。あの屋根も非常に自由な感じで、スーッとあがって十字架がついておりましたね。それから箱根の「樹木園」なども茅葺きで……。先生は、ああいうふうに非常に自由に屋根をおつくりになる。

村野　あんまりこだわりませんけどね。

神代　屋根というのは、たとえば集落なんかに近づいていきますときに、一番最初に目に入ってきて、そこにある形とか、そういう付属したものが目印になるといいますか、とても大切な機能をもっている。しかし、最近は少なくなりましたね。先生のように屋根に積極的に取り組まれている方は珍しい。しかも、非常に心に残るような屋根をたくさんつくっておられる……。

先ほどの迎賓館のフェニックスのついている門衛所ですが、あの形があるので、門と迎賓館のつなぎがすばらしいものになっている。非常に拝見していておもしろいと思いました。

村野 どうもお恥ずかしいです。迎賓館の話をいたしますと、とにかく宮殿を迎賓館に変えるのですから、イメージチェンジをしなくてはいけない。門の色を変えたのなどもその一つですが、大衆と迎賓館のつながりといいますか、それがないと外国の方をお招きしてもただ公式だけの話になってしまいまして、国民全部がこぞってお招きしているという感じにはほど遠い。それではまずいということで黒と金を、白と少しばかりの金に変えたわけです。中は金ピカでもかまわないけれども、外にあまり金を使うことは大衆をはなれる感じがしますからなるべく少なくする。そして白も環境にあわせて灰色がかった白に変えたわけです。

次に門衛所ですが、神代先生のおっしゃるようにそれが大衆とのつなぎになる。子供が見てもおもちゃのようで楽しい。ご承知のとおり、門衛所はバッキンガムが最たるものでしょう。

神代 儀仗兵がいるような感じで……。

村野 バチカンなどもそうですね。門衛所は各国とも非常に考えているようです。迎賓館の場合もなかなかむずかしいと思いましたけど、みんなが喜んで見ている。それが迎賓館とのつながりになってイメージチェンジされ、大衆と接近するだろう。初めて申し上げることですが、これが私のねらいでした。

神代 それはもう、先生のおっしゃるとおりの効果がでているように思います。

村野 そうでしょうか。

神代 一般にあそこは入れませんから、門からのぞきますでしょう。そうしますと門衛所が見えて、儀仗兵なんかいなくても、いかにもそこに立っているような雰囲気が、ちゃんと建物でできていると思います。

村野 私は服装についてももっと色彩のあるものにしていただきたいという希望を申し上げたのですが、それはむずかしいらしいですね。それでもだいぶやわらかくなってきたようです。

神代　大変なお仕事でございましたね。それから門衛所の正面のところがく・っ・てあって、四本柱が立っていますね。あれがまたすばらしい。それから私、先生のおやりになったもので柱を考えてまいりましたら、戦前に宇部ですばらしい柱をつくっておられる。最近のお作では常陸宮様の御殿の入口、車寄せのところ。和風のものでは東京の「なだ万」ですね。「なだ万」では、土庇と申しますか、土縁と申しますか、そういうものをつくられて、ずっと柱を出しておられますね。私は裏日本の集落にある「がんぎ」とか「こみせ」のようなものを思い出しましたが、環境の道に沿ってあういう列柱があると、非常に親しみやすい柱という感じがいたしますね。

村野　ご承知のとおり数寄屋風の建物では昔からよくやる方法なのですが、「なだ万」の場合特に必要だったのは、昔、大谷さんの建物だったものが東京間でしかも炉が切ってあるんですね。私も多少お茶をたしなみます。何も形式による必要はなくて、そのときの演出で気分が出ればいいというのが持論なのですが、炉とか天井の高さとかになりますとどうしたって寸法が決まっていますから、東京間ではボリュームの点でまったくつりあわないわけですね。どうしたって京間にしなければつりあわない。そこで変えられるところだけ、柱をぬいて中を全部京間に直した。

私は数寄屋の建築をやるときは軒の桁できめるのではなくて、軒先・庇の鼻先と地面との寸法で感じをきめるわけです。土庇を出しますとそれだけ軒先がさがりますね。そうすると、かけこみの中で天井がとれるわけです。普通は縁側にいたしますが、少し野暮ったい感じになりますので土庇にした。あれは大谷さんの古い建物を生かしながら非常に重要な役目をしているわけで、土庇によって中の天井高とか光線のぐあいがやわらかくなる。ですから縁側の方はガラス障子とガラスの間をちょっとあけただけです。大きな縁側なんかとらないですぐ畳から沓脱石、土庇、砂の庭とつづきますから、つながりが非常によくなってくる。寒いときには土庇の内側に板をやって敷居をはめまして、ガラス障子をたてるようにいたしました。

神代　低い板が入っておりましたね。

村野　ええ、そこへ敷居をはめまして、ガラス障子をたてることができるようになっております。ガラス障子と紙障子の間に土庇ができますから、冬も感じがいいわけです。

神代　お話をうかがって、建物を外から拝見したとき、落ち着いた感じが出てくる理由がよくわかりました。

村野　お茶室とか茶の間とか座敷とか、部屋の性質は庇の鼻先と地面との関係でだいたい、決めていくんですよ。

神代　それは先生独特の決め方でございますか？

村野　ええ、まあ。軒ケタで決めてもいいんでしょうが、やっぱり一番感じがとれるのは地面との関係ですね。できない上がったときにエレベーションがとてもよく決まります。勾配によって、中のかけこみの天井がとれますね。

ご承知のとおり関西と東京と違うのは、そういう点ですよ。関西はなるべく外まわりは低くひかえ目にしておいて、中で豪華にする。東京は門戸を張っていくという感じ……。

神代　そうでございますね。関西はやっぱり文化が非常に厚いというか……。これはだいぶ前のことでございますが、京都の都ホテルの佳水園で、缶詰めになって原稿を書かしていただいたことがありますけれども、非常に落ち着いていて気分がよかったんです。あそこも中庭がありますね。

村野　ええ、土庇はありませんがほとんど同じようなものです。だいたい私の場合は庇が低うございましょう。

神代　そうでございますね。佳水園で感じたのでございますが、先生の格子も非常に特長的でございますね。まばらにお使いになって。

村野　普通は背違いに使うのですが、あまりこだわりません。そのときの感じで四方以上になることはありませんが、そのほかは吹き寄せとかいろいろ工夫しますが格子は窓と同様むずかしいと思います。

神代　なにかばかに凝って、ねっとりしたような格子の使い方をされる方がありますが、先生のは非常にさっぱりしていて健康的な感じがいたします。

村野　そうでしょうか。しかし、格子はなかなかむずかしいですね。

神代　格子で、先生が特にお好きなものはございますか？

村野　そうですね。きわめたものは、昔はいくらでもありましたね。祇園の「一力」のものなんかいいですね。格子だけではなくて、壁の色や建物としっくりしたものでなければいいとはいえませんからね。材料も木とか竹とかいろいろあり竹や木も太さによって微妙ですし横桟など昔の人は上手ですね。

ご承知のとおり、だいたい、格子は外から内が見えなくて内から外が見えるようになっていますね。外光は明るくて中は暗い。暗い所から外を見るから、割合つまっていても差し支えない。スペインとかエジプト、古いアジア系統の格子の多い外光の強い所は、だいたいそういう系統じゃございませんか。だいたいが背違いでね。つまり木の幅と次との間隔が同じくらいか、またはちょっと薄いぐらいがいいでしょうね。「一力」のは、もう少しつまっていると思います。つめる場合は材料を薄くするといいですね。私は格子は外から見ることも大切でしょうが、それより内部から逆光線で見るものだと思います。よろい戸などもそれに似たところがありますね。

神代　格子なども関東はダメですね。関西はさまざまなものがあって、格子の文化だけでも大変なものですね。

村野　そうですね、つくづく感心しております。特に竹格子ね。太さや節などもあってどれくらいのにしたらよいか気がかりな仕事をいたしましても、いちいちついているわけにはまいりませんから、いい棟梁がいないと〝ああ、しまった〟というようなことになってしまいます。その点いい棟梁だと、まかせておいてもうまい調子にやってくれますね。うまさを表わすようなのは味がありませんので、本当はいちいち図面にかかなきゃできないというのでは困るんですよ。東京といっては語弊がありますけれども、あまり近代化していて変に芸が細かくしすぎるところが問題ですね。東京は指物が堅木でございましょう。そこから出発していますから芸が表に出て小さくなる、なしうるんですね。関西ははしょって感じを出すわけですから図面にならなくて、いい職人にたよっていくことになるのでしょうね。東京ですとうまい職人ほど監督していかなきゃいかん。あんまりうますぎてね。吉田君（五十八）が偉すぎたのでしょう。

神代　目をはなしたら、しつこい、いやな感じになってしまうわけですね。

村野　というよりも、あまり微妙すぎて見事なんですね。半分ぐらい言っておいてあとはご推察を……というようなことは、東京ではむずかしいですね。定規できちっとひいてそのとおりやる。関西は言葉で話せばあとは職人に腕がわかっていますから、まかせる。どちらがいいかわかりませんがそれだけの相違はありますね。

神代　とても関西にはかないませんよ。

村野　関西では、どうしたって弟子入りして以心伝心で自分たちが覚えるでしょう。それと関西にはたくさんのいい例があるからじゃございませんか？

神代　それが伝統と申しますかね。

村野　そう、伝統の厚みがあって、その中ではいわなくてもわかっているということでしょう。

　外国と日本の違いはすべてというわけではありませんでしょうが、そこじゃないですか。日本のわれわれはなんでも知りすぎて勉強しすぎている。いつも失敗いたしますのは、知りすぎて真似をするからではございませんか。

神代　なるほど、知りすぎて、かえって自由になれないということですね。しかし、先生は大変自由になさっておられる。

村野　いやいや、そんなことはございません。

＊　＊　＊

神代　格子のお話をしていただきましたので今度は、壁とか窓のお話を承りたいのですが、まさに先生は自由に壁や窓をおつくりだと思うんです。特に先生は壁にずいぶん、曲面をお使いになりますね。宝塚の教会もそうですし、毎日芸術賞をとられた小山美術館や、最近では西山記念館などもカーブのある建築でございますね。そういう曲面に、非常に画竜点睛というような感じでパッと窓をつくっておられる。どの場合でも、非常に自由に壁をつくっておいでだし、それにアクセントをつけるような感じで窓がある。それが見る方にとっては装飾にも見えましょうし親しみというようなものに感じられます。

村野　そうでございますか。壁も窓もむずかしゅうございますね。窓をつくるのは一番むずかしゅうございます。建築家として最高の技術を要する一つといえますね。余談になりますが一九三〇年に欧州からアメリカに旅行しまして、そのときも窓ばかり見てきたことがあります。今日ではもっと高層になりましたけれども、当時はせいぜい二四、五階で窓の厚みが一二センチぐらいしかないわけです。それであれだけのボリュームが出るわけですね。例外はもちろんありますよ。そこで私ももう少し薄くできないかと考えました。というのは、厚くすると、でき上がってみるとエレベーションがくずれていくんですね。厚く見せるように陰を入れたものですが先生はいかがでした？

神代　少しやりました。

村野　陰をわざわざ入れて深く見せる。でも実際にそれが建ちますと横からパースで見ますと、エレベーションはくずれてしまう。絵のようには見えないんですね。エレベーションが実際できたものと同じ感じにするには、窓を薄くするのが一番です。窓が深いとエレベーションができたときには圧倒的に感じがかわってしまう。やっぱりそれではいかんと思いまして、どうしたら窓を薄く見せることができるか……おそらくその最初のものが「森五」あたりではないでしょうか。つまりエレベーションをくずさないで窓をつくる。

窓をただあけるだけなら student work ですよ。むずかしいけれどもそれだけでしたら学生の方がうまいくらいです。しかし、やっぱり年季をかけないとうまくならないのは、窓まわりの感じですね。これが一番大切なところです。ガラスと壁との接触のぐあい、サッシュとのかかわり、窓の縁はどうなるかとか、また窓の深さは一分、二分を争うわけでしょう。重ねて申しますが、窓まわりをどういう扱いにするかということが、デザイナーの建物の表現の上で一番大切な問題の一つではないでしょうか。ただ構成だけで、つまりバランスとかボリュームの変化だとか、それだけではなくて、実際近くに寄ってみてどういう感じを受けるかということは、窓を含めてディテールの扱い方いかんなわけです。ですからコンポジションなどは若い連中にまかせますが、ディテールと原寸はできるだけ自分で見るようにしております。

神代　模型のようなものは……。

村野　もちろんいたします。模型といっても油土で自由に変えられるようにします。スケッチしますと、すぐ模型をつくってもらいます。全体がいつも見れますし、それで練っていきます。

神代　ディテールの模型もおつくりになるんですか？

村野　はい。五〇分の一、二〇分の一または一〇分の一、必要なところは原寸の模型もつくって、実際にその場所にあててみています、重要なものは。長野宇平治先生なども、実際の模型をつくって、現場においてごらんになってましたね。ヨーロッパあたりでもそうしているらしい。いまはなかなかできませんが、私はわからないときはできるだけそういたします。

神代　広島の「平和記念聖堂」の塔についている窓なども、やはり模型をおつくりになったんですか？　非常に印象に残ったものでございますから。

村野　そうでございます。われわれ凡庸の徒はそこまでいきませんと……。

神代　いやいや、とんでもございません。

村野　それから壁でございますが、端々を大事にすること。つまりポイント、ポイントを決めていくわけで、ここが一番大切なところです。あとはテクスチャーだけですから、そこが決まれば途中はできてしまう。

神代　そのテクスチャーも、先生は実に見事だと思いますね。吹き付けでもタイルを張る場合でも、まことに見事で表情があるんですね。

村野　おそれいります。しかし私は壁を決めるコツは端々をきちっと決めるところにあると思います。ちょうど石垣の積み方と同じですよね。端をピシッときめていけば、あとは自然にできてしまいます。けじめのついた建物というのは、端々がきまっています。きりっとしているところがなきゃいけないと思います。

神代　小山美術館の場合なども、端が非常に見事にきまっていますね。そういうお話をうかがいますと、あらためてなるほどと思います。

先生、立面ですが、非常に大きく壁を使われますね。そして、縞のように柱が出たり壁が出たりという構成。たとえば東京の「興業銀行」は、マッシブな壁面のところと、和風の格子のような感じの部分を対比させるような感じで全体の姿をまとめておられるようにおみうけいたしました。大阪の「そごう」の場合なども、そうでございますね。

村野　そごうも興銀も、町が狭いわりに建物が高うございましょう。市街地の建築は昔の広場の建築とだいぶ違ってくるんです。つまり歩きながら建物を見るという形ですね。視角は限られています。だいたい三〇度でしょうか、それで決まってくるんですね。ですから、そごうも興銀も遠くから歩きながら見る建物で、正面から見る建物ではないんですね。そこを最初から想定してつくったものなんです。

神代　そうですね。遠くから全体のエレベーションを見るという視角はなくなりましたね。

村野　どうしてもないですね。通りながら見る。そうすると感触の問題が大切になってきます。建築群になったときには全部見ることができない。やっぱり近寄ってみる。

神代　興銀の場合、初めはほとんどガラスが見えませんね。大変マッシブな感じで……。歩いて近づいていくと細く見えてきて、そしてそばによると、たとえば柱のディテールを楽しめる。

村野　近くにありますと感触の問題になりますね。急に集めますと排他的な感じがしておかしゅうございますが、そ

大阪都ホテル

こをまるめて筋を一本たてると何かさわりたくなるような感じになりますね。

神代　いや大変楽しませていただいております。

村野　私としてはしいてご説明すると、近寄っていただいたときに見る人がさわってみたいという感じになる方がいいのではないかと思っております。ですから昔の広場の建築は上から下へいって、下がだいたい大きくごついですね。いまの市街地の建築は逆でトップヘビィでいいわけです。下の方はデリケートに……。町を通る人にどういう感じを与えるか、そこを考える必要があります。そうしないと町がいやなものになってしまいます。

神代　近づいて親しみを感じるようなものがなくなりましたね。こちらの気持ちをつかまえてくれない。

村野　これはどういうことかな、やっぱりわれわれ自身にだんだん濁りが出てきたり、商業的になりすぎたりということでしょうか。写真効果とかコンポジション、ボリュームとか、人の目をひくようにすることも一つの方法でしょうが、まず人にどういう影響を与えるかなということをやっぱり考えていっていいんじゃございませんか？

神代　そうでございますね。それが一番大切だと思います。大変いいまとめのお話がでて、本日は、本当にありがとうございました。

＊『伊奈レポート』№12（昭和五十二年十月号）所収。

私の感銘をうけた本

一、チェルニホフの二冊の本

一九三〇年の早春革命後十年のモスクワの市内には、破壊された教会堂が瓦礫のまま残がいが残されているなかで、ヴェスニーンその他いくつかの作家の建物は建っていました。ほとんどが暗黒色で硝子の大きいのが印象的でした。建築を見るならウクライナに行けと大使館から教えられたが、私は高い物価やなんとなく不気味で不安な空気のなかでは行く気にはなれませんでした。そこでモスクワ大学などに行ってみた。ドリチャエフ教授やギンスブルグといった人たちに会ったが、会った印象では、革命後の都市計画も建物のこともまだ模索中といった印象が残っています。革命ロシアの建築はどのようにすべきかという方向がなく市中には構成派風の立て看板が建てられ、映画は宗教破棄のものばかりでせっかく大きな期待をもって訪問したモスクワに失望し物価が高いので数日間でモスクワを去り、レニングラードを経てフィンランドにぬけるつもりで一、二日レニングラードに滞在しているときに露店のような店でふと、第一巻を発見しました。ロシア語でよくわかりませんが、巻中の図絵で大体のことが想像されます。実はこれまで見たことはもちろんのこと、このようなかたちで教育されたりまた造型感情の点で示唆されたこともないので本当にビックリして深い感銘をうけました。ともかく一冊を手に入れ、日本に帰ってから著者の許可を得て翻訳してもらって出版しました。この本は日本でいえば工業高等学校用の教科書のようなもので革命後の建築教育のために書いたのだと著者はのべています。つまり建築初等科の教科書のようなものですが、不特定対象にたいし物心両面から抽象させてこれを建築にまで到達させようと弁証法的な教え方その教程が革命後の建築教育の方向を示していることにもかかわると同時に、物事を教えそれをどのように感じ取るかという造形と用との関係や教育にたいする基本的な考え方と、その姿勢に深く感銘しました。
一九三〇年といえば現代建築史上エポックの時代と申してもよいと思います。私はすでにいくらかの仕事もして四十歳を過ぎた頃の感激ですから、忘れることはできません。その後日本の近代建築の写真を著者に贈りましたが、資本主義国の作品の写真は著者の手に渡らなかったようです。代わりに部厚い第二巻が著者から送られてきました。この書はかつて国際建築社から紹介されたはずです。第一巻の延長のように思います。

二、マッキム・ミード・アンド・ホワイトの作品集

一九二二年頃のアメリカの高層建築の支配的な傾向として、イタリア・ルネサンスをアメリカの経済社会に適するように創作した作風を中心としておさめられた作品集ですが、その中にはゴシック、コロニアル、ロマネスクその他の様式も含まれています。もちろんウールウォースのようなゴシック風の高層建築の例もあります。その頃日本の建築界は折衷主義の建築様式が支配的であり、私もまた渡辺事務所でこのような様式建築を勉強しました。何も知らない私はこの作品集を懸命に勉強し、いまもってその影響が私の作風の根底に残っています。それは様式そのものではなく、そのなかに感ぜられる線や影やテクスチュアーやデリカシーの美しさに心を移すことだと思っています。やっと今日あることを得ました。若い頃の足跡としてあえてこの二つの本と作品集をあげました。

＊『建築雑誌』（昭和五十三年十月号）所収。

建築教育考

私に与えられた課題は「建築教育に望むもの」となっていますが、このような課題は、私にとって過分でもありかつ難題でもあります。というのは私はかつて教職に携わった経験もなく、したがってこのような問題にお答えする資格もありませんが、しかし興味はあります。と申すのは戦前戦後にかけ幾人かの青年を私の事務所に入れ、それらの人々はすでに一人前の建築家に成人し、またその過程にあり、さらに私自身のつたない経験、市井の建築事務所でほとんど毎日のように他人の依頼をうけていろいろな人と折衝しながらいわゆる俗事、雑用を処理しながら建築家としていささか職能を貫いていくことの困難さとともに、また喜びのようなものを持ち続けていくにはどのようにあるべきかという課題に取り組んでいく日々でもあります。私自身の見解や信念のようなものを申し上げることは控え目でありたいのですが、ただし逃げることのできない条件として申せば、何十億、ときとして百億以上の資本の処理の仕方の最終段階を私自身の鉛筆一本に任された最後のギリギリのところに置かれているという自覚、信条、その前にそのような事情に置かれ、それから逃げることができないという事実であるように思います。

事務所としての経営状態、組織あるいは民間や官庁など建築家としての仕事はいろいろの形があるにしても、まちがいのない事実は多額の資本や税金すなわち自分自身のお金でない他人から依嘱された形でその最終の消費に決定的な段階に携わり、その結果が人間の物心に空間的な形で影響を与えるという事実は何をわれわれに物語っているでしょうか。しかもその「物」がつくられる過程、その「物」の結果が物から建築になって社会にあらわれてくるまでの過程はどうなのか。特別な例、たとえば記念建築でない限り消費された物質、自然であれ、第二、三次の生産品であれ、それを使ってできた物が建築としてどのように作用し、どのような経過をたどって使われたり消費されて投下資本が元に帰るのか。しょせんは自然をなしくずしに消費し、やがて社会的な条件においてでしか元には帰らないという事実を考えればなまやさしいことではなく、厳粛であり、現実的であり、しかもわれわれの仕事がもし許されるならば芸術でありたいという信念をもって行動しなければ建築家の日々はどうなのか。これはわれわれのように市井の一建築家であれ、そうでない立場の人であれ、その立場や役職のいかんを問わずあるいはまた資本家的社会や全体制的な国家であれ、変わることはあるまいと思います。

与えられた課題は主として学生の教育に関するもののように思いますが、思えばこの問題はわれわれ自身の問題でもありましょう。されば、われわれを含めて直接教職に携わり、日々徒弟の育成に腐心される諸先生方にお願いしたい。なまやさしい問題でないばかりか私どもが市井で感じていたようにひと頃のような学生の人気取りに類するような教育のあり方でないにしても、そのへんに知的教育の限界があるように思います。大学のようにすでに成人となった人たちの教育であっても、やはり師表にたつだけの師としての行動、思想、信条が百の教科課程が修了する以前に、どんなにか人および建築家としての基礎教育に必須であるかということを感じます。

学校における建築教育とそれをうけた学生の将来はおのおのの契機と希望によって分かれるでしょうが、学校は知識や芸能について教え、またそれを示唆するだけのところであってはならぬように思います。人および建築家をつくるところ、そのために師としても修養の場所でありたいとも思います。私は私自身の仕事から、いくらかデザイナーとしての立場から、また市井の一建築事務所をあずかる立場から申し上げようと思います。その点お許しいただきたい。

＊　＊　＊

先日私は若い陶芸家らしい人から一通の手紙を受け取りました。文意は次のようなものです。

私は陶器をつくっていますが、建築家になりたいと思いますが、建築家になれる資格はどんなものでしょうか。私の郷里の先輩に藤井さん（藤井厚二博士）という住宅を専門にやった先生がおられたと聞いています。私も建築家になって住宅をやりたいと思っていますので、その条件を教えてくださいという意である。この青年は藤井教授の出身地福山の人らしい。建築を志して陶芸にかわった人で富本憲吉があるぐらいだから、建築と陶芸とは造形と火というような勘のはたらきに共通のところがあるのかもしれない。ところでこの若い陶芸家の手紙ははからずも建築教育の問題にも関係があるように思われるので、少しばかり触れてみたい。

私事になるので恐縮ですが、教育に関する問題としてお許し願いたい。以下の私事についてはこれまでにもいく度か話したこともありますが、たまたま教育の問題と前記陶芸家の手紙に接したので再録することにした。

私は唐津に生まれて八幡市で成人しました。今日の新日鉄、当時の日本最初の製鉄所のあるところである。父は私を製鉄所に勤めさせることを唯一の楽しみとして小倉工業の機械科に入れた。私は卒業とともに同所に勤め、軌条用スパイキの製作からやがて軌条（レール）、大形（大形鋼）工場の現業監督となり、兼ねて製鋼や製品試験や輸入機械類の実測図の仕事に従事した。

当時の製鉄所の現業は今日とは異なりすべて労働力と熟練労働者の勘一つにより、もうもうたる煤煙のなかでレールも大形鋼もつくられたといって過言ではない。今日の製鋼とは雲泥の相違である。やがて二年後には一年志願兵として対島要塞に入隊して、ここで二ヵ年を空費した。製鉄所時代から蒲柳だったので水力電気をやって山の中で生活したいと思って電気を勉強し多少実際の仕事もしたが、除隊とともにさらに進学することにして早稲田の電気科に入学することができた。しかるにここでまた、私に転機がきた。

田舎から大都会に出てその建物にふれ、これを目前にしておぼろ気ながら自分の性能を考えて、もしかすると自分は建築がやれるのではないかと思うようになった。もちろん建築がいかなるものかということは、知るよしもない。ただ都会の建物、ことに造形に興味を覚えた程度である。それで私は当時早稲田の建築科助教授であった徳永先生に建築にかかわりたいのだが、建築がやれる資格（当時は建築家などという言葉は一般ではなかった）について手紙を出した。

徳永先生には一面識もなかった。はからずも前記若い陶芸家と同じ質問をしたことになるので、この陶芸家の手紙に私は興味を覚えたのである。そこで徳永助教授（この人は福岡出身で、後に大阪中ノ島公堂の現場監理をし、その後福岡銀行東京支店その他を設計した人である）の返事は次のとおりである。

建築をやれる条件は、次の二つができるか興味を持てることが必要である。

一、数学ができるか興味を持てる人

二、文学に興味がある人

以上のとおりである。思うに、一は知性、二は感性や情緒にふれる問題であると思う。私はいまもってこの答えは正しくまちがいのない的確な建築家としての基本的資質だと思います。もちろん私はこの二つの資質について十分ではないにしても、期するところがあって転科することに決心した。とはいえ転科はむずかしく、一年間のデッサンを条件にその結果が良ければ許可するという条件つきであった。ともかく、それにパスして高等予科から学部の建築に転科することができた。

私はそこで機械から電気、やがて建築にいたるまで五年有半を空費することになったが、顧みて長い人生のうち五ヵ年の空費は、本当の道にたどりついたということでは決して悔いるところがないと思います。私は自分の経歴を書いて陶芸家に返事を出した。

そこで最近の入試の問題から、現に私の事務所で私と机を並べている成人建築家や修業中の人たちの物の考え方やその行動に及ぶことになるが、戦前戦中戦後、それぞれ人間的なことは別としても、建築の設計とその処理の仕方に特長があるように思う。二十年近くも前のことになるが、「グロピウスを囲むシンポジウム」をある雑誌から訳してもらって読んだことがある。戦後の荒廃がまだ癒えない頃のことで、それを読んでアメリカの建築を見学したいと思った。いわく学校教育でデザイナーをつくることはとうてい不可能である。デザイナーは学外の教育訓練でできるものであるという意味であった。

私は今日の学校教育の現状も、またアメリカの建築社会の実情にも詳しいとはいえない。しかしアメリカにはそれだけの余地があるのではないか。いかなる事情にしろそれだけの事情があるのではないかと思う。いろいろの問題、たとえば生産手段、建築生産（この言葉は適当ではないが）建築が計画されてからでき上がるまでの社会の仕組み等々、日本とは事情が異なるのでグロピウスのようなことがいえるのではないかと思う。その代わりボスの言葉や意図は絶対であろう。これに耐えてはじめて一人前になるのが一応の過程ではないかと思う。

かつて某大学の卒業生から私の事務所に入りたいと申し込んできたので、私の事務所では設計はすべて村野がやる、入ってもその引き延ばしをやるだけだがそれでよければしかるべき教授の紹介状を添えて申し込んでくださいと返事した。事実は必ずしもそうではないにしても、それが入所の条件でその心がまえについて返答したところ、それっきり返事がなかった。いつの頃からかわからないが、建築事務所に入って自分で設計したものが実現する、それができるということを先生方がそれに近い形で教えておられるかと思うことがある。造形を含めてあらゆる建築教育のカリキュラムの詳細については無知であるが、およそ一つの仕事を依頼されるようになるまでの苦心のことを思えば、その責任の地位にある人みずからの責任と意向とにかかわることは当然であり、それに勝手とまではいかなくともそれにかかわりなく計画や設計ができると思い込むのは特別事情はよし、その事務所の組織がなんであれ、できるわけがないことは自明のことである。戦中や戦後復興の場合は例外もあった。しかし今日は違う。それだけ自分でやりたければ私の事務所に来ない方がよいといったところ、はじめて納得がいったようである。

昔のことは例外である。辰野先生の事務所に入るには月謝を持って来いという話が残っている。真偽は別として、さてこそグロピウスがいうように、デザイナーは卒業後の修業いかんによる。これが普通のコースで医師のインターンに似た期間であると思う。そこで思うに、学校教育なるものは万人共通のことしか教えられない。だれにもわかる教育の仕方で教え、教えられる方でも納得するような仕方で教えられ、それ以上のことについては教えられていないのではないかと思う。もとより例外もあろう。自然、知育や知性万能の教育の仕方になるのは当然であるように思う。

そこで前に戻って、入試のことにふれる。建築家希望者にデッサンを課するところもあると聞くが、そこはかなデッサンぐらいで資質を見分けることは容易であるまい。まず入試の決定的な条件は知性であろう。この傾向は学校のいかんを問わずなべて同じ傾向であり、大同小異のようである。もともと知性は平均に通ずる。底辺は共通普遍であろう。その難易で人の能力を試し、それを解き聞かせて教育することは納得のゆく仕方である。建築という物をつくる動機、過程、組織、計画、これらの事情は今日の社会的な支配的な仕組みの基礎であり、それに練達することを教えることも当然であり、また原則であろう。

ところが造形感情は違う。これは教えられるだろうか。なるほど自然にいくつかの型のようなものはできるであろうが訓練、会得、抽象がつきまとう。私はそれについて十分解きあかす資格はないが、もしこの二つの徳永先生の建築家たる条件について、入試が行われたであろうか。そして、その後この二つについて平均のとれた教育がなされたであろうか。私はその点についてほとんどの学校が、大学から中学校まで特長らしい特長がなくなったのではないかと思う。

これもかつて書いたことがあるが、チェルニホフ氏の書いた一冊の本がある。ロシア革命後、建築課程をふむ学生のために書かれたといわれているが、星雲のような私流に申せばソートフォーム（Thought Form）から造形感情を経て、建築というリアルなものに達する教育の仕方を書いた本である。おそらく、ここに達するまでは深い精神的修養を経たであろう。このような知性と感性が無形から有形に達する道だとしてみれば、もし建築教育に欠陥があるとすれば遠因は入試にありと思う。それを改めない限り、自他ともに学校教育はおそろしく無駄で、面倒な仕事をしているように思う。

近代建築のはじまりは骨肉の乖離、すなわち構造と装飾（ボディー）の分離、相互に手段化することから始まったように思う。その象徴は、鉄とガラスの名ではないかと思う。それでもほとんど時を前後してベーレンスもいればペルチッヒもいたし、表現主義の建築もあれば最小限住宅の問題もあったことは周知のとおりである。

およそ第一次大戦後からの建築における多様化はもとより、すでにそれ以前においてアメリカではウールウォースやシンガーの高層建築、イタリア・ルネサンスの高層化、その末期の頃にはシカゴ・トリビューンの国際コンペにサーリネンやグロピウスの高層建築様式の応募作品が発表されてから以後、アメリカ高層建築の様式も変わってきた。クライスラーにいたってはおよそわれわれが考えていた建築的概念とは異なって、これが建築なのかと思うぐらいいまから思えば商業主義に徹する表現であり、建築文化、建築美術、建築家の職能もあげて政治、経済あるいは社会的なものの手段と化していった。しかもストックホルムの市庁舎があり、厳としてギリシャ思想の潮流は併存したし、現に多様化された建築のなかにも併存しているように思う。

ところが最近にいたって、変化が起こった。それは何かというに、科学の進歩を契機として生産手段の変化とその多種化であるように思う。生産手段の多種化とともにその工法のためには専門の知識を要し、自然とその生産物の加工のしかたもまた際限なく分化するにつけ、昔風の熟練工は駆逐され建築家としてのわれわれの建築家概念がもしあるとすれば、たとえばベルサイユにおけるマンサールのことは夢物語としても、ラスキンやモリスのことはもとより、およそわれわれの胸中に往来する有名建築家たちを含めて政治、経済の変化と、生産規模の拡大とともにすべてはその拡大のための手段となった観さえもあるように思う。建築家の知識はそのような分化した各種の専門分野にまで及ぶことは不可能であるし、また各分野においてもそれぞれの専門家を必要とした。

そこでたとえば土地、投資にたいする各種の専門家、コンサルタントを含むリアルエステートボードや開発のためのデベロッパーのようなものができて、建築家とその仕事はその一分野に変わっていった。際限なく多様化する価値観、資本と生産規模の拡大、住宅問題など、社会的な諸事情の変化により建築規模もまた拡大する。拡大へのためには生産手段も変化する。その結果いかんにかかわらず、社会的な事情と要望にこたえるかのように、学校はいくらかの造形感情も含めて主知的教育を行い、それらの教養を身につけた多数の卒業生が社会に送り出されたのにはそれなりの事情があったと思う。

その頃のわれわれの感じはいくらか過保護に見え、現にそれらの卒業生のあるものに接して感ずることは優れた知識はあるにはあるが、しかし進んでみずからの手で泥をつかもうとする能力も勇気もないように思えた。一方において建築の実務は単純な労働力でできるようになった。これは自然的なものからの離脱、すなわち二次化、三次化された製品が生産手段となり、その工法の進歩や分化されたためである。その結果、熟練した労働力は職場から消えていった。すべては建築量産とその背後に経済的理由が潜在するためである。したがって建築家の設計もまた頭脳優先の傾向が支配的となり、格別造形的な訓練や教養がなくとも建築はできるように変わったし、また変わるように見えたのが、つい先頃までの状態であったのではないかと思う。建築における人間性が問題とされたゆえんでもある。

このような建築的環境は主知的な事情が支配的な主流となっていたのに、客観的な事情の変化もあって変わってきたように思う。けだし教育が問題にされるゆえんでもあろう。しかしながら今日まで多様化された建築を取り巻く諸条件、分化された諸事情が今後急激に変化するとは思えないし、ましてや何十億何百億もの投資の場合などを想像すればさらに多岐にわたる問題が起こるし、また起こらざるをえないと思う。複雑になったそれらの諸問題について、建築はすべて堪能であるとは限らない。よしんば、それらのあるものについて多少の知識はあるにしても、提起された問題について専門家や関係方面と進んで協議し、傾聴することに謙虚でありたいと思う。究めつくして九九パーセントにいたろうとも、諸条件に耳を傾けることについて卑怯であってはならぬと思う。しかしながら、まだ一パーセントは残る。何人も侵すことのできない一パーセントが残る。たとえば村野の場合としよう。その村野自身でさえ、いかんともしがたい聖域であるように思う。この一パーセントが、ときとして全体に及びあるいは全体を支配することにならぬとも限らぬ。建築家とその建築は、ここから生まれるのではないかと思う。

このようにしてつくられた建築は建築家の手から放れて注文者の手に移り、やがてその用役は社会的に機能するだろう。無慈悲で無差別平等である。社会ということは平均の別名である。平均は数として計算することができる。かくて建築は社会的に客観的な物の形で存在することになろう。かつて建築家の主観のもとに手塩にかける思いで育てた建物でさえ、特殊な記念建築を除きその多くは社会的に再評価されるのである。けだし建築家自身のルネサンスはこのへんから出発するのではないかと思う。

＊『建築雑誌』（昭和五十四年七月号）所収。

社会的芸術としての建築をつくるために

この間アメリカへ行ってつくづく私は考えたのですが、こういっちゃいけないけど、もういまとなればアメリカへ行って学ぶものはないということでした。もう精神的に違っているから。向こうはどんどん機械的にやっていく。雑駁ですしね。昔のようなさわりのいいものはないですよ。で、アメリカから友人たちが来ても、私のやっていることはもう理解できない。これとこれのつながりの関係はこうで、こういうふうに変化して、自分の気持ちはこうだからと説明したって、もうわからないですよ彼らは。

この前、シカゴのＩＩＴを案内してくれる人がいて行って話し合ってきた。あれは定規で引いたような建物ですからね。その隣にあるシカゴ大学に行くとばらばらですから、非常になだらかな感じがする。（これと反対にＩＩＴは）定規で引いたような建物ですよ、ミースのは。なるほど立派で一緒に行った私の孫なんか見て、ああ立派だなあとすぐわかる。それもまあいいでしょう。一度はね。しかしあそこまであれを日本が真似したってね。（そこでの教育の内容をそのとき関係者から聞いたが）ミース一辺倒だね。ミースは神様になってしまうのではないかと私は思った。ミース亡きあとのＩＩＴはどうするかという問題でやっぱり悩んでいるんですよ。ミースが健在であった時代はよかったでしょう。彼が亡くなった後は、今度はミースを神様にしなければ学校を保てなくなっているのではないか。だって（教える者は）ミースにはなれないでしょう。ミースにだれでもなれますかと（私はそのとき）いった。ミースがいるからＩＩＴは生きていた。ミース自身がいいかどうか私には疑問がありますがね。それはともかく、（ミースの死後も）なんでもミースに持って行こうとする。そうするとミースは神様になってしまう。

そのとき私は、日本の千利休と古田織部の話をした。つまり（教師は）利休ではなくて織部にならなければいけない。そうでないとこのＩＩＴはつぶれるかもしれない、もとの職工学校に逆戻りしてしまうといったことを話したわけです。（日本の茶道では）利休は神様になってしまっている。利休のちょっとしたことがみんな様式になった。利休がこうやったからこうしなさいという。そんなのは面白くもなんともない。この前、私は待庵に行ってみたんですね。待庵というのは字でいえば行書だな。「草」じゃないですよ、これは。あるいは「真」に近い。だからなるほど「行」の教えを受けてつくられたもののように思えた。私は待庵のことをちゃんとは知りませんよ。ただあれを見て、あれは草庵じゃないと思った。中村昌生さんの書かれたものを見てなるほど床の間の柱がね、丸太をちょっと切ったんではなくて、上まで切り上げて角柱に近いものになっている。あれは私は少しかたいと思う。

結局、織部以降だな変化ができるということ、つまり創造《クリエーション》ができるという考え方に変わったということは織部が出てからでしょう。利休、利休といったらお茶はかたくなっちゃう。利休、利休というのは後の人たちが利休を神様にしたからだ。一番、宗家がそうです。三千家もそうでしょう。確かに桑田忠親さんが書いておられるとおり、本当の芸術家は織部だということです。それはそのとおりだと私も思う。（私はＩＩＴのことで相手の人に）ミースをしまいには（利休のような）神様にするでしょうといった。自分がミースになれないからミースを神様にしてそれで（学生を）引っぱろうとしている、しかしもうそういう時代ではないでしょうと話した。

つまりね、こだわらないで絶えずサムシング・ニューでやっていく。社会的条件は非常に変わっていくでしょう。それに対応してやっていくには、ひとつのことだけいったり理屈だけいってたってダメですよ。絶えずサムシング・ニュー、これをやらないと。

この話も二、三度どこかでしたことなんですが、あるときうちの事務所でね、所員は遅くなってみんな帰った後カーテンのデザインを私は見ていたんです。川島織物の人を相手に、うちの若い所員をひとり助手にしてね。カーテンの色や形はなかなかわかりませんし、実際にものを見なきゃわかりませんからね。私も遅くなって疲れ果ててるわけです。疲れ切って帰るわけです。それをうちの助手はそばで見ているわけです。それを見ていてこうしなければ建築はできないものだ、私の年輩になってまだこれをやっている、そうしなければ建築はできないということを彼も感じたんでしょうね。私が出て行くときに、私の靴を揃えたんですよ。ないですよ、近頃こういうのは。一般にそうしないのが本当だというふうにしているわけです。またそのとおりでもある。実際みんながそんなことをしちゃいかんわけ。弟子入りみたいで、非常に卑屈に見えるでしょ。ただこの場合はそうじゃない。みずからすすんで気の毒だと思ったんでしょう。先生がそこまでやらんと――まあ能力がないからでしょうが、そこまでやらんといかんなあというこどに彼は気付いたんでしょう。そのときはそんな卑屈なことはしちゃいかんと注意しましたが、ともかくそうしなくちゃという気にそのとき自然になったんでしょう。(建築というものが)なかなか容易にはできんなあということが、彼は確かに気付いていたと思うわけです。(そういったかたちの教育)それが大学にはないですよ。みんな「知性」の切り売りだから。

やはり先生ですよ。大学といったって先生ですよ。やはり先生の人格というものが学生に移っていく。いわんやまだアメリカと日本は社会的にも生産状態もみんな違うわけだ。アメリカと同じ(建築)教育を日本でしたって、それはダメです。やはり二十年、三十年の努力を重ねなければアメリカのようにはならんでしょう。アメリカはあれだけ立派な道路といい、社会といい、すでに持っている。食料も非常に安いですしね。道路も建物も立派でしょう。みんな一人ひとりが、それらを財産として一応持っている。その社会と、日本の高速道路が四方八方走っていて町全体が工場みたいなのと、そうしないと向こうに追っつかない、競争できないのと一緒にはできない。アメリカと程度が違うんだ。アメリカでの教育の仕方を日本にそのまま移そうといったって、とうていダメ。それでやるからダメな人間ができちゃう。三十年なり二十年の遅れをなんで償うかという努力をしなきゃならんことを、学校は教えない。

さきほど(大学教育の教師の)人格ということをいいましたが、これも何度も話したことだが私を一生支配した人間的に支配されたひとつのことは私が早稲田に入って、夏に安部磯雄先生の講義を聞いた経験です。安部先生は有名な社会主義者で、その当時うしろから刑事がいつもついてまわっていた、それくらいの人なんです。高等学校の学生を全部集めてやるんですから、大勢（の学生）ですね。暑い時でしたがそのとき教室で先生はこういわれる。「諸君、扇を使ってもよろしい。使ってもよろしいが、他人の邪魔にならんように。また上着をとりたまえ」。それでいてご自分はどうかというと、キチッと（上衣もとらず）三つボタンでした。そのときは英語の時間でミルの講義でしたが、特有の歯切れのよい調子の講義でね……。私はこれを聞いて大学とはなるほどこういうものかと思った。こういう先生に私は本当に一生を支配された。これでなくてはいかん。自由とはこれだなという印象を受けた。こういう印象は一生を支配しますわな。うしろには刑事がついている。それでいて、そうなんですから。

　これがないんですよ、いまは、大学の先生に。いや、いないわけでもないでしょう。私は名前こそいいませんが、こういう人もいるなあ、ああこれが学校の先生だなあ、と思うような人もなかにはいますが……。これを抜きにして知識の切り売りだけが大学の教育では困る。非常にいいにくいことだけれど学校の先生がね、みずから指導に立つ、それだけの心構えのない人が学校の先生になったとする。そうすると頭だけ売るわけですよ。知性優先の教育の仕方をするんじゃないか。それはなぜかというと割り切れるから、学生にもわかりやすいわけです。そういう先生がもてるわけだよ、学生には。結局それではいい学生が出るわけないですよ。

　私は今和次郎先生のことを思い出すんですが、今先生が富士見町におられたときの態度は立派なものでしたよ。私は非常に影響を受けた。ああいう先生にめぐりあえたことは、私は自分は幸いだったと思うわけです。だから学校の先生がみずから指導に立つという心構えがなくては、いい学生が出っこはないんだと思う。（その証拠に、いまの学生は）大学を出てから、みずから泥をつかむという勇気がない。これではいい建築はできっこないですよ。頭のいい学校の成績のよかったような若い者が、自分でこうやって（スケッチなどしたがる）、あとは人にやらせて結果を握らない。握る力がない。やりっぱなしでしょ。それでなくても私に直される、先生に直されてしまうんだから仕方がないと、（これが逆に出ると）どうなるか私に見せないという傾向になって表れる（それで問題が後で起こる）。

　それは自分が泥をつかむという勇気がないからだと思う。（泥をつかむということ）それをいまの学校は教えない。なぜなら先生みずから（そういう方向に）指導に立たないから、頭だけよくて理屈はいえますよ、しかしそれではいい学生は育ちません。そういうふうに社会に出た学生は、高度成長期ならよかったでしょう。ところが今度のオイルショックの時代になって、それではやっていけなくなる。どうかしろったって、もうそんなことできっこないですよ。

それからやはりいまの入学試験、これがいかんですね。他の理工系の学科はそれでもいいでしょうがね。しかし少なくとも建築という特殊なものは、（いまの入学試験など）そんなことで（学生の才能など）わかりっこない。私は建築は無試験で入れたらいいと思うんですがね。まあいまはなかなかそうもいかんでしょうけれどもね。なにしろ何百人も入れなきゃいかんらしいから。（しかしやってみて大学の）中で落としたらいいんだ、どんどん。われわれの時代は考査（内申書の書類審査の意か）するだけです。中学時代の考査です。考査がある程度以上の人は、入れるわけです。そのかわり中で落としちゃうんですから、同じことだ。だから落伍したやつはたくさんいます。結局三人に一人くらいに減ってるでしょう。建築に向かない者は落ちていく。いまの入学試験だと採点上やむをえないだろうと思いますが、どうしても「知性」に傾いた入学試験をしている。学校によっては試験にデッサンを入れよとかなんとかいっているが、そんなことだけで人の能力がわかるわけでもないだろう。

建築教育の問題についてはこの間『建築雑誌』の特集号に詳しく私の考えを書きましたから、興味のある方はぜひ一度それを読んで批判をいただきたい。

（私の事務所にも）どうしても私のところへ入りたいといってくる若い人がいます。（ある若者を採用したとき）東京の事務所に置いたらどうかと所員が聞くので、いかんと私はいって大阪においた。それで私はうちの事務所の者にもすぐに彼を使うなといっておいた。かわりに図面の引き写しをやらせた。これはね、神戸の滝沢真弓先生からだいぶん前に聞いたこと、滝沢先生一流のユーモアを交えてね、便所と梯子、つまり便所と階段ができたら一応大工でも一人前の大工だ、と。これは名言ですよ。うちでもだからいままでやった図面の引き写しをやらせた。便所と階段、どういうものかがわかる。それから手が慣れてくる。みな初めからこれをやる。その段階に早く慣れろと、そうすればそいつを使うことができる。入ったとき私はいってやったんです。「君はそれをやりなさい。大きいものはやる必要はない。大きいものはすぐできるんだから。小さいものをうまくやりなさい」とこういったわけです。その練習をしなさいと。それができなきゃうちへきたって仕方がない。つまり便所と階段ができたら一応、これは半ば大きいものをやれる資格になりかかるわけだ。それから家具ね。そのほか小さなものをやらせる。電灯器具のデザインをやらせる。照明具をやらせるとすぐわかる。ここがまずい、とわかるとすぐなおさせる。ここのところはもう少し丸くしたほうがいい……。そうすると細かい形とかが自分ですぐわかる。目の前で練習できるでしょ。タッチですね。そういうようなものがわれわれの日常接触するところだから、さわり《タッチ》がわかるわけね。よその場合は知りませんよ。少なくともうちの事務所ではそれをやらせる。

大きいものは決して先にやらせない。大きいものはすぐできる。大きいものをやらせたり（役所の書類の）届けなどをやらせたりなんかすると、もう荒れてしまうがない。頭が荒れてしまっていかん。これは理屈ですからね。やらしてみてこれはいかんなと思うから、ほかのものそれをやらせるとどんどんやるけどね。で、どうなるかというと、そういう人は私が出かけるとすぐ外套を着せかけたり、そんなことにばかり気が付くから「絶対いかん、そんなことは何のためにするんだ、図面を描きなさい図面を」と、届けなど一切やらせないで図面ばっかりやらせるようにする。それも下の図面ばっかり描かせる。大きいのはほんとにすぐできるんですよ。心配ない。それより、そういう（小さい）ことをやっておけ、おれはいつ死ぬかわからんからといってある。あとは仕方がないなあということですよね。（見どころのある人は）私の目の届くところにおいておくんです。それから教えてやる。先輩をその前において……。小さいものをやらせて二、三年の間……どうしたって五年ぐらいかかりますね。まあその間に一級建築士の試験も受けさせなければなりませんしね、だから人をひとり入れるということは大変なこと、大変な「荷」ですよ。

うちの事務所は東京、大阪合わせていま何人ぐらいですかな、四〇〜五〇人はいかないかな。先輩がひとりふたりと独立して行きますけど、とにかくなるべく大きくしないようにしている。昨日も大きな板ガラスの会社の前の重役だった人に会いましてね。その人がいうには会社も一時いけなかったのがだいぶん盛り返してきた。（具合の悪かった）原因は人を入れすぎたことにあった、というんですね。人を整理してやっとこれでよくなってきた。その話からもわかるように、人を入れて増やしてはいけません。ことにうちの事務所のような行き方のところは、人を入れたらダメだ。人を入れなくてもいい。なるべくなら足らんくらいのほうがいい。設備（関係のこと）は人にお願いしたりなんかして、なるべくうちでは小人数でやらないと……。つまり私の目のとどく範囲内で仕事をやる。自分の目のとどかない仕事をするくらいなら（仕事は）いらんです。まあ非常にぜいたくな話なんだけれど人を入れなきゃならんようなことなら、仕事をいただかないほうがいいということです。まあぜいたくな話ですがね。そんなことといえるガラではないけど、まあ気持ちはそのとおりなのです。

人ひとり一人前に育てるのは、ものすごく大変ですよね。

私が育ったのは八幡《やわた》の町家ですがね。道路は舗装もなにもない頃、八幡市がちょうど拡張時代ですからね、非常に交通が盛んで牛車なんかも通ったりする。ほこりがすごいから夕方は必ず水を打つんですね。それを私がやる。私たち小さいときはみんなやらされた、おふくろがやかましかったから。そのときに自分の家の前だけ打たないで、お向かいまで、それに両隣まで水を打つんです。これはそうするようにだれかに強いられたわけではないがそうするわけ。いま考えると、実はそのとき私は意識してやったんじゃないかと思う。そうやると自分の家が本当に水を打った感じになるわけですね。そうしないと自分で気に入らないわけ。自分の家だけではなしに両隣も一緒に水をまくというのは、特別にほめられようとしてやったわけでもなんでもない。ただそのことを隣近所からほめられたわけ。それで私が建築にいったということには、（そんな幼時の経験が）なにかあったんじゃないかと思うことがある。美にたいする感覚でしょうかね。それとやはりごく自然に平和である。近所と仲よくしなければいかんとか、そんなこと。私はいまでも〝鋭い〟ものは好きでない。たとえば境界線を鋭くくっきりと分けることなど（好きでない）。自分だけでなく隣も考えなきゃいかんなと思う。隣の庭に木が植わっていればその隣の庭の木と同じものをこっちの庭にも植える、というふうに考える。それは自然な感情だと思いますね。

この前『建築雑誌』の中に書いた私の原稿を読まれた方

もおいででしょうが、あそこで私は二つの問題にしぼって書いた。一つは建築の設計に向かう人の資質といったことについて。もう一つは、われわれのつくった建築がどういうふうに社会の中に出ていくかということと、建築家がそれをどう考えるべきかということについて、ね。その二番目の問題についてもう少し説明をしておきたい。（私がそこに書いた趣旨は）たとえば一つの建築をデザインするでしょ。そうすると何十億、場合によっては何百億という金をまかせられるわけです。昔だったら三井家とか岩崎家とか、自分のものを自分の金で自由にやれた。ところが今日ではそういう金はない。政府の金といっても税金でしょう。銀行の金はみんな預金者の金でしょう。いろんな金が集まってるわけ。結局自分の金というのはないわけです。そうすると複雑になってきて各方面の人がみんなそれに関係してくる。それにたいして私は、建築家は徹底して謙虚でなくてはならぬというのです。そういう人たちの話を十分に進んで聞く、それに耳を傾けて謙虚でなくてはね。資本というものを通して社会が監視しているわけだ。専門的なことはコンサルタントが出てくる。投資にたいしてはディベロッパー（そのほかいろんな人がチェックする）、それを建築家である私がまとめなきゃならない。

私がよくいう言葉ですが、九九パーセントのところまで、それでみんな出てくる（九九パーセントまでは建築家は謙虚に後に引いて聞く）。そこまでは理屈でいえるわけです。つまり二二《ににん》が四のように割り切れることなわけです。なんたって社会は「数」ですから、みんな「数」にかかわっているわけだから割り切れる。「数」の中へ入ったら、弁証法というものがあるわけです。それからいろんな問題、矛盾だとかの問題があって社会は動いていく。ところが（九九パーセント引いても）一パーセントは残る。それが村野です。私はいつもそういうんです。村野自身でさえどうすることもできない一パーセントなんです、これは。いくら理屈をいったって村野に頼んだ以上、村野をどうすることもできないでしょう？　本当の建築はそこから始まるんじゃないか。その一パーセントが、ときによっては建築の全体を支配することができるかもしれない。そして私たち建築家はつくっているうちは手塩にかけて、自分の孫のように大事にして仕上げて、そうしてできたものをクライアントに渡す。（このときに）建築はもう一つの新しい局面を迎える。クライアントに渡すということは、社会に渡すということと同じです。つまり自分のやった作品というものが、社会において評価し直されるわけですね。この再評価されるということは「数」（量）の世界の中に入るということです。勘定できるものに変わるわけです。建築の仕事は、建築「作品」なんていう甘い性格のものではなくなってくるのですよ。だってもともとが「資本」でしょう？　それを組みたてて新しい目的のものにつくっていく。

　クライアントに関してはまったく無慈悲ですね。マルクスの言葉にあるんですが、無慈悲で平等で非常に残酷、冷酷に扱われる。これが建築が世に出たときの姿（運命）ですよ。それというのも（建築が）「数」に変わった、つまり社会的なものになる、勘定ができる、ということは「資本」をまたもとに戻さなくてはならない。そこから得られたものは、「建築は芸術なり」などという甘い性質のものではないですよ。しかし、しかし建築家はそれでも（一パーセントのものとして）依然としてある。ルネサンスというのはそこから始まるんだというのが私の結論なわけです。ルネサンスというのは本当はそこから始まるんだから！　というのもね、そんなことをいっても建築はやっぱり芸術なんだから、これは。現実に芸術なんですよ。だって村野はやはり残っているんだもの。一パーセントの村野はやはり消すことはできないんだ。いくら社会化したといっても、あるいは数になったといっても村野は残っている。

　ただね、そのときは村野の作品ではなくて、村野の関係した作品ですよ。だから建築が芸術であるならば社会的な芸術として残るだろう。村野という名前はたまたま関係しただけの話で、村野ひとりの作品だなどというような甘い話ではないのですよ、ね。なんたって社会がある。これが近代建築の性格だと思う。昔はそうじゃない（建築は作者の作品として通った）。近代の芸術というものは。社会一般の人がそこから受けるんだから。みんな生きてるんだから。だから社会の人にたいして建築を大事にしなさい、愛しなさい、傷つけてはいけない、ということがいえる。それは村野を生かすためじゃないでしょ。建築自身を生かすためのものじゃないかと思います。傷つけることは自分が自分の頭を、自分の眉間を傷つけることと同じですよ。建築を大事にするということはそこからくる。いつまでも（設計者が）自分のものだと考えていては大まちがいですよ。

＊『新建築』（昭和五十五年一月号）所収。

自然との調和が大切

東山　先生が日生劇場をおつくりになったのは三十八年でしたね。外観を拝見してまず窓に非常な興味を感じました。ああいう大きなビルの窓というものは、情緒はあまり感じられないものと思っていたんですが、あの窓は大変情感があって、ほかの建築にないものという感じがしたのです。

村野　あれは初めは保険会社が児童サービスのために劇場をつくるというのが出発なんです。ところが途中でベルリン・オペラがくることになって「これは大変だ」というわけでカーネギーホールなどめぼしい劇場をみてまわったわけです。ですから私の発想が途中で変わっているんですよ。

東山　そうですか。あのこけら落としは「ベルリン・ドイツオペラ」でしたね。私も初めて中に入っておどろいたのですが、普通の劇場建築とまるっきり違って、まるで深い海の中に入ったような感じの幻想的な空間が非常に強く打ち出されていました。そして幕開けが絶好のドイツオペラだったこともよけい感銘が深くて……。あの壁はどういう材質でしたか。

村野　天井は石膏にあこや貝を張ったんです。螺鈿《らでん》みたいに石が光るので、いま高輪プリンスホテルもそれを使っています。どうして使うようになったかという動機はわかりませんが、なにかすずり箱に張ったのを見て、これならいけるかなあと……。大変頼りないのですがね（笑い）。それと音響的にいいので……。

東山　私はあのときのプログラムを持っていますが、そのあいさつの言葉は池田勇人首相なんですね。つまり高度成長のきっかけの時代に、ああいう建築ができたのにはちょっとおどろいたのです。

村野　そうですか。でもああいう石を使って、ああいう建築をやることについては建築界から大変な非難を受けたんですよ。

東山　どうしてですか。

村野　石を使うようなことは大戦後ないわけです。古い建築家は亡くなりましたから知らないわけで、こういうのは建築家の純理論派からいえばまちがいだと総スカンでした（笑い）。

東山　そうですか、ちょっと信じられないですね。それから箱根の樹木園の中に小さい、きれいな建築、あれは先生が……。

村野　ええ、全部自分で……。

東山　日本は森というものを西洋ほど大事にしないというか親しまない。自然には親しむのですが、森を保存することにわりあい気がつかないのですが、あそこは原生林のおもかげが相当残っている。あの森の中にいかにも原始的な屋根が見えますが、あの屋根をふいた材料は何ですか。

村野　かやです。

東山　中に入るとびっくりするほど豪華な感じの家具やシャンデリアがありますね。ちょうどおとぎばなしの森の中に入り込んだような、メルヘンの世界の建物がある感じを受けるんですね。

村野　そうですか。

東山　先生は工業学校を出られてから、山の中の水力発電所で暮らしたいとお思いになったというお話ですが、やはりそこに何かロマンチックな夢があるように思うのです。それがずっと続いていろんな場合に表われていると思います。同じ箱根・芦の湖畔でも、プリンスホテルは大規模で、樹木園の建物とはまるっきりけたは違いますが、自然を害さないで、その中に非常に夢のある空間が形成されているという点でやはり似ているような気がしますね。

村野　私は子供のころ体が弱かったので、漁師の乳母のところで育てられたのですが、このときのことが体に残っているんですね。海岸で泳いだりなにかするのですが、波打ち際に砂丘みたいに砂が盛り上がっているところに竹が立っている光景なんです。

東山　防風のために竹が植えてあるのですか。

村野　いや、自然に砂が盛り上がってそこに竹みたいなものが立ててある。それが結果として風を防いでいるんです。そういう砂浜の風景と、もう一つは百姓家の泥壁が崩れて自然に流れている。これが大変な魅力なんです。壁が崩れてその建物はもう一生終わったんだ、という感じですね。その姿が非常に印象的でした。

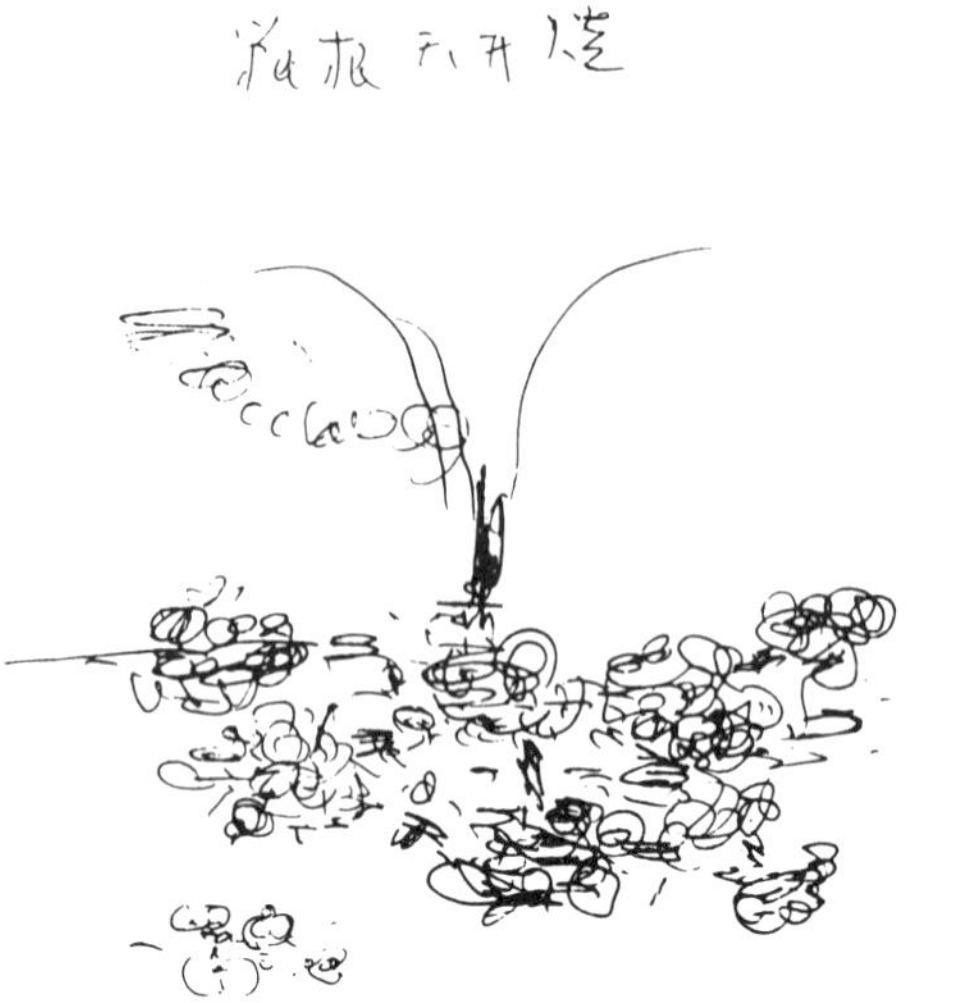

箱根樹木園　© MURANO design, 2008

東山　はい、はい。

村野　ですから、さっき先生が触れられた私の作風にたいするお考えは、まさにいま私の考えていることをおっしゃったと思っています。それはやはり自然とのつながり、人間とのつながり、人と人とのつながり方、これが小さいときの百姓家の姿が非常に影響して、私の作風になっています。樹木園の場合もそうでしょう。

東山　外側がザラザラしていますね。

村野　土地と建物の境界線がはっきりしないでしょう。あれは木や草を植えて。自然にできたものです。つまり建物というものは普通、土地の上に建っている。土地の上にずばっと立ったというのが近代の考え方ですが、そうじゃなくて自然と建物と土地とが平和的に、和やかにつながるというのが私の作品にはみな出ています。土地と建物がけんかしないようにする。樹木園もそうです。

東山　あの建物は中に入って窓から外の景色を見るとまた、素晴らしいですね。

村野　一切枝を切らない。草も花もみなそのままなんです。

東山　それが部屋の中の洗練された、優美な感覚とまた響き合っていますね。

村野　そうですか。

東山　きざな言葉かもしれませんが、先生の作品に一貫して流れているものはヒューマニズムですね。人間にたいする温かさ、心のかよいあい……。

村野　自分ではよくわかりませんが、そういうことでしょうか。やはり反近代的とまではいきませんが、近代にたいする疑問、近代の産業にたいする疑問みたいなものがあるわけです。

東山　ええ。先生は建築を通してそれを押し通していらっしゃる。私も絵を通して同じ考えでいるのです。ですから初めてお目にかかってから、何か通じ合うものがあるのじゃないかと思っていました。

村野　そうですね。

東山　自分の描くものは、いまの文明の走り方とはむしろ逆方向とまではいわなくとも、そこに自分自身の、ある批判精神を持っていますので、それを作品の上で表わしたいと思っています。先生の建築を見ますとそういう感じがしますね。

村野　建築は投下資本が大きいから、自分の考えを強く出してマイナスになると大変なことになります。その責任がありますので、そこが建築のなかなかむずかしい点です。しかし施主さんの理解のある方に「おまえの自由にやれ」といわれると、つい気を許して好きなようにやったりしますが、樹木園みたいなものは特殊です。

東山　先生の建築の場合、外の壁は大変表情を持っているものなんですね。広島の平和記念カトリック聖堂の壁もそうですね。

村野　いつも全部そうとはいきませんけれども、日生の壁も広島の建築にしても、私は表面がつるつるした壁はあまり好きじゃないのです。ラフな外にかげのある、これが非常に好きなんです。ですからタイルを張っても煉瓦を積んでも、私は目地を大切にする。広島では目地を盛り上げた。そうするとソフトな感じになるのです。

東山　建築は一つの総合芸術ですから、大変なエネルギーを要しますね。私たちの制作と比べものにならないでしょう。

村野　映画につぐでしょうね。自分が図面に描いた小さなものを、人を使って表現しなければならない。その間にいろいろなシステムだとか、人がどう働いているかとか、資本の動き方はどうだとか、請負が損してはいけませんし……。

東山　期限もありますし。

村野　抵抗というか一種の迫力みたいなものも必要でしょうし、そういうものがなければできません。その中にいくらか自分の考えを入れようとするわけですから。

東山　そういうお仕事を先生は休みなく、長い年月にわたってやっていらっしゃる。人と人との関係とか、ストレスもずいぶん多いでしょう。

村野　先生がうらやましいと思うのは、自分の考えを絵に表わせるでしょう。私の場合は、いくら考えがあっても資本という大きな社会的な力がありますから……。建築というものを実現するには映画と同じでいろんな要素が集まり、組織を通じて実現する。その間にたくさんの違った人々が入ってくるでしょう。ですから心の中はいつも闘いみたいなもので、自分の体を削るような感じになるわけです。自分では夢があるんですが、なかなかそのとおりいかない場合はエライですね。

東山　それから先生と同様、私も小さい頃体が弱かったのです。体が弱いのを母親が心配して、中学一年のときなど、神戸の裏山の中腹に、朝早く連れ出されたり……。

村野　そうですか。ありがたいことですね。

東山　そうしますと足の甲を草露がぬらして、朝風が吹いて気持ちがいいんです。眼下に広がる神戸市は、まだ起きていない。半分眠っている町が見え、その向こうに海がある。そして右の方に淡路島、そのうしろに須磨から六甲にかけての山がびょうぶのように連なっていました。子供心に「ああ、気持ちいいな」と思った心の中には、風景というより、母親の愛情を感じたのでしょう。

村野　そうでしょう。

東山　それでその風景をよけい美しく感じたんだと思います。先ほどの先生の海辺のお話と同じように、これが私の一つの原風景になっているのです。ですから私が風景で人間を一人も描かなくても、その風景を私が美しいと感じるのは、子供のときの思いが何年たっても残っているのではないでしょうか。

村野　ああ、そうですね。

東山　やはりこういう生涯にわたって受ける影響というのはあるものですね。

村野　お母さんの愛情ですね。

東山　また、清澄な自然というものは、人間の心や体をいやしてくれる何かがあるのですね。淡路島には夏休みにときどき行ったり、中学三年のときには、いまでいうノイローゼにかかって小さな町はずれで静養しましたので、やはり海岸の朝夕の景色は忘れられませんね。

村野　この間、先生の唐招提寺障壁画展を拝見しましたが、柳が風に吹かれている姿が印象深かった。いまお話を承っていますと、やはりそういう感じがこの墨絵から受けますね。

東山　中国の揚州の垂柳が、風になびいているところですね。たしかにわれわれの時代は、文明の進むことによって恩恵を受けておりますが、すべての点で忘れてならないものがその半面あると思います。

村野　そうです。

東山　きょうは先生の作品に流れている根本的なものがわかったような気がします。

村野　自分の体からしみ出るのですから、どうすることもできないのです。でもあまり人さまにはいえません（笑い）。

東山　建築も絵もその人間の表われということでしょうね。

＊『日本経済新聞』日曜版（昭和五十七年一月十七日）所収。

豊多摩監獄

学生時代、私が大学二年くらいの頃だったか、ちょうど内藤多仲先生が満州に行かれていた一年間ですが後藤先生の授業を受けることになりました。そのとき先生の作品を見せていただいて、非常に印象に残ったのは豊多摩監獄なんです。

なかでも監獄にある教誨堂の部屋が強く印象に残っています。その部屋は徹底して合理化した単純な構成ですが、天井の表わされたキングトラスのディテールが非常に美しい。いまから考えると構造の端々まで後藤先生が目を通しておられたということがはっきりとわかるのです。テンション材とコンプレッション材を結べばできてしまう構造ですが、その接点のディテールがいまでも頭に残っています。まっすぐやればいいようなところでも丸くしている。非常に素直でとてもきれいでした。そこまで建築家が気を使って、効果を出すという努力をしていることに感銘を受けたことを覚えています。

監獄という建物は何を美しくしていいかわからないものです。教誨堂という寒々とした部屋に囚人が入ってくる。そこで説教を受けるんですね。そこは空気は冷たいけれども、親しいスケールとディテールに満たされている。ディテールが全体を支配しているんです。豊多摩監獄の建築で感じた〈ディテールを通して建築全体に影響力を与えていく〉ということを、いまでも私は自分の仕事の中でどうしたら後藤先生までいけるか考えています。いまの状況は構造をどうするかということを構造設計の側でみんな決めてしまって、建物を生産的にこしらえてしまう態勢が固まりすぎているように思います。デザイナーが構造までタッチすることができない。高度成長時代の日本はとにかくたくさん建物をこしらえなくてはならないから、どんどんアメリカ的につくってきた。何十階建ての建物をたくさん建てる必要があるのならそんなことをいってはいられないかもしれないが、いまのような程度の建物だったら構造でもなんでももっと肌理細かくならないといかんのじゃないかと一方で思います。

後藤先生の教えを受けられたぼくらは運が良かった、いい建築を見たなといまでも思います。つくづく若いときに受けた印象というものは、一生を通じて動かないものだと思いますね。

＊『新建築』（昭和五十八年三月号）所収。

第三章　作品を語る

設計について

志摩観光ホテルについて(1)

あの建物は、もと海軍の将校会議所として加佐登という所に建てたものを、現在の場所に移転築、増改築を加えたものです。海軍のものとして建てたときの主任建築家は、当時海軍少佐の天野俊一さんでした。そのとき私が設計についてお手伝いをしたのと、このたびその建物の表現をなるべく生かして観光ホテルにするというわけで、今後も私が関与することになったわけです。

移築したのは木造の公室部分です。前の敷地は平地だったが、今度は傾斜地に建っているので、地下室を新築しました。敗戦後使っていなかったため痛んでいたので、移築した構造部分も若干変えています。その他、日照と地形の関係でプランを少し曲げたり、二階の和室の用途を変えたり、二階の一部に張出しを作ったり、化粧を変えたりしていますが、公室部分には大きな変化はなく、もとの意匠や仕上げを生かしました。宿舎部分は鉄筋コンクリートでまったく今回新築しました。

地下室は主として従業員関係と機械設備関係および料理場関係の室です。そのほか自動車用の玄関が地下室にあります。地下室といっても傾斜地ですから、別の面から見れば一階ですが、歩いて来る人のための玄関はその上の一階にあります。ちょうど都合よく歩行者と自動車を分けることができたわけです。なお地下二階もあって料理関係の室にあてています。

外観で特に注意したのは食堂の屋根です。この食堂の屋根は、写真ではあまり感じられませんが、非常に大きいのです。その大きな屋根が設計のねらいでもあると同時に、そのために屋根がおおいかぶさった感があり、かつ軒先がいくぶん弱く見えました。その下に壁があれば表現が釣り合いますが、そうでなかった。そして以前は平地の松林の中にこの建物があったのです。今度は歩いて来る人にはすこし急な坂だが近道があるので、そこを通って来る人にはこの屋根が見上げられ、自動車で来る人はゆるい坂なのでこの屋根をほぼ水平に遠望して来るわけです。その二様の見方を考慮に入れて設計を是正してうまくいったと思います。

このホテルのプランの欠点はサービスラインの長いことです。もちろんサービスパート自体は便利よく一カ所にかためてありますが、それと客室の間が遠くてサービスに時間と手数がかかります。しかしこれは欠点といえば欠点ですが、リゾートホテルにおいてはコマーシャルホテルと事情が違うから、あるいは欠点でないかもしれません。

室内では食堂の意匠が中心になっています。この表現を生かすことがこのホテル設計の動機になったのです。この食堂にかぎらず、写真では室内の感じが出ていません。実際はもっと広い感じなのです。工事現場管理については近鉄の竹内建築課長がゆきとどいた注意をされたことに敬意を表したく思います。この土地は地味が悪いために植樹は育たない。それで一本の樹を動かすにも非常に気をつけられた。リゾートホテルは特に自然の環境を尊重せねばならない。その点はこのホテルの良さを大いに増しています。また施工の大林組でも住宅建築に長い経験のある人が現場主任をされたために、こまかな注意がゆきとどきました。

このホテルに泊まった外人の新聞記者の記事が外国新聞に出ましたが、好評で喜ばしく思っています。日本人は近頃さかんにアメリカに行きアメリカ文化の吸収に夢中だが、も少し日本自身の文化をかえりみる必要がある。このホテルのごとく日本的なものと西欧的なものを調和させ、内外人にアピールするものを作らねばならないという記事でした。

ホテル・マルエイについて

丸栄は大部分もと百貨店の建築であったものを改造したので、ロビーは新築です。施主の希望は最初かなり安い実用的ホテルということでしたが、私はあの敷地ではも少し高級なホテルでなければならないと思って意見をのべました。都市の中心にあるのですから、バスルームのないようなホテルでは必ず競争者が出て経営ができなくなります。ただしコマーシャルホテルですから客室はかなりこぢんまりしたものになるのは当然です。普通ならば先庭を取って内側にも客室を作るところでしょうが、改造のことでそうはできないのでいろいろ工夫して無駄なスペースを少なくしてあります。

近頃外国ではロビーを小さくしているようだが、それはいままでの外国のホテルでは非常に広いロビーを取って、その装飾などに全力をそそぐというふうであったので、それにくらべて小さくするということで、日本の宿屋の玄関のように小さくする意味ではないでしょう。

この改築では装飾がおもな仕事でした。良い部屋にはじゅうたんも敷きました。ただし過渡的なものですから、実用的な室も作りました。この雑誌に掲載される建築については以上の程度にしましょう。

建築設計について

だいたい私は設計にあたって、むやみに外国の模倣をするのはどうかと思います。私たちは十年間を空白にしました。それをそのままにしておいて今日いきなりアメリカの模倣をすべきではなく、十年前まで私たちが努力し、たどりついた点へもどって、そこから再出発して、一歩一歩前進して、まず十年の空白を一日も早く埋めるように努めねばならないと思います。それと同時に日本人自身の文化の伝統を顧みることです。

建築材料について

今日ただちにアメリカやヨーロッパと同じような設計ができないという最大の原因になっているものは、建築材料です。じつに今日の建築界では材料が決定的な支配力をもっています。

近頃いろいろな新材料ができていますが、私は重要な部分には新材料は使いません。構造部分には長年使いなれていて十分自信のもてる材料でなければ使いません。ただしあまり長い生命を考える必要のないような場所とか軽微な部分には新材料も使用します。

住宅建築について

建築家は住宅設計をもっと重要視せねばならないと思います。なぜなら住宅はもっとも人間に直結しており、また施主と建築家がまさに一対一で向かい合うからです。住宅では施主の要求と建築家の設計とがぴったり合致せねばならない。観念的な設計はありえない。それだけに建築家は細かな苦心を要求される。私は大建築の設計をする建築家になるためにも、住宅設計の修練をつまねばならないと思います。

透視図と模型について

私は設計の過程においては透視図のスケッチを何度も描いてみますが、最後には描かない。透視図に夢をもたせすぎてその魔力にとらわれることを恐れるからです。自分の描いた透視図に魅惑せられないためです。透視図はともすれば絵になってしまって、実際の建築から離れやすいからです。

私は透視図よりも模型を作ります。しかしその模型も形を工夫するために設計の途中で作る模型に意義がある。透視図と同じく模型に酔わない注意をしています。だから模型を眺めても、良いところは問題にしない。欠点を探してみるのです。うまくできたところを人に見せるための模型ではない。こうしたら形が悪くなるのだなというところを見るためです。だからむしろ欠点をできるだけ出すように作るのです。

設計事務所について

近頃の設計事務所はなかなか経営が困難です。結局、日本の国の経済状態と関連するのですが、近頃は資本の回転を早くするために、設計にゆっくり時間をかけてやることはできません。昔はゴルフでもやる暇もあったが、近頃は一生懸命に働いてやっと仕事を片づける状態です。だから私の事務所のように建築家個人の力量によって設計をしているところでは事務所を大きくし、多くの建物の設計をすることはできない。多くの設計を引き受けようとすれば、個人の力でなくて組織力によってやるよりほかはない。そうなれば設計は創作でなくてビジネスになってしまう。そのいずれが良い設計ができるかは、知る人は知っていましょう。だから設計を依頼する施主の方が選択したらよい。

ただ私はもう少し少ない努力で設計のできるようになってほしいと思います。そうすればもっと多くの良い設計ができます。たとえばアメリカのスイートのカタログのようなものが日本にもあればディテールを考える努力も描く努力も少なくてすむ。根本的には建築材料などの生産品の高度化を望みます。そして極端にいえば技術がなくても、建築設計ができるようになるのが理想だと思います。いろいろと巧みな技術を用いねばならない今日は決して良い状態といわれません。

施主の要求について

施主の要求は多い方が設計がしやすいと思います。しかしそれは設計に着手するまでで、それ以後は仕事をまかせてもらいたい。小堀遠州のいったとおりです。

メインテナンスについて

施主に望みたいことは、もっと建物のメインテナンス（維持管理）をよくしてほしいことです。民間建築はまだ良いが、官庁建築ははなはだその点の考慮が欠けています。建物を使っている人に建物にたいする愛がない。外国人は少し破損すればすぐ修繕します。古来茶器などでも名器といわれるものは、その器の所持者の愛によって、価値が高められています。設計者は乳母のようなもので、世に出た子供の行く末を見守っていますが、もっと建物にたいして血のかよった管理をしていただきたいと思います。だから私自身は自分の設計した建物については、竣工後も行くたびにあそこを掃除してくださいとか修繕してくださいとかいいます。

懸賞設計について

懸賞競技の当選案に募集規程にしたがってないのがあるようですが、良くないことだと思います。応募作品に、実際に責任のある設計が少ないのはなげかわしいことです。だから当選作品がそのまま実施されない。審査員も実施されないことを承知して当選案を決定する。私はアメリカでシカゴ・トリビューンの新聞社の懸賞設計で、日本人(2)が応募して選外佳作になった図面を見ましたが、じつにていねいに考えてあって、そのままで実施できる設計でした。懸賞設計はもっと場当たり的でなくならねばならないと思います。

建築の教育について

建築家の教育には専門的知識の習得の前に広い教養がなければならない。その点従来の教育には欠陥がありました。教養のない人の設計は見かけだけで本当の建築ではありません。

*『建築と社会』（昭和二十六年七月号）所収。

【註】

（1）現佐藤工業重役、天野氏の依頼と、その指導によったもので、拙作・比叡山ホテルを範としたもの。木造としては、非常に大きいものであった。山から大木を切り出したものだから、あとでロットを起こし、補強したり、部材を取り替えたりした。

（2）同窓、峰好治郎君のこと。

【補註】この談をした頃は、戦後五、六年頃で、まだ材料は統制され、戦災を蒙った建物の多い頃だと思う。

志摩観光ホテル創建の頃、前後

昭和十九年早春の頃某日、突然、鈴鹿の海軍航空隊から私宛に出頭の通知がきたので、何事かと思って行ってみると、若い技術将校が出てきて、航空隊の将校集会所を建てるから設計してもらいたい、ついては、建物の表現や内容は比叡山ホテルのようにしてもらいたいとのことであった。比叡山ホテルというのは、はっきりした記憶はないが、多分、日支事変の後期に叡山電車の依頼で山の終点から少し登ったところに設計したもので、都ホテルの経営であった。その頃になると建築材料も思いに任せぬ状態でかなり不自由になっていたので、雑木や丸太の類を使って、山のコンターに沿って建てたので自然、円形のプランになり、広い展望台をつけて比良の連峰は一望のもとにおくようにした。相当な規模でもあったし場所もよいので評判になった建物であった。ことに、冬の雪景は見事であった。若い技術将校はこの建物が好きだったとみえて、今度の建物も同じようなものにしてもらいたいといわれた。しかし、比叡山ホテルとは環境がちがう、山と平地とは手法もちがう、さらに困難なことは建築材料である。いかに海軍の御用といっても、その頃になると勝手な設計はできない。これまで、航空隊関係の仕事は松山でもやったが、多くは兵舎や格納庫のようなものばかりで、今度のように将校集会所、つまり、将校倶楽部のようなものは初めてであった。いわば、美術建築に類するものなので、簡単に設計するわけにはいかぬ。その頃は、同じ海軍でも、航空隊は別格であって、第一食事からしてちがう。そのなかでも空軍将校にたいしては、すべての待遇がちがう。空軍将校を優遇する点では、アメリカも同様である。先年、コロラドの空軍用の建築が有名なので同地を訪れた際に感じたことだが、優れた建築群のなかでも教会堂の建築はことに美しかった。若い将校が荘厳な祈りを捧げている姿を見て心を打たれたことを思い出すとともに、アメリカの海軍がいかに空軍将校を大切にしているかがわかったように感じ、優遇している点では彼ら同様であると思ったことがある。鈴鹿の集会所は木造平家建て一部二階つきで延べ七百から千坪程度の規模のものであったと思う。かなりな大空間もあって当時としては、ことに物皆不自由な頃でこの程度の建築、純粋に軍用のものなら格別、一種の美術建築なので、私はその成否を疑ったほどである。空軍将校といえば一般に小柄で、鷹のように俊敏に見えて、短剣を腰にさげた眉目秀麗な姿がいまでも眼底にほうふつしている。この若い将校たちのなかから、もしかすると、戦火の花と散る人が出るかもしれないと思った。もし建物の魅力で、青年将校たちを慰め、勇気づけることができるなら、どんなに不自由なことがあってもできることだけはしてやりたいと思った。ともかく、設計は引き受けることにした。いよいよ請負も決まり工事は急を要する事情に迫られていた。その頃になると日本の戦禍ははなはだしくなって敗色はわれわれにも目に見えてきた。はたせるかな、建築材料はしだいに不自由さが加わり、ことに、大空間を支える大木は底をついて入手が困難で海軍の力を持ってしても、入手があやぶまれた。ところが、いつの頃からか大木が現場に運ばれるようになって、工事は進んでいった。その事情を、あとで聞いてわかったことだが、この若い技術将校は、蔵前（現東京工業大学）出身の天野俊一氏である。のちに、建設省中部地建の主任となり退官後は佐藤工業の設計部長となった人である。多趣味で、絵画はもとより茶道や香道などのたしなみがあって、そんなこともあってか、川喜田半泥子翁に愛せられ深交があったようで、大木の建築材料に困っていることを半泥子翁に話されたとみえて、そんなに困っているなら、海軍のことだから私が寄附する、私の山から好きなのを切って使ってください、という話を後で天野氏から聞いた。集会所の大空間は半泥子翁の山から切り出した松材で梁も柱もできあがった。半泥子翁の協力がなければ建物はずっと小規模のものになっていたと思う。

終戦の混乱で、建物のことなどすっかり忘れていた。ところが、ある日、近鉄の建築課長の竹内孝氏から、鈴鹿の海軍航空隊の集会所の建物を利用して、志摩半島にホテルを建てるから手伝ってもらいたいということで、課長のお供をして現地に行ってみて、がっかりした。なるほど景観は抜群だが、馬の背のようなところに、小松や低い雑木があるにはあるが、雑草も生えぬようなやせ地であった。敷地内を探して、やっと、低いところに湧水の場所が見つかったが、どれだけの湧水があるか不安であった。こんなところにホテルが建つだろうかと思ったくらいである。建てるといっても、それだけではホテルは建てられぬ。景観、地相、規模などの諸条件で自然にその場所は決まるだろう。建てるとなれば戦後では規模からいっても最新で最初の建築になるだろう。戦後間もない頃なので、建築材料の入手など思いもよらぬ時代であった。困難はあるだろうが、しかし、何よりも嬉しかったことは鈴鹿の海軍集会所が再び姿を変えて、新しくお役にたつようになったことである。その後、川口社長のお供をして、現地を見ての帰りに、宇治山田の旅館で夜遅くまで社長の相談にお答えしたことを覚えている。寒い、夜であった。その夜のことはいまでも覚えている。どうも、社長の顔は確信があるようには見受けなかった。それが、今日の盛況にまで成長したのである。

戦後は長い間、建築は不急不要の烙印が押されて困難な時代が続いた。ましてや戦後間もない頃である。古い建物を活用するしか方法がなかったのは当然である。大林組の請負で工事が始められてから間もない頃現地に行ってみた。かっての帝国海軍航空隊の鈴鹿集会所である。その集会所の大空間を権威づけていた、大きな柱、大きな梁、天野海軍技術将校の熱意と川喜田半泥子翁の義挙によってできた梁も柱も、ばらばらになって残骸のように野天にさらされていた。私は、暗然とした気持ちになって、一本一本洗ってやった。この柱もこの梁も生きものだと思った。そして、彼らが、再び、ありし日の権威を取り戻すようにと祈る気持ちで、新しい場所のためにしるしをつけてやった。いくらかの材料を加え、ともかく第一期のホテルができあがったのである。創建当時のことを思えば、今日の繁栄など予想もつかないことである。

志摩観光ホテルは自他ともに許す日本における屈指のリゾートホテルである。しかし、われわれには、志摩観光ホテルといえば特殊の感触があるように思う。絶景もさることながら、それを生かして一種の響きがある。感触の良さと響きの余韻に洗練されたものがあるからであろう。人は、これを独特のホスピタリティーという。

---

*『浜木綿』（昭和五十四年十二月刊）所収。

百貨店・丸栄

——受賞雑感——

百貨店の経営者はわれわれによくこんなことをいう、建築七分に経営三分。私はその反対だと思うが、その意味は投下資本の使い方ではなく、顧客大衆が自分の店へ、つまり、自分の建物に、どんな関心を寄せるかという点をわれわれに期待した言葉である。経営者が本当にそう思い込んでいるのを知ると粛然として襟を正す思いがする。

あらゆる意味で商業建築のむずかしさといえばいえないこともない点は、そのへんの気持ちを呑み込むことであろう。へたをすると、莫大な資本を無駄遣いして経営に致命的な打撃を与えることにもなるから甘い考えで設計はできない。戒心を要する点である。

大衆といえばちょっと捕捉しにくい対象のようにも思えるが、かなりはっきりした計数も出るし、それに従って建物の内容や機能なども計画ができて、経営上ある程度の見透しもできるようである。しかし、なんといっても、大衆は大衆である。結論的にいえば、やはり、大衆心理のつかみどころのない点もあって、その向背が計画の対象ともなるから、どうかすると百貨店の設計には、きわどいところまで考えるところもあって、通り一遍の建築論などでは割り切れぬところもある。また、百貨店の人たちはたいてい外国にも行き欧米の知名百貨店のことはもちろん各国の新しい店からショップフロントや流行などのことまで一通りの研究ができているので、ちょっとした思いつきやまねなどをすると笑われたりすることもあって、そこが骨の折れるところでもあるし、また面白いといえばいえないこともなかろう。

日本の百貨店もひところとは変わってきたし、戦後は建築もそうだが、内容自体が目立って変化しているようである。それは戦後における経済構造の影響にもよると思うが、大衆生活の変化が大きく作用している結果であると思う。ひとくちにいって合理化の方向をたどって専門店風に高級化するもの、合理的な経営を反映して大衆に徹するもの、その中間をねらうものなど国状や店風や地相などによって建物の様子も異なることはもちろんである。しかしあまり合理一辺倒では建物は栄養不良の秀才のように血の気のない骸骨になって親しみにくくもなり、人間味もアソビも取り去られて、市場のような百貨店になるおそれがある。かつてのモスクワにおけるベスニーン作、革命初期の百貨店を見たときのことを思い出す。

＊『建築雑誌』（昭和二十九年七月号）所収。

【補註】 この建物は、薄紫色のモザイクで、下から上の方へぼかしたものである。いわゆる「カラコンモザイク」は、この建物から始まる。

聖堂の建築——受賞雑感——

いうまでもなく、原爆による犠牲者をとむらい、かかる戦禍を二度とくり返すことのないように、当時広島に在住しみずからも原爆の洗礼をうけ、悲惨な実状を目撃されたラサール神父祈願の聖堂である。そのため神父は戦後ただちに世界各地をめぐり平和を愛する人々に訴え、戦禍の惨状を説き、内外の識者にこうて、あるいは拠金に、あるいは物納によって聖堂の建設に取りかかられたのである。もとよりそれらの計画は、予定のごとく進むとはかぎらない。この間における神父と建設関係の人々の苦心は、およそ教職にある人の常とはいいながら、じつに気の毒なくらいに思われたのである。そのために神父は日夜東奔西走して、真に席の温まる日がないというありさまであった。神父は自室ではいつも板張りの上に畳を二、三枚敷いて寝ておられたようである。ある日、私は神父を汽車中で見かけたことがある。あの長身をまるで、二つに折るようにして三等車の人ごみのなかに腰かけながら、疲れのためにうたた寝をしておられたが、その手から聖書が落ちそうになっているのを見たとき私は感に打たれて、もうなにもいらないから神父の発願に協力してあげたいと思ったことがあった。かような考えは私ばかりではない。この建物に関係したすべての人といっていいくらい、全部同じ考えであったと思う。清水建設のかげの力はいわずもがな、現場主任の菊池氏や私の方の長谷川君をはじめとして現場事務所の人や職方の人たちにいたるまで聖堂の仕事を、なにか一生一代の仕事のように思って、ほんとうに精神的に働いてもらったことを思えば、この建物の隅々までが、美しい精神的な労働で包まれているように思う。戦後の五年間といえば着工の頃の物価は三倍くらいにも上がっていたし、工費の上の苦労はもとより、不如意がちななかから、菊池氏にあれこれと工夫をして設計を生かしていただいたことなど忘れがたい思い出であり、私はいまにそのことを思い出しては感謝している。だから煉瓦でも人造石ブロックでも、できるものはだいたい外注しないで現場でつくった。人の高さの四、五倍もありそうなローズウインドや、その他のブロック類も全部現場でつくったものばかりである。しかしそれだけに出来上がりはなんともいえないくらい、手づくりの味と親しみがあるように思う。

仕事を丁寧にやってもらったのはありがたいが、芸の細かいのには閉口した。荒っぽくやってくれと頼んでもなかなか聴いてもらえないのには弱ったが、別段悪いことをさせるのではないからそれを荒っぽく善い仕事に導くのには骨が折れた。コンクリートを打ったら一切修繕無用のこと、豆板があっても石ころが出ていても一切手を加えてはならぬと厳命したので現場の人たちは不平だった。人造ブロックの叩きが細かいといって文句をつけたりしたが、あとではようやく私の意図がのみこめたとみえて、荒さ加減も良くなったのでこの建物は、ところによって出来不出来がある。面の凹凸や材料の取り合わせなど設計とは少し異なってできたところもあるが、しかし十年もたてばなんともなくなると思う。

設計上では最初は困った。カトリックは新教と異なったところがあることはもちろんだが、一種の型のようなものがあるように思えた。教会からは天井高さを一八メートルにすること、千人を入れる会堂と記念の小聖堂を取る以外は、まったく私の自由に任せられた。しかし神父さんたちと話をしてみると、自由な私の考えなどもってのほかであった。変わった教会の写真を見せたりしたが全部否定された。ペレーの作品などもだめだった。日本に来ている神父さんたちの建築観は、私のような日本の建築家にたいし少し厳しすぎるのではないかと思った。いくつかのスケッチを見せたが、プランはほめられたけれど外観はどれもだめだったので、最後はやめる決心で持っていったのがだいたい今のような形である。私はポール・ボナッツが好きだったので、そんなところに影響を受けたものと思う。それでも一五〇尺の塔は、自分の考えでつくったのだが、いささか閉口した。教会堂の塔は昔からたくさんの例があり、神父さんたちの賛成を得られそうなものは、これ以上やりようがないので困った。どうも上から三分の一くらいのところがよくないのでいろいろと工夫したが最後まで手こずった。未熟のせいで自分ながらどうにも仕様がなかった。一番似ているバーゼルのアントニウス教会の塔も写真で見るといい形だが、実際のものを見るとやはり三分の一くらいのところがうまくないと思った。だれでも塔の設計で困るところは、このへんのところだと思う。建物前面の池は、あやうく埋められるところだった。工費がないからやめてくれといわれたが、これをやめるなら私が金を出してもやるといい張った。庭にころがっているありあわせの石を入れて水中に配置してみると、手ごたえがして無理してやってよかったと思った。あとで聞くと昔の教会にはまわりに池があったそうである。最近できたＭＩＴの教会にもサーリネンはまわりに池をつくっているのをみると、偶然だが同じ気持ちだと思う。正祭壇上のドームは最初の設計にはなかったのが、寄付者の希望でつけることになったものである。この形も私は少し気になるが、寄付がもらえるので無理につけることにした。ドームの頂上に宇治の鳳凰堂の鳳凰をつけた。これも現場の手づくりである。

＊『建築雑誌』（昭和三十一年六月号）所収。

【補註】この建物の設計は、十年後に終わるといったが、十年経った建物の外装は予期のごとく、いい色にさびついたようである。

工事中、塔へ昇る外からの高い階段の裏に落書した者があった。「天国への階段」。同じ落書でも、これくらいウイットに富んだものになると感心させられる。いうまでもなく、映画「天国への階段」からヒントを得たものであろう。

内部は、その後窓にステンドグラスが嵌められたが、三階のものは見事である。おそらく、これくらいのものは、世界的に見ても新しいものでは、そうザラにはあるまい。その他のものは、よくない。祭壇のバックは、アデナウワー寄贈のガラスモザイクで飾られたが、日本人の神父さんの手にゆだねられてからは、内外の様子はすっかり悪くなった。

この種の建物は、古くなるほどよくなるのが外国の例であるのに、日本人の手に移ると、どうしてこんなことになるのか。境内にも、いろいろなものができて、創建当時と変わった。

堂内の電灯のガラスは岩田藤七作、外部の彫刻は今井教授のスケッチを円鍔、坂上両氏の手で実体をつくったものである。設計に協力してもらった人は、私のほか、今井、伴野、森の諸氏。構造の内藤先生であった。

世界平和記念聖堂への品物による主な寄贈者・製作者一覧

品　名	寄　贈　者	製　作　者	備　考
四つの平和の鐘	西独ボン市「ホフメルフェライン」	鋼鉄工場	取付完了
アンジェラスの鐘	金沢市釜石勇二氏	鋼鉄工場	取付完了
ステンドグラス	西独アーヘン市教皇庁	西独ケプラー市デリックステンドグラス製作所	取付未完
(ローズウインド)	信仰弘布会ドイツ支部	意匠　ベンドリング教授 Wendling	
パイプオルガン	西独ケルン市	ボン市「ヨハネスクライス」オルガン製作所	取付完了
洗礼盤	西独アーヘン市	懸賞当選案	取付完了
正面扉	西独デュッセルドルフ市	マタレー氏 Matare	輸送中
十字架の道行の壁掛	西独ミュンスター市	トプヒンケ氏 Tophinke	取付完了
大理石正祭壇	ベルギー		
本祭壇聖櫃	西独ボン市	カール・ケーニッヒ氏 Karl Köning	取付完了
地下祭壇聖櫃	スペイン		取付完了
ミサ典書	西独ホネフ市信者一同		未着

他に西独ミュンヘン市より説教台またはコムニヨンレールを寄贈。

大阪新歌舞伎座

桃山風のものをやってもらいたいとの施主の希望により、施主のいわゆる桃山風とは歌舞伎調のことだと思われ、およそ千鳥破風や唐破風のある建物はわれわれには異質のもののように思われていままで設計する機会もなかったが、やってみてそうでもないと思われた。名古屋城や二条城その他の資料を参考にしたが、あとは古式や伝統によらず自由に構想した。唐破風はどこかにモダーンなところがあり、その連続と大屋根との組合せといったところを、この建物の取扱いの重点とした。もちろん大阪とか関西とかといった感情が始終脳裏をはなれなかったことはいうまでもない。

回り舞台は歌舞伎につきもののように思われていたのが、今度施主の英断によって全部迫《せ》りに代えられ、わずかに小型のウワボン（盆のような軽い回り舞台）をつけるほかは、全部大小数個の迫りの作用で舞台効果をあげる仕組みにした。これは歌舞伎の舞台としては非常な変化をもたらしたことになり、その結果書割《かきわり》は単純になり、演出などにも変化がくるのではないかと思われる。

鬼瓦は建物のアクセサリーのようなもので昔からいろいろと工夫されているが、この劇場にも異色の鬼瓦をつけることになり、場内桝席のバックは桃山風の障壁画で飾られている。

＊『国際建築』（昭和三十四年二月号）所収。

【補註】この建物は、松尾国三氏の委嘱によったものである。敷地の奥行が浅いので、舞台や楽屋に少し無理をした。舞台幅は東京の歌舞伎座より一間だけ狭いが、松尾さんの経験から盆は九間より狭いなら使えないので、思い切ってすべて機械装置で変化を仕組むようになったものである。

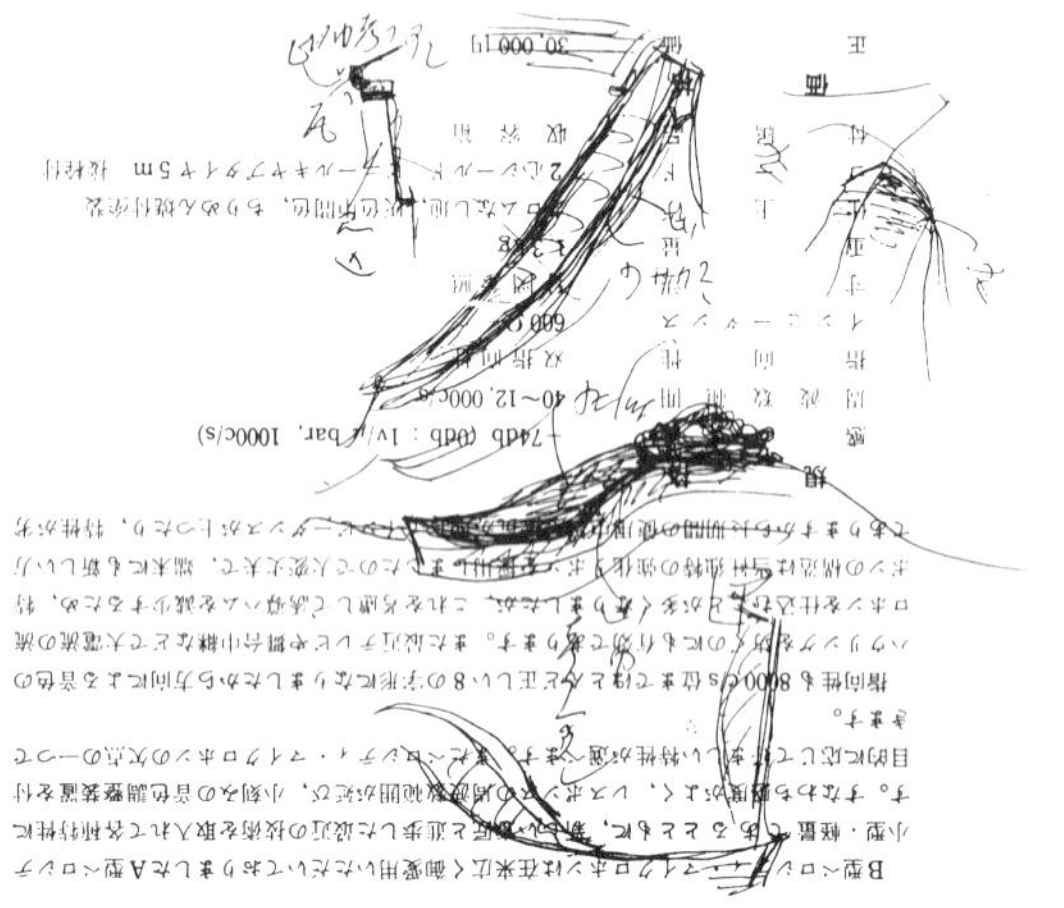

大阪新歌舞伎座　© MURANO design, 2008

日生を語る

浜口　このたびは日生会館が評判どおりの力作で完成し、私も先日ゆっくりと拝見させていただいたのですが、今日はその日生会館でのご苦心などを自由に語っていただき、それを通して建築家村野藤吾についても、いろいろとうかがえればと思っております。

村野　いや……あれは最初からなにか力作なんてやろうなんていうことは毛頭考えておりませんでした……ズルズルとああいうふうになったようなもので、ものがそうさせたようなものです……。

このような劇場をつくろうということは、ずっと以前から構想がありましてね……それは木村得三郎という方が、一番案をつくられたのですが、昔風の明治生命みたいな建物でした。試作をつくられたことも事実ですね。前の案は全部が劇場だったのです。

まあ、そういうふうなことが現社長の頭の中を往来していたのでしょう。また先代の社長が高島屋をつくられたわけで、現社長も、ご自分の代になにかをということもあったのではありませんか……。木村さんが案を考えたんだけれども、だれかに頼もうという気はあったわけですね。木村さんというのはもと大林にいた人で、それで請負でない人に頼もうということはあったのでしょう……。

まあそんなこんなで……わたしが高島屋をやった関係から、村野に頼もうということになったのだろうと思いますが……。

それと、社長は、ストックホルムの市庁舎が好きなんですよ。これはもう二度も行ってこられて、非常にくわしく知っておられる。またご自分でも絵をおかきになる。話をしてもよくわかっていただけるんですね。というわけで、だいたい私には社長のもっておられるものが推察できるわけです。その点多少安心感もある。しかしものになってみて、はたしてどうかという懸念は……。

とにかく天下の大会社として、東京におけるひとつの表現ですから、やっぱりある意味では記念的なものということになると、長くもつものでなければならない。


まず最初に石……


村野　そういうことで、まず材料をなににすべきかと考えた。やはりいま一番信頼性のあるのは石ですね。石を使うということはどうしても考える。石以外に適当な材料はない。つぎにわたしはブロンズを使おうと思ったのです。アルミの運命というものは、私にはよくわかるのです。これは一九二五年ごろから始まったかと思いますが、アメリカでどんな状態であるか……むこうは高いし、それなりの理由はあるでしょうが……。

戦後、あちらに行ってアルミのコマーシャルライフというものにはいろいろと考えさせられたのです。たとえばクライスラーバンク、マンハッタン、エンパイヤーステート、ロックフェラーセンター、そのほか一九三〇年前後にできた建物の状態をみたときに、できたころ美しかったものも非常に悪くなっている。私がはじめて、森五に使ったのも二十年後には質はさほどでないにしても、ひどいものになっている。もちろんこのごろは、その処理もよくなっているでしょうが……。

私は昔からサッシュのようなものは、ブロンズになるだろうということをいっていたのです。渡辺先生の時代に関係したテラコッタの会社がだめになっちゃって、ブロンズに転向したんですね。そのころから私はブロンズになるといっていた。もちろん鉄の時代ではない。私はアルミから、さしあたりステンレスになるでしょう、それからブロンズに変わるだろうと、想像していたのです。少なくとも、そう商業性を必要としない建物には、もし費用が許すならば、結局ステンレスとかブロンズを使ったほうが得だろうと思うのです。それで、まずサッシュはブロンズだと、こう最初からきめた。そうすると、だいたいもっていき方はきまるわけです。石を使って、いわゆる新しいとうふを切ったようなデザインというのは、材質をすなおに使うということから考えればデザインとしてはどうかと思います。石は石なりのものがあるはずだと、私はみているわけです。ですから石を使えばこういうものだ——と自然に帰納していくのですね。

そうして、いくつかやってみましたが、結局ああいう形ができちゃった。じゃ何枚もやってああいうのができたかというとそうでもないですね。まあ直感のようなもの……ただなるべく壁を広くしたいという考えはもっていました。

私病気をして寝ていましてね、ああこれだなと思ってスケッチして、――私はたいてい病気中にできるんですよ。歌舞伎座のときもそうでしたが、大きい気の張るような建物は……枕元にメモと鉛筆をおくわけですね。家内がとりあげるんですけど、必ずおかして……平生読まない本をそこにおいて……実に病気中は楽しいですね。なぜかというとスケッチするからですよ。

気の張るようなときになると、必ず病気しますね……不思議ですね……。

現代建築と石貼り

浜口　これは少し議論になってしまうかもしれませんが……石でとおっしゃいましたね。それはどうしようもなしに石なのですか。

村野　ほかのものは考えないですね。石がいわゆる一番長もちして、それで建ってからの形態を変えないということなんですね。建って味がでるとか、記念性というようなことになると……。

社長の考えなどを考え合わせても、なまやさしくすたれるものでは困ると思っておりますからね。といって社長から石を使えなんてちっともいわれないのです。石を使う――非常に喜んで、それでよろしい、というようなことで、これは半ば直感ですね……そこに石があるから使う……このカンと決断ですね。

浜口　石に反対の強い根拠があるというわけではないのですが、しかし現代建築では石を構造材に使うということはないですね。それだけに建築の表現を決定するものとしての外装にあえて石を選ぶという、現代建築の中での意味というのですかね……。

村野　なにも私は現代建築なんてことを考えませんもの、頭にあるだけのものでやっていく。ただおれはこれで与えられた問題を解決するんだ。その場合に現代がどうあろうが、そんなことはちっとも頓着しない。なにか考えていくと、たとえば建物を軽くしなければならんじゃないか、なんであんな重いものを使うかという議論も成り立つだろうし、またいろいろと近代建築なるものの映像を頭に浮かべはするが、しかし私はそれ以上の問題があるとみているわけです。たとえば、まず日本生命にもっている自分たちの考えが、これによって表わせるという満足感ですね。それから長くもつということ、経済的に合うということ——建物の償却を考える。これを抜きにして建築というものはないですよ。その他もろもろの現実的な問題、また夢としての帰去来……といったことが、私を「石」だなあということに誘ってくれるのだと思います。

浜口　たしかに石をいけないというには、現代建築のほうの考え方に、やや説得力がたりないし、また文明の見方があるいは浅いのかもしれません。しかし現代建築で鉄筋コンクリート構造のものに石をああいうふうに積極的に使うことが、現実的に考えて意味があるということになると、私なんかが教わってきたというのか、考えてきた現代建築の、あるいは現代建築の論理みたいなものが崩壊——完全な崩壊かどうかわかりませんが、かなりくずれてしまうわけです。それだけに先生が石を選ばれることについて、いろんな意味で深い問題がたくさんあるような気がするのです。

村野　そのまず消極的な疑問は、あの構造体に石を貼るということがどうか？　われわれが学生時代にあったような議論が、一応でてくるでしょう。私にいわせれば、それはかまわん。そんなものは問題でないとみているわけです。日本生命があの会社としてどうありたいかということが第一と、それをなにもしらない一般大衆に表現としてどうアピールするかが、同時に必要ですね。これが大切な問題の一つだと思います。それがいいか悪いかということになると、日本の資本主義、また日本の現代社会がどうかというような問題にもなってくるでしょう。ですから、これには一応私はふれないことにしておきます。それよりも大切なことは、いったい人間と建築とどういう関係になるかということです。どんな材料を使おうがなんであろうが、これが建築としては、一番大切な、決定的な問題であると思います。いきなり石を使ってつめたくみせないためにどうしようかとか、あるいは重量感だとか、親近感だとか、その他もろもろの私なりにもっているものが……現代の建築のあるいは建築における社会的な解釈の仕方ですね、これが建物のなかにいや応なしに入ってくる。それが大切だということです。

建物のコマーシャルライフの問題

村野　その次に、経済上の問題、いわゆる償却期間の問題だとか、ライフの問題であるとか。……いささか建築経済のことをやって、結局建物は資本的にいえば、コマーシャルライフとストラクチャーライフのコンビネーションです。これがうまくいかないと建物は失敗する。今日、日本の税制というものがどうなっているかというと、償却期間は七十年です。これは八十年だったのが数年前にやっと、大蔵省が七十年にした。ところがアルミやなにかを使ったら七十年、コマーシャルライフがもちますか。絶対もちませんよ。カーテンウォールなんていってるがそれを改造するときの費用はいったいどれだけかかるか。それはストラクチャーバリューは残ります。しかしコマーシャルバリューは二十年もちません。大切なことはコマーシャルライフがある間に、資本の回収ができるかどうかということでしょう。これは二十年もちませんよ。土地の償却は必要ないでしょう。私はそれと同様にこんどは構造体も償却する必要はないといっているのです。現代建築は原則として構造は土地の性格に接近してきた。これが年来の私の主張です。そしてこれがいや応なしに、現代建築を規定するもっとも現実的な定義の一つであると思います。

しかし一方、現実は構造体を一緒に償却しなければならない。その期間が七十年ですよ。ところが建てる人の要求は、償却期間をもっと短くしてくれという。これは建物を経済的に堅実に運営するには当然のことです。去年の議会ですか、いくらか短くするように大蔵省がやったと思いますが、大蔵省なんてものは、現代の建築も昔の建築も同一のように考えているのですよ。この償却期間というのは非常に問題なんです……。

そう考えてくると、さしあたり普通の建築のようなコマーシャルバリューを必要としない日本生命のごときは、むしろ多少高くても石を使ったほうが、よほどバリューがあるのです。それとライフが長いのです。百年経ったってあのバリューはもつ。これだったらしっかりしていてまちがいのない材料だということですね。あとは建築自身としての手法の問題、これはわれわれにまかされている。

人間と社会と建物との関係というようなものをどう考えるか、どういう手法を使うかということに建築家の責任――あるいは人生観といいますか、建築を見る見方、考え方というものが表われるのじゃないかと思っているのです。

だから、現代建築がどうのこうのというようなことはあと回しにして、ただ広い意味での人間と建物との関係をどう考えたらいいか、それから現実的問題として、投資されたものにたいしてどのような解決策をとるか、ということを考える。そこにどういう材料を選ぶか、したがって手法というものがでてくる、こういうふうに考えます。

浜口　先生は現代建築なんて、とくに意識しては考えないとおっしゃるけど、とにかく現代建築の中で、石造的表現を選ぶということは、ある意味で抵抗というか、とにかく私はこうやるという、強い姿勢があるわけですね。同じ石を使っても、黒御影なんかを薄く張っていくやり方がありますね。その場合は、張られたという感じがあるからそう抵抗といったものを感じない。

ところが、日生ぐらいになると石造建築という感じがかなり強く打ってくる。

村野　いや、私は石造ということさえも考えていないわけですよ。あれはあくまでも張りものだとみている。というのは子細にみてもらうとわかりますが、石のピースは非常に小さいです。ほかと比較してごらんになるとわかりますがね。これは明らかに四寸ぐらいのものを張っているのですからね、うそをいえないですよ。どうしても構造体が石積みだとは見えないのです。だから石のピースが非常に小さい。それからあのなかにところどころに、より小さいのが入れてあるわけです。また下の柱にしたところが、上の方をクビっているでしょう。別に石造に柱をどうのという意味でない。柱を張っているんだから。

浜口　なるほど、そううかがうと石を使いながら私たちがなんとなく抵抗を感ずる、いわゆる石造とずいぶん違うということがわかるように思います。あの柱はどういう理由で……。

村野　もしあの石が、ぽっと上にいったのを想像するとわかりますがね。下の柱としてのプロポーションが悪い。それからもう一つは、とにかく強いものと強いものとを、私はときどき申しますが、ぶっつけないということ。どうしてもあそこで区切ってしまう。区切って、そこでストレスを弱めていく。ああいう手法は私としては多少考えた形ですがね。あれはとにかく石を張っているのだから、うそをいえない。ところが石と石とをぶつけたら、これには柱とみせようという意識があるのです。私はあれを柱とみせようとは思わない。もっとやわらかくしよう。そうすると、形の上からいえば重量感もでるし、柱として形もそれで助かるというところからきているのですがね。

骨や皮ではない、果肉の感じ

浜口　いま、おっしゃることで思いだすのですが、あれをみておりましたとき、石がふくらみをもっているので皮や骨というのではなしに、果物の肉の感じがしました。果肉というのですかね……。なにか薄いものを張ったのだと、皮膚の問題だけれど、あれはどうも肉づけという感じですね。

村野　そうおっしゃれば、まったくそのとおりですね……皮じゃありませんよ、あれは。

浜口　骨でもないですね。……あそこを見学したとき、ピロティの柱の格好をみたところ、立つ場所によって形が非常に違うのだけど、中の鉄筋コンクリートは、同じ真っすぐなものだとききました。そうすると石が皮膚として貼ってあるというのとは違う。といって、構造的骨組みであんなに変わっているわけでもない。見た感じは大変ふくよかなんです。苦しまぎれに、果肉だと思ったわけです。かたい核というか骨はずっと内部にあって見えない……そういう点では、普通の石造建築というのと、たしかに違うところがあるわけですね。

村野　ええ、そうです。石造じゃないですよ。石はなにかを表わそうとする手段、たんなる材料にすぎない。そして材料としての石にふさわしいテクニックを、私はわたしなりに考えております。少しくいわせていただければ、明治生命以後の石造風の建築は、私の知るかぎりでは石の使い方がまちがっているように思います。多くは石を殺して使っていると思うのですよ。なにか新しい建築を石でやろうというところにまちがいがある。私の学生時代に鉄骨造に石を積んでいくのはシャムコンストラクションといわれて、ずいぶん排斥されたものですが、私はいまはそうは思わない。鉄骨の心があるのにあれはオーダーがついているから、様式的にまちがっている、本当のものでない、というほうがまちがっている。これは商業建築として、こういう表現をしたほうがいいと思うからやっているまでのことで、それをギリシャだの、ローマだのと思うほうがまちがっている、と私はそのころからいっていたのです。

浜口　その点、ぼくたちは観念的に石を否定しているきらいがありますね。

ガウディと日生のつながり

浜口　それからガウディの建築と、日生ビルとのつながりなり、ちがいなりをお聞きしたいのですが。

村野　そうですね。ガウディということをいわれたのは浜口さんで二人目なんです。これはまったく私は予期していなかったことで、そういわれれば、劇場の天井をさしていわれるのかなあ、と私は思うのですけれど、それはまったく予期してないのです。ガウディがどういう意向で自分のデザインをやったかということも、私はそう深くは知りません。バルセロナでも、ちょうど日曜だったので教会の内部はくわしくみておりません。ただ公園のパビリオンを思いだして、あるいはそうかなあと思っているくらいです。……あれはスペイン人としての官能にしたがってやったんだと、私は思っております……。

浜口　私の場合、ガウディを日生から感ずるのは、劇場の内部のこともありますけれども、外観の石の曲面にも、ひっかかるのです。一階の柱のところ、梁がでて、横の方も曲面でずっとできておりますね。あそこのところでガウディのあれはアパートですかね、うねうね曲がった壁面、あれを思い出すのです。

村野　そうですか、いやあ、なんにも全然考えていません。形だけで単純に考えて、あそこの柱とのつながりの切れ目のところが、実は非常にむずかしくて、だから模型をみながら、このほうが形がいいときめた形ですね。

壁面と窓のたたずまい

浜口　さきほども話していたのですが、村野さんの作品はずいぶん大胆で、ぼくらがとまどいするようなところがあるのですが、きめが細かいというのですか、やわらかい感じがするために、なんかそこで、なんとなくいい気持ちになってしまう。

そういうきめの細かさがあるのですね。あの曲面などは堅いはずの石を使っていながら非常になだらかなカーブがつづいているので、やわらかいもののように感じちゃう……それから、壁面にはバルコニーとその柱がありますね。あれらのツラが割合そろっている。村野さんのはチリという意味ではデリケートに薄い。陰影は別の形で深くつけるという考え方ですね。バルコニーがあっても壁面は一枚につながった感じがする。

村野　どういうわけですかね。とにかく壁面をくずしたくないというのはいつも感じます。それと窓のたたずまいをきれいにするということを考えます。こんどの場合でも、やはり窓の美しさというものは、深さはもちろん考えて、あの程度が適当だと、あまり深くしてないです。窓を深くするというのは一番危険です。エレベーションがくずれるのです。

それからできてどうかと一番心配したのは、一階ごとにバンドがあるでしょう。模型でみるとこれが非常にか細いのですよ。実際にできてみると、ああ、心配したほどでもないなと……とにかく一〇分の一かなんかの模型をつくったときと違って、現場となると大きなボリュームですからね。

それから窓を薄くすることですが、これは渡辺先生のところにいるときに、私は勧業銀行などに関係したことがあるんですが、そのころはとくに深くしようということだった。こんなに深くて何十階の建物ではいったいどうなるんだろうと思った。それで外国に行っても窓ばかりずっと見たら、割合薄いんですよ。それで帰ってきて佐藤先生から、「きみ、なにを見てきた」「窓ばかり見てきました」といったら、「それはきみ、いいものを見てきたよ」というわけです。窓まわりのたたずまいをきれいに見せようとするところからばかり考えたものです。

浜口　そういう点は、壁面にたいして特殊な愛着を村野さんはもっておられるのですね。壁面が人間の眼と心に訴えかける……村野さんの作品というものは、人に訴えかけるなにかがある……私たちがいい絵をみると、こっちへ伝わってくるものがありますね。そういうものが感じられるのです。しかし、ふつうに素人の人がアブストラクトの絵からはなにも伝わってくるものがない。そういう意味で、建築の場合はだいたい感じないことが多いですね。感じることが非常にむずかしいといいますかね。ところが村野さんのはたしかに感じさせる。なにか人の心にふれてくるものがある。

村野　いや、そうでもないでしょう……。

まあ、今和次郎先生などから学生時代にうけたよい影響ですかね。人間にたいするものの考え方ヒューマニズムというようなものですかね。なにしろ人間にたいし否定的なものにならないように表といいますかね、なんかプラスになるようなものの考え方、むずかしくいえば、建築は人を教化するという、昔われわれの時代にいった、建築でもって人をいい方面に向けよう、犯罪からも救おうという……そういう考え、われわれの時代はそうだったのですが、教わった時代の思想ですかね……。

オーディの曲面と天井

浜口　いままでは外のほうを念頭にしながらうかがったものですから、こんどは中のほう、おもに劇場を……。どういうふうにしてああいうふうなものをお考えになったのか……。

村野　最初はなにもないのですよ。なんかやっているうちに、どうしてもまるくなっちゃうんですね。そうするとどうしても音響的に悪い。じゃ波をうたせよう。そうするうちに、劇場内部を曲面で構成しようというふうに考えたのです。

そうして最初に劇場の一〇〇分の一の模型をつくりました、これをうちでやらしてみて、ここからは舞台が見えないとか、これではサイドラインが悪いとか、じゃここを削ろう、あそこを削ろうとやっているうちに、大体いまの形に彷彿したものがでてきた。それでもって、こんどは一〇分の一の模型をつくったわけです。それによって石井先生にお願いして、音響試験をしてもらったのです。音響試験をしながら、ここを直し、ここに肉をつけ、ここを出し、あとは形と両方をにらみ合わせながら、私もその中に入って、こうしたい、こう直したいと進めたわけです。これで壁面のほうはいいですね。

ところが天井には、私は実に困りました。どうしたらよいかと思って、だいぶ苦労したのです。もちろん定石は、壁面でも天井でも音響を散らすことですね。それからもう一つは、だれでもおやりになるとおり材料的にかたくするということですね。これはわかっているわけです。それではなにを使う、どうするかと、だいぶ考えてみたんですよ。どこかで見たことが頭の中に残っていたと思いますがね、棒でもって張られた幕をいくつかつき上げたりしますね。するとさおで突っついたあとが丸く残りましょう。これだなというわけで、これでやってみようと思ったのです、そして突いたさきにあかりを入れようということですね。しかしこれはあとで、レゾネータを入れたり、またいろんなスポットライトなどがつきましたから、だいぶ最初のはくずれてきたんですけど、それが大体の狙いでした。

それから材料はそれじゃなににしよう。あの広い天井にベニヤだったら、まだ話になる。しかしベニヤではない。読売会館をやって天井の材料にはずいぶん苦労したのです。そこでは現場であの広さの場所を借りてコンクリートブロックをぶらさげた。しかし重いコンクリートブロックでは形からいっても大変なんです。そこでふと、昔なんべんも銀行の天井などで使った石膏をおもいだして、これがいいなというわけで、かたい石膏ができるはずだから、ないかと探した。そこで昔つきあった須田さんが石膏の大家ですから相談したところ、いやーいま、とてもよい石膏がありますというのです。しかし須田さん自身は、現代の建築には石膏はだめだと投げておられるわけです。須田さんとは昔、銀行を一緒によくやりましたからね、〝先生、ひとつ石膏を使いましょうよ〟というわけで……石膏の可塑性、それに現在は薄くて丈夫なやつができている、人間がのってもいいのですよ。材料はそれできまりました。

ところがペンキを塗るといったって大変なことです。なにかいい材料はないかと思って、私は読売をやるときから、真珠を使おうと思っていたのです。オパールの色が非常に私には魅力なんです。なにかああいうものはないかと探してみたんです。真珠貝はあるのですが、大変な値段がかかる。またイミテーションパールも、なかなかあれだけの面積では入手困難なのです。そうこうするうちに、名古屋で関係したホテルの社長が、自分の親戚にアコヤ貝をやっているところがあるというのです。これは私も部分的に使って知っているのですが、とても貴重なものなのですね。私はあの底光りのするのと、ちょうど真珠とかなんとかが私の頭に往来していたものですから、さっそく行きまして、〝あなたはいまの考えをやめてください。これは建築にたくさん使うのだから、値段はこれだけでいきませんか〟といいましたら〝それじゃ平方メートル五〇〇円でやりましょう〟というわけで、これを使うことになったのです。それでもあの壁と天井と合うかなと思って心配しましたよ。

浜口　私がはじめてみたとき、海の底を見上げているような感じがしたのですが、そういう海のことというのは……。

村野　なにもないのです。ただ音響とか、色の調子……底光りするのと、それから全部曲面でやってやろうと思って、そうすると私がいままで見た範囲では、外国でもないし、なるべくなら、ひとつなにもないものをやってみたいというところから……。

ちょうどあなたがいわれたと同じようなことを、ある舞台女優がいっていました。〝熱帯魚かなんかのうちだなって〟……。

壁のガラスモザイクは読売以来の私の使いつけた材料ですから、こういう曲面はどうしたってあれより仕方がない、そうすると色も考えられるということで使ったのです。あれでも目地が非常にものをいうのですよ。ところがあとで急いでやりましたから、落っこちるとかなんとかで、白いセメントで目地をつぶしてしまったので……私はもう少し色をつけるつもりだったのです。その点私としてはあまり満足してないのです。

浜口　劇場のロビーはなかなか魅力的ですね。どのへんのところが一番苦労されたのですか……。

村野　やはり天井ですね。

浜口　石膏のまるい穴のあいた……。

村野　ええ、一番あれがやっかいで、手もかかりました……最後に残ったあれがやっかいでしたね。割合に天井の高さが低うございましょう。ですからゴチャゴチャしたものがつくと、めざわりですからね。あれをどうまとめるかということは、かなり私としては心配いたしました。それからやはり壁と天井とのつながりのところですね。これも非常に心配いたしました。壁のテッセラなんかは、私がいままで使った手法ですからね。

赤と白に統一

村野　それからお気づきになったと思いますが、色はほとんど赤と白でしょう。建築生活四十年以上の生活をしていても、色の決定はなかなかつきませんよ。いろいろな色をまぜたがる。これは白だ、なにをもってきても白だときめてしまう、二色ですからね。もっとも黄色が少し入っていますがね、だいたい二色です。

劇場内でも、ふつうは暗くするでしょう。だからおれは白くするのだという――これは話がそれますが、なにしろ人のやったやつはやりたくないんだという、だれでも一種の反骨精神があるでしょう。あの野党精神のようなものですか、多少そういうふうなものが私にはあるのです。ただこんどは赤と白というふうな印象で、統一しました。この赤と白だなと大づかみの決定のついたのは、こんどの外国に行った唯一の収穫です。どうしようかなと、ずいぶん迷っていたのです。これはサーリネンから学んだものです。私

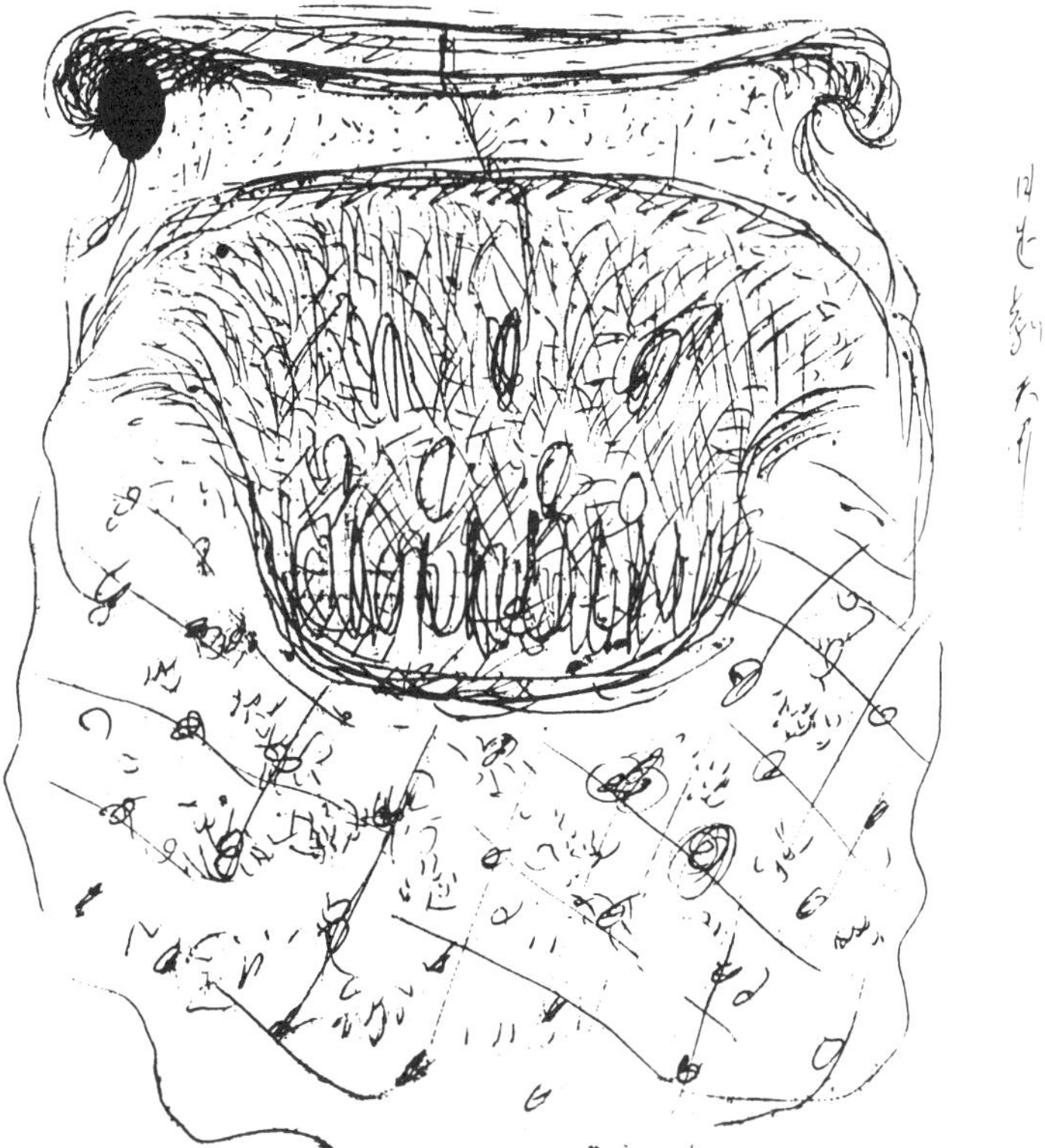

日本生命日比谷ビル

は偶然、サーリネンのＴＷＡを見て、ああこれだなと思って……。

しかしお気づきでしょうが、一階の上りかけの赤と上の方の赤とは違います。上りかけの天井の高いところの赤は強くなっています。上のほうに行くとやわらかい赤になっている。

浜口　あのロビーでは手すりが、ひどく印象的というんですかね、非常に目につく。手すりというのは、そんなに人間の心にひびくものなのですかね。

村野　そうですよ。今度の上り階段の手すりも、やっぱりサーリネンから得たヒントです。私は非常に階段と手すりにはやかましいのですよ。あの手すりも、サーリネンがＴＷＡでまるくしたやつをやっているでしょう、あれですね。ああいうのをみると、ああ、この人は立派な人だなと思うんですね。あれから非常に得るところがありました。手すりをかえようということには、私は非常な関心をもっています。いままでの既成の手すりのような考え方でなしに……うまくいっていませんがね。

……あの日生の上り階段の手すりなんてプロポーションをこわしております。しかしそこがねらいなんです。あれはスケールのふつうの観念を無視している。やっぱり作家的野心とでもいうのですかね、人がやったやつはやらないという……あそこにはじゅうたんが敷いてあります。人がたくさん行きますから、あれだけ敷けばじゅうたんのところを歩いてくれる。とくにあの階段のところはふつうのじゅうたんでなくて段通なんです。そこの感触だけでいいんだが、ちょっとさわっただけの安全感ですね、感触だけの。そこへ夜会服だとか、ちょっと手袋をはめた婦人の姿を想像するわけです。そうするとがんじょうなやつはいかん、礼儀的に紳士が貴婦人にちょっと手を差しのばす、あの感じですね。ずいぶん形としては変な形なんですけれども……。

浜口　日生ビルをみて、そしてまたこれまでの村野さんの作品のあれこれを想いだしてみて、つくづく考えることなんですが……日生ビルにしても、理論的にわかりやすいというものでは決してないけれども、感覚的にはみていてわかりやすいというか、とにかくその魅力が濃厚であり、強くひびいてくる。そういうわかりやすさは、ワンマンの作品だからじゃないかと私は考えるのです。

もちろん日生ビルにしても、村野事務所の多勢のスタッフが設計に努力をそそいでいる。そうした努力なしには、あの建物はありえない。しかし、そうした努力は造形的な意味では、いわば縁の下の力持ち、舞台下、舞台裏の働きになっている。直接、目でみられるかぎりのものは、大きな構想にしても、あらゆるディテールにしても、すべて村野さんの眼と心を通して把握され、決定されている。いってみれば、村野さんのソロのような感じがする。そしてソロだからひとつの小宇宙のような造形的調和として、そのなかにわれわれの心をひきづりこんでいく力が強いのではないか。われわれが感情的に、あるいは感覚的にか、とにかく陶酔するときは、あくまで個人個人の心で味わうわけで、むしろ孤独な体験です。それが芸術的鑑賞というものの存在形式だと思います。とすれば、そういう性質をもつ鑑賞にとって、把握しやすい、理解しやすいのは、あらゆる細部まで、一人の人間の心と眼で練りあげられた造形的小宇宙だといえそうです。建築家村野藤吾の作品、とくにこんどの日生ビルはそういうふうにしてつくられたようです。村野さん自身がいわれているように、はじめの基本構想の頃、不思議にちゃんと病気になって自邸にひきこもり、ひとりで想を練り、スケッチされる。実施設計にかかってからは、あらゆる現寸に眼を通して図面に手をいれられる。色彩などの決定には模型を事務所の先生自身の机のわきに置いて、しょっちゅうそれを眺めて考えこまれ、それでも決まらないときは現場にゆかれてそこで決められる。

日生ビルの担当主任だった中村陸二氏からきいた話ですが、先生の眼を通さないでされた決定、少なくとも造形的な意味をもつものの決定はなにひとつなかったそうです。すべてが村野藤吾というひとりの人間の心のなかにいったんとかされて醱酵し、それから現われてくる。つまり少なくとも造形的には、まったくワンマンの創作であるということ――このあたりに日生ビルの濃厚な魅力の秘密をとく鍵がひそんでいるのではないかと、私は考えるのです。

そうした村野藤吾の創作態度が、現代建築のなかでどのような意味をもつかということは、あらためて問われなければならないと思いますが、それにしても、やはりひとつの見事な個性だと嘆じないわけにはいきません。

＊『新建築』（昭和三十九年一月号）所収。

日本生命日比谷ビル
――地的環境と表現――

地下五階地上八階延べ約一万二千坪、そのうち半分が日本生命で使いあとの半分がいわゆる日生劇場となって、構造的にも機能の上でもまったく異質のものが二分して同居している。ほかに国際会議場や食堂などもあるが、それらはこの建物にはたいした影響はない。構造は内藤先生が担当されたので詳しいことはわからないが、ご苦労の様子で、どんな面倒なことでも聞いていただいたことは感謝にたえない。後日の振動実験でもよい結果が出たように聞いている。

さて、一つの建物の内外ではまったく異質の人が一日何千となく混交したり接触したり、また建物のなかに吸い込まれたりはき出されたりする。それだけの表現はいやでも自然にあらわれるであろう。機能の上での内部的な複雑さはなんとかなるとして、どうしても隠せないところがある。それは一階である。路面との接際である。これを内容のまま二分したとしたら建物はめちゃくちゃとなる。そこで一体とし表現したい、そしてできることなら日本生命の名において統一あるものにしたい。このことは外観の場合にもいえることである。さらに、生命保険会社という特殊な社会的考慮も表現のなかに盛り込まねばならぬだろう。つぎに、この建物は三井銀行に隣接し、道を隔てて帝国ホテルのあの建物がある。日比谷公園という風致地区や少し行けば劇場街もあったりして、そのうえ市街地の建物として都市計画的なことも配慮のなかにはいる。このような地的条件や建物の性格を織り込んだうえで一挙に解決するには、一階を解放する以外に方法はないと思った。しかし、これを決断するにはとても一建築家のよくするところではない。そこで弘世社長の発案は決定的であった。けだし、一階を余すところなく利用するという経済的な配慮が、やがて非常な障害となることに気付かれたからであろうと思う。

この建物は日本生命の東京総局である。いわば会社の東京における代表的な性格と表現を持たねばならぬ建物である。貸ビルのような条件もなく、またそれに似たような経済的な配慮をあまり必要とはしないが、百年の寿命と表現に狂いのないことが望まれるのである。そこで、このような寿命に耐えてなお、足りるような表現手段といえば、これまでもそうだが石以外にはないと思う。量およびその均一的な性質や使いなれた点よりすれば、花崗石以外にもとめることはできない。「万成石」を選んだことは良かったと思う。加工した後の温かい色調や感触、テキスチュアの好さはこの石をおいてほかにもとめがたいと思ったからである。石には石の自然的な加工方法と、これを慮る愛情が必要であろう。表現に無理をしたり、そのためにエキストレームにならないことも必要であろう。さらに、劇場部分は無窓が望ましく事務的なところはその逆である。これに統一を与え、何がしかのムードも必要であろう。

そこで窓のガラスをできるだけ内側に引込めて、その代わりに石張りの壁面をできるだけ大きく前に出すことで、表現の統一と建物の重厚さを考慮したのである。それには一階の解放が役に立ったと思う。いわく、「リバイバルムード」、いわく「ネオクラシック」などなど、史観の相違もあって、見る人によりあるいはそう見えなくもないであろう。しかし、それはそうとして、これだけはいえるかと思う。自由主義的でどこかに浪漫的なといったところがある。現実的にいえば建築は疑いもなく人間労働の結果である。労働条件の背後に密着する労働の内部的な本源的なものからのつながりで、建築の上に倫理的な観念を導入することはできないだろうか。事実、私はこれを意識してなんのくったくもなく、期するがままに振る舞ったまでである。

近代産業の生産的諸条件とその桎梏《しっこく》から自由になり、可能な限り手工的な表現を重んじてそれにふさわしい材料と工法を工夫したり、意匠の細部までこの考えを徹底するように配慮したことは事実である。

「半世紀におよびヒューマニズムの建築を求めてきた作家の修練と洞察とのすべてが結集され、作品の隅々にまでその分身を感じさせる云々」これは拙作にたいする学会の推薦文の一節である。眇《びょう》たる私ごときには過ぎたる言葉である。三省して後日を期したいと思う。

＊『建築雑誌』（昭和四十年八月号）所収。

光と肌理——千代田生命本社ビルの設計について——

典型的な近代オフィスビル、いわゆる鉄とガラスの表現でなく、千代田生命の長い伝統と表現によるたたずまいを、おぼろげに頭の中で往来させていました。

保険会社は社会的なつながりの強い、特定の加入者だけでなく、一般の人にも呼びかけ、幸福を分け合うという気持ち、そういう特殊なイメージがあるように思います。それと商業中心地から離れた住居地域内にある五、〇〇〇坪の土地を、どう生かすかということが同時にあったわけです。

建物のデザインは、千代田生命という特殊な会社の性格を考えて、光をはねかえす表現ではなく、重厚でいて光を吸収する、ほりの深い、そして表面に影を付けるという考え方からきています。

外壁は石、コンクリートブロック、プレキャストブロックと考えた末、もっとも軽くもっともふさわしい材料として、また私が四十年も前にジュラルミンといった時代に使用した経験があったせいでもあり、また小池カーテンウォール社長のアドバイスもあって、特殊な表面処理により、色・耐久性などの条件を満足しうるものとしてアルミの鋳物を採用しました。

全体配置はご覧のように広場をできるだけ有効に取れるよう、また常に明るく、光を吸収でき、そして道路面からできるだけ離して、一つの静かな町になるようにと考えたからです。現在未完成ですが次期計画として、広場にできる予定の、地下に入った小ホールが実現すればブロック全体の造形がしまると思います。

内部空間へのアプローチ、それは一つの大切なポイントです。玄関について最初に考えたのが天井高です。いままでの経験から一八尺が適当だとイメージしたのです。次に彫刻と色ガラスだけで空間を引きしめ、あとは何も置かず

千代田生命本社ビル

に光と肌理によるアプローチを考えたからです。トップライトにはガラスモザイクを用いましたが、入った瞬間は色がつかないようにし、池を通しての光が大理石面を滑って、来訪者を光のグレードによって印象を隔絶しながら導入してゆく効果を考えたからです。天井のモザイクは作野氏に依頼し、色ガラスは岩田先生の作です。床は同じ材料で奥まで敷きつめ、広く見せて連続感を持たせる。そして入口のところに黒のじゅうたんをポッと置いて、全体をまとめることを考えたわけです。逆に教会のように中も外も同じようにして、外の印象を中にもってゆくという場合もありますが……。中庭の池のある位置はなんであってもいいわけですが、ここでは周囲に光を与える要素となっているわけです。

私はエネルギーとエネルギーがぶつかり合う接点、切れ目のデザインを非常に大切にしています。そしてシャープではなく柔らかく、建物全体をディダクティヴにしないようにと心掛けています。この場合も建物と水とが一体となって、「地」に親しみ、抵抗のない表現としたかったからです。

この種の会社には機械による事務処理が近年ふえ、多くの女性が働いているわけで、疲れをいやすゆるやかな感じの表現を考え、特に厚生施設にこの点の意を用いました。

このあいだある人がこの建物を見て、「真新しい建物とは見えないね」といっておられたが、私の意図した表現を感じていただけたかと思いありがたかった。

＊『建築文化』(昭和四十一年八月号)所収。

宝塚カトリック教会

聖歌隊席を入れると延べ約一二一坪（約四二〇平方メートル）、壁は鉄筋コンクリートに内外とも白セメントに硬性プラスターを混入してガン吹きつけ仕上げ、屋根は鉄骨下地に銅板葺き、天井は厚さ約五ミリ、幅五〇ミリくらいの白ラワンの板を音響を考慮して曲面に張ったものである。天井の張りの仕事は良い職人にやってもらったので、出来もよく私は満足している。かなりむずかしい仕事なのに、職人たちはまたとこんな仕事をする機会がないといって喜んでやってもらったのは、非常にありがたいことだと思う。

壁面を傾けたり屋根裏の断熱のことなど、音響のことや室内の暑さのことなどにも気をつけたつもりである。風通しをよくすることにも気を配ったが、なにしろ電車道に沿っているので、自然、壁は窓を少なくするよりほかに音をとめる手がない。外壁は開口部分が少なくならざるをえなくなった。それでも電車が通るときには、お説教が聞こえぬくらいだそうである。いずれ機械換気をすることになるだろうと思う。

祭壇回りの型式はカトリック教会では最近変化が起こったが、まだはっきりした様式が定着していないので、あれこれと変わってやっといまの型式になった。それでもまだ変わりそうであるし、いろいろの付属物もこれからといったところである。いまのところ祭壇回りの光線が多すぎるが、この部分には岩田藤七先生のステンドグラスを嵌めることになっているので、その暁には適当な光線になるだろうと楽しんでいるがなかなかできてこないので、当分の間はいまのままでやや落ちつかないようである。室内の椅子は、長椅子をやめてもらって西洋風な小椅子にしてもらった。長椅子よりも安くついたし、三角形の室内だから使い勝手もよいと思う。

建物の形は三角形だから、自然その先端のところが塔に

宝塚カトリック教会

なった。建物が地面に建っているというより、「はえ」ているようにしたいと思った。土と建物とのつながりに軟らかさと無抵抗さがあらわれ、土と建物とが一体となって自然さをあらわせないものかと思って試みたが未熟で、そんなもので宗教的な気持ち、人の信仰の対象になるようなものを十分にあらわせたかどうか心もとないと思う。

延べ一二〇坪で工費一、二〇〇万である。当時は銅板の値段が高かったので施工者の聖和建設は仕上げまではいろいろ苦心されたようであったが、社長の石川さんが敬虔なカトリック信者だったし、私の娘や孫たちもこの教会に属している関係もあって、皆さんの奉仕と善意でできたようなものである。その石川さんはこの教会が仕上がってから間もなく故人になられたので、よい記念を残されたと思う。それと特に書いておきたいことは、キリストの道ゆきの油絵が長谷部鋭吉先生が書き残されていたものがあったのでそれを飾ることができたことである。みごとな出来ばえだし、先生もこの教会の信者だったので、これもこの教会のよい記念である。故石川氏の寄付金で辻晋堂先生にキリストの御像をつくっていただいたので、これもいい記念である。辻先生はいくども練り直して制作されたそうで、そのご苦心を感謝している。いずれ近いうちに洗礼堂もでき、ヨハネの像を辻先生につくっていただきたいと思っているので、それもこれからではあるが、できの良し悪しは別としても皆さんの善意のこもった教会堂になったことは、非常にうれしいことであると思う。

＊『建築と社会』（昭和四十二年二月号）所収。

西宮トラピスチヌ修道院

西宮トラピスチヌ修道院は女子修道院であり、約八〇名の修道女が自給自足を立て前とした「祈りと労働」の生活を過ごしている。

戦後加古川より移り、山林を切り開き荒地に鍬を入れ、営々辛苦やっと稔り豊かな土地にしたと聞く。数年前より宅地化が近隣にまで及び、静かな環境がしだいに失われ、また旧修道院の家屋の老朽化ということもあって約一キロ山手に奥まった現在の場所に新修道院を建築することになった。

本修道院と同系の修道院は函館、那須、伊万里にあって、おのおのの立地条件を生かした自活の道を歩んでいる。函館の修道院のトラピスチヌバターなど一般にも知れ渡っているものや、那須修道院の高原蜂蜜、また伊万里は土地柄の焼物、といった具合にそれぞれ特徴のある製品を一般の社会に送り出している。本修道院の場合は阪神間という立地条件から都市の需要に応じて、公用肉の養豚、清浄野菜の栽培、化粧カートンの製箱など多種にわたっている。

大都市の周辺部であるから所有する土地の面積にも限度があり、加えて所有地の大半が急斜した山林であるため、おのずと利用できる土地にも限度がある。したがって集約的に土地を利用し密度の高い生産を成すことが本修道院にあたえられた課題のように見受けられた。当初、修道院とは社会から隔絶した閉鎖的なものという想像をもっていたが、いろいろと接触を深めるにつれ、そういった印象は薄れていった。それぞれの修道院によって事情も異なるだろうが、ある程度は時代の流れとともに姿を変えつつあるのではなかろうか。しかし本質的なものまでは変わることなく、「祈りとやすらぎ」の場所であることには違いない。

建築にあたり、敷地が保安林指定を受けていたような土地柄でもあり、そればかりではなく、六甲山系特有の破壊

西宮トラピスチヌ修道院　© MURANO design, 2008

されやすい土質地帯であるため、防災等については十分な注意を払った。

建物はかなり高低のある地形にそって、なるべく自然な形で土と接するように心がけた。

まわりの美しい自然環境と建物が一体化するようなものであること、また女子修道院としてある種の優しさと温かさが必要だと思った。

外壁の色彩については、風致当局の要請もあって、なるべく目立たないものにした。

建築工事のために樹木をかなり伐採することになったのがまことに残念だが、やがて年が流れ、草木が繁茂するにつれもとの静かな山深さがかえってくるであろう。

＊『建築と社会』（昭和四十四年九月号）所収。

湖畔の四季 ——箱根樹木園記——

原生林のなかにパビリオンを建てる仕事で、一年ばかりかよった。場所は湖畔である。かよってみると箱根の四季がよくわかった。季節の移り変わりで自然の装いは変わる。その変わりかたが、厳冬なのに乙女桜の花待つ思いがして寒さ知らずに仕事ができた。私は夏の木陰も好きだが、壮大な樹間を透す光が黒土の地表に落ちて、落ちたところが草の芽生えでかすかに青く光る早春の静寂さには心を魅《ひ》かれた。深々とした林間に小径もできて、散策に、憩いに、ここを訪れる人々に、清らかな自然の心を甦らせてくれることだろう。

＊「箱根樹木園の案内パンフレット」（昭和四十六年）所収。

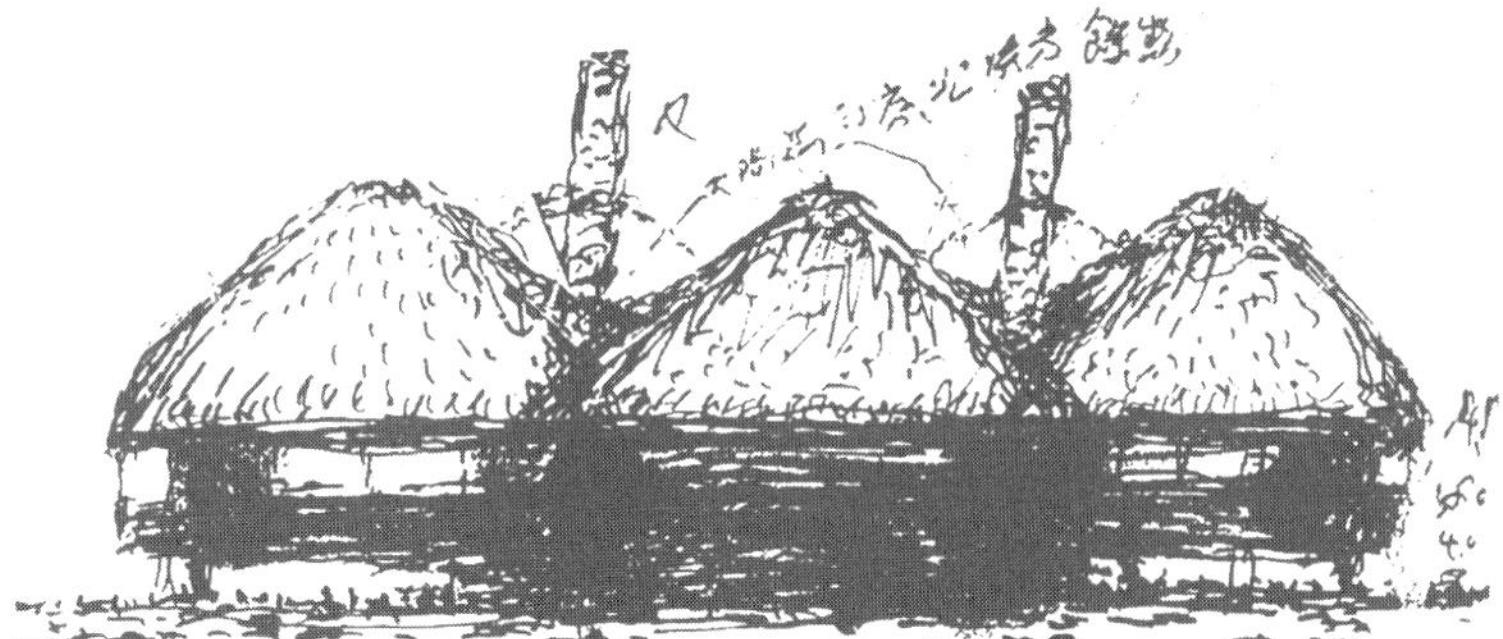

箱根樹木園休息所

迎賓館の改修に思う

記念建築、あるいは施設について、その〝記念性〟を正確に定義することは困難なように思います。しかし視点をかえて、建物を資本として扱うか否かというような〝経済性〟の観点から眺めてみますと、記念施設の性格がいくぶんはっきりとしてくるのではないかという気がします。

一般の建物には commercial life＝利潤を得る期間と、structural life＝建物自体の構造的な生命とがあります。このふたつの要素をうまく組み合わせて、一定期間内に利をあげながら資本を回収し、再び新たな価値を生みだしてゆくようにするというのが原則ですが、記念建築は利潤を回収するのが目的ではなく、structural life だけが主目的で、commercial な要素のはいり込む余地を許しません。このあたりに、大きな分け方のひとつがあるように思います。

commercial life と structural life ——これらの組み合わせ方いかんが建物の性格に影響を与えるので、この点が設計のポイントになると思います。両者の関係をもう少し具体的に申し上げ、記念建築の今日的な問題にも触れてみたいと思います。

建物はそのストラクチュア、すなわち物理的な構造的生命が朽ち果てるまで姿は残ります。そのままですと百年でも二百年でも保ちます。だからといって、その建物がそれと同じように利潤を産むとは限りません。そこで税制上では、一応六、七十年の償却期間として認めておりますが、商業性の強い、たとえば百貨店の場合ですと、そんなに長く大衆の関心をつなぎえません。そこで利潤を回収しうる目安としてたとえば、四十年という commercial life が設定されます。それに見合う材料や acomodation が選定され、structural life もそんなに長くもたなくともよいようにいたします。またオフィシャルビルや銀行のような建物ならば、たとえば六十年程度の償却期間を目安として structural value を設定することになるでしょう。これは百貨店建築に比して commercial life の考え方、換言すれば commercial value の考え方の相違からくることでしょう。

極端な場合ですが、レストランやスーパーマーケットのような建物は短期間に資本を回収しうるように利潤をあげる必要がありますから、一時期に大衆の関心を呼び、利潤回収の後は、比較的壊しやすくしておくということもあります。

このような建物に比べて、記念的な、たとえば公会堂や美術館あるいは寺院などの場合について申しますと、その目的は美術品の保存や集会、宗教的儀式などが主で、適当な時期に限って、あるいは特定の条件のもとに公開すればよいというように、コマーシャル性のきわめて少ないものです。しかしそのような場合でも、県や市、その他公的な機関の負担する経費だけでは建物の維持管理さえもむずかしいので、いろいろと客集めを企画し、相当コマーシャルな部分を持ち込む傾向にあります。その結果、大衆とのかかわりが、ともすれば無秩序になり、建物の痛みは激しく、建物自体の生命が短くなります。このようなことは、われわれが想像しております〝純粋な記念性〟というものが、何かしら時代とともに変化しているように思われます。いわば記念の概念が〝希薄〟になりつつあるのではないかと思います。大衆とのかかわり方、価値観の変化によるものでしょうか。

こうした時代の流れの中で、迎賓館は明治建築のひとつとして、その姿をとどめようとしています。とどめるということは建物の structural life の延長をはかる仕事のことでもあります。明治の洋風「宮殿建築」を国賓の迎賓施設として活用するために、改修と復元を行うものですが、日常、思っておりますことを〝記念性〟と考えあわせながら、申し上げてみたいと思います。

わが国にも、建築史上、数代にわたって修復を重ねてきた建物があります。これらの建物は技術的・社会的・経済的影響により、その手法や、ときとしてその表現にその時代のものをとどめることがあります。その時代を超越して存在するということはナンセンスでしょうから、その時代時代の諸条件が影響するのは技術的必然でしょう。そこで今回の工事においても、同様に現代のものがはいってくるのはしかたありませんが、その中でももっとも大きな変化といえますのは、この「宮殿」を住むためのものにするというのが、大きな変更、大きな仕事のひとつになるということです。ここには居住施設がほとんど欠除していたのですが、〝住むための要素〟が重点的に求められるようになったのです。ここに今回の改修工事の困難さがあります。

たとえばフランスではベルサイユ宮殿は政務に、トリアノン宮殿は主として住的性質に区別されています。またストックホルムの王宮は真ん中を仕切って、一方が宮殿として天井も高く、装飾も立派で政治向きにできており、他方は天井も低く、装飾も控えめで、住むための空間――住宅風になっています。宮殿と住宅との明確な空間部分ができております。しかし迎賓館は宮殿、すなわち、公的性質の用途を兼ねるとともに、国賓の居住にも供しうるものでなくてはなりません。ゆっくり、くつろいで、来日の目的なり、招請された目的を達しうる施設でなければなりません。そのために、この迎賓館は、多少〝ホームライク〟なものになると思っております。国賓が宿泊される際、自分たちの王宮や公邸の住居におられるような空間になると思います。しかし一方において、この建物は文化財的なものに準ずる名建築であり、宮殿建築としての内部空間の変更は、各種の構造的制約のために、最小限度にとどめなければならず、そのために住居専用部分の住居空間の構成を工夫することは、必ずしも容易ではないと思います。関係当局の懸念も、そこにあるかと推察しております。宮殿としての調子を、住むためのものにするにはどのようにするか、その具体的な方法はどのようなものになるのか、その点が問題だと思います。また外構、すなわち、前庭、後庭のたたずまいなども、調子をやわらげ、優しさと安らぎをおぼえるようにするには、植栽や通路の調子にも、多少の変更が加えられるものと信じております。このような点にも関係当局の苦心するところであります。

これまでのべてきましたように、その時代の要請に従って、明治時代の名建築のひとつが迎賓館として生まれかわりつつあります。迎賓館が記念施設であるかどうかということは、後の時代に評価されることです。ただ現時点でい

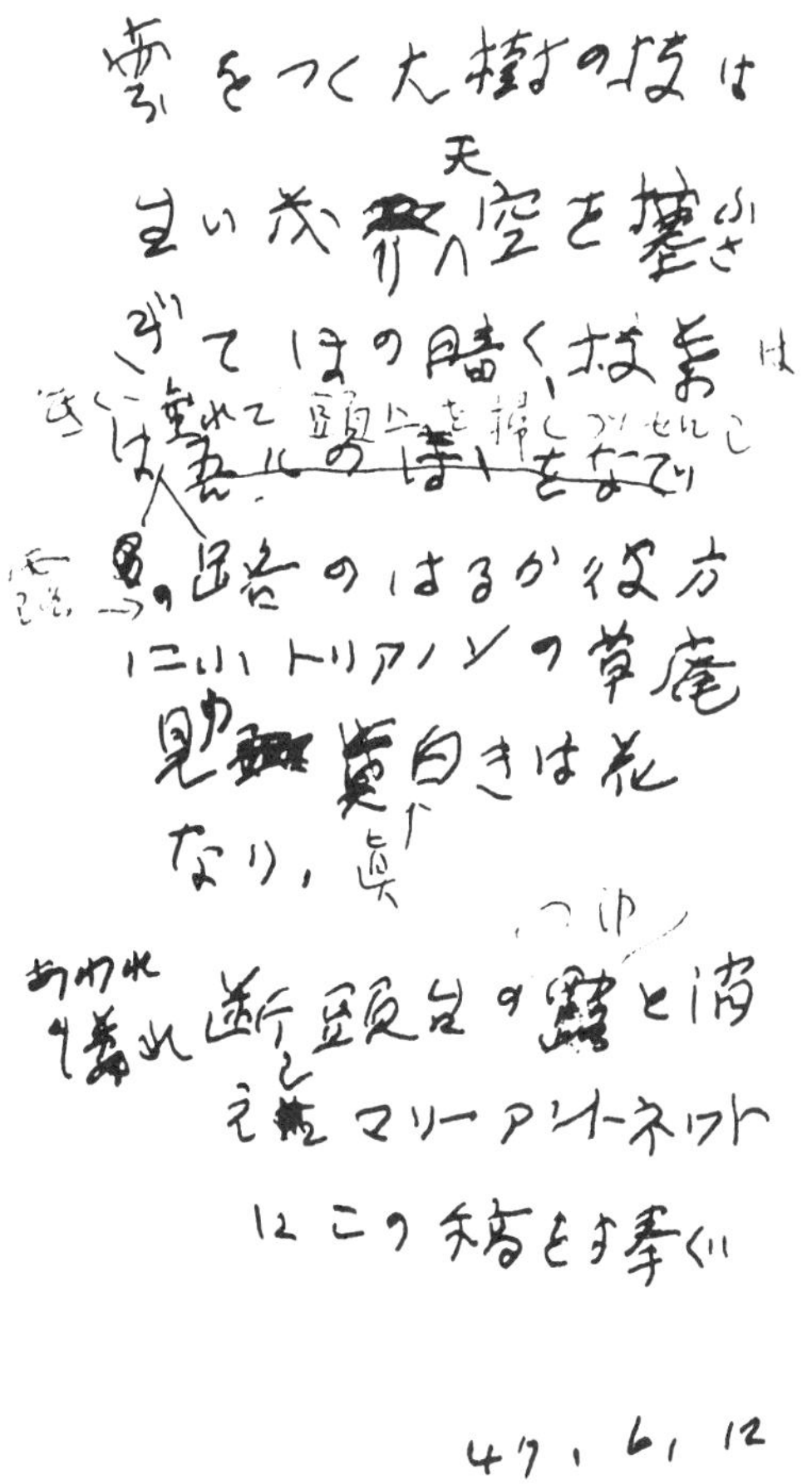
雲をつく大樹の枝は
生い茂り天空を塞《ふさ》
ぎてほの暗く枝葉は
小路のはるか彼方
にプチトリアノンの草庵
見ゆ 白きは花
なり
憐《あわ》れ断頭台の露《つゆ》と消
えしマリーアントワネット
にこの稿を捧ぐ

47.6.12

えますことは、いわゆるコマーシャルな要素が皆無であることは当然で、structural life の延長と、その value の変更しか認められないことです。今回の工事が終われば、いずれは、国の維持・管理に移されましょうから、コマーシャルな要素がはいり込んでくる心配もありません。また、それによって、その価値に変化がくるものでもありません。この意味からすれば記念建築と申せましょうか。

しかし……………………。

一般的に申しますと、私どもが想像していますような純粋な記念建築ははなはだ少なく、あっても、しだいにその姿を大きくかえつつあることは確かな事実でしょう。

＊『公共建築』（昭和四十七年十二月号）所収。

建築的遺産の継承

赤坂離宮の改修

村野　赤坂離宮は偶然建設省からお話がありまして、私は建設省のお手伝いをすることになりました。誤解のないように願いたいのは私どもの仕事ではありますが、建設省のお手伝いをするという立場でやっておりますから、くれぐれもおまちがいのないように願いたいと思います。あの建物は片山東熊先生の仕事で私らに手におえないほど立派な仕事です。私はよくいうんですが、私はいくらかスタイリッシュのものをいままで手をかけてきたのも一つのご依頼を受けた点じゃないかと思うのですが、それでもああいうものに立ち向かうと非常に困難があるわけです。しかし建築家として、あるいは技術者というか物をつくる人の考え方として大変おこがましいことを申し上げるのですが、困難なものに立ち向かうということ、そして解決する。どんなことになろうと自分に不可能なことに立ち向かっていくということは作家として、あるいは技術をもった人の必要な要素の一つじゃないか。それで苦しいこと、むずかしいと思うことでもやってみようと、もちろん特別な事情は別ですが、ほかのことをみんな度外視してこれはだれにでも時代を超越してでも、およそ作家である以上はそういうことでないかと思うのですが、ひところだったらスタイリッシュの建築ということで、あんなものに関係するとばかにされた時代があったと思うのですが、それでもかまわん、自分はそれをやってみるのだということですね。

さて赤坂離宮はみなさんご存知のとおり、昔は宮殿であったわけです。そこで各地の宮殿を見に行ったり、ベルサイユも何回も行って見てきたのですが、いまは飛行機ですからわけはないのですが、しかしあの当時よくあれだけの建築をつくられたと思う。それだけでも大変な仕事じゃないかと思うのです。なんとかして先輩のやられたあの立派な仕事を傷つけないように、今度の目的にかなえないかという私の実際にかかった心境であるし、またそのようにやっていきたいと思います。かつては文化財にもなるほどの由緒ある建物でございますし、ことに先輩がご苦労なさったのを傷つけないようにしたい。なるべくならばもとのままの姿を生かしたい。これが私が実際にかかってその次の態度、考えです。これは前は宮殿であったわけです。宮殿は公式な政治向きのことでしょう。ですからあれはお住みになったところは二階に御学問所や書斎のようなものもありますが一階が主です。これは天井も低いし、いわゆる住居空間に適しているわけです。外国の宮殿を見てまいりましてもベルサイユはご承知のとおり政治向きのところだし、その横のトリアノンは住むところですから、したがって適当な言葉でないが空間の概念が違っているわけです。一番いい例がスウェーデンの宮殿に行ってわかったが、これははっきりしている。政治向きのところは天井が高くて非常にゴージャスで、政治にふさわしい表現もしている。その一つ壁を隔てて裏側の方になると天井が低い。よく住まいにふさわしいようにできているわけです。ところが赤坂離宮はちょっとばかり住めるようなぐあいになっていますが、あとは主として宮殿です。それを今後は住めるうち、つまり泊まれるうち、平たくいえばホテルみたいなことになるのですが、これを変えなければならないということ、これが私としては実際やりますと非常な難題中の難題だと思います。そのためにいろいろな工夫をしなければならないと思いますが、しかしその空間というか、なかのボリュームのようなものを変えるわけにはいかないのです。どうにかしてそれを住めるような、つまり泊まって気を安めるところになおさなければならない。それは全部ではありません。そのうちのあるものは政治向きというか、迎賓館はお客さんにそれを貸すのですから、そして公の晩餐会であるとか、謁見とかは昔のままの姿、その他の多くはかえて住むためのようにやらなければならない。これが実は非常にむずかしいのです。宮殿を今度は住むための方にかえなければならない。しかも先輩のおやりになったお仕事を傷つけないように配慮する、この組み合わせを考えると私はいままで経験しない難題というかむずかしい仕事であると思っております。

長谷川　大変興味深い問題だと思いながらうかがいました。

といいますのは一つの建物を片山東熊先生がつくられました後、半世紀以上もたって実際の話、あれはもうつぶそうかという話も一時あったわけですが、そういうのがまた生きのびることになったわけです。ある建物がかつてひとりの建築家の意図によってつくられて、それがもうだめになればつぶしてしまう……という論理でなくて、昔建てた建物を、また別の人がそれを生き返らせるようにしてつくり直していくということは、これからの建築のつくり方のなかで非常に重要なものになっていくような気が私はしております。しかも保存問題などもそういう面での技法が重要になってくるように思うのですが、いまのお話をうかがってよくわかりましたのは宮殿的なものを住めるものにするという方向で、村野先生の蘇生術というか、再生手法なりが発揮されると思うのですが、そのへんは具体的にはどういうところに気を配っておやりになりましたか。

村野　これは本来ならば、建設省からご説明になるべき点です。本当は私の分ではないと思いますから、その点ははっきりしていただきたい。まず宮殿のイメージをかえるということ、そして一般の人たちにも親しめる。いままでの宮殿というのには近よるべからざるという感じもあるわけです。時代も今日の日本は変わっております。それで宮殿のイメージからもっと一般的に親しみのある表現にしなければいかんでしょう。だから昔の宮殿のイメージを変えるということは大ざっぱにいってそういう点があるわけです。どうしたらいいかということをいろいろ考えてみたんです。これは建設省のお手伝いだけの話ですから、この点は主客転倒しないように理解していただきたいのです。私考えておりますのは、たとえば外観のうちの一番外の鉄サク、これは黒と金になっていました。これを白と金の組み合わせに変えたらどうか。金と黒は宮殿の威厳を表わす象徴でしたからこれを変えるのは大きいことです。そこで皆さんの承認を得て、それにさせてもらうことにしたわけです。これはイメージチェンジとしては非常に大きいです。それで親しみも出ると思います。

また、それから前の庭がいままでは広い庭に広い道があったのです。ずっと通りがもとは馬車とかを使って、馬車は今度も使われると思いますが、それをできるだけ細い道にする。真ん中の正面の通りを狭くして、あとは植え込む。前と同じように松の植込みをする予定で進行しております。これではじめたところ非常に親しみがあるし、奥深く見えるわけです。外はそういうことで変わるわけです。中の方建物の前面は閲兵というようなことがございますから、最小限度に広場をつくる。裏もそれにふさわしく庭を少し変える。これも前の片山先生にたいして申しわけないと思いながらも目的が今度違いますから、それぐらいはお許し願えると思って庭は前もうしろも前とはずっと変わると思います。植込みが非常に多くなって、道が狭くなる。私のイメージからいえば木を通して建物を見るという形、いまは建物は丸見えになっておりますが、今度は木を通してなるべく建物を見る。それなら道幅はどのくらいにしたらいいかになると、馬車を使われるでしょうし、それに護衛がついたりされるからそれだけの最小限度の道幅ということになると、九メートルぐらいじゃないかと思いますが、いままでに残された道からいえば三分の一以下になるでしょう。ですから、奥行きが今度は深くなるし、木を通して建物を見るようなことになるんじゃないか。最初は樹が小さいからどんな植栽になりますか、それでも人間が立ってみれば多分、木を通して建物を見るということになるでしょう。十年もたてば樹も大きくなります。そうすると建物がやわらかくなるし、それと外側が白くなれば、それだけで表現はぐっとやわらかくなるんじゃないか。そういうことを考えてやっているのです。

長谷川　室内の方は……。

村野　室内はなかなかむずかしいんですが、賓客がお休みになるという部屋は空間の背が高いですから、それを休むときにはなんとか狭くしなければならない。それは外国にも例がたくさんありますから、天蓋を使う。自分の寝るときにはいくらか枕もとが狭くなるようにする。そのようにしなければあの天井の高さではどうにも仕方がないものですから、そのようにお許しを願ってやっておりますが、それから夜分、昼と夜は違いますから、昼はやや感じ方が政治向きになりますね。夜になると実際は休まなければならない。夜は主としてスタンドランプを使っていただく。自分のまわりが明るくなって、それから外は暗くする。そうすればずっと空間が狭くなる。これが私はあの空間を狭くして自分のまわりだけを親しむという、手法としてはそれよりほかに仕方がないんじゃないかということと、家具はできるだけホームライクの家具の配置にするということ。そういうことが主な手法だと思います。なにしろ狭くしなければならない。昼は気がまぎれますからいいのですが、夜になって自分のまわりを狭くして手もとだけを明るくする。それにはスタンドを活用するという手法が一番やってやりやすいし、大きな改造をしないでも先輩のやられたものをそのまま残す。色彩などは少しかわってまいりますが、大体そういうことです。細かくいえばカーテンの配置ぐあいとかいろいろございますが、カーテンは以前と同様になるところとずっと変わるところがあります。大体元の格好は残りますがなるべくカーテンのぐあいもかえて、部屋の構成を自由にできるようなぐあいになればよいと思っておりますが、そういうことで宮殿から住むための空間をつくったらどうか、大体こういうねらいでやっておりますが、うまくいきますかどうかやってみますといろいろとむずかしいことがあるし、細かいことになるとなかなか材料や部品に思うものがないということです。

長谷川　材料とか職人の問題とか、いわゆる建築を蘇生させていくためには、いま大きな問題だと思いますが、そのへんのお話をおきかせください。

村野　思いついたまま申しますと、昔のままの材料を手に入れることはとてもむずかしいです。ただ織物は川島さんがいいものを残していただいたので、技術が保存されて織物についてはなにも不自由いたしません。川島さんがあれだけの技術をもっておられますのでこれはありがたいことだと思って、川島さん、それに龍村さんもそうですが、これは助かりました。たとえばフランスに行きますとそういうのはざらにありますから、選択すればいいんですからやりやすいでしょう。

水谷　その点日本でやるのは大変でしょうね。そこらあたりどうなんでしょう。

村野　どういうふうになりましょうか。この間建設省の依頼でイギリスに家具を買いにいきましたが、イギリスにメープルスという家具装飾屋があるのですが、昔は商船会社など郵船もそうですが客船をイギリスに注文すると、中の家具装飾を全部メープルスがつくって、それにつけて一緒に買う。日本でつくった船でもメープルスに頭を下げて買ってきたわけです。私どもの若い時代にもそれがつづけられたわけですが、ところがその後になりまして国産の奨励がおこって日本でやるようになってきたのです。そのメープルスでももうお手上げです。「イギリスではできません」というのです。これは余談ですが、自分たちは仕事をうけてもスペインやイタリアに下請させるとメープルスはいっています。いまそういう仕事をやっているのはスペインとイタリアだけだそうです。この二国が世界的な技術保存の国かもしれません。フランスはもちろんやりますが、パリの問屋町や裏町にはまだ仕事をしていますが高級品や貴重な家具類の修理、室内装飾くらいのもので大量生産のようなものはもうフランスでもできないでしょう。いままでのしにせで世界中から注文を取って実際の仕事はイタリアとスペインにやらせる、自分のところでもうかるのは自分のところでやるでしょう。工場など見ましても、もうがら空きのところがあります。しかし仕事はしております。いい仕事をしているように思いました。パリで高島屋が注文した先があるのですが、自分のところでやるような顔をしておりますが、これはおそらくイタリア、スペインに注文しているでしょう。それはいいませんが、しかしメープルスではは っきりいっている、「イギリスではもうできない」と。それだけ経済事情、職人の問題でできなくなってきている。技術保存と経済および社会との関係、生産性、それについて日本でもすでに当面の問題です。賃金と良質の技術保存の問題について日本の社会および経済事情がありましょうから、これは川島さんみたいな特殊なところは別問題としても、本当の値打ちは大衆化されなければいかんわけです。一カ所で技術保存してもそれはどうかと思うのですが、これは大衆化社会的水準が本来の残るべき本質的なものじゃないかと思います。それがフランス風の考え方でいえば、注文者がなければできないということになりますからそこが問題じゃないでしょうか。しかしそれができなければ、やはり一カ所でも技術保存をしておいていただかなければならない。「あなたそれは義務ですよ」と私は川島さんにいうんです。残す義務がある。私どもの関係している仕事では向こうで見るようなことは残念ながらできませんが、それでもやってやれないことはありません、だからこれがなければできないということはわかっていて、その方面の努力をしておりますから、いくらかでもそういうのが残ればためになると思います。細かい点はたくさんあるのですよ。こういう席では申し上げられませんが、そこは芸が細かくなりますからね。修繕一つでも大変です。古い家具はみんな向こうから来たものばかりです。日本で作ったのかなあというのもあるのです。彫刻、刻み方をみるとすぐそれがわかる。これは余談ですが、彫刻でも椅子の彫刻がありましょう。日本のものは腕を出そうと

迎賓館

思いますからみんな彫刻がシャープです。だからそれは坐ると痛いですよ。向こうのは丸くなっている。こっちの職人からいわせればそれは下手だということになるでしょう。向こうは使うためのものですから、さわりはいいわけです。日本では腕をみせようとするから鋭いわけですよ。だから彫刻をみたら、これは日本で作ったのだということがよくわかるわけです。いろいろやってみるとだんだんとわかってくるんです。それは面白いですよ。昔は職人は腕をみせようとする。それは貴重なことですが、もう一つこれは使うためのものですから、さわりがよくなければいかんでしょう。そこが向こうは椅子の彫刻として使うためのものにちゃんとしている。そこだけの相異は、これはそれだけ比較すれば簡単ですが、そこまでなるには百年の経験がいるわけです。そこはいわなくても向こうはそうなっている。色のつけ方がそうです。そこにいくと実際に関係してみて、色もいくつか今度私とも関係してくることになりますが、材料も違いますし、色のつけ方が違うし、要領が違う。これは椅子ばかりでなく建築の色彩でもなんでもそうですが、そこが日本的なものと違う。ですから技術を導入してもそれが本来の姿で使われるようになるまでには、技術だけでなくもう一つあるわけです。それが大切じゃないかと思うのです。もう一つというところまでなるにはやはり相当の年期がかかるのですよ。今日ではもっと少ないでしょうが、昔だったら百年はかかると思う。

水谷　先生はずいぶん長い間日本の職人を指導して、いろんな経験をされたと思うのですが、いつ頃の職人が一番面白うございましたか（笑）。

村野　この頃は材料の関係もあってこっちも駄目になりましたが職人も良い人が少なくなったようです。たとえばペンキの例ですが、この頃はカタログの何号何番何番といくでしょう。工場でこしらえてきて、それを使わなかったらこっちの方が笑われるくらいですからね。しかしこれは職人というのは面白いですよ。庭屋でもそうです。ペンキ屋でもそうです。そのほか左官屋でもそうです。左官屋のことは私よくわかりませんが、「おれの前でやってみろ」というでしょう。それでやらせて、この頃は番号でやりますからまぜさせる。それが出はしないのです。「ぼくのいったのと違うじゃないか」。私は偶然あったことですが、「じゃあこの色を出せ、これにこうやってこういうふうにやってこう見せなさい」。そうすると私のいった色が出てくるわ

迎賓館　© MURANO design, 2008

けです。それから職人は「へい」ですわ（笑）。職人のよさというのはなかなか面白いですよ。自分より腕が上だと思ったら実に素直です。これが本当の職人のよさです。そこで威張っていたら職人でない。これはだめです。この頃の親方は資本家みたいなものが多いです（笑）。庭などやってもわかりますが、この頃は庭のいいのがだんだんなくなってきたでしょう。ところが庭は大変な資本を要する、この頃は。だから、われわれのところに最初にくる人は絵を描いてもってくるでしょう。しゃれた服装をして、それでいろいろ説明をする。それで結構ですという。第一それが現場に来ません。しかしたまに来るんですね。来ると職人から逆にやられている。だから私は「あなたはもう来なくてもいい」といって職人と話をするんですね。職人は正直ですよ。私が設計している面もあるかもわかりませんが、職人など気概がありますから、ただまずいといったって聞きませんよ。しかしこの状態は今日では本当のことです。しかし職人の「技量」とは違うと思います。そこが大切です。私がいつもいいことをいっているわけではないが、たまたまうまいことといったときには、これはおれより技が上だと思うとそれから先は職人は正直です。しかしそれほどの技量をもった職人ペンキ屋でも、庭屋でもだんだん少なくなったと思います。これは庭をやる先生方も経験をされたと思います。ペンキ職人など事情が許せば、私のところは指名の下請より使わない。それだったらいい職人をよこしてくれる。それでも材料は昔と違いますから、やったすぐから色が変わるものがありますからそれではどうもなりません。私はある現場で庭の仕事をしているとき、十五、六歳の若い弟子が仕事をしていました。たまたま私がそこにいましたので「この石の下の下草にはこれを植えんといかんよ、陰になるから」というとよく聞くですよ。本当に勉強しようという意欲があるからうれしいですよ。ですからある有名な実業家と偶然一緒になったときにその人がいっていましたが、「十五、六歳の人から先は安心だ、いいね」といっていました。

水谷　先というと若い人ですね。

村野　若い人ですね。そういって日本は大丈夫だ、十五、六歳から先は大丈夫だね。それは実業家ですからよく知っているわけです。何十軒と工場をもっているから、始終人を見ているると日本の将来のことを考えているでしょう。私は小僧みたいな職人にあって、これはよかったなと思って非常に気持ちがよかったです。それなら以前の人は悪いかというと、そういう意味じゃありませんよ（笑）。そういう意味ではないが、そう悲観せんでもいいということです。ですから必ずよくなってくると信じます。しかし日本の建築界はどうなるだろうかという多少の危惧はないではありませんが、若い職人などを見ると必ずよくなると思います。本当に職人は正直ですよ。そのかわり私はときどき一緒になって仕事をすることがありますよ。石を据えつけるのも一緒になって仕事をしたりして、非常に楽しいですね。

中之島と大阪

長谷川　いま世間的に賑やかな議論になっている大阪の中之島の開発、この問題について先生のご意見をおうかがいしたいと思うのですが、あれもまた、開発側の建築経済学をもって再開発するのだと出てきておりますね。それにたいして保存側はそう簡単にあれを新しい高層ビルにしてしまうことでは困るのだという形でいろいろ議論をしているのですが、そのへん先生はどのようにお考えでしょうか。

村野　私は理屈抜きで保存したいというのが本心です。もう問答無用。とにかく保存したいのです。それは大阪にはかけがえのない土地であるということ。いま、残されている建物より以上のいい建築をつくる自信と環境と長い歴史が産んだ遺産が得られるなら、あるいはまた、これらの建物を残しながら良い結果が得られるならそれはおやりになってもいいでしょう。あれより以上のいい建築や、かけがえのない遺産は得られないだろうという想定のもとに、これはやらんほうがいいと思うのです。つまりやるべきものじゃないのだ。むしろ保存してあれをよくしなければならないという考え方だから、問答無用ということになると思います。とにかく、あれは大阪の心臓ですからね。ほかに再開発した例があるんですから。悪くなることはあっても、よくなることは絶対にないと思います（笑）。それは昔の長谷部先生みたいな立派な方があって、図書館の野口先生、日高先生あれは長谷部先生が直されている。あれだけの人がおってやられるならばいいでしょう。ほかの人は悪いと私はいう資格はありませんが、理屈抜きでとにかく保存したいのだということです。しかもあそこは由緒ある建物が並んでいるし、いま、あの図書館をやれといっても絶対できませんよ。公会堂は公会堂であれだけの資力をあの時代にあそこに寄付して、その方はいないということがあるし、あの公会堂だって歴史的にいえば発生の理由からいってもつぶしてはいけませんよ。バチが当たると思いますね。あの当時百万円出すのは大変なことです。よくよくのことがなければできません。理屈抜きでとにかく変えてはいかんということです。そうでなくても高速道路でがっかりしているのです。大阪の河はあれで駄目になりました。あれはムチャですよ。文明国でこんなムチャなことをする国はどこにありますか。

長谷川　河の上ですね。

村野　あんなムチャなことをしている。あれはひどい。

長谷川　日本銀行大阪支店にしても、いまとてもできない建物ですね。その中にははっきりした意識のものではないと思うのですが、建物を所有している人や再開発を処理する人たちが何か近代的なということに抽象的な憧れをもっておりますし、同時に、資本の問題は当然あります。そういうのがからんで戦前の建物を古くさい、どうでもいいものだと思い込もうとしている傾向が私は強いと思うのです。それはいろんな理由があると思うのですが、たとえば建築家の意識のなかにもああいうスタイリッシュなものはもう過去のものであるから切り捨ててもいいという発想がどこかにひそんでいるから、そういう発想が出てくるような気がする。つまりあれをつぶしてもいいというういい方が、そのへんから出てくるような気がするんです。そのへんのスタイリッシュの世界と、モダンアーキテクチュアーの世界と両方を先生は通過され経験してこられておりますし、しかもまったく日本で近代的建築の最初期の仕事をおやりになると同時に、たとえばいま赤坂離宮でスタイリッシュなものをもう一度生き返らせるようなことを一生懸命おやりになっていらっしゃる。長い設計活動の流れの中で、先生はスタイリッシュ、モダンアーキテクチュアーというものの区別についてはどのようにお考えになっておられますのでしょうか。

村野　歴史というのは大切なものでしょう。ものが悪くても、歴史的にそれをどうしても残さなければならないという性質のものはありますね。ものがいいから残そうというのがありますね。だから私の感じからいえばスタイリッシュのものであろうが、モダンのものであろうがいいものはいいということです。何がいいかという認識はその人の教養とか、いろいろなことが加わってくるでしょう。けれども少なくともあの図書館を見て、あるいは日本銀行を見てあれが悪いなどと思う人はおそらくないと思います。だからあの建物とあの地的環境、この二つを加えるとどうしてもこの姿は残して良くしなければならない。いまでも高速道路でいい加減に悪くなっている。せめてあとだけ残して、もう少しインプルーブするという問題が残ってくるでしょうが、もし何か建て替えるとしたら……、建て替えたくないですね（笑）。

長谷川　あのままで十分ですね。

村野　惜しいですね。だけど三菱の丸の内の一角もとうとうつぶしていったですね。残念だがこれは中之島とはわけがちがう。

水谷　先ほど先生のお話で、たとえば十六歳から先の若い職人さんと先生がお話しになって心が通うことがございましたが、私も確かにそういう面が大事だと思うのです。しかし、もし建築で、たとえば先生の世代がおつくりになった建物、また三菱村の建物、そういうのがなくなったら先生の世代と若い方がお話しなさる場合のその一方が存在しなくなるわけですね。日本の中から、その古いもののほうがなくなってしまう。いまたとえば街の中に建っている最近の建物だけを見ていたら、お話をして感じるべきものがなく、そういう大事な触れあいをもてなくなるということじゃないかという気もするのですが。

村野　水谷先生のお答えになるかどうかわかりませんが、例を宇部六社が渡辺翁を記念してこしらえた渡辺翁記念館を宇部市に寄付したのです。ひところ宇部市は迷惑顔でもてあまし気味だった。それで戦争中荒れてきたわけでしょう。戦後になってこの建築が音楽などのことでも有名になり、あんな建物でもほめてくださるということでそんなものかと気がついて、市役所が今度はかけがえのないものだと思って大事に残そうとするようになってきたのですね。宇部の人も私ときどき会う人がいて、それを残したいという希望が町全体にも出てきたということです。ですからそういうことを少し考えますと、一つは建築家の力、社会的な発言力が小さい。高速道路などもそうでしょう。同じああいう構築物でも外国のものを見るといいですよ。いま頭のなかにあるのはデュッセルドルフの高速道路です。非常にいいですよ。ちょっとしたことでも気をつければよくなってくるわけです。その次には市民の声、公共団体の関心がないとなかなか残しえない。あとはその地域とかその建物を所有なさる企業が関係します。やはりその地域の文化が根本ではないでしょうか。アメリカも数が少ないから古いのを大事にして残している。それをなぜ日本でやらないか。最近は少し出てきたと思いますが、建築界の声が強くなりましたものですから、だけどまだまだだと思います。ですから全体として日本の文化の問題だと思います。

水谷　いま文化のお話が出ましたが、村野先生が若い頃に事務所をおつくりになった頃の大阪と、たとえばいま中之島をつぶそうといいだしている大阪とは……。

村野　東京も同じような形じゃないかと思うのですが、昔の大阪の人の力がなくなってきたんですよ。元の大阪の支配的な地位は江州、石川県の人たちが支配的な力をもっていたでしょう。それがだんだんその勢力が弱くなって、外来の人が多くなってきたんじゃないですか。日本の下町と同じで生粋の大阪の人はだんだんなくなって勢力の限界にたっていることと、開発とか経済とかの問題が新しい力のようなぐあいにバッと出てきた。ことに最近はそうでしょう。高度成長とかいろんなことにも触れていかなければならないが、やはり頭脳だけの問題でそれ以上に心の問題がなくなってきたということじゃないでしょうか。それが因習的な言葉かもしれませんが、郷愁が消えてなくなってきた。広い意味の郷愁がなくなってきた。もう一つはその土地の人のいかんに関係なく、それを別にしても外来者が増えてきてその土地の人がなくなってきた。東京でもそうでしょう。そうするとあと心がなくなって頭脳だけ、郷愁ももちろんありません。ですから頭脳だけの世界になってきた。これは日本全体、産業でもそうじゃないでしょうか。頭脳先行の時代じゃないかと思うのです。頭脳だけだったらなんでもやれるんですよ。

水谷　もう一つ、先ほど先生がおっしゃったように、大阪の人がいなくなると中之島はなくてもいいと思う人がたくさん増えてくる。宇部の場合も宇部の人がいなくなって、全然違うところからきた人ばかりが宇部にいたら、こんな古い建物はなんだ、もっと新しいのを建てようじゃないかという人が出ちゃうかもしれませんね。

村野　宇部は宇部モンロー主義があるんですよ。ですから宇部でなければ絶対できない。これが拙作が残された大きな原因じゃないかと思うんです。宇部の町はいろいろなところがきれいになりました。全体として文化になるようなぐあいに日本もわれわれもやりたいと思うのですが、文明になっちゃう。文明は東京じゃないんですか、はしりは(笑)。東京文明であって東京文化じゃないんじゃないか、大阪から静かにみておりますとそういう気がいたしますね。東京の人を悪くいうわけではないが、どうしても直接輸入ですから。ともかく一つ越されてから大阪にくるのですから、その点私は大阪にいて幸福でございます。

長谷川　先生の話をうかがって建築の命みたいなのを考えますと、一番私印象的だと思いましたのは、郷愁という言葉だったのですが、まさに郷愁が消えていったから建物なら建物の命も粗末にされるようになりますし、まさに文化も育たない。その意味で先生が東京で仕事をお始めにならないで、大阪でお始めになったのは大阪にある種の郷愁があったからでございましょうか。

村野　郷愁というか、私の気持ちといっしょになるのがあった。私は卒業と同時に大林組の東京支店に勤めることが決まっていたのですよ。それを今日流でいうと渡辺先生がきて「おれのところにくれ」といってスカウトされたようなことです。大阪に行くきっかけはそれです。もともと大阪は私は好きなんです。これは船場、島の内、そこから出た私の友人がいてそこに行って家庭をみておりますから、これは私の心を打って私を引きつけたのです。どうして関西に来たかとよく尋ねられますが、それが元です。東京はそれがないですよ。下町だけ残っているが、これは微々たるものです。あとは官吏さんの古手が主として山の手に。われわれの時代はそういう人が多かった。それが東京の文化でしょう。

水谷　地元文化が大阪にあった？

村野　地からはえたものです。

長谷川　船場とか、島の内あたりはそういうのがあったわけですね。

村野　そうです。それがあとから東京文明が入ってきて、だんだんと月給取りが入ってきたでしょう。そうでなくて向こうは丁稚文化ですから、丁稚からたたき上げた。そうでなくても、学校を出た人も丁稚のようにたたかれた文化でしょう。ですから根が深いわけです。本当に地についている文化です。まさに文化です。これは私の心を打ちましたね。

建築のつくりかた

水谷　先生の作品の場合は一般的な時代風潮にもかかわらず、なにも宇部の市民館に限らずどの建物も大切にされ残っているように思うんです。そのへんがさっき先生のいわれた作品にたいする倫理観とか、それの客観的な存在になることにたいする計算が正確である（笑）というところじゃないかと思うのです。

村野　その点はどうか知りませんが、それからきているわけでございませんが、いささか興味をもってそういうことから説明ができるということです。大部分についてはクライアントからいわれたときにそういたしますということがいえると思います。残された小部分についていわれない部分は建築家、私にお任せ願いたいということになるわけです。この残された小部分が実に全体を支配するだけの影響力を持ちます。

水谷　再開発の問題もそうですが、再開発による建設費の償却、たくさんお金を返さなければならない。そうしますと、働いていることの意味が、ほとんど建物の償却のお金を返すためのことになって、たとえばそこで心と腕をこめてお菓子を作ってお客様に喜んでいただくというようなことがなくなってしまう。建築は償却を超えたところに人間としてその建物に住み、心が安らぐといった意義があるんじゃないかと思うのです。村野先生のお仕事をみせていただいておりますと、また村野先生が建築経済にたいしておりますと、また村野先生が建築経済にたいしてお勉強なさっていること、興味をもっていらっしゃることが作品のなかにいろいろ感じられます。資本主義の経済の中にあってもつくったものがただお金の回収とともに使ってはつぶれ、つくってはつぶれたということでなくて、建物が長く使われていくこととか、そういうものに温かいヒューマニズムが残されていくことが、資本主義社会の中での建築家のもっている意味なんだということを逆に考えていらっしゃるんじゃないかという気がしてしようがないんです。

村野　大変おこがましいことを申しますが、地上のありとあらゆるものは人間の心に触れないものはありません。そのなかの建築でしょう。例を超高層建築にとりますと、たとえば都市問題にしろ、住宅問題にしろ何か解決しようとすると高層建築になっているでしょう。あれが一番解決しやすいわけです。私自身も加えての話ですが、あらゆる建築問題の理論的な仕方で日本的なものの解決がなくなってきたんじゃないか。なんでも解決の方式は西洋からの借りものでやられるように思います。たとえば家が混んでいるから、それをのけて立体化する。これはすぐコンピューターにのるわけです。コンピューターにのらない話がなくなったのは、あるいは日本的なものの考え方がなくなったということは、西洋の理論は建築家自身われわれも同じですが、その輸入理論で解決しようというところに危険があると思うのです。生産関係でもみなそうだと思うのです。たとえば新宿新都心を見てごらんなさい。いい格好でしょう。みんながあれになってきたら、今度は残された百尺から上のほうがまたこれはどうしますか（笑）。

また公害が増える。これは大変な問題だと思います。ところが高層化すると安いから（そうではなくて、一単位当たりの人口を支えるにはこの方が高価につく）ものの考え方がすぐ計算になるし、すぐ解釈できる。だれでもが納得するわけでしょう。理論の上でも西洋の借りものが多いんじゃないかという気がいたしますね。それで日本の社会を解決しようとしている。日本の地的環境は違うでしょう。人間の心理も体の組織も地的環境も現実もちがうでしょうし、これを西洋の理論で解決しようとするところに私は何か根本的まちがいがあるんじゃないかという気がいたします。物理学だったらそれでわかるでしょう。私の友人の亡くなった石本喜久治君が「機関車にも個性がある。あれは機械のようなどこでも普遍的なものです。動くものは動く。それでも個性があるんだ」といっていましたが、まさにそのとおりだと思うのです。何か理論の構成の上で西洋の借りものが多すぎるんじゃないかという気がするのです。そうした矛盾が、今日社会的にいろんな問題が起こってきていることはそうじゃないかと思うのです。何かに根本的なまちがいがあるんじゃないか。私自身も含めてそういう気がいたします。何か解決しようとすると高層建築になる。もちろんそうでないものもある。非常にまちがいがあるように私は思う。混んだところそこに住む人を高い建物を建ててそこに収容すれば土地は残る、そこに別な建物を建てる、その利益を還元される、なるほど巧妙な解決のようだが意味は違う。マンションだって結局特殊な人があそこに住む。さもなければ公団が建てるかどっちかになりますが、それ自身が私はまちがいだと思う。西洋の理論を借りてきすぎているんじゃないか。どうもそういう気がいたしますがね。超高層群のすぐ近くに低層密集の建物があるこの光景は、何か恐ろしいものに見えます。

水谷　たとえば住宅。高層住宅も長屋も同じぐらいの密度で入れることができる。たとえば、大阪の黒い瓦の長屋の町並みと高層住宅、先生としたらどちらをお取りになりますか。

村野　私は長屋を取るな（笑）。これは自然発生というのは悪いようにみんながいうが、私は自然発生がいいと思っている。これは一つの理論ですよ。ただどう自然発生かは問題になるでしょう。けれども自然発生は理論です。時間をかけた理論だと思っています。それをいま再開発して、急に何か定規を使って人の土地の上に図面を描いてやるのは大変なものだと思う。いろんな問題が起こってくる。仮にそれが行われるとしても、本当の市民のものになるには百年、二百年かかるでしょう。もう切り替えないといけないことになるかと思うのです。ないかもしれないがという心配がある。私は自然発生が本当だと思っているのです。これは人間の理知と感情がうまく調和したことだと思うのです。自然発生が何か病気が出たときに直す。これは必要でしょうという気がいたしますがどうでしょうか。マンハッタンの先端から東寄り昔の暗黒街一二五丁目（私もこのへんに住んだことがある）の再開発など、自然発生でウミが出たところにメスを入れる。それが本当の再開発の出発点だと思います。実際はそういう気がいたしますね。最近マンハッタンの東側でやっているのもそうだと思います。利益先取りの再開発などナンセンスです。

水谷　はじめの職人さんの問題でも、技術が大衆化されることは地つきの技術でなければならんという話になると、いまの建築の技術の積み重ねられ方は地つきでなくなってきたというか、建設業という企業の形のサラリーマンの技術になって、それぞれの町の地つきの実績での技術でなくなっていっているところに、少し問題があるんじゃないかという気もするのですが…。

村野　それは材料、いわゆる生産手段が発達をいたしまして、その必要がなくなってきたということです。ところが、それればかりではいかんぞというのが少し最近出てきたんじゃないでしょうか。それはそうですよ。心はもっといくらでも深いところにいけるのです。これは宗教でも哲学でもそうでしょうが、ちょっと考えればわかることで当然のことだと思いますね。行きつくところ頭だけでやったら、すぐもっと何かあるぞということに気がつくのは当然のことだと思います。戦後はもののないところからやってきたから、一応これで過ぎたでしょう。だけどものが足りてきてちょっと礼節を知ることになると、何かあるぞということに気がついてきたんじゃないかと思うのです。お茶でも花でもみな変わってきたですよ。本当のお茶とか、花はもっとほかのところにあるんじゃないかと思うのです。それは最近お茶をやる人たちがそれに気がついてきたと思いますね。

水谷　もう一つ、建築をつくるほうだけでなくて、地つきの建築家の形に日本はならなかった。そのあたりは先生どのように見ていらっしゃいますか。日本は地つきでない建築家が増えている。

村野　生産手段が発達したというか変わってきて言葉を換えれば、もとよりも可能性が増えてきたということでしょうか。事実昔ほどの試練をしないでも頭脳やアイデアだけでどんどんいいのができるようになってきた。可能性が増してきたということですね。

水谷　地つきでなくても仕事ができる可能性が出てきたということですね。

村野　もっと極端にいえば素人でもできる。基本だけでもできる。結果の善し悪しは別ですが、それも一つのあり方だと思うのです。いうなれば価値観の変位、建築という概念が違ってきたということでしょうか。

長谷川　素人が建築できるというと建築家の方に怒られますが玄人が建築をつくる感じがなくなってきましたね。それは技術者としてプロであるでしょうが、先生のおっしゃる最後の一〇パーセントみたいなところ、いわゆる玄人として煮詰めてものをつくる人が少なくなった。それは教育の問題もどこかで関係していると思うのですが、そのへんが希薄になってきたと思いますね。

村野　それは戦後の日本経済、その他の事情と似ていることじゃないかと思いますね。いままでは可能性が増さなければならないので復興してきたわけです。それなりに私は意義があったと思うのです。しかし金がドルがどんどんたまっているが、いまにみていろ優良品同士の競争いわゆる付加価値を問題にするようになったら日本の金はなくなる。今度アメリカがベトナム問題がなくなって、もっと本当に立ち直ってきたら日本のドルはなくなるよとうちの家内と朝ご飯を食べながら話をしているが、なくなるかどうかはわかりませんが、日本の金を稼ぐのは二次製品、三次製品じゃございませんか。そうでなくてそんなものはすぐ後進国が追いつく。本当に高級品でやっていくとなると、私は今度迎賓館に関係してもよくわかりますが底の浅さをつくづく感じます。つまりわれわれに文化がないということじゃないでしょうか。だから私は教育は大切だと思うのです。またすぐ有名になろうというのも危険をはらむことになる。有名にならなくてもいいから、おれは地道にやっていくくらいのことはあってもいいと思います。もとは地道にやらなかったらできなかった。

自分のことを申し上げて恐縮ですが、私どもの時代に建築事務所を開こうとしたら少なくとも一年分の兵糧を自分で持ってやる。一年分の兵糧があったらそのうちに何か小さな仕事でもあるだろうというのが、私ども事務所を持ったときのエピソードみたいなものがある。だからそうじゃなくて、何年か年期をかけなければならない。一本になろうとしたとき、勤めを終えて暇をいただいてやろうというのは一年間の兵糧ぐらいは持っていく。そうでなかったら閨閥とか、財閥に関係のある人だけがなれたものです。いまは有名になったらやれるわけでしょう（笑）。ですからいま私が申し上げているのはばかみたいな話で、そんなばかな努力は必要ないと思いますが、その話は別の問題で、地道にものを考えていこうとするとどうしても下積みでもいいから、何年でも勉強して力量をたくわえて、自分で備えることが独立の一番の条件じゃないかという気がいたしますが、これだったらまちがいないと思うのですが力量があったら必ず人は認めますよ。認めざるをえないじゃないか。そうでないすでにチャンスがあってやれる人は、またおやりになっていいでしょう。そうでない一般的にいえば自分に力量をたくわえることが一番確かな独立の条件じゃないかと思いますね。

長谷川　そっちのストックが必要というわけですね。

村野　それの方がまちがいない。そのほか条件が揃ってすぐにでもやれる人は大変幸福で、またおやりになることが必要であると思いますしどんどん伸ばせられると思います。そうじゃない人は自分の力量をたくわえるのが確かなことです。次の自分の作品をつくるチャンスがそこからくるんじゃないかという気がします。それには自分の私生活を縮める。自分の私生活を膨張させたら、とてもそういうチャンスはこない。自分の生活を縮めて自分の私生活に費用をかけないようにすれば、いつかは必ずくるに違いない。自分の力量さえきちんとしていけば、これが一番確かな手だと思うのですがね。その次が健康だと思うのです（笑）。私は一本になってやったのは四十からでしょう。それまで渡辺先生のところにごやっかいになって友だちがどんどん一本で華々しくやって、私はうちの家内と貧乏生活をしながら、「おれは四十にして家をなさずだな」といって嘆いたことが何べんもあったのです。

だけど本当の仕事は私は六十からですよ。四十ぐらいでそごうをやりましたが、それからがピンチでした。懸命にやれば五十からでたくさんです（笑）。やはり健康で自分の蓄積をして、私はあなた方と比べて年が違うから先輩としていえるのですが、自分の蓄積を怠らないようにして、心も頭脳もそうですが、そうすれば五十からでたくさんです。長生きすることです（笑）。これでたくさんじゃないかと思うのです。そういう気がいたしますね。

＊『建築雑誌』（昭和四十九年一月号）所収。

迎賓館赤坂離宮の改装について

　旧赤坂離宮は明宮殿下のために東宮御所として造営され明治三十九年に竣工したものである。

　建築様式はネオバロックすなわちバロック様式を近代化したもので、建築家は片山東熊先生である。内部の装飾や材料などは主としてフランス人の手により、あるいは主としてフランスからデザインやそれに伴う材料や家具なども輸入されたものであるが、すべてというのではなく、部分的には日本における当代一流の画家や工芸家たちによってつくられたものもあり、全部が全部あちらのものばかりというように、こちらの意をうけてデザインされたものであることとは装飾などを見ればわかる。

　各種の織物、装飾用裂地《きれじ》類、各種の装飾品、石膏、塗装、木彫、窓飾りその他の仕事も、重要なものはあちらから直接輸入したものがあったにしろ、あちらの手法やデザインによって当代一流の職人たちが参加したであろうことはわかる。材料といい各種の手法といい大変立派な仕事であって、とても今日ではできないし、第一材料も職人もいない。今回の改修で一番困ったことの一つは材料はなんとかできたとしても、またデザインにしても、それをやる職人がいないので困った。

　その当時フランスから輸入された古い家具を修理してわかったことだが、とても立派なものである。今度も家具の不足分はイギリスやフランスから輸入されたが、昔のもののように良くない。イギリスメープルスのような一流の装飾会社でも自国ではできないのでスペインやイタリアに注文するとはっきり本音を吐いている。思うに生産性とか近代的産業が、このような優れた職人も立派な手法も駆逐してしまうのではないのか。おそらくフランスとていつまで自国でつくれるか、いずれはイギリスの轍を踏むことであろうと思う。世界中で技術保存をしている国はイタリアとスペインではないかと思う。

さて以上でわかるように、立派な仕事を明治三十二年から三十九年の竣工までの間によくやれたことと思う。今日では欧州に行くのも物を輸入するにしてもさして苦労とは思わないが、あの頃よくこれだけ立派な仕事がやれたものだと、考えてみただけで関係者ことに建築関係の苦労のほどが偲ばれるのである。改装工事について去る昭和四十二年に建設省のお手伝いを仰せつけられてから足かけ六年の間片時も忘れることのできなかったことは、このような由緒ある建物で、しかも先輩たちが苦心された文化財的な作品をこわさないで、どうして昭和年代の迎賓館として使えるようにするかということであった。もとより改装についての大方針はすべて建設省はもとより関係方面で決められているので、その意図に従って行うことはもちろんである。

次に旧赤坂離宮は宮殿建築である。だから宮殿にふさわしい、いわゆる空間になっており、またそれに伴う装飾その他のものが備わっていて、みだりに変更することはできない。それを今度は国の賓客に提供して自由にお使い願うということになれば、宮殿としての要素は全部なくならないにしても使い方は非常に異なってくる。そのうちの主な変化は「住」という要素が加わり、それに伴うリラックスなものも加わるし、国賓によってはどこの国から来られても満足されるものでなくてはならず、人が住めばそれにつきものの私的生活の細かい点、たとえば風呂やお手洗いや衣裳などの点にいたるまで不都合のないようにしなければならず、日常生活について、たとえばホテルなどとは段違いの生活、異なった生活感情が国賓ともなれば必要なことはいうまでもない。随行員やその他国賓側の日常のことまで織り込んだ設計ともなればそう安易には考えられないので、いく度もあちらの宮殿などを見学に行ったが、私生活までも見られるような機会はざらにあるものはないので、苦心といえば人知れぬところにもあるように思う。

旧赤坂離宮すなわち宮殿から迎賓館という、いくらか軟らかい表現にイメージチェンジするのに役に立ったと思われるのは前庭と後庭の様子が変わったことである。前庭には宮城前のように松を植えたことである。十年も経てばやがて、建物は松の植え込みを透して見えるので日本的な風格がただよい、後庭の噴水まわりを地上げして、その後方に流れをつくって賓客の散策に供するようにしたことなども大きな変化であると思う。

迎賓館　　　　　　© MURANO design, 2008

世界的にいってもこのようないわゆる様式的な建築が新しく建てられることはなくなりはしたが、また家具も装飾も様相は変わった。だがその底に沈潜する材質、デザイン、手法、技術まで消え去ったのではない。否、これあってこそ、その価値は近代に千変万化しうるのであると思う。

いまわれわれが必要とするのはその価値ではないのか。自分の収入を度外視してまで仕事の尊さに打ち込んでいた数少ない職人を見たこと。私と対話のできた職人に逢ったことは悦びであった。日本にも探せばまだいい職人がいることを発見して心強く思ったことである。

＊『銀行倶楽部』（昭和四十九年七月号）所収。

迎賓館の職人たち

正式の呼称は迎賓館赤坂離宮である。今度の仕事で、人様から苦心されたでしょうといわれることがある。ところが本当に苦心されたのは関係官庁の人々と実際に仕事をした人たちであって、私はただ見ていただけである。

この建物は明治の中後期のもので由緒もあり、出来の良さからでも文化財に指定されるほどの建築であったが、長く放置されていたので、建物の内外ともかなり荒廃していた。不自由な時代にいく度も欧州に渡ってこれほどの作品を残すということは大変な努力で、われわれとしてはこの遺産を後世に残したいと思う。そこで最初迎賓館として改装に取りかかる頃は、創建当時の姿に復元して新しい用途にあてるということで始めた。

ところが復元するには材料はなんとかなるにしても、昔のような仕事のできる職人がいないし、物によってはできないものもある。古い家具類や調度品のなかには、その当時フランスから輸入したものが多く、今日では本場のフランスでもできないくらい立派なものがたくさんあってそれを修理する職人も容易に得られない。室内のデザインや天井絵なども、すべてフランスのものである。もちろん、そのころ日本でできるものや特に日本的な装飾にしたいところは当時の一流芸術家を煩わしたものもあるが、おおむね重要なものはフランスのものである。だから復元となれば自信の持てるものは織物くらいのもので、あとは覚束ない状態であったが、各方面の専門的研究で昔のままという条件を解いてもらって昭和時代の改装を象徴することにして、仕事の見通しはついたものの信頼すべき職人のいないのには困った。

明治になってから西洋建築ができるようになるまでには職人の訓練もやかましく、かなり良質の職人階級もできて次第に根を下ろしていたが、戦後の動揺で消えてしまったので今度のような仕事になると何をするにも覚束なくて、まず仕事のできる職人を探すことから始めねばならぬ状態であった。そんなことで準備に時間はかかったが、勉強にもなった。

その点になるとフランスは違う。フランスばかりでなく、おそらく欧州一般もそうだと思う。もっとも北欧諸国のようにいくらか国情の違うところもあるが、概して昔の技術や伝統が保存されているのは当然なことで、たとえ新しくなっても根底がある。その点和洋併存の日本などはやっかいだし、倍の努力をしなければ技術的に追い越すことはむずかしい。

このほどパリに行ったついでに、いわゆる〝パリの屋根の下〞のような裏町で古い家具の修理を専門にしている工房を見学した。そのときポンピドー大統領が常用している椅子の修理が立派にでき上がっていたのを見せてもらった。いわばフランス大統領の象徴のような椅子である。それほどのものなのに裏町の修理工房に、直接、政府が注文するくらいだから技術的によほど権威のある工房であろう。修理には技術的に一子相伝のような秘密があるらしく、修理を大切にしている風潮には感心した。古いものを修理して大切に使うということはやがて技術の保存ともなり、またその国の伝統を尊重することにもつながるばかりでなく、それが日常の生活に密着して生かされるので、やがて一国の文化的な象徴ともなる。

迎賓館用の家具のことでロンドンに行き、注文先のメープルスという会社を訪れた。この会社は、昔、郵船会社などがイギリスに客船を注文すると公室の内部装飾・切はその会社の製品で装備されたほどの店で、イギリスの世界的な造船技術とともに栄え、私などもある建物の貴賓室をそっくりこの会社に注文したこともあって、昔から名声も内容もよく知っていた。ところが今度行ってみて驚いた。かつては優秀な技術をもって世界的に有名だったこの店が、われわれの注文した家具をスペインでつくっているとのことであった。もはや今日のイギリスではできない、まったくお手あげだと自白していたのをみて、メープルスの凋落はわれわれにも教えとなるが、あたかも今日のイギリスを象徴しているように思った。

迎賓館の家具は、パリのJ店にも注文してあったので行ってみた。店の構えは堂々として立派ではあったが裏側の工場はがらんとして職人も少なく、家具といえば修理品が目についたくらいであった。そこで私は、裏町の修理工房のことを考えてみた。要するに、彼らには長い伝統と技術はあるだろう。しかし自力で大量をこなす力はないとみた。パリという老舗《しにせ》で世界中から注文は取るだろうが、例外はあるにしても自力ですべてをこなす力はなくなっているので、われわれの注文はパリでなく多分イタリアでつくることになるだろうと思った。

家具ばかりではない。裂地《きれじ》も意匠も今日ではイタリア製パリモードになり、花のパリが、「フィレンツェ」や「コモ湖畔」だったりする。誇りさえ捨てればロンドンもパリも、世界中の注文取りになり下がることができる。それでも彼らにはまだ技術と伝統が残っている。

高度の生産力と合理主義の下では、芸術は育ちにくいようである。それでも文明はある。しかし一国の文化としては定着しにくいだろう。良い意味での伝統や芸術が、たんに僧院や少数の芸術家たちの手のうちにあるだけでは保ち続けられるわけがない。中世紀の長い暗黒のなかで芸術が命脈をつなぎえたのは、それが市井《しせい》に浸透され庶民感情を包み職人たちの血肉となって継承されていたからこそ、やがてルネサンスの花が咲いたのではないかと思う。

文化とはそんなものである。戦中戦後の混乱と困難のなかでも、われわれにはまだ伝統も技術もあった。それを根こそぎに洗い流したのが、高度成長と技術革新の嵐であったように思う。せっかく明治以来先輩たちが苦心してはぐくみ育てた良識と技術が、職人たちのなかに定着して根を張っていただけに惜しまれてならぬ。代わって出たのが頭脳先行型の職人たちである。彼らは鍛えられる代わりに学習された人たちである。それなりの仕事はするが、速効を好み心眼でものを見ることを忘れた能率主義の新興階級である。自然、グレシアムの法則どおり、腕ききの職人たちは駆逐されて姿を消してしまった。

元来建物を良く見せようとすることは、実は人に見られるところはたいしてむずかしい仕事ではない。だから、そこをいくら良くしてもあまり効果がないものである。本当の良さを出すには、人に気づかれぬところ、見えぬところを大切にしなければ良さは出ないものである。その人の目のとどかぬところに名人芸を投入することができれば、自然に良く見えてくるものである。

カーテン一つとってみても、裏の縫い方さえ良ければ襞《ひだ》もよくなり美しくなるので、フランスでは裏縫いの職人に

迎賓館

高給を払う。ペンキ塗りも同様である。下塗りさえ良ければ上塗りは簡単である。日本とは逆に下塗職人の方が上位である。舞台でも馬の脚に千両役者がなるようでないと良い芝居にならぬと聞くが、良くなるのも悪くなるのも、かかって裏方に人を得るかどうかで決まる。そこで人の気づかぬところに、第一級の人物を当てるかどうかが問題となる。人を見る目も大切だが、安んじて馬の脚になってくれるほどの名人なら大事を任せることができる。

　私は幸いにして、長い工事中いく人かの馬の脚を知った。概して名人といわれるほどの職人に共通したところは、仕事が生命であって彼らの本領は人の見えぬところで発揮された。総じて気難しいところもあるが、潔癖で名利に恬淡《てぃたん》なところがあるので話して教えられることが多い。あるとき、薄暗い隅の方で、ひとり黙々として仕事をしている職人を見たことがあった。後姿に後光がさしているように思えて拝みたくなったことがある。

　ともかく迎賓館は豪華にできて、国賓を迎えられるようになった。私も七ヵ年にわたる仕事で出来上がるまでは手塩にかける思いもしたが、すでに政府の手に移りいまでは時おり、垣間《かいま》見る程度で、まるで人事《ひとごと》のように思われ、しだいに私から遠くの方に離れていくような思いの今日このごろではあるが、長い間私とともに働き身をもって人および芸術家とは何かということを教えてくれたいく人かの職人たちは、長く私の心のなかで生きつづけることだと思う。

＊『出光』（昭和五十年五月号）所収。

松寿荘の建築について

指月亭の前に戦災の瓦礫をきれいに整理した立派な敷地が広びろとして残されていた。住居専用地区内でこれほどの土地がそのままになっているところは、都内では少ないのではないか、何が建つのだろうかと指月亭を訪れるたびごとに思っていた。それが出光さんの所有地であることは後で知った。

ある日、出光店主に呼ばれて、「あそこに五〇台ぐらいの自動車が入れるような建物は建てられぬかね」と訊ねられた。「もっとも、あの土地は地主から譲ってもらうとき、高くせぬこと、敷地いっぱいに建てぬことが条件で、出光さんならと譲ってもらった土地であり、これほどの土地だから隣のフランス大使館やその他からも話があったことだろうが、信用されて私が譲ってもらったのでその点はもとの地主の意向をくんでもらいたい」ということであった。

出光店主からはこれまでにもいくつかの建物の設計を依嘱されたが、そのたびごとにいわれたことは商売用のものは別だが、日本的であること、お金は必要とあればかけてもよいが無駄をせぬことであった。

松寿荘の場合も同じで、前記の土地の条件が加わったのがこれまでといささか違うだけである。設計構想から変わったことといえば、店主が足が不自由なので二階までエレベーターを付けたところ不用といって削られたことで、それ以外は設計どおりである。

さて、五〇台もの自動車が入れる建物は住専の域内では不可能だが、その話から察すると社用として公式に、あわせて私用にも使いたい意向のようであった。そこでまず会社の人たちと私の事務所の者とで委員会のようなものをつくって、主な使い方を協議してできたのが、だいたい現在のプランである。それから先は村野に任せろということで関係方面と打ち合わせをしながらできたのが現在の姿である。

これまでもそうだが、最初に十分打ち合わせをすませばあとは一切任せてでき上がるまで現場にも見えないというのが、出光店主のやり方である。建築家として冥加に尽きるが、責任も重い。目放しができない。

最初の頃はちょうど箱根プリンスホテルの仕事で、私はあまり現場に行けなかったが、それができたので途中から、当時の大和社長の言葉を借りれば宝塚と現場とピストンのように往復した。

松寿荘がよくできていると私からはいえないが、私が満足していることは事実である。この満足というのは建物自体の出来栄えもさることながら、長い工事期間中、現場の人たちと熱意と気合いが合った仕事ができたことにもよると思う。ここでも鹿島建設の現場主任や、それを支えた幹部の人たちがいなければ決して仕事はうまくいくものではないとつくづく思ったことである。

いろいろ考えると、建築家という立場は設計というシナリオを書くかもしれないが、本当の設計は現場の人たちや関係者がするものだと思う。私は本当によい現場主任に恵まれ、その下の職方にも本当によくやってくださったとお礼を申し上げたいくらいである。

建物が竣工したとき設計者はだれだれと建築家の名前を出すのが慣例であり、公式にはそれに違いないとしても、実際につくる仕事をするのは現場の人たちである。それに施主と建築家が三位一体となってそのチームワークがうまくいったときに、建物はよくできるようである。

建物の内容のことは、この本を見てもらえばわかる。そのとおり、外部から塀越しに建物を見ることはほとんどできない。これはもとの地主との約束をふまえた出光店主の意向どおりである。屋根を道に面した南西から北東に向かって絞り上げていけば奥の方ほど高くなるので、そこを二階にし、余分を高い天井にする。庭から見ればはじめは入母屋だの切妻だのしかるべき形にしたのが、奥に向かって絞り上げたので屋根はしだいに形を崩し、自由な形にしなければ納まりがつかなくなった。それはそれなりにまとめ合わせたのが特徴であるといえよう。銅板平葺きだから自由である。山と谷を少なくし雨漏りに備えて、またもし屋根に欠点が出れば見当がつくようにしておいたのも一つの考え方と思った。

内部ではレセプション・ルームの綴織り、貴賓室の仙崖

松寿荘

和丈の絵の欄間や螺鈿を使った飾り棚、和室大広間の欄間の截金など、こういう手法があったのだということを良し悪しは別として知っている限りは残しておきたいと思ったのである。

庭については建物と一体になって良くなるはずであるが、まだ公式に使用されないこともあって、いまのところ十分ではない。庭は五年十年と手入れせぬことには良くならないのが普通である。つまり住み方次第で良くも悪くもなる。建物も同じで、建築家や棟梁や大工がいくら力んでみても住み方で良くも悪くもなる。建物に注ぐ愛情いかんの問題であろう。

「松寿荘」の名は、故出光店主生前の命名である。「松寿」は店主の厳父の雅号と聞く。定めし孝心追慕の表われであろう。

菲才にしてこのような仕事に恵まれたことを感謝しております。

（昭和五十七年十二月十二日）

＊『松寿荘』（昭和五十八年六月刊　新建築社）所収。

第四章　人を語る

追憶二つ――佐藤功一先生――

歴史を年代記的に説くなら、こんなつまらない学問はないと思う。われわれの学生時代――大正六、七年頃はあたかも新建築の初期勃興時代で、一部の学生間にはその影響をうけて絶対に様式建築を排撃していた関係もあってか、先生は歴史の時間などよく、これからは歴史の講義などなくなるだろうといっておられたくらいであったが、それでも先生のルネサンスの講義だけはわれわれは怠けないで、必ず出席した。いったい歴史の面白さは、それを説く人の学殖はもちろんであるが、それよりも私はその人の独断と人生観を通じて時代を解剖するところにあると思う。先生の講義に興味を持ったというのはこのわけである。先生の復古期建築が学的にどの程度のものか私などにはわからない。レサビーの原書を種本にされてはいたが、説かれるところはあくまでも佐藤観的歴史学、しこうしてその論調は総論的な建築形而上論といったところにもっとも面白味があったと思う。いつも得意なときにはきまって、両親指をチョッキの脇下に挿しこんでのべられるあたりの名調子は忘れがたい印象である。大学三年を通じて私などいったい何を勉強したか、大かた忘れてしまったが、先生のこの講義だけはいまだ私の脳裏を去らないばかりか、石のような私の頭に情熱を与え、世塵にあってよく心に建築家的矜持を保ちえたのも、まったくこの講義のおかげだと思う。思えばその頃の先生はまだ四十歳前後であったであろうが、四十といえば、いまの若い教授諸氏と同じ歳頃ではないかと思う。

先生の死後某月某日、上野の文展を見た足で博物館に入ってみた。陶器の陳列室に入ると、翡翠に竹幹、梅枝、竹葉などを描いた古九谷の大皿の前にきた。はて見たような陶器だなと思ってよく見ると、かたわらに佐藤氏の名札がつけられてあった。おそらくご令息の名でもあろうか、それを見ると『茶わん』の正月号で読んだ色絵古九谷に関する先生の談話を想い出したのである。見ているうちに人生のはかなさを感じ、暗澹としてしばしそこを立ち去りかねたくらいであった。陶器と先生に関する限り天下周知のことであるが、同誌八月号所掲の大河内博士の先生追悼記を読むと、先生の陶器趣味は眼で鑑賞すると同時に愛撫する触覚を楽しむというふうであったという。

最近には俳句も一家の風格をなされていたようだし、その他絵画彫刻などいたらざるなき多芸は建築的にはいささか趣味的であり絵画的であって、理知や組織という要素にいくぶんあきたらぬ点があったとしても、その趣味の深さと広さにたいしては、先生のような恵まれた境遇もさることながら、人として考えてみるとまことにうらやましい資質であられたと思う。私などはいったいいつになったら先生の高さまでうかがい寄ることができるかと思うと勉強してみても無駄ではあろうが、いまさらながら日暮れて道遠しの感が深い。

＊『早稲田建築学報』（昭和十七年八月号　No.18）所収。

安井先生

私の学生時代の同級生に中村達太郎先生の長男がいた。二年生の頃、一夕招かれて先生の宅を訪れたことがある。その際たくさんの写真を見せてもらった。

当時有名な建築家の学生時代や卒業計画の写真など、私にとって興味深いものがあった。なかには美髯を蓄えてすでに一家の風をなした人や、まるで子供子供した人があんな有名な建築家になっているのかと思われたりして、非常に面白かったことを思い出す。多数のデプロマの中からその友人が、これが安井さんのだといって見せてくれたことをいまでもはっきりと記憶している。

友人が特に安井さんのを私に見せたのは、当時満鉄に安井ありとまでいわれるくらいな新人としての安井さんであったからである。それくらい安井さんはわれわれの学生時代には有名になられていた。

デプロマはマンションともいえるくらいの住宅だったと思う。だれのデプロマを見ても美術館や公会堂ばかりなのに、安井さんのだけが住宅だったことも、私にはこの人が何か自信を持った普通でない天才的な人だというふうに考えられた。そしてその作風はどこか丸味をもった非常に美しいものであった。安井さんのその後の作品のどこか丸味をもち、鋭角をすりへらしたようなところのある作風はすでにこのときからの持ち味だったと思う。

安井さんはわれわれからすれば約十年の先輩であるが、当時日本の建築界にもアールヌーボーからセセッションというふうに建築思想の流れがあったことだと思うし、安井さんもそれらの新興思潮に影響されたことだと思う。しかるに多くの人たちはわれわれの時代でさえそうであったように、学生時代の新人もいざ卒業というときにはきまって公会堂や美術館のデプロマをやるのが普通である。そんな時代に安井さんは住宅のようなものをテーマにとってこれを徹底的にこなそうとする態度のなかに、どこか人と異なった天才的な信念のようなものが時代の思想に敏感に働いていたに違いないと思う。はたせるかな某教授に「卒業計画に住宅をやるとは何事だ」と非難されたそうである。いまから思えばずいぶん理解のないことをいったものだと思う。それかあらぬか、安井さんは銀時計の機会を失し、志を内地にもとめず、満州の新天地におもむかれたと伝えられているが、もとより真偽のほどは不明である。

その夏私は上海での実習を終えて青島から大連に渡り、そこで初めて安井さんの作品、たしか満鉄のアパートであったかと思うが、親しく先生の作品を見てどこかにデプロマに似たところがあるように思った。

何年かたってお目にかかったのは大阪毎日新聞社の建築の頃で、安井さんは片岡先生の事務所にまねかれて現場の実務につかれていたときであった。葉巻をくゆらしておられるあの特長のある笑顔が第一印象であった。

ある日大阪の学士会館でわれわれ数人の者が集まって建築士会の打ち合わせをしていた。安井さんも会員だから当然その席に加わるべきであるのに、同じ室内で撞球をしながらけっしてわれわれの会合に加わろうとはされないのを不審に思ったことがある。興味がなければ投げてかえりみない。ゴルフをやっても、どこかにそんなふうなところがある。思うにこうしたどの芸術家にも通有な一種の「狷《けん》介《かい》」な性質といったようなものがあったのではないかと思う。純粋を好む潔癖の一種ともいえるのではないかと思う。

私は以前から安井さんのおびただしい作品のうちには、不思議に思えるところがある。たとえば味の素ビルと東京野村ビル、満鉄支社とガスビルというふうにほぼ同年代にできた作品でありながら、同じ人の作品とは思えぬくらいその作風に高低があるように思う。何か自分の思うようにならぬか、やるのに興味を失ったような場合、その仕事を投げてしまうというところがあったのではないか。でなければこんなに異なった作品にはならぬと思う。

「狷介」な性質といえば、故中村鎮さんなども似たところがあると思う。

安井さんのはどこか厳しいところがあるが、鎮さんの方は纏綿《てんめん》として弱々しいかわりにその所説は鋭く、建築批評など一家の風格があった。その鎮さんがなにかの雑誌に高麗橋の野村ビルを激賞されていたのを読んだことがある。

事実、この建物は安井さんのものとしては代表的なものの一つに数えられると思うが、安井一流の丸味を帯びたところは変わっていない。しかしそれ以後につくられた京都の野村銀行（四条通）や大阪クラブの東洋風なものから一歩進んで、さらに近代的に変わってゆかれた最初のものとして興味深く、その量感の取扱いなど当時われわれには感銘深い建物であった。ことにあの建築には市街地のものとして天地を軽くし中ほどを重くした点など、まことに安井さんとして手慣れた作風であった。その後こうした作風は東京野村ビルとなって顕われ、その後しだいに同じような傾向は消えていったと思う。丸味の点で安井さんとおよそ対照的なのは長谷部さんの作風である。どこかに鋭いところのある長谷部さんの作風は、多分にゴシック的な影響だと思われる。安井さんの丸いところはどこかに複雑なものがしのばれるのに反し、長谷部さんの鋭さの奥には省略と厳しさがあるように思う。私はいつもこの二人の関西における偉大な建築の作風を比較して、非常に興味深く面白いものだと思う。もちろんわれわれはこの二つの作風には影響をうけ、私の初期の作品森五ビルなど安井さんの作風からうけた影響などが残っているように思う。

東洋風なものは安井さんの専売みたいな時代があった。しかし私は安井さんの東洋風な傾向は、安井さんが満州におられたことにもあるが、あれは安井さんの趣味的な傾向、余技のようなものだと思う。もっとも東洋風といっても支那、印度、朝鮮、スパニッシュというふうに、一連の東洋風な傾向にたいする好みといえるものであったが、その手法はじつに手慣れたものである。いまでも即興的な大阪クラブの列柱や四条通の野村銀行をみるに、つくづく巧《うま》いと思う。寸分のすきもない手堅さは、様式的によほどの訓練をしなければできないものである。簡素な様式的な建物を見ていると四条通の野村銀行の堅実さがよくわかる。大阪クラブと野村の京都支店とはそうした時代の安井さんの代表作であると思う。ガスビルを安井さんの代表作中の随一とすることに何人《なんぴと》も躊躇すまい。それくらいあの建物は経済的なものであって、質もよく安井さんとしては恵まれた条件のうちに設計されたと思う。もちろんその頃の建物として第二野村ビル（白木屋）や淀の競馬場なども良いが、ガスビルの比ではない。縦と横と面と線との取扱いなどはじつに見事であるし、その手堅さにいたっては完璧に近い。ある若い米人建築家が、この建物を非常に賞《ほ》めていたことを思い出す。それはひとり御堂筋の偉観であるばかりでなく、春霞の頃にもなれば、御堂さんの御屋根を前景として浮び上がっているガスビルの景観はよく写真にも出ているが、まさに都市建築の美の極致といっていいくらいである。私は戦前「そごう」のあたりから、ときどきこの景観を眺めて美しいと思ったことがある。

率直にいって、戦後安井さんが一時ではあったが建設事業にたずさわられたことを残念に思う。

安井さんほどの人がなぜ設計一辺倒でやり通されなかったかと、私など他事《ひとごと》でなく惜しまれてならなかった。事実安井さんは戦後日本の建築界における混乱にたいしても、安井さん一流の諦観的態度をとっておられたのではないかと思う。われわれがその中で苦しみ圧倒されもがいているときでも、安井さんは孤然として傍観的な態度でおられたのではないか。作家は作品活動以外に心も技もありえないくらいな生活でなければならないときでも、安井さんは建設事業の代表者であったことを建築界のためにも、安井さんにしてみても、とりかえしのならない損失のように残念に思う。なぜなら戦後における安井さんの作品は、あのガスビルのような本当の力量が出ていないのではないか。本当の安井さんのペースに達しないうちにこの世を去られたのではないかと、逝かれたことを惜しまれてならない。

＊『建築と社会』（昭和三十年八月号）所収。

創設期の建築科教室と佐藤武夫博士

建物は郡役所のような木造の校舎だった。一階が機械科、二階が電気科、そして一番上の三階が建築科になっていた。廊下の隅に震災で焼けおちる前の「丸善」の鉄骨模型がほこりをかぶったまま置いてあった。教材らしいものといえばそれくらいで、あとはデッサン用の石膏がいくつかあったように憶えている。

これが大正五、六年頃のわれわれワセダの教室であった。いまのように充実した図書室があるでもなく、外国の雑誌など見たこともなかった。たまにイギリスのなんとかいう雑誌がくれば引っ張りだこで見るという有様であった。

たまたま用事があって教授室にはいると、岡田信一郎先生がせきをしながら外国の雑誌からしきりとメモをとっておられるのを見るくらいで、今日のように各教授が個室を持っているのでもなく、小学校の教員室を髣髴させるようなものであった。

学生の中にはパリッと制服制帽のものもいたが、多くは着古した洋服に板草履という風態で廊下や教室の中をパタパタ歩きまわった。いくら監視員が注意しても、この板草履はやまらなかった。

そんな雑然たる環境の製図室で、われわれは毎日大声をあげて歌をうたいながら製図をしていた。

今和次郎、間瀬直一、徳永庸、大沢一郎といったその頃の若い先生がときおり回ってきて指導はされるものの、ときにはこれが大学の教育かと疑ったくらいであった。大学の後年期になって始まった佐藤功一先生のルネサンス建築の講義を感激をもって聴くまでは、こんなところでいったい建築家になれるだろうかと心細かった。

そんなふうだから私はむしろ安部磯雄さんの「ミル」の経済学や、原口竹次郎さんのユーゼニックスの講義などに聴き惚れた予科時代の方に心を惹かれた。

教室の方がそんなふうだから、私たち学生はよく専門の講義をすっぽかして芝居に入りびたったり、永井柳太郎や中野正剛の講義、いや講義というより演説を聴きに法科の教室に足繁く通ったりしたものである。

建築にたいする的確な意識も持たぬままにしかし、頭だけは一杯になって卒業してしまった。本当に専門のことは何一つ持ち合わせたものがないまま大学を出てしまったのである。

当時のワセダの建築科など、あまり世間に知られてもおらず、試験に合格せねば建築学会の正会員にも入れてもらえなかったのだから、およその頃のことが想像されると思う。

自然、私たちはみずからの努力で築き、自分自身を頼るほかなかった。今井兼次、十代田三郎、そして木村幸一郎などの人材も、私とほとんど時を同じうしてワセダに籍を置いた人たちだが、この人たちも皆自分自身で勉強されて今日になられたのだと思う。

ところで私は卒業して渡辺節さんの事務所で修業していた頃、ワセダの教室には佐藤武夫という助教授がいて、佐藤功一先生からも前途を嘱望されているということを聞いていた。その頃、ビルディングの設計には収支の見透しをつけて出すのが外国の例である。そんなことが契機になって私が建築の経済に関する問題に没頭していたのを知られたのか、佐藤さんは同好のグループを中心に座談会を持ちたいといって寄越された。これが佐藤さんを知る始まりであったように覚えている。ワセダの教室でこの人ありといわれているほどの人だけに初めて逢った印象はサッソウとして清新な感じをうけた。その後、佐藤功一先生の指導で大隈講堂を設計されると聞いたときも、この人ならきっといいものができると思った。

当時の建築界に論陣を張ってしだいに重きをなすにいたったことについては、その思想の背景に科学の支えがあったからだと思う。建築のなかに学問的なまた主知的な志向を与え、みずから音響学を拓いてワセダで最初の学位をとられたことは、同学のわれわれよりも、むしろ建築の芸術的分野にたいする学的な啓蒙として人々の注意をひいた。

われわれの学生時代のことを想い出しながら、ワセダの建築科が近代的に脱皮して今日をなすにいたったのは、佐藤武夫さんの存在に負うところが多かったと思う。

＊『佐藤武夫作品集』（佐藤武夫作品集刊行委員会・相模書房・昭和三十八年三月）所収。

佐藤武夫博士

清濁併せ呑むという言葉がある。いくらか粗笨《そほん》で、陽気で、開放的なところがあり、小事にこだわらず世話好きで、話をすれば聞き手の側にまわるというのだから、このような人のまわりには多勢の人が集まり、信奉者ができるのも自然である。政治家や実業家によくあるタイプで、我執、偏狭といった性質とはおよそ対照的である。後者は、往々にして芸術家などに見る資質である。孤独を好み時として好悪の別がはなはだしく、自然、隠者の生活となりがちである。しかし例外もある。有名な学者や芸術家のなかにも前者に属する人も多い。岸田さんや佐藤さんなどよい例であると思う。堂々たる風貌なども似ているためか、生前は二人とも親交を重ねられたと聞く。さもありなんと思う。今頃は天国で二人仲よく、相川音頭でも歌いながら暮らしておられるかもしれない。

さて佐藤さんは早稲田で私より数年あとの人である。長く教室におられたこともあってか、いろいろ教えをうけた。音響学は理科や電気系の人がやるものだと思っていたのを、建築家が専門にやるところまで漕ぎつけた最初の人だと思う。その頃から急に早稲田の教室からは、日照の木村、材料の十代田といった人たちが相次いで理論方面に入ってそれぞれ業績をあげられた。この人たちもそうだが、佐藤さんを加えて三人ともデザインもうまかった。ことに佐藤さんのように、あれだけ打ち込んだ教学の生活から一転して、芸術一筋に生きぬかれた例も少なく、見上げたものである。ついに日本芸術院賞をうけられることになったのも、おのれの才能を見ぬく底力があったからであると思う。大隈講堂にはじまり幾多の傑作を残されたことは、いまさらいうまでもない。私もこれまでいくつかの教会堂を設計して難儀したのだが、教会につきものの塔のデザインには困った。たいていの形は昔から知れわたっているので何か変わったタイプのものをと思っても、どこかに似たものがあるので弱った。自分の困ったことは人のすることを見ると、その良さも苦心もよくわかる。だから佐藤さんの塔のうまさにはいつも感心させられた。どうしてこんなに、苦もなく塔の設計ができるものかと思うことがある。どれを見てもいい形のものばかりである。佐藤さんの塔のうまさについては衆知のとおりであるが、あまりうまいのでつい書いてしまった。

　宝塚の宅から羽田に着いて、車で私の事務所に行く途中にどこかの区役所がある。高速のトンネルをぬけてとたんに上を見ると、私の目に映る渋い、鉄錆色の建物がいつも午前中だからいっそう美しく見える。いくらか様式的なにおいのなかにロマンチックなところがあって、事務所から近いので一度見たいと思いながら、この美しい建物をいまもって親しく見たことがなく、ただ車の窓越しに見とれて楽しんでいる。佐藤さんの作だとあとで聞いて、なるほど思い当たる節がある。佐藤さんとしてはおそらく晩年の作となるだろうが、ある日どこかの雑誌で、真似るのでなく教養としての建築様式といった意味で語られているのを読んだ記憶があるので、佐藤さんが晩年におよんで心の傾斜を建築に託して何かを語らんとし、その志向のようなものが私にはよくわかる。人がその一生を終わらんとするのを、自分はもとよりだれが知ることができましょう。だれにもわからぬ人生を、ただ目に見えぬ魂のようなものに導かれているのをうかがえるのはその人のおこなったこと、その足跡を見るがよいと思う。十年になんなんとする闘病生活のなかに。内藤先生の一生を映画に残し、また佐藤功一先生の追悼会を主催して恩師にたいする追憶を満たし、最後に佐藤さんみずからの記録映画を見せてもらった。薄暗い、しかしざわめきの音もない大勢の人たち、その静寂なくらがりのなかからピアノの曲が聞こえてきた。ほんの一瞬と思ったくらい短く、暗がりのなかに吸い込まれた。すると堂々たる白衣の風貌から絞るような声を聞いた。ただひと声。感謝の言葉であった。これがわれわれとの最後のひと声となったのである。

　トンネルをぬけた、そのぬけたとたんに見上げる建物の色と形、形と光、まだ私はこの建物を近づいて見たことはない。見ない方がよいとも思う。

　トンネルをぬけたとたんに見上げる色と形、ただこれだけを見ることにしたいと思う。

良き友人、良き後輩であった。

（四十七、六、九）

＊『建築雑誌』（昭和四十七年七月号）所収。

「友」——朝倉文夫先生——

私の友人で、今は故人となったが、大阪に大国貞蔵という彫刻家がいた。多分、忠犬ハチ公の作者安藤照氏と美術学校時代の同窓か、またはその前後の人であると思う。性格的にややケンカイなところがあるのが欠点だが、パッショネートな人で、技量の点で私など非常に傾倒したものである。大国氏の一家は皆すぐれた芸術家ぞろいで、長兄の寿郎氏は鋳金家として令名があり、建築装飾の金物づくりでは関西における第一人者である。また厳父柏斎は釜の名人として非常に気迫があり、千金を積んでも気にくわねばつくらぬといった風格があったと聞く。したがって、その作品はその道の人には非常に珍重されたのである。私は直接会ったことはないが、浪速の住人、菅楯彦さんと一脈あい通ずるところがあってしかも柏斎には気骨があり、小柄なところなど写真で見ると利休を想像するようである。ともかく菅さんといい、大国柏斎といい、権威に屈せぬ芸術家の真骨頂は私などいまもって範としたいと思うことがある。

その大国氏から朝倉先生のうわさをよく聞いたものである。大正末期の頃のことである。多分、大国氏は朝倉先生の知遇をえていたことであろう。

若くして文展の特選をとり、万国博覧会の審査員となったりして、羽振りがよかったが、しかしそれがかえって君の将来にわざわいとなったのではないかと思う。私などとも建築につける彫刻のことでよく議論した。そのころは建築に彫刻をつけたりしようものなら、笑いものになったくらいの時代である。ときおり私の関係した建物に君の彫刻を予定したが、いつも実際になると議論してお互いにあい譲らなかったので、その結果はよいものにならなかった。要するに、君はサロン彫刻の域を脱せず眼を近いところにおきすぎていた。私のそのころの印象に残る朝倉先生は、非常に近よりがたい大彫刻家としてであった。数年まえ私の関係している関西大学で、京都の博物館にあったロダンの「考える人」を校庭におきたいということで、その買い取りについていろいろ交渉が行われていたようであったが、ついに不調に終わり、その代わりに朝倉先生の作品をおくことに理事会で決まった。そこで理事の人が先生に会うことになり、私もそのお供をすることになった。

　実際会ってみると私の想像したような近づきがたい人でなく、よく話し、よく語ってつきることがないというふうであった。そのときできたのが「友」である。私は自分の関係した図書館わきの大きな楠の木を対照にして、その木陰に場所を選んだ。台の形や高さについては、わざと先生の意向をくまなかった。そしてできるだけ低く、学生と対話する姿勢を取った。

＊『新建築』(昭和三十九年十二月号)所収。

【補註】「友」を書いた頃は、菅さんと会ったことはなかったが、お住まいが私の事務所に近く、大阪の新歌舞伎座に襖絵を描いてもらったりして、お目にかかる機会があり、その後、恩賜賞を受けられた人であり、大和絵の流れをくみ、みずからなにわの住人と称した風流人であり、また有名な富田屋の八千代のご主人でもあった。八千代は東の萬竜とともに東西の名妓とうたわれたほどの人であったが、惜しいことに菅さんが逝かれる以前に故人となった。

　萬竜は、のちに恩師岡田信一郎先生の夫人となられたほどの人で、昔から名妓とうたわれたほどの人は、ただの芸者ではなくて心得がちがうようである。

最後の椅子 ――中橋武一さん――

私が以前住んでいたところは阿倍野の常盤通り、現在私の事務所のある近くにあった。戦後はすっかり様子が変わってしまったが、その頃、この辺一帯には宇治電や大阪商船に関係のある人たちが住んでおられた。山岡さんのお邸も近くにあって、この辺のことを中橋王国という人もいたくらいに有名で、市内でも屈指の高級住宅地（昔、四天王寺の境内）であった。

私の家はその片隅にあったわけである。悲田院の中橋さんのお宅とは天王寺駅をはさんで、歩いて十分とかからぬくらいな近さであった。

かれこれ五十年にもなるかと思う。当時私は渡辺節先生のところで修業中、大阪商船や大阪ビルの設計にたずさわっていた関係から、自然、中橋さんにもお目にかかる機会があり、近所のせいもあってか、ときどきお宅に呼ばれたりして、たまには話に興が出ると長時間お邪魔することもあった。

その頃のお宅は長谷部鋭吉先生の設計で、渋い洋風の建物であった。中橋さんは家をなぶることがお好きだとみえてちょっと傷んだといっては相談をうけ、わずかの模様替えでもいちいち私の意見を聴くというふうで、決して自分だけの考えでは手をつけられなかったように思う。

ときには家のことなどよりも住宅問題一般に関するお話をされたりして、その一家言はまことに堂に入ったもので、専門の私など聞いていて教えられることが多かった。

もちろんビルディングのことにいたっては、見識を持っておられたのは当然のことだが、住宅一般に関する知識や趣味を持たれ、外国の文献などもかなり集めて研究も進んでおられたためか、私などいつも聞き役にまわるくらいな抱負のようなものを持っておられた。

のちにこの蔵書ははからずも私が譲り受けることになり、

そのなかには、今日では手に入らぬくらい貴重な本もある。

悲田院のお宅には、玄関脇に狸庵伝来の陶器の狸がおいてあったことを覚えている。狸庵といえば、お住まいの隣に徳五郎翁の旧邸が残っていた。一度、中橋さんの案内で拝見したことがあったが、部屋がいくつもあって長い廊下を何度も折れ曲がったつきあたりに、翁の書斎があった。私の学生時代、大隈さんの邸を見たことがあったので、明治の大政治家といわれるほどの人は家の趣味に似かよったところがあるものだと思ったことを覚えている。

やがてその家も取り壊され、その後になって玄関のところを少し残しただけで自分のお住まいも改築された。戦争直前の頃であったと思う。立派なお宅で、これには私もお手伝いさせていただいたが、戦争となって牧落《まきおち》に疎開されたままだれかにお譲りになり、それからは現在のところに新築して移られることになった。

疎開中でもお宅をいじることがお好きで、私の事務所の者がたびたびうかがったりした。私もときおりお邪魔しては、住宅やお茶の話など趣味的なお話をうかがったものである。

お茶といえば悲田院の頃も夜分、お稽古などに招かれたものである。神戸高商時代の同窓とかで、家元の久田宗匠が見えられて、奥様のお手前でお茶をいただいたりした。

私もその頃、官休庵家元の愈好斎についてお茶を習い始めていたので、よく官休庵の話が出た。というのは久田宗匠とは兄弟で、どちらが兄か弟かよくわからなかったくらい、どちらもでっぷりした体格で、茶人としての学問もあったせいか、なんとなくお茶に品格があって、どこかに共通するところがあったので招かれると喜んでうかがったものである。

すでに、お二人とも故人になられたが、近代の茶人でこれほどの人は少ないといわれている。

人は一生のうちに、自分の家を三度建てるものだと昔からいわれているのは、本当のことだと思う。われわれにはいささか縁遠い話であるが、昔はそれが常識のようにいわれた。といっても昔でもそれができるほどの人は、いい身分だと思う。生まれてから隠居するまで、三度居を移すか住的環境を変えること、たとえば新婚の時、中年になって物心両面が充実した頃、最後に隠居する時というのは人間一生の幸福を象徴するものとして典型的な日本的表現だといえるからであろう。

中橋さんはまさにその典型的な型を実行されたことになるのかもしれない。三度も家を建てるということは非常に恵まれた事情にあることはもちろんだが、それにしても住居について特別の趣味がないことにはやりきれないことだと思う。

その三度のお住まいのうち二度までが、私の設計でつくられたのだから、公のことでお世話になったことは別としても、普通の言葉で表わせば、よくよく御縁が深かったのだろうと思う。設計にはまずいところもあったと思うが、何一つお小言もいわれず、そのうえちょっとしたことでも家のことになると、茶棚やお仏壇のことまで相談をうけるというふうであった。いつだったか、いまのお宅ができて門をつくるというので、中橋さんは玄関から門まで何度も往復され、「これで棺が通れるね」といわれて、はっとしたことがあった。考えてみれば、それからはお体のどこかに悪いところがあったように思う。

掘炬燵に使う椅子を、長いこと、私の事務所の佐々木君というのがうかがって、大丸の家具部の人と相談してつくった設計を、私が見て、また直すといった具合にずいぶんと手を入れてつくったのがお気に入ったのか、今度は籐椅子をつくってくれといわれて、また佐々木君がうかがって設計したり模型をつくったりした。

この佐々木君というのは二十五年も前に早稲田の建築を出て、私の事務所に入った人だが、建築家には惜しいくらい変わった才能があった。漫画と英文が上手で、ときどき朝日新聞からも注文がくるほどの腕前があった。その佐々木君が中橋さんのお気に入りで、なにかといえばよく呼ばれたりした。

籐椅子はそれから何度も何度も訂正して、もうよかろうという頃になって中橋さんは病気の床につかれたまま、この世を去られた。そしてそれから間もなく、その佐々木君もまた持病で中橋さんのあとを追うことになってしまった。

絵になった籐椅子だけが私の事務所に残ることになってしまったのである。

*『中橋武一』（中橋武一氏追懐録編纂委員会・大阪建物・昭和四十一年八月）所収。

【補註】書中、中橋さんとは大阪商船（現在の商船三井）創立者であり、私の記憶では後に商工、文部などの大臣にもなられた中橋徳五郎翁の長男で、翁の邸内に陶器の狸がおかれているというところから、狸庵ともいわれた。中橋さんは、大阪建物の二代目社長でもあった。

渡辺節先生の死

これまで、弔辞を読んだことも、いわんや書いたことなどもないのに、今度は書かねばならぬことになった。ご病気のことを考えれば、回復は望めないまでも、せめて一年ぐらいはもつだろうとのことであったが、その予測を裏切ったかのように先生の死は少し早いと思った。秋には、ご自慢の菊を見せてもらった。わざわざ病を押して、集まった大勢の建築家たちと談笑されていたが、その憔悴は目に見えて痛々しかった。それでも、気丈な先生はだれかれとなく話をされていたのが印象に残る。これがわれわれとの最後であった。すでに、先生は死を覚悟して、今世の別れを菊花に託しておられたことが私にもわかった。わが国近代建築の黎明期に現実的な建築の展開について、大きな足跡を残された偉大な建築家は、ついに一月二十一日この世を去られたのである。じつに八十三歳の充実した建築生活の一生であった。仕事のことになると無頼の厳しさがあって近よりがたい人であったが、人情にはもろい人であった。

普通ならしかるべき人に書かせたものを読む人も多いと聞くのだが、私はなんとかして自分で書いたものを読みたいと思い、葬儀委員から指命されての数日間はそのことで頭がいっぱいといった状態が続いた。あれもこれもと思ったりして書くことが長くなり、これでは弔詞にならぬと思ってまた書き直し、書きかえ、最後にできたものを、今度は奉書に清書してできたものがまたかなりの長文になり、文章や文字などが気になってまたまた書き直したがそれでも不出来だった。ついに夜半になりとうとう筆を折ってしまった。そこで、私にはとても駄目だとあきらめて、愚息に要領をいって、作文してもらうことにした。できたものは、案外簡潔で要領よくまとめられていた。それを奉書に書いてもらうように命じたのが葬儀の二時間前であったと思う。そんなことで、私は定刻より少し遅れて、南御堂の式場に出席した。読経が始まった頃、やっと私の手に弔詞が届けられてほっとした。小川会長のほか数人の人びとが弔詞を読まれてから、私の番がきた。心を落ちつけて先生の写真の前に進んで頭を垂れた。巻紙をひろげたが足が少しふるえているように感じた。心を落ちつけようと努力してみたが足のふるえはとまらなかった。やっと『恩師渡辺先生の御霊の前に』と読みはじめるのにどのぐらいの間をおいたのかいくども声を呑んだ。『私ども弟子たちが』といってはまた声を呑み、『お別れの言葉を申し上げます』といったところで、私の目は少しくらんでなにか頬をつたっているものを感じた。私としたことが不覚だと思ったがそれから先は声もふるえ、『敬虔とつきせぬ感謝の心をもって私たちのお別れの言葉といたします』と結んだ。再拝して席に戻ったが、私はハンカチで鼻孔を押さえ天井を見つめた。

渡辺先生のもっとも活躍されたのは大正初期から昭和十年頃までの約二十年間であろうかと思う。そのうちの十五年間が私の渡辺事務所における修業時代である。思えば、早稲田から先生に呼ばれて事務所に入ったのはいまから四十数年の昔である。そのころ、先生は鉄道をやめて大阪に事務所をもたれ、さっそうとして建築界にデビューされたように思った。いくらかペダンチックな建築界の空気のなかに、非常に現実的で合理主義的なアメリカ風の考え方を取り入れ、なにごとも実質的で在野精神があり当時の関西で実業界に名をなされたことはむしろ当然であった。工費と工期について敏感な財界の要望をうけて先生はまったく独創的な活躍と、努力を続けられたのである。この短い期間になされた仕事は、今日の金額でいえば、百億以上の大建築が十指を数えるぐらいに達するものを実費精算方式を導入して施工し、あるいはプラスターを輸入しのちにはその製造に手を染められ、雑作工事の近代化とモデュールを設定して早期施工に関する研究をなし、二〇分の一図面と煉瓦寸法を基本とした、従来の製図を廃して五〇分の一の図面をもってそれに代えさせ、また本石の代用としてテラコッタを輸入し、のちには国産させ、さらに、二段打ちコンクリートを断行するなど当時としては画期的設計および施工上の変革であるばかりでなく、先生は設備工事に重点を置いた設計で施主の要望に応え、またいち早く、冷暖房を建築設備として取り入れて建築のために設備重視の道を拓き、あるいは正式の貸金庫の施設をはじめて日本興業銀行に設置して関東大震災に効力を発揮したことは、大正初期の黎明期に、近代建築の設計と施工とに先生が先行された数々の努力とその実行力は依頼者にたいする民間建築家としての本来の使命でありこの使命を果たすための説得力にいたってはまったく天才ともいうべき人であった。今日われわれがやっているような仕事のほとんどは、すでに当時において手をつけられていたものばかりである。それればかりでなく内藤先生の耐震構造理論を最初に採用してこれを日本興業銀行の構造に取り入れ関東大震災にその効力を発揮して実際に内藤理論を証明する機会を与えられたことなどはとくに書き残しておきたいことだと思う。

＊『新建築』（昭和四十二年三月号）所収。

渡辺事務所における修業時代

私が渡辺事務所に入ったのは先生が事務所をはじめられて二年くらい経った頃で、当時事務所は玉江橋の浪華倉庫の二階にありました。事務所の経営としてはこれからという時分で、先生は非常に緊張しておられた。先生が仕事に厳しかったというのはやはり仕事を知っておられるから、ことに寸法の達人だし、図面をみる名人です。どんなにはしょって図面を描いてもちゃんとそれがわかる。だからちょっとごまかしてもすぐばれてしまうというわけで、図面はわかるし、いろんなディテールがわかるし、仕事がわかるというんですから自然に厳しくなるということでしょう。私が不思議に思うのは先生が一体どこでいつの間に仕事を覚えられたのかということですが、やはり京都駅の設計のときだったと思います。ここで寸法に関して非常に正確な観念を修練された。渡辺先生は私が入った前後から早く施工するためにアメリカから新しい各種の材料を導入された。先生はそういうことに気がつく、また実費精算をやるのには期間の問題とクライアントにたいしてコストをできるだけ安くしておかなければならない。こういう点を考えてみると、どうしてもすべてをアメリカ風に合理化しなければものにならない。先生はこういう点に実に気がつく、そこが天才だ、一種の合理主義の天才だと思います。とりも直さずそこに先生の近代建築としての素質がそなわっている。そういう性格があるからこそ、あの短期間にご自分の立場は高等官であっても非常に勉強をされた。その試験台が京都駅だったように思います。

私の渡辺先生についてのイメージはやはり近代建築家として最初の典型的な、つまり日本における office architect としての最初の人だということです。ということはわれわれはいまこうしてオフィスで仕事をしている、建築家としてそういういまの型をもった第一の人だと思う。それより前に中条さんとか長野さんとかがいますが、そういう人はイギリス風の建築家でそれは権威はあるでしょうが、民間に入ってクライアントの意向をよくのみ込んでそれを実現していく商業性というか、そういう先生のいき方はイギリス風の architect からすれば反駁があったのも当然です。渡辺先生の立場はそういう人たちとはまったく違うんです。民間にあって民間の建築家として、クライアントの意向をくみ、しかもクライアントに溺れるというのではなしに、それを説きふせて architect としての見識を世の中に出そうとする本当の典型としての architect です。渡辺先生のその型を今日われわれが踏襲しているわけです。本当のアメリカ風の近代建築家としては日本における第一の人だと思います。それを裏付けるいろんな功績が先生にはたくさんあるわけです。そしてその根底には先生の技術があり、建築家としての卓越した見識がある。

こういうイメージで渡辺先生についてお話ししていくと私が渡辺事務所でうけた先生からの教え、それは非常に厳しい、仕事については一歩も仮借しない。その点においては温情のない先生でしたが、その修業がのちに私が一本で立って、どれほど今日まで私の役に立ったことか、それがよくわかるのです。で一歩仕事から離れるとどうかというとまったく別人のようで、「村野君、これから一緒にめしを食いに行こう」といった調子なんです。ときどきは面白いところへも行く、そういう温情がある。仕事の鬼だという半面に非常に人情味がある、先生の本当の性格は人情味に篤く、timid な人だと思います。私がこんなに強い先生についていけたというのも、先生がそんな方であったからだと思います。

とにかく仕事ではまったく厳しかった。私が学校を出たときは一六貫ありましたがそれが一三貫八〇〇に減ってしまった。最初の三年間くらいは渡辺事務所をいつ出ようかいつ出ようかと思っていました。幸い古い人たちがしだいに消えていって、だんだんと新しい教育を受けた者が入りそこに近代の空気というものが流れてくる。その新しい空気が先生にアピールした。三年くらい経って海洋気象台の仕事に関係してはじめて気に入られ、これはディテールは駄目だからデザインを担当させようというお気持ちになられたのか、やっと私も芽が出かかってきた。多少とも見込みがついたということでしょうか、芽が出ると先生はまた人を信用される、忙しい方だから人を信用して仕事をまかせられる。ご自分も気が楽になるということで渡辺事務所の得意な実費精算方式というのはgeneral designにdetailを一枚加える。後は文句で要点を書く、それだけで請負に出し説明を加える。これで見積りができるはずだと、そして請負が概算見積りをやっている間に時間を稼いで次の仕事にとりかかるという具合です。それから五〇分の一のスケールの図面を用いた。それまでは二五分の一だった。これで労力が非常に違う。当時渡辺事務所は二〇人くらいのスタッフでしたが、それで今日でいえば一〇〇億になんなんとする建築、規模でいえば三、〇〇〇坪から一〇、〇〇〇坪ぐらいの当時としては大建築を次々とやっていったのは、この実費精算と五〇分の一のスケールによるところだといえる。こういうやり方で先生は東京でも大阪でも絶大な信用を得られた。

私が先生をみていて非常に感心したことの一つですが、工期の点でクライアントとたとえば一年半という約束をする。できるならもっと早く、二ヵ月くらいは早くしてくれという注文はよくでる、先生はもう一ヵ月早くやってあげましょう、そのかわり金を出しなさい。費用がかかると、こういう芸当は私なんかにはいまでもとてもできることではない。その頃は第一次大戦後のインフレという時代的背景があった。少しでも早くすればクライアントが得をする。クライアントのふところに入ってそれを説得するだけの説得力を先生は持っておられる。こういうのは大阪だから、大阪の実業家はそういう点は実利主義だ。先生は大阪におられたからこそ成功されたともいえる。つまり大阪の実利主義に先生の合理主義がまったくマッチした。先生があの若さで全盛時代というのは三十七〜八歳くらいです。今日の若い人であれほどの大仕事はだれもできない、いかに渡辺先生が偉いかということを物語るものです。

さて合理的に金を使う、工期を早くする。そのためにどうすればいいかということで先生は漆喰を塗って四〇日くらいしないとペンキが塗れないというようなやり方ではとても駄目だと、金の足の早いときにそんな馬鹿げたことはできない。早く施工するということで私が覚えている第一着は商船の神戸支店です。ここで当時例の少なかった鉄骨を用い、しかもコンクリートの途中打ちをする。そういう曲芸をやられた。当時としてはまったく破天荒のことですが、これを請負にやらせられるんだから偉い。商船の岡田永太郎さんあの人は語学の天才だし、経理にたけた実に偉い人でしたが、そこで実費精算をやってのけ、クライアントを説得するんだから渡辺先生という方は偉いです。先生もまた岡田さんには鍛えられるという面があったでしょう。とにかく先生は仕事ができるし、金には詳しい。説得力がある。そのうえ実に風采がいい。建築家としてはそういう点でもクライアントに一歩もひけをとらない。まったく三拍子も四拍子もそろっておられる。偉い建築家もおられるが、まあ渡辺先生の右に出るという人はいないのではないでしょうか。

工期を早くするということでプラスター、テラコッタをアメリカから輸入してこっちでつくらせた。テラゾーもそうです。テラゾーという言葉を日本ではじめて使ったのは渡辺事務所だし、最初の日本での例が大ビルで使ったものです。当時大林は非常に苦労したようです。先生はそういう工作面でも非常にやかましい人だ。アメリカの仕様どおりに、固練りにして石をたくさん入れた。当時のはいまのテラゾーよりいいものです。それから施工の仕方ということではいままではチリジャクリを利用して先に造作をやり、後で漆喰を塗るんだから遅くなるのが当たり前だった。そこで先に定規縁を打って、出入口のドアバックとか、壁のコーナー、幅木とかは下地になる定規を先にとりつけてそれを規準にして壁を塗る。その上から造作をくっつけるというやり方を考慮された。工期を早くするポイントは幅木だとか出入口、窓回りを先にやる、あとで壁をやるというのに決まっている。チリジャクリというのはいつの頃からか日本でやっているが、遅くなるし、木を汚すという間違ったやり方だ。さらに窓、出入口の繰り方もそのつどデザインするというのはつまらない。何種類かのいいスタンダードを先に機械的にこしらえて現場でくっつける、こういったことはいまでは常識になっているが、当時としては画期的なことなんです、それからモデュールのことですが、当時は煉瓦何段という寸法だった。私なんかも商船の現場で学校でしか習わなかった寸法で図面を描き、こんなもんでは仕事ができないと大林の主任に文句をいわれたものですが、そういう煉瓦のモデュールがしだいに消滅しかかってくるその過程において、先生は新しいモデュールをたとえば扉は七尺と二尺七寸、便所、建具のスタンダードをつくられた。事務所に入るとまず造作のスタンダードの図面を覚えさせられる。今日でいうモデュールのはしりだ。この何倍をこっちにもってくるというふうに、それからスタイリッシュな軽いスクリーンをうまくとり入れられた。あれなんかまったく近代的な感覚です。さらに先生と設備のことですが、民間建築で冷暖房を一番最初にやったのは渡辺先生です。それも請負にはやらせない。デザイナーは北浦さんです。当時一般には設備費は全工費のまず三割程度だった。それを先生は三割以上五割近くまで持っていかれた。設備に金をかけることが結局はクライアントに得になるということをわからせる説得力があり、建築家としての見識があった。実に慧眼ですし、このへん本当の意味で近代建築の理解者だった。その見識の高さというものは知る人ぞ知るというべきでしょう。先生は実に隆々たる勢いで東西に覇をとなえられたんですが、特に綿業を中心とした大阪の経済的発展の波にたいし先生のいき方が性格的にも考え方の上でもまったく軌を一にしたということでしょう。東京の建築家はペダンティックで形式主義であったのにたいし、先生は合理主義と形式抜きで実力でのしてゆかれた。当時の建築界の気風の中ではまったく異色ある存在でした。しかし今日ではそれが少しも不思議ではなく、民間の本当の建築家の性格になってきたわけです。

建築士会のことにしても渡辺先生がああいうやり方でおやりになったものですから、財政的にも経営的にも今日のように隆盛になったのだと思います。

＊『建築家渡辺節』（大阪府建築士会　渡辺節追悼誌刊行委員会・昭和四十四年八月）所収。

追　憶 ──内藤先生──

　私の学生時代、先生は途中でアメリカに留学されることになり、その留守をあずかってわれわれに構造学を教えられたのが後藤慶二先生であった。東京工業大学の後藤一雄教授の厳父である。後藤先生という人はデザインがうまくて、その頃デザインを志す学生はこの人に傾倒していたくらいな人であって、建築の設計ばかりかというに、絵もよくされて、ときどき、『ホトトギス』の表紙なども書かれ、いまでもアザミの花の絵を覚えている。同級の人には長谷部鋭吉先生があり、この人も両刀使いの名人であった。どうも、昔の人、といっても私などもそのへんの年齢に達したのだが、大なり小なり建築だけではなく、絵や詩文にも長じた人が多いように思う。私など毎日あくせくするばかりで、両刀はおろか一刀もよく使えないのは、あながち時代思想や教育方法の相違ばかりでなく、いい天分に恵まれた人でなくてはできないことであると、つくづく思うことがある。その後藤先生がときどき早稲田に来て、われわれの製図を見てくださった関係もあってか、内藤先生の留守中、構造学を教えるということで、さらに驚いたのである。まるでダビンチのような人だと思った。しかしこの人は惜しいことに、その天才を現わす機会を得ずして世を去られたが、数少ない作品のうちでも豊多摩監獄の説教場の設計は有名である。この設計を見れば合理的なしかもつきつめた構造の美しさがよくわかる。

　さて、後藤先生の構造学だが、難解なのにはまったく辟易した。もっとも私などのようにこの方面に苦手なせいもあるので、難解にも程度の差があるにはあるが、ただ美しくてむずかしい数字のら列だけが目について、たとえば先生の設計に見るような透徹した美しさを感ずるだけで、ついにTビーム一つ理解しえないで実際の計算にも役立たないままに終わった。

ところが内藤先生の講義は、およそ後藤先生のとは対照的であった。だれにでも理解できるし、理論のあとに必ず例題を出して実用の方向に学生の注意をうながしていかれる講義の仕方には独特の教授法があった。むずかしいことをむずかしく説くことはあるいはやさしいかもしれない。しかし、それをたやすく法を説き要領よく納得させるにはよほどの学殖と経験がなければできないことであって、これは先生の特技のようなものではないかと思う。教育者としての先生の幅の広さがわかる。その一番いい例が「建築構造学」の著作である。この本はひところ、建築家と名のつく人の必携書であったことでもわかる。簡潔で、しかも要点をつかんだ文章の説得力は、先生一流の風格を現わしたものと思う。

しかし、このような先生にも、学問の上で何かの契機があったように思う。留学を終えて日本に帰る日を前にして学問的な、悩みのようなものがつきまとい、何を学んで帰って来たのかと思われたようである。ところが大陸横断の汽車や船中でポーターたちが、自分のトランクを荒っぽく転がしたり運んだりしても壊れないのを見ておられた先生は、はたと何かに気付かれたものがあった。この頃のような飛行機の旅行とは異なって昔の船や鉄道での外国旅行には、大きくて重いトランクが必要であった。外装の丈夫なことはもちろん、内側にも丈夫な仕切りがあるのでいっそう丈夫である。やがてこのトランクからのヒントは耐震壁の発想となり、剛構造の理論へ発展してわが国耐震構造学の始祖となられたのである。

この話は有名なので衆知のことと思うが、まだ知られない人のために書いたのである。しかし構造にはまったく素人のような私だから、正しくその意味を伝え得たのかいささか不安である。史上の科学的な大発見も、このような偶然の契機で得られることがあるのは、もとより発見した人の学殖や思索の充積にもよるが、そればかりでなく、何かそれ以上の神秘的なものが感ぜられるようである。

幸いにして私は渡辺節先生の事務所での修業時代に、最初の耐震構造といわんより耐震壁の応用について、内藤先生の計算を実際に応用される建築の意匠設計に関係する機会に恵まれた。間もなく襲った関東大震災には、関東地方の建築、ことに丸の内付近の大建築は大損害をうけたにもかかわらず、先生の設計された興業銀行における最初の耐震構造はびくともせず、いみじくも先生の理論的大実験を証明することとなったのである。

　先ごろ、先生は八十歳を記念し、『建築と人生』と題して出版された。人間の一生で、本当に自分のことを書けるようになることは、実は容易の業ではない。勇気も必要だが、第一、その資格に恵まれることが必要である。多くの人は自分のことはおろか、名もなくこの世を去る者が普通なのにまったく、先生は幸福に恵まれた人である。この書物のなかには、ちょうど、私の孫たちと同じ年ごろの多仲少年が描かれていて、学業の余暇、一里の道を重い「ソダ」を背負って歩いてくる可憐な野良着姿が目に見えるように私の眼底にほうふつし、その映像はやがて私の孫たちの生い立って行く姿に移っていく。たった二銭が、その駄賃である。おそらくその二銭もつかわないで竹筒のなかに預金され、学資の足しになったことであろう。父母や祖父母の一念〝多仲が一人前になるように〟そのころの好学な多仲少年の野良着姿は、いまや数々の功績に輝き勲二等旭日章を胸間に飾られた多仲博士となられたのである。

＊『内藤多仲博士の業績』（「内藤多仲博士の業績」刊行委員会・鹿島研究所出版会・昭和四十二年三月）所収。

内藤先生の思い出

前略……「小生思うに一生の仕事ゆえ万一多少回り道しても建築に本望を達するようにして上げたいと思います。小生順調ですが体力の回復に多少かかることと思います。山（?）中での散歩に杖の威力を初めて知りました」。これは私への私信の一節である。日付は八月十七日となっており読み終わった私は、頑健な先生ではあったが、しょせん回復は覚束ないような予感がして、せめてお苦しみの軽からんことを祈った。さて先生のこと、何を書いてよいのか、あまりに多くとまどいするくらいで、頂いたお手紙のなかから今世での絶筆でもあろうかと思い、私事にこと寄せ、その一節を写して感謝の心を表わしたいと思う。面会謝絶というのに仕事のことでは最後まで指導されたが、その後いくばくもなくして訃報に接した。責任感が強くて世話好きであったが、かくして逝かれたのは技術家としての本懐であろう。

学生時代はこのくらいこわい先生はいなかった。時間は厳格だし、講義は難解だし、理数に弱い私など苦手で敬遠した。しかしどこかに素朴なところがあり、われわれの仲間に漫画の上手なのがいて、先生の謡いの姿を絵にして授業中に回したりした。

こわいわりに学生から親しまれたのである。学窓を出てからはいろいろお世話になり、どんな面倒なことでも葉書一枚に簡潔な文章で要領だけを書いてよこされた。独特の文体はよく先生の人格の高さを表わしているようで貴重なものとなった。健康なときにお目にかかっていたので、いまでも逝かれたような実感が湧かず、敬愛の念去りがたい思いである。

渡辺（節先生のこと）という人は、仕事の面でも抜群な手腕家であったが、人を見る目の高さに独特の見識があった。早稲田から内藤先生を見出して構造を依嘱され、これが契機となって耐震構造が最初に実施されたのは、先生にとってはもちろんのこと建築界にとっても有意義であったと思う。大正十年前後だと記憶している。最初の仕事は旧大阪ビルの構造設計であった。一般に、内藤先生の最初の耐震構造の設計例としては、日本興業銀行のように知られているが、その前に旧大阪ビルがあった。二つとも渡辺先生の設計で、私はその指導をうけて図面を描いたので内藤先生との接触が多く、いろいろ教えをうけた。当時は今日のような耐震壁といった名称もなく、外壁を取ることを大切に考え、内部は階段室やエレベーターホールなどに壁をとる程度であったように思う。正確な記憶はないが近畿の近くに、かなりな地震があった。私は、そのときちょうど大阪ビルのそばに居合わせていたので、身の危険を感じながらもこの建物の揺れるのを見ていた。一万坪の鉄筋コンクリートの大建築がいまにも崩れそうに揺れて、見ていて慄然とした。も少し長く揺れたら崩れたのではないかと思ったくらいなのに、またあれほど揺れながらなんの損害もなく復原したのにも驚いた。ただ階段室の壁にクラックができた程度で損害はなかった。

次の設計は興銀である。この建物を設計される頃になると、耐震的にかなりな研究がなされて細かいところまで指導をうけたように思う。それでも耐震壁とはいわず、頑丈な鉄骨の筋違いをコンクリートの壁で包んだようなものであった。いまでも隣室への出入口が取れず筋違いの下をくぐってどうにか取れたことを記憶している。完全に竣工しないうちに関東大地震に見舞われ、丸ビルや、郵船ビルは外壁に大クラックができ、東京会館はよじれてグサグサになり、三越別館は半分どころから崩れ落ちて、トラスコンの鉄筋がササラのようになっていた。このような惨状のなかにあってひとり興銀の建築だけは安泰であった。

＊『建築雑誌』（昭和四十五年十二月号）所収。

機智と克明の今和次郎学

建築における主知的なものから感性へ、現実を抽象のるつぼに入れて熔き、そこから自由を学びとること、これが学生の頃、今先生に感化された私流の受け取り方である。爾来《じらい》五十有余年私の心を支えた精神構造の土台となり、また、先生に傾倒するゆえんでもある。長い留学から帰ると開口一番女性の背線美を語り、一転して消費の内部における価値を論じ、かと思えば造型感情を説き農林問題に及ぶ。機智と克明さで、現象の把握が広くてしかも隣り合わせになったのが今和次郎学が特有の雑学たるゆえんではないかと思う。雑学は完璧でないのが特徴である。余韻に庶民的な親しさがあり解釈に定型がない。そこが編集者の目のつけどころであろうか、体系に拘泥せず自己流の見方で編集されたというからこれは一種の創作である。読んで二重の味があり。あえて推奨するゆえんでもある。

＊『今和次郎全集』全九巻（今和次郎刊行会・ドメス出版・昭和四十六年）の刊行パンフレット所収。

坂倉準三先生

よしや百年の形體《ぎょう》を
保ち得ずとも、六十八年
の生涯はあまりにも短く、
いまだ春秋を残してこの世を
去られたるは惜しまれてならぬ。
訃報に接しなんとなく
尊き心湧きて述懐の情
やむことなし。

作風は心を高め深くして人を
導き刺激してわれわれを励ます。
おびただしき作品の数々に至りては、
百歳の長寿にも比すべく、
努力の跡は永久に消えぬ。

建築家協会は先生の功績をたたえ、
会の名において葬りその霊を
慰む。一代の名誉であり
先生の生涯はここに光栄ある
花を飾る。

＊『新建築』（昭和四十四年十月号）所収。

岸田先生

現代の日本を象徴するような、すぐれた建築家は少なくない、そして建築は建築家というものを全的に反映表現するものであるから、それらのすぐれた建築家の作品にも建築家のちがいに応じて、それぞれちがう傾向なり特長のよさを現わしている。だが、建築というものの性質から建築作品の優劣などをとやかく論ずることはちょっとむずかしい。だから人にはすききらいというものがあり、甲の建築家の作品よりも乙の建築家の作品の方によけい心を惹かれるということはあり得ても不思議でない云々。

この文章は私の作品集を飾るために寄せられた序文の一節である。そして、私の作品が好きだということでこの文章は結ばれている。拙作に花をもたせるように書かれたせいもあってか、なんとなくゆるやかで、常識的で、少しも尖鋭的なところがないのはいささか意外であったが、しかしそれによって晩年における先生の人となりや、ものの考え方にこだわりのない練達さに見識があり、意見そのものに広さと高さがうかがえたように思った。さればこそ、各界各層の人々に愛され、尊敬されて、社会的には建築界を代表するトップレベルの人として認められたゆえんでもある。私の知る限りにおいては、安田講堂の設計者としてあの頃の先生は、まさに建築界のホープとして、また作家として将来を嘱望されたように思えたのだが、意外にもその後の作品には多く接する機会がなかったように思う。その代わりに長い学究生活の間に多くの俊才を世に送り、先生のまわりは常にすぐれた建築家たちに取り囲まれていたような観さえあった。さらに、あの開放的な性格で、たれかれの区別なくこだわりのない交遊が、晩年に至るまで先生の周囲は常に明朗さがあった。とかく内向的な性格になりがちな建築家、私などもそうだが、その結果は一般社会との接触に欠けて物事を狭く考えたりするので、われわれには先生のまねはできないにしても大いに反省させられるのである。

岸田先生の残されたお仕事のなかでは、なんといっても、大学教授として立派な建築家を育てたということ、これはもちろんだが、建築を社会的に浸透させたという点は大きいと思う。先には、関西で片岡安先生があり、政経両面に活躍されて、建築を一般社会の表面に重からしめたが、岸田先生の場合はむしろ、建築家の立場において社会的に影響力を与えたという点に相違がある。オリンピックでのお仕事もそうだが、そのほかにもたくさんの仕事をなされた。私なども、名神高速の大津のインターチェンジでお世話になり、小品ながら先生のご推選にこたえたようで頼りになる点ではまったく敬服に値する人であった。

ゴルフ場などでお目にかかるときの先生は、頑健そのもののようにお見受けしたのに、これからが充実した人生をわたられるところを、逝かれたのはなんとしても惜しまれてならぬ。

＊『岸田日出刀』（岸田日出刀先生記念出版事業会・相模書房・昭和四十七年三月）所収。

優れた話術、伊藤先生を懐う

話上手といわれるほどの人は、たいてい聞き手にまわる人である。相手にいわせるだけいわせ、自分はふんふんと合槌だけ打ち、ほどよい頃を見計らって、それではこうですね、と結論を出すような人である。自分の意見は相手が話してる間に考えるだけの余裕のある人で、それだけの才能を持っている人は、そうざらにあるものではなく、いわゆる、場なれのした修業を積んだ人でないとできないものだと思う。ところが、おなじ上手といっても、伊藤さんの場合はやや違う。聞くことも上手だが、自分でも語ったり話したりされる。その語り方、そのときの態度に独特の説得力があった。持って生まれた才能にもよるだろうが、長い官途の生活や、いろいろの会合などで主役を務められた修練にもよることではないかと思う。

伊藤さんについては、いつ頃からとはっきりした記憶はないがよほど以前のことのように思う。初めの印象はいくらか官僚くさいところがあった。同じ官僚といっても大蔵官僚昔の内務官僚といった、いわば純粋の官僚くさい官僚でなく、どこかに親しみがあった。運輸省というところは民衆に接する役所のせいか、私の知る限りでは太田、成田、佐野、山崎といった諸先生も運輸関係の官僚出身だと承知しているが少しも官僚臭がなく、私どものように市井の建築家と同じように、それぞれの家風はあるにしても、野人の風格があって親しみやすい人たちばかりである。ところが伊藤さんの場合は同じ鉄道出身といっても少し違うように思う。以上の人たちより先輩格にあたるせいもあり、また少し年代の相違もあるのか持味の相違はある。これは私だけの感じだが、いくらか官僚臭は残っていても、それが少しも邪魔にならず、かえって一種の「品」のような風格となり、それが身についていてかえって親しみやすさがあったのは修養を積まれた結果であろう。小柄だが、話しぶりに重厚さがあり、愁眉を開いた笑顔で、いくらか開き直り気味に筋道をたて納得のいくような結論をのべられる様子がいまでも目に映るように思う。なかなかできない芸当である。

「江戸っこ」といっても、下町と山の手の相違はだれでも知っている。われわれのような田舎者には、下町の職人風なところ、新派の芝居を見てるような発声に親しみを感ずるが、どこかに田舎くさいところがあるように思う。そう思うのはすでに、われわれが山の手風なものの考え方に慣らされたせいかもしれぬ。もともと官僚とは維新後田舎者が官途に職を得て、東京に住みついた人たちであり、それらの人たちの間に取りかわされた一種のクラブランゲージであり、新しい教育をうけた知識階級間の社交語であると思う。伊藤さんに感ずる官僚臭といったのは、実はそうではなくて、この社交語の変態ではないかと思う。語韻は品格があり聞いて納得のいく話術に感心したこと一再ならず、多くの会合でいつも取りまとめ役を務められるゆえんもそこにあると思う。

伊藤さんが審査委員長の下に私も審査員の末席をけがしたことで困った事件が起こった。お互いに審査も終わり一応の責任は終わったものの、当時の委員長でもあったので私は、先生のご意見を求めることにした。いろいろ困難な事情も絡んでいたが結論を得たことがある。現に関係している迎賓館の場合でもそうだが、先生の脳裏に往来していたことは、社会にたいする建築家の地位とこれに対処する建築家の態度はどうあるべきかということではなかったかと思う。

幅の広い見識がこれからの建築界において先生に期待されるときにあたり、先生を失ったことはかえすがえすも惜しまれてならぬ。

＊『伊藤さんを偲ぶ』（昭和四十七年十二月刊、伊藤滋氏追悼録刊行会）所収。

〝なつめ〟吉岡氏を語る

先頃吉田現社長をお招きして、吉岡保五郎氏追慕のささやかなお茶の会を拙宅で催した。同席された方々は岡田孝男、浦辺鎮太郎、森忠一の諸氏であった。いずれも「新建築」とは浅からぬ因縁を持たれた人々である。そのおり吉田社長は私にこれだけはどうしてもあなたに納めていただきたいと、吉岡氏愛用のステッキと気品の高い〝なつめ〟を持来された。自分ではまだステッキなど無用のものと思っているのに、他人から見ればステッキをつく頃の人になったのかといささか奇異にも感じたが、吉岡氏愛用のものといえばそれだけでも記念になるので、そのご厚意に感謝しながら頂戴することにした。しかし、その〝なつめ〟だけはどうしてもいただくわけにいきませんと堅く辞退したが、ぜひ納めてもらいたいとのことで、ともかく一応私のところにおあずかりすることにした。少し大ぶりだが塗りの良さもさることながら、どこかに香《か》ぐような気品があり、私などの持てそうな〝なつめ〟ではない。吉岡氏は常にこれを身辺において愛用したとのことである。

そこで以下はお茶の話にもなるのだが、もちろん、「新建築」の発祥の地大阪、大阪時代の吉岡氏を私は知っている。さして懇意ではなかった。私もその頃は渡辺事務所で修業中であり、ときおり取材関係で交渉を持つ程度であった。としても吉岡という人はその頃、泡沫のごとく浮動するあやしげなジャーナリストとは異なってどこかに迫力があった。この迫力は吉岡氏の魅力ともなっていたようである。

それほどの力量をもってしても、大阪時代の吉岡氏の身辺とおよび「新建築」の経営は不如意であったように思う。新名、岡田といった人々が当時、京都大学の建築科主任教授であった武田五一先生の意をうけてか、編集などを助けておられたように思う。それら有力な援助があっても、ついに「新建築」のような商業誌は関西には育たなかった。
東京に移ってからの「新建築」はやがて見違えるように成長し、昭和十年頃から日本が戦争に突入する頃までになると、「国際建築」をぬいてしだいに独特の地歩を築いていくようにみえた。

その頃になると吉岡氏の身辺には趣味家と称せられる人々の交遊がはじまり、私なども仕事のことでの交渉もあったが、それよりもお茶や趣味の方面での交わりが濃くなった。というのは私はお茶の初歩を官休庵の愈好斎宗匠について習いはじめていたし、吉岡氏もまた官休庵とはいつの間にか親しくしていたようである。官休庵といえばインテリ宗匠として、傾倒するものは主に文化人に多かったように思う。官休庵との交渉はずっと戦後まで続いたが、その官休庵ですら吉岡氏には格別の交渉を持ったようである。このように吉岡氏とその周囲に多くの趣味人や芸能方面の人々が集まり、これがまた「新建築」の声価を高めた。吉岡氏が晩年にいたるまで趣味家との交渉を広め、みずからもまた陶器をよくして一家をなすまでになった。

戦後における「新建築」の発展の目ざましいことは衆知のとおりであり、私などもほとんどすべての作品は「新建築」の誌上で発表したし、いろいろのことで吉岡氏と「新建築」にはお世話になったと思う。時おり、私は吉岡氏を訪れることがあっても話題は趣味の方が多く、吉岡氏にはどこか魅力があって心をひかれた。この魅力はどこからきたのか。容易に人に屈せぬ面魂《つらだましい》があり、ジャーナリストとしての厳しさを感じた。

長い習練の結果としてはどこかに典雅なところもあり、近よりがたい一面もあって、よく見ると淋しそうであった。だが吉岡氏の身辺についてはだれひとり知る人もなく、また自分も語らなかった。謎《なぞ》のままこの世を去って行ったのである。そして愛用のステッキと〝なつめ〟だけが私のところに届けられた。もしかするとその謎は〝なつめ〟のなかにあるのかもしれないと吉田社長と話したことである。

＊『新建築』（昭和四十九年十月臨時増刊号）所収。

吉田流

先日、吉田君の告別の集まりの席上に流された故人の歌声をレコードで聞いた。いつ頃のものかわからないが声量や節回しにコクがあるところから察すれば若い頃のものではなく、相当晩年のものではないかと思う。好きだけれどしょせん素人にすぎない私にも、その良さは長年にわたる修練の結果でなければできない芸だということはわかる。この歌を聞きながらしみじみとした心になり、そのなかから生まれたような君の建築のことを考えたのである。一点一線をも人まかせにできない精緻さ、といってなよなよとしたところはなかった。高座に坐った黒紋つき歌人の貫録と、ゆるぎなき技巧の「デン」とした歌声を聞くような君の建築でもあった。これではこれ以外に出られない君の建築でもあったし、また君以外の君はありえないし、すべて君以外は君の亜流である。あたかも吉田流建築は、全国の和風建築に浸透していった。まさに似て非なるゆえんでもある。

君の建築を人は現代数寄屋というが、私見によればそれは当たらぬ。現に吉田君はあまり茶室建築をつくらなかったし、面皮造りを見たことも、それ以外のものを見る目からすれば物の数ではないように思う。むしろそれ以外の和風といえば角《カク》ものか長押つきのものか、そうかといってそのような堅くて唐変木なところもなく、やはり高座に坐った黒紋つきの歌人、その歌人から出る素人離れの、あのゆるぎなき歌声しか感じられない独特の技巧と境地。それを盛り込んだ様式しかない一種の陽気で華麗さがあった。これは一種の近代様式であると思う。初期の杵屋別邸以来いくらか変化していったが、その格調は厳しく高まっていった。その努力はかならず歴史に残るにちがいない。

いつまでたっても日本の建築は欧米影響を断ち切ることができない。できないにしても出来《で》かしたいと思って僕は僕なりのことをやりだしたのだ、とかつてそのようなことを吉田君は私にもらしたことがあった。新建築の揺らん期における若き建築家の悩みでもあったし、また江戸前の心意気でもあったろう。いまもって私は、君のこの言葉を新鮮な意味のものとして忘れていない。

*『新建築』(昭和四十九年五月号)所収。

吉田五十八氏の作品作風

多分高村豊周さんの説だと記憶している。ずいぶん以前の言葉だと思うが、古いにしろ新しいにしろ、初期の作品に相違はあっても、やがて同じところに落ちつく。やがてといっても、懸命の努力を続けていく限りという意味であろう。そこで作家によって、作風は異なっていても、平均したり、思索を重ねたりしてみれば、その時代の「相」なるもの、これを未来から、あるいは異なった国からふり返ってみれば、時代、つまり様式上の相関関係、様相の類似はどうすることもできないというのは建築に与えられる諸条件が、建物によって超時代のものではない、どうすることもできない歴史の仕組みだからであろう。そのように考えてみると、吉田氏の作風や作品としての表現は、初期のものに比べれば、少しずつ変わってきたように思う。もっとも何が変わったかという点になると問題は残るが、他の建築家とはずいぶん変わったのもまた、異なった質の建物が多いので、そればかりにとらわれていると吉田氏の作品の時代的背景までも見失うことになると思う。吉田氏の作品を全部見たり研究したりしての話でないしまた、そう深く考えたりしての話でもないので、人によっては異なった見方もあろう。ただ変わっていないのは吉田氏の体質のようなもの、その持ち味のようなものが、はっきり表現でき、やすい建物が氏の作品に多いので、ややもすると吉田氏の作品、ことに住宅や料亭などを見て、新興数寄屋建築とし、数多くの受賞なども大方その意味を盛ったもののように記憶しているが、私に関する限りご本人から直接そのような言葉を聞いたことはなかった。その体質が時代とともに変化したり、変化の仕方が深い場合には外に現われにくいだろうし、浅くて広い場合はその特長だけが目立ってくる。その目立ったところのある特長をつかんで、人は吉田氏の作品に新興数寄屋といったりするが、たとえば数寄屋と一般にいっても、手法や材料の選び方に非常に神経を払って人の気づかぬところに念を入れたものにしないと、その良さが出ないし、材料一つ取ってみても、一木一石、それだけで決定的な表現ともなるようなものを含むので、そこで、そのへんの「勘」の働かせ加減になると、もう作家の体質になり、その体質に後天的に加えられた教養に磨きがかかってこそ、そこにいいものができると思う。良し悪しは別としても、ともかくその作家自身のものが表現される。人によっては、その表現のために自分の意匠を表わしやすい手法なり手段なりを使うが、実は暗黙のうちに作家の体質がにじみ出る、あるいは出すために用いる、つまりデザインなのであると思う。

二十四年に出版された『吉田五十八作品集』の巻頭に、いつの日か真に他国の影響をうけない、本当に新しい日本的なものをわれわれは出せるだろうか、と訴えている。模倣とまででなくても、外国、はなはだしいのは特定の人や国の作風に倣《なら》わないまでも、その影響からまったく脱し切れなかったのが、長い間日本の建築界の状態であったことはだれも否むことのできない状態であった。しかしそうはいっても、われわれはその間に技術としての建築を学んだことも事実である。その技術からやがてまた、次の生産事情が生まれて、しだいに自分のものを持つようになったことも事実であるし、その頃になると生産手段やそれに伴い建築的なインターナショナルなものが生まれてくれば、われわれの建築も格別模倣とはいえない条件になるのであろうが、初期の吉田作品にはいまいったようなものがあってても、それはだれものがれることのできない時代の空気であるし、これあるがゆえに吉田氏は自己流の見解でそれを押し進め、氏がものした作品はすべて氏の体質にふさわしいものが多く、その作品によって、当代の建築界に刺激を与え、多くの「示唆」を与えたのである。氏の作品がもっともはなやかといっては語弊があるかもしれないが、われわれが氏によって刺激され、また「示唆」を与えられるのは氏の出現の初期から戦後にわたる長い期間であったし、その頃がまた氏の特長が一番よく出た期間ではないかと思う。床、壁、天井、照明、竹林、氏の作品にいつも影のごとく、纏綿としてつきまとっているのは、その表現の底に沈潜している日本的なせん細さ、清潔さ、厳しさのなかにこもる一種の陽気な柔軟さのようなものである。これこそ何人も侵すことのできない境地であるしました、氏自身のものでもある。これを侵そうとすれば、しょせん吉田亜流になるほかはない。氏は自己の体質を厳密に測定し、これを訓練して、歳を経るごとにその体質に洗練さを加えていったようにみえる。このようにみると、氏は一個の新興数寄屋風の建築家でなく、ユニークな偉大な近代建築家であるように思う。われわれが氏の作品に新興数寄屋の名を与えたとしても、それは氏の体質のある部分にたいしてであったように思う。しからばある部分とは何か。

先頃吉田氏の追悼会に招かれた。故人の設計になる「新喜楽」の立派な大広間で、大勢の人々が故人の生前を偲んで参会され、その席上で故人の歌声を録音で流された。歌曲は忘れたがおそらく、氏の得意の曲だと思う。私なども幼ない頃から母や姉たちに舞楽の趣味があって、自分ではやらないが好きな道である。昔はどこの家庭でも舞楽の道は教養として庶民的なならわしでもあった。氏のごとく、富裕な江戸の下町に育ったのだから、おそらく幼ない頃からの習慣でもあったし、ましてや当時の美術学校ともあれば、学生の頃からでもやれないわけはないしました、その頃の学生一般の趣味としても、なかには茶屋酒のたのしみなど、格別悪体とも思われなかった。かく書いたとて、氏もそのとおりだというのではないが、氏の声量、節の運びなどの美しさは、四畳半趣味でないどころか、旦那芸にしては、こくがありすぎて、長い間練りぬいた結果であることは私にもわかった。曲が終わるとホッとした溜息が出た。そこには、一点の泥臭さもなく、隅々まで一言半句もゆるがせにしない節回しのよさ、全曲を被うしめやかさ、それでいて陽気で、はなやかで、厳しさがしめくくっていたように思えた。これだなあ、これこそ氏の全作品、杵屋別邸から最近のロイヤルホテルにいたるまで、ときに消長はあっても、氏の作品を流れる独特の体質に変わりはないように思う。氏は私より三つ年下で、私は氏より五年の先輩である。大正十二年に美術学校を卒業したことになっているが、大正十二年という年は日本の建築界を逆さにしたような大震災の年である。いわばその大動乱のさなかに卒業したのだから、氏が普通の学校出がするように、どこかで初期の技術的な修業を積むことの困難さもさることながら、その機会を境として、日本の建築界にも独特の道が模索され、なかんずく住居の問題は、問題中の重要な課題であったことにもよるのか。おそらく氏は、住宅やその程度の自分にできそうなものを手がかりにして仕事をはじめたのではないかと思う。大正十四年に外遊し、二年後に帰って本格的に仕事をはじめたので、卒業してからそれまでの期間のことは不明だが、おそらくだれからも、実務の本格的な手ほどきを受けたとは思えないしまた、その方が氏のためにはよかったように思える。氏はそこで独自の建築的な見方で仕事をしたし、その手段は持ち前の体質で、その上に自己流の技術をのせてやれたので、間もなく氏の作風はわれわれなどもそうだが、その頃の若い人たちにも驚きであった。氏独特の作風が新鮮に見えたのは当然である。しかしながら作の良否は別として、建築のすべてにたいして、氏独特の才能を延ばしえたかということになると、氏の体質にも限界がきたように思う。日本の建築がその態様を変えてきたときに、それを支えるものは技術であろう。そのときにあたり、氏の完璧なまでの体質で膨大な近代建築の技術をこなすにはあまりに純粋であり、潔癖であり、さればこそ吉田流独自の風格は氏自身はもとより何人も変えることのできないまでに様式のようなものに脱皮した。けだし日本建築史の一こまを飾ることになるゆえんではないかと思う。

（昭和四十九、七、八）

＊『建築士』（昭和四十九年十月号）所収。

吉田流私見　――吉田五十八先生の一周忌を迎えて――

　このほど東京のある建物に「かけあんどん」をつけるので、スケッチを渡して作らせたところ、できあがったのを見て驚いた。驚いたというより、出来のいいのに感嘆したのである。繊細で刃物のように切れるかと思うほど、隅々や桟は美しく清潔で、定規で引いたような正確な出来ばえであった。そこでふと思い当たったことだが、このあたりにも吉田先生の影響が浸透しているのかもしれないと感じた。指物のことになるが、東京と関西とではよくいわれるとおり手法も感じも違う。味覚ほどでないにしても東京の方は堅く、しかし、磨きたてた美しさがあり、どことなくつけ味の感じがないでもない。ところが関西の方はどこかに艶消しでソフトなように思う。もっとも関西といっても、大阪と京都とは茶方の道具一つとってみても違うようである。もちろん堅木物であるが、なんとなく東京が堅木なら関西はまず杉とでもいいたいところで硬、軟とまではっきりしなくとも、同じ精緻でも裏と表の相違、そういいたいところかもしれないし、感どころも好みも違う。芸事の方はずぶの素人だから私にはよくわからないが、われわれの幼ない頃はどこのうちでも舞曲の習わしがあり、好きでもあるから、少しくらいは私にもわかる。その程度でいえば、間《ま》も「いき」も東京と上方とでは違い、また好みも味も違う。書画でいえば余白の考え方に通じる気分かもしれぬ。それくらいだから、一般に通といえば数寄屋に例をとってみても、それにまつわる感触が違うように思う。職人の資質、手練のされ方や環境や育ちのせいだろうし、そのほかいろいろあるだろう。要するに線が細ければ手法もデリケートになることはあたりまえのことである。それなら、いつもそうかというに、そうばかりでもあるまいが、概してそうなりがちなのは東京で仕事をしてみての感じとしては、東京の職人はどこかに指物の手法が仕上の仕方を見れば職人の意識にしてもそうだろうが、その影響があるのではないのか。堅木を扱う職人のような感じがして、軟らかいところ、ぬけたところのないことが目につくように思う。私の学生時代の友人の家が寄木張りの家元のような家柄で、昔の宮殿の床はたいていこの家で仕事をしたというほどのうちであった。日本橋に宅があった。このあたりには、指物屋や道具屋などがたくさんあったのでこのあたりのことはいまでも覚えている。私もその頃八丁堀の下宿から早稲田に通っていたから、この界隈の様子を知っている。自伝を読むと先生も日本橋の生まれだから生まれながら環境や下町の芸事などの影響が、やがて氏の資質となって仕事の上でもその才能の土台に変わっていったのだろうと思う。八丁堀といえば職人の町だし新富座も近くにあったので、役者の話や長唄のことなど日常の会話にも出るくらいだったし、友人の家庭や親たちの生活ぶりを見て町方の生活感情が想像されて、先生の幼ない頃のことが推察されるように思う。ところでまた堅木のことになるが、堅木も寄木と手仕事の上では同じような中心だろう。そんなところから友人の家も寄木張の仕事をやることになったのだろう。職方の歴史のことはよくわからないが前にも書いたとおり東京の大工がなんとなく、堅木職人の仕事ぶりになったのは指物からの影響があることは見逃せないように思う。デリケートで正確で隅々まできれいな仕事をすることは、はじめに「あんどん」のところで書いたとおりである。腕の良いところ、見せどころを、そんなふうに心得ているのではないかと思う。このあいだ、ある料亭の茶室をつくった。和風の仕事は私の余技のようなものだからあまり深いことはわからないが、私の心得ている範囲では、茶方の仕事はむろん和風一般の仕事にも通じることだと思うが、まず職方を選ぶことが第一、その次が材料だと思う。多少の約束事もあり、細かい手法やデザインにも目放しは禁物だとしても、いちいち指図するようでは駄目なことはきまっているので、良い職人なら要点だけをいってあとはいわない方がかえってよい結果となるので、たいていは職方の腕次第に任せる方がよいと思って、しばらくして行ってみた。ところが竹垂木は軒桁にほどよく乗せる程度の見せかけでいいのに、驚いたことに太さの違う竹垂木をいちいちその太さ形に合わせて丁寧に刳り込んで野根天井がじかに桁の上に乗っていたのには見事な腕前で感心した。その腕の良さはだれにでもわかるが、その代わり時間も労力も大変なこともわかるし、その努力はだれにでも一目でわかる。このような仕事の仕方を経済の用語で表わせば労働量に、別な言葉で表わせば一単位当たりの人間労働の分量として表わされ、やがてその価値をお金に転化しやすいことにもなる。そうした思考過程はやがて、近代建築の内部的な経済構造にまで演繹することができるかわりに、また自由の範囲をひろめて考えることもできよう。大工の仕事の仕方とその結果について、茶室とはおよそ縁遠いような言いまわし方になったが、仕事の出来ばえを見て私はそのように考えたのである。重ねていえばこうした考えになるのは、大工のした仕事が機械仕事のように正確で、その労力や細工のうまさが、素人にもだれにでも理解できるからであろうが、同時に時間と労力をかければどの職人でもやれる可能性がありそれ以上のことは考えなくてもよく、それさえできれば可能の範囲はどんどん広まることにもなるし、また仕事の量だけの代償を金で受け取りその分だけ支払えば分量はいくらでも増すこともできよう。しかし面戸のない軒まわりなどいくら正確で見事な出来ばえだといっても見方によれば、なんとなく味気のない、遊びも自然味もない茶室になったともいえると思う。しかし反対に前述のような茶室があってもよく、存在することを否定できないこともわかる。自然、有閑、和敬静寂、清貧等に、茶および茶室にまつわる思想やカテゴリーもあり、またその解釈もいろいろあるだろうが、少なくともこのような大工の仕事や出来ばえを見て、私流の自然や遊びを意図した好みには失敗したと思った。さらに飛躍して考えれば可能性が自由で、しかもだれにでもその仕事の価値が理解できるということは、意図するところをさらにいえば対象となるものを計画し、図面にして表現することができるし、また説明して相手に理解させることもできるということであって、それなら初歩の人でも教えやすく入りやすく説得力もある。ところが、それとは違った考え方や手法や工法で同じような、いわば茶室の空間や感触が表わせないものかどうかと思う。前の例とは対照的に、もっと手をぬくこと、腕の良さを表に見せないで省略して圧縮して、裏の方にしまっておいてできないものかどうか。いい例ではないが絹の衣物や手のこんだ帯で美しく見せなくて、その絹を裏地に表を木綿にした衣物で美人に見せるようなお洒落の仕方や考え方はできないものかどうか。しかしこのようなお洒落はよほどの通人か理解がなければ通用しないことであって、万人を納得させることは困難であろうが、このようなお洒落の仕方はあるにはある。衣物を仕立てる方も、着る方も呼吸が合わねば良い結果になるまい。同じ衣物同じ空間にも、ものの良し悪しは別として二様の考え方があり、現実に存在するとはいっても実は、二つともおのおの異質のまた、概念の違った結果あるいは現象となるのではないかと思われる。つまり同じ対象にたいしてそれからはね返ってくるものは、仕事の仕方で二つの要素があることを示唆したつもりである。これをさらにいえば価値の測り方にたいし、労働の質の上で肉眼と心眼の二つの測り方があるということではないかと思う。やがて、物心両面の象徴が想像されよう。ところが腕の良さを殺し、技《わざ》を隠すということは、なまやさしいことではなく、むしろ表わす以上の練磨に耐えなければなるまい。まさしく前者は近代的な考え方であり、近代人心理にもアピールできることに連なり、後者はやや前者とは対照的な考え方に通じる。このように、手法や考え方の結果の相違からくる異質の内容と意味の思考過程を類推すれば、建築一般にもかかわる問題でもあると思う。ひとり建築ばかりでなく、総じて芸と名のつく一般の問題にも通じ、あわせて芸術的な教養、訓練、思考方法などに関係ある問題なので、私など日夜そのことで悩むことばかりである。若い頃読んだ劇作家ウイリアムアーチャーというイギリス人の書いた、「アート アンド コムモンウィール」という、小さな本のなかに次のようなことが書いてあったことを思い出す――舞台の上にただ一人の兵隊を出してでも、その背後に大部隊がいるぞと見せかけることができるような演出の仕方について書いてあった。詳しい文章は忘れたがそんな意味であった。――味わうべき言葉だと思う。

　ところで私は、吉田先生の作品と作風について語るのに、これまでの示唆は筆触の拙なさもあって十分でなかったことを感ずる。明らかに先生の作風と作意については、そのなかに何人にも理解され万人が納得しうるだけの良さ、その良さのなかに普遍的な要素が含まれているということ、私流にいえば前者の考え方、そのなかに入れて考えることができるように思う。総じて普遍的ということは自由度の高さを意味し、その尺度を想定することもできるように思う。あれほど個性がはっきりしていて特異な作風でありながら、しかも普遍化されていったことは注意すべきことで、われわれはその過程について考えたいと思う。ところが私によれば純粋の数寄屋建築のなかには、それとはやや対照的な要素が含まれているように思う。もっともここに何が純粋数寄屋かということをいわねばならないが、この点についてはいずれ後段において明らかになるので、良い意味での木造数寄屋建築を想定することにする。このような建築はそうざらにあるものでもなく、したがって簡単にできるものでもない。それだけに非普遍性、没社会性、一般的にいえば特別な生活感情やそのような条件の下にしか存在しにくい。少なくとも狭い事情の下にしか想定しがたい、想定しがたいということはそれだけ近代性とは異質の要素が含まれているように思う。しかし両者は等しく純粋さを追究しながら、追究すればするほど相反する方向へ向かう宿命的なものへ指向する要素を含んでいるように思われる。例を関西に取ろう。さる有名な数寄屋の棟梁が、その道にかけては当代屈指の名人だが、数寄屋建築の近代化を試みたのをみてこの名匠の無駄な努力を惜しんで見るに耐えなかった。これほどの達人がどうしてこのような無駄骨を折るのか、彼が老境になるまでの長い手練においてどのような苦心努力を払ったか、私はその力量を知っているだけにそれを惜しんだ。思うに、これほどの名工ともなればば自分からはぬけ出すことは容易ではあるまい。否、むしろそのぬけ出せないのが実は貴重なので、ぬけ出してなんでもこなせるようでは名人ではないのではないかとも思った。多芸は無芸に等しく、私はこの名匠のために切に己れを知ることの大切さを祈ったことである。吉田先生は自伝のなかで数寄屋のことについて、またその努力や苦心などについてのべられているとおり先生独特の手法や発想や、ことに室内構成の見事さについては衆知のとおりである。

大正十二年に当時の美術学校、現在の芸大を卒業以来半世紀になんなんとする輝かしい業績についてもまた衆知のとおりである。ところがその根底となった発想は努力や苦心の賜であることもさることながら、実は先生自身の言葉を借りれば、「氏より育ち」ではなくて、氏と育ちなのであって、いわば先生が日本橋に生まれてからその時から建築家として生まれたようなもの、その結果であることに注意したいと思う。その頃の日本橋界隈の環境と生活感情のことについてはすでにふれたとおりである。先生の長唄についても、これまた衆知のとおりである。その名調子については自他ともに許す名人芸であり、資質のようなもので、もとよりそれからぬけ出すことは容易ではあるまい。だとすれば、先の数寄屋の名工の場合のごとく、いうなれば長唄即建築なのである。もって先生の作風のなかに聞こえるかすかな下町の情趣は、先生の作風とその発想を特異なものにしたように思う。しかもその作風は全国津々浦々に浸透し多くの亜流をつくった。ということはそれだけ模倣されやすいということにもなるし、またそれだけの社会的要因が、自由的要素として混在していたことにもなる。このことは言葉をかえればまさしく近代建築に共通の合言葉にもなると思う。精緻にして、潔癖なまでの厳しさ、そのなかに漂う典雅さのなかににじむ下町芸風の感じのその美しさ、先生の作風については何人も讃辞を惜しまない。いわく、新興数寄屋。ところでこれほど特異な作風なのに多くの追従者や亜流をつくったのは、実は吉田流を多くて九〇パーセント程度理解したにすぎないのであって、しかしそれだけでも先生は社会的には大きな足跡を残したことになるのに、さらに残りの一〇パーセントにいたっては、もとより先生自身のものとして何人も侵すことのできない聖域であり、これこそ建築における新日本的風格として長く建築史のうえに輝かしい一頁を飾ることになるものだと信ずる。

　私の理解している限りでは、最近先生の作風がしだいにその幅と分量をひろげ、いよいよ磨きのかかったものに変化していったように感ずる。外務省迎賓館やロイヤルホテルの内部の美しさを見ればわかる。これからが先生自身の一〇パーセントを縮めて優れた作品を世に残そうとするときなのに、まだ春秋を残してこの世を去られたことは惜しまれてならぬ。

（五十、二、二十五）

＊『建築雑誌』（昭和五十年三月号）所収。

温故知新——吉田五十八作品集に寄せて——

自然に帰れという思想の中には離脱や無抵抗のような思想の流れがひそんでいるように思う。それは、一種の無思想の思想のようなものに感じられる。

形式的で豪華な生活はやがて限界ができ、その矛盾から逃避的な感情が生まれて、たとえば田園や草庵の生活を好み、あるいは清貧に甘んじて風流三昧の境地を楽しむようになるのは、このような自然観に通ずるものがあるからではないかと思う。そうした情緒が普遍して市井に浸透すれば、やがて庶民的な生活感情に密着して親しまれることにもなるだろう。

自然には定型のないのが特徴のひとつである。したがってこのような無定型の思想も生活に結びつきながら、そこに特有の情緒や感情のようなものが生まれ、それがまた人間生活の表裏に隠見して生活感情となるが、その様式は多様化され、この作用で形式は撥無され、無定型の普遍性と思想は定着するだろう。ここに数寄屋の情感が胚胎するのだと思う。こうした生活感情の自由さや柔軟さが普遍されていくとすれば、形式的な、たとえば書院風なものにも、ときとして数寄屋の生活を移して考えることもありうるだろう。

数寄屋というのは茶趣にまつわる建物のように伝えられているが、私見によれば生活の情感的象徴のようなもので、格別形式といったほどのものではないと思う。いうなれば、無定型な思想に通ずる形式的感性のようなものである。しからばそうした情感なり感性が具象されるには、まずもってなにかを手がかりにして造型的感情に象徴しなければならぬだろうが、もともと無定型だから人間の生活に隠見してもその手がかりが発見されぬことには、たんなる象徴にとどまるだけであって具象とはならぬ。長いあいだに幾人かの指導者や名工たちによって、そのときどきの生活を満たし、感情に応じて工夫した材料や手法のようなものが一種の型になり、あるいは日常生活の中で身辺の雑器にまでも四季おりおりの感情を移して、心の奥を探り、楽しみを深めるような生活が濾過されていくうちに、いつの間にか形式に似たものができたのだろう。できてもその感性は人によって一定したものにはならぬし、また一定しないところに数寄屋があるのだから、それは一種のフィクションにすぎない。

そこに目をつけて、この仮装の不静定架構に自然的な人間の感性を焦点として光をあて、これを現代的な言葉に翻訳してわれわれに見せてくれたのが吉田氏の偉大な功績である。しかも氏は氏一流の解釈と仕方で歴史を容赦なく切り捨て、現代的に組み直したのである。歴史を見る目の正しさは作品を見ればわかる。典雅な、ときとして渋さの中にも知性があり、作風の厳しさにいたってはまさに天下一品である。しからばこのような作風の完璧さはどこから生まれたのか。

氏は自他ともに許す長唄の名人である。何人も追従を許されないのは、天分の上に磨きに磨きをかけて積み重ねた境地であろう。氏の作品を読みかつ解する秘密はこのへんにあるのではないかと思う。

けだし、現代数寄屋の生まれたゆえんでもある。

吉田氏の作品集は氏の生前、故吉岡新建築社社長の在世中に出版のことと聞き及んでいたのが、ついに実現を見ずして二人とも故人になられた。このたび吉田夫人の熱意と吉田新建築社現社長の好意によって、みごとな作品集ができることになったのは慶びにたえない。いささか拙稿に託して、祝意を表したいと思う。

＊『吉田五十八作品集』（新建築社・昭和五十一年）所収。

人と人との結びつき ——小山敬三先生——

いよいよ日本にも万博が開かれるというので、基本計画委員会なるものが発足し、私もその末席にいたこともあって、そのころすでに終わりに近づいていたニューヨーク博覧会を研究を兼ねて見物することにした。いくらか専門的なこともあるので、ある製鉄会社にしかるべき人を紹介してもらったのが、当時、日鉄の技師として駐在されていた中島慶之助氏であった。私も若いころ製鉄に関係したし、冶金の古い知識もあったので、会場内の構築物や鉄の話に興味が湧いて見学は非常に有益だった。それだけに少し疲れ、また家内を同伴していたこともあり、誘われるまま中島氏の客となって氏のアパートを訪ねることにした。

アパートはデビスカップで有名なフォレストヒルに近く、高級住宅の多い閑静なところにあった。フォレストヒルには駅前にフォレストヒルインといって小さいが高級なホテルがあり、静かなので市内の騒がしいホテルを避けてよくこの小ホテルを利用したこともあったので、この界隈の様子は覚えていて、招ぜられるままいい気になって長時間お邪魔した。長い海外生活のためなのか、夫人のホスピタリティーは日本人ばなれがして、主人の技術家らしい大まかさといい対照で、私たちの旅情が慰められたことはいまもって忘れがたい。この夫人が小山先生の令嬢であることを知るに及び、それまでは芸術院などで諸先生がたと格別変わったおつきあいではなかったのに、旅行にはかすかな旅愁のような感情を伴うためか、ちょっとした好意でも印象に残りがちなのだから、中島夫妻の好意から小山先生とは百年の知己のように思われるようになり、その後も引き続いて家族ぐるみの知遇をうけている。

最近は小山美術館の設計のことで、先生は聴覚にご不自由なこともあって、中島夫人の通弁を必要とするところから、これがまたお互いの間に親しさを増すことになったように思う。人と人とが結ばれるというのは思いがけない契機が縁となるもので、それがまた非常に貴重なもののように考えられるのである。

＊『アサヒグラフ別冊 美術特集 小山敬三』（朝日新聞社・昭和五十二年十一月）所収。

大沢一郎先生の講義

私の早稲田大学理工学部建築学科の学生当時、大沢一郎先生は間瀬先生や徳永先生に続いて早稲田大学理工学部建築学科卒業の先生であり、当時は佐藤功一先生が建築学科の主任であった。大沢先生のご専門は、私の手許に残っていた当時のノートブックによれば、講座は mechanical equipment と記されている。建築設備のほかに masonry や flat slab の講座もお持ちであったように聞いているが、はっきりしたことはいえない。私はまた当時早稲田大学恩賜館の堀方の現場において、大沢先生から masonry について直接お話をうかがったことはいまもなまなましく記憶に残っている。したがって大沢先生は、建築設備だけではなく構造架構もお教えになられた先生であったと思う。当時は一クラス三〇人くらいで、私は学校の授業は一所懸命勉強したつもりである。ことに大沢先生の授業は、私が工業学校で機械・電気の授業を受けてきて素地があったので、ことさらに興味深くまた理解もできたものと思う。卒業後は渡辺節先生の事務所に入所、渡辺先生は建築家としては格別機械設備に学識が深く特別な理解を示されていたので、当初私は先生からデザインではなく、機械・電気の知識があることをむしろ重宝していただいた。

大沢先生は明晰な頭脳の持主で、先生ご自身で開拓された建築設備の講義は、私のノートブック（早稲田大学理工学部建築学科に寄贈）に六十年余りを経過したいまでも克明に燦然とその成果が残っている。大沢先生は私の卒業後、大正九年にイリノイ大学に留学されたのであるから、このノートに残された講義は留学以前の独・英の図書による勉学の所産であったように思われる。私と同時期に卒業の峰好治郎君（在米）が先に米国に行き、その後大沢先生が続いて留学されたと記憶している。米国では flat slab の実験をされたとも聞いている。留学から帰国後は建築設備に専念されたようで、帰国されて間もないころ在阪の卒業生で構造専門の人々や諸先生とともに、大阪において講演会を催されたことを記憶している。

六十年余り前に早稲田大学理工学部建築学科が、当時としてはまことに将来を予知した勉強をみずから開かれた大沢先生によって、〝建築設備〟の講義を持ったことは大いに誇るべきことである。

＊『空気調和・衛生工学』（昭和五十三年十一月号）所収。

線に詩趣あり——谷口吉郎作品集に寄せて——

昭和二十七年の春某日、私はティアガルテンにある日本大使館の前に立っていた。谷口先生のお仕事のことを思っていたからである。戦後七年のベルリン市内はまだ、瓦礫の山がほとんどといってていいくらいな市内であった。昔の盛り場だったところは復興したといっても新開地のような急ごしらえの賑やかさであった。わが大使館も例外でなく、瓦礫のなかに八重桜が咲き、半壊の建物には紋章が光っていて、ただそれだけの日本が残っていた。いま、私はこの稿を草するに当たり、当時の印象をたよりに、ありし日の谷口先生の駐独時代の頃を偲んでいるのである。はじめ、私のおぼろげな記憶では、大使館の建物は谷口先生の作品と思っていた。どこかに初期の作品である水力実験室に似たところがあり単純直截で力強い印象が残っていたからである。作品集やほかの記録にもないところからすれば、作庭が、先生の主なお仕事であったかもしれない。あとで『せせらぎ日記』を見てそれがわかった。その作庭さえ終わらぬうちに、欧州の戦雲は日を追って急迫し、これ以上は危険なので、最後の日本船靖国丸でノルウェーのベルゲンから北大西洋を回って、アメリカ経由日本に帰られたのである。『せせらぎ日記』は昭和十三年十月から翌年の九月までの一年間の駐独日記のようである。やがて、日本も三国同盟によって大戦に突入することになった。この日記は大戦前夜の欧州の状態がわかるように思われ、その意味では貴重な文献であり、併せて建築に絵画にと、ドイツを中心に各地を訪れて、貪欲なまでに見聞を広め、詩情を培われた先生自身の記録でもあり、また風土と建築の命題に取り組まれる機会ともなったようである。読んで深い感銘をうけた。戦禍やその荒廃のあとなどかれこれ思い浮かべながら低徊去りがたい思いで大使館の前を立ち去ったのである。ベルリンには昭和五年にもしばらく滞在したことがあるので記憶に残っているはずなのに、瓦礫のなかではさだかでなかった。ショッケン靴店（メンデルゾーン作）が残っていたのでそれには見覚えがあった。その向かい側にはウェルトハイム百貨店があり、拙作そごう百貨店の設計の頃見学したことがあるので記憶はあったが、惜しいかなこの名建築は残骸すらなかった。東西ベルリンはこのあたりから関門になっていたので、バスで東へ入ってみた。ウンターデンリンデンの両側はシンケルの名作もあってベルリン市内でも建築的には有名であったが、ブランデンブルグ凱旋門や国立劇場なども復興してはいたが、政治色が加わって原作の味は薄れていた。憎悪をむき出しにしたベルリンの壁のようではないにしても、本来、純粋であるべき建物をこのように変えるのは政治的な一種の商業性プロパガンダに使っているようなもので、ずいぶん無駄なことをしていると思い惜しいことをしたものだと思った。戦前ベルリン滞留のある日、この劇場で芝居を見たことがあった。恋仲の若い男女の一方が死んだりして、前列にいた娘さんが泣いていたくらいの悲劇だったが、幕間に死んだはずの俳優が素顔で出て来て、このとおり私は死んでいませんから泣かないでくださいといったりして観客を笑わせたことを覚えている。そのときに見た劇場内部の、ことに天井の美しい装飾はいまでも眼底にほうふつとして残っている。東ベルリンで見せてもらえるところ、戦没者の墓のあるところまで行ったがずいぶんつまらない建物ばかりであったことを覚えているが、谷口先生も昭和三十九年頃久し振りにベルリンを見られたことが『現代日本建築家全集』にのっているのを読んでも、その頃でもベルリンはあまり変わっていなかったようである。

谷口先生は昭和三年に東大、五年に同大学院を卒業されている。世界的な大不況と思想的動揺のさなかに学窓を出られたのである。当時の建築界もその影響を避けて通れるわけがないので、程度の差こそあれ、多くの若い建築家たちも無関心ではなかった。かくいう私なども、歳すでに不惑の頃なのに、昭和五年、リアリズムの建築をもとめてモスクワを訪れたことがある。ロシア革命後十年の頃である。当時、モスクワの街には破壊された教会堂の残骸があってそのかたわらに構成派の看板が建っていた。しかるに、谷口先生の場合は少し違っているようである。もっとも先生とて、社会や建築界の動きに無関心であったわけではあるまい。先年、建築学会の記念座談会の席上で、なにがしかの建築運動にも加わられたことを聞いたことがある。それが何会だか覚えのないくらいであるにしても、関心を持っていられたことはわかる。それよりも私にもわからないのは、また興味があるのは、そのような運動、運動といっては語弊があるかもしれないが、そのようなことにかかわりのなさそうな作風や、その作風を通しての私なりの見方だが、また日頃先生に接したときにうける私の印象から推測すると、先生の志向はもっと別なところにあったように思われる。それがなんだか私にもよくわからない。ただ、ひとつの手がかりはある。それは、先生のご生家は、長い伝統を持つ九谷焼の宗家の出であるということであった。これはまったく私の想像であるばかりでなく、先生が九谷焼の窯元の出であるかどうかさえ、ただ人づてに聞いたままのことで、それさえ真偽のほどはさだかではなかった。先生ご生前のある日、所用で金沢を訪れたことがあった。私が建築に関係のあることを知った自動車の運転手が、あなたは谷口先生を知っているかと聞くので、存じあげていると話したところ、その運転手は、先生のことを自分たちの誇りにしているらしく、先生の自慢話をしてくれたことなどから推しても、先生が金沢では名門の出であることがわかるように思った。

詩もやっぱり一種の建築でしょう

これは、全集の座談の席上栗田氏に話された言葉である。これだけのことがいえる先生である。茫たる運動にかかわるにしては、先生の内部にあるものは、より高く、どのような場合でも、常に、その上にあって、先生を本来の先生に引き戻していたのではないかと思う。

以下は『せせらぎ日記』の一節である。

前略……高村光太郎さんはすぐれた日本の彫刻家で詩人である。その詩人がパリに来たのは明治四十一年二十六歳の時であった……中略……私は今そのパリに来ている、私は未熟な日本の建築家で三十五歳、ノートルダム大聖堂の高い塔を仰ぎながらその壁に手をふれると、七世紀間のきびしい風雪に耐えた石の肌にこもる祈禱の造形が脈膊の如く手の触覚に伝わってきて私の胸をゆすぶる。
堂内に足を踏み入れると薄暗い室内にミサの音楽が鳴り響いている。それを耳に聞いていると、高い天井を

見上げている私の目が次第にうるんできた……後略

若い頃のドイツは私どもにとって新建築のメッカであった。昭和五年モスクワを経てドイツに着いたのは多分、春も半ばを過ぎた頃であったように思う。第一次大戦の傷が十分に癒えてはいなかったのに、街には半裸のデモが、すさまじい勢いで通っているほどのベルリンであった。何かおこりそうな気配がしていたが、はたせるかな、それから三年もたたないうちにナチの天下になった。その頃のある日、私はデッソウのバウハウスを訪れた。若い建築家たちのあいだでは、このバウハウス詣でが常識となっていた頃である。訪れていろいろ話を聞いたが、そのなかで興味があったのは、椅子の話であった。この椅子は写真にも出ているので読者のなかには知っている人もあるだろう。その椅子を製作する過程から量産にのせるまでの研究と、椅子の形がどうしてできるかという話には興味があった。そのほかいろいろ聞いたが、そのことはバウハウス発行の小冊子にあるのであまり熱心に聞かなかった。しかし一番期待した建物の方は失望した。示唆しているところはわかるが、私が失望したのは理屈だけでなく、それ以外にもっと何かがあるはずである。理論ならわざわざベルリンまで来なくても日本でもわかる。実際に見たかったのは、その何かを見たかったからである。グロピウスという人は教育者だから、この人にその何かを期待することは無理かもしれない。後日ハーバードでも同様のことを感じた。建物は建っている大地に深く根を下ろしてこそ建物になるという考え方とは対照的であるということ、それは別にして考えても建物自体は写真で見たのと実物とでは差があるので失望した。椅子の例でもわかるように、ものをつくることだけを生産過程を知的にいくら推し進めていっても、ただそれだけでは建物にはならぬだろう。ここが建築論のわかれるところだろうが、ここで私の注意したいことは、建築することだけ、建築の生産過程、その知的な進め方、生産ということに重点を置いた考え方、古い手法をより生産的にする考え方だけを重点においての考え方は、やがて生産に国境なしということにつながる。インターナショナリズムになるゆえんでもある。よし、それを芸術の名にしたところが、それとは対照的なナチズムの容れるところとならず、やがてバウハウスの人たちが国外追放になって、アメリカに退避することになったが、ナチドイツで追放にはなったが、アメリカの量産組織に乗ることになったのは当然である。シカゴのIITにミースはバウハウスを再現するという変わり方になった。そこでバウハウスの志向するインターナショナリズムとは、量産につながる思想、生産に国境なしという考え方であると思う。もともと新しい産業社会への啓蒙的な教育であったと思う。それが鉄とガラスのキャッチフレーズとなって新時代の建築教育の全部でなくとも重要な役割をはたすこととなったのである。新しい建築教育の教条のようなもの、その根底にはインターナショナリズム即量産主義となるといえなくもないように思う。しかも生産に国境なしである。生産に国境がなければ消費にも国境がない。ところが生産には生産過程に必要な自然と資源が必要である。その自然にも資源にも国境がある。資源外交、国際的緊張の示すとおりである。そこで、いまや鉄とガラスの考え方にも限界がきたようである。

さてバウハウスの説明者は、なるほどこの建物は私どもも良いとは思いません、ベルナオ（デッソウに近いと思う）にある労働組合の学校を見てくださいといったのでそれを見て深い感銘をうけた。かつてのバウハウスの一員ハンネス・マイヤーの作である。バウハウスの建築とは根本的に考え方や組み立て方からして違っていた。この建物を見てから、ミースはあまいと思った。厳しい感じがして、量産どころか一品生産にしても容易でないと思った。それでいてバウハウスなのである。

私の筆は少し横道に入ったように思う。しかし若き日の谷口先生のこと、また駐独の頃の先生にまつわる前後の建築事情の思い出をたよりに、別の角度から先生の作風について、私なりの模索を進めたいと思う。資本主義は十六世紀頃から始まったといわれている。始めは自家用だったものが、余ってくれば他人に必要なものならそれを売って、売ったもので、また別な欲望を自分にも満たしたくなる。つくったものを商品の形で売るようになる。しまいには、それを見越して必要と思われるものをつくっておく。しだいに量産の社会に移っていくだろう。ところがそれをつくる行為には材料のことはしばらくおくとして、人間の労働とそれに見合う手段、道具、機械などが必要である。それ以外にも必要なものがあるだろうが、それも別におく。始めは人間の労働を集約的に使ったものが生産物が多くなればそれだけでなく、手段、労働手段が加わってきて、しまいには人間よりも手段の方が必要になってくる。以下のことは、建築とは何かということと、併せて谷口先生のことに焦点を当ててのことである。資本主義の歴史のなかでこのように人間の労働がしだいに手段の方に移っていき、しまいにはいわゆる省力化、無人運転というように人間不在の方向に変わっていく過程は建築を考えるうえでは根本的なもののひとつである。

よく建築は注文生産といわれている。その限りではそのとおりであると思う。人間労働や各種の手段や資材その他の要素が資本の形でかかわっているからである。しかも、このようにしてできた建物は、記念的な建造物でない限り商品形態をとる。それは価値を産むために消費されなければならぬからである。この点一般の商品と変わりはない。変わっているのは簡単に持ち運びができないのと、生産と消費を同時に持ち合わせているからである。このような考え方には異論もあろう。しかし、ここではひとまず、一切の形而上的なことには触れないこと、いわゆる無差別平等で、しかも無情に考えてみたい。このような考えであればこそ、量産から豊産へと移ることができて社会が前進することになる。その移り変わりを抽象形態でとらえれば一種の直線運動となり、この運動は流れのようなもので、この流れは一切の障害を押しのけて進むだけの力となって変わっていくように思う。私はこのような問題について、のべるだけの知識もなく、またその資格もないのでたんなる私見である。

さて十七世紀の過渡期（この過渡期は重要であるが先を急ぐのでここでは触れないことにする）を経て十八世紀の産業革命期に入れば生産力は決定的な運動になり今日に及んでいるように思う。この運動を決定的にしたものは、ゼームスワットの原動機の発明である。それは直線運動を回転運動に変えて仕事を進めていく運動である。その本来の志向は自転すること、自転しながら進むということが資本家的社会での運動のようである。その機構はピストンの直線運動、それを行程とすればピストンの往復行程が一回転となる。その逆もまた真である。このような運動には、それに相等する外力すなわちエネルギーを消費する。このエネルギー源は蒸気の膨張力、その元は熱である。エネルギー源が、爆発力、水力、重力、電力などに代わっても、また円運動から直線運動になっても基本的には進んでゆくという点では変わりがない。ところで円を二分すれば、二つの半円ができる、その底辺の直線部分が弦で一行程を表わす。

回転運動は、この弦運動を二回繰り返すこと、ピストンの往復直線運動である。さらにこの弦運動を合理的にすれば有効な運動にすることができる。いわゆる単一弦運動、クイックリターンモーションである。

ところで、より多くの生産物を得るには、一定時間中により多くの行程を繰り返すことである。より多くの繰り返しは運動を加速することである。ということは、一定時間中の行程をより短くすることでもある。行程をより短くすることは、より高い圧縮力を必要とすることを意味する。この圧縮力はより多くのエネルギーを消費することである。このような行程がより多くの生産物を生産することにもなる。いくらでも生産力を高めることができるし、またいくらでも行程を圧縮することができよう。しかし、それに比例してエネルギーがいくらでも必要である。それもできよう。ところがその圧縮には限界がある。極限に達すれば爆発するか、他の物質に変わる。矛盾ができるからである。それは外力の圧力によって、直線運動の内部にストレスが蓄積されるからでもある。この意味を現代社会にあてはめて考えるまでもなく、高度成長の結果を思い合わせてみればわかる。

ところで、より高い生産力に伴うものは何か、高度の生産力とは何か、これを建築の立場からすれば、より高い生産はより単純な生産である。より単純な生産はより少ない人間労働を伴い、より単純な生産物となる。しかも生産におけるいろいろのストレス、いろいろな矛盾、いろいろな事情は、すべて生産過程中に生産物に切れ切れに移されて次の生産物となる。そこで単純生産の生産物もまた単純となる。このような条件での生産過程では質より量に傾くようになり、高度の技術も人もいらなくなり単純労働で事足りるようになるのは当然である。その穴埋めは理論と知育偏重である。生産されたものは消費されねばならぬが、生産は消費を規制するのである。

直線多用の現代建築の傾向は単純生産の消費表現であると思う。生産力の高い国ほど建築表現は直線多用の傾向を帯びることになる。しかも直線のなかに潜む矛盾、ストレス、その他生産にまつわるもろもろの事情は解消されているだろうか、それが不安である。かつてわれわれは、十七世紀時代の建築の主たる表現が曲線の多用であることを学んだ。それは生産が主として、王侯の支配のもとでの消費表現となったからであると思う。しかし、その反面、われわれは芸術の自由を得た。ところで、今日はどうであろうか。このようなことを考えながらついに谷口先生の作風のところまでたどりついたように思う。総じて、線とは何か、直線のなかに潜むものは何か、それについて、これまで矛盾やストレスのことを考えてみたが、それ以上に何かがあるはずである。しかも直線の多用は避けることができない現代である。とすれば、安んじてこれを使用するにはどうしたらよいのか不安である。なんとかして純粋無垢な線がつくれないものであろうか、そこで谷口先生の人および作風のことが胸中に往来するようになり、先生について線を学び、面についても教えをうけたいという心になるのだが、それには、もっと自分自身を責め自分自身について学ばねばならないのではないか、そして間接にしても先生に近づく以外にないということに気づいたものの、しかしいかんせん、不文な私には、それはなしえないままついにこの稿を結ばねばならぬことになったのである。

私はいま、この稿を結ぶに当たり、私の図板の上にあった製図紙に、やわらかい鉛筆で一本の線を引いてみた。すると紙背を透かしていく本もの線が見えてきた。最初の一本は磨かれたステンレスの細い線である。光に渋さがあり知性が漂っていると思った。次は、清らかな、しかし底光りのするやわらかい線である。よく見ればピンと張った絹糸であった。その次は、みやびやかだが、それでいて風流でもない早春の梅林が見えてきた。線と思ったのは一条の光芒であった。

最後に見えたのは、名工の作でもあろうか、細くて慎ましやかなタテシゲの美しい木格子だった。まぎれもなく谷口先生の映像のように思った。

昭和五十六年一月九日

＊『谷口吉郎作品集』（昭和五十六年二月、淡交社）所収。

谷口先生

絹糸をピンと張ったような作風であった。銀いぶしの底光りするなかに知性を包み、柔らかく、文学的で静かな詩情がただよっているように思う。主張のようなもの、理論のようなものがあっても、すべて、繊細で清潔な美しいディテールがオブラートのような柔らかさで包んでいるように思う。私は、先生の作風を新日本の新日本的作風だといったことがある。外国はもちろん、日本の建築家も持ち合わせていない作風である。あらゆる練磨の結果というよりも、むしろ、先生が先天的に身につけておられた、いうなれば天分ではないかと思う。まことに、羨望の至りである。先生のお仕事については周知のとおりで、いずれ、他の筆者がふれられることと思う。ひところは黒白の見さかいなく、明治以降の建築が打ち壊された時代があったのを、大切にして文化財にまで高められたのは谷口先生の明治村からではないかと思う。建築のお仕事も偉大であったが、建築家として前人未踏の達識に至っては長く歴史に残るお仕事である。

先生の文章については定評がある。近くは、『雪あかり日記』がある。その一節はＮＨＫのラジオで放送されたほどである。

先生は建築のほか記念碑の作品も多く、文学者の墓標のような小品も入れれば相当の数になるであろう。先年毎日新聞紙上でその記念碑のなかから十作を選んで十話を書かれたのを読んだことがある。どこかの山里のようなところを訪ねられて、作品の場所を探されたのを読んで、たとえば朝露がほろほろと落ちかかっている露萩のような感じをうけた、その印象が忘れられないほどである。けだし、先生の物静かで、優しい心境の物語のようにも思う。

私が先生の作品に目をとめたのは、お若いころの作品なので今ではその記憶は、さだかでないが、水力発電所のようなものではなかったかと思う。整然とした窓のたたずまいは、そのころすでに今日の作風が始まっていたと思う。

先生は昭和三年に東大を卒業されたのだから歳からいえば一まわり以上の後輩である。そのころの建築界は澎湃たる唯物論の時代であったと思う。先生もまたそのような風潮のなかに建築家として成人されたとすれば、時去り時移ってもその思想は消えてはないはずである。ただ時とともに磨きがかけられ色彩を帯びただけの相違であると思う。私など凡庸にしていたずらに馬齢を加えるのみなのに、先生の御逝去はあまりにも若く、建築界のためにもまた先生御自身のためにも惜しまれてならぬ。承われば御令息が先生の衣鉢を継がれると聞く。せめてもの慰めであろう。安んじて冥むられたい。

＊『建築雑誌』（昭和四十九年四月号）所収。

今里さんの建築について思う

　今里さんの建築のなかで気づくのは、住宅が比較的に多いことである。もちろん、量からいえば住宅はその一部分で、ほかにも優れた作品も多く、そのなかにはたびたび吉田賞の候補に推されたものもあるので、今里さんの作風については承知している。そのなかから、私が特に住宅に注意したのは、今里さんがいままでに設計された建築一般の理解のために興味があるからである。

　建築のなかで、生活に密着して影響力を持つ点からいえば、住宅の右に出るものはあるまい。そこで住宅設計のことになるが、その場合、往々にして感ずることは、人間の感情とか理性といったものが入り混じること、迷いとでもいうのか、そのような不確定要素が未解決のまま設計条件の形で与えられるので、依頼者の要求を計りかねることがある。そのへんの事情は説明しにくいが、結局、先生よろしくやってくださいということになる。よろしくといわれても相手には夢がある。そこが住宅の住宅たるところでもあり、住宅が人間の生活感情に密着しているゆえんでもあろう。そのような傾向は、地位とか境遇などに関係なく、むしろ人間的な、また、自然的な気持ちの表われでもあるので、その迷いのような気持ちを汲みとって、相手の夢にはまった設計をするところに建築家としての才能があると思う。

　ところで、その夢にはめるということは、相手の立場に立って、技術を提供してやるということにもなると思う。そこで、相手の思うこと、いうことに十分耳を傾ける必要があり、自分を先行させてはならぬと思う。いうなればシナリオ・ライターのようなもので、シナリオ・ライターとして設計するのである。考えてみれば、凡庸な者には容易ならざる仕事である。設計にせよ、施工にせよ、住宅建築のむずかしさはそのへんにあるので、努力という点からすれば、たとえ小住宅くらいのものでも、大建築に匹敵するくらいの配慮が必要である。そこで、住宅の設計に堪能な建築家なら、あらゆる建築の設計に共通するほどの基礎的な能力を備えていると思う。一人前の建築家になるには、まずもって住宅の設計は欠くことのできない条件で、画家や彫刻家のデッサン同様、避けて通れぬ建築家としての関門である。吉田五十八先生がよい例である。住宅の仕事は、それくらい気苦労を伴い、面倒な仕事なので、本来なら、建てる人が大工や棟梁を使ってやるのが一番得心のいく方法で、昔から広く行われていた習慣であった。それができたのは、伝統があったからであると思う。大阪でいえば、船場や島の内といったところに住むほどの人なら、生活程度も高く、趣味も豊富で、われわれに教えるくらいの見識があった。それほどだから大工や棟梁を使えた。私の知人で、自分で現寸を書き、友人の別荘などを設計してやる人がいた。生活に困らぬ人だから、設計した建物に品があった。

　ところで、近代になって、建築家に頼むことになったのは、一定の予算で計画どおりのものができるようになったのが主な原因であると思う。建築家は、大工や棟梁から、彼らの肉体的な労働を除いて、依頼者の意向を代行するようになり、ここに依頼者と建築家との信頼関係が生まれることになる。しかも、与えられる物質的諸条件は、努力の割合に比べあまりにも少ない。たんにその点だけを考えれば、住宅設計ほど割の悪い仕事はないことになる。しかし、人として、人を知り、相互に信頼し合うことは悦びである。住宅の設計をするには、それくらいの覚悟がなければ、よし、物質的諸条件が満たされたとしても、相互の信頼関係に無関係では、住宅設計の意義は半減すると思う。人は食わずして生きられないというのか、アメリカの某建築家は、住宅の設計はしないと漏らしたことがある。おそらく、このような考え方が、アメリカの一般的な傾向であろう。もちろん例外はある。

　今里さんほどではないが、私にも住宅設計の経験がある。ほとんど失敗作で、建ってから十年を経ているのに、いまでも苦情を聞くくらいだから、住宅で傑作をつくることなど思いもよらぬことで、建てたあと、苦情を聞かぬ程度なら満点だと思っている。

　今里さんのように、数多くの、しかも知名の人々の住宅を設計されていることは、建築家として貴重な経験であると思う。そのうちのいくつかは吉田賞の候補に推されたものもあり、作風の良さは、写真を見ればわかる。

先年、当時ヨハンセン氏の事務所で研究中の友人に伴われて、二つの優れた住宅を見学したことがある。いずれも異なった意味で参考になった。一方は、ジャーナリストの住居、他方はドクターの邸宅で、いずれもヨハンセン氏の設計である。アメリカでも著名な建築家の作としては珍しく、それだけに興味があった。すでに発表されているので承知の人もあろう。ジャーナリストの住居は青々と茂った低い林のなかのセセラギのような小川に架けられたポンテベッキオである。中央のガラス張りの部分が居間兼食堂になっていて、川の流れが見える。簡潔直截で、まさに、近代建築とでもいえそうな住宅であるが、たとえばアパートのように、いささかの遊びも無駄も許さない住居そのものといった感じの建物で、自然との間にベールのない、いうなれば即物的で、その意味では見事な建物で感心した。ただ、不思議なのは、文化教室のような広い厨房に続いて、一戸建てくらいのお手伝いさんの部屋があったのは解せなかった。

ドクター邸は、海に面した広々とした屋敷のなかにある、一見、平凡な建物であった。ドクター夫妻にも紹介されたが、お目にかかった感じでは、退任した名誉教授といった風格であった。内部を隈なく見せてもらったが、型のごとく、玄関、居間、食堂、狭い夫人室、台所といった平凡な間取りで、ドクターの書斎と寝室は二階にあった。装飾といえば、食堂のコンクリート壁にかけられたタペストリーくらいのもので、私の目にとまったものとしては、片隅の暖炉、台所の小さな切り花用の流し、夫人室の窓辺の樹間にかけられた巣箱くらいのもので、ジャーナリストの住居のような気取った装飾はなかった。しかし、私は何かあるだろうと思って、再び室内を見渡したが何もなかった。すると、台所の片隅にあった切り花用の小さな流しと、夫人室の窓辺の巣箱が、私の心を捕えた。私はその瞬間、なるほどと思った。清らかで、静かで、淡々たる空気が私の胸をうったのである。これがドクター「家」だなと思った。

私はここまで住宅のことを書いたが、一度も「家」という文字を使わなかった。ドクター夫妻は、ヨハンセン氏が多忙なので、一年待って設計してもらったとのこと、もって、この家の主人が建築家にたいする傾倒のほどを知ることができよう。私はドクター家を辞して、目を伏せながら、広い屋敷を門の方へと歩きながら、しばらくして、再びドクター家を振り返って眺めた。われわれ建築家は、住宅を、あるいは住まいを設計するかもしれない、しかし、「家」を設計することはできないと思った。そして、このドクター邸をヨハンセン氏の傑作にしたのは、建築家ヨハンセン氏でなく、ドクター家の人々の善意とその生活ではないのかと思った。

住宅のことといえば、吉田五十八先生のことを想い出すのが私の常識となっている。かつて先生の作風にたいし、「吉田流私見」と題してある雑誌に書いたことがあるが、先生のような前人未踏の作意が依ってきたるゆえんについて私流の考えを書いたものである。知にして情に溺れず、常に、自分の仕事にたいし一定の距離をおいて自分を眺めるだけの余裕があった。しかも、一切の贅肉という贅肉は容赦なく切り捨て、その厳しさには表裏の区別はなかった。時として、歴史さえ切り取って自分の枠内で浄化されるだけの見識があった。まさに余人の追従を許さぬ名人芸である。かくて、先生の作品の背骨となるものは精緻、その精緻さを有情たらしめたものは何か。先生は衆知のごとく、自他ともに許す長唄の名人である。おそらく、厳しい修練の結果であろう。作品に独特の余韻を感ずるゆえんもまたそのへんにあるように思う。

ある日、吉田先生の没後、作品集のことで、吉田研究室を訪ねて代表作の原図を見せてもらったことがある。そのなかに、担当今里隆と印された見事な図面を見たことを記憶している。今日のように今里さんと親しくしていたのか定かでない。承れば、今里さんは、戦後吉田研究室に入り、二十年もの長い間、先生の指導をうけられたとのことである。今里さんの今日あるゆえんであると思う。

池坊本部は、かつて吉田賞候補に推された建物で、場所は京都だから、一度見たいと思いながら果たせなかったので、このほどその建物を見て、まず想像したように出来の良いのに驚いた。正面は烏丸通に面し四〇メートルを越すほどの高さで脚元を前の方に曲げ、細長く重厚なファサードが天に向かって、そそり立ったような特長のある建物である。側面は裏の方へ延ばせるだけ延ばし、非常に広い側面で、正面とはちがって、窓が浅いので軽快な外観である。裏とはいっても、有名な六角堂の観音様の境内に連なっているので広く、その中間にかなり大きな池があり、建物の一部は池のなかに沈んでいる。建物の影が水の面に落ちているので浮いているように見え、白鳥が影の上を遊んでいた。池畔は観音堂の境内近くまで拡がり、夜ともなればおそらく燈明の明かりは水面に漂うだろう。このような新旧の風景が相対しているのは決して不調和でなく、独特の景観となっているところに京都らしさが残り、その趣きのなかに、由緒ある華道の宗家池坊が象徴的に演出されているように思われ、さすがに、建築家今里隆の意図らしく深い印象を受けた。もし私見が許されるならば、量感と線とのバランスに工夫の余地が残されているように思った。

（一九八二、三、十一記）

＊『杉山隆建築設計事務所作品集』（昭和五十七年八月発行）所収。

第五章　自己を語る

卒業当時のこと

［アンケート質問］
一、卒業当時、感銘をうけられた建築、その感銘について
二、卒業当時、感銘をうけられた書籍、その感銘について
三、当時、お考えになられた将来への抱負・夢などについて

一、日本の建築については、卒業当時とはいえないが、ともかくその頃と記憶しますが、中村順平氏設計担当の「如水会」には感心しました。それより後かと思いますが、長野先生の諸作、ことに正金銀行神戸支店。これはおそらくずっと後かと思います。

如水会の建物はその当時としては自由型、ことに内部に感心しました。また家具が非常によいと思いました。徹底したルイ風のデザインのものには、当時の私としては及びもつかないもののように、いまでも記憶しております。

二、㈠ハワードの『田園都市』㈡『中央公論』誌上における田中王堂のヒューマニズム諸論㈢『萬朝報』紙上における茅原華山の社会時評に関するもの㈣有島武郎の小説のほとんど全部を愛読。

㈠、㈡、㈣とも一連のヒューマニズムに感銘。

㈢は前記と共鳴する社会的共感によるもの、かと思わる。

三、いまのように、設計で飯を食うようになる、いな、なれるとは自信をもっていえない状態でした。もちろん抱負などといえるものは夢にもありませんでした。いまだって「五里霧中」ですが、当時の私としては生活することが精一杯、第一次欧州大戦後の物価高の社会状態を見て、ただ撫然とするばかりでした。建築に興味をもつような気持ちになるのは、ただ自分のスケッチに色を塗って心ひそかに喜ぶときぐらいでしたでしょう。いくらか夢らしいもの、建築家としての矜持を心の底に持ち

えられたかと思われるのは、なんといっても佐藤功一先生のルネサンスのレクチュアが心の底にしみ込んでいたからであるように思います。先生一流の講義ぶりは非常に印象的で、何かしら高遠なものを、また非現実的なものにたいする興味を誘い、自然に建築的な形而上的な世界というものを心の目で見るように教え込まれたことを思い出します。これは今日までどんな暗い世相にあっても、私を建築に釘づけにさせてくれた力ではないかと思います。これが夢といえばいえなくもない状態ではないかと思います。抱負など当時はもちろん、いまだってありません。

＊『建築と社会』（昭和三十二年一月号）所収。

建築家の人間形成

ディレクターとしての建築家

私は事務所を始めた当初（一九二九）、四人か五人の人を助手にして四時には家に帰って、内で仕事をするのが理想だと思った。若い頃には、ライトが目標だった。ライトを囲んでタリアセンの広間で弟子が集まっている写真を伴野君（伴野三千良氏）と見て、そんなふうでありたいと思った。これは前時代的な行き方でしょう。

私の行き方は特殊だといわれるけれども、自分ではこれであたりまえだと思っている。だから私のところで勉強したいといって来られる人が私には一番苦手で、むしろ月給がほしいといって来る人の方がありがたい。自分は渡辺（節）先生のところで勉強させていただいて一人前になっただけに、私のところの所員にたいしその点で心苦しい思いがある。さいわいに有力な人が何人か出てきたが……。

ビジネスの世界で自分を貫いていくには、非常な努力がいる。自分を通さないで仕事をすることが一番さみしい。どうしても先生でなければという仕事でなければやりたくないし、そういう仕事の多いことを望む。さいわいにしていままではそういう仕事がつぎからつぎにきた。しかし多くの事務所員を抱え、その妻子のことまで考えたら、そうばかりもいっていられない。これが一番深刻な問題です。

事務所形式の場合でも、本質的には建築はすべて自分の眼を通すのが本当だが、なかなかそうはいかない。アメリカでもサーリネンなど二十人程度の所員で、[1] 自分の眼がすみずみにまで及ぶような形で仕事をしていると聞いている。それを見ると、私のような行き方もあると思います。

スキッドモアのような事務所でも、インテリアや構造の分業化が行われ、その方が組織としても高いものになる。別々にやったものを、チーフとしてたとえばバンシャフトのような人が、彼の目を通してまとめていくのではないかと思う。日本ではそうはいかないところから、個人で多くのエネルギーを消費することになる。パートナーシップが確立していれば高いレベルが得られると思う。私の事務所の場合は組織でなく、皆に協力してもらうことになります。

私はいつも所員にいっている。建築家はクライアントにたいして卑屈になりがちです。それではいけない。「なんでも一つのことを勉強して一流になれ！　そうすればそれを通して見識ができるから、それをもってつきあえる」といっております。[2]

事務所と施工業者

資本主義社会と建築家的行き方のずれを、いかにコントロールしていくかが問題になる。たとえば読売会館（東京）のやり方は建築家協会のルールに抵触することになるが、組織をもたない建築家個人としてなら許されると思う。そごうは東京へ進出するについて、どうしても村野でなければという線があった。また清水建設が関係することも、前から決まっていた。仕事の関係で自分のところのスタッフはあれだけの量のものをこなすことができない事情があったから、清水の設計部を自分の自由に使うということでやらしてもらった。請負の設計部を自由に使うという行き方は、ライトでもコルビュジエでもやっているのではないでしょうか？　読売の場合、それは非常にうまくいき、請負の方でも私の意向を尊重してやってくれた。一般的にいえば私の事務所の組織では、大建築を一度にたくさんはできないでしょう。

私は現場の仕事を大切にする。請負に図面を渡すときは損をかけない程度に描いて見積をしてもらう。それから現場になるまで、もう一度練りなおす。図面にきちっと表わせないところは現場で練るということが一番大切な仕事であって、私の本当の勝負は現寸と現場です。

請負に迷惑をかけないように。「村野先生は二割増し」などというのは請負の詭弁でしょう。約束の図面と違ったものを描いてはいけない。請負の工費に関係のあるような変更をしてはいけない。請負の負担において建築を良くしてはならない。そのような場合には施主が金を出さなかったら、設計者が出さないといけない。たとえば柱一本にテーパーをつける。描く方はその方が良い形に見え、簡単に描けるが、手間は莫大。そういうことをしてはならない。私がとかくそういうことをやりそうに思われるのは誤りです。

デザイナーとしての建築家

（先生のもっとも会心の作品は？ との問にたいして）そのときはみな会心の作です。会心の作といっても、後から振返ると、いろいろ反省させられる。森五ビル（東京）は人も良いといい自分でもよいと思うが、いまとなればそれは一つの郷愁のようなものです。これには自分としては、デュードックの影響があると思う。これは独立して最初の作です。渡辺事務所でスタイリッシュなものをやってきて、自分として行き詰まった。その反発とスタイリッシュなものの見方が、この中にコンデンスしてると思う。

私は模型でプランを練る。初め白い模型を作っても、しまいには真黒になってしまう（註 ちょうどお部屋には都ホテルの模型があった）。設計の期間中、毎日これを眺めながら考えるわけです。私は模型の粘土の色もなるべく良くないのをつけてみろと所員にいいます。良くないところを追及していく。「いいところを見てはいかん。悪いところを見よ」といっています。パースをかくといいところだけ見てしまう。だから決してパースは用いません。

模型でディテールまで練ります。「ポイントは窓の見込みとその周囲の感触」――建物の形やコンポジションをとることは二の次です。実際に建物にぶつかったとき、人の視界は限定される。形は人に任してもよい。その程度ならスチューデント・ワークです。

森五ビルのようなトップ・ヘビイ型は市街地建物の必然性と思う。都会の建物は、窓が浅くないとすさまじくてやりきれない。それでボリュームのないところを壁の下部の引っ込みや入り口の入りこみといった端々《はしばし》で立体性を出すわけです（註 先生はこの端々にデザインの一つの重点を置かれる）。

私がかつて大阪パンションをやったとき、村野はあんなことができるのかといわれたがそれも誤りです。スタイリッシュのようなものでも、一つのことをやっていればなんでもできる。別々のものではない。あとは四通八達でしょう。

建築家における人間形成

自分がよろめくときは佐藤功一先生のルネサンスの建築の講義のことを思うと、やはり自分は建築家になれるのだという意志をもつことができた。佐藤功一先生のルネサンスの講義は天下一品――もうあれだけの先生はないでしょう。ウソでもよいから歴史はその人の人生観を通して独自の解釈を話してもらうのが、本当の歴史だと思う。佐藤先生の講義がまさにそうでした。若いときは喧嘩早い方でした。渡辺事務所に入ったときも、先生(佐藤功一先生)から「ともかく三年間辛抱しろ」といわれた。学生時代はいうことを聞かなくて佐藤先生のもてあましもので、当時の図面を見るとアイオニック・オーダーが横向きについている。どうしてもセセッションでなければいけないという頃で、いかに様式的なものを馬鹿にしていたかわかります。そんなわけで先生も私の図面のところは素通りされるほどであったが、今和次郎先生だけは図面を見てくださった。どうにか学校での設計図が出されて今日あるのは、今先生のお陰だと感謝しております。

どんなつまらない仕事や現場の中にいても、自分は建築家になるのだという気持ちを持ちこたえられたのも、今先生の精神のお陰です。いまでいうセミナーのようなことを今先生のお宅に数人の学生が集まって主として建築の形而上の問題について、また大正初期の思想変革期でもあり、もとよりこの方面でも敏感に影響されたことは当然です。田中王堂のヒューマニズムに関する論文などまだ新しいもののように思われます。第三の立場にたいして自分のあり方を極める。これは相対的なもののほかに、もう一つある立場です。

マルクスはやはりヒューマニストだと思う。マルクスがこれだけ多くの人に影響を与えたのは、資本論がわかりやすいということ、科学的であることによると思うが、その底にあるものは産業革命の結果としての矛盾にたいするヒューマニズムを書いているものだと思います。

私が経済学を勉強し始めたのは戦争中に建築とはなんだろう、バラしてしまえば、石や煉瓦や鉄であって、なんでもなくなると考え出した頃から始まるわけです。そこに非常な疑問を感じたことから始めたのです。

「構造はまず独立した不動産である」という説明に到着したのは戦争の終わる頃で、経済の勉強の結果です。「構造は土地の性格に近い」――これが私の近代建築への解釈の仕方です。経済を離れて建築はない。しかし建築と土地との関係はまだ説明しきれない。私の解釈も大きい説明の一つであるが、ややスタティックである。都市の建築はもっとダイナミックに動いているものだから、これらももっと考えていきたい。

構造と土地と同じような形――償却しなくてもよい形に持っていかないと、近代建築は解釈されない。しだいに構造を土地の性格に近づけていくということでしょう。
いまの私には煩わしいことはかなわない。そっとしておりたい。雑誌の創刊号に出るようなことも遠慮したいが、できれば私はつぎの番にまわしていただきたい。今日は広島の神父さんが見えて、Zen（禅）の話なども出ていたところでした。

＊『SPACE MODULATOR』（昭和三十五年一月号）所収。

【註】
（1） 最初は八十人くらいだと聞いた。もっとも、そのなかには装飾関係の人たちもいるとのことである。
（2） 一つのこと、というのは、花でも歌でもいい、勉強のテーマをもつこと。

想いだすことども

——学生時代の想い出など、お話しくださいませんか。

いまでもなつかしく想い出されるのですが、私は早稲田の頃よく夜分に今和次郎先生のところにお邪魔して、亡くなった山本拙郎君ほか数人のひとたちと、ウイリアム・アーチャーの〝アート・アンド・コンモンウィル〟という本を中心に研究会のようなことをしておりました。いまでいうゼミというのでしょう。先生はその頃まだご結婚前で、ご母堂がいつも丸いボーロをだしてくださる。輪読に疲れれば、それをほおばりながら、いろいろとまた雑談に花をさかせたりしたのです。この雑談がまた非常に楽しいものでした。だれしも経験することですが、二五、六の青年時代には、何かしら人生にたいして悩みのようなものをもつものなのですね。そのような時期に、私が先生のところにお邪魔できたのは、大変幸いなことだったといまでも感謝しています。

当時は文学的には白樺派、思想的にはヒューマニズムの時代だったと思います。例のハワードの田園都市の思想などに傾倒したのもその頃だったと思います。建築の方では当時セセッションでなければいけないという頃で、私なども様式的なものを無視してしまって、フォートナイトでそのような問題を出されてもやらないという状態です。そんなわけで佐藤功一先生にはうけが悪く、私の図面のところは素通りなんです。ところが今先生だけは熱心に図面をみてくださった。私が今日いささかでもやっていけるのは、諸先生のおかげもさることながら、今先生に負うところが多いと思っています。

そのように私は図面では佐藤功一先生には大変うけが悪かったのですが、先生の講義は好きでした。なかんずくルネサンスの講義は得意中の得意というところです。私たちはレサビーの原書で講義をうけておりましたが、これは天下一品といいたいほどの名調子でした。一体、歴史はそれを語る人の人生観を通して、たとえまちがっていてもよいから独自の解釈をもって話してもらうのが生きた歴史の講義だと思うのですが、佐藤先生の講義はまさにそのとおりでした。チョッキの両方のワキ下に親指をつっこんで、メガネごしに光る先生の温顔が、いまでもありありと想い出されます。

いま学生時代を回想してみて、私は思想的に、また性格的に両先生の思想や講義に影響されたところが大きいと思います。悲境や現場仕事にもみくちゃにされているときでも、気持ちの上で建築家としての矜持を温存することができ、心のもち方にたいしてかすかな明りのようなものを保ちえたのも、学生時代のこれらの影響が大きく作用していると思っております。その頃私は、洋服が破れてしまったので和服にタスキがけ、板草履といういでたちで図面を引いていたのですが、今井義次さんが一年下で、製図室などで、ときどきうしろから私の図面をのぞきにこられたのを憶えています。

——外遊の思い出など、……また先生の作品には北欧調が感ぜられるという人が多いのですが。

一九三〇年に、私は二回目の外遊をしたのです。当時は唯物論的な思想が芸術上にもさかんで、もちろん私もその影響をうけたことは否定できません。そこでそのときはまずロシアに行くことが目的でした。ロシアは革命後十年だったと思います。モスクワの市街は荒れはて、教会などは破壊されたままになっておりました。そのとき例の革命記念塔の設計で有名なタトリンを、通訳をつれて訪れたのです。私はいまでもそのときの記念に、このとおり机の上にタトリンがくれたサイン入りの革命記念塔のスケッチを懸けているのですが、ロシアの建築そのものも、共産主義的な立場からいろいろ模索中とでもいうところだったのでしょうか。モスクワ大学のドクチャエフ教授にも会ってきいたのですが、コルビュジエその他のヨーロッパの建築家などについて研究したりしている状態でした。

そんなわけで唯物論と建築といったようなことについて、ロシアの建築を見たいと思ったのですが、結論を得ませんでした。しかしタトリンに会ったことは、私にとって大変幸せだったと思います。とことんまでつきつめて物事を考える態度に敬服しました。このタトリンという人はスラブ系でなく、多分に北欧系の血が混じっているような人だと思います。いかにも芸術家らしい風貌は非常に印象的で、彼が〝われわれは必ず、アメリカを追いこすんだ〟といった言葉を、いまもなおあざやかに思い起こします。

それからフィンランドを経てスウェーデンへ行き、あのストックホルムの市庁舎に感激してしまったわけです。私はこの建物をみてこれだなというようなものを感じました。亡くなった吉田鉄郎さんも、なにかの本にそんなことを書いておられました。だいたい私は頭でつくったような建築というものにはあまり興味がありません。この市庁舎は三度目の外遊のときも訪れたのですが、感激を新たにしました。

私はこの建物から影響をうけたことは事実でありますが、この建物ばかりでなく、一般に北欧という風土からうけるしっとりとしたもの、落ちついた暗赤色、カドのとれた感触といったものが好きです。私は久しい間、特別な場合を除きあまり白という色を使うことを好みませんでした。白には興味がなく、くすんだ色を好みます。外遊から帰って建てた最初の作品が森五ビルなのです(1)。

――先生は戦争中、経済学の勉強をなさったときいているのですが……。

ええ、とりたてて申し上げるほどのこともありませんが、戦争最中、何もやることがないわけですね。もうこれで私も建築家はおしまいかと思った。そんなとき、することのないまま手当たりしだいに経済学の本を読み始めたのです。

もっとも建築と経済ということについては、戦前からやっておりました。以前、渡辺節先生のところにいた時分、上海に行ったのですが、外国の建築家は自分の設計したオフィスビルには、経済的な計算をするんですね。家賃はいくら、何はいくらという償却のことまで考えるわけです。またこれはあとで知ったのですが、アメリカなどでもリヤル・エステートボードのようなものが、建物の経済的な結論をだし、その診断に基づいて、金融業者が出資する。つまり企業、金融、建築設計、請負というふうになっているようです。

初めはそんなことから入ったのですが、しだいにそんな現実的なことからはなれて、建築の経済的な構造――地的環境と建築、土地との連鎖反応というところに入ると、視野が広がって、純粋に経済的な、社会関連の領域まで勉強しなければならなくなるのは当然です。建築を形而上的な立場からはなれ、一応「物」としてみるような考えに変わると、建築をはっきりつかめたように思います。[2] これが私の近代建築への解釈の仕方です。しかし、建築と土地との連鎖反応という問題は、ダイナミックに動いているので、説明できぬところもあり、もっともっと純粋に経済を勉強しなければならぬと思っております。多少文献なども集めましたが、私の知るかぎりでは単純な土地に関するもの、たとえば、土地評価といったようなものはありますが、私の求めているようなものはきわめて少ないのではないかと思います。

*『新建築』（昭和三十六年一月号）所収。

【註】

（1） 当時、窓を深くすることが一般的であった。これはメーソンリー建築の名残りであります。それをどんなに薄い窓にするかということが、デザインの主軸をなしている。いまでは、それが一般ですが、まず様式的なものからの離脱は、そこからつくるのです。当時のアメリカの建築が、そうです。たとえイタリア・ルネサンス風の高層建築でも、窓は薄い。旅行から帰って佐藤功一先生に、私は窓ばかり見てきましたとお話ししたところ、それはよかったといわれたことを思い出します。

森五では、アルミも日本では初めて使ったこと。これは現建鉄の始祖、田島さんの努力です。森五は、デュドックの影響があるように思う。

（2） 一九三〇年のロシア旅行について、新建築社発行の佐々木宏博士との対談に詳しくのべました。この意味は「わたくしの建築観」の註記による。

設計態度

学生時代に受けた影響

浦辺　初めに村野先生の学生の頃の思い出話からお話をしてもらったらどうでしょうか。

村野　学生の頃と申しますと私はもともと九州のさる工業学校の機械科を出た。それから感ずるところあって建築に転向したわけで、早稲田の建築科の草創時代にはいった。しかも始めは電気科にはいって、そして田舎から都会へ出て都会の建築、それから町のたたずまいというものを見まして、私は機械でも相当やれるかと思っていたのですが、これではどうも自分の性格にあうかどうであるかということを感じたわけです。当時建築家はきわめて寥々たるもので、多くは自分は数学の先生であるとか、あるいは自分は絵がうまいからとか、何か建築になるだろうとか、何か漠然としたことで建築の方をやった。自分で自覚して建築家になるということはまずほとんどないが、あってもきわめて寥《びょう》々たるものでそれだけ建築にたいする適格なあれがないわけです。建築とはなんぞやということを考える人もなし、またあってもきわめて寥々たるものでないかと思う。それで都会へ出まして、私はそれを町のたたずまいだとか建物の形だとか、あるいはその形態であるとか、ということがなんとなく自分には感じてきた。それから、おれは建築家になるんじゃないかということを私はそういうふうに自覚した。しかしながら私は建築なんていうことは考えていなかった。なぜなら機械をやり、早大で電気にはいり、建築はなにも考えていなかった。しかし、建築というものをなんとなく身に何か通うものがあるのじゃないかというふうに感じたのではないかと思う。

それで先輩の一人である早稲田の助教授をしている人で、その方に私は建築に向くかどうかという手紙を出してみたところが、その人からの返事が建築に向く人はまず数学ができるということが第一、その次には文学がわかることと、この二つの条件さえあれば建築家になれるという返事であった。これはいまから考えれば非常にいい答えでないかと思います。二つとも私は得意ではないけれども、しかしそんなら非常に不得意かというとそんなでもないという気がしまして、そして私は建築に転向することにしました。そこで私は機械を出て、それで建築にはいった。建築のようなものは皆さんのご承知のとおりでございまして、だれにもできるというものではない。日本では理科系統の教育を受けておりますけれど、これは私から考えれば少し教育の仕方がまちがいじゃないか。本当に自分のものを見つけて、おれは建築家になれるんだという自覚があって初めて建築家になれる。建築が各方面にあっていろんな材料方面、構造方面その他各方面の仕事がありますから必ずしもそうとばかりはいえないでしょうけれど、とにかくデザイナーとしての立場から考えた自分をみつけ出すということが第一に必要じゃないか、そういうふうなことでやって建築科に転じた。機械をやり、電気をやり、三転して私は建築科にやっと入れた。しかしいまから考えるとこの二つをやったということは決してマイナスではない。考えてみると、そのためには二、三年あるいは四、五年を費やしたかもしれんけれども、これは私、建築家になっていままでやった機械とか電気がどんなにか自分のためになったかといまは考えておりますが、これが第一に建築家になった理由です。

それから……しかし若い頃ですので建築家になったものの、途中非常に悩みを持ち、あるときには建築さえも自分はやれるかどうかということを自分では悩みもし、また建築家になれるかという深い疑問が生まれた。ところがたまたま、この頃早稲田は高等予科でいまの教養課程だと思うんですが、幸いにして非常に立派な先生からわれわれはたくさんのいいことを習った。専門以外の高等予科の時代というものは、私には建築家になるための筋を作ってくれた。

そのうちの二、三おぼえていることは、これは私のモラルの研究です。その当時安部磯雄という社会主義者がおられ、これは当時としては警官が後をつけるぐあいに、今日でいえば最左翼といわれる人、早稲田の高等予科長としてイギリスで教育をうけられた人で、その方から私どもは英語の教育を原書で習った。それは経済に関するミルでしたかなんでしたか忘れましたが、なにかの経済の本を講義された。講義も立派ですけれども、講義のやり方、私はこれが本当の大学だなという印象を受けたのです。ということはこの方はまあ非常な自由主義者だった。なんでもないことですが田舎から出た私は非常に感激させられて、それが一生を支配する影響力の一つだったと私はみておりますが、クリスチャンで立派な方で、夏でも厚い洋服を着て、そして三つボタンをキチンとして、そしてこういわれた。「諸君暑いから上衣をとり給え。そして扇を使ってもよろしいと。「しかしみんなの邪魔になることはしないほうがいい」といわれた。そして淡々とした講義をされた。私は非常に感心させられた。このおそれられるような社会主義者がこれほどの考えを持ってわれわれに接しているのか、自由とは本当はこういうふうなんだなと思った。これはなにも建築とモラルの点とを結びつけてお話し申し上げるわけでもないのですが、私は建築家になる第一の影響力はそのへんにあるのではないかと。その安部先生の影響力、自由にたいする考え方というものに非常に私は感銘をうけた。以来私はいつも青年時代にそういう良い先生に逢ったということは幸いであるというふうに考えている。

その次に私どもに影響力を与えた方は内ヶ崎作三郎先生で、倫理とはなにかというライプニッツの講義をされた。講義は、青年の勢いのこもった、非常に精力的なものが、そのまま克己的な生活をしていても、自分自身の体内で自然に調節をして、そして青年時代立派に童貞を守り通すということです。いまと違いわれわれの若い頃は遊ぶ所もあり、当時の性生活というものはなんとなくのびのびとして、乱脈といいますか非常に変わった学生生活、そういうときにわれわれに規制すべき点を教えていただいた。これは私が若い皆さまがたに道義的なことや固い話を申し上げるのではないが、影響を与えたものの一つとしてお話をした。自分自身でじっとしていても青年時代の精力というものは内部的にちゃんと調節されている。仙人が山にこもって克己的な生活をしていてもなにも差しつかえないのだという意味だと、私は解釈しております。

その次に私に講義のうえで想い出させるのは、原口竹次郎という先生がいた。これはアメリカで勉強したユーゼニックスの問題、人種改良学など私どもに原書で教えてくれた。それを著わしたのはゴルトンというイギリスの学者で、その一家の中にダーウィンであるとか、その他有名な高僧など非常に良い親戚関係の中にある。人種改良というものはいいとされているが、場合によっては近親結婚をしてもむしろその方がいいんだというふうな人種改良を人間の道徳とか、その当時の私ども青年時代の本当の生活にたいするいずれも親となる場合の結婚問題であるとかいうことにたいする、イギリスのいい社会のいい種を持っている人たちのことが書かれている。それがやがて法律にない哲学書になったのだと想像いたしますが、ともかく人種改良学はいまもって非常に影響力を受けている。いまもってそのようなものを感じる。このようなものがあゆみ寄ってなんとなく私どもに一種のヒューマニスティックな筋を作って、つまり高等学校、今日では早稲田では高等学院といっておりますが、建築家になるための筋をつくるのに非常に役に立ったものと思っております。

それで今度はいよいよ大学本科に入り、それからまず私どもに影響力を与えたのは今和次郎先生です。この頃べつに大学のゼミナールはありませんから私たちも先生の所に毎晩行って話をし、ある本を中心につぎつぎと輪読をし研究会を開きました。大正初期のことで白樺派を中心とするヒューマニズムの運動でしたが青年時代に非常な影響を与えた。その中で今先生は非常に厳格で、そして学生にたいする指導についてはみずから陣頭に立ってやられた。

それから佐藤功一先生、当時の建築科の科長をしておられまして、いろいろと講義を持っておられましたけれども、その中の一つとして先生は私どもに建築史の講義をされた。普通の建築史であればたいして私は興味がない。建築史というものは、本を読みさえすればたいていのっていることです。ところが先生の講義というものは自分で歴史を解釈して自分の人生観、自分の考えを通じて歴史を講釈される。これは私に非常な興味があるわけです。とくに先生の一番得意とされたルネサンスの講義、これが私どもに非常に影響力を与えた。学校でいろんなことを習ったけれども、ほとんどそういうものを忘れてしまって、いま私の建築家として脳裡に残っていることは今先生の精神的な影響力のほかに、佐藤先生のルネサンスの講義です。レサビーという人の原書で私どもに講義された。これらは私どもに非常な影響を与えた。私は学校を出てからずいぶん苦しい想いをし悲しい想いをし、それから失望したとき、ルネサンスの講義を想い出すと、おれはやはり建築家になれるんだという自覚をとりもどした。これが私の学生時代にのこった一番の想い出である。そのほかのことはほとんど忘れ尽くして、どうして大学を出たのかは解らないくらいだが、ただお二人の講義と精神的影響力というものは、これは私が建築家になれるのだという資質を与えられたものだと思っている。

そこでただ、今度は私の申し上げたいことを言葉としてひと言申し上げるのは、なにかヒューマニスティックなものをその時代から与えてくれ、あるいは私ども建築家になって、そこに持っているものはこれだということを教えてくれたものが、時代と佐藤先生のルネサンスの講義だというふうに思っております。そして学校を出てさっき申したように失望すること、自分の思うとおりにならないこと、それから自分がなにか悪くなったり、悲しくなったりしたときでも、この講義のことを思い出し、いろいろと精神的影響力を思うことによっておれは建築家になるんだというふうに力をつけてくれました。これは言葉ではどういうふうに影響力を与えてくれるかということは申し上げかねますが、皆さんご推察のことと存じます。

浦辺　ただいまのお話をあらためて生のお声で聞きますと非常に感銘に思います。これで早稲田のときはあまりこの学業のほうはおやりにならなかったのですネ。

村野　ええ、性質狷介にして、しかも人とあい容れずといったところがあり、人となんでも喧嘩が激しく、人と議論をして学校では先生がたの受けは非常に悪かった。

浦辺　佐藤先生もこの村野先生の机の前には寄りつかなかったでしょう。

村野　なんでも問題が出ると当時セセッションというものはことにジャーマン・セセッション的なものが非常に影響がありました。スタイリッシュの先生がたのポートレートの問題を出される。それでも私たちはやらない。やらないから意地が悪い。まことにはずかしい話ですがとうとうスタイリッシュのものをやらないずくめで、私はなにかディプロマに私のデザインのパースの背景のところにアイオニックのオーダーがさかさまについていることを描いたことがある。もって私はいかに悪かったか（笑い）。

渡辺事務所における基礎デザイン

浦辺　一番肝心なところは佐藤先生からこの教育を受けられたけれどもスタイリッシュの技術の末端的なことは、これは全然教育を受けてないこと。その点はむしろ、渡辺事務所にお入りになってからスタイリッシュのものはおやりになったのですかネ。

村野　こういう席で申し上げることはいかがかと思いますけれども、学校でアイオニックの絵をさかさまにするような教育を受けて、いや自分の不勉強で出てまいりまして、しかしまあそうなるとまるでムチャクチャの学生のようですけれど、そんなに悪い成績で出なかったと私は思っております。しかしまあとにかくネ、なんでもセセッションでやらないと気がすまんということで問題が出てもいっこうにセセッションの問題はやらないという、手におえなかったんだろうと思います。けれども今度は、そういうふうに教育を受けて出たものが、渡辺先生から「お前こい」ということで実は渡辺先生の事務所に、ごやっかいになった。

かつて私はいまも憶えておりますが昭和二十八年頃でしたか、『フォーラム』誌にのっておりましたがグロピウスを囲むシンポジウムというのがありまして、それを翻訳してもらって読んだんですが、その中でネ、学校ではデザイナーをこしらえるということはむずかしいということがあった。そして学校を出てからでないと本当のデザインというものはできないのだと。まさにそのとおりだと私は思います。短い学校時代にデザイナーになることはとうていむずかしい、学校を出てから勉強してデザイナーになるべきだとこういうふうに解釈します。私は自分の体験から申しますとそのとおりで、私は幸いにして渡辺先生のところにごやっかいになり、先生の非常に厳格な教育を受けた。絶対に新しいものはまかりならんということで、絶対に自由は許されない、全部スタイリッシュのそれであること。それからアメリカ風であること、アメリカ風であるということには非常に現実的なデザインをしろということで、私から空想をとり上げそして厳密な条件をつけられ、その中でお前はこれでヤレということであると私は思っております。そしてアメリカ風であることは合理的にヤレということと、それからスタイリッシュでなければ事務所として困るという、その当時大正七年に出たのですから、まあその当時の空気としてはまさにそのとおりで、事務所は勝手放題のことをやれるものではない。これは当然なことです。そして学校の色は一度にとり去って、いの一番から私は先生のところで勉強させていただいた。これは私にとって、私の建築の一生にとって非常にいい出発点に恵まれた。それ以来先生のところで十五年間教育を受けたんです。そしていろいろとお世話になった。ところがやってみますと、そこに非常にいい点を私は感じた。初めこの事務所ならもう出て

真政堂本部　© MURANO design. 2008

行って、おれはもう駄目だと思ったことがある。ところがそれを知りましてスタイリッシュのものをやっていると、そこに非常に大切なものを私は知る。というのはたとえば陰影の問題であるとか線の美しさであるとか、物を見るきめの細かさとか、こういう見方が非常に私としては大切なことをそこで学んだと思います。そうなってくると、はじめ嫌で仕方のなかったスタイリッシュ建築というものが、私に非常に興味のある、やってもやっても尽くせないという感じがします。そしてしまいにはそのスタイリッシュのものをやることは勉強であるし、またやることが楽しみになった。そういうふうに私は苦しかったけれど非常にいい教育を受け、そしてその上にアメリカ風の合理的な寸法図あるいはその他の空間の取り方でも無駄ということを一切許さないという教育を受けた。今日、いくらか建築家としての地位にいられるのは渡辺先生の時代に、そこで習得したお陰だと私は考えています。

処女作　森五ビルのデザイン

浦辺　渡辺先生のチーフ・デザイナーとしておやりになった。それから独立して最初の森五ビルでしたか？

村野　ええ、最初手をつけましたのは東京の森五ビルでございます。

浦辺　あの森五ビルというのはいま見てもみずみずしい。あのときになると村野藤吾という一つの作風が出ていると思われます。あれはどういうところの発想でございますか。

村野　あれは、よく私の最初の作品として皆さんからそういう言葉を頂戴しているのですが、あれは決して新しい建築ではなくて、スタイリッシュの建築の変型だと私は考えております。といいますのはあすこで一番気をつけましたのは、窓が一番大切なことであり、あれにはスタイリッシュのモールディングが窓に付いていると思います。それは渡辺先生の所で習得した、その考え方があすこにはいっていて、ただ形態は、これを籠を離れた鳥のようにその昔、学生時代に帰っちゃって、帰ったけれどもしかし野放しではなくて、やっぱり私を引きつけるものは渡辺先生の所で教わったあのスタイリッシュの良さ、これが基本になっております。つまり先生の所ではいわゆるデッサンも十分やらしていただいたし、いまもって私はその習得時代をなつかしく、またありがたいことだと思っております（笑い）。

浦辺　あれから初めて村野調が出たと思うんですが、村野調というものの出かたは非常に半面では変化が多い。ちょうど森五をやっていらっしゃる頃に大阪パンション、ああいうモダンなものをやれた。私なんかも納得がいかないのですが、幅が広いというよりもどうしてこのようなものを同時におやりになるのだろうか、これを一つ現在でいいますと日生劇場とそれから名神高速道路の大津のレストハウス、こんなものはまったく同じ作家のものとはいえないのではないかと思うのですが、これはどういう……。

村野　あれはネ、森五よりかむしろ前か後、とにかく一九三〇年前後だと思うのですが、その当時はドイツの影響、ドイツの合理主義という、そのような考え方だと私は考えます。大阪パンションという狭いきりつめられた所に持ってきて、流れになって、部屋だとか薄い窓、それから横長い窓、それから長さが折れた壁面だとかいうものはドイツ風の考え方じゃないかと思っております。

浦辺　いま、非常に対照的だとみえるというのは村野先生の場合には、なにか一貫したものがある。このアピアランスは非常に対照的ですが、これは設計態度としては決して対照的な態度をとっていらっしゃらない。ここが非常に村野作品というものを解釈するキーポイントだと思っております。アピアランスは非常に対照的だし、そしてなにかこの作家の揺れがあるのじゃないか。その揺れが激しい。なにか時代の後についていっているような揺れの激しさ。そういうものを感じていらっしゃるかたがあると思います。私は一貫してると思うのですが……。

村野　私も年を重ね、ごく貧弱ですが経験を積んで考え方も違う。その当時としては生一本な……いまとは違ってなんといいますか、のんびりしたつもりで、そうシビアには物事を考えないで、まあそれは年輩の考え方だと思います。その頃はなにしろカンカンの、まあ非常に尖鋭的な言葉、そういうふうな頭、しかしそれにはなにか人間というものを対象にしておるものですから人間にたいしてどういう影響を与えるかということをたえず私は考えております。たとえば非常に鋭い線を使っても、あるいはまた丸い線を使っても、なにかそのたたずまいからくる人間との交渉がどういうものであるかという、これは終始一貫して変わらない考えです。まずい作品がたくさんあり、まことにはずかしいものでありますけれども、いつも私の身に往来してるものはこういうことです。これはさっき申しましたとおり、私は幸いにして教育的ないい環境で育ち恵まれた。これは私には幸いしてることではないかと思います。

浦辺　本当にいいにくいことだと思いますが、これを言葉でいえばヒューマニズムだと思います。この建築空間の主人公はあくまで人間である、組織とか機械やあるいはイデオロギーとかそういうものではなく、あくまで人間が建築空間の主人公である。他のものはサーバントだというような心がずっとある。アピアランスは変わってもですネ、村野作品は続いているのではないか……。

村野　そうした型に変化があるかもしれませんけれども……。

浦辺　ふだん着になったり訪問着になったりして非常に着物が分かれる。しかしながら中の空間の主人公はいつも同じだとこういうふうに解釈してるんですがネ。西沢さんはそういう点、また別の解釈のしかたをしてるのですか。

日生ビルのディテール

西沢　いやそれは、そのとおりでございますが、ただ私がその場合には村野先生の作品をいろいろ拝見しまして一番おたずねしたいことはたとえば日生劇場、先生はまあディテールがお上手だと思います。博多の出光をこのあいだ拝見してきたのですが、その場合でも非常に柱を軽く見せてありますし、壁から柱を続けていままでの無表情な柱が天井に伝っているのではなしに、ちゃんとしたディテールをやっておられる。先生の作品の中で一番楽しみにしているのは、いつもどういうふうに柱を処理されるかを見ることです。そういう点では柱は非常にしっかりとつかんでディテール的に上手に表現されている。日生の場合ですと非常に一階のピロティの所はうまい表現をされていると思い感心したのです。あの場合、われわれ若いもんですから、やはりラーメンで組んだ柱でしたらラーメンらしく表現してしまうわけです。もし軽い表現にしたい場合でしたらなんとか構造的にそっちになるように持っていきたいということがあるが、ああいう場合の先生の表現はぱっと仕上げられ感心させられる。われわれの未熟な点もありますけれども……どういう考えでおられるのかちょっとお聞きしたいのですが……。

浦辺　日生のピロティの場合も石で包んでいるので、上のハリがそれに軽く座っている。

西沢　そういう感じが出てますネ。

浦辺　それがどうも構造的に正式に出てないんじゃないかというような点……ここはやはり村野作品のですネ、私は一番急所だと思っております。このお気持ちをひとつ……。

村野　私はネ、これは皆様も建築教育を受けて育ってきてるのですから、われわれはあまり近代の合理主義に教育されすぎたというところですネ。それからなんですか構造のヒントというようなことがよくいわれてそういうことを、まあ一応悪ければそのとおりだと私思っております。しかしそれが人間にどのような影響を与えるものかどうであるかということをだれも教えていないと私は思います。これはネ、一番大切なことは、たとえば構造はさかさまであっても、これは人間のほうが大切であると、人間に害毒を与えるというような物であれば、これは構造がいくら主であっても主でないと思う。構造を無視するというわけではないのですけれども、しょせん構造は手段だ。目的は人間にたいしてどういう影響を与えるかというのが問題ではないかと思います。その一つの解釈としては、とにかく強いものと強いものがぶつかり合わないということと、この間にクッションを……。

浦辺　いま先生がおっしゃったように緩衝地帯を置く。

村野　たとえば日生の柱が出ましたけれども、あの柱の頭は最初、私としましては考えていた柱ですが、あれをもし石の上からおっかぶさってその中でまた石で受けるということは、いかにも構造の真を表わしたように思うでしょうけれども、近代人の感覚には構造の中には鉄筋なり鉄骨がある、コンクリートがある。それは当然なことであり、それよりもどうしたらこの建物をやわらかく見せ、そして町を通る人に感触を与え、そして人間の心にやわらかみを与えるかということの方が非常に大切であって、人間の心がいちばん主であると私は思います。それにはこうしたらいいだろう、こうすべきだというふうに私は私なりに考えてやっているのですが、その方法としてああいうものをやったのですが、必ずしもあれがいいかはわかりませんけれどもその石を受けるに石をとか、コンクリートを受けるコンクリートをというふうに私は考えている。ストレスとストレスはとにかく、これは平和でもなければ人間性にも通じないと思う。こういうふうにしてむしろそれは人間のためにどうしたら良いかと、われわれが感触するためにどうしたらいいか、われわれが人間として生活するためにこの大きな造型がどういうふうに町の人に影響していくか、それこそ大切なものではないかと私は考え、その一つの方法としてああいうようなことになっている。

西沢　その点、非常にお上手だと感心して見てまいりました。たとえば尼ヶ崎市庁舎の場合ですと低層部のところに非常にきれいに細い柱を立てている。その場合、外の柱を細くするために中にちゃんと大きい柱を入れて、外はもうピンのように軽くもたしてある。ああいう心づかいと少し違うような気がいたします。

村野　あれはネ、ご承知のとおり、建物というものは建物形式によればいわゆる私のしょっちゅう言うコマーシャルライフというものを、コマーシャルといったら語弊があるかもしれませんけれども、とにかくその建物の構造を表わす場合もあるし、それになにかを付けて着物を着せてやる場合もある。本来ならば、西沢先生がおっしゃったように構造的に一応処理すべきであるかもわかりませんけれども、それは一定の素材を使ったためにああいうふうに区切ってということになる……。

浦辺　いまのエアクッションのこと。つまり固いものをぶっつけないと。これは村野作品にずっと共通したいままで一貫した考え方であろうと思います。われわれはこう拝見しているのですが、皆様もお気付きになっているものと思いますが、端々《はしばし》を大切にすること、これがどこにも一貫してある。まあ大津のレストハウスでありましょうが日生劇場でありましょうが、これはまったく共通したところがある。そうするとこの端々というもの、造型の急所というものは端々にあると、それを先生からずっと前にお聞きしてデザインをやるうえのキーポイントがわかった気がしてるわけです。

西沢　造型の最後は隅といいますか、重要なものですネ。根本的に一番骨組みといいますか、そういうもので端々が決まるところがいいのではないかと思う。

浦辺　骨組みというものですか。

村野　すなおに申しましてネ、私はいま、構造のことを申しましたけれども、ともかく、構造はしっかりギブアップしてあなたまかせでやっているわけだが、ただ構造を表わすようなところにたいしては、それなりに考えている。元来からいうと私は構造を大事にしますけれども、構造を組み立てたのちにこれはいかんと思ったら完全に無視する。そしてまあ私なりにとりもどすというふうなことをよくやるんですが、その点ですネ。浦辺さんにしろ西沢さんにしろ新人だから、さらに構造と両方うまくやろうという……（笑い）。

浦辺　構造は、ここから構造で、ここからは違うということの分けがなくて、やはり建築の本質というのは空間にある。空間をこしらえるのが建築家であって、構造をこしらえるのは建築家の必要条件かもしれませんが、十分条件ではないと思っております。この空間のこなし方がどうかということの問題であって、空間をこなすときに一番問題になるのはやはりこの端々である。ここで生きるも死ぬも端々というものができていないと、どうもそこに生命であるとかいうことは出ない。こういう点だろうと思います。この点について先生の生の声でひとつお願いします。これは私の勝手な解釈ですが……。

心の形

村野　空間というのは、ただ造型的な、そのものずばりというようなものでなく、私はまあ自分なりに考えていることはソートフォーム、心の中にもっている形と、これがリアルな建築造型そのものではなくて、そのものからくるもう一つの空間があるはずだと思っている。これがソートフォームだと私は思っているのです。その形は角の形でも、

日本ルーテル神学大学　© MURANO design, 2008

あるいは丸い心の形というものが感触者にはあるかもわからない。これがあの心をえていて、しかも思うとおりにならない。デザインがそうだと思います。造型的にただ求めるということは、これは私からすればスチューデント・ワークと思う。学生の方がうまいと思っております。しかし心の形をこしらえるということは、これは相当の修練を要するものだと思っている。年を重ね、経験を重ね、そして反省とまあ修練がいるんじゃないかと私は考えている。こういうことを申し上げると、なかなか通じないものがあると思いますけれども、とにかく形のほかにもう一つ形がある。これが心の形だと思っております。丸い表現をしようと思う場合、ここは丸い、あるいは楕円形のような感触を与えるだろうと想像するに楕円形をこしらえないで角を出す。角いものを作り、そしてこれは見る人には楕円に見せるという、そういう心の形というものがある。これは昔も大家の作品を見まして、つくづくそうだと考えている。

浦辺　いまの心の形の言葉を初めてお聞きしたわけでございますが、心の形というものが先生独特の心の形をその対象対象でいつも持っている、それをいよいよわれわれの目に見えるし、われわれが使える状態に具体化していこうというときに、さっきのエア・クッションと、それからエッジを非常に大事にするこの手段、方法を持っていらっしゃる。これはアピアランスがいくら変わっても一貫しているのだと思います。もう一つですネ、このできた空間に非常に感触を大事にされていると、この点だと思います。ねえ、西沢さん。

西沢　はい、そうですネ。

浦辺　本当に小さい感触を大事になさる。日生のあの外壁なんかはいまあらゆる建築写真家がぶつかっていってるんですが、どうしてもあれだけはとれないんだといっておりますが、また先生のお気にめしたものがなかなか出ない。これは出ないほうが本当なので、これは人間の目で見なくてはカメラの目で再現できないというくらい細かい感触があそこに出ておりますが、この感触について、ひとつ聞かせていただけないでしょうか。

村野　感触ということをどういうふうに申し上げたらいいんですか。しょせんは人間と建物のちょうど接触面になるところだろうと思いますが、私の手法を申し上げますと、とにかく建物の表面は、ときとすると私はそれが逆で、鏡のような仕上げをする場合もこれはありますが、しかしそれは結局同じ物をねらった、人間を対象にした、両方ともそういう私の考え方とご了承願いたいんですが、一般的にいうと私の建物の表面は「かげ」をつけるということです。なにかその人間を表面につけていくという手法は、これはよくやります。そのときにその物の「かげ」もさることながら、たとえばそれを組み立てる面だとか、そういう物についてては特別な関心を持って、目地の深さ、窓の深さ、そういうものについての、それから色の問題はこれは大変気をつけてそのときに応じて、建物の性質に応じて深さを加減して、そして建物の全体としての感触を考えると、これをひらったく申し上げれば、まず「かげ」をいつも考えて光を反射するようなものはできるだけ避けるというふうな、大体の手法といったところ……。

浦辺　村野先生の建物の「かげ」というのは非常に見込みの小さい、写真ではっきり出るようなドギツイ、「かげ」というのは少ないですね。非常にわずかな、あるかないかのような、ここに「かげ」が付くと。しかしそれはやはり、「かげ」は「かげ」だとおっしゃいました。日生のときにこのまったくあるかないかの「かげ」だから、これはカメラの目でもなかなかつかめんし、しかし人間の目というのはカメラより上ですからね。

村野　心の動きというものはですネ。これはカメラ以上じゃないかと……。

浦辺　カメラは物理的な「かげ」はつかめますけれども、人間のこの美しさとか心境のほうにうったえる「かげ」というものはカメラではなかなかつかめない。

村野先生のは、人間でなくてはわからない……。カメラにも撮りにくいというような、こういう小さい「かげ」、これがだんだんルネサンスから学ばれ、また渡辺先生のときからそれを非常に学ばれた。わずかな見込みとか「かげ」とか、非常に学ばれたのでありましょうが、これは村野流にまったく自分のものになさっている。それがだんだんこまかくなっていく。

村野　少々芸が細かすぎて、ちょっと具合が悪いかもしれませんが……。

浦辺　カメラマン泣かせであることは事実ですネ。

村野　どうも浦辺先生のご質問が少し私にいいような面ばかりおっしゃるのですが悪いところもひとつ。

浦辺　悪いところというのは、この村野先生の作品は高くつくという評判が立っているのは非常に悪い（笑い）。

村野　あのネ、たとえばひとつ、これは皆さんこの頃のかたはおわかりになると思いますが、たとえばこの近くに日本銀行がございますネ。いわゆる江戸切りというのは石の種類が違うわけです。あの深さをどのくらいにするかというようなことも、これは一種の石の積み重ねにたいするカモフラージュも大切ながら、やはり建物のもとにおいては「かげ」のつけ方だと思っております。それを四分にしようか五分にしようか一厘にしようか、そういうところが目だってくる。ところがその石の一つの端をとるのに五厘にしようか三厘にしようか、しまいには一厘ぐらいだなあ、というところまで考えさせられる。これはモールディングの線をやるときに、これは一分か五厘かと、もう迷うと三厘ぐらいだなあとこういって出来もしないことを申し上げる。この三厘や一厘が都市全体、大きい建物になった場合にどういうふうな表現の感触になるかの見極めをつけるということは、これはスチューデントにはできないことであって、これは修練が必要じゃないかと、こう思っております。たとえば日生を例にとりますと、目地のまわりには約一分二厘くらいだと思いますが、それくらいの深さのべトツキがしてある。そしてその後もタタキ具合もＡＢＣの三段階に分けて、そしてこのところにはこのようなふうにと分けて、それは一見してだれも感じませんけれども、ともかくそれがやはり御覧になられる方にはそれなりの影響力を与えるのだと思っております。今頃そういうふうに細かい手法ということは問題にならないと思います。けれども、とにかくあの道筋につめたい材料をどういうふうにしてどういう形で影響をするか、あの建物の表現を合わせてこういう手法をとるべきだとか、というようなことについてはいささか考えています。ともかく石のたたきぐあいは仔細に御覧になりますと三段階に分かれてやっているようなわけで、そういう点を考えて統合して、それが一つの雰囲気を出すというふうに私は考えてやっております。未熟でそのようになかなかなりませんけれども……。

クラフトと建築

浦辺　人間の感覚というか、人間のものを大事にするということがだんだんなくなって、なにか建築は理性の所産だと、理性でひっぱっていけばすべて建築空間は決まるんだというふうになった。また理性でひっぱっていかなくては決まらない場合が非常にたくさんあると思います。問題はたくさんあると思いますが、これがいきすぎると建築空間の生命とかいうことは同時に消えてしまうわけです。今度は建築空間のほうが人間をいじめちゃう。非常に人間をいじめるような建築が多くできだしたので、どこも角、角、角ですネ。やっぱり人間の感覚からみればなにか体がトゲに刺されているような空間も気がつかずにできているというのは私はこわいと思います。こういう点で村野先生がヒューマニズムの立場をとられて、ずっと一貫してだんだん芸が細かくなりますと、どうもわれわれの目ではどこに苦労されたのかわからないようになってしまう。これがあると思いますネ。今度の日生の場合も内部にずいぶん石膏をお使いになっている。これなんかも村野先生のあの調子をだすには一番いい材料だったと結果的には思うんですが、あの石膏というのはわれわれはもうすっかり全滅してるのかと思ったんです。あれだけ大量に使っているのを見て、これはまだクラフトは残っていたのかなあ、という驚きを感じた。

村野　石膏のお話がでましたけれども、あの形は音響のことを考えてこしらえたんですけれども、それに近づくにはそれに相当する手法として、あるいは材料として、どうすべきかということについてはいろいろ考えてみたんですけれど適当なものがない。それでひょっと思いついたのは石膏を使ったらどうだろうか、石膏を使うということはこの節は皆さんただ石膏ボードとかいう程度にしかあるいは承知でないかもしれませんけれども、これは戦前ことにスタイリッシュの建築をやるときはずいぶんたくさん石膏を使った。いま残ってる銀行の天井などはほとんど石膏を使わないものはない。したがって、石膏を使っていたときにはその本職は相当数あった。ところが日生であの曲面の天井をやるには固い材料、しかもああいう凸面を作るには、いろいろな工事その他のことを考えますと、しかもところによって形が違うというふうなバラエティーがあるために、石膏を使った。まあ私も渡辺先生のところにいるときから銀行の天井なんかにも、かなりたくさんの石膏を使う機会があり仕事をさせていただいたんですが、そのつもりでかなりの石膏を使ったのです。須田昇仙という石膏の先生がおられまして、これも私よく仕事を一緒にした人たちですが、自分の一生の間でこれだけのものを使った仕事は、今後とももちろんないし、これが最後だろうというくらいたくさん使った。性質は軟質の石膏で、そして人が乗っても差しつかえない。それで非常に可塑性が自由でありそして硬化が早い。そしてこのごろは特殊な接着材料がありますから、それでやれば乗っても差しつかえないようなものができる。これを使ったことは非常に幸いであったと思います。

浦辺 あれはちょうど、求めたものがまさにここにあったというくらいに生きていますネ、材料が……。

村野 私としてはいいところに気がついたと思って、それでしかもその石膏の先生が昔なじみで石膏では今日、第一人者だと。しかし、もうやってみまして職人がいないということを知りまして、それで非常に仕事のうえでは困難でした。

浦辺 いまの近代的な施工法というのは、ほっといても経済的な理由があってだんだん進歩する。ところがクラフトの方はこれは保存していかなくては全滅寸前にある。全滅してしまうとクラフトがなくなったのは人類の宝を失うようなものなんだというようなことになりがちだと思います。いまは全滅のちょっと手前ではないかと思うんですが、この点はクラフトというのは非常に大事にしていかなくちゃ。ちょうど、村野先生が非常にクラフトの使われ方が上手だが、こんなのもだんだんなくなっていき、うまい建築家はなくなっていくんじゃないか。そして工業的な建築がだんだんうまくなっていく。こんなときに人間が大事なものを失った。これを一番おそれているわけです。

村野　今度やってみまして、いまお話のクラフトの問題とそれからそれにかみあう材料との問題ですネ、そういうふうな問題を感じた。遺憾ながら戦前から積み重ねて立派なクラフトを持っている人がディレクトされてしまって、単位面積における労働力をできるだけ少なくしようという、近代産業の傾向というものが支配的な型をとったということは、これはある意味では非常になげかわしいことである。私の方の建築を自由に考えるという立場からいえば、非常に制限された型になる。諸外国のことはあまり知りませんけれども、少なくともヨーロッパを例にとってみますと、日本は今後、非常に困難な立場で設計をしなければならない。あるいは非常に制限された型で設計をしていかなくてはならんということになるんではないかというのです。いいクラフトマンをわれわれが失うということはどんなにか建築上悲しいことであるか。だんだん生存することができないような状態に日本の建築産業はある。

一般にそういうような傾向にあることは私どもとしては非常になげかわしいことであって、今度日本生命の建築をやってみまして、ひしひしとそれを感じた。さすがヨーロッパの建築の発達というものは、積み重ねた人間の力、人間の手法、人間的な力が土台になって、それが生産力であると、まあそう考える。ところが日本の場合は不幸にして戦争というものがあって、そしてそれらの人が数として減ってしまったけれども、急激な生産力の拡充でもってそれらの生産材を生産手段を建築の中に使用するという立場からいえばだんだんそれらの人がなくなって、そうすると底の浅い技術の上に立ってわれわれは建築しなくてはならんということは、そこには何か底の浅いものを私は感じます。日本生命の建築を今度やりまして、何をおいても私はそれを感じた。

浦辺　それではクラフトは失うし、工業的水準はもう先進国なみだというとそうでもないので、特にハウジングの関係の工業というものは、非常に遅れておりますネ。いまもひとつアメリカの混合カランを分解してみておりますが、とてもあんな混合カランなんかのレベルには、日本は達してない……。まだ幼稚園と一人前の社会人ぐらいなレベルの差がある。建築工業が非常に進んでいる、進んでいるといっても、これからだと……。

村野　それはネ、根本はやはりクラフトの問題だと思います。クラフトが存在しないということにあるんじゃないですか。たとえば家庭金物一つとってみても、これは問題にならないと思います。

部分的にはなかなかいい。それを人間がこしらえうるということは今日いわれております。そういうものの土台にした生産力であるならば、これは日本の底の深さというものはますます、たとえばデンマークの家具のごときですネ……。とてもあのようなものにも追っつかないという状態で、結局クラフトの芸術だと私は思います。存在しえない状態にあるというのは、私はなげかわしいことではないかと思います。たとえば今日、工場から建築現場に運ぶのはなんであるか、すべて人の手で、建築現場における人間の手の動き、手の労働力というものは、まだまだ外国にくらべて比較にならないほど手がかかっている。

そういう状態なのに人間の手の力、手の動きというものが軽視されていることが、今後日本の建築を深め高めていくうえについては考えさせられる問題ではないかと思うのです。

西沢さん、あなたの仕事を私なんか拝見いたしますと、非常に感心して認めているんですが……。西沢さんのはなかなか住宅にしろ、なんにしろ、非常にはしょり方がうまいと思うのですが……。

浦辺　はしょり方がうまい、これは見事だ。

村野　ええ、はしょり方がうまいといつも感じているのですけれども。学校は戦後派ですか……。

西沢　戦前です（笑い）。

村野　戦前ですか（笑い）。それではまあ戦前末の方ですネ。

浦辺　はしょり方ネ、省略のしかた。

村野事務所の設計の方法

西沢　もうひとつ最後にお聞きしたいと思いますが（笑い）、建築そのもの自身が発想から最後のディテールから現場のおさまりから全部解決していかれるわけですネ。その先生のご作品を拝見してますと、じつにすみずみまでゆきとどいて見ておられる感じでいつもピリリとします。日生と名古屋の都ホテルが同時にできて、先生は非常に忙しく日生劇場へほとんど行きっきりというお話でしたのですが、都ホテルに行ってみましたらロビーのテーブル一つにつきましても全部先生の目が通っているわけですね。非常にたくさんのお仕事をなさりながらどうやってうまくあのように目をお通しになるのか、そのへんのコツを教えてください（笑い）。

村野　これは私どもの事務所にはなかなか優秀な人がおりましてネ。私は目を通さなくても他の人がやってくれております。少なくとも私の意向をくんでやっているんだろうと私はこう考え、ただ私はできるだけ勉強してそして現場にも通うし、それから図面もできるだけ見ますし、原則として私の目を通さないものは現場には出さんということにするか、あるいはこれは見なくてもという物はもう見ないで現場に出す。大体はまあそういうふうにしております。もとはそうでもなかったのですが、この節は模型を非常に作るわけです。これはだんだんと忙しくなって最初にスケッチを出してそれから途中は事務所でまとめて、それからすぐ模型をやる。模型をすぐ作って模型を見て行くという、これは時間を非常に節約する。それでは模型をやってこの部分はこれでよろしいか、これとこれはぜひおれの目を通せというふうにしてだんだん模型で見る練習ができる。それで時間が非常に節約できる。どんな物でもみんな模型を作る。そうすると模型だからすぐ指の先で直して、それでここを直しこの角をこういうふうにしなさいとか、窓はこれくらいだとかこういうふうにして再考をし、そして最後にはできるだけ現寸を見る。現寸を見てそして現寸が最後のいわば勝負みたいなもの、現寸を私はできるだけ目を通し、そしてあとは現場に行って指図をする。どうも村野の仕事は変更があって困るといったことを（笑い）。

いやそうじゃなくて、うちでも請負の方と約束をした以外のものは絶対にしてはいかんと。ともかく、相当、値をせっておとりになっている以上それにたいして責任がある。もし変更するならば事務所の責任において変更する。クライアントに金を出していただくかあるいは事務所が金を出してそれを返すんだから、どうしても変えなければ急いで設計をすれば悪いところがたくさんあります。直したいところがありますが、しかし本当に建築家の立場からいえば、われわれの厳密な建築家の立場からいえば約束をした以上請負の方にも迷惑をかけるべきもんじゃない。ただし請負の方にどういう建物を解釈されているかどうか、どういうふうなめぐりをされているかということは、内容を感じて違った場合にはこれは指摘すべきだと思いますけれども、そうでない場合には建築家はその責任をおうべきである。そして建築家がやり変える場合にはクライアントに了解を得てやるか、さもなければ建築事務所が自分の費用で直す。これはライトがいい例でライトは自分の費用で自分の設計をやり直したということをよく私は聞きます。そして設計料をいただいてもほとんどそれで設計料が飛んでしまうといったようなことを、これは責任上、当然なことだと私は思います。ただそのとおりにいつできるかということは知りませんけれどもとにかく、変更をするということは、私はひょっとしたら多いかもしれません。

浦辺　いつも現場に一番急所のところは現寸模型をおすえになってこれをにらんでいらっしゃる。あれが最後の勝負。現場の勝負だと現寸模型でやっておられるのですネ。

村野　これはネ、その現寸模型というのはこれは私ばかりじゃなく昔の建築家のごときは実際のものを作って現場の高いところへ上げてみて、そしてやる。外国でもやはりやっているわけです。これはまあ私だけでやるわけでもないのですが……。

浦辺　これはだんだんやらなくなってほとんど現場に一度も足を運んだことのないという建築家が出たとしたら（笑い）、これをひとつやっていただきたいと思います（笑い）。

村野　いや皆さんだんだんと（笑い）。

西沢　それは当然いえますネ。それでもう勝負が決まるんですネ。

村野　なかなか図面の上ではネ、百尺とかそれ以上のものは大まかなものでも何度やってもわかるもんじゃない。これはやはり何度やっても不安、それから後は色彩ですネ。色彩は私はなかなか現場でないと決まらないんです。これだけはどうしてもしかたがないと思います。

浦辺　最後にですネ、村野先生の建築は非常に高い高いという評判があるし、これは高いものであるでしょうが安いものもたくさんあって、高いから良くって安いから悪いってのはないと思うんです。むしろ……。

西沢　むしろ安いやつの方がわれわれは感激いたしますけれども（笑い）。安いやつは非常に、ピッタリとして（笑い）。

浦辺　たとえば早稲田大学文学部だとか広島の平和聖堂とか、ここの関西大学、こういったものはどうせ金があるはずがありませんものネ（笑い）。

村野　私のやったもので工費のない建築の方がおもしろいということはネ、これは東京でも某批評家の方から聞いたことがありますが、私はそれを聞いて反省しております。

西沢　こういうふうに安いといわれましても、テクスチュアをつかんでおられますからネ。非常に感心して大いに参考にしております。

村野　じつは私は安い高いは関係がないというわけです。なんでももうそのときに組んでやる。やっぱり高いと邪念が出るのでしょうネ（笑い）。

浦辺　村野先生は、芸術家であって金銭のことはちっともおわかりになっていないんだとおっしゃる方がいますけれども、経済学の方は大変専門家的におやりになった方ですから、こういうことはこれからまあ皆さまのあいだでもおっしゃらないほうがいい（笑い）。やはり経済がわからなくてはヒューマニズムの夢も夢でなくなりますネ。その点、村野先生は経済学的なヒューマニズムですからどうぞ誤解ないように（笑い）。なお本当にいろんなことをこういう機会に語っていただきたいのですが……所定の時間が参りましたので、これで終わらせていただきます。

＊『近代建築』（昭和三十九年一月号）所収。

建築家十話

一、売り家

大工は自分の家を建てるものではないというK棟梁の話とは、少しわけが違うので、自分の家のことについていうのは気が引けるのだが、なんだか早く家を建てることは、第一、経済が許さなかったせいもあるが、どこかにK棟梁の話と似たような気持ちもあって、なかなか建てる気にもなれず、延び延びになっていた。

そのうち、戦争も激しくなるし、娘の婚期も近づいたので、いつまでも借家住まいもどうかと思って、五十歳を過ぎてからあわてて建てる気持ちになった。戦中のことだから住宅のようなものは建てられなくなってきたので、そのころは、いなかの家を買って建てるのが流行のようになっていた。私もそんなことでもしないととても建てられないので、大和や河内のいなかを歩いて、売り家を見て回った。ことに道明寺から大保の奥にかけ、あのへんの古い民家には出来のいいのが多く、このへん一帯にかけて富裕な過去がしのばれた。しかし、いざ買おうという段になると、大きすぎたり、そうでなければ、なにか、いわくがついていたりした。いつもはひとかどの科学者ぶったりしていても、自分のものとなれば、家相だの、わずかなところにも気になったり、故事来歴などを詮索したりして、買いたいと思うのは案外に少なかった。

このようにしてたくさんの売り家を見たり調べたりしていくうちに、私はこんなことを感じた。いったい家を売るなんてことは、よくよくのことにはちがいないが、売り家の全部が全部、古いものばかりかというとそうでもなかった。割合新しいものもあった。長く続いた家だったが、相場に手を出したとか、村から満州に行った者がもうけて建てたが失敗したとか、およそ売りに出すほどの家だから、少しくらいのいわくつきは我慢するつもりでいたはずだのに、いざとなると気乗りがしなかった。というのはそんな建物に限って、必要もないのにバカでかい梁《はり》がかけてあったり、屋根が大きすぎたりして、どこかに虚構のようなところが、いってみればデザインの点で難点のあるものが多いように思った。私はデザインと売り「家」との間に、なにか私に関係でもあるかのように思えて、慄《りつ》然とした気持ちになったことである。

そのうちに、私の友人が河内の国分に手ごろなのがあるから見ないかと知らせてきたので、見ることにした。村の名家の隠居家だった。老人が先年なくなり、そのままにして置いても、子供たちが東京に行ったので、家に残る者も少なくなるし、いい買い手があれば放してもと思ってみるが、いざとなれば売る気になれないということであった。建物は国分の町はずれの小高いところにあった。坂下から見上げた格好は、まったく典型的な河内民家の姿をしていて、さすがに百年の風雪に耐えた土色の妻壁にはかおりがあった。

母屋は厚い茅葺きで、お寺にあるような大黒柱が薄暗い天井をささえていた。私は広い土間を通りぬけて、裏庭に出た。白壁塗りの土蔵がいくつも並んでいるところは、この家の過去を物語るようではあったが、ところどころ、壁が落ちたところがあったりして、時流に押し流されていく姿がありありと感じられた。父祖伝来の「家」の重荷を、どう処理しようかという話を聞くうちに、なんだか藤村の小説「家」のことが連想されたりして、私も主人と同じような困惑を感ぜずにはいられなかった。しかし、私はこの家の主人の処置を当然だと思った。正直なところ私はたくさんの売り家を見たが、先刻、坂下からこの家を見ただけでよくわかった。私の懇望は主人の心を解いたものか、あなたに引き取ってもらうのだから喜んで放しましょうといわれた。建坪三五坪、一金千二百円也。

屋根裏には、老夫婦結婚記念の駕籠《かご》が残されてあった。

二、普請往来

河内の国分で求めた家は、建ってからおよそ百年くらいということであった。戦争最中のことである。

建物の古さや形などから考えれば、そのくらいは経ているだろうと思った。それにしても少し読みが合わないのは、老人二人の隠居家だから、長命にしたところで違うのではないかと思った。もしかすると、その前から建っていたの

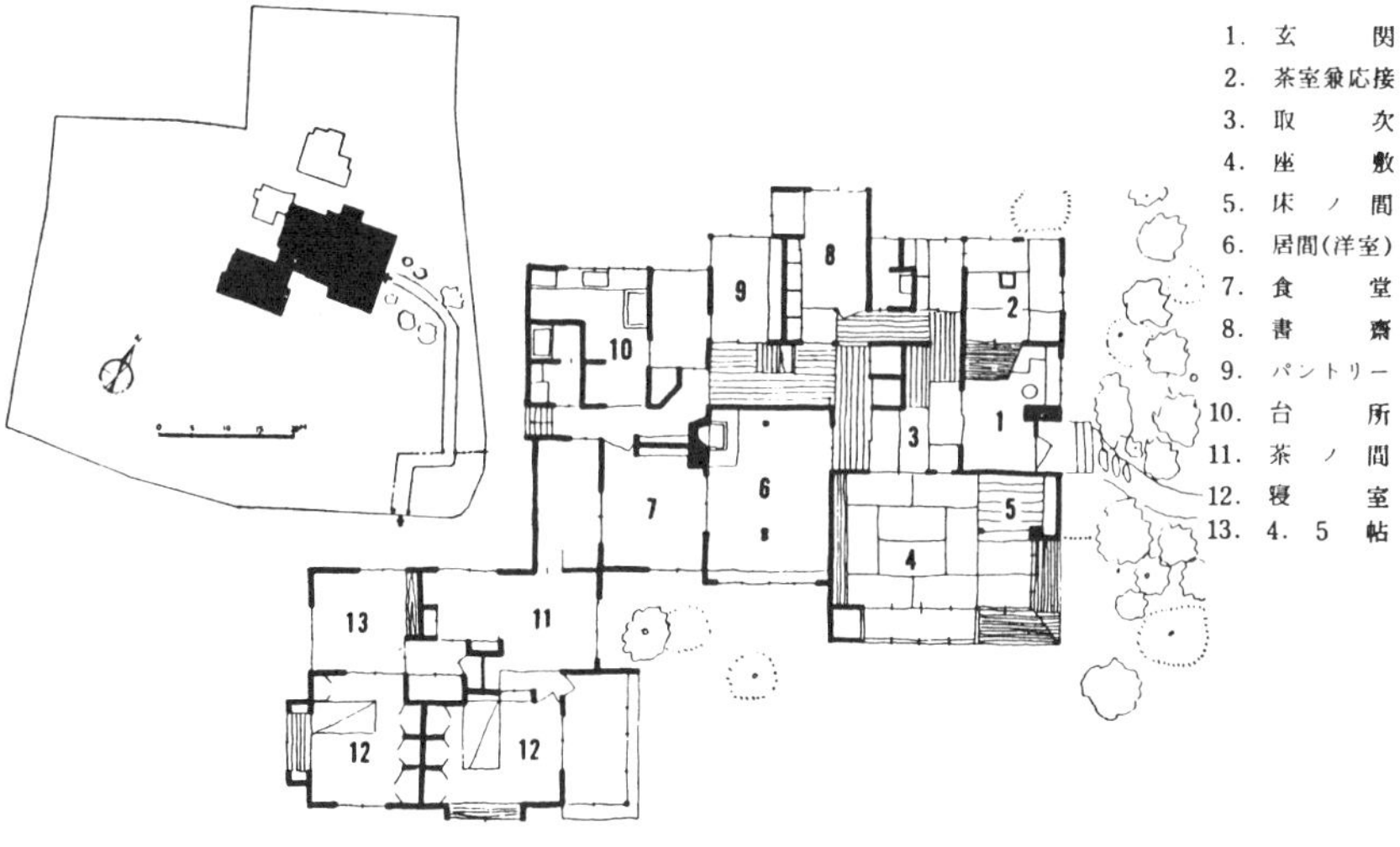

村野邸

かもしれない。ともかく手ごろの広さだし、第一、どこかに気品があったので、買う気になった。格別、上等の材料は使ってなかったが、さすがに材木の本場に近いせいか小屋組や台所のあたりにかけては、かなりぜいたくな材料が使ってあった。

人が住めるほどの小屋裏には分厚い土をのせ「むしろ」なども敷いてあったところからみると、そこには人が寝たり薪《たきぎ》なども置いたのだと思う。私は座敷から土間に降りてみた。どこの民家にもあるような大きな梁が、かすかな「そり」を打って広い台所の天井を二分している形で、その空間はすばらしい構成となっていた。私は、家内に、僕はこの梁がほしさにこの家を買ったようなものだね、といって笑った。

間もなく解体がはじまった。百年の風雪に耐えてきた妻壁は、土煙をたてて落ちていった。あたかも解剖をするときの医者にも似た冷静さで、ついさっきまでの私とは別人のようになって、このすぐれた民家の末路を見守っていた。多分私は、私とは別な一人の建築家として、これから建てようとする私の家に立ち向かっているのであろう。長い母《も》屋《や》は二つにぶち切られ、柱や梁が天日にさらされて残骸のように散乱し、あの魅力的な大梁も無残な格好をしてころがっていた。典型的な「河内造り」は、わずか数日にして、土煙とともに百年の寿命を閉じていった。すると美しい建物の映像が、たとえば人の一生にも似た追憶と愛惜とに包まれて、建築家村野とは別に、私の心のなかで葛藤をはじめた。しかし私はこの建物を本当に自分のものにするには、この家にまつわる長い間の挿話と美しい追懐とをたち切るほかはないと思った。人および一人の建築家としての私は、このような心の桎梏《しっこく》の上に、自らの「家」を建てることになった。

さて、私はどのようにして改造しようかと思った。まず経済のこと、一介の建築家にも夢があり、それを天秤にかけたりした。結局、外郭はなるべく残すようにして、内部を洋風に改造し、狭いながら茶の間と寝室を藁葺きにして新しく建て増すことにした。ともかく家はできあがることになったものの、少し住みなれていくにつれ、経済のことなどでひかえ目だったが、それも長くは続かなかった。そのうちいい大工が見つかったので雇うことにして、不満なところから直していった。そうなると家内の意向などに頓着はしなかった。この建築家は村野とは別人のようになって、少し費用がたまるとまたその職人を雇ってはとぎれとぎれに普請を続けた。四、五年も続いたかと思うが、その大工は戦後のはげしい職場にも生きていかれなくなったと見えて、そのうち姿を見せなくなってしまった。このようにして私は、それから二、三人の大工を雇っては手直しを続けていった。妻壁に大きな穴をあけて入口をつくり、柱も壁も天井もさんざんに切り開き、手直しを加えて昔日の面影は残さなかった。このようにして長い時間と労力とが「私の作品」となるために費やされた。しかし、あの魅力的な美しい大きな梁は、まだ昔のままの姿で私たちの居間に残されて、私はついに、この大梁には一指も加えることができなかった。もしかすると、私はこの美しい梁の陰にかくれて、卑怯にも建築家としての虚構を築こうとしていたのではないか。

十数年にわたる私の普請も、そろそろ終わりにしたいと思う。

三、住宅設計心得帳

実をいえば、私は住宅の設計は苦手である。だからたくさんやったことはないが、それならいやかといえば、そうでもないと思う。ただ住宅というものは、そうやすやすとできないし、どんな小住宅でも、かなりなビルディングの設計に匹敵するぐらい気をつかうものである。つかうのは当然だとしても、満足のいくようなのがなかなかできないことが多い。それなら万金をかけたからといって、良いものができるとは限らない。ある場合はその逆の方が、心を引き締めて良くなることもありうると思う。なけなしの費用でやってくれと頼まれるときなど、そんなときこそ、本当にどうかしてお手伝いしたいと思うこともある。しかし、たいていは良いのができない。

ほめられたり、傑作をつくるなど思いもよらぬことだとしても、せめて先方に気に入ってもらいさえすれば、それでやれやれというところである。それくらい、住宅の設計はむずかしいものであると思う。だが住宅の設計というものは、あるときはお互いに身近なところまで立ち入って話し合わないとできかねるところがあるので、われわれとしては職能を通じて双方が深く知り合い、また知ってもらうことになって非常に親しくなるということは、人間としてこれほどの喜びはないと思う。これは建築家のみに許された幸福だと思う。だから万一失敗でもしようものなら、とりかえしのつかないことになるので、私などたんに職業意識だけでは、やれない気になって慎重になるのである。

いまは故人で、大阪にN製鋼所を創立した人だが同郷の関係もあって私の仕事には格別の関心を持っておられ、どうしても、自分の家を君に設計してもらいたいといわれた。かなりの建築で、そのころとしては大邸宅であった。三十数年前のことである。私は、N社長の知遇に感激しているので、自分の作品として恥ずかしくないものにしたいと意気込んで仕事をしたが、工事が九分どおり進んだころ、解体船のサロンに良いのがあるから、それをはずして二階につけたいといい出されたので、私は断った。どうしてもやるなら、手を引くとまでいった。こんどは社長自身が来られて、君の思うとおりにやらせるからといわれた。建築家として、思うとおりにやれるというくらい弱くなることはない。すると、また解体船がはじまった。そんなことを繰り返しているうちに、家はできあがってしまった。建築家は自分で手がけるほどのものは、自己の作品として大切に考えるものである。これは古今にわたる通念である。しかるに住宅に限って、そうでないことがあると思う。

君、よろしく頼む、僕はしろうとだから万事専門家にお任せするよ。——これは住宅の場合、ほとんどうそである。もちろん多少の条件や要求は当然のことである。信用されるのはありがたいことだが、私はそのような言葉にはよほど用心をしてかからないと、思わぬ失敗をするので、自然、慎重にならざるをえないのである。第一、自分の「家」を他人の建築家に頼むことからして、無条件でないにしても、頼むほうとしても、よほどのことだと思う。昔は大工や職人を自分で指図したぐらいだと聞いているので、建築家だからといって、思うとおりにできるとは限らない。お互いによほど苦労しなければならぬと思う。

しろうとにも、しろうとなりの夢があり、この夢がまた大切だと思うからである。そこであなた一つこのうちから、どの家が一番お好きですか、たくさんの住宅雑誌を相手に見せる。つぎは奥さんになんでもいいから自分の希望する間取りを書いてください、できないといわないで、マッチ箱を並べたようなのでいいから書いてください。つぎは室内、つぎは台所、つぎは家相、その他もろもろのことまで書いてもらったり、雑誌を見せてもらったりすると、たいてい頼む人の気持ちも希望もわかるものである。そこでハウスドクターの診断は終わる。

あとの薬は医者にお任せください、である。

四、修　業

私は若いころ渡辺節建築事務所（大阪）からアメリカに派遣されることになった。一九二一年（大正十年）八月、そのころワシントンでは戦艦陸奥のスクラッチ問題（武装解除）が議せられようとしていたと思う。

表向きの用件は、当時設計中のK銀行の金庫扉と外装用のテラコッタの製作図を検討することであった。それはあくまでも表向きだけのことで、目的はアメリカ建築の見学と研究にあった。しかし先生はそれにはひと言もふれられず、遊んだり食べたりすることだけを予定され、それに必要な費用も十分に見込んでもらった。そのころの文部省の留学生が年額一千円ぐらいなのとは格段の相違があった。ここに、その予定なるものの一端を紹介しよう。

まず太平洋は外国船たること。バンクーバーに着いたら、ホテル・バンクーバーに泊まって最初に散髪をして、散髪をしながらクツをみがかせ、マッサージをすること。終わってからマニキュアをしてもらうこと。もっともマニキュアをしながら女に冗談をいったりすることは君にはちょっとできまいから、それはニューヨークに着いて言葉ができるようになってぜひやりたまえ。つぎは、カナダからシカゴに出る途中、バンフというところに下車して、一流の温泉ホテルに泊まること。シカゴの宿はブラックストーン。夜はモリソンホテルの地下でアイスショーを見ながら食事をすること。まずこんな調子である。これだけで、私はいささか心配になってきた。食事のこと、食堂でのマナー、言葉、何一つ経験も見たことも、それかといって度胸もなかった。ただ、このごろとちがうところは電報一つでホテルの予約ができるぐらいのものである。まだニューヨークでの予定があった。

さて私は予定のとおりカナディアン・ラインのエムプレス・オブ・ロシアの一等船客となって乗船した。私ども三人きりの日本人、あとは主として西洋人ばかりといった状態であった。中国人もいくらか乗っていたと思う。毎日、毎日、昼はデッキ・ゴルフ、夜はダンスと賭博でにぎわうのを見るだけで、九日間の船旅は人が想像するほど楽しいものではなかった。それでも船が港に着くころになると、いくらか洋風の生活にもなじんだ。まずホテルの建物の大きいのに驚いた。予定されたとおり散髪、マッサージ、マニキュアもやったが、あまり気持ちのよいものではなかった。クツみがきが日本人だったのでがっかりした。やっと上陸第一日の日課を終えてほっとした。後年一、二度このホテルに泊まる機会を得たが、当時を思い出して笑ったことである。

シーズン・オフに近かったが、それでもカナダの大陸横断鉄道にはまだ観光客がたくさん乗っていた。美しいロッキー山や沿線の森に隠見する教会の塔は印象的であった。八月だというのに、アメリカ中部は雪の平野が長く続いていた。やっとシカゴに着いてブラックストーンに泊まった。ホテルの食堂は美しく、タキシードでないとはいれないと聞いていたが、私は黒服で通した。その翌日は夜のモリソンホテルに行った。さすがにアイスショーは美しく、舞台は暗い客席と見事なコントラストで飾られていた。ロウソクの光でほの暗く照らされた客のざわめき、衣ずれの音、ボーイの笑顔や盆の手さばき、段形の客席のなかは何が行われているか暗くてよくわからなかったが、感じでたいていのことはわかった。まったく、ここでなければ見られない光景であった。絢爛《けんらん》たるブラックストーンの食堂、モリソンの薄暗い食堂の美しさ、この対照的な、そのなかで、私は興奮したり全神経を針のように働かせたりしているうちに、孤独も旅愁も感じなくなってしまった。

いよいよニューヨークに着き、予定のとおりホテル・ペンシルベニアに泊まることにした。それからしばらくの間は、ここを中心として昔のウォードーフ・アストリア、コモドア、ボルチモアなどいろいろのホテルを転々として泊まり歩いた。そのころになると、アメリカの生活に不自由はしなくなったが、リッツ・カルトンに泊まることだけは気が引けた。結局、在米十年の友人を無理に誘って泊まるには泊まったものの、ホテルの気品とコロニアル風の渋い好み、室内の装飾、すべてヨーロッパ的なところに圧倒されてしまった。

クレアモント・インで食事をすることも予定のなかにあった。ここのかき料理は有名だからぜひ行くこと、大きなサラに盛られた氷の厚さに注意したまえ。——先生からの注意はざっとこんな調子であったと思う。それにしても、いったいサラの氷が何を意味しているのか、先生は私に何かを通じて感触の度合いを計っておられたのではないかと思う。まったく、心は窓のように大きく開かざるをえなかったのである。

このようにして、仕事の余暇を食い、かつ遊ぶことに費やした。友人たちは、一見、遊興三昧《ざんまい》とも見える私の日課を羨望したが、私はそれどころではなかった。重労働にも等しいような体験は、やがて血肉となり、心の奥に深くしみわたって、たとえば子供が耳から英語を教わるように、知識や目で学びとるのとは違ったものがあった。この訓練が後年の私にどれほど役に立ったか、いまもって先生の意図をありがたいと思っている。

五、百貨店

私はこれまで、いくつかの百貨店の設計に関係しているので、そのことならなんでもわかっていそうで、実はあまりわからない。なにぶんにも、いわゆる消費大衆を対象におくので、その動向や志向は自然と建物に反映し影響をうける。営業のことは別として、建築の分野ではどこをつかんでよいか、とまどいをするのである。もっとも大衆の動向や志向については、専門的な研究もあり、ある程度の統計や法則のようなものがあるのだが、具体的なことになり、これを建築として表現する段になると、われわれに期待されるところが多く、責任もまたそこにあることはいうまでもない。膨大な面積を有する百貨店でも、その約半分は事務的なところで、ある程度合理的に処理できるのだが、あとの半分と外観、この外観は一般の建築のように簡単にはいかない。

昔はよく聞いた話だが、朝日がさし込みすぎて店が繁盛しなかったとか、入口のどこかの柱がじゃまをして、その店はつぶれた話、はなはだしいのになると呉服屋で美男の番頭を店先に置いた話など、どこかに真理がありそうに思う節もある。現代の大百貨店にも、そうしたことが皆無とはいえない。一歩まちがえばやりすぎて建築は堕落したものになるので、そこのけじめが重要である。映画、演劇など大衆相手のものは似たところがあると思う。

昭和五年ごろ、私は大阪のS百貨店の設計を担当したことがある。外国の百貨店など実際に見て回り慎重に設計を進めていった。この店の創立者であるK氏が私に、こんなことをいわれた。われわれの運命をかけたこんどの建築は店の興廃を左右するのだから、その責任はかかって君の技量にまつところが多い。自分としては六分の責任を君に期待している、とのことであった。その逆だとしても建築家には大変なことで、私はその話を聞いて粛然としてエリを正す思いがした。いまもって、このK氏の言葉は脳裏を去らない。

かつて、私は神戸でD百貨店の設計を担当した。昭和十年のころである。S社長いわく、僕の方は「箱」をつくってもらえばいいよ。注文といえば、ただそれだけであった。S社長は当代一流の百貨店の経営者であり、キリスト教的な教養のある人格者として知られ、私などもこの人には傾倒したものである。さて、この「箱」とは何か。この人は百貨店の建築を合理的な容器として考えておられるのではないかと思った。商売だけで勝負をしようとする考え方である。

しかしこの合理主義はつきつめていくと、百貨店としては少し危険ではないかと思った。私はモスクワでベスニーン作の百貨店の建築を見たことがある。単純そのものといったような作風は、そのころのロシアの建築の代表的なものの一つであった。それは百貨店というよりも配給所の概念に近く、一九三〇年のころだから革命に疲れた人たちは、そのなかで暗い顔をしていた。合理一辺倒、販売能率を主眼とするそのような極端な合理主義建築は別としても、栄養を欠いた秀才を見るような冷たい合理的な建築になることをおそれて、どんなものにしようかと迷った。

ある日、S社長は店内のアイスクリーム売り場で小さいのを売っているのを見つけた。これは小さいね。これぐらいにしないと引き合いません。そうか、損をしてもいいからもっと大きいのを売りたまえ。この話をだれからか聞いた。私はその話を聞いて、これだなあと思った。損をしてもいい合理主義が何を意味し、何を教えているか、私はこの話にたいする過当評価を慎みたいと思う。だが、そのなかには何かを越えて、人間にたいする配慮が含まれていることだけはまちがいのないことだと思った。

D百貨店はS百貨店とは違った表現となった。外壁は紙のように薄く、窓はただ何のこだわりもなく大きく開いているばかりである。

六、家とPX

終戦直後、私に進駐軍から出頭せよという通知がきたので驚いた。何事かと思って、大阪のそごう百貨店に行った。すでにそごう百貨店の建物は、PX（進駐軍の酒保）として接収されていたのである。建物の内部は長い戦争で荒れはて、昔の面影はなかった。これまで持ちこたえてきた店の人たちの苦労もさることながら、終戦になり、いざこれからと復興を楽しんでおられたやさきに接収されたのだから、店の人たちの気持ちが察せられて、建物の姿もあわれに見受けられた。さて、どんなことをいわれるかと、心は進まなかった。しかし若い二人の将校たちは、意外にも非常に丁重で、つい最近まで敵国の人とは思えないくらいであった。

この建物は、これから軍のPXにする。あなたはこの建物の設計者として改造を指揮してもらいたい、とのことであった。私は意外なことでいくらか驚いたが、しかしこの荒れはてた建物がもとの姿にたち返るのかと思うと、うれしかった。ついては、あなたには、軍から毎月、月給としてこれこれの給与をさし上げたいと思うということであった。その額は、当時としてはかなりのものであったと思う。しかし、私はそれを断った。アメリカの月給はもらえないと思ったからである。建築家は報酬をもらうものである。報酬でなら働いてもいいといった。いろいろのことがあったが、軍は私の希望どおり報酬を与えることにして、改造の仕事に関係することになった。こんな関係もあって、改造後も引きつづき、建物の維持監理をやることになったが、途中でおもしろくないことがあってやめてしまった。いくらか、潔しとしない気持ちなどもあったと思う。

これは、後日わかったことだが、若い将校の一人でSというのは、ピッツバーグのカーネギー・インスチチュートの建築の出身者として、卒業と同時に従軍したので、建物のことや建築家のことはよくわかっていて、福知山に軍が進駐してから大阪市内の百貨店を調べたうえで「そごう」に目星をつけたとのことであった。つまり、この若い建築将校に見込まれたのが不運のようなものになったわけで、あとでその将校は私に、建築が気に入ったので接収したのだといって笑った。まったく笑えない話で、そのため「そごう」は非常な災難をこうむったことになったのである。改造工事中は外務省の奥村さんなどときどき見えられ、将校と話をしているときでも、私にだけは非常に丁重で、別待遇をしてくれた。私が少し遠慮していると、自分の机を使えといったりした。

その後しばらくしてから、私はロサンゼルスのあるホテルで食事をしていると、後ろから私の名を呼ぶ人があったので振り向くと、そのときのもう一人の将校であった。お互いに抱き合って奇遇を喜んで、彼の友人に私のことをグレート・アーキテクトなどといって紹介したところをみると、戦争に勝っても、職能のうえでは先輩として尊敬し、その点の理解はさすがだと感心もし、また好感も持てた。ときどき、私の宅にも遊びに来たが、正装して胸に勲章をつけたりしていたところをみると、相当の礼儀をつくしていたと思う。

あるとき、二人を誘って桂の離宮を見物に行ったことがある。荒れてはいたが、五月ごろの夜の景色には二人とも絶賛を惜しまぬ風情で、よく日本趣味を理解していた。多分どこか、書院のところであったと思う。床柱のなぐりが黒く光っているのをなでて、〝オー・ラブリー〟といった。この若い将校にも、これがわかるのかと、いささか意外であった。この人はいま、ニューヨークで室内装飾の事務所を開いている。わび、さびなどという気持ちは、こんな若い人たちの実際の理解に負うところがあるのではないかと思う。もう一人の将校はユダヤ系の人だが、相当富裕の人だとみえて、彼の家は祖父の時代から住んでいるとのことで、私の家を訪問したときなど庭のコケを見て立ち去りがたい風情をしたところなどから察すると、この人の生活がわかるように思う。兄は相当の子供服専門店を経営しているとのことで、その後、ニューヨークに行ったとき見たのだが、フィフス・アベニューにりっぱな店があった。私たちは一般にアメリカ人のように個人主義の家では、そんなことはないと思っていたら、その将校のような家庭もあり、また私の知っている人にも、それはある会社の技師長級の人だが、結婚した娘の部屋を家にいるときのままにして、娘夫婦が来たときに泊めるのだといっていた。

一九三〇年のころ、ロンドンのサミュエルという邸宅を訪問したことがある。大阪商船と深い関係があったので、会社の支店の案内で見せてもらった。さほど大きな家ではなかったが、居間にはエリザベス時代からの家具や調度の類がそのまま置いてあって、日常使われている。ときどき修理はされても、代々の人が祖先からの家具に日常親しんでおられるところをみると、さすがにイギリスだと思った。

七、聖堂の建築

終戦とともに、日本に新しい時代が始まった。新しき日本は建設されなければならないが、この新たなる日本は古い日本に深く基礎を持ちながら誕生する必要がある。日本文化には世界に知られずにいる尊い珠玉が存在している。その価値ある宝を失うてはならない。フェニックスがいつもその灰から生まれかわるのと同じように、この日本古来の宝が新しい日本に清新な姿で復活しなければならない。（中略）この聖堂が神の恩寵《おんちょう》と世界の真なる平和が与えられる象徴となることを熱望するものである。（下略）

フーゴー・ラサール

これは広島の世界平和記念聖堂の建立のために、その発願者であるラサール神父が聖堂の懸賞競技設計図集に寄せられた序文の一節である。

神父はみずから広島の教会で原爆を体験され、その悲惨な状態を目撃して、世界平和と慰霊のために聖堂の建立を発願され、戦後帰化第一号となられた人である。

「世界平和の礎にその生命を捧げた人々を記念するため旧広島カトリック聖堂跡に本教会は新しくこの聖堂建築を計画した」これは懸賞競技の趣旨である。

私ははからずも今井兼次、伴野三千良、森 忠一の諸氏とともに、聖堂の設計を担当することになり、私の事務所の近藤正志君が助手として参加した。構造は内藤多仲先生が担当され、現場監督は長谷川善積氏、工事は清水建設が当たり、広島支店の菊地辰也氏が施工主任となって仕事を始めた。戦後五年目ぐらいであったと思う。

私はこの設計にあたりドイツの建築家ポール・ボナッツの手法にならい、それに日本的風格を与えるように意図したが、結果はそれを十分に表わすことができなかった。しかし、ここで私は思わざる幸福に恵まれることになった。それはラサール神父を知ったことである。

建物の規模は、五階建ての建築がはいれるぐらいな会堂の天井の高さであることを想像すれば概略のことはわかると思う。鐘楼は高さ一五〇尺の塔になり、ドームの上にはフェニックスをつけた。そのころはまだ統制があり、自由に材料を集めることができないので非常に苦心したが、それよりも物価騰貴には悩んだ。神父はあの長身で、小さなバラックに起居して建築のために専念し、世界中を回って会堂の募金に努められ、また日本でもこの企てに協力する人も多く、募金は相当の額に達したが、いかんせん、当時の情勢としては予期のごとき募金はできなかったようである。

この間神父は、文字どおり東奔西走して世界の友に呼びかけては物心両面の援助を仰がれ、とくに神父の故国ドイツからの援助は長く続いたようであった。なかには、祭壇のために地上一〇〇尺のドームを寄贈したいと申し出る外人もあって、一時は途切れがちの工事も、ようやく二十八年に終わり、高松宮総裁が臨場され、また各国から関係者が集まって、盛大な落成式を挙げた。竣工後も各方面から建築に必要なものが次々に寄贈され、今井教授の原案で故武石弘三郎先生の原型による大彫刻が正面に飾られた。各国からの寄贈はその後も続き、昨年一階のステンドグラスの完成をもってひとまず約十年になんなんとする工事も終わったようである。寄贈されたもののうちには実にりっぱなものがある。なかでもウィーン市寄贈のステンドグラスやアデナウアー前西独首相のガラス・モザイクなどは見事なもので、いずれも日本の建築界にとり、貴重な資料となるものばかりである。

長期にわたる神父の苦心についてはわれわれは多くを知ることができないが、いく度か工事は中絶のうき目にあったことからして、おおかたの想像はつくと思う。あの長身の神父が三等車のすみの方で、身体を「く」の字に折って眠っておられるのをいく度か見かけた。その姿は痛ましくも哀れで、それを見て私どもは感動のあまり頭が下がる思いであった。神父はいまでも板張りの上に畳を敷いて寝ておられるであろう。禅を好み参禅してカトリックとの関係を研究しておられると聞く。私に何か頼み事でもあると飄々《ひょうひょう》として来たり、私が忙しくてできなければいく度でも足を運ぶという調子である。いつか工事も終わろうとするころ、神父から墨痕《ぼっこん》あざやかな筆跡で聖句が贈られた。

看よ、神の幕舎は人々と共に在り
神彼等と共に住み給はん

八、ローマの一日

一九六二年十月某日、私たちは車を駆って南郊に出た。労働銀行が投資したという勤労者のアパートと、N劇場に使用する大理石のモザイクを研究することがおもな目的であった。このアパートについては、以前の旅行で大体のことはわかっていたが、それでもまだフに落ちぬところがあったので、もっと詳細なことを知りたいと思った。

私はアパートのことについては、まったくのしろうとといってもよいぐらいな知識しか持っていなかったが、ただ、このアパートについて私の興味のある点をいえば、普通の高層アパートではなく、たとえば空中楼閣が家族単位になって組み合わされているように思われるところが、私の興味をひいたのである。何十という世帯がハトの巣のように、きちんとおさまっているのは本当の住まいになるかどうか、街づくりに都合がよくても、生きた人間づくりに都合がよいとは限らない。そこで旅行のついでに、も一度、その勤労者住宅を見たいと思ったことである。

いくらアパートでも、一代きり、いや結婚当座用のものばかりでなくて、事情によっては二代も三代も同じところに住まないとは限らない。当座のさし迫った社会事情でやむをえないところもあるが、少なくとも住まいという以上、たとえ一日の労働力がただ回復されるだけの仕組みでなく、何かあたたか味のあるものに考えられないものか。その点が疑問なので、勤労者の実際の住まいを見たいと思った。場所は記憶しないが、ある職長のアパートを見せてもらった。あまり大きくはなかったが、一室だけは、まだ仕上げないで物置に使ってあって、いずれ金がたまったら仕上げるといっていた。私はこれなら自分の「家」になると思った。

さて、車はさらに別な方向に走って行った。やがて、新しく建てられた官庁街のようなところを通りぬけて、パラッツォ・シビルタ（国民会館）の前で止まった。私は新しい建物にも興味があったが、それよりもひところのムッソリーニ時代を代表しているような、この建物に興味があった。建物の回りには、大きな石の彫刻が立ち並んでいた。高い石壇をのぼってパラッツォ・コングレッシ（国際会議場）の方を見ると、街づくりはさほどのこともなかったが、南国の花壇にはまだ美しい花が咲いていていた。

やがて私たちは、彫刻のあるところに歩いて行った。一瞬、私たちの足は止まったと思った。横を向くと、相擁した若い男女がひとかたまりとなっているのを見た。真昼のこの生きた彫刻は、周囲に私たちのいることには頓着しなかった。そこには、何か非常にたくましいものが漂っていた。私たちはたとえば映画のなかの老人がするような素振りをして、通りぬけるのに努力が必要であった。私たちもまた日本にいるときとは違って、いまラテン民族のなかにいることに気づいたのであろうか、心のどこかに寛大さを呼び起こしていた。だが、このような男女関係の理解がやがて、美しく自然的な姿で正しい社会の基礎となり、文化も家庭も国も、そのうえに築かれていくのではないかということにしても、それをどう理解するかという段になると迷った。

石の彫刻は力強く、まるでムッソリーニそのもののようであった。すると、裸形の女神がその中心のところを男形の落書きでよごされているのを見て、私たちは愕然《がくぜん》とした。この国の光栄あるヘレニズムの末裔《まつえい》たちのなかにさえ、このようなバカ者がいるのかと思うとニガニガしく、私にも何かかかわりあいでもあるかのように思われ、そこに手をおおうような気持ちで走りぬけ、再び玄関のところに回った。

ふと、私の視線をさえぎるものがあった。ほっそりとして丸味を帯びた皮膚の緊張は、まぎれもなくグレコの彫刻だった。私は救われたような気持ちになった。グレコだな、とつぶやいた。教養のありそうな私たちの運転手は、本当にグレコですね、あなたも、しかるべきこの道の人でしょうといった。それにはなんとも答えないで、車をスタジアムの方向に走らせた。

九、建築への関心

このほどあるラジオの対談で建築批評にふれて一言したが、その際質問者の問いには十分答えられなかったのを、ここで補足したいと思う。こんなことはわれわれ建築家の間では格別めずらしいことではない。それは何かといえば、新聞記者の方々にもっと建築のことを知ってもらいたいという趣旨のもので、質問された意向も多分それを話してもらいたかったのではないかと思っている。

しかしこの話は何も建築に限ったというわけのものではなく、それ以外のことでも専門的なことは、みな同様であると思う。専門というのは科学技術に関することが主である。新聞の事情など知らずにいえることでないので、その点いささか無責任のようではあるが、最近は政治、経済はもとより、社会や文化の方面にいたるまで専門的な関係が深くなり、ある意味では科学技術の問題で政治も経済も動かされていると思うぐらい、その重要性が加わり、その点ではとうてい昔日の比ではない。これは周知のとおりであると思う。

ところで、われわれ建築だけの分野からみても、今日の建築および建築関係のことがいろいろの方面でいかに重要な問題をかかえているか。試みにさきごろ建設省十五年史が贈られたのでそれによると、戦後同省で関係したいろいろのことが書かれてあって非常に貴重な文献であるが、それを見ただけで建築に関する問題がいかに広範囲にわたり、また一国政治の重要な部分を占めているかがわかる。しかるに、これほど重要なことでも、一般の理解は案外に低いようである。

いってみれば建築は地上に人間のための第二の自然を人工的につくっているようにも考えられるほどで、いやでも人間の目に映じ心にふれることから始まって、われわれの生活環境のもっとも重要な部分となり、これがいろいろ社会的な問題にまで発展し、政治を動かし、経済的にも重要な関係を持つものになるというように、今日では建築の重要性が非常に増してきたということは過言ではないと思う。

たとえば都市計画、住宅問題などについて考えても、文化的なことは別として、社会問題や政治経済の問題にまで発展して考えなければ解決できないものがあることは当然であって、どれ一つ取ってみても一国の政治を動かすほどの重要な問題に関連していないものはない。おそらく、国の財政のうち何兆何千億円という巨額のものが建築関係の方面に投資されたり消費されたりしていると思う。それだけ考えても、われわれはこの問題についてある程度の知識と関心を持つ必要があると思う。

最近はすぐれた建築評論家の活動もあって、一般にもしだいに建築関係の常識が深まってきたことは喜ぶべきことである。この傾向が文化、芸術といった方面ばかりでなくもっと社会や政治経済の諸問題にわたっても論議されてすぐれた評論が出るようになると、さらに建築の重要さが一般に理解されることになると思う。きわめて卑近な例だが、外国旅行をして何を見てくるかといえば、ほとんどが建築である。

議会の議事録や、いろいろの統計などを見れば建築関係の動きなど国に関係のあることは理解できると思う。しかし建築は言葉や数字だけでは理解できないところに、建築を理解することのむずかしさがある。市街地の構成や住宅環境の問題にしても、人間にとって物心両面に重要な関係があるというのは、建築が立体的であるということにもよると思う。数字や統計だけで政治ができても、それには限界があって、それ以上が問題なのである。

話は何兆何千億円、政治経済のことから人間心理のことに及んだが、ここまでくると、どうしても新聞の力によらねば一般の理解を得ることはむずかしいと思う。時おり記者の方が来られてお話をすることがあるが、建築にたいする知識や理解が低いのは案外である。根本から説明してかからねば本論にはいれないというのでは、いささか閉口する。それというのも、建築は他の芸術と異なり、理解しにくいのと、純粋に芸術的なところがあるかと思えば非常に科学的なところにも関係があるので、なお困難である。それが、さらに文化や社会問題といった方面にも発展して考えなければならぬので、いっそう理解しがたいものになる。

そこで、これほど難解で重要な問題に関連のある建築のことに理解と知識のある専門の記者がいて、新聞紙上で一般に理解されるようにしてもらいたいというのが私の趣旨であったと思う。

十、断　層

どこの建築場でもあるように、A現場は竣工を目前に、追い込みの乱戦状態にあった。建物の機構は複雑だし、使用する材料もおそらく何十種かの手工業が投入され、それとほぼ同量の機械的な工法と材料が使用されていた。工事は必ずしも計画のとおりには進行しなかった。その齟齬《そご》を夜明け前の数時間で一挙に取り戻して、明朝の竣工式に臨まんとする気がまえだった。

しかし、膠着《こうちゃく》状態になっていた工事は一進一退して、われわれはここに万策つき、ただ拱手《きょうしゅ》傍観するよりほかはなかった。このようにして、数年にわたる大工事の結末を飾るはずの最後の夜の光景は、ただ、焦燥に時が経過するばかりであった。

その天井はいつまでに終わりますか。

あと三時間で終わる予定です。

あの隅は……。

四時間ぐらいはかかると思いますが。

このすぐれた職長の答えに私は愁眉《しゅうび》を開いた。ほとんど三尺おきに並んだ集団は、まさに人海戦術にも等しく、私はこの光景に圧倒されてしまった。天井の石膏は、次々に取り付けられていた。首を後に折り、手は高く延びて天井をささえていた。しかし二時間の後に回って来たときには、仕事は予定の半ばにも達していなかった。それでも、職人たちは黙々として手を動かし、疲労の影など、どこにもなかった。

この最後の一瞬は、彼らにとってもまた最後の瞬間であった。しかし職人たちにとっては、この貴重な一瞬が賃金で代償され、自分たちが、いま、手にふれ心を込めた仕事と愛情とを引き替えにされることは、さらに苦痛であった。長い間の手練と英知をささえてきた自分たちの腕とわざが、この一瞬で、誇りを失うことは、かけがえのない苦痛であるようにみえた。彼らは時の刻みに全神経を集中しながらも、より深い愛情が、鋭い神経を通じて仕事の上に流れているようにみえた。その光景はいままでも自力によってささえ、持ちこたえてきた。

このわざは、長い努力と修練と仕事への情熱だけが、ただ一つの伝法だったのかもしれない。しかしすぐれた職人たちも戦後の波に押されて、つぎつぎに転向し、職場から駆逐されて、およそ自分たちのわざとは何の関係もない仕組みのなかで生きていた。ここでは、こうして転向していく仲間たちを、あたかも自分一人でささえでもするような、そのような気骨が流れているように感ぜられた。私はこのゴール寸前の情景を、ただ黙々として見ているよりほかなかった。やがて彼らにたいする感謝は督励にまさることに気づいてきた。

私は広い建築場を、あちこちと検分に回った。すると、ここにもまた別な集団があった。雑職工とも思われるこの一団は、ある者は工程を終え、またある者は予定の時間を残していた。彼らには明らかに疲労の色が見えていた。疲れはてた労働からのがれるための盗睡が集団となり、居ぎたなく雑居していた。彼らは技術における自分自身の誇りから遊離して、ただ、質より量へと価値を追求していく一団のようにもみえた。私は、たったいま緊迫した職場内の情景を見たのとは、およそ対照的なこの場の光景は、まったく異質の存在のように思えて、いましがた私の心をとらえた感謝は、いいようもない憤激にふるえた。

しかし、それも長くは続かなかった。やがてもとの冷静を取り戻すと、憤激は肯定に変わり、ただみずからの不明を反問するよりほかはなかった。この一見矛盾した職場の光景が、あたかも日本の生産事情における断層にも似て、この建築にたいする私の心境と、その心境への偏位をどのように直してよいかと迷った。

その朝は好天に恵まれていた。たったいままでの疲労と焦燥は絶望にも似た感情に支配され、やがて反省と責任感とに変わり、冷静さを取り戻した。

四カ年にわたる長い工事は、全工程の四割を残して、われわれは式に臨んだ。たとえば、マラソンの選手がゴールを目前にして倒れるときのように、その寸前で倒れてしまった。

＊『毎日新聞』（昭和三十九年三月二十一、二十二、二十四、二十六～二十九、三十一、四月一、二日）所収。

わたくしの建築観

一、建築家への道

ご承知かとも思いますが、私は工業学校出で機械を勉強していました。兵隊にゆくまでは、それでしばらく八幡製鉄所につとめていたのです。この八幡の影響というのは人にもいわれ自分でもそう思うのですが、かなり強かったようです。生まれは唐津です。しかし物心ついてから八幡に移り、そこでずっと暮らしました。製鉄所にいたこと自体もいまではプラスになっていますが、もう一つは感覚的な面への影響ですね。私の作品のシルバー・グレイというか、ちょっとブライトでない色調。これはやはり八幡の煙の多い空、それから鉄、あの感じです。これをもっと洗練すれば「渋い」ということになる。森五に象徴される一つの感覚。これは一生私に影響したのです。ですから白という色には、私は容易になじめなかった。白と赤のコントラストなどというのはごく最近の傾向です。少し明るくなってきたのは、少し幸せになってきたからかもわかりません。

ところで私が建築家になった動機というのが、ちょっとふるっているのです。水力発電をやろうと考えて早稲田の電気科で勉強しているうちに、とてもこの電気の数学ではおれはダメだと音をあげたことからでした。水力発電をやろうとしたのは、もともと私は体が弱かったので山の奥の発電所で暮らしたら体も丈夫になるだろう、兵隊から帰ったらもう一度電気を勉強しようと考えていたのが動機でしたが、実際にやってみて、とてもこれではおれは電気ではえらくなれっこないとわかりました。

そこでどうして建築に気がついたかというと、これは都会の影響なのですね。早稲田に入って都会に出て、いろいろな建物を見、はじめて建築とか造形的なものに目が開かれた。田舎の学校にいてはわからないことでした。そしてちょうど電気で困っているときでもあったし、建築のむずかしさというものは何一つ知らずにしゃにむにやりたくなった。ただ、そういうところに気がついたというのは、やはりもって生まれた天分というものもあったと思うのです。そう解釈しないと、ちょっと説明がつきません。

ところで、そのころ早稲田は転科がむずかしくて、なかなか許してくれないのです。そこで亡くなった安部磯雄先生のところへお百度詣りして頼みました。その一方で、もしどうしても転科させてくれないのなら、電気のなかでも造形に関係のある舞台照明をやろうと決心していたわけです。

そのうち安部先生がとうとう根負けしたのか、それほどいうのならしかたがない。お前、自在画ができるか、できたらパスしてやろうといってくれました。私は絵が好きで小学校でも得意中の得意だったから、そんなことはすぐできると別に問題にしなかった。すると今度は、私自身はたして建築に向くかどうかを先輩にたずねたいと思いました。

そこで私は、早稲田の先生で、ついこのあいだ亡くなった徳永庸という、やはり福岡出身の先輩に建築に向く性格・才能とはどういうものかとたずねたわけです。すると答えは、まず第一に数学ができること——苦手なほうですが、それでも工業学校時代は一〇点から悪くて八点ぐらいで、電気へ入ろうというくらいだから落第点はとっていないわけです。それからその次の条件がふるっていた。文学に興味をもつこと。この二つがあれば建築家になれるというのです。

この答えは、私、いま考えても非常にりっぱな答えだったと思います。ふつうなら絵とか彫刻といった美術的才能が条件になるところでしょう。文学とは感受性のことだろうと思いますが、このほうがずっと範囲が広いようです。私はなにしろ田舎から出てきたばかりですから、文学とはどういうものかも知らないのですが、感じとしては自分はそれはできそうだという気がした。そんなわけで自分のもっているものと気がついたことに、その答えはピッタリしたと私は感じたのです。

いまでも私は、あのとき「絵」といわれなくてよかったと思っています。絵と実物とは違うということを知ってきたからです。ですから私は、設計をするのにパースは使いません。模型でやります。材料が枋《ほう》なら同じ枋を使い、色紙とか布で作品の感じを出してゆきます。事務所でも絵は自分の心をまどわす、描きながら自分の心が迷うからいけないとよくいっているのです。模型にしても模型としてよくすることは一切いけない、わるくしろ、わるいサイドだけを出すようにしたら必ずいいところが残るといっています。

話が後先になりましたが、そういうことでようやく転科が許されました。しかし当時のことですから建築科といってもまだほとんどたいした実験室もない。いまから考えたら、卒業生は自分で勉強したようなものです。もっとも先生がたはえらかったですよ。佐藤功一、岡田信一郎、伊東忠太、内藤多仲、今和次郎、こういった先生です。

そのなかでも精神的な面で私に一番影響が強かったのは今和次郎さんでした。今さんを中心に毎晩何人か集まり、本を読み、研究会をひらいてディスカッションをした。その人間的接触からくる思想面への影響では、私は一生の間、どのくらい得をしたかわからないと感謝しています。当時の思想というと、いわゆる大正デモクラシーの激動期でなんといってもヒューマニズムが中心思想として影響しました。ちょうど白樺派の盛んなころです。

その点、安部さんの影響も大きかった。安部さんという人はあれだけ穏健な思想をもっていながら刑事がついてまわっていたような時代でしたが、先生にはイリーのエコノミックスか何かを原書で英語の勉強をかねて教えてもらいました。夏の教室はうだるような暑さでした。先生はイギリスに留学されたためか、自分は冬服（夏冬を通して）の三つボタンをキチッとシメて学生に向かって、諸君、上衣をぬぎ給え、他人の邪魔にならぬように扇を使ってよろしいといって、独特の口調で講義を進められる姿を見て、なるほどこういう先生がいるから、大学とはえらいものだなと感じたものです。いまでも私には、いわゆる安部さんの影響は強く残っています。ですからああいう先生に会うと、一生幸福だとよく考えるのです。

これらは思想的な方面ですが、建築造形という点ではわれわれの学生当時一番参考にしたのはセセッション、とくにドイツのセセッションでした。ただ先生がたは自分自身の考えはともかく、様式のものをやっておけ、と口を酸っぱくしていわれた。セセッションなど新しいものをやったのでは、世の中へ出てからお前たちのタメにはならんぞ……と。実際に建つものは、ほとんど様式建築だった時代です。あとの話になるが、渡辺節先生などもセセッションは絶対にやらしてくれない。それじゃ建築として売れないということで、一切いかんというわけです。

しかし私は学生時代はセセッション以外にはなにもやらなかったので、先生がたが往生していました。反抗期だったわけですね。かといって当時のごくふつうの学生で、現在を想像されるようなものは何一つありませんでした。ただ自分の口からいうのもおかしいけれど、私にたいする一つの評価は、友人のあいだにあったと思います。またデザインの点数も大体よかった。卒業制作の成績も、かなりよいほうでしたし……。

私の卒業制作は、マシーンショップというテーマでした。大体学生時代というものはみな何かあるとえらそうなことをいうが、卒業制作になると結局ヤレ図書館だヤレ劇場だと様式のものをやるわけです。それが私のはマシーンショップだった。その設定は、河があってそこから掘割をひき、堀に面して機械の店がある。堀から舟で機械を運んで、クレーンで吊り上げて店に入れる。その裏側に倉庫があるというものでした。あとから内藤先生がみて、あのころこれをよくやったねといわれたと聞いています。ですから、いくらかは私も変わっていたということかもしれません。またセセッションに傾倒することから派生的に合理主義思想が植えつけられていた、ということにもなるだろうと思います。

二、渡辺節事務所時代をかえりみて

私は早稲田を卒業するころ、いったんは東京大林組に就職が決まっていたのですが、福岡の親父が大変な見幕だったのです。私は長男だったものですから、もともと兵隊が終われば在郷軍人にでもなって家を継いでくれるのが父の望みだった。なるたけ手もとにおきたいのに、ようやく学校を出るとまた東京にとどまる……ということで怒ったわけです。そうしたときにたまたま渡辺先生が学校へこられ、徳永先生から私のことをきいて、それはぜひおれのところへ来てくれということになりました。大阪だといくらかでも九州に近いから、親父もやれやれということで大阪行きが決まった。それから足かけ十五年ほど渡辺事務所にいることになります。あの先生のこと、私はあんなに本当の近代建築の行き方を実際の現実的なことについて考えた人は、あの当時のあの年輩の人ではほかにいないだろうと思うのです。大きくいえば、今日の新しい建築の実際の仕事の仕方、ものの考え方、そして金の問題、経営の問題の開拓者だといっていいと思います。

それを一つ一つあげてゆけばきりはないけれど、簡単なことを一ついえば、第一、施工に非常に詳しく、非常に進歩的だったのです。たとえばプラスターをはじめてアメリカから輸入したのも、その言葉を使いはじめたのも先生。それを日本でつくらせて、生石灰から何カ月もかけてふかしてやっていたそれまでの方法にたいして、四十日ぐらいに工期を短縮させたものです。また寸法については非常にやかましかった。これはどこから出たかというと、あの人が鉄道にいたからなのです。その当時の寸法などはノンキなものでしたが、それをキチッと標準化して、そのとおりにしかやらせないわけです。

それから一番大きなことは、図面の合理化でした。その当時はスタンダードといえばみな二〇分の一なのです。それをこちらは全部五〇分の一にした。二〇分の一はほんの要所要所だけで、必要なところがあればちょっとディテールをそえてやる。窓とか階段というのはごく簡単に描いてしまう。ちゃんと標準寸法化されているから、それができるわけです。今日でいえばモデュールのことです。

はじめのうちは請負がなれていないものですから、図面がわからんという苦情が出ます。そうすると五〇分の一がわからんようなのは請負のうちに入らん、勉強してこい、とこうです。それから今度は図面をもとに請負に概算見積りをさせるのですが、こちらでも見当をつけておき、それにプラスマイナス五パーセントの幅を見こんで、上回れば罰金、下回れば褒美を出す。つまり請負の提出する見積りにたいして建築家がコストの検討をし、干渉をする。場合によっては、下請とかメーカーについての検討もできます。大請負の見積りのベテランにたいして、それをいえる建築家というのは当時はありませんでした。またその概算をさせている間に、こっちのほうは時間が稼げて、もう次の仕事にとりかかっているというぐあいです。

こういうことをなぜやるのかというと、関西の実業家の要請によるわけです。というのは関西の実業家は非常に打算的ですから、何日早ければそれでいくらもうかるとすぐ計算します。その要請に応じて、それもたんに行き当たりばったりではない、システマティックな合理化をちゃんとした見識と説得力をもってやったのです。大請負のベテランといっても、あの人には頭があがらなかったです。

本当にあの当時として、あれほどえらい人は少ないと思う。もっとも作品もそれだけこしらえましたが、いま考えてもそれぞれそのころの大建築です。ただし様式――それも主として、イタリア・ルネサンスがアメリカではやった、あのスタイル――のものしかやらなかったのですが。とにかく私の建築家としての基礎は、なんといっても渡辺先生のところの経験でつくられたと思っています。寸法にたいするきびしさ、経済上の問題、経営の仕方、それから様式的な建築。様式というのは様式そのものではなく、陰影だとか線とか面にたいする一つの感覚。そういったものだと思います。そのようなものの見方、考え方が、いまの私の基本になっているのです。

　その渡辺事務所をやめたのはどうしてかというと、これは別に野心があったわけでもなんでもなく、結局は時代変化の自然な結果なのです。十五年もいますといろいろな社会情勢がだんだんに変わり、それにつれて建築にたいする世の中の要請も変わってきます。様式的なものではこなせない条件が出てくる。そこで私は長いあいだいるうちに上の人がしだいにやめて責任ある立場にいただけに、非常に困った立場になってきた。先生の方針と世の中の要請とにはさまれて、ジレンマを感じはじめたわけですね。

と同時にもう一九二二年頃になってくると[1]、こちらもそろそろ世界的な影響を受けてきます。バウハウスとかコルビュジエが盛んにいわれ出したころですからね。それにもともと自分も、学生時代はそれに近いことをやっていたわけですから。

　その二つで、おれはもうこのあたりで、ここの生命は終わりだな、このままでは先生にもいけない、自分にもマイナスになる。おれはもうここにはいないほうがよい……と悩んだあげく、非常に恩顧を受けた先生ですが、どうしても事務所を出ることになったのです。昭和十年頃、四十歳のときでした。

三、もののハシバシをおさえる

自立第一作が、例の森五商店です。いまの近三ビルです。あれはやはり、非常に新しいものでもなんでもなく、若いときの考え方とともに様式をやったということがかなり入っていると思います。どこが様式かというと、色もそうだし窓もそうではないか。一番わかりやすいところは、庇でしょう。

　私は様式というものは、高揚する感情をおさえて一つの方針に織りこんで整理をすることのような気がします。もゝのを殺してころしてつくってゆくことですね。ころすという言葉は日本人には通じると思いますが、その点で一番の問題は窓です。

森五の窓が浅いということで当時相当な評判をいただきましたが、反対にこういうこともあります。そのころは、窓を深くするということのほうがむしろ大変だったのです。しかしエレベーションをこしらえるために、わざわざ窓を深くしていた。

私は渡辺先生のところにいるとき、アメリカへ一度行っています。当時はイタリア・ルネサンスの全盛期で、マッキム・ミード・アンド・ホワイトの事務所――いまのSOMみたいなものですから、そこでやった建物をいろいろ見てきました。すると、主だった建物がほとんどそうなのですが、何十階という高い建物、そして石を使った様式建築でありながら窓は深くないのです。それをみて、ああ窓を深くするということはいかんな、と思いました。なぜかというと、わりあい大きな建物で単純な形のものが窓を深くすると、パースにしてエレベーションをこわす。ことに何十階もある建物が、狭い通りにたいして窓を深くするところはもう圧倒的で、非常にわるいと思ったのです。で、そのころから窓は浅くということを考えていました。

森五をやる前にヨーロッパへ行ったときにも、ほとんど窓ばかり見てきました。するとやはり浅いわけです。それで帰ってきて佐藤先生に窓を見てきたと申しましたら、ああ君はいいものを見てきたね、といわれたことを覚えています。

そんなことで私は、窓には非常に気をつかいます。ただ窓というより、窓と壁との境界ですね。それから壁。条件にもよりますが、私は壁と窓に注意したら、それはアーキテクチュアだといえるように思っています。

これはよくいう話ですが、江戸前のおしゃれでは裏を見るということをいう。それから半衿、そして下駄ですね。これを大切にしている女の人は、おしゃれがうまい人です。これさえうまくゆけば、途中は放っておいてもできます。表には木綿を使っても、裏には絹を使う。これは江戸前のおしゃれのコツです。

それはつまり、建築の微に入り細にわたっての考え方に通じるわけです。人の気のつかないところに注意するということですね。私は事務所でよく、始まりと終わりに気をつけろといっています。たとえば壁面の一番終わりと窓の始まり。それが境界ということですが、そこに気をつけろ。それからスカイラインに気をつけろ、と。そういうハシバシに気をつければ、途中は放っておいてもできるということです。

ですから私は、全体の格好というのはたいして気にしていません。プロポーションをとったり何かするということは、学生でもやれる。しかし本当に自分が建物全体をつねに感じるということは、簡単ではないとよくいっています。つまり、壁面のテクスチュアとか窓と壁の関係、ディテールといったもの。われわれが建物に近づいてみるところ、実際に感触するところはそこだ。これは簡単にはできない、ということです。

大体われわれが建物を近くでみる範囲というものには、目の角度というものがあるわけで、全体の格好などはたいした問題ではないではないか。それを問題にするのは、なにかルネサンスの広場で、記念建造物を見るみたいにする考えに通じると思う。近代建築のばあい、われわれがまちを歩いていて感じる範囲内では、それはそう根本的な問題ではないような気がします。

ですから自分としては人間のスケールで感触する範囲というものを大体設定して、それからぐっと近づいたり、違ざかったりしたばあいの感触も考えに入れて発想します。それに材料の選択とか組み立て方。これはやかましくいう。それから色。色も任せません。そうすると結局、造形の関係というものはできあがるまで気を許すことはできない、ということになります。微に入り細にわたって、ハシバシをおさえる。そうすると建物は自然にできあがる……こういう考え方には、だいぶ反論もあると思いますが、私はやはり、そのところを大切にしたい。というのも結局、私は人間の心にちゃんとかようようなものが建築には欲しいと思うからなのです。

四、職人ということ

そうはいいますが、私は建築というものがじつはよくわからない。本当の話、いまもってわかっているとはいえないのです。

私どもの建築という概念は、歴史とか伝統、教養、ことに職業意識で規定されています。たとえば機能的であるとか構造的であるとか、それらを統一する建築的能力、および思想といったこと。これは近代建築の合い言葉ですね。しかし私はそれではどうも建築というものがつかみきれないのではないか、という気がしてきたのです。これは十九世紀的というか、少なくとも一九二〇〜三〇年以降には通じない、それ以前の言葉のような気がする。

なぜかといいますと、このいい表わし方のなかには社会的なものはなにもない。あるのかもしれないが、強調されてはいない。グロピウスとかミースがこういい始めた時代ならそれでよかったかもしれませんが、二十世紀後半の今日以降は、社会という要素抜きでは正しくいい表わせないのではないか……。

こんなふうな疑問をもって、長いこと私は雲をつかむような模索を続けてきたわけです。そこでちょっと飛躍をして結果だけを申しますと、建築家というのはいったい、いつごろから建築家になったのか、それが一つ疑問だと思う。私は建築家とは職人だ、と思っているのです。

それについては日本での architect の翻訳語の植えつけが、そもそもまちがっていたのではないでしょうか。芸術家という言葉にしても同じことです。西洋の建築家をみると、みな職人のようにみえるでしょう。芸術家一般にそうなのです。それが日本では、何かほかの非常に高邁なものと混同されているのではないか。しかし西洋で建築家というのは、もとはといえば石屋なのです。石屋が一番数学的にもすぐれているから、ほかの人の上にたってものを組み立てる力をもつようになった。

芸術家の方々ともときどきそういう話をします。おれは芸術家ではなく職人だよと。もちろん職人にもいろいろあります。手の職人と頭脳の職人と……。建築家とは頭脳の職人であるのかもしれませんが、とにかく職人だ、という気が私はしています。

それでいうと、デザインという言葉が少しおかしい。さきのハシバシというようなことも、これはデザインなどというものではない、やはり職人です。職人の微に入り細にわたっての一つの芸です。

といってもそれは、いわゆる名人芸というのともまたちょっと違います。私のいう職人とは、そのような芸に堪能になること、また堪能になるための努力の仕方です。あとは、そうした職人たちの集まる、その集まりかたですね。ですから私は建築家とふつうにいわれている人と、なにか少しおれは違うのじゃないか、という実感をもっているわけです。
こんなふうに建築がわからん、と気がついたのは戦争のときからです。

五、土地と生産手段と労働と……建築について

どこがわからないのかというと、少なくとも建築というものはものができた結果であることはまちがいない。しかし結果であるからには、原因があるわけでしょう。そのところがどうしてもわからない。そこでとりとめもないことをいうと笑われそうですが、われわれが、または私が理解しているような建築には、もっと前提があり、建築以前にも建築がありうるのではないか、それは何か、それがあってはじめてわれわれが建築と考えているものが建築になりうるのではないか……というようなことを考えはじめました。その結果、十分とはいえないにしろ私なりに到達した考えというものがあります。

それはなにかというと、一つに土地、二番目に生産手段、三つ目には労働、この三つのファクターが結びついたものが建築だ、ということです。

建築は、いうまでもなく土地の上にたつ。土地がないと、建築はできはしません。ですから、この土地というものには、あらゆる自然的・社会的環境の諸条件が内在し、また表現されていると考えます。

私はこれを仮に地の相、つまり地相と呼んでいます。地上の構築物——あえて建築とはいいません——が建築となるのは、この地相の現象形態と考えることはできないでしょうか。

次に生産手段。これはまず原料および補助原料です。この原料には自然材料もあれば一次製品、二次製品もある。それらにはすでに人間労働が加わっているわけです。さらに原料から建材として製品化されたもの。それらを作る機械、組み立てる機械類——要するに建築という結果ができるまでの過程のすべてがこれに含まれます。

三番目に労働。生産手段に労働が加わると、結果すなわち価値形態ができてくる。ですから私は、これに建築家も含めて考えているわけです。

この三つは、いってみれば一般の商品生産に共通する条件でもあります。しかし特別な場合もありますから建築には注文生産の一品生産品という特殊性があり、これには第一の条件が決定的に作用する。建築の首ねっこをつかまえ

た状態にもってゆくとすれば、この土地だということです。土地というものは経済原論のとっぱなにも出てくるように、破壊することのできない用役をもっている。その上にものが、生産手段によってつくられる。それは労働によるものがおかれる……この三つはどうしても切り離せないと思う。そしてこのなかには否定することのできない社会というものが、土地、生産手段、労働それぞれに織りこまれてきている。こう考えないと、二十世紀後半の建築というものは、どうしても説明できないような要素があるように思うのです。またこれらのなかで、原質的でないものは二番目の生産手段だけです。ですから、これに一番バラエティーもあれば問題も多い。

ところでこのような三つの条件が作用して、建築という一つの結果ができる。しかしそれはじつはまだ建築ではなく、つまりものとしての生産であると考えたい。それが建築であるかどうかということは、社会的に再評価をうけることによって改めて決まる。[2] この再評価ということになるといろいろ問題がでてくる。もちろんものとしての生産にも、いまいったように社会的要素はあります。しかしそのできた結果が、社会的に機能するものでなくてはならない。建築とは、ここから始まると思います。というのは、社会的に機能する以外に建築はありえない。それ以外の建築は、建築と称しえないもの、たとえばたんなる建造物あるいは記念建造物になると考えるからです。

建築が社会的に機能するということは、それが「消費」されるからです。この消費にも必ず「人間労働」が参加するわけです。いいかえれば生産手段は労働の参加で価値をつくり、同じく労働の参加で消費されて価値を実現する。つまりは消費のための人間労働の参加に寄与することで、はじめて建築が建築になる……。さきの第三の条件の労働には、こうした人間労働も包含されるでしょう。

こう考えて、私はどうやら建築を理解する糸口がつかめてきたように思っているところです。

このような考え方を都市計画に延長してみると……もっとも私は、これについてはなにも知識はない。ただ夢のような考えとしていえば、エベニーザー・ハワードの田園都市が一番好きなのですね。ただ計画するということは、私はまったく重視していない。自然発生的になんでも通していったらよろしい、と思っている。もちろん野放しではなく、ある程度の規制と整理は必要ですが。

自然発生的な都市のいい例がニューヨークです。もっとも将来の計画はあるそうですが、ああいうふうにダウンタウンからアップタウンのほうへどんどんのびてゆくと、自然にダウンタウンの価値が落ちますね。そのとき自然に整理すればよい、という考えです。はじめから規定して、ここは住宅地、ここは官庁街、高速道路……などと計画することは、私は疑問だと思います。東京の高速道路なども私にはよくわかりませんが、なにもああはしなくてもよかったのではないか、あのようなかたちではたしていいものだろうかと思っています。

もう一つ自分の考えをいってしまえば、私は高い建物もどうかと思うのです。[3] 低いと平面的に広くなる。そのほうがよいと思う。建物を高くするということは、私のいう地相を過度にすることで、土地に限度をこえた負担をかけ、その結果地相を破壊する。たとえば建物を高くして空地をよけいにとり、それが駐車場に利用されたからといって、われわれの生活にどれだけプラスするか。私からいわせれば、そういう社会は決して良くならぬ。そうでない社会のほうが好きだということになるわけです。

六、デザイナー無用の論

それでいうと私はそうとう先走った考えですが、デザインするということはいずれ本筋からおしやられて、なにか別のものになる可能性があると思っているのです。というのは、たとえば生産手段に労働の加わり方がだんだん高度化されてきますね。ことに資本主義社会ではそれがエスカレートされると思うが、生産手段そのものが進歩すれば、それに加わる人間労働もまた、労働の質的変化を被ります。そしてつまりは素人でもできるような状態になってくる。特別に建築家を通じて、いわゆるデザインのようなものをしてもらわなくても、だれにでもできるような社会になってくると思うからです。またそういう状態にしなくてはならないと考えています。

もちろんそれがすべてではなく、なかには特別のデザインを要するものも残るでしょう。たとえば政治目的とか宣伝目的など、特殊な機能が要求されるものです。しかしそれはあくまでもなにか別のものであって、われわれがしなくてはならないものとは少し縁が違うような気がしているのです。

これは例として適当かどうかは知りませんが、たとえば民家の良さにしても、あれはいわゆるデザインをしたものかどうか。建築家のような特別な人間がとくにデザイン的な工夫を加えたものかどうか、といえば、どうもそうではない。素人でも百姓でも皆が寄ってきて、何百年もかかってだんだんと積み重ねていって、はじめてあのような良さが出てきたのではないか、あれが建築というものではないかと思うのです。そしてそれ以外に、城をこしらえたり、寺をたてたりすることは、なにか別のものだ……と。

つまり、われわれ大多数の生活から考えてみますと、われわれが喜んで労働し、喜んで生殖するという本能。それに匹敵するものがなにかあるかというと、案外少ないのではないかと思う。そうしたわれわれの生活にとって一番必要なものをアレンジすることだけが、建築家の任務ではないか。それと特別なデザインを要するものの二つを一緒にして、建築とはなにかということを詮索しても、なかなか本質はつかめません。これは、はっきり分けて考えなくてはならない問題ではないか、と思うのです。

そうすると、やはり本当の建築とはだれにでもその良さがわかって楽しめるもの。そのかわりだれにでもできるものだ、ということになるのではないでしょうか。社会がいまよりもずっと高度化したらそうなる。そのような社会では、一人一人の人間が、いまよりもはるかに高度化された有能な労働力として、デザイン分野の幅も縮められるのではないか。そうした方向への高度化でなくてはならない、ということです。

これは私がドイツ文化研究所をやっていたときに実感したことですが、こちらは専門家としていろいろデザイン的な工夫をこらしている。そこへドイツの大使がやってきて、ここはこうしたらどうかなどと意見を出すわけです。もちろん素人なのですが、それが意外にこちらの盲点をついていたりします。たしかに当時のドイツは日本よりも高い文化をもつ社会だった。そういう社会の素人のごくふつうの感覚が、低い次元の社会の専門家よりも、一枚上だということがある。民家がそうである。普請をたくさんやった人もそうである。

ですから低い次元ならいわゆるデザインということもありうるが、生産手段も人間労働もより高度化された社会では、そんなことはだれにでも自然にできてしまう。われわれが労働の歓喜を味わい、生殖を楽しんでゆくのと同じ、

日本興業銀行本店

ごくふつうのこととなる。つまり、デザインのいらない時代になりうる。また、こう考えないと、デザインというものがあまりにも特別なものになりすぎるのですが、これが建築文化社会であって、デザインを多く要するのは「文明」社会であると思います。この文明的デザインのうち、どれだけが文化形態として残るでしょうか。

このように考えてきてどうやら自分のやるべきなのは、どっちの方向かということが少しずつわかってきたようです。結局私がハシバシに気をつけるとかどうとかいうのは、人間にたいする感じをよくするという意味で、われわれが気持ちよく生きてゆくということに尽きるわけですから。

七、つくることは労働

ところで建築家を第三の要素の労働に入れることについては、皆さん、そうとう異議をもたれ、反論もとなえられることと思います。それでは建築家としてのパーソナリティとか、創造力の問題はどこに含まれるのか、それは頭脳労働、精神労働として別のファクターになるのではないかと。

しかし私は、それを別にしないほうがいいと思う。それがいぜんとしてデザインなのです。建築家も、やはり労働者です。私は建築家が頭脳労働を、一般の労働者とはなにか違ったものだと思いこむことはまちがいだと思っています。ルフェーヴルをひきあいに出すわけではないが、彼は芸術の創造活動もやはり労働としてつかまえるべきだといっています。精神労働と肉体労働とを同じく労働としてとらえ、ただそれが高度に洗練されていった頂点のところに芸術労働がある……と。私、これは本当だと思います。

建築における頭脳労働、精神労働を、もうちょっと立ちいって考えますと、平面計画とか機能の分析といった純然たる頭脳労働がある。これは、より高度化された社会になれば、生産手段のなかに入ってくるでしょう。そうした社会でより高度化された人は、そんなことは別に工夫をこらさずともそのとおりになってしまうと思うからです。

パーソナリティとか創造の問題。これは私ははっきりと、三番目の労働に入れたいのです。建築家のパーソナリティがその作品ににじみ出てくるのは、これはもう自然現象のようなものでやむをえないと思う。建築家も労働者としてそれに参加しているのですから……。創造の問題にしても同様です。建築家の設計という仕事も、すべて原料の鉄をつくったり、石をたたきコンクリートを流しこむ、それらと同じところにつながっていると私は思っているのです。

しかしここで私の論旨は、一つの矛盾につきあたります。建築家の個性がつきまとっているあいだは、まだ私のいう本当の建築ではない。建築は社会に出て再評価を受けてからはじめて建築になる、と申しましたが、それはいいかえれば、その再評価を受けた瞬間から建築家を離れてゆく。つまり個人から離れて客観性をもってくるということです。つまり、より社会的になるということは、より純粋に客観的になること。個性から離れない限りは、社会的にならないわけです。私がデザインにたいして疑問をもつのは、どうしてもそこに個性がつきまとってくるからです。繰り返しいうとおり、社会がもっと高度化されて、だれにでもできる状態になれば、こういう問題も解消されてくるでしょうが……。

八、矛盾を原動力として

このように私は自分の考えるところをのべてまいりましたが、しかしお前の実際の仕事は、こういった主張とはウラハラではないかと反論されれば、そのとおりだと申し上

げるほかはありません。そこに私の大きな矛盾があるわけです。(4)

ですから自分自身反省もし、悩んでいろいろ考えてもきたわけです。しかし矛盾ということは、それを自分の力で解決することにより、自分を高める原動力となるものと思います。矛盾とはものごとを進める一番大切なファクターだと思っています。社会はそれが進歩の過程にあれば、必ず矛盾をはらんでいるものです。資本家的社会の原動力——自転の原動力でありいわゆる弁証法の原点のようなものではないかと考えます。

たとえば、生産手段と労働の組み合わせ。これにも当然、大きな矛盾が含まれています。私見をのべますと、その二つの条件の組み合わせは、どちらかを横軸としどちらかを縦軸として、一定量を生産すると仮定しましょう。するとその一方の軸が変化すれば、他方の軸も変化します。そのとき、同じ面積の変化の軌跡は、サイン・カーブをつくるでしょう。もっとも数学のことはよくわからないのですが、このサイン・カーブを水平軸に転移すれば、いわゆる単一弦運動となります。これは機械のほうでいうところの、仕事中は遅く、仕事を終えれば早く、もとの位置にかえって再び仕事のために始動する、それと同様で、この緩急が高度化の行程になり、ますます生産手段の生産も消費も大量化し、放任すればその速度をはやめるすなわちエスカレートするでしょう。そこへいわゆる、労働の流動性が加わるようにもなる。

ところがこのような労働と生産手段の組み合わせが、人間のために幸福を約束するとは限らないでしょうし、そのことに関してはいろいろの説もあることで、これについてはまた私などがあれこれあげつらう資格も、学殖も正直なところありません。しかし私としては、現代のような専門分化、細分化、そして矛盾の拡大による闘争——そういったものはすべて過渡期の現象である、と考えたいのです。成熟した生産条件をもち、人間労働が高度に有能化された社会に到達するまでの……。

私どもは、あまりに形而上的に教育されてきたようです。そのため形而上的なものから形而下的なものへの移行につれて、いろいろ矛盾を感じて今日にいたり、いまもって暗中模索の状態にあるわけです。(5) いくら煉瓦を、鉄を打ちくだいても、これが建築だという答えが出ない。そこで形而下的なものから止揚して、じかにもの、そして心を観照し——私は信仰者でもなく、おまけにやや大仰ないい方ですが——神に通じる、あるいは人間に通じるものを探し求めること以外に何があるだろうか、と考えあぐねているところです。私自身の迷いのようなことに終始しましたが、大方のご教示をいただければ幸いです。

＊『建築年鑑』（昭和四十年十一月刊　宮内嘉久編集事務所　美術出版社）所収。

【註】

（1）一九二二〜三年頃からはじまって、三〇年頃になってくると…、三〇年にいよいよ渡辺先生の膝下を離れる。

（2）価値論の問題およびこれに伴う哲学上の問題について、もっと話すべきであったと思う。

生産手段の変化は、同時に生産過程における労働の質と量とにかかわる。これらの点についても、十分のべるべきであった。

（3）低層密集計画論、高層建築は高度消費につながり、種々には危険性をはらむ。また高層建築は、都市問題の解決の唯一の方法ではない。

（4）矛盾は自転をはらむ。捨象によって社会的となる。社会的となることは、計量のできることを意味する。

矛盾を自転させることがすなわち、資本主義社会。これを他動させることは、反資本家的社会となる。捨象することは、進化すること。すなわち弁証法的解釈の土台ともなる。矛盾と捨象は、車の両輪。自由にすれば自転する。

（5）ヘーゲルのことを考えていた。

【補注】　私の申し上げたことの意味が、十分に表わされています。註記したところは、話をした際に、私の脳裏を往来していたことを書き加えたものである。

編集者の好意にたいし、原文の赤字訂正はやめて、訂正、加筆は特に示したところのほかは、註記によることとしたい。

文中、渡辺先生に関する点は、渡辺節先生の追憶のなかに書いています。重複することをお許しください。

建築いまむかし

唯物論的建築

――このたびの文化勲章のご受章、本当におめでとうございます。

どうもありがとう。長生きしたおかげで、光栄に浴することができました。皇居でのお茶の会でも、年長者ということで陛下の横に席を与えられ、お話の皮切りをさせられて、弱っちゃった。

陛下は建築のことまでよくご存知でね。話題をいろいろ出されるんで、面くらいました。陛下がいきなり「12チャンネルで、日生の弘世（日本生命弘世現社長）と対談していたのを見たよ」とおっしゃったのには驚きましたよ。びっくりして「陛下、テレビなど、よくご覧になるのですか」っておたずねすると「見るよ」と笑ってお答えになったが、これでその場の空気がぐんとくだけて、なごやかに話題が続いてホッとしました。陛下はテレビも新聞もよく読んでおられるようで、話題が本当に豊富でいらっしゃいますね。

――村野さんはどんなお話を中心になさったのですか。

近く赤坂離宮を迎賓館に改装する工事が行われることになっており、まだ非公式ですが、私個人の資格で設計のことやなんかで建設省に協力する内命を受けているので、赤坂離宮のことが話の中心になりました。

前に芸術院賞受賞のとき（三十七年度）も同じような形式のお茶の会に招かれましたが、あのときは芸術家ばかりで専門の畑の硬い話が多かった。だが今度のは本当にくだけてなごやかな会でした。皆さん、いろんな思い出話に花を咲かせたりしてね。ついつい予定の時間を過ごしてしまった。

――村野さんの今日までを振り返られて、なにか一番感銘を受けられた思い出話などから、お話をうかがうことにしたいと思いますが。

思い出話といえば、いまちょうどソ連の革命五十周年記念のパレードや、いろんな催しがモスクワで行われていますが、私は四〇年近く前、ソ連を訪れて建築についての一つの開眼をしたともいえるので、その話をしたいと思います。

私がソ連を訪れたのは、一九三〇年。レーニンが一九二四年一月に死んだのですから、レーニン没後六年目でした。ソ連に行った目的は、各国のデパート建築を見学する途次、革命後十年のソ連の建築を一見しておきたい、それが一つの大きな目的だったのです。当時はわが国でもプロレタリアレアリズムとか〝唯物論的建築〟ということが問題になりましてね。唯物論の本山がソ連でしょう。その本山のロシア建築の現状を自分の目で確かめたかった。シベリア鉄道で行ったのだけれども、釜山から朝鮮鉄道に乗ったとたん、ソ連に行くというと奇異の目でにらまれるような時代でした。

モスクワに着いて、まず革命記念塔の設計入賞者のタトリンという人を裏町の自宅にたずねました。ちょうど朝だったもんで、通訳の話によると彼はスウェーデン系で、紺色のシャツを着こんで紅茶を飲んでいるところでした。私と同年配ぐらいだったが、彼の口をついて出る言葉は、資本主義先進国に対する〝追いつけ追いこせ〟のファイトと確信で、この気概には打たれました。記念塔の写真にサインしてくれましたが、私はこの写真をずっと今日まで机の上に置いています。

——ところでソ連の百貨店はどうでした。

モスクワでベスニーンという人の設計した百貨店を見ました。実用を重点にした配給所といった建物でしたが、それがいわゆる唯物論的な建築なのですね。建物の印象は大きなガラスが多く使ってあり、荒目たたきの人造石の仕上げで、合理主義一点張り。装飾性とか、商業性とかいうものが全然ない。薄墨《ズミ》の色一色です。

——実用本位ということはわかりますが、息がつまるような気がしませんか。

ええ、そのなかにあるものは人間の感情などは無視されて、用にたつものだけですからね。だが、それにはスラブ人という人種的な問題もあるのじゃないかと感じました。徹底した合理主義のなかに、かえって冷たい美しささえある。労働者はいまでいう1DKくらいの狭いアパートで共同炊事だが、質素ながら身なりはきちんとしていた。ホテルのクロークで、オーバーを取ってくれたボーイにそっとチップを渡そうとすると、その手を払いのけて受け取らない。革命や内乱でさんざん荒廃した時代だけに、こんな青年を見ると、これは、いまにどえらい国になるぞという予感がしました。

一冊の薄い本

——ソ連の唯物論的建築のことをうかがいましたが、村野さんがそれでなにか大きな感銘を受けられた、という点があるのでしょうか。

大いにあります。あるというより、私の半生の方向を決定するほどの感銘を受けたという方がよいかもしれません。ただしそれはモスクワの百貨店からではなくて、レニングラードでふと手に入れた一冊の薄っぺらな建築の本からですがね。

モスクワは教会を取りこわし、新しい町づくりに懸命だったけれど、レニングラードはモスクワほどのことはなく、まだまだクラシックな味わいの残された町でした。この町でチェルニコフという人の書いた建築の本を手に入れたのですが、ページをめくってゆくほどにウーンとうなってしまいましたね。大げさに聞こえるかもしれないが、ひっくり返るほど驚いた。それまで私どもは、様式のでき上がった建築を学んできた。つまり完成された結果だけを教わってきたわけだ。だからややもすると結果だけがすべてだと合点してしまって、それに至る過程を見失ってしまう危険がある。ところがこの薄っぺらな本は、建築の物心両面を根本から順を追って説き進めているようである。直線とか円とかという基本の形があって、その基本の形がいろいろ組み合わさり、その組み合わせに理知が働き、人間の感情に共感するものがつくられていって、建築というものに進んでいくのだということが、さし絵をいっぱい駆使しながら、言葉はわかりませんがわかりやすく説きおこしているようです。

ソートフォームといいますが、われわれの感情、情緒の中に直線とか円とかという基本形があり、これに条件、理知を加えると建築というものになる。この建築になる前の心理的変化を経てくるものを図式によって説明しているのだから、私は文字どおり驚倒してしまったのです。あまりの感銘に、その著者・チェルニコフに手紙を出しました。

――返事が来ましたか。

来ましたよ。別に二冊も本を送ってくれたりしました。あとで話に出ると思いますが、私がちょうど独立して「そごう百貨店」を手がけていたころなので、その設計図も送りましたが、これは〝商業主義的デパート〟というので、検閲で止められて彼の手元にはどうも届かなかったようです。しかし、いずれにしても、えらい民族だと思いましたね。アメリカが文明に毒されているのに、ソ連はそうじゃない。文化が遅れているためではありませんよ。えらい国だといまも思っています。

えらいといえば、当時のモスクワ大学の学生にも感心しました。モスクワ大学で建築関係の教授らに会っていろいろ意見を交換し合い、学生ホールも見学しましたが、その清潔な感じには感心しました。建物は非常に古いが内はきっちり整とんされ、すがすがしい。質素だが服装もきちっとしてその中で静かにチェスなどをしている学生がいる。私は、これが革命で荒れすさんだ国の学生かとびっくりしてしまった。その当時、日本の左翼学生など、肩で風を切って歩いていた。だから本場のモスクワではさぞかしもっとひどいものだろうと覚悟していたのだが、期待は裏切られたわけだ。大人なのですな。(1)

――日本では現在でもあまり変わらないようですね。

そうですかね。早稲田大学の文学部の設計を依頼されたときに、大学当局から建物がよごされないように壁面は白以外にしてほしいと注文されましたよ。学生がきたない手でよごしたり、ひどいのになると足をけり上げて足型をつけるというのですね。

だが私は学校の反対を押し切って、あえて白い壁面にしました。建物がよごされるのは、その建物にも責任がある。本当によい建物、立派な建築であれば学生もよごさないはずだ、と大学側を説得しました。立派な純白の壁をよごすことは、学生としても勇気と決心がいりますよね。その後いくどか文学部をたずねますが、よごれていませんね。建物は人間の情緒に訴える大きな力を持っているんです。(2)

鉄やコンクリート、煉瓦などといった非情な材料を使って組み立て、人間と交流する建物になるわけだが、その過程をしっかり私に認識させてくれたのはモスクワの建物ではなく、レニングラードでの薄っぺらな一冊の本だったというわけです。唯物主義の国から、かえって建物の精神性を教わったのです。

たどりついた〝道〟

――村野さんは戦前から大阪に住まわれて、いまでは根っからの大阪人のように思われていますが、お生まれは佐賀県唐津、本籍は北九州市の八幡だそうですね。

ええ、そのとおりだったのですが、最近本籍はいま住んでいる宝塚の方に移しました。出身地は？と聞かれると、唐津と八幡を使い分けているのです。普通は八幡の方を使っていますが、これは唐津で生まれはしたがオヤジが福岡出身で仕事の関係で十歳くらいで八幡の方に移り、そこでずっと育ったためなのです。

八幡で工業学校を卒業して、すぐに大学に進学したわけではなく、八幡製鉄に一年くらい勤め、そこで図面をひく仕事をさせられ、間もなく一年志願で兵隊にはいったのです。三年おれば将校になれたのですが二年目で軍隊はゴメンこうむり、早稲田大学に入学しました。入ったのは電気科です。なぜ電気科に入ったかというと、当時田舎から東京の大学に出てきて、将来は建築設計で身を立てるなどということはとうてい考えられなかったのですね。建築などというのは、非常に特殊な学問だったのです。

――それをどうして建築に変わられたのですか。

大学に入ってだんだん視野もひらけ、自分や周囲がわかるようになってくると、自分の関心は建築に集中していることに気づいた。自分は建築に向いていると思ったわけですね。そこでいよいよ決心をつけるため、福岡出身の人で早稲田の助教授をしていた先輩に手紙を出して相談してみた。この人の答えはいまも覚えているすばらしいものでした。

「建築をやるのに適性かどうかを判別するには、まず文学に興味をもてる能力があるかどうか。次に数学に興味をもつ能力があるかどうか、という二点によって判断せよ」という返事だったのです。

文学に興味のもてる能力というのは情緒を愛する人でなければならないということ、数学に興味をもてる人というのは構成力のすぐれた人でなければならないということです。ブルーノ・タウトも「絵の上手な人が、必ずしも名建築家であるとはかぎらない」といっていますが、建築家たるためには、どうしてもこの二つは必須条件のように思います。数学といっても、ここでは代数のようにワンステップずつ解き進んでいく能力よりも、幾何学的頭脳のように、ある結果をひらめきのように予見して、その予見した結果を分析証明していくような能力をいうのですが、数学的頭脳だけでも、もちろんだめだと思います。

——最後の決心をされるまで、ずいぶん考えられたでしょうね。

いろいろ考えた末の転科の決心でした。ところがいよいよ転科しようと願い出たところ、ダメだという。電気から建築への転科は認められないというのですよ。そこで、当時の予科長で英語を教えていただいていた安部磯雄さんにいくども願い出ましたところ、それなら時間外に勉強して自在画にパスすれば認めてもよい、ということになった。自在画はいわゆるデッサンのことでいささか得意だったので、うまくパスでき、やっと転科が認められたというわけです。

——当時安部さんといえば治安当局からあとをつけられておられたのではないですか。

そのとおりですよ。安部さんの後ろから、いつも刑事がついて歩いているような時代でしたね。だが、この安部さんから私は一生残る教訓を受けましたよ。当時、安部さんは英語のテキストに、ミルの経済原論の原書をお使いになっていたと記憶しています。暑いときでも冬服の背広のボタンをきちんとかけ、端然と講義をなさっていたが、学生が暑いためざわつくと「諸君、上着をとり、扇子を使ってよろしい。だが、他人には迷惑にならぬように」と注意された。自由にしてもよいが、秩序は守れというわけです。そして自分ご自身を持するには厳格そのものなのです。この基本的な考え方は大きな教訓となって、いまだに私の心を規制する大きな力になっています。

考えてみれば八幡製鉄以来、いろいろ道草をくって、やっと建築の道にたどりついたわけですが、これらの道草はすべてムダではなかったし、かえってプラスになっていると思っています。

恩師の思い出

——村野さんが、早稲田の建築科で勉強された頃は、有名な佐藤功一先生がご健在で「東の佐藤、西の武田（京大武田五一教授）」といわれた時代ですね。

そうです。佐藤先生に建築史、内藤先生（内藤多仲教授）に構造学、岡田先生（岡田信一郎教授）にデザインを教わりましたが、いずれも一流中の一流の先生たちにじきじきに教えを受け、先生運に恵まれたわけです。

佐藤先生のルネサンスの講義はなんといっても後世に残る名講義だったと思います。[3] 先生はいつも原書をもとに講義されるのですが、興いたって講義に熱をおびてくると、両手を上に持ち上げたり、はげしく振ったりされて、それは名調子のものでした。私は建築家としての夢とプライドを、この佐藤先生のルネサンスの講義からいただいたと思っています。また建築にたいする情熱や人間の高さについても、先生から教えられるところが大きかったと思います。

内藤先生は、近くに寄りつけないほどこわい先生でした。まだ東大の大学院の学生の頃から講師として早稲田で教べんをとられたということです。大正十年から建築学科の主任をなさっていました。岡田信一郎先生も佐藤先生の東大での後輩ですが、建築を志すものは自分の欲する形を自由に立体芸術として表現できるように、というのでデザインに重きをおいて教えておられました。このように大学でよき師にめぐり会えたということは、本当に幸福だったと思います。

――大学を出て就職された大阪の渡辺節建築事務所の渡辺節さんも立派な方だったと聞いていますが。

大学を卒業したのは前にも申しましたように、いろいろ道草をくっていましたので二十七、八歳にもなっていました。当時、東大の建築を卒業して朝鮮で仕事をし、京都駅をつくって建築事務所を開設なさった渡辺節先生のところでお世話になることになりました。そのとき渡辺先生は三十七、八歳だったと思いますが、先生こそ民間建築家として本当に建築家らしい建築家の最初の方だったといえるのではないでしょうか。

仕事の面では、大学のとき以上にきびしく鍛えられました。すべて近代的にテキパキと処理される方でしたが、私のやった仕事が気にいらぬと見てもいただけませんでした。ごきげんを損じると、とりつくしまもないのです。つねづね、売れる図面でなければ描くなとおっしゃっていました。先生は建築での面と影のデリカシーをたたきこむために様式建築を深く追究してやれともいわれ、われわれにその基本的な勉強をおろそかにしないよう注意されました。このように本当にやせるほど厳格に鍛えられましたが、そのおかげで様式建築のことであれば、どんなものでもこなせるという自信ができたのだと思います。この渡辺節先生には十五年間にわたって教えを受けました。

――アメリカに留学なさった一回目は、その頃のことでしょうか。

そうです。たしか大正十年から十一年にかけてのことです。そうそう、ちょうどその頃、ワシントン軍縮会議が開かれていて、戦艦陸奥を廃艦にするかどうかが問題にされているということでした。アメリカに行くことを命ぜられたのは、渡辺節設計事務所が設計中だった興業銀行の丸型大金庫の買付けと、大阪商船ビルの外装用テラコッタを検討してくるというのが目的だったのです。だが、それはあくまでも表向きのことで、これを機会にアメリカの建築をゆっくり見学して勉強してこいという先生の温情があったのです。だからニューヨークで下宿をして、いろいろの建築を勉強したりしてのんびりした留学をさせていただきました。最近、家内を伴って渡米しましたが、あの頃のことがなつかしくニューヨークの下宿のあたりを訪れました。するとどうでしょう、まだあのときのままの姿で下宿が残っていました。なつかしかったですねえ。

独立のころ

――渡辺節建築事務所で十五年間、渡辺先生のご指導を受けて後、独立して最初に発表されたのが八階建てビルの森五商店だと聞いていますが、この建物を見たブルーノ・タウトがひどく感心したといいますね。

ええ、森五商店はたしか四十一歳のときの独立第一作といえる建物です。あれははじめ七階であったのを、あとで継ぎ足して八階になったのです。あの建物は、いわば渡辺先生のところで薫陶を受けた様式建築のエッセンスを注ぎこんだようなものですよ。

あの建物の一番の特徴といいますか、意を用いた個所は実は窓なのです。ちょっと専門的になりますが、あれができるまで日本のビル建築の窓は、だいたいに窓を深くするのが一般的だったのです。私はこの傾向にあえて反して、窓をいかに薄く仕上げるかに苦心を払ったわけです。森五商店の設計をする前にヨーロッパ各国の建築を見て歩いたのですが、当時のヨーロッパ建築は窓を薄くしていましたね。オランダのデュドックが作ったアムステルダムの新聞社の建物の窓の美しさには、特に魅せられました。帰国して、早稲田の恩師の佐藤功一先生にお会いしたとき、先生が「ヨーロッパでキミは一体何を見てきたかね」と聞かれましたので「ハイ、窓を見てきました」とお答えしたところ「ふーん、窓をねえ。なるほど、窓とはいいところに気がついたね」とひどくおほめいただきましたよ。

まあそんなわけで、森五商店には渡辺時代の修業の成果を窓に集中したともいえますね。それに外観を渋い色彩に統一して仕上げたことです。タウトにほめられたというのは、昭和七、八年、タウトが来日したとき、あの建物を見て、やはり窓や色彩に感心してくれたのだと思います。

——森五商店の渋い色彩と薄い窓のすぐ直後に手がけられたのが大阪のそごう百貨店ですね。これは森五商店とは全然違った感覚の建物ですね。そごう百貨店は昭和五年ごろ設計にかかり十年に完成したと聞いていますが、現在でもモダンな建築として立派に通用するのですから、完成した当時の反響は大きかったことでしょうね。

そごうをつくったときは、まったく捨身でしたね。デパートというものは大衆にアピールしなければならない商業建築の極限にあるもので、一歩踏み誤れば人間感覚を悪用した堕落した建築になりかねない。そごうと討死するつもりで、設計にあたりましたよ。

そごうを担当したいきさつはこうなんです。あの百貨店の創立者で、現在顧問をしておられる木水栄太郎社長が私ともう一人の候補者から設計図を提出させて、最後に、村野は工業学校を出ているから機械室のことがわかるだろう、と私に決められたというのです。当時、隣の大丸はすでに完成して、はなばなしく開店していたし、御堂筋はまだ拡張工事中で舗装もできていない。そごうとすれば、文字どおり、のるかそるかの瀬戸ぎわだったのですね。

その木水さんが私に「村野君、われわれは今度の工事にそごうの運命をかけているのだ。そごう興廃の運命の六割は君の設計の技量いかん、四割がわれわれの商売の仕方いかんにあると思っている」というのですよ。私はガク然として「とんでもありません。木水さん、それは逆で六割が商売、四割が建物ですよ」といったが、木水さんはガンとして〝建築六割説〟を固持された。そして「だから、キミはそごうにとってはかけがえのない大切な人なのだ。病気でもされたらそごうの存亡にかかわる」などといわれて、私をさかんにゴルフにひっぱり出してくださった。だが、そごうの興廃の六割もが村野の肩にかかっているからというので、誘われたゴルフではおちおちショットを楽しむこともできなかったですよ。だからいくらゴルフをやっても上達しません。四十年もゴルフをやって、いまだに二七です。

——出だしが悪かったわけですね。（笑い）

いまだにゴルフが上達しないことについては木水さんを恨む（笑い）が、人生意気に感じたんですね。この人のためにならそごうの建築に自分の建築生命を投げ出してもいい、本当にそんなに思いました。

デパート・劇場

——そごう百貨店にかぎらず、デパートの設計などは、そのデパートのコマーシャル・ライフが、設計のいかんにかけられているかと思うと、責任の重さに身の細るような思いをなさるでしょうね。

そうですね。責任の重大さにあれこれ思い迷うこともありますね。大衆にアピールする建物でなければならないし、だからといって、堕落して建築家としての良心を売るようなものでもいけない。そごうのときは、どんなものにしようかと〝青い鳥〟を求めて外国を見て回りましたよ。

——どこで〝青い鳥〟をつかまえたのですか。

〝青い鳥〟は外国のどこにもおりませんでした。結局、日本に帰って仕事部屋でいろいろ考え、自分の力で作り出すより仕方のないことを悟りました。先方も当時の金で五百万円、現在の金高にすれば三、四〇億円もの仕事を、この私の腕とエンピツ一本にかけておられるのですからね。(4) 私としてはなんとしてもそれにこたえなければならない。そごうの場合、木水さんらのご期待を裏切らず、どうにかあのような作品を生み出すことができ、ほっといたしました。

——三十年余もたって、いまなおあの建物はしゃれたコマーシャル・ライフをもっていますね。その後、神戸大丸をやられたが、これはそごうとはがらっと変わった印象の建物ですね。

そごうが終わって、今度は大丸の社長だった里見純吉さんから神戸大丸をやれというお話があった。そごうはこれからどんどん躍進していこうというデパート、大丸はすでにしっかりした客筋をつかみ、でき上がったデパート。だから大丸の里見社長のおっしゃるのには「ボクのところは箱さえつくってくれればいいんだよ」。注文はただそれだけでした。これはまたむずかしい注文ですよ。里見さんは当時一流のデパート経営者であり、建築さえできればそれが少々どのような形であれ、商売だけでデパート経営の勝負はしてみせるから、気楽につくってくれていいよというお気持ちでおっしゃったのでしょうね。

だが私としては、そういっていただいたからといって、力を抜くわけにはいきませんよ。かえって、どんな箱をつくろうかと苦労しました。そして大丸の場合は、大衆の情緒に訴えるために窓を美しくすることに主力を注ぐことにしました。建築の窓は、女の襟《えり》足と同じ。人目につく、大切なポイントですからね。

その後、この建物が完成し、これが神戸を通る汽車の車窓からよく目につくために、いまも健在の東大の教授の目にとまり、『中央公論』で「あの窓には村野の人柄がよく出ている」とほめられたことがありました。知る人ぞ知る。見るべきところを見ていただいたとうれしかったです。

——デパート建築には、いろいろ隠された苦労があるのですね。

さっきもいったとおり、コマーシャル建築は、どのように大衆にアピールするかの限界の見きわめがむずかしいのです。一歩アピールの仕方を誤れば、その建築は堕落してしまいますからね。

——デパートだけじゃなく、劇場も大衆を相手の建築というわけですが、昭和三十三年にできた大阪の新歌舞伎座の思い切った外観などはずいぶん話題になりましたね。

新歌舞伎座の外形などは、まったく一歩踏みはずせば鼻もちならない俗悪な堕落に陥るきわどいきわみを歩いた作品です。あの外観の連続した唐破風のデザインなど、とかくの批判も受けましたが、そうそう簡単な思いつきで生まれたものではないのですよ。いまでもちょっとやそっとではできないアイデアだったと自負しています。まして、彫刻家の辻晋堂さんがデザインされた新しい造形の鬼ガワラなんか、うまいもんだ。心服させられる作品ですよ。デパートでも劇場でも、何十億という建築費のかかる建物を設計者にすべて任せられるのだから、建築家たるもの責任の重さに慎重ならざるをえません。一歩誤れば、恥を千載に残すことになるのですからね。

音響効果

——劇場やホールは音響効果が生命だと思いま

す。来月二度目の来日をするフランスのバリトン歌手、ジェラール・スーゼが、この前日本で歌ったとき「八幡市のホールは実に気持ちよく歌えた。一体こんな音響効果のよいホールをつくったのはだれなのか、その人にぜひ会いたい」ということになって、村野さんに連絡したことがありましたね。ホールなどは歌だけでなく、講演、芝居、演奏と多目的だから、設計には特にご苦労なさるのじゃないですか。

そんなことがありましたねえ。所用があったのでスーゼ氏には会えず残念でしたが、音響効果はホールの重要なポイントですね。だからわれわれは、だいたい音響学者に専門的なことは相談することにしています。

八幡のホールをおほめいただいたが、宇部の市民館の音響効果も、中国筋唯一の本格的な音楽堂だと定評をいただいているらしいですよ。かつてバイオリンのなんとかいった大家、そうそうメニューヒンが宇部の市民館でひいて、大いにおほめいただいたといいます。

――村野設計の音響効果には、何か秘けつでもあるのですか。

秘けつといったものでもないですが、自分で音響効果というものをはっきりつかんだのは、大阪の朝日会館ででした。ブルーノ・タウトが来日したときだか昭和八年ですか、彼の講演があそこであった。私もマイクなしで話したが、声が後ろの客席までスーッと通ってたいへんよい。なぜだろうといろいろ研究しました。あそこの壁は新聞の紙型を使ってあって柔らかいが天井はかき落としで堅い。客席に人がいないときはエコーが残るほど堅いのです。それくらいの堅さがかえって客席に八分どおり人がはいると、ちょうど最高の音響効果を発揮するのだということがわかったのです。あのころはホール建築は残響を恐れて、音を吸い取ることばかり考えていましたからね。まあコツといえば、残響の長いくらい堅くするということですか――。

――日生劇場なども、その村野方式でおやりになったのですか。

あそこは、もっと綿密な実験などをやって決めました。十分の一の模型を作り、東大教授の石井聖光先生に依頼し、そこで音を実際に出して、その反響や残響をグラフにとって、いろいろ修正を加えながらああいった曲線の壁ができ上がったのです。工事途中で、こけら落としにはベルリンオペラが来るということに決まった。ちょうどそのとき、

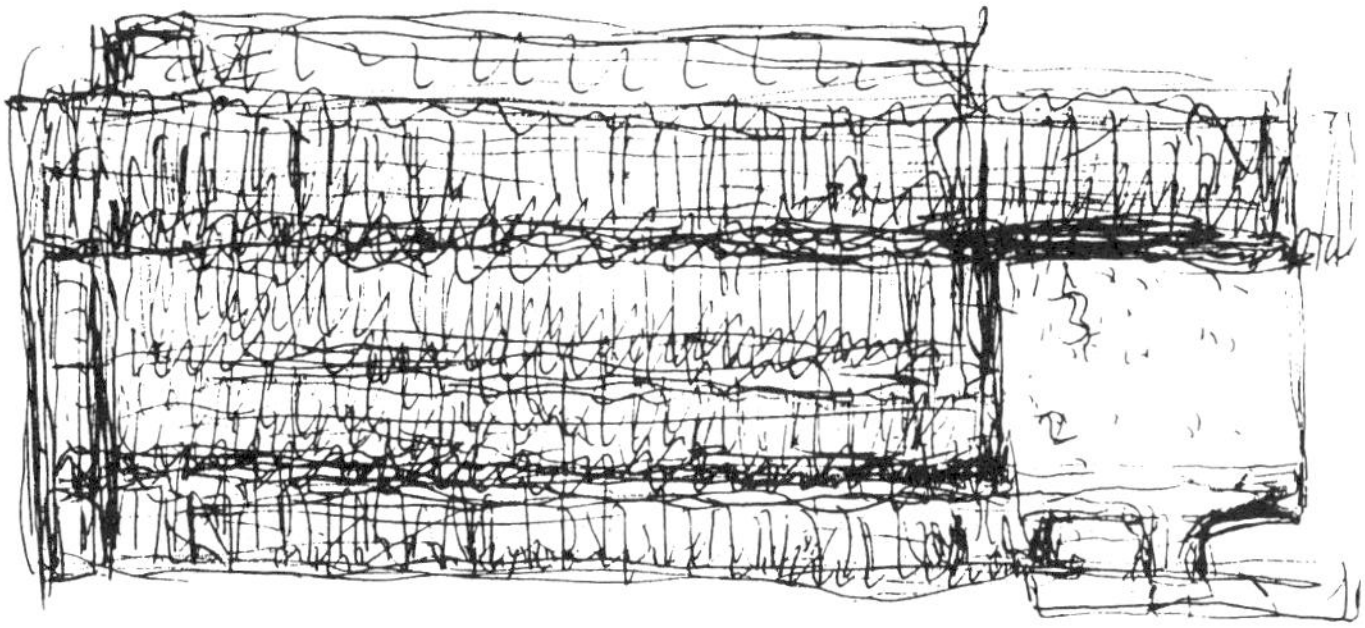

日本興業銀行本店　© MURANO design, 2008

私はヨーロッパにおったので、ベルリンに行って実際にこの耳で聞いて帰ろうと計画したのです。ところがスモッグがひどくてベルリンまで飛べなかったので、計画は中止せざるをえなかった。だがいま考えると、これがかえってよかったと思っている。音楽の専門家でない私が、あのときベルリンオペラを聞いて帰って日生劇場の設計に手直しでもしていたら逆効果になっていたかもしれない。

——こけら落としは大評判だったですね。

うれしかったですねえ。やってきたベルリンオペラの一行は、第一級の音響効果だといってほめてくれる。それから日本の、あの小さな若い指揮者がおったでしょう。そうそう小沢征爾さん、彼が大喜びしてくれましてね。非常に音響効果がよくて、指揮がしやすい。お客さんによい音楽を聞いていただくことができるというのですよ。私のところへ電話をよこしましてね。うれしかったですよ。

——事務所や商社のビルなんかはどうなんでしょう。

最近では大阪では新大ビル、東京では千代田生命本社などですね。新大ビルは屋上庭園、千代田生命は水と噴水をビルと一体としています。屋上庭園は工藤社長の発案です。

——モニュメントなどはどうですか。

あっちこっちに記念塔や記念碑が建ちますが、私は手がけません。記念といえば、広島の平和記念聖堂はつくりましたがね。あれはカトリックの聖堂です。

広島の平和記念聖堂(5)

——戦後の混乱期を晴耕雨読で過ごされ、二十四年から再活動をはじめられた第一作が広島の平和記念聖堂でしたね。二十八年に完成したと聞いていますが、画期的なものとして評判になった建物ですね。戦後の第一作が平和記念聖堂であったということも印象深い……。

あそこの神父さん、ラサール神父さんにはじめて会ったとき、その人柄にまず打たれました。まことに立派な人で、後々までも印象に残る人だと感心したものでした。神父さんは広島の教会で被爆され、原爆の悲惨さをみずから体験し、いろいろなことを目撃された方です。世界平和と犠牲者の霊を慰めるために、旧広島カトリック聖堂跡に再建するというのでした。

私としては商業建築は数々手がけてきたが、聖堂はまったく初めてのこと。そのうえ当時は物の不自由な統制時代でした。それにあんな大きな建物を建てようというのです。ラサール神父のご苦労は筆舌に尽くせるものではありませんでした。もちろん、ラサール神父のご苦労しました。建物の規模は五階建ての建物がすっぽりと入るほどの天井高の会堂、高さ四十数メートルの塔という大きなものです。しかも会堂などは縦と横のプロポーションがちゃんと決まっていて、ドイツの教会専属設計者の注文を考慮しなければなりません。塔一つを例にとっても、千年以上の歴史のなかで数えきれないほどの多くの塔が建てられてきたわけでしょう。種切れというのか、何を考えてもどこかに同じような形式のものがある。会堂にしてもプロポーションのわくがあるうえ、内部の荘厳さや音響効果を考えねばならない。それらのうえにたって、個性のあるものをつくろうというのだからむずかしいのは当然ですよ。

外装に鉱滓《こうさい》煉瓦を使用して特色を出しました。製鉄所の炉から出るカスがあるでしょう。あれでつくった煉瓦です。それを現場で焼いてつくったのです。この煉瓦の色彩は年月がたつにしたがって落ち着きを増すのです。だから当時私は、この聖堂は十年後に完成するように設計してあるんだとえらそうなことをいったものです。最近外観がしっとりとしてきて、内心得意になっています。

――おっしゃるように、ご自分でつくられた作品を後々見て回ることは、いろんなことが思い出されてなつかしいでしょうね。

ええ、建築家みょうりというものでしょうね。だが、なつかしい気持ちの起こるよい作品ばかりとはかぎりませんからね。数多いなかには、恥を千載に残すような気持ちになって、早くつぶれてしまわんかなあと心待ちされるようなこともなきにしもあらずです。そんなときは、建築家というものは気苦労ばかり多くて、なんと恵まれない職業だろうとめいるような気持ちになりますよ。

なに、収入が多いだろうって。とんでもない。最近読んだアメリカの雑誌にも、いろんなことを総合すると、建築家の収入は非常に低いんだと出ていましたよ。私の場合なんかも、教会の設計や学校関係の仕事は設計料を寄付してしまっています。

――話は変わりますが、最近東京の帝国ホテルの旧館が取りこわしか保存かで問題になっていますが、建築家としてご覧になってどうお考えでしょうか。

デリケートな問題ですが、取りこわしだけはなんとか救う道はないでしょうか。できうる方法を検討して、なんとか保存したいですね。ライトの建築はアメリカにもあり、あちらで取りこわされたものもあります。帝国ホテルは日本人の手で、日本人の文化意識で独自に処理すべきで、アメリカからの救いの手を受けるのは反対です。

だが一方、帝国ホテルの立場も考えてあげねばならないことです。本来は元の場所で保存するのが最上の方法ですが、次善の策として、どこかに移して残すこともいたし方ないと思います。大谷石なので移転もむずかしいでしょうが、いずれにしてもこわすという手はないですよ(6)。

住宅普請のこと

――「紺屋の白袴」と申しますが、村野さんはご自分の住宅はなかなか設計なさろうとはされず、自分の家を持たれたのは中年以後、それも農家を買って改造なさったと聞いていますが、本当ですか。

そのとおりですよ。三十代は家どころじゃなかったので、借家住まい。そのうち四十も過ぎ、娘も大きくなって家の必要に迫られたのが五十歳でした。ところが家を建てようと思ったときにはすでに戦時中でして、経済統制で新築などできない世の中でした。仕方がないので百姓家の出物がないかと捜すことにしたのです。河内、大和とずいぶん見て歩きましたが、売りに出ている百姓家はみな大きい。しかも、大部分は同じ民家でもデザインの悪いものが多い。梁《はり》を大きく見せかけたり、ジャラジャラした飾りがあったり。成金趣味のいやらしさ、誇張、邪念といったものが売りに出るような家には多いんですね。

幸い、河内の国分に気にいった家が見つかりました。土蔵がいくつも並んだある豪農の隠居所にしていた建物です。八十幾歳かでご隠居さんがなくなられたので不要になったのを、譲っていただくことになったのです。百年くらい時代を経たものだが、いまどきの建物よりもよほどしっかりしている。当時の金で千二百円でした。

これを解体して移建し、寝室と茶の間を新しくつけたしたのがいまの家です。外観のワラ屋根は残しておきたかったのだがワラをふく人がいなくなってきたのと、一番に火をかぶる危険があるので瓦葺きに直しました。室内もあっちをいじったり、こっちを模様替えしたり。少し金ができると手直しするのが趣味のようになっちゃった。改造のたびに家中にほこりが舞上がるので、家内はあちこちよごれてしかたがないと不満をいっていますが、家内の意向など無視した形で普請を繰り返していますよ。

——さきほど売りに出るような家は、とかく成金趣味で邪念が見える家だとおっしゃいましたが、いわゆる〝家相〟もそれに関係のあるものでしょうか。われわれ素人が家を建てるときの心構えといったものを教えていただけませんか。

家相というとなんだか迷信のようにとられますが、そういったものは確かにあると思いますね。さっきの売りに出た百姓家の話にしても、見えをはったり、邪念でもって無理して家を建てたもんだから息切れしてしまうんですね。結局、家に押しつぶされて、家を手放さなければならないところに追い込まれる。関西のある実業家がいっておられたが、関西では玄関だけ大きくするような、見えをはった家は建てないものだそうです。これが大阪町人の考え方なのですね。

その気になって方々の住宅建築を見てごらんなさい。長く続いた家はみな設計がいいですよ。大きな家にしても、身分に応じてのことで、邪心のない家は長く続いている。分相応ということを心掛けたいと思います。

そういった家にたいする神聖さ、精神性といった面を考えたのが家相であって、すべてをあながち否定する気にはなりませんね。何かの理法に畏《おそ》れをもつという気持ちはよくわかるし、それはどんなに時代が進んでも尊重したいと思います。設計者も、住む人のそういった気持ちを重んじるべきです。

——農家を改造した家に住んでおられる村野さんからみて、伝統と新しい建築の調和、自然と人為についてどう思われますか。

伝統は時代とともに変わってきます。自然も、あるがままの自然はだんだんなくなって、人間に都合のよい、人間を豊かにし幸福にする自然につくり変えられるでしょう。そうすると伝統とか自然とかいっても、現在とは違った次元で考え、論じなければならなくなってくると思います。

——最後に、建築家やインテリア・デザイナーを志す若い人にひとこと。

はじめに申したように、建築は結果だけでなく過程を大切にしてほしい。そしてあとは各自ゴーイング・マイ・ウエーだと思いますね。すぐにえらくなろうなどと思いなさんな。私、一本立ちしたのが四十歳、本当の仕事のできだしたのは六十歳からですからね。とにかく自分を肥やすことです。そうすれば必ず社会が認めてくれます。芸術の世界では五十、六十はまだまだ青年期ですよ。

＊『毎日新聞』（昭和四十二年十一月十一、十二、十四〜十九、二十日）所収。

【註】

（1）たぶん、この学生は大学院程度の学生だと思います。先年、バンクーバーでも、その他の大学でも見たのですが、大学院の学生は紳士扱いです。学生ホールなど絨毯を敷いて、サロンのようでした。日本とは違います。

（2）ついに不祥事件が起きて、私も責任を感じております。

（3）佐藤先生のルネサンスの講義のことは、渡辺先生の業績とともに、いくども書いております。

（4）四十八年の今日なら、おそらく五、六〇億円近い。

（5）この話のうちには、「建築家十話」と重複するところがあります。

（6）一部は谷口先生の努力で明治村に移されるそうで、救われました。私はなにかで書いたが、主要な部分をそのまま補強して、日比谷公園に引っ張っていってはどうかと提案したことがあります。これなら今日の技術でできないことはないし、そのあとは都など特殊団体で社交場、結婚式場、迎賓館にでもしたらどうか。

（7）この話も「建築家十話」で話しましたので、重複しますが、十回でこの閑話が終わることになっているので、載せることにしました。

黄菊白菊

その外の花はなくもがな云々。この名句は滝沢真弓先生から寄せられた受章のよろこびの手紙の一節である。俳人乱雪の句を借用したとのことわりがついていたが、無断再借用して拙文の点景とする。併せて先生のお許しを乞う。自分のことを書くのはとかく筆が進まず遷延今日におよび、編集者から再度の督促をうけてやっと書くことになったのはまったくもって申しわけない。誌上にてお詫びをします。

＊　＊　＊

ほこりっぽい三階建ての木造建築の廊下に、古い丸善の鉄骨模型がただ一つあっただけで教材らしいものは何一つ置いてなかった。よごれた制服に板草履、服がなくなれば黒紋付にたすきをかけて製図する。和風の木造がわからないので床下にもぐり込んで見たという話も聞いた。法文科の影響もあって意気だけは盛んだったが、実際のことは何一つ身につけたものはなかったように思う。これが四十数年前の早稲田の建築学生の風景であった。それでも、教室には佐藤功一先生を頭に、岡田信一郎、内藤多仲、今和次郎といったそうそうたる人々がおられたし、伊東忠太先生も臨講されたりして先生には事欠くことはなかったが、同窓三十余人が入学して終わりには三十人を割って卒業した。残りの数人は無名の早稲田などを見限ってどこかに蒸発したのだろうと思う。傷心虚無の精神的青春を、ある時には週に二回は欠かさず今先生の宅に同好の数人が集まって議論と研究に明け暮れしている間にその頃の危険期を脱した。法文の諸科とはちがって、当時は名もない無門の卒業生など雇う方で二の足を踏むのが普通で、諸先生の就職運動に傾倒された努力をいま考えても身にしみるほどありがたいと思う。私などもやっと、渡辺 節先生の事務所に拾われて大阪下りをした。俊厳と温情に育てられた十五年間の修業は必ずしも短かったと思わぬが、爾来《じらい》この地に住みつき建築界の一隅にあって今日に至った。幼い頃から格別才能にも恵まれたというのでもなく、また名門と名のつくところとはおよそ縁の遠い生活ではあったが師友にも、協力者にも恵まれ幸いにして、森五以下いくつかの作品を残すことができたのは、まったくその恩恵によるものと思い、いまさらのごとく感謝の念を深くするのである。それにしても幸運ばかりとはいえないこともあった。危機と悲しみ離合集散は世上の常としても、耐え忍ぶには勇気が必要であった。建築家としてのひたむきな矜持、それを教えたものは佐藤功一先生の若人の肺腑をつくような「ルネサンス」の講義だったと思う。人および建築家として全生涯を貫くために柱を建てていただく教職にある人々の尊さをおもう。

祈りは達せられるという言葉がある。キリスト者でない私にはその意味の深さは知るよしもないが、思うに、素心をおもいて一つことに専心することとみる。世上、あるいは私と同じ経歴同じ境遇の仁もあらんかと思い、あえて感ずるままを記して蛇足を加えた次第である。

＊　＊　＊

同じ文化勲章といっても伊東忠太先生のように先人未踏の業績を残された人もあるねえ。内藤先生がつくづくと述懐されたことがある。だからお前のとは段違いだとはいわれなかったが、耳底に残る恩師の言葉は千金の重さに響いた。まさにそのとおりである。ようやくにして人様の助けによってこの門をくぐらせてもらったものの、さてくぐってみれば終着駅は遥か向うに遠く見えてきたようである。さきごろ、森井健介先生から長文の懇切なお手紙に添えて『師と友』という自著を寄せられた。数々の訓《おし》え、先輩建築家たちの足跡や幅の広い人間としての教養、見識の深さが察せられた。いつの日かこのような先輩たちのあとに続くことができるだろうか、日暮れて道なお遠しの感が深い。

再び滝沢先生から寄せられた祝詩を拝借する。

藤色乃壺爾白菊金屛風

（四十二、一二、一八）

＊『建築雑誌』（昭和四十三年二月号）所収。

受賞有感

賞をいただくということは、幾歳になってもうれしいものである。ましてや私ごときに学会の名において大賞を贈られるということだけでも冥加のいたりである。若い頃にいただくことももちろんうれしいことであろうが、齢まさに八十路《やそじ》に入っていただくのは一段の光栄とも存じ、会長はじめ理事者の方々、また審査員諸家にたいし厚く御礼を申し上げたい。格別これといった作品もないのに『長年にわたる優秀な建築活動云々』というような過分な受賞理由であったことは、優秀であるなしは別として、この歳まで鉛筆をはなさずに建築一筋に生きてこられたことを幸福とも思い、いまさらながら生きることの大切さを痛感するのである。

元来は蒲柳の体質で、岡田信一郎先生が多分五十二歳でなくなられたので、せめて岡田先生の歳まで生きて仕事をしたいのが念願であった。ところが長命だった両親より十年も長く生き延びて仕事をすることができるなど、想像もしないことであった。俗説に、〝われわれの生命は天からの借物だ〟という。それを大切に使いこなす術《すべ》を知ることこそ重要なことだと思う。若い頃は狷介《けんかい》にして、とかく人と相いれないことばかりであった。もともと凡庸にしてほかにとりえのない男だから、ひとつことを長く続けるよりほかに芸がないし、これも芸と名のつく仕事にたずさわる者の道ではないかと思う。努力していればいつかは人の目にとまる仕事をするようにもなろうし、よしんばそのようにならなくとももって瞑すべきであると思えば、そこに道も開けるだろう。ときには時流にも乗り人をあっといわせるようなこともやってやれぬこともないだろうと思ったりしたが、しょせん柄でもなく、やっているうちは華やかでもやがて落ち目がきたら最後である。時流に乗るな、多数派になるな、多数派に巻き込まれたら脱皮して必ず少数派になれ、少数派とは孤独に耐えて自分をまもる努力がなければ純潔は保てぬだろうし、そのようにしなければ芸と名のつく仕事はできないのではないか。いわば在野精神に徹することができないようではものにならぬ、と若い人たちに話したこともあって、戦中戦後の不遇時代を乗りこえたと思う。長い間には明日の日をどうしようか、どうしてピンチを乗りきろうかと思ったことも一再ならず、ともかく今日あることを得たのは自分だけの努力でない。それぞれの事情やその時々の協力者に恵まれ、また援助や理解をこうむった友人知己によるもので深く感謝したい。

千代田生命本社ビル

戦前の森五商店や宇部市民館は別として、私の仕事は六十歳を過ぎてからのものが量において圧倒的である。その多くにたいする建築界の世評を詮ずれば、大体二様のようである。構造的でなく、装飾的である。アーバンデザイン的でない。アーバンデザインという意味の本当のことについて、アメリカである人に聞いたことがあったが理解できなかった。かりに読売会館を例に取ってみよう。都市交通の観点からあの建物にピロティーを取るとしよう。もっとも重要な百貨店としての必要最低面積を割って、営業は成りたたないことになる。構造的でないというにいたっては、しからば何が構造的なりや、そもそも建築とはなんぞやということから始めなければ反論はできない。しょせん人間のための建築であることには異論の余地はあるまいし、だとすれば構造も装飾もアーバンデザインも含めて、手段ではないかと思う。

いまなお、人および建築家としての道を探しもとめて八十路をさまよう。大賞もまた人生の一里塚である。昇りつめれば終着駅は遥か向こうに見ゆ。

*『建築雑誌』(昭和四十七年八月号)所収。

大阪の建築界のこと

関西を選ばれたゆえん

猪狩　先生は、ご出身地は九州の唐津でいらっしゃいますね。

村野　唐津で生まれ、大きくなったのは九州の八幡です。

猪狩　大学の前まで九州で過ごされ、学生時代を東京で過ごされ、大阪の渡辺節先生の事務所でお仕事を始められたわけですね。普通大学が東京だと、そのまま東京でというケースが多いのですが、先生の場合開西を選ばれ、渡辺先生の事務所へお入りになったということは…。

森　先生が、大阪をお選びになられたということで…？

村野　その頃ね、佐藤功一先生が少しでも高い給料のところをということで選ばれまして。佐藤先生はだいぶん苦労なすったようで。卒業生はいまはまあどこへ行っても名門ということで。なんですねぇ、その点は苦労はないでしょうけど。その頃は早稲田があるかないかの時期ですので、先生は大変な苦労なさって。それで少しでも給料の高いところをと選ばれたのでしょう。ことに私どもわがままをいうものですから親の心子知らずで、いまになって大変ありがたいと思ってますがね。それで決まったのが大林組の。そうですね、その頃はめずらしいんですよ。給料が四五円で。大林組東京支店詰めに決定ということで…。

私が関西を選んだということは、渡辺先生が、あの人はもちろん東大のご出身で、自分の学校が嫌いだったんですか、われわれの学校が非常に好きなんですよ。学校に来て卒業生の制作を見て採るわけで、いまは面接ということですが、先生は自分で学校に来て、そしてこの人をよこしてくれというようなことで。私のディプロマを見て、この人を私のところへよこしてくれんか。ところがね、もうこの人は大林組に決まっちゃってるんだと。それじゃ大林と談判するということで、今日でいえばスカウトですか。それが一つと。

うちのおやじがね、東京に居ついてしまわないかと心配していたこと。私が学校へはいったとき、おやじが六十五歳ぐらいのときのことでしょう。それはうちは大変なことなんですよ。一年志願して帰ってきたら、家の方では借家などなんとか持っているから、私が帰ってきたらまあゆっくりしようと思っていたんでしょう。ところが学校へ行くといい出したものですから、猛反対なんですよ。本当にまあ待ちこがれていたんですね。それでお前東京なら学費を送らねぇてなことが一つ頭の中にあったこと。

それに一番決定的なのはね、よくいわれてるんですが、大阪は町屋の雰囲気で、それが好きだったこと、また京都に近いということ。それに私の心をとらえたのは、その頃東京は建築の事務所など今日とは異なり、りょうりょうたるものでしょうが偉い人が事務所など持っておられると、一般的に非常にペダンティックであったこと。ペダンティックなあの官庁がきらいでしょう。学生時代偉いことをいっていても、さて就職ということになると官庁へ勤める人もありましたが、私どもは官庁には絶対に行かないと。それから関西に来て感じたんですけれど、スタイルが自由なんですよ。いま北浜にそのようなのが二〜三残っておりますが。それでやっぱり関西だなあという感じが私をとらえたんですねぇ。それに、私の学生時代の傾向などありますけれど。東京と非常に違う点は、当時の大阪は東京を圧倒するくらいの糸へんを中心にした大変な経済力ですね。ことに第一次大戦後のことですから。そのときに私は卒業しました。

それに大阪では非常に実力というものが認められたということ。名前などどうでもいい。実力さえあればこれが認められた。その当時の人たちは、皆たたき上げて産を成した人たちですからね。実際まあ、名門の学校を出たりすることは道具にはなりますがね。その人に実力があれば。これが関西における東京と違う点ですが、当時の中心勢力というものは実際にたたきあげた人たちで、そういう人たちの影響力が大きかったこと。それが私が居つくことになった理由でしょうね。

恩師渡辺先生について——考え方、やり方

村野　当時、渡辺先生などあれだけの短期間にあれだけの大仕事を成して、関西の人たちの心をよくつかんで成功し

た。その才能というものはそういうところにあるわけですね。私は十五年あの事務所にいましたか。渡辺先生は関西の人によく受けたわけですが、先生の考え方やり方についていつか申し上げる機会がありましたら申し上げますが。ともかくあれだけのことを短期間に成したということは、まったく時勢風であったということですね。

渡辺先生のところで十五年間修業しましたんですが、その間非常にむずかしい人ですからね。経営的才能はあるし、一方、デザインについても、なんですねぇ、性格がよく似ているのはちょうどルドルフのようですね。非常に厳しくて感受性が強くて。そのような人ですからデザイン計画もしますし、ことに計画の名人ですね。エスセティックな方面は全部われわれにまかせる。計画は実にうまく、クライアントとか仕事の説得力とかはまことにすぐれた人ですね。それに経営者としても一流ですね。なかなか立派な人ですよね。

そういうことで私は渡辺先生の最盛期に遭遇して、たくさんの仕事をさせてもらいました。入社当時三〜四年は非常に体が痩せるくらいに苦労しましたですが、それから先はとんとんと進み、またたく間に十五年過ぎてしまいました。

猪狩　渡辺先生のところで修業をなさって、マネージメント、仕事などいろいろなものを学ばれて、事務所をおつくりになられたんですが、先生の作風については。

村野　その点については後天的で、それは出てからですね。

猪狩　まったくご自身でおつくりになった、そのような作風というものは。

村野　それは許されないですよ。私の事務所でも同じですが。渡辺事務所では自分でデザインをするということなど絶対に許されませんでしたし、第一プランの企画ですね。先生みずからやる。まず第一そこで制限をうけ、自由なことは絶対に許されませんでした。その頃は折衷主義など新しいスタイルができかかっていた頃ですから。私どもなどわがままいってね、学生時代セセッションばかりやって先生を困らせたんですけれども、渡辺先生のところへ行ったら絶対に許されなかった。それが先生のアーキテクトとしての生き方でした。

その頃の一般は折衷主義で、折衷主義というのは、大体アメリカのやり方ですからね。これは渡辺先生は絶対に入れない。先生は売れる建築を、そして売れる設計をするということ。これがつまり先生の生き方であり、アメリカ風になるんですね。当時のアメリカは少し下火ではあったが、イタリア・ルネサンスが多く、マッキム・ミード・アンド・ホワイト、いまのSOMに似た三人の事務所などでデザインしたイタリア・ルネサンスのいわば折衷主義ですね。非常にうまいやり方ですけれど。

それに渡辺先生は経営者としてこわい人であったと思いますね。なんですねぇ、実際にやるとなるとむずかしいですよ。それに私もずいぶんと勉強もしましたですが。なんですねぇ、まあ折衷主義なんぞ、当時の大阪としちゃあ大変な飛躍ですよ。あのプランニングのやり方。その頃はじめてですが、方眼紙のように四角くます目を画いて、それに柱を乗せていくやり方。先生がスケッチされたプラン、エレベーションなどを図面化していく。他の仕事は一切許されない。今頃の人からみると変なことのようにみえるでしょうけど。今流の人とはそれは隔世の考えでしょう。

山崎　渡辺先生が厳しかったということは、そういう点で?

村野　そうです。それからね、ディテールに非常に厳しい。また図面をみることは名人ですよ。材料についても当時日本で使っていた漆喰をプラスターに使うようにしたのも、またテラコッタにしてもなんでも同じですが、速い施工の仕方とかコンクリートの二段打ちとかを、その頃初めて採用したんです。アメリカで見てきて大阪商船神戸支店に使ったんですが、速い施工方法というのは下石など石でやる代わりにそれをテラコッタでやる。その方が速いわけですね。その頃漆喰はみんな石灰をふかしてやるんですが、ペンキを塗るまでの間四〇日以上かかるわけですよね。それをプラスターで仕上げると、それが半減してしまう。そういうことで早期施工方法をとる。これがね大変な資本を投資するのですから、期間が半減するということで一つ一つが速ければ、それだけ利潤をはやく生むんですから、それは大阪の人にはぴったりですよ。

東京の人にとっては、そうそうそんなことをいったってスタイルが合わんとかなんとかいったりしてということでしょうが。東京は偉い先生ばかりですからね。立派な作品も残っておりますが。実際の仕事の上でクライアントを満足させるということですね。その頃、いまの一年でやってくれというところを二年はかかりましたですが、それを三カ月も縮めましょうというようなやり方でしょう。それをやるだけの監理と請負を引いていくだけの才能と、さらに材料の選択および工法ですね。これはね、渡辺先生はその名人ですね。

山崎　その頃渡辺先生のところは何人くらい？

村野　そうですね、二〇人にはならんですか。それでね、いま関係している大阪ビルディング、大ビルの古いの。あるいは東京の勧業銀行本店とか、それにいま私が関係している興業銀行など。ともかくいまでいうならば一〇〇億以上ですからね。その当時で一〇〇万円の仕事を、いずれも二〇人足らずの人数で次々と消化していく。その秘けつはね、渡辺先生は実費精算方式というものをやったんです。実費精算方式というのは、基本計算とそれにたいして主な矩計図を付けるわけですよ。もちろんディテールのわからんところはディテールを付けるんですが。そして請負に渡すわけですね。それにたいして請負には、これだけでやりますと概算見積を出させる。概算だけれど上下五パーセントの幅をもたす。それをはみ出ればそれだけ罰金がつくわけで、五パーセント以下ならば賞金を渡すと。それでゼネラルの図面と、ディテール一～二本でもって見積りをやらす。

その頃私は初めて、五〇分の一スケールというのを書いたんですよ。五〇分の一のスケールでしっかりと書く。みんな一般には二〇分の一をやっていたんですが、それは時間と労力の点で五〇分の一とは大変な違いですよ。寸法の基準はみんなにかといえば煉瓦積みの段数ですよ。目地を込めた段数で高さを計るわけですよ。自由な寸法はないわけです。段数でもって計ったんですから。それを五〇分の一で書きますね。これを渡す。五〇分の一できちんと煉瓦の段数が書けます。そうすれば請負が決定するでしょう。そこで次の仕事にとりかかる。

現場の方に移りますと、実際相当の時間がいるわけですよね。その間にみんなディテールに移してゆく。それで少人数でたくさんの仕事をこなし仕事をやっていけるわけで、概算見積をやらす実費精算方式ですね。それをその当時五〇分の一の図面で見積りをやらす。請負はそれで見積りをやらねばならんのですから、渡辺先生も私も思うんですが、この図面がわからんような請負人は、請負人の資格がないと。これは請負にたいする大変な圧力であり、請負人にたいして、またクライアントにたいしても説得力を持つということは本当に渡辺先生の才能であり自信ですね。見積りが出るでしょう、それを検査して、そしてその範囲でみんな納めてゆく。よほどの才能がなければ請負に対抗できませんよ。

山崎　そのとき、渡辺先生が直接ですか。

村野　直接ですよ。だから甘いことないですよ。非常に厳しい。

村野先生の考え方、やり方

山崎　村野先生がおやりになっているのも、そういう方法ですか?

村野　村野藤吾はちょっと違うんですが、はぁ。

猪狩　村野先生はたくさんのお仕事をなさっておられて、いつも村野先生の感じというのはゆきわたっているわけですよね。お一人でよくまあ見切れると、いつも感心しているんですが。

村野　作品ですか。そうですねぇ。主なものについてはいくらか自分のディテールができているでしょう。コルビュジエならコルビュジエのディテールを持っているでしょう。あなた方ならあなた方のディテールをお持ちでしょう。本当に自分の意志を発表するには、そのゼネラルだけではいけませんよね。それを裏付けるディテールがなければいかんわけでしょう。それがないと伝わらんわけですから。現寸図とディテールは一番大切なことで、途中は人にまかせてもかまわないけれども、それから先のことは重要なことですから。現寸図を数引くということ、それから現場にできるだけ足を運ぶということが決定的でないでしょうか。

山崎　よくお体がもつなあと感心するんですが。

猪狩　現場にはちょくちょく行かれるんですか。

村野　そうですね。重要な現場は行きますね。最近でいえば箱根に小さいものですが、外国から帰って来てその日のうちに現場に直行して指揮をとりました。しかしどこでもみんなというわけにはいきませんね。ある程度は事務所の諸君に任せておいてもできるというものもあります。

話は前後するんですが、渡辺事務所のときのことですが。私は先生を生かすということ、先生を生かしきるということですね。そういうやり方だったんですね。それじゃあ自分を殺すかというとそんなことはないですね。人を生かして自分が生きるんですよね。人を殺して自分は生きるという手はないですよ。こういう点はいまの若い人は謙虚に考えるべきではないですか。

以前にある有名な大学からうちの事務所に入りたいといって学校を卒業して知人の紹介で来た人がありましたが、「うちでは私が提案して自分で終局まで責任をもってすべてをやるのだが、それでもよければ来てください」というとお入りにならなかったですよ。とはいっても私がすべてをオールマイティーでやるというとそうではないですよ。みんな成長してゆかねばならないし、それはよく認めますけれど。やはり学校の教え方が違うんですね。人を助けてですね自分が得をしないことはないですよね。得をするのは自分である、それを教えてやらにゃいかんですよ。たとえばルドルフのところへ行っても私は聞いたんですが、ジョンソンのところでもそうですよ。自分がスケッチやって違った方向に描いていると取り上げちゃうんですよ。

森　そういうことらしいですね。

山崎　先生、実際お仕事をしておられて面倒なこともおありと思いますが、それほど苦になりませんか？

村野　なんですねぇ、そういう若い方についてなにかやってもらう場合、せっかくここまでやってきたんだからなあと思って直したいところを直さず、なんとかこれを生かしてと思いますねぇ。自分がスケッチしたものとかプランをしたものと違った方向にゆくと、私は文句をいうんです。ディスカッションするのはこの頃流行でしょうけれど、いちいちその人と議論していると疲れるんですよ。学校でないんですからね。「お互いに専門家どうしだからスケッチで話ができるよ」とよくいうんですが。また「先生こういうふうにすればこういうふうになります」といってくれば私も「そうか」というんです。それでももうでき上がっちゃったし、工期もだんだんせまってくるでしょう。いまさらなあということで一応その線に沿ってやってくれというんですが、良い場合もあり悪い場合もありますが、一応自分のいったとおりに答えを出してくれないと考えも変わってきますしね。そうじゃない場合は忙しいけれどもスケッチで話合いができるんですから、スケッチを描かすんです。議論は疲れるんですよ。議論して「お前好きにやれ」ということになっちまうと面倒ですのでそのようなことのないようにね。

もう一つは模型をつくる。すぐ私のスケッチから模型をつくる。そうすると全体がわかる。土でつくるんですから練ったりなんかするのに模型には好都合だし、意志の伝達がすぐできるし理解は早いし。さっきの話じゃないですが私が非常にわがままをしているかというと、まあ私はそうじゃないと思いますがね。

話はいろいろと飛躍しますが、渡辺先生のところの経験で思いますが本当に得しているのは自分ではないかと。渡辺先生のところで先生のお手伝いをした最後のあの綿業クラブコロニアル風など、一番最終のもので一番好きな建物ですが。最後にあれを終えてからすぐに私の事務所をもち、その最初にやったのが東京の森五ビルですよ。それだけすぐ変われるでしょう。次に変われるということは、得をしたのは自分だとよくいうんです。ものの見方というのはなにも形にあらわれた物だけでなく、線だとか面だとか影だとかデリカシーが大切ですね。そのトレーニングが知らぬ間に自分に蓄積できているんですね。あの綿業クラブから間もなく「そごう」をデザインしたんだというと、オーストリアかどこかの建築家が来ましてね、自分たちには考えられんといってましたですよ。

猪狩　外観の感じは非常に違うが、けれど内容的にはそうじゃないということですね。

村野　森五ビルをやるときにヨーロッパを回ってきましてね。その頃は窓を深く深くといっていた頃でしょう。ちょうど住友本店など窓を深くして、その上さらに深くということでしたが、それを逆に薄くということですね。それをそのとき学んできたわけですよ。

猪狩　ヨーロッパをご旅行なすって？

村野　そうそう回ってそのとき感じたのは、窓を薄くしてもエレベーションは生きるということ。うすい方がかえって良いということなんですね。厚いと立体になったとき視覚的には影がついちゃって全然違った物ができちまうわけで、図面で見ると窓が付いているだけですが実際では影がつきますから、厳密にエレベーションを生かそうと思えばあんまり深いとみんな影になっちまって重く見えるでしょう。この方が本当でないと思いました。薄い方が良く、そしてデリケートですよね。

興業銀行に関係した頃は関東大震災のちょっと前ですが、アメリカに行きましたがその頃のアメリカの建築を見ると、あのイタリア・ルネサンス風の高い建物の窓の深さは割合浅いですね。ところが日本においては高さがこんなに低いでしょう。それに深い窓を付けると圧倒されたような感じで、町の中でいたたまれないようなものができちまうでしょう。いまから見ればなんでもないことですが、薄いものは良いなあ、きれいだなあと思ったわけです。たんに薄いばかりではいけませんが、そこにプラスデリカシーなところがなくちゃあいかんということですけれど。これはやっぱり、師からやらせられ学んだおかげでないかと思いますね。

山崎　いかに相手から学ぶか。これをとりあげて自分のものとしてぶっつけていくか。相手に何をいおうとしているのか。常に仕事をしていながら、苦労してみないとわからないんだなあと。逆の意味において自分に厳しくなければいけないということですね。

村野　そうそう、まあ事務所のボスのゆき方もありますがね。たくさん仕事をこなすにはそういってたんではこなせない場合もありますが、私のところはまあそうたくさんやりませんから。自分の思うとおりにすべてやってそれが一番良いとは限らないし。しかしまあ、私は責任を持っておりますから任せてもらわないと困りますが。

経済学を学んだ動機

猪狩　先生、経済学を学ばれてご自分で勉強されたということですが。

村野　経済学というほどのことではないですが。

猪狩　その動機というか。

村野　一番最初は渡辺先生の時代に帰るんですが、むこうのアーキテクトはオフィスビルなどやるときにデザインしますが、そのとき建物のレントについて収支計算をつくって付けるわけです。渡辺先生のところで日本綿花の上海支店を上海でつくるとき、先生のお伴をして上海に行き、あちらの建築家の協力を受けましたが、ご承知のとおり外国ではライセンスを持ったアーキテクトでないとできないわけで、みんな収支計算書を付けてクライアントに出すわけですね。これが建築に関する経済の本を読みはじめた最初で、必要にせまられてですね。

それが動機でその後も読んでいました。ところが戦争になりましてね、われわれ仕事はだんだんなくなってくるし、軍の仕事があってもまあ私が行かなくても済むということで。なかには「先生あなたは来なくてもよいから」という。そして若いアーキテクトは技術将校などになってしまって、だんだん仕事がなくなり荷が軽くなっちゃって。暇ができたのでだんだんやってゆくうちに自分は本当に建築をやっているんだろうか、建築とは一体なんだろう、そういう疑問が解けずますますおかしいような、不安でしようがないようなふうになりました。これが動機といえば本当の動機ですね。

建築とは?——建築のもつ必然性について

それなら一体どうしたら解けるのか。観念的に建築というものが最初からあったがごとく考えているでしょう。これがね、だんだん不安になって何か実体をつかむことができないか、これが建築だというものがないかと考え出しましてね。芸術もしかり、芸術というものになにやかやと疑問を持つ人はたくさんいるでしょう。建築も同じですね。あなた方はどう思いますか?

私はね何かしらん不安が残り「これが建築だ」としっかりとらえてないものがあると。観念的ないい方ですが自分が持っているもの、それを相手方にぶっつけてそれが反射するから、そこに認識が生まれ起きてくるわけでしょう。これが劇場であるというそれ以前の問題が少しあるんではないかと思いますが。

山崎 自分の生き方ということですか?

村野 そのもの、ものに。なんといいますかそれ以前のものがあるんじゃないかと思うんですが。

猪狩 建物の実体がある、そこに建築があるのはなぜかというそのへんですね。いま都市計画的な仕事をしているのですが、その建物なり形ができちゃったというのではなしに、なぜこうなければならないかという必然性みたいなものがあるわけですね。そこに忽然と出てくるものじゃなくて、それにはいろんな条件がありましょうが、経済的なことから自然的な条件とか、その条件によりたまたまこういうふうな問題がでてきて、こういう建物を建てようじゃないかということになったとしますと、その根源はどこにあるのかということですね。

そういういろんな形の分析をしてゆきますと、はたしてどういう形のものができたらいいのか、どのくらいの大きさでどういうふうなどのくらいの耐久力を持ったものか、そしてどれだけ人々に訴えかける必要のあるものか。たとえば、そのようなものがなぜ出てくるのか、そのへんがいまだに依然としてわかりませんが。

都市的な接近方法、すなわちアプローチをある程度つきつめることによって、ある形が出る以前に論理というものがあるのではないかと…。そこにその経済的な基盤みたいなものがあって、それに先行する問題としてコストの問題があるのではないか。コストのないところに建築はないですからね。

建築とは？——建築を規制する要素について

村野　私の考えに近いようですが、皆さんのご期待に沿えるかどうか。私はね、建物を非常にクールに無差別平等に非常に残酷に一度扱ってみるということ。愛情も何もないその残酷さから出てくる条件というものを考えますと、資本主義社会における注文主の条件（そうでない場合の条件がありますが）。まずそこから出発して、それを自分なりに非常に残酷なものとしてとらえるのです。

ともかく、一つの「物」としてあつかう立場に立った場合、建築とは観念的につくられるもの、生産される場合をいうのか、あるいは使用され消費される場合をいうのか。また、それが何十年かの間に消化され機能を果たしてから資本を回収するわけで、その両者をひっくるめていっているのか？　建築が生きて生命を持っているのは、人間との対話から出発しそれからいろんなものが出てくるわけですね、それを別な言葉でいえば、生産の場合でも消費の場合でもその過程において人夫労働の参加なしには価値とならぬ。デザインされて生産される場合と、建物が消費されてゆく場合とを別々に考えるか。あるいはその両方を概念的にわれわれは建築と称しているのか。消費だけが建築に作用しているのか。

それからもう一つは、それだけでは説明しきれない造形の問題をとりあげるとき、どういう形にしてとらえるか。それを説明するには経済学でいう限界効用を考えるわけですね。限界効用という言葉があるでしょう。

この三つでともかく一応規制されるのではないか、効果規制ができるのではないかと思われるんですが。建築が生産され消費される場合、それがどういう形で消費されるにしても、建築が生まれるその社会というものがあり社会が規制してゆくわけでしょう。建物の形とか造形とかいうものはつまり空間の規制ですね。それは限界効用で解決できるのではないかと思っているのです。まずこの三つを考えてみて、これで私はやや少し安心しとるのです。

それで生産のことを考えてみると、生産の中にまず条件として絶対に必要な本源的・本質的なものに何があるかというと、土地ですね。それに人間の労働ですね。これは本源的なもので、もちろん後にのべる社会の影響は受けるでしょうが。それに加えるに何かというと生産手段、たとえば材料などいろいろなものがありますね。この三つ（土地、労働、生産手段）があればともかく何かができる。三つの要素だけは考えてみる必要がある。そのうち根源的なものは土地ですね。破壊することのできない要素を持っているわけです。つまり地用です、土地の用役。これも限界効用に作用されるけれど、土地の研究だけでも大変なことです。

次に労働も本質的であり、本質的ではありますが生産手段との組み合わせがなければ価値になりません。変わるものは何かというと生産手段だけである。鉄だとか煉瓦とか、これを使って、三つでともかく家はできるであろうと考えるのですが。しかし、これと前にもいったように、人夫労働の参加が前提です。

建物は、それぞれみんな社会というものに規制されてライフが与えられる。そのうちストラクチュラルライフとコマーシャルライフがありますが、大切なのはコマーシャルライフでしょう。生物的には百年〜数百年もの寿命がありましょう。しかし利潤をあげる生命ははるかに短い。その建物の一生の間に人間との交渉もし社会とも交流して、投資しただけの利潤をあげて一生を終わるということですね。それが消費じゃないかと思います。そこでいかなる消費でありうるかという問題になり、また経済上どういうふうに取り扱うかなどデザインを規制するものの限界効用を考える。これで大体の下地ができたなあというところで、それを包むものは何かというと社会が遠巻きに包んでいます。これを一つ一つきわめていったら大体のところへゆくだろうという見通しですね。

それをぼちぼちやっているのですが。まあ私は全部をやらねばならないと思いませんが、その中で自分が生きること――これが建築だなあというような気がするんですが。私は私なりにこのように考えているのですが。それについて先年外国へ行く前に『建築年鑑』（四五年）にまとめたんですが、それを補足したのがいまの話です。

そういう意味でもう一度まとめますと、土地、労働、労働に加えるに生産手段、それを遠巻きにしているのが社会で、その中で建築が生まれてその使命を終えるんですが、その中で芸術の問題、それからいろんな問題ができてくる。大体そういうふうな枠の中で考えたらいいんじゃないかと思いますね。

猪狩　先生、根源的なものとして土地をあげられましたが、土地というのは自然という要素も入ってくるんですね。人工的でないものという意味で？

村野　自然にしろ人工にしろ理論的には変わらないし限界効用の作用を考えるなら答えは出てくるでしょう。交通の問題、距離の問題、情報の関係などがあり、それらを考えると、初めてそこに線が出てくるわけで、まずそこに社会という問題が起きてくる。それを区切りすることで、その中に価値の問題が起こってくる。もし区切りをつけないと価値はないわけですが、われわれの生産の中に入りうる、社会的計算の中に入りうるものが出てくるんじゃないかと思いますが…。

猪狩　最初はそうするためにはその最初の条件、すなわち非常に物理的なものとまったく目に見えない社会的なものにすぱっと分けちゃって、それを一つ一つ解きほぐしてゆきますとそれぞれに折り目がついてきますね。その因果関係がだんだんはっきりとしてくる。それにまず現象としてとらえるデザインとか、それ以前の問題としてどこからデザインが入るのかとつきつめてゆきますと、そういうものの因果関係に一つの系列ができ、その中にクライアントが入ってきますね。クライアントは個人の場合、会社の場合、市、町、村、終わりには国土計画までいっちゃいますが、みんな同じ系列に入っちゃう。その人たちの意志が入りますね。まったく別なファクターとして入る。それは一つの空間規制みたいな形で入ってくる。

物理的現象の流れの中で個人の力というもの、個人のデザインというものがどのへんからスタートして、範囲はどのへんかということがかなり明解に出てくるような気がしますが…。それが単体の建築の場合はかなり最初から出てくるということで、開発の主体とその人の条件の設定というものが、一応デザイン的ファクターというものでかなり最初から入ってくるのではないか。たとえば都市計画の場合には規模が大きくなればなるほど、そのファクターが後の方へゆく場合があり、後の方へいってしまうと千里ニュータウンのようになり、計画的には正しいけれども、空間的に何もないものができてしまうような場合がありますね。

建築とは？——建築は限界効用をもつ

村野　自分のことと比べてみますと、だんだんとやっていくうちに範囲というものが分かれてくるでしょう。範囲といえば限界効用で、たとえば時間の問題をとりあげますと、「時間がこうかかるからこうだ」というとき、それは計算できるということではっきりとなります。計算ができるということは社会が必要なことで、世の中に宗教の世界とか仏教の世界ではこの話ははっきりしない。計算ができるということは、はっきりする。つまり計上できるから社会的な概念を通してみると、社会の網の目を通してみると、はじめて生産に結びつきはっきりしますね。ものを客観的に見るということ。1という数字なら1と見えるでしょう。この数は「数字1」という概念ですね。ところが2とか1とかいう社会がないなら計上できないですよね。しからば社会とは何かといえば平均のことだと思います。その思考過程に観念論と弁証法が絡んできます。しかも私は哲学のことはまったくの素人ですが、だから社会があるということは、主観から客観になるということですよ。ところがそこに問題があります。1とはなんぞやというと、その前後に無数の数があって初めて1なのでありましょう。ところが社会的にはこの無数を切り捨てる。切り捨てなければ弁証法は成り立たないと思います。そこでヒューマニズムの問題が出てくると思います。

赤なら赤で自分がいくら「赤がきれいだ」と主観的にいっても、それに金を払うのは資本主義社会ですから人がそれにたいして金を払わないとデザインにならない。それはだめなんです。つまり資本主義社会があり、人が自分たちに感心を持ちその価値を認めてそれにたいして金を払うということ、そこに初めてデザインというものが成り立つんです。自分がいくら赤が良いんだといっても社会に出してきて何もそれに関心を払わない、それにたいして買いもしないし消費もない。自分だけならそれでいいですが。対象があって初めて真理になるということ。そこで初めてデザインというものが生きてくるんですね。

私はデザインという言葉を本当はとりたくないんですが、それはわれわれの一つの労働であり、仕事をする、造形する労働だといっとるわけで、一般によくデザインする者、デザイナーの地位が一番高いといわれますが、そんなことは考えられないですよ。実際はそれを使う人とみんな同じですよ。

たとえばね、芸術家と私はよく一緒になりますが、友人（このブロンズ像をつくった人ですが）とよく議論するんです。

建物に彫刻をつけることで議論します。先方が私のいうことを聞き入れないで「勝手にお前やれ」というようなことにしてしまうんですが、彼は「おれはブロンズでやるんだ」私は、「ブロンズなんかいらんよ、石でやってくれ」といいますね。「僕はただ君に頼みたいのは、マテリアルのこととと凹凸がほしいんだ。その凹凸がどんなものであるか、それだけがほしいんだ。僕は君より上位じゃないよ。そういう役割だからいってるんだ」そういうことで議論するんです。

デザインという仕事であって、たとえば赤というものをいくらやっても売れないときは、売れないのは赤は限界効用であり、一つの限界がきたということですね。われわれのデザインは、その範囲における仕事であり一つの労働にすぎないと思います。

山崎　労働する、仕事をする、それを通じての村野先生であるということですね。

村野　そうです。仕事をして私のものを受取る側により計算され、そこに価値が入るんです。価値というのは社会があるから生まれるんで、われわれの仕事の結果はそれは社会において再評価を受けるわけです。つまりその過程を経て、主観的なものから客観的なものに変わるわけです。そこで初めて村野の労働は金を払われるものになる。それはたんに村野藤吾の労働だけでなく、煉瓦を積む人、壁を塗る人などみんなの力であり、私はそのまとめ役である。私の労働に金を払う、そしてできたものは社会に向かって村野から離れてゆく。そのときにはすでに村野藤吾じゃないわけで、社会的にいえば村野藤吾が関係した仕事が再評価を受けるということ。

すなわち私から離れて明日の労働のため、あるいは次の生産のための生産手段として機能するために社会で再評価されて、「これは安いからこれだけで買いましょう」とか「いくらで買いましょう」ということで、売る人はそれを村野藤吾が関係したから高いとか低いとかいうわけです。これは私の労働にすぎないんですから…。

猪狩　お聞きしたいことの一つに加えておいたのですが、建築の保存の問題ですね。中之島とかライトの山邑邸など。その時代その時代の価値みたいなものがあるから出てきたんでしょうけれど、現代そして未来についての先生のご意見はどうでしょうか。

村野　いま申しあげたこととちょっと飛躍しますがね。

建築とは？——建物の価値について

猪狩　まったき価値というものがありうるかどうか。つまり絶対的価値というものがあるかどうか。それは非常にむずかしい問題だと思いますが。

山崎　それに関連しましてものにたいしての執着とか、それにたいしての愛情というものについてまでも考えますとどうでしょうか。

村野　それはね、さっき申しあげました対象を非常にクールに扱うということ、そうしないとクローズアップしないわけですよ。愛情というものはそれぞれ個人個人の感情であり、それは計量できないんですね。建物をつくる場合、われわれの鉛筆一本一本に何十億という金をかけてやるんですから大変なものですよ。村野藤吾の鉛筆に依存しているわけですよ。多くの人の金を集めてやり、それで生産するわけで、その金を元へ返さなければならないわけで、そういう計算から離れてしまうものは何かというと、それは記念建造物すなわちモニュメントですね。それは別の問題になるんですから…。

猪狩　記念建造物があるべきところにあればいいんですが、そうじゃない場合に問題が出てくるように思うのですが。

村野　そこに問題があるんですよ。帝国ホテルなどさんざん議論したことですが、みんなは残したい。だがつぶさないわけにはいかない。それには土地という問題などいろんなファクターが入ってくるからですね。そっくりそれを移せば問題はないですが、そうはいかない。

猪狩　計量できる問題と、計量できない問題がぶつかり合ったんですね。

村野　それはまた人の努力じゃないですか。物の売買と同じように公共団体がそれを残すんだという場合と、その建物の場所に住宅が不足だから住宅をたくさん建てた方が社会的に助かるということでしたらどうでしょうか。

山崎　人間の中に愛情というものがありますか。

村野　そうそう。ですから人間の愛情というものも何もかも、形で計量されなければ人間のためのものであるといえないんじゃないかと思います。それぞれ社会にバラバラになっていてわからないような状態ですが、一応計量されるものとして計ってみて愛情も何もかも社会というものを通してみて、主観から離れて客観にもっていってみて判断してみるのが一番大切じゃないでしょうか。たとえば中之島の問題でもあれは絶対に大阪のために市民のために必要だということを人々に説得もし、多くの人々の注意を喚起して大阪市の人々が認識し多くの人が勝てばはっきりし、社会的に計量されたことになるんじゃないかと思います。愛情も何もかも、主観的なものを客観に移すんですね。

たしかに愛情を持ってやると仕事の出来が良い。愛情があるから残業してでも仕事をやってしまう。結果としてそれが仕事に表われてくるわけですよ。そうなると計量できるわけですよ。その人は愛情だけを持っていてはかわいそうです。苦しいですよ。主観ばかりですから。それを他人が見て、それに報うべきことをしてやるから労働の価値で計量しているわけですよ。

愛情でもって自分は何も報いを求めなくてもよいというのは一種の宗教ですよ。うちの事務所の連中にこの前も話をしたんですが、「この仕事をやらせてくれたら自分は満足だ」というんですが、「それは宗教だ」といったんです。

猪狩　デザインですね。先生は行為というものでもって、そういう客観的な評価を常に見つめて、その行為というものがあり、そのぎりぎりのものがあるということですね。

村野　それは、私のところは商業建築だから、いつも一歩まちがえたら堕落ですよ。堕落寸前までやるということですね。それはわれわれの鉛筆一本に何億、何十億の金が託されている。その資本が生きるか死ぬかの瀬戸ぎわに立たされているようなものですからね。

建物にたいする大阪の合理的精神について

村野　私はよくいうんですが戦前の仕事のことですが、神戸の「大丸」をやったときと「そごう」をやったときのことです。いまの「そごう」でなくてそれを設計する前のことです。そのときの私の心境といいますと、「そごう」は京都の名門の店ですが、大阪の心斎橋の支店は小さい店です。それを一万坪の百貨店にしようとして、私の関係したときは借入金でやるというときでした。いわばのるかそるかの一本勝負です。一方、神戸の「大丸」はどうかといいますと、功なり名を遂げた店ですからね。いわば競争相手の店「そごう」を終えた翌年にやるということで困りましたです。しかし、どうしても私がやらなければならないというので、不幸だなあと思ったことでした。大阪と神戸と土地が違うからやったんですが、神戸の「大丸」と「そごう」はライバルですからね。

そのとき「そごう」はどうかといいますと、小さい店からあれだけの店をあれだけの金をかけてやるんですから、前にも申したようにまったく背水の陣をしく思いですから。そのときに「そごう」の重役が私にいったことは「村野君、僕は君にわれわれの事業の成否を六〇パーセント依存しているんだ」。そのとき私は厳粛な気持ちになりましたですよ。建築家にそれだけ依存しているということでしょう。私はね「それは逆でしょう」といったんですが。「私が四〇パーセントで、あなたが六〇パーセントでしょう」「いやそうじゃない」というんですよ。建築家に依存されるということは重大な責任があるわけですよ。むこうは造形的なことも何もわからないからみんな私に依存されている。大変な冒険です。

したがって、デザインは大衆の関心を得るためには、どんなことをしてもよいということではないにしても、たくさんの人たちが来てくれさえすれば建築界から私の作品が堕落したといわれても私はかまわないとさえ思いました。私はこと信頼と打ち死にしてもよいと思いました。しかし、建物は何十年も残らねばならない。その一方の使命がある。お客が来るかどうかぎりぎりの決着の時点で、一歩まちがえば堕落した建築になる。それを踏んまえた商業建築は、非常に危険でもあるし、むずかしさがあるということですね。今度は、そのあくる年に神戸の「大丸」をやってくれと頼まれました。森五ビルの社長が神戸「大丸」の重役をなすっていて、「そごう」のようなものをつくってもらいたいということで。その時分「そごう」は非常に評判が良かったんですが、一般大衆に訴えるような建築がほしいんだなあと私は直感したんですね。ところが神戸「大丸」の専務は大変な人格者で商売にもたけた人で、百貨店にこの人あり、といわれたほどの人でしたが、その人が私にいいましたですよ。「村野君、君は〝箱〟をこしらえてくれたまえ。〝箱〟でいいよ」つまり非常に合理的なむだのない建築をやってくれ。商売は僕がやるんだということですね。非常に合理的で、よけいなことを考えなくていいんだということなんです。そこで私は窓に目をつけたのです。窓をうすくしてね。窓は重要なデザインのポイントとして考えたのですが。いまから見ると本当にまずいと思いますが。商業建築には二つの道があるんですよね。功を成し名を遂げた店をやるときと、のるかそるかというときの店をやる場合と別々な考えがありますね。ある人はいうかもしれませんが、どちらも建築的にいいものをやればいいではないかと。そういってしまえばそれまでだけれど、実際にはそうはいかないでしょう。

猪狩　大阪商法というものがありますね。それと同じように、大阪の商業建築というようなものがあるとお考えですか。ああいう一種の合理精神みたいな。

村野　そう、どんぴしゃですね。その合理精神は、東京でやる場合と大阪の場合はやはり違いますからね。クライアントにもよりますが。

猪狩　どういうふうに？

村野　そうですね、ちょっと口にはいえませんが。やっぱり東京の場合は文化とかなんだとかそういうことがありますが、こっちは非常に徹底した合理主義ですね。ど根性といった、しかし今日では少し違いますが、むしろ東京の場合はいいんじゃないですか。良いものさえやれば受ける。むしろやりやすい。

猪狩　東京の場合は金銭に換算しないような、かっこよさというようなものがかなりあり、遊びというか余裕というようなものがあるようですが、大阪の場合はないですねぇ。ぎりぎりですね。大阪の場合は遊びにもそこから利潤を得る。見返りのない遊びなどないわけですね。

村野　東京では遊びは遊びとして残りましょう。こっちはね遊びから利潤を得るから厳しいですよ。

猪狩　これまで数多くの作品を手がけられて、〝ご自分で〟これは〟という満足のいったものというのは、たとえばどんなものが…。

村野　いや、一つもありませんね。まだどれもこれも。

猪狩　それでは、先生のお仕事の中で印象に残ったもの、もしくはお好きな作品にどんなものがおありですか。

村野　そうですね、やはり森五ビルは好きですね。それから大阪パンションなども。

後輩に望むこと

村野　私は早稲田に入って、この学校に学んだことに非常に誇りを持ち、よくぞこの学校に学んだと思っております。われわれ仲間の中には、途中から消えたのとか、多くの学校を渡り歩いたのとかがたくさんいましたが…。そういう時代でしたから。しかし、私は、われわれのときには高等予科といいましたが、良い先生がたくさんおられるこんな学校に学んだことを幸せだと思っております。うちのおやじなど、初めは東京なんぞに行きよってと憤慨してましたが、入ってからは早稲田などといわないで、「大隈さんの学校」「大隈さんの学校」といってましたです。私はこの学校にたいして非常に感謝の気持ちを持っているんです。本当に自分の学校は一番いい学校だと思っております。

それから、絶えず少数派になれ。多数派になるな。多数派になったら少数派に帰れ。そうでないと良いデザインはできない。少数派になるということは非常に孤独でしょう。それに打ち勝って、勉強しなければならない。少数派になるということは非常にむずかしい。しかしそうでないと大きな仕事はできないです。そういうふうにしていままで私はやってきたんです。そういう気持ちですね。

＊『早稲田建築』No.9（昭和四十八年五月）所収。

建築家への道

島之内の文化

福田　このたびのお話、柳さんを通じて先生のご意向もうかがいますと、できるだけかたい話にならないようにということでございましたので、ほんとはあらかじめご相談申し上げればよかったんですが、私のほうの考えましたところで、最初の話の取っかかりというようなつもりなんでございますけれども、大阪という土地といいますか、先生がずっと大阪にいらして、そこに本拠を据えて仕事をなさっていらっしゃる、そういうことから、大阪という土地にまつわるお話から、進めていただいたら、おもしろいんじゃなかろうか、というふうに、勝手に考えたのでございますけれども……。そういうことでご了承いただきまして、少しいろいろお話をおうかがいしたいんでございますが。

村野　私は大阪へ来て足掛け五七年……うちの家内と結婚して五〇年も過ぎましたから、それより四、五年前ですか。おそらく皆さんまだ生まれてないときですから、申し上げてもピンとくるかどうかわかりませんけれどね。

まあ人間のチャンスというのはおかしなものだと思いますけれども……、私がこちらへ来ましたころは、今日のようないわゆる大阪の地盤沈下なるものはありません。そのころの大阪は何しろ綿業の中心でもあるし、非常な経済力を持っていました。大阪で名をなした財界人は、たとえば江州系の人、それから北陸、ことに福井、金沢あたりの人が大体財界の中心勢力じゃなかったかと考えておりますがね。それらの人はすべて非常に勤勉であったし、それから非常に実際的な人ですね。東京はそのころになっても非常に（いまは違いますけれども）ペダンチックで、何か格式があったり、経歴があったり、それから肩書がないと、ちょっとなかなか取っつきができなかった。そういう点で大阪に大変私は心を引かれているわけです。

もっとも私の生まれは九州ですから、多少地理的には近い感覚もあったんですよ。

福田　先生は早稲田大学を卒業なさってすぐに渡辺先生の事務所へお入りになったわけでございますか？

村野　そのいきさつですが、いろいろありますが、一つは友人の影響です。私の同窓で親しい友人に大阪の船場の人がいましてね、学生時代にこちらへ来て、家庭のことなどよく知っていました。非常に品のいい、代々宮大工の家柄で中庭のある薄暗い家でしたけれども、いつも座敷は青畳でした。そうして船場、島之内の人のいい生活というものは立ち居振るまいが非常にもの静かで、それでいて、そういうところに丸善が出入りするというんですから、町家の生活のなかに学問や新しい傾向に興味をもつというところは、非常に東京と違うわけです。文化の深さといいますか、物静かで、しぶい生活で、高い声で話をしないような日常の生活をしているわけですね。こんな生活なのに人はみな新しい小説を読むというような、そういう傾向がありました。

もっとも、私の友人の家というのはおもしろいんですよ。前にもいったように宮大工さんで生国魂神社なども建てたほどのうちです。友人の長兄になる人は大阪の一般の習慣にしたがって丁稚奉公に出されるわけですね。なかなかよくできる人で、話は余談になりますが、まあ大阪の船場、島之内のいい家庭というのはこういうものだという意味を……。それからまたそれに引かれるという意味をここで申し上げるんですが。

その長兄になる人が丁稚に出されたんですけれども、非常に学問が好きな人でしてね。それで丁稚をほどなくやめて、（まあ了解を得られたんでしょう。非常に金持ちなんですよ、うちは。）中学校の検定試験を受けて、それから一高に入って、東大に進んで、そして哲学をやった人です。ケーベルという哲学者の弟子ですね。阿部次郎、安倍能成、岩波さん、みんな同期なんです。船場、島之内の良家の家庭の様子を申し上げたのですが、こんな傾向に私は非常に心をひかれました。

そういうような、（すべてじゃありませんけれども）船場、島之内のいい家庭というのはそういう傾向をたどる。それでいて自分は丁稚にやられる。非常に実際的なところがあるし、また同時に、非常に、ひと口にいえば〝いぶし銀のような文化の深さ〟といいますかね。そういう家庭なんですね。で、おそらく私の友人の家庭ばかりじゃなくて、船場、島之内の気風というものはそれで大体おわかりだと思います。非常に厚さといいますか、東京のような直輸入の文化でなくて、自分自身の持っている深さというものがあるわけですね。これに私、まず学生時代に心をひかれたわけです。しかし大阪に来ることができたのは、渡辺事務所の渡辺先生から招かれたのがチャンスです。

自由な大阪

福田　私はまた、まったくの偶然で大阪へいらしたかと思っていたんですけれども……。

村野　機会というのはそういうことです。その友人のところの家庭を私は非常に尊敬し、ああ、いい家庭だなあという感じ。そこで、私の建築の傾向の一つになると思いますけれども、少し暗い、渋い……暗くて、それでいて奥の座敷は澄んでて、いつも青畳で、それで襖とか障子はりっぱに維持されて、中庭があって……。ですから、自分の仕事の上の一つの傾向がその時に私は頭の中にしみ込んでいるのじゃないかという気はいたしますがね。

それで学校を卒業するまぎわになる、そうしたら、これは何べんも申し上げたことだが、ともかく早稲田の私は六回目ですが、まだ世間によく知られない、景気もあんまりよくないころですから、職を求めるということはなかなか……役所へ行くのならなんでもないんですが、私は役所などへ行こうとは毛頭考えなかった。それで亡くなった佐藤功一先生が奔走して、「大林組の設計部に君、行ってくれたまえ」といわれてきまりましてね。東京駐在ということで、東京支店詰めということになりましてね。で割合に月給もくれるし、それじゃそこへきめようかなと。

ところが、うちのおやじから大変な故障が出てきた。いまでこそ九州とか東京、なんでもないんですが、ともかくわれわれのときには九州に行くのに十何時間という距離があるわけですね。それで親ですから、学校を卒業したらまずなるべく自分の近くのところへ置いてと、何か親は親らしい夢があるわけですよ、それを東京に私がおるものですから、きっと東京じゃ、うちへ帰ってこないだろう、ということになりましてね。親が非常に反対した。そんなら卒業の金をやらんとかなんとかいろんなことをいってきましてね。困ったなあと思ったんですが、きまった以上は仕方がない。そのときに渡辺先生というのはなかなかえらい先生で、自分のところへ来てもらうのに、学校へ行って、いちいちその作品を見て、それからきめるというような態度ですね。

そういうことで、何かの機会で、私のディプロマが気に入ったのでしょうか。変なディプロマですけどね、いまから考えると。

とにかく、それが気に入ったと見えまして、「これをどうしてもおれのところになんとかよこしてもらいたい」「これはきまってる」というと、「じゃ、大林にぼくが直接交渉する」と。そんなことで、いまの言葉でいえばスカウトされて、それで渡辺事務所へ来たんです。これはうちの者も、おやじたちも、東京が大阪になったんだから、非常に喜ぶ。自分としても大阪は決して嫌いじゃない。で大阪ということになった。

その一つの理由は、さっき申しましたとおり、そのころ名をなした実業家というものは皆苦労して、自分でたたき上げてといいますか、自分の力でそれだけになった人が多いわけです。したがって、自由といいますか、東京と違って、何もかかわりない、自分の目的さえ達してくれればその人に頼むという、なんにも先入主がない。したがって、私はいまでも記憶に残ってる建物が二、三目についているのは、東京にないような自由な建築がそのころ私の目を引くわけです。

もともとわれわれの時代はいわゆるセセッション万能の時代ということでありまして、新しい建築に変わりつつある転換期みたいなものです。ですからそういうところには非常に引かれるわけですね。それが、大阪に行ってもいいという気になった動機だし、それからそういう機会を与えてくださった渡辺先生の……なんといいますか、どこが私見込まれたか知りませんけれども、そういう機会で……。両々相まって、関西が非常に好きだものですから、そういうことでこっちへ来る機会があった。

ですから、ここで申し上げたいことは、その当時の大阪は非常に自由であったということ、力さえあればいつでも名をなすことができるという、こういうところが大阪では一番大事なことじゃなかったかと。東京と比較しますと、もう今日とだいぶ違うわけですが、やや大阪もだんだん東京に近くなって……気分的にですね。やっぱり世の中が変わるからそうですが……。以前はそんなことはありません。実際に仕事をした人が多かったですね。ですから渡辺先生などがあれだけの仕事をなさったということは、まったく大阪という地盤があったからできたのじゃないかという気がするんですがね。ですから、そこはもう東京と大違いですね。その点では。

福田 この建物（綿業クラブ）は、渡辺先生の傑作の一つといわれておりますが、どうもお話をうかがうと、村野先生がほとんど線をお引きになったという……。

村野 いや、これは渡辺先生の作品ですけれども、ただ私はこの仕事に関係さしていただいたというだけのことでございますけれどね。

これはまたほかの話になるんですけれども、とにかく学校では先生のいうことをなかなか聞かない。まあこの頃の学生もそうでしょうと思いますがね（笑い）。で、スタイリッシュの問題が出ても、決してスタイリッシュのをやらなくて、セセッション一点ばり。というのは、自由な考え方で――まあ先生の評価もあまりよくなかったんですけれども――やってきたものですからね、それがこういうスタイリッシュなものに関係させられて、学校を出たときは相当目方があったんですが、渡辺先生のところへ来て三年目には、もうごっそりやせてしまってね（笑い）。それくらい苦しい思いをした。

もっとも渡辺事務所に入って以来、ずっと様式的な建築に関係させていただいて、しだいにそのよいところがわかってきまして、この建物などは渡辺事務所では最後の仕事です。しかし結果からいえば、大変私はいい仕事をしたと自分では思っているんですがね。これをやりますとすぐお許しを得て、事務所を一人で持つようになったんです。渡辺先生のところへごやっかいになって約十五年間ですか、それくらい修業時代といいますか……。それはいまとスピードが違いますから、そのころの十五年といったら、ほんとに相当長いですよ。

福田 渡辺先生という方もずいぶん大阪ということを意識して仕事をなさっておられたように……。

村野 ええ、あの人、大阪でなければね。東京に向かない人でしょう。東京では格式とかいろんなものでえらくなれるけれども、渡辺先生のように実力を持った人は、東京よりも大阪のほうがドンピシャリでしょうね。一番合った人で……。

それで大変な力を持った人だし、それから目のつけどころが違うわけですよ。そうして非常に実際的でしてね。だから当時の大阪の実業家には受けたわけですね。

福田　実際的ということと……ここらへんちょっと話がむずかしくなっちゃうかもしれないんですが、割合クラシックなスタンダードを踏まえた作品というのがどうやって両立していくのかというのは、なかなかぼくらにわからないんですね。そこらへんの……。

村野　技術としての建築とみれば様式いかんということは同じですからね。たまたま最近用があって、タウトが来たときに旧朝日会館で講演会があって、そのときに私が自分で話をした原稿をちょっといま整理をしているんですが、「日本における折衷主義建築の功禍」といいますか、最近出版された学会の論文集みたいなものができまして、あの中に入ってるんですが、そのうち「禍のほうは言われてない」と批評されてありますけれども、ほんとは禍の方をいってるわけですよ、わたしとしては。最後にひと言いってるわけだけれども。ですから、それでおわかりのとおり、まあクラシックというよりも折衷主義でしょうね。もちろんその中にクラシック、いってみれば様式的な勉強をしなければできないわけですね。ですからこれが、そこをよく、その当時の私の気分など、よくあらわれておる……。

福田　そこらへんの話をやっていきますと、またちょっとかたい話になりますので、もうちょっと後回しにいたしまして……。

先ほどのお話ですと、船場、島之内のああいう雰囲気というか、そういうのを感じとられたというお話なんです。それから、現在だいぶ変わりはじめてきたというふうにもおっしゃっておられるわけなんですけれども、しかし大部分、おそらくここにいる方たちは、先生が変わりはじめたとおっしゃったころに生まれたような世代だと思うのです。

村野　そうですねえ、もっとそれよりあとかもわかりませんね。

福田　それでも、私、大学で歴史を教えているものですから、こちらへまいりまして、いろいろ同僚に頼まれたりして、こちらの古いものを見て歩いておったわけです。

こちらへ来ましたのは四年前ですけれども、その年にすぐ大阪府下の民家の調査をやらされたわけです。で、文化財に指定するような、指定候補の民家ばっかり見て歩いたものですから、特別にいい家ばっかりだったんですが、それまで関東にいて見ていたいわゆる民家というのと、あまりにもケタ違いなもので、驚いてしまいまして、どうしてこういういいものがあるのに、いまの大阪というのはだめなんだろうという、そういう気がしてしまったんですけれども、先生のお考えで、いつごろからそういうふうな変わり方がはじまったとお考えですか。

村野　まあ私にいわせればね、戦後からじゃないですか。戦前はむしろ関西の方が良い建物があったたし、経済的な優位もさることながら、渡辺先生や片岡、長谷部、安井、松井、竹腰その他、優れた建築家が、それよりもっと古いところで日高、その他有名な建築家やその作品などがありました。それらの先生方の作風は人によってちがいますが大体において、いわゆる折衷主義的な傾向といってよいと思います。このような傾向は実際的で関西の土壌には育ちやすかったし、建築的にもその時代としてはそれだけの理由があった。この点については、「日本における折衷主義建築の功禍」という題で、ブルーノ・タウトが来たときに話したとおりであります。しかし折衷主義は実際的ではあったが、そのなかに建築が次の段階に変位する要素を含んでいないで、それ自身で没落する、つまりそれだけで終わるという要素があった。これが折衷主義建築を語る重要なポイントだと思います。少しむずかしくいえば、折衷主義、平たくいえば様式的な建築が時代の変化についていけなくなって、しだいに主観的な方向に押しやられて客観性を失っていくことになったと思います。いうまでもなく客観性が失われるということは数値に変わるものがない、ということです。数値が失われるということは、進歩や社会の変化に変位するものがなくなったといえるでしょう。これはあらゆる建築の興亡や変遷に当てはまるもので、折衷主義建築の没落についても例外ではないと思います。

さらに言葉をかえていえば、次代に生き延びるための理念に欠け、次代への適応性を失うということは、非常に良いところだけが抽象化されてそれ以外のものは取り残されていくことを意味します。そしてその抽象化された部分がすなわち古典として伝承芸術のような形で温存されましょう。私はこの現象を主観という言葉でのべました。そこで渡辺先生のことを申し上げたい。渡辺先生の言葉をそのまま借りれば、「売れる設計をしてくれたまえ」というのが渡辺先生の口癖ですね。その意味は折衷主義が客観された状態、すなわち普遍的な状態を指します。先生は自分でプランとか計画とか基本的なことをなさって、そうして私が外観のスケッチをして先生の了解を得て、「ああ、それならいいから」ということでやりますね。そのときには売れるやつをやってくれたまえという……つまり「図面が売れる」という言葉は非常に卑近、皆さんにはピンとこないかもわかりませんけれども大体において折衷主義的な――様式的な――アメリカ風のものが多かったが、その間におけるる先生のお気持ちというのはよくおわかりでしょう。設計が関西のクライアントに承諾されて実現されるようなものをやってもらいたいと。実現されないようなものをやっても事務所は困るということだと思います。これは建築事務所の経営としては当然なことです。それなら売れるのは一体どういうものかということになると、そこに問題があるわけですね。いい建築も悪い建築も……みんな売れる建築のなかに含まれ、その中にいろいろあるわけでしょうからね。それから先はわれわれとしては、第一義的なものをねらう以外はありません。先生はわれわれの努力にまかして、いいのをこしらえるように指導される。これが関西における一建築事務所のあり方です。しかし戦後は事情が変わった。その有力な理由は関西における経済的な地盤沈下ではないかと思います。

福田　何かわかるような気もするんですけれど、結局売れるというのは、ぼく流に解釈しますと、結局その図面に描かれたもの自体が、ある大阪なら大阪という土地の文化を踏まえてるというか、そういう文化の上に乗っかってる、というふうなことなんでしょうか？

村野　そうですねえ、遠回しにいえばそういうことになりますが、その点は先にのべたとおりだと思います。クライアント側のほうの持っておられる自分たちの西洋建築にたいするイメージというのは折衷主義ですよね。アメリカへ行ってもヨーロッパへ行ってもそうです。昔のままのやつがあるわけがないわけで、それだけでは八階建てを建てるとか……まあそのころは七階ないしは八階ですね……。そういうふうに、時代の変化、社会的な要望に折衷主義建築ではついていけなくなった。どっちみち昔のままのものがやれるはずがないわけでしょう、これがすでにのべたように折衷主義の宿命です。さて様式的な手法、そのころアメリカでやっているように渡辺先生の言葉を借りると、外観を上下三つに分けるというんです。外観も上と真ん中と下とに分かれ、それで伸び縮みを考えればいいわけでしょう。そこでバランスを考えたりする。またその中に持ってくるディテールというものが重要な要素になってくる、いわゆるスタイリッシュのものがディテールの中へ入ってくるわけです。ですから、そのディテールをよく練り上げて全体をまとめる。それにはリファインメントということがどうしてもついて回る。そのリファインメントというのが問題になってくるわけでしょう。ですからその修業が私は問題だと思っておりますけれどね。一般にはこのことを古典的なものも含めてクラシックと申しておるようですが、このディテールの問題が非常に重要であると思います。しかしディテールと申しましてもその時代時代にある特有の線とか、面とか、それから影だとかというものがありましょう。それの勉強でしょうね。私はそうだと思います。このように考えれば、どんなに時代が変わったっていつも新しい要素を持っていて、みんな同じですよね。

福田 先ほどセセッションや何かのお話をなさったんですが、そこらへんもぼくらにはまったく昔の話で、どういうことがどういうふうに起こったのか、あまりよく知らないんです。先生が学生時代のセセッションというのは、そういうリファインメントみたいなものとはあまり無関係……。

村野 リファインメントということは様式的なものを修得する場合、昔のもののように美しいものになるように、その時代に合わせて再現しようとする努力のことを指すので、そういうことまでは学生時代にはわかりません。ただ学生のころのセセッションをやったということは、いまと同じことですからね。体制に対する反抗でしょう、きっと（笑い）。それがセセッションという形をとったこともあったんでしょう。スタイリッシュみたいなあんなものいやだ、ということでしょう？　それに対する一種のレジスタンスでしょうね。ですから先生がいくら口をすっぱくしていってみたところで、なかなかやらない。学生はみんな簡単なやつを端的に表現しよう、頭だけで、それだけならむずかしいこともなく頭脳だけでやれるわけですよ。ある程度コンポジションだけでやれる、リファインメントや感触なんてむずかしい修業を必要としない、いうなればスチューデント・ワークみたいなものが一時横行して、（まあ最近は少し変わりつつあると私はみますけれどね）そのようなもので、スタイリッシュのようなむずかしいものに係わりあって、図書館をやったり公会堂をやったりするのは面倒なものだから、みんな簡単にやってのけようという、まあ体制に対する反抗みたいなものですかね。

しかし結局やっぱり心の中にあるのは、自由じゃないですか？　これはいまも昔も変わりませんよ、やっぱり自由ですねえ。自由を求めるというところからくる。様式の桎《しっ》梏《こく》から逃れると。その形がいろんな形でできますが、まあそこからくるのじゃないですかね。私はそうだと思いますよ。これはやっぱり時代の、明らかに時代の変換、古い世代から若い世代に移るという一つの動きじゃないでしょうか。どう動くかということになると、そこに私はいろいろと問題があると思いますけれどね。そうじゃないかと思います。

フリーアーキテクトの形成

福田　あの当時、大阪で村野先生が事務所をお始めになった頃といいますと……。

フリーアーキテクトというのは大阪でないといないみたいな感じが、年表なんか見てるとするんですけれども、どうして大阪にフリーアーキテクトが集まったかというのは……どうなんでしょうね。

村野　一九三〇年（昭和五年）というと、私が事務所を持つころになりますからね。そのころになりますともうたくさん出てますよ。たとえば、例の分離派の石本喜久治君が東京朝日をやり、その他にも事務所を持つ人が出てきたりして、そうですね、もうそうなると渡辺先生の時代と年代が少し下がってきますね。そのころになるともうかなり……自由なスタイルでも依頼者も納得するような時代に変わっていったと思います。しばらくすると、拙作、森五商店や大阪パンション、それに続いて大阪のそごう百貨店などが現われることになります。福田先生がおっしゃるフリーアーキテクトというのは……。

福田　プロフェッショナルなフリーアーキテクトですね。

村野　それはもうかなり出てます。

福田　それにしても渡辺先生からの因縁もあるんでしょうが、大阪というのはフリーアーキテクトの舞台として非常に格好だったというふうなことがあるんでしょうか？

村野　私などの例をとっちゃあまことに申しわけないんですけれども、お仕事をいただくということは、大阪におったからだと思いますね。たとえばそごうを仰せつかった……第一作は森五ですか、それから大阪パンション、たしかそのころだったと思います。

福田　経歴書に一番最初に載ってるのは南大阪教会です。

村野　それは渡辺先生のところにいるときに、私はクリスチャンじゃないんですが、非常に熱心なクリスチャンと懇意だったものですから……。

まだ事務所を持ってるか持ってないかぐらいのころですね、それでちょっとやってくれということで、やって差し上げたわけです。

福田　その次の年に大阪パンションになってますね。

村野　大阪パンションのときはもう事務所を持ってましたから。

福田　そういった話で、やはり大阪のほうがクライアントが建築を見る目があるというふうな、そういうことはいえますか。

村野　そういうことじゃなくて、建築家にまかせるということでしょう。

福田　しかし、建築家というのは、いまでも日本はそうですけれども、やはりどうもよけいなもののように見られる傾向がありましてね。建築家というのは家を建てるときにはあまり必要のないもののように思われてまして、大工に頼むと全部できちゃうというような、そういう考え方が一般的じゃないかと思うのですが。

村野　それはいい例がたくさんあるんですよ。これは私ら住宅頼まれますね。そうすると船場とか島之内の金持ちの家ですね。それが別荘を建てるとか、別にまた新しい家を建てると、それは最初に出入りの大工がおりますでしょう。それに非常に律義ですからね。あそこは江州の人、(これは別な話ですが) 入るまでが実際はほんとはむずかしいんですよ。ただペダンチックでない、実際的であるということですね。実際の腕があれば認めてもらえるということ。その点はちっとも変わらない。だけども、そこの家に入るということはむずかしいというのは、入れば非常に家庭的なんですよ。自分の内輪の人のように思ってもらえる。実にいいところがあるわけです。全部信頼をしてくれる。東京の話ですけれども、大体その人は江州出身の人。場所はいいません。いいませんがともかく非常に重要な場所なんです。ところが東京のほとんどすべての有名な建築家は皆そこへ頼みにいってるわけだ。そこでどうするかといったら、まず興信所でみな調べるわけだ、その人のことを。そうしてその人の財産とか、それからしまいにはその人が第二夫人を持ってることまでわかってしまうわけだ (笑い)。私はおそらく一番あとだったと思いますが、森五さんの紹介で (森五さんというのは江州の人ですからね) そこへ頼みにいった。戦争前の話ですよ。それで私、頼みにいったところが例によって調べられたわけだ。ところが私は事務所を持ったがまだ借家住まいですし、別に財産があるというわけじゃない。それでそこのおじいさん、一番年寄りが見て、これは資産も何もないから、これはだめじゃないかと長男や重役の人たちにいわれた。ところが、そこで、いや、あなたは請負とまちがえているのじゃないかと。設計をする人というのは財産のないのが本当だと（笑い）。おもしろい話でしょう。それはあなた、いい仕事をしてそのうえに金をもうけようというのは、まちがいですよこれは。私は皆さんに申し上げておきたいのは、自分がいい仕事をして、そうしてそのうえに財産に恵まれるなんてことはとんでもないことで、それもまちがいだと私は思いますね。アメリカでも建築家の収入といったら他の職業に比べて少ない、ただ、地位は日本より高いわけだ。建築家は金持ちなんてなれやしません。

そういう話があって、ああそうかそんなものか、それならこの人がいいだろうということで（笑い）、私がなんにもないというところで、いや、こういう人がいいですと。そこで私にその仕事がきまった。そうときまれば、今度は非常に大切にされるわけです。そのおじいさんが大福帳みたいなところに私の住所をちゃんと書いて、ほんとに大事にして内輪のようにしてなんでも明かしてくれる。

そういうふうですからね、したがって自分のところへくる大工というのは非常に信用しているわけだ。ご予算なしでなんでも仕事をさせるわけでしょう。ところがだんだん締め上げてくると、えらい金になってくる。最初大工は、もう主人の性格を知ってますから、大体ケチだとかなんとか……ケチじゃないんですよ。そうじゃない、ほんとの値段で本質的なものをもらおうというのが大体こっちの人の性格だと思いますね。なぜかといったら、苦労して産をなした人ばっかりですからね、よくわかってる。ところが大工は初めは安いことをいうわけだ。ところがあとから締め上げてみると、えらく高くなってくる。これでだんだんと仕事のやり方が近代化して工事はうちの出入りの大工にさせるけれども、設計は建築家に頼むということになった。だから第三者の証明というものが必要になってくるのはそういうことですね。

今日の建築家の仕事のうちの一つは、まず信用ということでしょう。たとえば株主総会などで、この建築家がこの工費を証明しているからまちがいありません、ということになると、株主がそれを承諾するということになる。だから建築家の職能というものはデザインができるばかりじゃなくて、その人の行ないが正しいということですね。これが一番必要なことだ。だからこの人に頼めばまちがいのない仕事ができると。設計がうまいということよりも、より以上に重要な問題だと思います。

福田　そうしますと先生のお話をうかがいますと、むしろ大阪のそういう商人といいますか、そちらのほうから建築家というプロフェッションを要求したといってもいいわけでしょうね。

村野　まあそういうことになるわけです。自然的にそれがほんとの移り方でしょう。建築家は職能的にはクライアントを代表するが、社会的には第三者の立場に立つということになります。

福田　そうしますと東京とまったく逆なわけですね。

村野　そういうことになりますかね。つまりほんとの移り方じゃないですか。で第三者の証明を要求する。もちろんその人がデザインがうまければ、さらにいいわけでしょう。しかしデザインがうまいというよりも必要なものは信用ではないでしょうか。第三者としての正しい行き方じゃないですか。昔から出入りの棟梁にやらせると、始めは安いがだんだん高くなっていかんという、もちろんやらせる方でも高くなるようにするが、昔からの商習慣のようなものもあって悪いのになると、材木屋と結託して、それで口銭を取るとか頭をはねるとかということをやるわけですよ。ですからしだいにそれが高くなる。それでだんだん建築家に移ってくるわけです。これがほんとの移り方じゃないですか。だから建築家の職能というものは、ひとりデザインができるばかりじゃない、その行ないが正しいということではないかと私は思いますがね。

福田　大阪という土地柄、私もそういう点でいろいろ関心を持ったんですけれども、これまではいま先生からうかがったほどには、的確にはつかんでなかったので、大変おもしろいお話だったんですけれども……。

村野　それはまったくほんとの移り方でしょう。シティー・アーキテクトに頼むという移り方の、大阪はほんとに的確な例の一つじゃないですか。そういうことですよ結局は。それで渡辺先生の行き方は、（また別な話ですが、大阪のまた一つの特徴です）たとえばこの建物に大変な資本を投ずるわけです。この建物をたとえば一年なら一年でやりましょうと、こういいますね。大体は建築家が自分がたとえばオフィスビルディングを設計しますね、そうするとそれにたいする収支計算を出すのがヨーロッパの常識なんです。それにたいして収支計算を出して、そしてこの建物は何年で償却して何分に回りますということを出すわけですね。渡辺先生はそれをおやりになった。私が経済に興味を持ちだしてきたのは、そこから始まってきてるわけです。

ともかく大変な資本を投下するわけでしょう。建てる方では、それをなるべく早く使いたい、そうすると渡辺先生は、たとえば普通なら一年半かかるものでも私は、「一五カ月でやりましょう」というと、いわゆる頼む方では大変な資本を投下しているから早くできれば、それだけ助かるわけですから大変喜ぶわけです。「そのかわりあなたは工費をもっと出してもらいたい」こういうやり方。これはなかなかいえないですよ。よほど建築にたいして自信がなければ。まあ渡辺先生の功績といったらいろいろありますけれども、シティー・アーキテクトとしてのほんとの行き方といったら、渡辺先生にまさる人はないと思います。まあ設備などにたいして大変金をかけるということ、これも説得力が非常にあるわけだ。設備に金をかけて建物の質を良くするということは、テナントがたくさん集まるとか、早く集まるとかいうことがありますね。それにたいしてクライアントから金を出させるわけだ。そうして請負にたいする指導の仕方も同時に伴ってくるわけだが、それにたいしてしっかりした自分の施工法が自分の頭にあるから、それができるわけだ。そういう先生の行き方。えらいですよ、そういう点は。

福田　そううかがってくると、現在はどうかという問題がありますけれども、大阪というのは大変建築家というプロフェッションにとって重要な場所だということになりそうな気がするんですけれども。

村野　やっぱりほんとの建築家というのは大阪を発祥としたと私は思いますね。

福田　こういうことはもっと先生に、いつも声を大にしていっていただかないといけない……（笑い）。

建築家へのみち

福田　日本のいまの建築、ことに大学の建築教育でございますね。これがまたかなりどうもよくわからない状況になってるのじゃないかという気がするんですけれども、はっきりいって、アーキテクト教育ということをいってるところは、それだけに専念するといってるところはないし、またそうかといって、完全な現場技術者を養成するというわけでもない。ドラフトマンを養成するというわけでもない。何か非常にオールラウンドな調子になってる。それで学生がかなり、どちらのほうからも、アーキテクトをめざす側からも、それからエンジニアリングをめざす側からも同じような不満が出てきてる。ぼくなんかよくそういう苦情を聞かされるんですけれども。

村野　アメリカも大体同じような傾向じゃないですか。福田先生のお話に当てはまるかどうかわかりませんけれども、これは皆さんと一緒に考えなければならんことですが、私が聞いたアメリカの例を、たとえばエールの例をとりますと、学校の卒業生で失業するのが多くなったと。

それからもう一つ、数年前に雑誌で読んだんですが、「デザイナーをつくるということは学校では不可能だ。学校を出て、デザイナーというものは勉強して、ならなければいかん」ということですね。これも一つの踏んまえどころですね。

それからそのエールの例でいくと、ルドルフがおった頃は図面をやかましくいうから、図面を描くことの技術はとにかく勉強する。ところがルドルフが出て、なんとかいいましたかな、ひげの生えた背の高い人がいますね、私会ったことがありますが、その人が来て、今度は理論ばっかりいってるそうです、学校で。だから図面を描くことをしないわけですよ。そうすると実際学校を出てよそのオフィスで働こうとしても、図面を描くすべを知らないから、雇うにも雇えないわけですね。ですから日本から行ってたとえば向こうの大学へ入って、出て、それからその事務所で働いて重宝がられるのは——これは去年も行ってみたが、非常に重宝がられている——図面が描けるからだ（笑い）。だから図面が描けないために失業するそんな人は図面は描けなくとも口で設計してもいい州にいって、そこで働く。そういうことがあるそうです。だからいずれにしても失業者が案外ふえてるということを聞くんです。だから図面を描くということがアーキテクトの言葉につながっていくんですけれども……。

どうですかね、これは福田先生にうかがわなければならんことですがね、大学出ても、うちの事務所では学校のい

都ホテル

かん、質もいわないんですよ、どこの学校を出てきても、どんな程度……ただ大学を出りゃ年をとってますから、高い給料を出すのはあたりまえ。それからそうでない工業学校を出た人は年が若いから、それに比例してたとえば少し手当が下がる。これは当然なこと。しかし事務所の要請としては必要な期間、できるだけ図面が描けるということが一番要請されるわけです。だからそれができなければ、大学出だろうといくらそんなことをしたって、うちはなんにも関係ないんです（笑い）。工業学校を出た人だって、できさえすればどんどんよくなるといえばおかしいけれども、われわれのところはそんなに差はないんです。

福田　最初に、大学ではデザイナーは教育できないと釘を刺されましたので（笑い）、どうも最初にそれをいわれてしまうと、どうしようもないんですが、一つはデザイナー教育の問題があると思うんです。実は、そういったデザイナーというか、あるいは建築家というのは一体どうやってつくられてくるんだろうかと、そういう疑問がありまして、村野藤吾先生はどうやってつくられたんだろうかと。そういうことを知りたいために、遠くから手を回しまして、大阪というところから攻めてみたつもりだったんですけれども……（笑い）。

そういうことで、いわゆる公式教育機関で建築家というのは教育できないとすると、一体どうやっていくかということ、どうも漠然としすぎますけれども、何が建築家を育てていくというふうにお考えでございますか。

村野　なんといっても学校教育、ことに技術教育以前の教養課程の教育いかんが支配的だと思います。次は図面を描いて訓練されることが一番だと思いますね。私の例を申し上げてはなはだ恐縮ですけれども、私がようやくにして今日あることを得ましたのは、もちろん協力者のおかげですけれども、それ以前にやっぱり修業時代に先生の指導を受けて、一生懸命で……図面も何も引けないでしょう。私は学校を出て三年間の間に目方がずっと減ってやせてしまった。

大学で私は非常に程度の高い話を聞いてるわけですよ。ですから大学を出た人のメリットというのは、私はいい教育を受けてるということじゃないかと思いますがね。そうでない人もいい教育を受けてるでしょうが、けれども大学生というのは、たとえば高等学校の課程その他で、言葉は正しくないけれども、ともかく教育を受けてるということじゃないでしょうか。しかし最初っからそれが出るかどうかということは非常にむずかしい。最初からそれを出そうと思って焦ると、一人でやるよりほか仕方がないということになる。

福田　その場合、村野先生がおっしゃるいい教育というのは、必ずしも建築プロパーの教育ではないわけですね。

村野　じゃないと思います。いろんな教養。建築自身のつまり技術的な教育ばかりじゃない、もっと広い教育、つまり教養ですねえ、これを受けてる。その教養の大事さということ、これが建築の根本になってきますね。建築というより芸術にたいしてみんなが、外から何かが建築を支えているわけですから、これは大切なことですよ。それを教育を受けてるということは、確かに大学出とか、または独学でも勉強した人の一つのメリットじゃないかと思う。しかし、それはそのまま行われるとは限らない。何年かの間にそれがずっと芽ばえてくるという時間が必要だ。それには、どうしても訓練というものが必要じゃないでしょうか。私はそうだと思いますね。だからその訓練にたえていくということがなければ、早く自分が一本になって、そうして一本になりながら仕事をしながら訓練されることも一つのチャンスでしょう。そうでない一般のコースをとっていれば、やっぱり訓練をされる。そうすると訓練をされるならば、その訓練のされ方とされた結果について何かがない限りは、教育の効果はないじゃないかという気がいたします。そこが私は大切じゃないかと思います。

だから私は自分の例を申しますと、学校を出てそういうつまり頭だけができてる、頭でっかちになってきてるわけですね。だから実際にものをいう、実際の仕事を進めていく人の下で勉強というものがされてないわけだ。それで渡辺先生のような実際家の中へ入ってくると、これはとても困っちゃう。木造一つやるんでも木造の小さな寄宿舎をやったことを覚えておりますが、それに二カ月ぐらいかかってる。あれだけの人だからイライラしておられたと思いますけれども(笑い)、とうとう二カ月……木造というのは非常にむずかしくて、やっとそれができたんですがね。渡辺先生はなかなかがまん強い人ですが、しまいにはいやな顔をされる。そうするとそれが身にこたえる。まあそこは学校を出たといいますかね。

ところが一つのチャンスといいますか、神戸に海洋気象台というのが(いま山の上にありますけれどね)これは私が関係したのとは違うのですが初めにできたのは、塔があってややゴシック風のものでしたが、それを取り壊して現在のものになったが、その最初の設計は面白かった。そのとき私に、「おまえ、すぐやれ」といわれましてね。それでわたし、パースで出したわけですよ。色をつけて出した。それで人間の運命というのはおかしなものですね、それで渡辺先生の気分がすっかり変わってきた。村野には、学校を出たものには、そうすぐにディテールをドラフトマンの仕事をやった連中と同じようにはできないこと、いわんやフル・サイズをやらしたが、これがまちがいでもっと時間をかけなければということを、渡辺先生ほどの人でも初めて知られたわけです（笑い）。それで、これにはやっぱりゼネラルのデザインをやらそうと。そういうふうに変わりましてね。

そのうちに大阪商船の神戸支店のコンペティションがあったのでね、東京のえらい建築事務所と指名で。幸いにして私が関係して描いたパースペクティブが、まあいろんな工夫をして描いたんです。私にいい助手がいましたが、それと一緒になって描いてそれが当選したわけです。それで渡辺先生、すっかり気分が変わって、そこでチャンスに恵まれてくるわけですよ。そして今度は、あれをやれこれをやれということで仕事をする機会が非常に多くなってきたということですね。

その間に三年かかるわけです。いまなら五、六年はかかるでしょう。だから最初の三年間は苦しいので渡辺さんのところを辞めようかと思ったことが一再ならずあったわけですよ。

それはねえ、学校を出たばかりで長年修業した人と一緒になってディテール描いたりフル・サイズで描けといったって、できっこありませんよ。先生もちょっと認識不足だったですよ（笑い）。しかしいまの学校を出た人はすぐ図面描けるんですからね。私どもの時代よりずっとよくなりました。

福田　いや、なかなかそれがそうはいきません（笑い）。

村野　それはもう私は身にしみてるんですよ。

福田　しかし、先生自身、いわゆる建築プロパーのそういう技術教育じゃない部分については、やっぱり先生ご自身なりに、自信を持っておられたわけでしょう？

村野　一般教養ですか？　これは私はほんとにいい先生に、いい教育を受けたと思いますよ。いまでもそれが滋養になっていると私は思いますね。だから八〇歳にして初めて、われわれが若い時代に教わった先生の影響というものはいまに続いてると私は思いますけれどね。ほんとにいい先生たちでしたよ。

そのうちで、私はよくものに書きますし、いいますけれども、われわれのときはいまの高等学校といいますか—早稲田の—それを高等予科と称した。大学と関連してますからね。その時代に予科長の安部磯雄さんという人、有名な社会主義者。かつては社会大衆党の党首になったほどの人である。また早稲田の野球部長を長くやられた人で、今日の六大学野球の草分けの人です。ともかくその当時、社会主義者といったら大変恐れられて、刑事があとからついていくぐらいの人ですよ。その安部さんが予科長で、そのときに先生は英語の講義を担当された。そうして英語の経済の本でしたね、ミルだったかな、その原書で講義をするわけですが、それで英語を習った。

そのときに私は学校に入って間もなくでしたが暑い盛りで、何しろ安部磯雄さんという人は大変な怖がられている人でしょう、ところが非常に謹厳で、あれは同志社を出て敬けんなクリスチャンです。イギリス教育を受けた人ですが、それで自分は夏だというのに三つボタンをかけた冬の洋服を着て、そして学生に向かって、「諸君、上着は取ってもよろしい。それから扇を使ってもいいけれども、人のじゃまにならんようにしてくれ」と。こういう教育の仕方です。これで私は、ああえらいものだなあと深い感銘をうけましたね。ほんとの自由とはこうかなあ、という気がしました。このような感銘を受けましたことはこれがやっぱり一生そういうことが付きまとうわけです。また佐藤功一先生のルネサンスの講義もありましたしね。その他いろいろありますけれどね。まあそれにはちょっとどぎもを抜かれた。私は田舎の学校を出て早稲田へ入ったんですが、そのときに、ああ大学というのはこういう教育かな、という気がいたしましたね。これがやっぱり一生を支配するのですね。その感銘は青年のような若さでいまに続いております。つくづく教育というものの大切さを思いますよ。

書院と数寄屋

委員　先生は住宅以外にもいくつかの和風建築を作ってられますが、書院風のが一つもなくて全部数寄屋風建築ばかりであると思うんですけれども、そのへんは何か特別な好みがおありなんでしょうか？

村野　これもちょっと余談になるかもわかりませんが、私はほんとは書院が好きなんですよ（笑い）。これはとにかくなんといったって書院と数寄屋とすれば、数寄屋は一段下がるですよ。書院はやっぱり上ですね。武士……さむらいですよ。それだけに数寄屋のほうがやさしくて書院のほうがむずかしい。私は書院というのは非常に好きで……ただやる機会がないだけです。なかなかやれないですよ。実際むずかしいですしね。ですから数寄屋のほうがやりやすい。つまりごまかしがきくわけです（笑い）。

委員　とすれば今後先生の書院建築を拝見できる機会があるわけですね。

村野　私は書院が望まれるならば、書院はちょっと取っ組んでみたいような気はしますね。ただ、いままで頼まれた住宅のうちで書院らしいものはやったことがありますよ。それはしかし数寄屋と一緒になりますからね、いわゆる書院のプロポーションにはどうしてもできない。ですから数寄屋と一緒になるところにある書院ですね。これは一切まずやったことがない。しかし木割りを私は考える。木割りをずっと小さくする。細くする。それから面を大きく取るとか、そういうことでやわらかくする。こういう手法はいたします。ですから書院のむずかしさといいますか、これは数寄屋以上だと私は思いますね。ほんとの書院はなかなか容易にできないでしょう。ただ書院のイメージが、鎌倉時代のことだとか、それから昔の書院とはというイメージでは……それはいまやることはおかしなことですからね。やっぱり書院といっても、近代の感覚で感ずる書院でなくちゃいかんのじゃないかという気はいたしますね。

私の家を例にとっておかしいけれど、古い家を改造したんで、床の間があるんですよ。これはいわゆる書院風にして、そうしてこれは日本のよき手法ですが、ゴヒラといいますか、細いところとつまり長手を使って、そうして木割りをかげんして、そして「残月」くずしみたいなことをやってるんですがね。これは古い昔の家を移転したものですし、それが三寸三分ぐらいの角柱でできてます。それの床の間ですから、そういうふうにやってみたんですが、私は書院なれば一ぺんやってみたいなあという気はしますがね。私にはむずかしいですよ。

委員　木割りを小さく取るとか、面を大きく取るとかというその話とは別に、非常に天井高を低く押さえるような方法でよく和室をつくられるということを聞いておるんですけれども……。

村野　そうですよ。それは私が大変お世話になった、私の事務所の地所をわけてくださった泉岡宗助さんのことをお話ししなければなりませんが、材木屋さんで大変な金持ちで、しかも非常にそういうふうなことが好きだ。それでロンドンに行かないでロンドンの町のことを自分で覚えてる（笑い）。それぐらいの人ですからね、その方が自分の家ももちろん書院でやっておられます。そこで木割りを細くすることと……細くする考え方ですね。三寸という柱は大きいですよということを聞いてる。それから七尺五寸以上の天井というものはそれは高いですよ、七尺五寸でいいかげんに高く感じます。ただ料理屋の大広間なんかだったらそうはいきませんけれどね。それでも木割りを細くするんですよ。それから柱と壁との栫を非常に少なくするとか床柱をゴヒラにするとか、さもなかったら、どうしても構造上できなければ面を大きくするとか、そういうことで栫《ちり》を少なく見せる。そうするとやさしく見えるわけです。

日生劇場の苦労話

委員　最後に先生に、いままで五〇年以上の創作活動の中で、一番印象に残っておられる作品は何かお聞かせくださいませんか。

村野　一番苦労したのは、やっぱり日生劇場の劇場内じゃないでしょうか。あれは非常に苦労いたしましてねえ。なにしろボリュームが大きいし、一歩まちがえたら大変なご迷惑をクライアントにかけなければならんし、といって劇場なんてのはもうみんなやり尽してやるものがないわけですよ。一番こわかったのが音響の問題。その点はほんとに苦労いたしました。ですから苦労したという点をもって、いい印象に残ってるかどうか、そいつはわかりませんがね、一番苦労いたしましたのは日生劇場の内部のデザインです。これはほんとに身を削るような思いをいたしました。それとあとからベルリンオペラがくるということですから、これがもし音響が悪かったらどうしようかと。これは石井聖光先生にはずいぶんご迷惑をかけて……。石井先生が一〇分の一の模型をつくりましてね、それで中へ銀紙を張って音響テストをやったり、こまかいテストをやった。やれやれと思ったら、また私がいって形を直すものですから、また先生が……（笑い）。そういうことを書いてありましたがね。やれやれと思っていたら、また私がいって形を直すというようなことですね。それでずいぶん先生にはご迷惑をかけた。

宇部の市民館などは、あれは非常にオーソドックスな形ですから、音響がいいのはこれはあたりまえだと思う。戦後内部を改装したので創建当時とは非常に異なったものになった。けれども、あれもマテリアルをどれだけの硬さにしようかというのは、ずいぶん苦労いたしました。朝日会館では私は話をしたことがありますが、それが実に話しよかった。あっ、この硬さだな、というのが、その印象があって、それで硬くしなければいかんなということが……そのころは音響学というのはまだ盛んじゃない。音響というのは、あるところまで音響でテストできるでしょう、それから先のことは、もうこれは度胸ですよ。実際音響というのは、なんかこまかくやったようなことをいってますけれども、そうじゃなくて実際度胸ですねえ。それでも修正がきくときは修正がききますね。たくさんありますよ、修正したのはね。しかしあそこは修正なんてききゃしません（笑い）。で、日にちは迫ってるし、それから先は度胸ですね。破れかぶれだった。まさか違ったらどうしようかなという、それくらいの切迫した気持ちだった。

福田　貝がらをはめ込まれたあのマテリアルの感じというのは、最初からイメージに……。

村野　あれはどういうことでやったのか知らん、あんなエフェクトになるということはほんとは私は知らなかったですよ（笑い）。それはあなた想像つかないですよ四〇尺以上も上のことを、小さな模型だけであれを考えて、どういうふうになるかということは。それはまあ最初に私の頭に浮かんだことは真珠の色、オパールの少し鈍い光が出るだろうということでしたね。まあ硬くすることは当然のこと。鈍い光が出るだろうということはわかった。それであの貝がらを見つけて、あのときはまだ装飾に張るぐらいの程度です。あっ、これはいいな、ということですね。全部張るといったって、とても金が大変ですから、まばらに張ってみたんですがね。ですから、あんなになるということは私は知らなかった（笑い）。まあよしあしは別問題で、ああいうエフェクトになったんですがね。非常に心配したのは音響の問題です。

そのころ小沢征爾さんが関係してましたよ。音楽家の指揮者の。それでベルリンオペラの指揮者が来て、やってみたらこれだったらヨーロッパの一流劇場と同じだなといった。それで小沢さんが非常に喜んで、私のところに電報を打とうかと思ったといった。みんな心配してるわけだうまくいくかどうか、ベルリンオペラ、もう来てるんですからね。うまくいかなかったらさっぱりですからね。そのときのうれしさといったらないですよ。まあそんなものですよ。ホールをつくって、建築家がやっと、ああよかったなあというのは。ホールの音響というのは、そんなものですよ。最後まで、残響時間がたとえば一秒なら一秒というようなこと、三、四日でわかるわけがないですよ。それでほんとにそのときは、手を握って二人とも喜んだですよ、よかったッ！てなことで。それくらいに苦労しましたね。

福田　もうだいぶ予定の時間も過ぎているようでございます。いろいろとおうかがいしたいことがまだたくさん残っておりましょうが、先生に最後に何かひとこと。

村野　そうですね……特にあらたまっていうほどのことでもないんですが、やはり若い方々には古典を読むことをおすすめしたいですね。

福田　本日はこのへんで終わらせていただくことにいたします。村野先生にはご多忙中のところ、まことにありがとうございました。司会の不手際で、皆様のご期待のようには話題の整理ができませず、大変申しわけなく思っております。どうぞお許しください。長時間にわたってご協力いただき、ありがとうございました。

＊『建築と社会』（昭和四十八年八月号）所収。

仕事と年齢

法《のり》を越えない——その大きな意味

武田　私は先生のファンでして、テーマといえばそれしかないんですけれど（笑い）。

それともう一つ。私は公共建築の設計屋ですけれども設計というものは、やはりある種のルールと申しましょうか、法《のり》を越えないということがございますね。

ある建築家たちの法《のり》を平気で越える（笑い）と申しますか。たしかに建築によっては法《のり》を越えてもよいものが当然あると思いますし、また、むしろ法《のり》を越えることに意味があるような建築もあると思います。しかし、建築の性格からくる、ある法《のり》の傾向というものが当然あるわけでして、実は私が先生の作品を拝見していまして、常にそれが着実に法《のり》の中で造形的にまとめあげられているところに、おこがましいいい方ですが、親近感を持っております。

村野　いま武田先生がおっしゃったことは、まさにいまの時代には特に学生にいい話ではないかと思います。おそらく戦後派の人たちはそういう意味での訓練といいますか、物の考え方が一時中絶したんじゃないかと思いますね。

話はいろいろありますが、われわれの本能は何かの事情にふれると、欲望という象《かたち》をとることがありますね。たとえば欲望というのは物が欲しいということ、お金が欲しいとかいろいろありますね。それが本能というものであって、教える人がいなければ本能でいくよりほかに方法がないわけですね。ですから戦後一時はある程度本能のままにいったんじゃないかという気がします。ところが社会にはその社会に特有なルールがある。ルールといったらおかしいですが、自然にできる社会というものがある。たとえばフランスの社会には自然にできるルールがあってお互いの生産に必要なルールというものが自然にできてくるわけですね。

私は建築の先生方に申し上げたいと思いますが、先生方はおそらく自然科学の教養をもっていらっしゃる方だと思いますが、学生にですね、どういう教え方をされているかということですね。

私は所員を募集したことはないのですが、われわれのところに来る卒業生が、たとえば自分は設計ができるものだと思っている。これは非常に考えなければいけないことだと思います。

武田 ええ、そうですね。

村野 それがね、私には悩みといいますか、そうじゃないんだということを申しますと、たいてい笑われますね（笑い）。

私は学校を出て渡辺節先生の弟子になったのですが、先生がいわれるには「新しいものは一切まかりならん」、それから「売れる設計をしてくれ」といわれるんです。これは非常にいい意味があるわけですね。考え方によれば悪い意味にもなるがそうじゃなくて、武田先生がいまおっしゃったように法《のり》を越えないということじゃないかと思うんですね。それはどこにもいいうることで、おそらく役所でもそうだと思います。

そこから出発していろいろ細かいことについてお話ししていこうと思います。

法《のり》を越えない、そう、これがなくなったらただ物をこしらえるとか頭脳で教えることはできても、頭脳以上のことは何もできないわけです。これをね、私どもは若い人たち、戦後派の人たちについて考えているんです。

役所はそういうものが、もうすでにできていますからね。それはもうぎりぎり結着のところまでいって、郵政省のスタイルというものができている。これはね、なかなか容易ならぬ積み重ねでして、先輩から残された遺産があってできたんだと思います。

武田 実は私、先生がいわれました戦後派でして。

村野 ああ、戦後派でしたか（笑い）。

ルールを捨てるのが自由ではない

武田 戦後すぐのことでしたが、ノイトラが来られまして講演会があったんです。サンフランシスコでしたかどこかにホットドッグ屋があって、それが犬の形をしているんです。そのスライドを写しまして、アメリカの建築にはこういうものがあるが、皆さんはこれを真似してはいけない。そして、日本で一番いいと思うのは日本の建築である。それから造型というものにはある種のルールがある、というんです。そのルールを全部取り去ってしまうことが自由じゃないんだ。造型というものには必ずルールがある。

村野　本当ですね。

武田　あなたがたは自由だといい、解放されたということで、他の国の人たちが失っているもの、あるいは持っていないが日本にはまだ残っているルールみたいなものまで捨ててはいけない、というんですね。私、その言葉の意味はわかったんですけれど、言葉だけの意味で、本当の意味はわかりませんでした。ただ、そのとき、その言葉が頭の中に突きささったんです。

村野　いい言葉ですね。

武田　それから設計ばかり三十年近くやったわけですから、四十を過ぎてからやっとわかりました。越えてはならないルールというものがあるんだということですね。

　ですから、その越えてはならない何か、その何かを体得するということが、建築の勉強の中に必要なんだということを、いまの教授たちはいわないんですね。

村野　体得という言葉を使わないんですね。頭脳だけで成功するから。

武田　すべてのものを知識として教えうるということでしょうか。

村野　ですからね、頭脳だけで細工するからその中に自分が結びついてこない。やはり反復が必要なんです。野放しにはできんです。

　それから、もう一つは設計は自分がすべきものだということを学校で教えているんですね。ですから自分本位でいくわけです。これはよしあしは別です。いいところもあります。いいところもありますが、与えられた条件というのがありますから。これは極端な例かもしれませんが……。

　自分の感覚をテクニックで表わすだけの技術を長年にわたって修得していなくて、仕事をやられると困ってしまいますね。はなはだしい例では現場へ行ってみるととんでもないことになっていますからね。仕方ないからこちらの設計料のうちから費用を出して、それを直したりするのですけれども。どうしてもやりたいなら、私との関係を離れて自分でやればよいということになりますが、それは残念なことだと思います。

　学校の建築教育の仕方のむずかしさ、先生方のご苦心のあるところでそこに問題がありますね。

武田　たしかに、そういう考えが強いですね。
村野　そういう考えが強いものですから、本当に困ってしまいます。
それをやりたければ、君はね、ぼくのところにいないほうがいいよ。一人でやると、もっと自由になるよといいます。
武田　そのとおりですね。
村野　それをいうと、それで初めてわかったようで、非常にショックらしいんですね。純粋で甘やかされて育ったわけでしょうね……。
そういうことを知らんというか教えてないわけですね。なかなか教えにくいことだと、先生方のご苦労がわかるようにも思えます。
武田　そうですね、非常に疑問なんです。もっとも、私自身が二十何歳かのときは、いわれてもわからなかったんですが。
村野　極端ですが、君たちにしたいことをされては事務所がつぶれてしまうというんですよ。
武田先生はお役所ですからいいですが、われわれのところは明日からどうするかということが問題になってくるのです。そう話すと初めてわかって、これはいかんなあと気がついてもらえるようです。

作家として、全能力を傾けて

武田　話は変わりますが、先生が学会の大賞を受けられたとき、私、学会の理事をしていまして、授賞式に出ていたんですけれども。あのとき、先生が授賞のスピーチで「私は作家として」という表現をされました。作家というのはいい言葉だなあと思ったんです。
ふつう建築家といういい方をいたしますが、なにか作家という言葉をお使いになった理由ですが、昔から作家というふうに自称されておられたわけでしょうか。
村野　そうですね。私は建築家といったり作家といったりしますが、建築家という場合は対社会的な一職能を意識した場合で、その建築家がある与えられた条件のもとでこれが与えられた条件のとおりだと理解して、自分の全能力を傾倒して自分ながら消化することに努力していく建築的行為——それは現実の自分だけしかないのです。ですから自分を練り自分を深めて、自分自身の建築的行為をより高めていく立場にあるのが作家ではないでしょうか。ですから私にとっては作家として先行し、建築家というのはその結果ではないかと思います。そこまでいくと作家的な心境がないと、できないんじゃないかと思いますね。

重ねていえば、与えられた条件だけでやっていればいわゆる建築家になれるでしょう。しかし作家としての建築家ということになれば違うと思います。作品が人の心にアピールする仕方に問題があるわけでしょう。ですから与えられた条件を自分でいろいろ消化して、あなたの考えられたものはこれではございませんかといえること、これが作家の身上ではないかと思いますがいかがでしょうか。

武田　なるほどわかりました。

与えられたデータで建築をつくるのではあるけれども、その中でやはり自分の持っている、長年ためたものをつけ加えるということになるでしょうか。

村野　たとえば銀行を私やりますね。あの中には社会に向けてそれがアピールする造型的な考え方がございますね。ところが大衆のお金を預かっているのが銀行ですから、いくら銀行の当局者がなんといおうとですね、このお金は大衆の物じゃないか、という作家の考えがあるわけです。できるだけ努力を惜しまないことは当然ですが、どうしても納得ができなくてときには多少の不満が生ずるわけですよ。そこでなんでもやすやすと聞くわけにはいかなくなるんですね。大衆が貯えたお金だから大衆の考え方をですね、その作家が解釈した限り、最後にはその作家の考え方をプラスして話をするわけですね。もちろん十分に努力してもそれを盛りこめないでなんでもかんでもおれのとおりやれ、というのはやりようがなくなることになるわけです。断らざるをえないことになる。その作家を通過する以上はその作家というものがどうしたって出てくるんだから、それさえ否定することは無理です。そのわけを相手方にのべて、そして了解を得てそれでやる。重ねて申しますが、それまでの作家としての努力が十分であることが前提です。そういう作家としての考え方というのは何であるかといったら、作家によって違うでしょうが、たとえば建築家としてのまた作家自身の人間としての人生観なり社会的な解釈の仕方とか、ヒューマニズムの問題だとか、そういうもろもろのことをみんな折りこんでの考え方じゃないかと思うんです。

説明できない一パーセントが……

私ごとで申しわけないんですが、ある企業の重役が私に会いたいという。いま、あなたに仕事を頼むというわけではないが、あなたの意見を聞きたいというんですね。そして向こうからいろいろ質問を受けますね。それに対して答える。大部分のことは相手と話してもわかることです。つまり大部分は頭脳や知識で解決することができるし、お互いに話し合って了解が得られるわけです。

ところがね。あとのきわめてわずかの部分だけは頭脳や知識ではわからない。あとの一パーセントは理屈ではわからない。建築家にも説明できない部分がある。だからあとは私におまかせ願いたい……。どんな企業家だって納得しますよ。

武田　そうですね。そのとおりですね。その一パーセントというのは、私には非常によくわかるような気がするんですが。

村野　その一パーセントというのが全体を支配する力じゃないんでしょうか。私はそう思いますね。これがね。あとの一パーセントが大事なんです。私はこの一パーセントという言葉をよく使いますが、これを学校の先生が教えてくれればよいと思いますが……。

武田　どうも、それは、いわゆる知識としては教ええないのではないでしょうか。

村野　頭脳だけで教えるからですよ。ですから学校では知識を教えるけれども、本当の建築家になるにはこれは社会に出てからやらなければならない。その修業をすることは長年かかるということを教えなければいけないと思います。

武田　なんでも知識で全部教えうるなどという考え方が、非常に思いあがっているんだと、私は思います。

村野　最近、マスコミが非常に盛んになってきていますね。マスコミが発達するとそれだけで建築ができるわけですよ。何もしなくても口で建築ができるわけです。本当の建築家、作家はそうはしないでしょう。作家ということになってくるとなおさらですね。そこで私は作家という言葉をときどき使わせてもらいますけれど、いかがでしょうか。

武田　いや、私は作家という言葉は非常にいいと思います。しかし、私はまだそれを使える資格がないんだというふうに思いますけれど。

村野　いや、私もそれは同じです。

日本的な建築とは？

武田　われわれ建築を設計していまして、ふと考えてみると、自分たちが設計している建築というのはずっと西洋からきているんですね。別に日本のお寺の建築がだんだん発展してきて、いまのビルになったということではなくて。明治時代に輸入された建築の考え方、その動きでわれわれはいま建築をしている。造型的な意味でもそうではないかと思うんですけれど。

しかし、自分たちが完全に西欧的であるはずはありませんし、それなら完全に日本的であるかというと、そのような教育も受けてきておりません。一体どういうものが本当なのかという疑問をいだいたことがあるんです。だからといって、いわゆる和風みたいなものとはちょっと違うわけです。

村野　違います。たしかにそれは違いますね。

武田　われわれの時代、あるいは先生の時代には、建築、それから学問すべてが西欧から輸入されたものであって、日本的なものをつけ加えるなどということはすべきではない。それはまちがいなのだということで少なくともとらえたのではないかと思います。いつもそういう悩みがあるわけです。人間として嘘なことをやっているんじゃあなかろうか、西洋人でもないのに西洋の洋服を着て、西洋のような建築を設計している。日本人はどこへ行ったんだ。ということを考えるのですけれども。どうなんでしょうか。

村野　それはなかなかむずかしいですね。

元の郵政省ですが、郵政省の建物は非常に日本的だと思うんですけれど。与えられた予算の範囲でつきつめた線の取り扱い方、それから詳細の考え方、これはやはり日本的だと思います。ですからそういうつきつめ方をなさるとそれだけでいきなり日本的とはいえないかもしれませんけれどね、線とか面の——あるいは余白といいますか——それから窓、そういう取り扱い方がですね、うまいなあと。たとえば長年かかってできた日本のモデュールに似たものと、私はちょくちょく思うのですけれど。

いまおっしゃったように、われわれは日本人ですからね。それは時代とともにわれわれの意識は変わってくるでしょう。心理学だとか環境や体質の問題だとか、食料問題、それから生活の仕方に関連して現実の積み重ねで自然に造型的なものもでてくるわけで、いくらわれわれが西洋風なものだと思っていてもこれを客観すると決して西洋じゃないと思いますね。ですから何をやってもですね、西洋のものではありえないと思うんです。意識して日本的なものとしてやることは危険なように思います。そのようにしてわれわれの中につきまとった線や面や感触のようなものですね、のっぴきならないことはですね、これはやっていけばそこまでいきますけれどね。その考え方自体が日本的であるかどうかということはいきなりいえるかどうかわかりませんが、それは宿命みたいなものだと思います。

確かにわれわれは外国の飯をくってこういう生活をしても、こういう風土の中にあればですね、これは西洋風に見えても決して西洋ではありえないと思います。しかし日本的なものを意識してやるということは、悪い努力じゃないと思います。それは日本的なものとしてやるのとは違います。ただ下手をするともとの軍人会館のような例にもなりますから。

武田　軍人会館ですか。

村野　ええ。私どもの学校を出る前後の頃によく行われたのですが、しかしいまはそれも努力のうちの一つだったと思って反省もしています。

武田　やはり、あれをやっていた人たちは、情熱的にああいうものをつくったわけですね。

村野　ええ大正末期から昭和の初めにかけての不況や国際問題がありましたし、政策的にも日本的なものが求められていたわけですね。何が日本的なものかという模索の一つではありましたが、ことさらにあれをたんなる模索として見ることは酷ではないかと思いますね。

武田　私もそう思います。

村野　だからいまでは私は非常に好感をもつといいますか、考えさせられる建物の一つではないかと思いますけれどね。

様式が抽象化されて自分の世界に

私の拙作の一つですが大阪で歌舞伎座をやりましたが、あれははっきりしたテーマがなくただ漠然と桃山風という注文はありました。それでね、こちらも模索しているのですけれど考え方はやっぱり日本的に、桃山風にとは思いませんでしたが、桃山風というのはおそらくこうだろうというような意識はその中にありますね。私は過去の様式が抽象されて自分のなかで創作の対象となるものが本当の伝統だろう、伝統というのはそういうものだと思います。そこで連続唐破風をやりました。よくいう人は少なかったと自分では思っていますが、しかし私自身からいえばこの連続唐破風を見てくださる方が何人あるかなと、実はそういう危惧があったんです。やらせる方もずいぶん思い切ったものだと思いますけれども。これもやはり軍人会館と同じような考え方ではないかと思っているんです。伝統にたいする私の考え方の表われの一つだと思っています。

武田 しかし、歌舞伎座では、ある程度デフォルメされておられるわけですね。

村野 そうです。

武田 そのデフォルメの限度が法《のり》を越えていないという感じがしましたけれども。しかし、あの当時、ああいうことをなさるには、かなりの度胸がいることですね。

村野 そうです。私としては相当の度胸といいますか、期するところがあってやったんですが。そのときは多少年数をくっていましたから破綻はしていないように思うんですが。まあ若いときの自分なりの自信といいますか、唐破風でもおっしゃるとおりデフォルメの仕方にも工夫がありますす。出が足りませんから本当の唐破風はできませんからね。しかしああいう考え方は、下手をすると大変な破綻になってしまう。

武田 それと私が感心しましたのは、後ろの方の壁がそれこそなんにもなしにバーンと壁なんですね。せっかく前の方で唐破風で成功しているわけですから、これはひとつあの調子で全部のエレベーションをまとめようというふうになりがちですが、後ろはもう、まったく平気なコンクリートの壁なんですね。

村野 商業建築では、堕落の一歩手前のところでふみとどまる。これはね、そう簡単にできないことなんですね。一歩先へ行くとあんまりアピールすると堕落してしまうわけです。いわゆる大衆が相手ですから、大衆という意味は一つの理論ですから。ご満足いただければいいんじゃないかという気がします。そこいらをほどほどにとどまるということがですね、海千山千でないとできないんじゃないかという気がしますね（笑い）。

その根底に非常に厳粛なものを持っていないと、危険な火遊びになりますから容易に手出しはできません。

武田 海千山千といわれると、その意味もよくわかるような気がいたします（笑い）。

村野 私が一番非難をこうむったのは有楽町のそごうですね。映画にも出たくらいの建物ですけれども。あそこではピロティーのことを考えたのですが、この三角の敷地というものは表面積の割に建物の面積が少なくなるわけですね。

ところが百貨店というのはある面積を確保しないと百貨店にならんわけです。そごうがあそこに進出するということになっても、百貨店としては他の百貨店に太刀打ちできなくなる。そうすると専門店でいくのなら別ですが。たかだか四、〇〇〇坪ぐらいのネットの売場面積ですからね。普通はその当時としては延べ一五、〇〇〇坪ぐらいいるわけです。そうすると一〇、〇〇〇坪ぐらいのネットの床面積になる。それがネット四、〇〇〇坪ですからこれは専門店ですよ。そこで私どもはそごうの当事者といろいろ研究して、面積では百貨店の戦艦をつくるつもりでやっていける計画をたてたのです。それなのに、さらに一階のバリューをそぐということになるとそれはもう百貨店にならんわけです。だから批評する方がむちゃですよ。当時はそういう日本の建築的風潮があったということですね。

アーバンデザインについて

武田　はやり言葉で、アーバンデザインという。しかしアーバンデザインなどということであるためには、敷地が狭すぎますね。

村野　そうです。狭すぎるんです。

武田　それから、建築が単体として美しいということが一番先で、単体として美しくないけれど、アーバンデザインとしてはいいということは、私はありえないと思います。

村野　あなたのおっしゃるとおりです。私は若い年代の人にいっているんですよ。単体はどうでもいいという風潮についてですね。

アーバンデザイン、これは都市計画的であるという。この頃はだんだんなくなりましたが、戦後ほとんどの学生が都市計画ばかりやっていて単体をどうするかということはまあどうでもいいということになってしまったわけですね。

武田　私たちは単体としていいものをつくっていけば、それが結局……。

村野　それがアーバンデザインになるわけですね。アメリカで聞いたことですが、アーバンデザインということは、広い意味での社会的なデザインだということを…。

武田　結局、つきつめていきますと、一つのものを美しくつくってゆくということ。その積み重ねであるのに、それを忘れてしまって、全部巨視的に見て、いいとか悪いとか。

村野　まったくおっしゃるとおりです。そういう言葉を聞くと、本当に私は我が意を得たりと思いますね。

武田　われわれ郵政建築も、建築界では保守主義ということになっているんですから。

村野　いやいや、そんなことはありませんよ（笑い）。

何年たってもあきのこない建築をおやりになっています。私は本当に郵政省の建物は感心して見ている。限られた予算の中でよくあれだけできるなあと。あれよりほかに方法はないですよ。あれは日本的だと思っています。

武田　そごうの読売ホールですが、講演会といっても講習会のようなものですが、私、演壇にたって舞台から観客席を見て、はじの方がこう上がっていく造型ですね。非常に感心したんです。しかし、舞台から見て美しいというのは、あるいはおかしいかもしれませんね。

村野　そうです。あの建物は、そごうから推せんされてやったんですけれど、ああいう分割で上まで取り扱ってそごうは非常にいためられたわけですね。両方の要求を満たすためにずいぶん苦労しました。

武田　そごうといえば大阪のそごうですが、私、中学生のころあの建物に感心しました（笑い）。私は今宮中学だったんです。

村野　そうですか今宮ですか、それじゃ大阪ですか。

中学生のとき、そごうに感激しまして…

武田　はい、中学二年のときでしたが、あそこは御堂筋といって、東京にはない大きな通りがありまして、そこにそごうが非常にモダンな感じで――。そういうものに感心して、そのままストレートに建築屋になったのならほめられていいんですが、やはり戦争中の人間ですから、戦争にはいきませんでしたけれど、飛行機だとか船をつくることにあこがれました。

村野　ああ、そうですか。

武田　ですから、大学に入って、いや高等学校の二年ごろまでは、そういう普通の人間だったんですが、立原道造という詩人がおりまして、この人建築屋でしたが、若くして死んだ人です。建築家としては駄目でした。建築の設計というものは年をとりませんとできないものですから。で、その人にあこがれて建築屋になったのですけれど、なにしろ中学生のときにそごうを見て、先生の作品にあこがれる、というくらい年の差があるものですから（笑い）。

村野　あれは今日の言葉でいえば私のデビュー作品の一つです。その二年前に大阪の綿業会館（コロニアルスタイル）を設計したんですが、その二年後にそごうをやったといったら、ある外人の建築家に考えられないことだといわれました。その頭の切りかえがですね。
　しかし私は様式的なものをしっかりやっておきさえすれば、私のことは別として、基本ができていれば、どこへ行ったって芽が出ると思いますよ。

武田　そごうの方が森五ビルよりアピールいたしますね。

村野　そうですか。そごうは神戸の大丸のちょっと前ですが、森五さんが大丸の重役だったのでその関係で大丸をやり、それとまったく対照的な意味で設計しました。そごうの主人は当時四十歳ぐらいでちょうど私は同年輩です。ずいぶん若い社長ですがこんなことをいっていました。商業建築を設計する一つのコツだと思いますけれどね。
　大丸はともかくすでに功成り名を遂げている百貨店でもう成果を得ている。ところがそごうは名前は売れてますけれどどこれから建築するわけですから、いわば大丸を追いかけ追い越さなければならないわけです。

武田　その当時では、ずいぶん若い主人ですね。それで。

村野　「村野君、僕はね。君に六〇パーセント依存したいと思う」こういってくれるんですね。とんでもない。それは逆でしょ。四〇パーセントは私どもに、六〇パーセントは営業じゃないですかといったんですがね。
　ところが主人はこういうんですよ。「これから大丸に対抗する店をこしらえなきゃならない。やる人がいくら真剣になっても、それだけではいけない」
　建築家にそれくらい期待と依存しているわけですね。私の腕を信頼されているんです。そうでなくても今日の金額にすれば何十億、あるいは百億以上のものをその建築家の腕一本に、鉛筆一本に依存するんですから。それを建築家は考えなければいけない。商業建築というのは一歩まちがえると堕落するわけです。堕落するということは投資された資本が回収されないうちに、もう建築がダメになってしまうということです。商業建築というものは短期間に投資した建築費を回収しなければならない。そういう性格のものです。この建築とともに私の建築家としての生命が終わってもいいんだ、と本当にそのとき思いました。この話は実は商業建築をやる場合の心がまえ、建築家に依存されている例としていく度も話しました。
　それでね。次は建物のライフの問題になるわけです。いわゆるストラクチュラルライフとコマーシャルライフ、コマーシャルバリューとストラクチュラルバリュー、こういう四つの組み合わせですね。これをどう使いわけるか、ケースバイケースで考えるわけです。だからそういうことはクライアントと話ができるんです。しかしどんな手をつかってそれをどう表わすかということは、これはあなた、素人にはわからない。これは建築家におまかせください、ということがいえるわけです。しかもそれが全体を支配する一パーセントなんです。

親しめる迎賓館への苦労ばなし

武田　迎賓館についてうかがいたいと思います。いろんな意見があると思うんですが、敢然として迎賓館を担当されたわけについて……。

村野　私はこう思います。スタイリッシュの建築については、伝統のお話のところでちょっとふれたと思います。結論から申せば古い建築でもいいものは残すべきだと思います。都市が改造されてもですね。そこでこの建物を残して、それを迎賓館に改造することになったと思います。私もその委員会のメンバーの一人でしたが、私がこの建物の改造を引き受けたということは、こういうことではございませんか。

あるいは自分には荷が重すぎるのではないか、これまである程度の様式建築をこなした経験はあるが……。今度はやれると思いました。作家の心境といってもいいんじゃないでしょうか、不可能なものにたいしてですね、困難でもなんでもやってみよう。という取り組み方ですね。私が迎賓館に取り組んだ心境というのはそうなんです。

武田　はあ、なるほど。

村野　いまは、やっている途中の苦しさ困難なことをふりかえってみると、私にはできませんというかもわかりません……。

武田　先生以外にないと思いますけれど。

それで見に行くとすぐ気がつくんですが、外側の柵、あれを白にしようというお考えだったんですか。

村野　よく気をつけていただいて……。

武田　あ、なんか違っているな、という気がしますが。

村野　よく気をつけていただきました。これまで一～二度話したのですが、黒と金というのは帝王や大富豪、権力者の表現ですね。ベルサイユがそうでしょう。バッキンガムもそうですね。ところが今度は迎賓館にかわって一般の人への親近感のようなものがいるわけでしょう。イメージチェンジなんです。あそこに入ってご覧になるとわかりますが、両側の入口上に庇がありますね。もともとは黒と金だったと思いますけれど、これを白く塗りかえたんです。白といっても石の色を使ってくすんだ白、それと金との配色で、非常に上品な感じにできました。表の方は、今度は白だなというこれは直感です。しかしそうするには独断ではどうかと思って、関係方面の了承をうけてやったのです。金色もできるだけ少なくしました。そして大衆とこの建物とのつながりをつけ、つまり境界線を感じさせないようにと思ったんです。中へ入ると金ピカでもかまわないのですが、外は金の量をずっとおさえてしまったんです。

武田　感じがまったく変わりましたですね。

村野　役所では、最初は文化財的な取り扱いと申しますか、ちっとも変わらないように復元することを考えておられたようです。が、だいいち資材にしてもなく、あっても職人の技術の問題もあり、また莫大なお金がかかってしまう。ですから原形を尊重しながら、ある程度は自由にやっていいことになったわけです。

おれならできるぞとは思いませんが、困難なものにたち向かってやむにやまれない、引くに引けない意識ですね。これが作家的な根性、宿命じゃないでしょうか。

知るほどにむずかしい建築への道

武田　私自身もそういうへきといいますか、むずかしい仕事だぞといわれるとそれを喜んでやるということでしょうか（笑い）。作家という感じから、作家の根性ということになって、どうもこれは、若い人たちには話が古いということになってしまいましたね。

村野　古いということになるんでしょうかね（笑い）。しかしそう変わりないかもしれませんよ。

武田　先生のところもそうなんでしょうけれども、私のところでも学校を出て入って来た人たちが、何年かたつと、やっぱりみんな一人前としてわかってくれるわけで、あるルールというものは越えないということですね。

村野　自分を知ったらむやみに越えられんでしょう。自分を知るほど先が深いということがわかりますからね。越えるにも越えられませんね、条件というものがあればまずその条件は乗り越えなければいけないと思います。

武田　好きなことをやる、ということは赤ん坊でもできることですから。

村野　そうですね。

武田　これは建築家としての話ではなくなるかもしれませんが、赤坂離宮を迎賓館にしたということですね。極端にいえば、迎賓館は日本的な建物であるべきではなかったかということについてはいかがでしょうか。

村野　その問題はありますね。しかしあの建物は迎賓館にするということは、先行する条件の中に入っているんです。それからあの困難な時代にやられた先輩の努力ですね。私はいつも思うんですが、先輩の努力はむちゃくちゃにしてはいけないぞということです。

武田　日本の迎賓館は日本的なもので、あれは迎賓館にすることには反対という考えもあったようですが。

村野　そうでしょうね。建て替えるとすれば当然です。しかし先行している条件は満たしながら、今日でもアピールするものにするということでしょうか。壁でもなんでもみんなあるんですから、やはり使わないとどうにもならないんです。もう五〇パーセントはちゃんとできているんですからね。先行した条件は今日のように利用することが一番常識的な、無理のないやり方だということになったのでしょうか。

武田　そうですね。どうもいろいろとありがとうございました。

＊『学生サロン』（昭和五十年一月号）所収。

教えることは習うこと

同じことを教わっても習う方の条件次第では同じ結果になるとは限らない。同じことを教えたつもりが実は教えていないことになるのではないかと思う。教えること、習うことのむずかしさである。さて私の場合はどうか。早稲田に入るまでに小倉の工業学校の機械科を出て創業時代の製鉄所に入り、十二時間交代をして直接職工たちの修練される状態を見たこと。その後一年志願で兵役に服して実兵指揮をしたり、大砲を引っ張ったりして道草をくい、おくれて入学した。しかしいまではその時代の経験が人間的にも技術的にも、かけがえのないもののようで長い一生のうち、三年や五年くらいのおくれなど問題ではないと思う。

高等予科というのは大学予科のことである。いまにして考えれば私が建築家としてデザインを志し、どうにか飯が食えるようになるまでの、思想的なあるいは精神的な基礎構造は大学予科から、大学時代の前期までにできたのではないかと思う。予科時代は理、数以外に教わった先生方の多くは法文科の、当時でいえば、皆、知名の人たちばかりであった。早稲田は当時、大隅内閣の前後だったと思う。自然、先生方にもそれなりの気概があった。長い雌伏時代を経て内閣を組織したので、学園内には在野精神のようなものが流れて官学とは異なった校風があった。目立った建物といえば恩賜記念館ぐらいのもので、あとはバラックのような建物ばかりで、ときには東儀鉄笛が来て大隅さんの銅像のまわりに学生を集め自由の校歌を教えてたり、まだいまのような講堂のない頃だから、当時は東洋一と威張っていた大テント張りのなかで、大隅さんが永井文相の父、永井柳太郎の腕に支えられて演壇に立ち口をへの字にして演説された光景など、あの頃が一番早稲田らしかったのではないかと思う。講義はきまったカリキュラムではなく、自由なものであった。先生は教室に来て自分の興味を持っている問題について話すというぐあいで、それがまた学生には人気があった。原口竹次郎の人種改良学や内ケ崎作三郎の内分泌論、その他たくさんの先生方が経済だの文学だの専門の立場から勝手なことをしゃべるというふうで、面白く自由な空気が流れていた。したがって理、数は別として試験のようなものは受けた覚えがない。時あたかも大正デモクラシー時代の前夜であり、思想的に敏感な年頃なので、それなりの精神的な成長があったと思う。いま考えても貴重な青春の時代だったと思う。建築を学ぶには必須の時代で、ひところの学生運動とも似たところがある。思想問題がいまのように自由でなく、当局に引っ張られた学生のなかには建築を志すものもいたくらいだから、大かたの様子は察せられるであろう。予科の科長は安部磯雄先生であった。人も知る野球の神様のような人で野球のために独眼になった。英国仕込みの謹厳そのもののような英国型の紳士の風があった。有名な自由主義的社会主義者で、先生の行動は当局から監視されていたとも聞く。その安部先生からわれわれは英語の代わりに「イリー」か「ミル」かの経済学を原書で習っていた。こんなことが動機となって私が経済に興味を持つようになったのかもしれない。入学して間もない頃の暑い日で、教室内はうだるようであった。先生は教室に入るなり、諸君上衣をとり給え、扇を使ってもよいが人の邪魔をしないようにしてください。それでいて自分は冬服の三つボタンをしめておられた。田舎から出たばかりの私はこの教室風景と先生の態度を見て、なるほど自由とはこんなものかと思って非常な印象をうけ、この印象はながく私の脳裏に刻み込まれた。安部さんとはこんな人である。やがて労農党、いまでいえば最左翼だと思うがその委員長に選ばれた。人間としての安部先生は私にとり生涯の鑑である。

やがて学部に進んだががっかりした。ガランとした木造の三階に建築科があった。この教室風景のことについては、かつて本誌に書いたので削略するが、教材といえば古い丸善の鉄骨が廊下にころがっていたくらいで見るべき設備はなかった。一年から三年同じ教室で製図を教わったように思う。私などはセセッション——実は自由型——ばかりやっていたので、佐藤功一先生など私の前はいつも素通りだった。こわいのは内藤先生くらいのもので、今先生のごときは準友人といったところであった。ところがその後親しくこの三人の先生に接するようになり、私がどうにか建築家の末席をけがすことができたのはまったく、他の先生方の影響ももちろんあるにはあったが、この三人の先生の影響は大きかったと思う。その頃はいわゆる大正時代建築の前期ともいえる頃なので、それなりの建築的な思想上の問題に興味を持った。ことに今先生に個人的な接触をしたことは忘れがたい。数人の人たちが先生のお宅に参上して、今日のゼミのようなものをやっていた。デモクラシーの高潮やヒューマニズムが論じられた最中のような時代で、思想的動揺に敏感な頃でもあり、この集まりは私の思想に影響を与えたばかりか、ともすれば虚無的になりがちな危険期をのり越えることができたのもこの集まりのためだと思う。最初に学部に入って失望した私は、今先生によって助けられたようなものだと思う。

これまでにもいく度か精神的な危機がありそのつど、節を乗り越えてきたが、先生によって建築家としての思想に目を開かせてもらったことは忘れがたい。歴史の講義は、ただ事実の跡をのべるだけならフレッチャー一冊で十分であろう。しかし生きた歴史を、いま私が学ぶとしたら、まちがっていてものべる人の人生観を通じて聴くことに意義があると思う。その点佐藤功一先生のルネサンスの講義はそのおかげで私が本当に建築をやるように勇気づけられたくらいにすばらしいものであった。このことについてはこれまでもいく度か書いたが、教養と人の心を通じて語られる言葉の魅力のすばらしさに茫然としてノートをとるどころではなかった。説き去り説き来つつ、しだいに高潮される先生の風貌は、まさに天下一品の名調子であった。そのイメージはどんなに不遇なときでも勇気づけられ建築を愛することができるような力となったように思う。同窓二十数人も等しくこの講義を聞いたはずである。ともかく頭脳だけは一杯になって学窓は出たが、さて実技の方は内藤先生の構造がどうにか実際の役に立ったくらいのものであった。

「学校教育でデザイナーをつくることはむずかしい。卒業してからの努力でデザイナーになるのである」。この言葉は何年か前にグロピウスを囲むシンポジウムで彼がのべた一節である。あやしげな実技で実社会に出た私は、渡辺節先生のもとで一時は痩せるほど修業させられた。ようやくにして私が今日あることを得たのは、まったく先生の指導によるものでよく我慢していただいたと思う。

私の事務所にも幾人かの人がいる。六十年も前のことだが私は小倉時代の成績の考査だけで早稲田に入れてもらった経験があるので、決して試験して人を入れたことがないし卒業の成績なども見ない。

ただ希望者に入ってもらっただけであるが、皆、良くできる人たちばかりである。試験をして秀才を入れてみたところで、一人前になるには五〜七年の年期はかかるだろう。五年でよくなるか七年でうまくなるかの相違でたいした意味はない。決して人を試験するものでないと私は堅く信ずる。入れた以上は入れた側に責任があるので一人前になるかならぬかは教える側にあるはずである。教えられる側には、ただ努力をもって応える義務があると思う。教えることは習うことであると思う。

＊『建築雑誌』（昭和五十年十二月号）所収。

和風建築について

新聞雑誌を続けて読むというようなことはほとんどない。政治や社会面を先に読み、小説のほうはあとまわしにして飛び飛びに読むので、なおさら興味が薄くなって読まないことになる。しかし、今度はちがう。井上先生に序文を書いていただいたこともあって、毎日新聞に連載されている「流沙」は、はじめからかかさず読んでいる。続きものだから読んでゆくうちに、だんだん興味が湧いて、この次はどうなるだろうかと思い、あすの新聞が楽しみで毎朝そこのところを一番先に開く。読んでみると小説がわれわれの仕事にも間接に関係があって、示唆をうけることがわかる。今頃になって、そんなことをいうのはいささか迂遠な話だが、しかし、いくら迂遠でもわかった方がいいと思う。すでに読んでいる人も多いことだし、蛇足になるかもしれないが、愛に関する問題を深く掘り下げながら書き続けておられるように思い注意して拝読している。これでおしまいかと思っていると、また、その次の問題に移られる。われわれの仕事もずいぶん重労働だと思っているが、毎日むずかしい問題にとっ組んでお書きになるのは定めしご苦労のことだと、他人事ならずお察ししたくなるくらいである。この問題は今後どのように展開してゆくか、これからが楽しみである。その愛に関する一章のうちで、私流の興味を覚えたところに想像を加えてみた。文字どおり私の想像である。

教養ある男女が結ばれて結婚する。男の方は若い考古学者で、女性の方はピアニストを志す。見たところ、個性と志向するところに共通点が欠けていることは当然だとしても、少しその点が強くて相互に理解がなさすぎるように思われる。二人はイラン砂漠のなかのシラズという町に新婚旅行に出てゆく。シラズの数日間はともかく事なく過ぎたが、なんとなく共通のところが見出せないようで、女性の方はほかに事情もあって、パリの演奏会を聞きに行きたいといい張り、男性の方は廃墟の研究で砂漠にとどまることになって、結婚後数日にして東西別れ別れになる。しかも、女性の方はすべてをあなたにさしあげましたと告白している。普通ならせっかく結婚したのだからすこしくらい気にいらなくても我慢して努力してゆくうちに、本当の愛情に変わることもありがちのことだが、教養、個性、志向といったものが強すぎて、そのときはすべてをさしあげたつもりでも、たとえば性愛のようなものは二人をつなぐだけの力になりえなかったようにみえる。女性には、パリに分別盛りの男の友人がいて、その友人からシラズのような砂漠の町などに行かないで、パリに来てうまいものでも食べていればいいのにと忠告される。私はこのくだりを読んで、非常に興味を覚えたのである。シラズという町はイラン砂漠のなかの町であるというだけで、どのようなところであるか知らない。砂漠のなかの孤島のような町であろう。おそらくこの町が女性には淋しくて、砂漠に特有なカサカサした潤いのない風景に映り、もしかすると新婚の語らいのうちに共通するものを見出せたかもしれないのに、芸術的な個性が強いだけにそこが救いのないところのように思われたのであろう。この町はあまりにも特殊で、それだけでも精神的には狭苦しい感じになるところであったろう。そこで私は、東西別れ別れになる若い男女のことから連想して、それを私流の空想に置き替えてみた。

物理的にも、心理的にも、明らかに人間に必要な自然的条件を極限のところまで圧縮したような特殊な建築的空間は、それなりの影響を物心両面に起こさせるだろうし、またその影響力こそ、そのような限界空間を生んだ原因でもあったと思う。宗及や宗湛を相手に珍品や兵站の話をしているかぎりは、秀吉にとって二畳や一畳半は、さほど狭い空間ではないかもしれない。そこで今度は秀吉と宗易とが、この狭い空間のなかで対座したと仮想して、その結果はどうなるだろうかと思ってみた。よほど、演出をうまくやらぬことには、もしかすると、この二人は新婚の考古学者とピアニストのように東西別れ別れになるようなことになるかもしれない。そのとき、この圧縮された限界空間が人間の条件に与えるものはなんであろうかと想像してみた。

嫌いではないが、前にも書いたように最近は小説を読む機会は仕事の関係もあってほとんどない。時おり、文芸時評を読むくらいである。しかし、学生時代は白樺の全盛の頃で、有島さんのものならほとんど読んでいるので、たまには読みたいと思いながらも、ほかに事情も加わってあまり読まない。ところが愚息がいささか文筆にかかわっていて、井上先生のことは以前からよく聞かされていた。数年前の海外旅行に、旅行中の読みものとして、例の『天平の甍』を贈ってくれたのを読んで非常な感銘をうけ、どうしてこれまで読まなかったかと悔んだくらいである。まことに迂遠至極である。実は先生の作品にふれたのはこれがはじめてであった。今度の作品集にも、愚息は最初から先生に序文をお願いしようと決めていたようである。願ってもないことだが、これまで親しく謦咳に接したこともないので、日本精工の今里会長にお願いして内諾を得たうえ、正式には吉田新建築社社長が直接お目にかかってご承諾を得た。長文の玉稿を頂戴することができ、そのうえ、文意が私のことにまで及んでいることは光栄至極であり、感謝にたえない。足らざるところは、今後、努力して補いたいと思う。ご多忙にもかかわらず、直接お話を承り、またほとんどの私の主な作品をご覧になったうえ、最後に拙宅を見たいとのことで愚息夫妻がご案内したところ、私の寝室も見たいといわれたので、ありのままを御覧に入れたそうである。あとでその話を聞いて、なるほどと思った。というのは、私にもそれに似た経験があるからである。先年迎賓館赤坂離宮の改装設計のことで、建設省のお手伝いをしていた頃、いく度か外国の宮殿や迎賓館の研究に出かけたことがある。公式の見学もあれば私事の場合もあった。ところがいずれの場合でも、たとえ国からの照会があっても、寝室や化粧室、便所などといった部分は見せてもくれず、こちらから遠慮するのが普通である。しかし人間生活のもっとも自然的なところを見ないことには、本当の設計はできない。真にその国を知り、国賓を迎え遇するためには欠かせないところなので、見学には苦心した。その経験から、井上先生が私の寝室を御覧になったことは私としても満足だし、本当に村野を知ってもらったことにもなるので、よく見てくださったと思った。

作品集に井上先生の序文が付くことは、早くから『新建築』に発表されていたので、人から、あの本はいつ出るかとよく聞かれる。間もなく出るだろうと答えることにしているが、早く読みたいという人はあっても、見たいという人はほとんどなかった。

（五三、二、二〇）

洋風の設計さえ思うにまかせぬのに、和風のものとなれば、いくら余技だとしても、いささか心もとない。しかし私としてみれば用途がちがうだけで、つくるということでは区別がつきかねるように思う。それがつけめで作品集を出すことにした。多くは五十歳以降のもので、なかには若い頃のものも少しはある。

ところで用途がちがえば材料の種類もいくらかちがうことになり、材料がちがえば自然、手法にも影響するだろう。しかしどんな材料でも、使い方ひとつでどうにでも使いこなせるというわけにいかず、限度はある。そこでなんといっても大切な条件は技術、道具もいくらか変わることになるのは当然である。そんなことから建築一般として考えても、私には和洋の区別にはっきりした境界線がないように思う。もっとも、茶室まで含めば話は別である。材料と手法とは表裏一体であることはいうまでもない。

近頃は材料も不自由で、あっても手が出せないくらい値が高い。そのうえ、建築基準法なるものが変わりどおしで、手がつけられないくらいに変わる。いちいち覚えていられないので勝手にやろうと思うがそれもできない。こんなことだと、日本建築は消滅してしまうのではないかと心配である。そのくせ数寄屋だの茶室だのとブームのような風潮があるのは不思議議である。やがてなくなるから、いまのうちになんとかしておこうというのかもしれない。今頃、純日本建築など一部のところや余裕のある数寄者は別として、実際にはやれないのが実情のようである。いつまでも高価な天然の材料を当てにしていては設計ができないし、そんなことに未練がましい設計もどうかと思い、むしろ進んで新しい材料を使うようになり、やがては手当たり次第有り合わせのものを使って日本風のものを建てることになった。そうなれば古風なものにこだわってばかりいられない。私流にいえば和風である。それがまた、さらに自由な考え方につながり、しまいには日本風という範疇を広げ、それを乗り越えることになるので、一面、危険を伴う心配もある。そこで自由になればなるほど、温故知新の腕のいい職方が必要であり、作の良否は、かかって職方の腕一本に依存するといいたいくらいである。しかし依存しすぎると今度は、設計はしても、建築家が演出家のようになるので、そうはなりたくないものである。道具は使わないまでも、直接仕事をするところまで勉強しないとマンネリズムになって口頭の建築家になるので、警戒を要するのはその点である。ともあれ職方と呼吸の合うところまでは勉強したいものである。

時おり、私の仕事を村野数寄屋と呼ぶ人がある。とんでもないことで、私にそんなものができるはずがない。依頼者あっての設計であるから、勝手にできるわけがない。依頼者の意向に添うことは当然であるが、しかし先方の意向に添い、また十分話し合いができて納得ずくで設計しても、村野に頼んだ以上最後の一パーセントは村野が残る。その一パーセントが、ときとして全体に影響を及ぼすかもしれないので、いくら慎重であっても慎重すぎるということはないと思う。それを、はじから村野の設計だと思い込むことには危険が伴うのでそこは謙虚でありたいものである。

若い頃、借家の家主に泉岡宗助という人がいた。後に私の事務所の地所を譲ってくださった人であるが、豪邸に住んでおられた。文字どおり優れた趣味の高い、いかにも関西の富豪にふさわしい建物で、どうにかして私もあんな建物を設計したいと思うくらい立派な屋敷であったが、惜しいかな戦後は料理屋になり、いまは見る影もないものになってしまった。残念至極でいまさらのごとく移り行く世のはかなさを感ずる。泉岡さんには自分の屋敷付近に広い地所があった。上町台地の高級住宅地として有名で、その付近一帯を常盤通りと呼んで、いまでもローマ字で彫り込んだ石柱が建っているくらいである。それほどの人だから、まわりにたくさんの貸家があった。すべて自作自演のものばかりだから貸家といっても泉岡さんの貸家は一種の風格があった。元来、大阪の富豪といわれるほどの人は、趣味で自分の家ぐらい建てることは普通で、建物にたいする目が高く、趣味も良かった。泉岡さんは自宅に多勢の大工を雇って貸家の普請をしたり、頼まれれば趣味で友人の別荘や茶室の設計もした。また自分で日本建築の現寸もひいた。実際に私は見たことがあるがたいした腕前である。近鉄沿線の斑鳩の里にある自分の地所に設計した百楽荘は泉岡さんの傑作として有名である。それくらいの人だから和洋の趣味にも通じ、大阪では有名な通人として聞こえていた。近くに住んでいたので時おりうかがってはお話を聞いたものである。ある日、その百楽荘に招かれて、女中がすすめるまま床の間の前に座った。食後になって、泉岡さんから床に松花堂がかかっていることを注意された。そのときのことを思うといまでも冷汗が出る。若い建築家のことを考えての注意であったことはもちろんである。

私は日本建築について特別に学んだことはない。学校で教わった程度である。すべて見よう見まねで覚えたようなもので、関西に住みついて、ほんものの日本建築を見る機会に恵まれたこと、優れた茶方の宗匠や棟梁たちの仕事を見たことも幸いであったが、私にいくらか日本建築について、もし私流という言葉を許していただけるなら、自己流の道を模索する糸口のようなものを与えてくれたのは泉岡さんではなかったかと思う。次に泉岡語録の二、三を紹介しよう。

一、玄関を大きくするな。門戸を張るな。

一、外からは小さく低く、内にはいるほど広く、高くすること。

一、天井の高さは七尺五寸を限度と思え、それ以上は料理屋か、功成り名とげた人の表現になるので普通でない。

一、柱の太さは三寸角、それ以上になると面取りで加減したり、ごひら（長方形）にする。

一、窓の高さは二尺四寸、風炉先屏風の高さが標準。

一、縁側の柱は一間まに建て、桁に無理させぬこと、これで十分日本風になるはずである。

一、人の目につかぬところ、人に気付かれぬところほど仕事を大切にして金をかけること。

一、腕の良さを見せようとするな、技を殺せ。

まだあるがざっとこの程度である。伝統的で関西風な薄味のする考え方ではあるが、控えめなところがあり、なんでも表わそう、訴えようとするのとは味が違う。けだし日本建築の真髄にふれた言葉ではないかと思う。泉岡流の手法は真似られても、作の品格にいたっては生活の良さと趣味の高い人だけが持っているものでいかんともいたしがたい。

戦時中は設計の機会がしだいに減っていった。これは建築家にとって致命的な打撃であった。この空虚や、寂しさを癒すのにはお茶をやることでいくらか慰められると思って始めることにした。五十歳を過ぎての芸事である。習う方でもまず、師匠のことが気になった。そこで例の泉岡さんに相談したところ三好に聞けといわれた。三好氏というのは指物師で茶道具の名人として知られ、また茶人でもあった。村野さん、お茶をはじめるのはよいが、あなたが

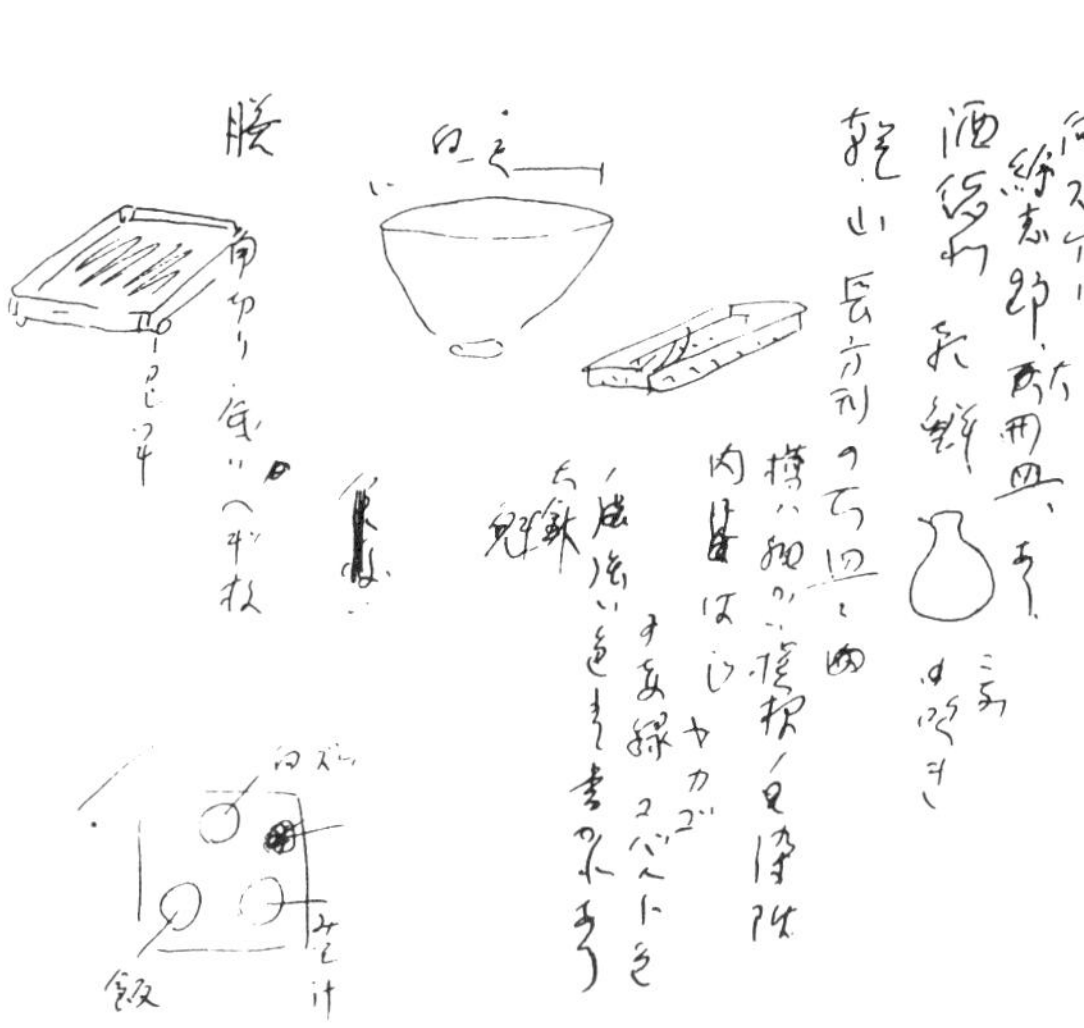

お茶が嫌になるのを待っていますといわれた。それは何を意味しているのか私にも解せなかった。有名な通人のことだから、おおよそ、芸と名のつく社会にありがちな風習に耐えられるか、また村野はそれをどう思うだろうかという懸念からではなかったかと思う。その後、鋳金家の大国寿郎氏に伴われて三好氏を職場に訪ねた。大国氏は釜造りの大名人、大国柏斎の長男である。柏斎はいわゆる浪速の御民といったところがあり、三好氏も同様富貴に屈せぬ芸術家肌の気骨があった。さて三好氏は私の顔をちらっと見ただけでひと言もいわなかったが、その目は鋭く美しかったのが印象に残っている。結局、愈好斎千宗守がいいだろうということになり、官休庵についてお茶の手ほどきをうけることになった。大国氏はお茶をはじめるのに特別の道具はいりません、百貨店で売っている安物で結構ですといわれたが、これはいまもって本当のことを教えてもらったと思う。まさにそのとおりである。愈好斎はその頃インテリ茶人宗匠として令名があり、文化人や建築家にも門人があった。前新建築社社長吉岡保五郎氏も同門であった。入門してから型のごとく、ふくささばきからはじめて薄茶の平点前を教わるようになったが、以後いつまでたっても平

点前ばかりで、そのほかのことは教えてもらえなかった。宗匠の方でもそれでいいんだといわぬばかりで、相変わらず平点前であった。そのうち茶会に招かれることもいく度かあった。広間の場合もあれば小間もあった。場数を踏まぬこともあってか、茶会といういくらか型式的なものにはあまりなじめなかった。ことに社交的なパーティのような茶会には進んで行く気になれなかった。といって狭い茶室に大勢の人が膝をつき合わせて座り、型のごとく濃茶の飲みまわし、お道具拝見と順序よく、しかも、いくらか型式的で、あとから追っかけられるように道具類の鑑賞をするのもどうかと思った。どこにも美しさというものを感じなかったからである。しかし、ときにはそんな茶会ばかりではなく、茶室の広さ相応にいい合客に恵まれ、名品にお目にかかり心を洗うようなこともあった。そのうちに、こちらでも茶腕や道具類の鑑賞に興味が出てしだいに深くなる。しかしいくら深くなっても、しょせん、鑑賞は鑑賞である。智嚢を肥やして、それに満足することはあっても、それさえ容易ではない。批評家にはなれるだろうが、必ずしも作家に役立つとは限らない。鑑賞と本当に知ることとはいくらか異質のものであることに気付きはじめた。知ることは苦労すること、手塩にかけることでなければならない。そこからにじみ出てくるもの、たとえば執念を独占することでなければ本当に知ることはできない。そこからにじみ出てくるもの、たとえば執念を独占することでなければ本当に知ることはできないと思った。そこで自分も茶腕を道具を持ちたいと思うようになったものの、貧弱な一建築家の手のとどくところにはなかった。ましてや戦乱のさ中である。「一畳敷の座敷関白様に有、是は貴人か名人か、扨は一物も持たぬ侘数奇か此外平人には無用也」（千宗守著『茶道妙境』より）。まさにそのとおりで、侘数奇にはいまだし、道具らしい道具も持たぬ私ごとき遠く及ぶところではなく相変わらず平点前を続けた。そして戦禍はひろがり日ごとに大爆撃や大破壊が繰り返されていた。その頃、疎開に買い出しにと田舎に行くことが多くなった。長い戦争で手入れができないのか、屋根は傾き壁土は落ちくずれて土に還ってゆくような農家の姿が、大量破壊とはあまりにも対照的な印象で、それがまた、一層私の心をとらえた。このような田園風景は戦禍とは逆にいかにも長閑で平和の象徴のようにさえ思われ、くずれて大地に落ちた土壁は無抵抗で、たとえば安んじて天命を終えた人間の一生にもたとえられそうに思った。大地から生えたものが大地に還ってゆくようで、この姿は戦後における私の作風に影響を与えたように思う。

和風の仕事が相当の量になるので記念に出版したいと以前から考えていたものの、自信がなくて延び延びになっていた。そのことを吉田新建築社社長に話したところ、お引受いたしますといわれて勇気が出た。すべて社長任せではじまったが、いくら任せるといっても私のことだからなんだかだと注文をつけたり無理をいったので、社員諸君は定めしご苦労のことであったように思われ、深甚の謝意を表したい。しかし、いよいよまとまってみると、井上先生のような大家の序文が付いた作品集だけあって本当によかったと思う。それにつけても、私に仕事を与えてくださった人々や、むずかしい工事を請負ってくださった施工者のご苦労、また、建物の写真を実物以上に美しく撮っていただいた写真家にたいしてもお礼を申し上げたいので別に記録して記念とした。

はじめ新建築社の方では題を村野藤吾日本建築集としたい意向だったが、日本建築といったような設計ができる私ではないので、その方は和風という名前に訂正してもらった。さらに最初はなるべく廉価にして買いやすくしたいのが新建築社の計画であった。ところが出版が延び延びになったり、分量も予定以上に増したので高価になってしまった。事志と異なった結果になり社の方でも定めし不本意であろう。加えて井上先生の序文が遅れるだろうと想像していたところ、逆に私の方が遅れてしまったので出版が遅れ、これまた、私の責任で申しわけない。重ねて関係各位のご苦労を謝し、あわせて私の努力の不足をお詫び申し上げたい。

（五三、四、二〇）

＊『村野藤吾和風建築集』（昭和五十三年五月刊　新建築社）所収。

わが建築青春記

私がいたころの早稲田は芸大と工大（当時は高等工業）を合わせたような教え方をしていたようですが、気風としては芸術的なところのほうが強かったように思います。今和次郎先生には抽象的なことを教わりましたし、ことに佐藤功一先生のルネサンスの講義は本当に名調子で、頭がすっかり変わってきまして、思想上の基礎的なことをだいたいそこで教わりました。そのようなことで実際的なことはあまりやっていませんでしたから、学校を出ても役に立ちません。けれども役に立たなかったということが、いまではありがたいと思っています。

ですから学校を出て渡辺節先生の事務所に入って、何もできないので渡辺先生にこてんこてんにやられました。渡辺先生は鉄道出身ですからまったくリアルで、合理主義的に計算ずくで細かくやるでしょう。理屈をいわれたらもう何もいえません。一番最初にやらされたのが便所と階段の現寸。それから木造の建築をやらされましたから、あいた口がふさがりません。寸法をきちっとおさえなければのっぴきなりませんから、これには苦労しました。一六貫あった目方が一三貫に減ってしまいました。だいたい大学出たばかりで原寸なんて無理ですよ。原寸がかけるのは工手学校を出た人に決まっていますから、これには弱りました。

だいたい渡辺先生は東大を好かれなかったとみえて早稲田に来て、私のデザインを見て「こいつをおれにくれ」といって引っ張って来たんですよ。私は大林組に月給五〇円で決まっていたんですが、「大林へはおれが話をするから」といって。それが実際やらせてみても何もできないから、こてんこてんにやられました。

ただ、どこかの気象台か何かのコンペティションがあって、その図面を描いたのです。学校では見せる図面、きれいな絵は描いていましたからこれはできました。これがうまく当選して、少し渡辺先生のご機嫌が直って運が開けたようなものです。それから大阪商船のコンペティションがあって、私の描いた図面が通った。それはディプロマをかくのと同じですから調子よく描けたですよ。それでやっと渡辺先生も、大学を出たばかりの者にすぐ原寸をかけというのは無理だということがわかったらしいです。

＊『建築雑誌』（昭和五十八年九月号）所収。

解説

——一九二〇年代と村野藤吾の言動——

藤森照信

村野藤吾の文章についてささやかな体験がある。昭和五四年のことだが、出版社の三省堂が『日本の建築明治大正昭和』全十巻を刊行しようとしてその推薦文を村野先生に依頼した。細かくいうと、企画を監修していた村松貞次郎先生を通して三省堂の編集者が依頼したのだが、村野先生はすでに高齢だからと配慮して推選文の下案を企画に最年少者として加わっていた僕が書いて送った。もちろん、〝それで結構ですよ〟という連絡が事務所を通してくると思って。

ところが三省堂に届いた手紙には原稿が入っていた。それも僕の下案の主旨を自分の文章でしっかり書き直したものだった。何かこう背筋にくるものを覚えざるをえなかった。

村野藤吾の文章の特徴の第一は、どのような短文であれコメントであれ手を抜いた形跡を見出せないことである。駄文というものがない。それも生涯を通してない。二十代の時も九十を越えてからも、もちろん年をとるに従って青年期のような激しい訴求力は枯れるのだが、似た質の緊張の糸がピンと張っている。

たとえば、大正八年（一九一九）、二八歳の時のデビュー論文「様式の上にあれ」は、私《わたくし》に酔ったような文体で、大正期の青年建築家の思考の傾向を名実ともに体現し、翌年に華ばなしく登場する分離派建築会宣言の予告編のような位置にあるが、しかしそうした今日の目で読めば自他ともに気恥ずかしくなるような自己陶酔的な口調のところどころにとても切れのいい啖呵が混じっている。

「道幅の狭い都会の真ん中に、町を空中に延ばして人は年中空中生活をしなければならないようなスカイスクレーパーを建てて、それが狭くなれば、その上にどんどん積み重ねていくような今日にプロポーションがどうの、ギリシャのオーダーのプロポーションがこうの、ゴシックのどこはどうの、といっているのは実にばかげきったことである。数十尺余も上にある蛇腹のモールヂングがどうあろうと、パラペットのプロポーションが少々ぐらいどうあろうと、そんなものは少し離れて見りゃ、ろくすっぽ見えやしない。しいて見ようと思って建物から離れでもすると、建物全体が他の建物のために隠れてしまうような今日の状態に、クラシックや、ルネサンスの考えで小言や批評をするならば私はその人にいってやりたい。

君はまず世界経済を自足経済に、いまの文化をイモ虫の状態に返すがいい！と。」

明治から続く建築界の保守本流としての歴史様式派への大正期の青年建築家の批判や反発の文はいくつもあるが、これだけ調子が高くかつ同時に具体的な文章にはめったに出会えない。

これが二八歳の時で、次が昭和三九年（一九六四）、七三歳の時、自宅用の古民家の買い付けの体験を記した「売り家」（『建築家十話』）。

「母屋は厚い茅葺きで、お寺にあるような大黒柱が薄暗い天井をささえていた。私は広い土間を通りぬけて、裏庭に出た。白壁塗りの土蔵がいくつも並んでいるところは、この家の過去を物語るようではあったが、ところどころ、壁が落ちたところがあったりして、時流に押し流されていく姿がありありと感じられた。父祖伝来の「家」の重荷を、どう処理しようかという話を聞くうちに、なんだか藤村の小説「家」のことが連想されたりして、私も主人と同じような困惑を感ぜずにはいられなかった。しかし、私はこの家の主人の処置を当然だと思った。正直なところ私はたくさんの売り家を見たが、先刻、坂下からこの家を見ただけでよくわかった。私の懇望は主人の心を解いたものか、あなたに引き取ってもらうのだから喜んで放しましょうといわれた。建坪三五坪、一金千二百円也。

屋根裏には、老夫婦結婚記念の駕籠《かご》が残されてあった。」

青年期に見せた具体的であることと心の調子を高く保つことに加え、この文には人生の星霜を経た温かさがにじんでいる。建築ということを離れて文としてだけ見るならこの「売り家」と「普請往来」の連作が一番よいと僕は思う。おそらく村野は、文学者のように言葉を大切に扱っていた人じゃないかと思われる。痩身に銀色の髪、時に鋭い眼光といった風貌の類似からくる憶測かもしれないが、建築界の小林秀雄といった文の印象がある。

このようにつねに緊張感を失わない文を書きつづけた村野だが、大正半ばの青年期から昭和五十年代の晩年までを通して読んでみると、核をなすような文はことごとく戦前にすでに書かれていることがはっきりする。戦後に書かれたものでも香気立つようなものは、たとえばすでに紹介した「売り家」、「普請往来」（『建築家十話』）や数寄屋造りの奥儀に触れた「和風建築について」、「吉田流私見――吉田五十八先生の一周忌を迎えて」も、テーマは戦前に起きたことばかりである。

文章をその人の思考の足跡とするなら、村野藤吾は戦前に考え抜きそして考え完《お》えていた人ということになる。

彼の文筆活動の見所は、「様式の上にあれ」でデビューした大正八年から、「木とファンタジー」で戦前の書き納めをしてあとは沈黙する昭和九年までということになるが、この一五年間は村野にとって決定的だった。

大正八年が一九一九年で、昭和九年が一九三四年であることを考えると、つまりまん中に一九二〇年代がどっしりはまっていることを考えると、少し世界の近代建築の年代記を知っている人ならいかにとんでもない時期に村野が直面していたかが分かるだろう。

一九二〇年からはじまる十年は世界の建築の革命期にほかならない。

革命のテーマは、大きくみるとギリシャ風とかルネッサンススタイルといったそれまでの歴史様式主義を打ち倒してモダニズム（国際近代主義）建築を確立することだった。この歴史派に対する近代派の闘いは一九世紀末のアールヌーヴォーの出現によって口火を切り、ウィーン・セセッションやチェコスロバキア・キュビズム、ドイツ表現派、アムステルダム派などにより継承され、そして一九二〇年代に入って関ケ原を迎えた。歴史派の陣営はギリシャ神殿風の石の列柱やルネッサンス風の石の壁面をますます磨き上げて臨み、一方、近代派はその厚い壁を破る究極の武器の開発にすべてを賭けていた。

一九二〇年代に入って早々の近代派の武器はドイツ表現派とロシア構成主義で、やや遅れてデ・スティルやピューリズムが手に入り、こうしたさまざまな武器の改良工夫の中から一九二〇年代後半になるとついに究極の近代兵器としてのモダニズム建築が発明され、コルビュジエのエスプリ・ヌーヴォー館が一九二五年に、グロピウスのバウハウス校舎が二六年に、そしてミースのバルセロナパビリオンは一九二九年に産み出される。これらの作品によって、歴史様式主義の堅城の厚い壁に決定的な穴があけられたのだった。

建築家村野の青春はこの革命の十年ときれいに重なる。もちろん時期が重なるだけでなく内容が重なるのである。

足取りを具体的にたどってみよう。

大正六年（一九一七）に大学を出て渡辺節の設計事務所に勤めてから二年して大正八年（一九一九）に、すでに何度も触れた「様式の上にあれ」が書かれている。これは大学時代から歴史様式主義の教育を拒み、キャピタル（柱頭飾り）をわざと逆にして柱の上に載せたりしていた村野の反歴史主義宣言にほかならない。ふつう大正期の青年建築家たちの反歴史主義宣言というとまっ先に「分離派宣言」が取りあげられるが、村野はそれに一年先行する。両者の書き出しをくらべてみよう。

〝村野宣言〟（抄）

「様式の上にあれ！

様式に関する一切の因襲から超然たれ！

………かくて、私たちの心の底から芽生えようとするもっとも自然的な、そして本質的な美的覚醒は……。

いかにして全人類をより聖なる、より純一なる高い境地へ歩ましむるか……。

かかる一切の悲痛なる運命より脱出せんがために、

……自己が他己のうちに調和進展せんがために……」

〝分離派宣言〟（抄）

「我々は起つ。

過去建築圏より分離し、総ての建築をして真に意義あらしめる新建築圏を創造せんがために。

我々は起つ。

過去建築圏内に眠って居る総てのものを目覚さんために。溺れつつある総てのものを救はんがために。」


両者の文体と内容の一致には驚かされるが、これは当時の目醒めたる青年建築家たちの共用する空気だった。

村野と分離派は相前後して反歴史様式主義という同じ方向に走りはじめたのである。

その後の分離派を見ると、ドイツ表現派、アムステルダム派、デ・スティルをへて一九三〇年代初頭にはモダニズムに行きついている。建物の作風も言論活動もそのように収束した。つまり分離派は一九二〇年代のデザイン革命の日本における正統の継承者となった。

では村野はどうだったか。

革命に限りなく同感し、一緒に走りたいと考えていたことはまちがいない。

たとえば、大正一二年（一九二三）の「いわゆる大谷石の庇に対する私の見方と帝国ホテルの感じ」ではライトの華麗な表現のなかに装飾性を臭ぎとって構造と表現の不一致を批判し、「現代文化住宅の煩悶」ではいわゆる洋館風の郊外の中小住宅を批判し、もっと合理的な住いのあることをいう。

しかしこの肝心な時期に、村野はオランダ、ドイツ、ソビエト、フランスといった革命運動の本拠地を訪れるチャンスはなかった。大正一〇年（一九二一）渡辺節に命じられてアメリカに渡るが、使命はニューヨークやシカゴの歴史様式主義のオフィスの視察だったし、だいいち当時のアメリカはライトを除くとヨーロッパにはるかに遅れていた。

村野としては、反歴史様式宣言をした後、ただちに引きつづき、歴史様式に代って作られるべき新しいデザインについて語りたかったにちがいない。一九二〇年代に入ると雑誌や本を通して爆発するようにヨーロッパの新しい建築運動の情報が発信され、もちろん村野もそれを受け取るのだが、しかし何も出来ない。ただ写真のページをじっと見つめるだけ。肝心な一九二〇年代の十年間、村野はヨーロッパの動向についての文を残していない。

理由は簡単で、写真で知った実物をわが目で見るチャンスがなかったからである。

一方、分離派の面々は、〝分離派宣言〟の勢いそのままにヨーロッパにとび出し、実物を見聞し、建築家を訪れ、次々にまき起こってくる新しいデザインの熱気に身をひたし、そして帰国後、雑誌と本を使っておうせいな言論活動を繰り広げる。もちろん、作品も作ってゆく。

村野は口惜しかったにちがいない。反歴史様式宣言では分離派に一歩先んじたのに、では何を作るのかという一番肝心なところで発言できず、遅れをとった。それも、自分は大阪の渡辺節事務所の所員で自由に海外に出ることができず、そのうえ渡辺が歴史様式主義の権化である、という不運からの遅れである。

この時期の村野について、渡辺から歴史様式のハード・トレーニングを受けたことをもってよかったとする評価もありうるし、村野自身も後にそのようにふり返ってもいるが、しかしそれは当時の村野の気持ちに即していえばおそらく正しくない。じっと雑誌の写真を見つめるしかなかった毎日なのである。

こうした毎日から村野が離れるのは昭和四年（一九二九）になってからで、この年、渡辺事務所から独立する。独立後ただちに彼がやったのはヨーロッパに行くことだった。

昭和五年（一九三〇）、彼はソビエト、ドイツ、オランダ、フランスそしてアメリカを巡り、雑誌や本でしか見たことのない過去十年間の作品を見聞し、さらに建築家を訪れた。この時の印象記が翌年書いた「動きつつ見る」である。

十年間の空白を一気に取りもどすかのように、ドイツ表現派について、ロシア構成主義について、デ・スティルについて、バウハウスについて、建築家ならグロピウスやコルビュジエやリシツキーについて述べているが、その語り口にはやや独特なところがあって、はじめて目にする作品に素直に感動するというより、それらの作品や作家についての日本での紹介のされ方や評価を念頭においた上で自分の見方を述べるような冷めたところがある。ほとんどジャーナリストに近いような口調も目立つ。

ヘンなたとえになるが、その昔自分が恋をうちあけ相手もうなずきながら、しかしその後やむなく生じた空白期間に他人と一緒になった初恋の人と十年ぶりに会った日の晩に書いた日記——そんな感傷と冷静のいり混じったもどかしさがこの文にはある。

十年の空白というのはやはり大きかった。村野が訪れた時、ヨーロッパにおける歴史様式派と近代派の関ケ原はすでに勝負がついており、村野はまだ生ま生ましいとはいえ勝負の跡を訪ねて余燼のくすぶりを嗅ぐしかなかったのである。

帰国後の村野は二つのことをやった。一つはすでに述べたように余燼のくすぶる関ケ原の見聞を「動きつつ見る」にまとめること。もう一つは、そうして見聞した十年間の戦の跡を自分の作品の中で体験すること。

帰国後の村野のデザイン活動は昭和六年（一九三一）からはじまり次々に質の高い作品を生み出してゆくことになるが、しかし、デザインの党派性という観点からみるとちょっと例のないことをしている。ほとんど同時併行的にさまざまな流派のデザインを試みているのである。

たとえば、デビュー作となった昭和六年（一九三一）の森五ビルと大丸舎監の家は、前者をモダニズムがかった表現派とすれば後者は明らかにアムステルダム派。昭和七年（一九三二）の加能合同銀行は純ドイツ表現派で同年の中島商店はデ・スティル。昭和一〇年（一九三五）のそごうデパートはロシア構成主義の流れに属し、昭和六年（一九三一）の大阪パンションは純粋モダニズム。

「動きつつ見る」の中で、ドイツ表現派にはじまりロシア構成主義、アムステルダム派、デ・スティルをへてモダニズム（国際近代主義）にいたりつく一九二〇年代のデザインについての自分の思いを言葉で表現したのと同じように、形で表現したのである。

しかしそれは歴史家や評論家ならいざしらずデザイナーとしては奇妙な行ないであった。

表現主義からモダニズムまでの経過を、その渦中にあって次々に脱皮するようにして体現した建築家はいる。ベーレンスなどはアール・ヌーヴォーからモダニズムまでを一身で味わっている。あるいは分離派のようにヨーロッパの先端に少し遅れながら次々に作風を変え、やがてモダニズムに行きつく、というのも理解できる。ところが村野はいずれともちがって、一九二〇年代のさまざまなデザインを、まるで復習でもするように一九三〇年代に入ってから体現しているのである。

こうした行ないが遅れたことであることを村野はよく知っていたにちがいない。ヨーロッパ旅行によってモダニズムが最後の勝利を収めたことを確認していたし、そうした白い箱に大ガラスのモダニズムが自分より一世代若い日本の青年建築家たちによって次々に作られはじめたのを雑誌で眺めている。村野自身、〝自分だってモダニズムくらいは出来る〟ということを世間に知らせるため大阪パンションを作ってもいる。

ではなぜそんな一回り遅れたことを自覚的にやったのだろうか。

管見によれば、この件について村野は一度も語っていない。

というと、いや語っている、昭和六年（一九三一）の「商業主義の限界」や昭和八年（一九三三）の「日本における折衷主義の功禍」がその答えだ、という反論があるかもしれない。しかし、ちゃんと読めば、この二つの重要論文の中で村野が主張しているのは、なぜ一九二〇年代のデザインの諸流派を今さらやるのかについてではなくて、最後の勝者となったモダニズムの批判と歴史様式の再評価なのである。

たとえば「商業主義の限界」の中では、

「コルビュジエの作品とこの建物（鉄骨造に石を巻いたギリシャ様式の銀行をさす——藤森註）とを並べてみるがいい。

おまけに、コルビュジエのすばらしいお題目も。

『いまや素晴らしい時代が始まったところだ。

新しい精神がみなぎっている。

この新精神の籠った多くの作品が存在する。それらは工業生産に由来する。

建築は因習の内にあえいでいる。

いわゆる「様式」なるものは虚偽である。

様式とは一時代に属するすべての制作をいかし、特徴ある精神状態から発生する根本原理の統一である。

現代は日一日とわれわれの様式を定めつつある。

吾人の眼は、不幸にして、これを鑑別しえない。』

なるほど！　いい詩ですな。

……………。

ちぇ！　馬鹿にしてらあ。

あの薄っぺらな銀行（モダニズムの銀行——藤森註）に大切な金が預けられるけぇ！」

この一文によって村野は、歴史様式の石の建築は大衆によって支持されており、それを軽々しく批判することは難しいことを述べた。

もう一つの「日本における折衷主義の功禍」は、その題名のほどに新味はなく、前出の「商業主義の限界」の主張に、歴史様式は決して機能的に駄目なものではないことを言い加えている。

この二つの文章の所々にモダニズム批判が散りばめられているが、しかし正面からポイントを定めて批判しているわけではなく、むしろ力点は歴史様式の擁護の方にかかっている。そしてその擁護は建築家としては珍しい攻め口で、〝歴史様式には大衆の支持がある〟というのである。

この〝大衆の支持〟という論は、村野の建築表現を考えるうえでは決定的に重要だが、ここでは深入りしない。

やや横道にそれたが、「商業主義の限界」と「日本における折衷主義の功禍」の両論文は歴史様式の擁護を目的としたものであって、一九二〇年代のさまざまなデザインについて述べたわけではないことを確認しておきたい。

さて、話をもどして、なぜ一九二〇年代のデザイン諸流派を三〇年代になってから再現するような遅れたことをわざわざしたかである。歴史様式の擁護によって説明できることではあるまい。この肝心な問題については村野は口を閉ざした。

村野が語ったのは、歴史様式の擁護とモダニズムへのやや当てこすり気味の批判の二つである。

二〇世紀前半における歴史様式からモダニズムへの大きな変化は、

歴史様式
↓
一九二〇年代の諸流派（表現派、アムステルダム派、ロシア構成主義etc.）
↓
モダニズム（＝国際近代建築）

という段階をへるのだが、このうち村野が語ったのは頭の歴史様式への擁護と尻尾のモダニズムへの批判で、胴をなぜ自分がやるかについては述べない。アムステルダム派のどこがいいのか、表現派になぜひかれるのか、ロシア構成主義の見所は何か、といった論は見当らないのである。

これはあまりに奇妙なことというしかない。村野は歴史様式は一度も試みていないし（渡辺事務所ではさんざやったが）、モダニズムは〝試しにやってみせた〟大阪パンションをのぞいては拒んでいるのだから、自分がやらないデザインについてばかり擁護したり批判したりしながら、実際に手がけた肝心の一九二〇年代の諸流派のどこに引かれているのかについては沈黙した。黙って作った。

黙った理由は、〝遅れ〟にあったと思われる。一九二〇年代の諸流派を経過した分離派とその次の世代がモダニズムをやっている同じ時に、いわば彼らの脱ぎすてた上着を自分は着るわけで、そんなことは黙々とやるがふさわしいと思い定めていたのではないか。

結局、われわれはなぜ一九二〇年代のデザインを〝遅れ〟を覚悟でやりつづけるのかについての弁明を村野自身の口から聞くことはなかった。

しかし、幸いなことに、村野のその想いを代りに語る人物が晩年になって現われた。それが長谷川堯である。長谷川は村野の核を〝大正的なもの〟と指摘し、そのデザインの魅力を存分に語ってくれた。もちろん〝大正的〟とは世界的には一九二〇年代の質をさす。晩年の村野が孫のような世代の長谷川に熱い気持ちを寄せたのは、自分の内実を語ってくれたからにほかならない。

以上が、戦前の村野藤吾の言論活動と作品歴との関係についてである。戦後のことはその延長上にあると考えれば大きくはずれることはない。

これで彼の言論活動のポイントをすべておさえたかというと実はちがう。作品とつながる言論のポイントはおさえているはずだが、もう一つ村野には作品やデザインの成果に直接結びつかないような言論活動があった。

大正一一年（一九二二）「米国における貸金庫見聞記」、昭和元年（一九二六）「建築の経済的環境」、昭和五年（一九三〇）「ウールウォースの凋落前後」、「建築の経済問題」、戦後になって昭和二一年（一九四六）「建築の場合」などがそれである。

一言で言えば〝建築の経済学〟についての論考で、レベルはきわめて高く、とりわけ「建築の経済問題」と「建築の場合」は日本の建築経済論の歴史を画する成果といってもいい。

〝芸術家肌〟、〝名人上手〟を戦後建築界での一般的イメージとする村野がこうした領分に引き込まれたのはずっと古く渡辺節の事務所時代のことで、オフィスビルの設計に当り貸ビル経営の可否を判断するためにアメリカ式の経営分析を手がけたのが直接のきっかけだが、結局それだけではとても納まらない広がりと深さの中で村野は経済というものをとらえるようになる。

この問題を追いかけると、八幡製鉄所の一技術労働者としてスタートする彼の経歴にはじまり、資本主義の矛盾への目ざめ、社会主義への共感、キリスト教的救済へのあこがれ、さらに都市問題、住宅問題へのヒューマニズムに基づく関心、そして生涯たゆまず続けられたマルクス『資本論』研究と、ぞろぞろと一般的村野イメージとはちがうものが引きずり出されてくる。村野本人にとってこれらの問題は建築のデザインと同じくらいに大切な人生のテーマであり、死の間際にキリスト教の洗礼を受けたのもその一環にほかならないが、ここではそうしたテーマを村野が生涯抱えていたことを指摘するにとどめる。戦前の言説はむろん戦後の文章の中にも資本主義への否定的言及がしばしば見られるが、本気だったのである。

村野の建築経済への関心はデザイン論とも深いところでつながっていたことは疑いえないが、ここでは歴史様式の擁護論の中にそのことを跡づけてみたい。

「商業価値の限界」と「日本における折衷主義の功禍」によって彼は、十年前の「様式の上にあれ」を自己否定し、歴史様式の擁護に向かうことになるのだが、その擁護の論旨は独特で、すでに触れたように〝大衆の支持がある〟という一点しか言わない。石造の堂々たるギリシャ風銀行を大衆は好んでいる、というのである。ふつうの建築家なら、歴史様式の装飾の美しさとか材料の扱い方のうまさとか、そのデザイン面について肯定的に述べるところなのに、そうした専門家的論述をすっとばして、大衆の好みに直接踏み込んでしまう。「日本における折衷主義の功禍」には次の一文がある。

「たとえばここにコンクリートに石をはりつけた建物があり、それがローマのスタイルをまねているとして、新しい建築家はそれにたいして今日鉄筋コンクリートあるいは鉄骨の心を持ったところの構造に石をはりつけるということは誤っていると申したといたします。しかるにこれを建てた人はその建築をすることによって自分の富を世間にあらわし、それによって（そうした建物を大衆が好むことによって——藤森註）利潤を得ることができたとするならば、はたしてその建築はローマ風の建築なるがゆえに悪いということがいえるかどうか、今日非常に問題であろうと思います。そういうふうに考えてみますと、経済価値、いわゆる大衆を対象としての考え方というものは無限に発展をすると思います。もしその利潤の対象となるならば、われわれはローマを一日にして建てることもできるし、ギリシャから現代の建築にいたるまで何を建てても差支えないという結論に達しはしないかと思います。」

この主張を支えているのは、大衆の好みをとらえることが大衆の消費を呼びそして利潤が上がる、という論理にほかならない。建築の論理というより経済の論理である。

「日本における折衷主義の功禍」という文章はその題名が見事だからつい「様式の上にあれ」と対で考えやすいが、内容的には同列に論じられるものではなく、建築経済論のデザイン編として読んだ方がいいくらいである。

こうしたデザイン論とも深くつながる村野の建築経済論は、今後、本格的な研究が待たれる。おそらくその辺が明らかになった時、村野藤吾という複雑な内面を持つデザイナーの姿が透けて見えてくるにちがいない。

（東京大学生産技術研究所教授）

解題

はじめに

今回、著作集に収録した文章は、次のような経緯から成り立っている。

①まず村野藤吾と解題筆者との間で、収録する文章の取捨選択を何回かにわたって行った。②その文章について、村野は二度にわたって赤字訂正（修正）を入れ、さらに必要な箇所には補註および註を書き入れた。③収録することが決まっていた文章でも、村野の手元にいったまま、戻ってこなかったものがある。しかしそれも村野が取捨選択した文章ということで、今回、収録した。④村野が文章を見ていなくとも、今回の著作集に収録した方がよいと、解題筆者が判断したものは入れた。

①については、村野が不要と指示したものでも、今回、解題筆者の判断で入れたものがある。それについては、村野は補註で指示しているので、それをそのまま解題に入れてある。

②については、村野が必要と認めて赤字訂正（修正）したものを、今回の著作集の最終原稿（定稿）とした。ときに雑誌発表時のものに対して大幅な修正をしているが、それを最終原稿とした。補註および註は、各文章の文末に掲載した。またこのほかにも村野は、各文章についての掲載の仕方、例えば写真や図版の使用の是非、組み方などについても指示した。それについても参考になると思われるものは、「村野のコメント」として解題に入れた。

以上の村野の作業②が集中的に行われたのは、昭和四十七年から始まって四十八年である。そして四十九、五十年と断続的に行われた。

④については、村野と解題筆者との取り決めで著作集への収録文章は、迎賓館に関するものまでとなっていた。それは昭和四十九年から五十年にかけてである。したがって、数点を除くと、それ以降の文章は村野は見ていない。それを解題では「未確認だが」と表現した。それは解題の各題名に※をつけておいた。ただし、いくつかの例外がある。例えばそれ以前に書いた「俺の作物よ!!」（大正十年）、「建築一言／商業的一面」（昭和五年）、「フリッツ・ヘーゲル氏の近作」（昭和六年）、「色雑観」（昭和三十三年）などである。当時、村野も解題筆者も、こうした文章があったことに気づかなかったからである。

また文章によって、重複している箇所がある。特に書いたものでなく、話した部分でそれが目立つ。晩年は、書くことより話すことの方が多くなっているので、そのことにより、年代の記憶違いではと思える箇所もある。しかし重複している箇所も、基本的にはそのまま収録した。本書を読む時に、多少の煩雑さがあるかも知れない。また年代の違いなどは、可能な範囲で文献解題のところに書いておいた。

さらに今回、解題の中に、当時、村野が解題筆者に対して指示した手紙のうち、解題に関連するものは入れた。村野が自分の著作集にかけた情熱は大きく、その一端でもわかってもらえればという判断からである。

そして全体の構成については、次の通りである。

当初、村野との打合せでは、全文章を時系列で並べていくこと。それを「戦前」、「戦中」、「戦後」の三部作とすること。その際、戦時中のものについては日記と一緒にするとなっていた。当時、その戦時中の日記とはなにかが解題筆者にはわからなかった。しかし、後述するように、村野は戦時中に日記をつけていたことが今回の作業でわかり、しかもそれは建築家村野藤吾を理解するには、ある意味では欠かすことのできない重要なものであることがわかった。

その後、三部作の構想は、それを一冊のものに収めるということになり、やがて打合せを続けるなかで、それが一転して、内容的に分けることになった。それは「建築論」、「建物について」、「座談・対談」、「私の建築観」、「人」、「賞」であり、それをそれぞれの中で時系列に収めるというものである。そして今回は、当初は最初の案で進めたが、それぞれの時代での文章の量的な違いもあり、内容的な構成にすることにした。その結果、第一章「建築を語る（一）」（戦前）、第二章「建築を語る（二）」（戦後）、第三章「作品を語る」、第四章「人を語る」、第五章「自己を語る」とした。各文章は、その中で一応、時系列としたが、関連の文章を一カ所にまとめたため、多少はずれているところもある。それらの決定は、今回、編集・制作を担当してもらった南風舎の小川格氏との相談の結果である。

また改題については、村野が指示してそうしたものと、解題筆者が判断して改題したものとがある。その違いは、解題中に書いておいた。

以上が今回の著作集に収録した文章の大略だが、そのなかでも村野との打合せで収録を決めておきながら、結果として、今回入れなかったものに、村野の早稲田大学建築学科（当初は建築科）の卒業論文がある。

論文のテーマは「都市建築論」で、提出期日は大正七年四月二十八日となっている。卒業論文は字数に直すと、約八万四、〇〇〇字、四〇〇字詰原稿用紙にすると二一〇枚を超えるという膨大なものである。今回、収録を見合わせたのは、その量的な問題からである。要するに、それだけで書籍一冊分に近い分量があるからである。村野がこれだけの分量を書いたのは、ほかには本書にその概要を収録した「建築の経済問題」がある。こちらも四〇〇字詰一六〇枚という多さである。

そこで、ここでは卒業論文の目次と、「緒論」の一部を掲載しておく。全体は、「小序」「緒論」「第一章　建築問題の根本観念」「第二章　環境と人生（都市生活の雰囲気と自然的要素の感化）」「第三章　都市建築の美的観察（美学的観察、様式論、広告）」「第四章　都市建築の科学的観察（便利、衛生、防備、建築の科学利用に関する疑問、建築棺桶論、Humanization of Science）」「第五章　都市建築の経済的観察（建築投資、Housing Problems）」「結論」である。

「緒論」の一部は、次の通りである。

私は一個の Builder である事よりも、一個の社会改良家でありたい。私は一個の実際家であるよりも、一個の理想家であることにより多くの名誉を感ずるのである。一つは私の行為の旗示にして、他は私の思想の憧憬である。而して、共に小論を通貫する私の躍動である。批判の対象であり、価値の帰向である。されば、傾向として建築夫れ自身の直接の問題よりも、其の内に根在する社会的問題を論議せんとし、又現実の問題よりも理想的問題に触れんとしたことは、蓋し当然の成行である。

此の意味に於いて、一つの学徒に過ぎない私の取ったStudent likeは、私の好んで撰んだ過程にして、此の内にはよく貴重な時間と真理と妥当性を有して居ると思うのである。

ここでは、この卒業論文について多くの頁はさけないが、冒頭でいっている「一個の社会改良家でありたい」という姿勢は、その後の建築家村野藤吾の中核を形成していくように思える。建築家だから、このような言葉を直接には使ってないが、経済論を通しての考え方、革命後のロシアへの強い関心などは、この姿勢の表れだろう。「建築夫れ自身の直接の問題よりも、其の内に根在する社会的問題を論議せんとし」という思いは、後述するように、それまで育ってきた環境からの影響が大きいようにも思える。

この卒業論文について、村野は浦辺鎮太郎との対談「村野・浦辺建築対談――ヒューマニズムの建築」(『建築雑誌』昭和五十三年三月号)のなかで触れている。この対談は日本建築学会近畿支部設立三十周年記念講演として、昭和五十二年十一月二十八日、大阪科学技術センターで行われたものを再録したもので、そこで村野は、次のようにいっている。

六十年も前に「都市建築論」という「都市建築」というそういう名前をつけて、この問題をテーマにして論文を書いたということは、今では歯の浮くような思いも致しますが、そのことだけでも、これは日本の近代建築のあけぼののような時代に、しかも尚引き続いて今日の問題となっているのですから、やはりフレッシュな問題をテーマにした感じが私はします。

また水谷頴介は「村野藤吾と大阪」(『建築と社会』昭和六十年十一月号)で、概略、次のように触れている。

この論文は、大阪にきた翌年発表したあの有名な「様式の上にあれ」につながり、また、その第五章などが、のちの「建築の経済的環境」などに展開されていったと考えてよいだろう。(略)村野建築のスタートは、森五商店にしても、大阪パンションにしても、そごうも、まさに都市建築である。その後もずっと、行政機関や財閥の様式建築から離れた場所に身をおいた、まさに都市建築のプレゼンチストとしての生涯をつらぬいたわけである。(略)従来はどちらかというと、村野藤吾は都市や経済への視点やとりくみを外して、意匠を楽しんでいる村野建築という認識が多かったが、卒業論文からはじまって以後、今日までの数々の談話やノートを知れば、まったくそれが間違った評価だということがわかる。

なお村野の卒業設計「マシーンショップ」および卒業論文「都市建築論」のオリジナルの原図、原稿の所在が現在不明だが、水谷が先の文章のなかで、「村野藤吾――イメージと建築」展(昭和五十七年十二月十八日〜五十八年一月三十日 兵庫県立近代美術館)の手伝いをした時、ともに「拝見させていただいた」と書いているから、村野邸に保存されていると思われる。

村野は、この卒業論文を収録することを決めたが、結局、手元においたまま、赤字訂正(修正)をいれず、解題筆者にもどってこなかった。

また村野の文体(文章)について、少し触れておきたい。

この著作集に収録した文章はいずれも雑誌や新聞、書籍などに発表したものを定稿としている。この間、大正八年から昭和五十八年までの約六十五年にわたっている。しかも発表媒体もさまざまであるということは、村野の書いた文章を、その時々の編集者が、その時々の状況、例えばその時々の送り仮名の使い方などによって赤字を入れている。したがって、この間を通しての共通性はほとんどない。

しかし村野の文体を知ることはできる。例えば、その時々の編集者が、文末に（原文のまま）と特記した場合があり、それは解題中に書いてある。例えば、「吉田流私見——吉田五十八先生の一周忌を迎えて」（本書第四章に収録）が、そうである。

村野の文体の特徴は、句読点が少なく、文節が長いということ。さらに、そうした文章を改行せずに続けていることである。だから視覚的には、びっしりと文字がつまって見え、その状態では読みづらいということになる。そこで後年、編集者の多くは句読点を入れ、文章を改行して読みやすくしている。それは村野の文章に限らず、全体的にいえることだが、その結果、書いた人の息づかい、呼吸といったことが消されてしまっている。

村野の文章の息づかいや呼吸は、建築づくりと無縁ではないと判断して、今回は、村野の文体に極力、近づけるようにした。（原文のまま）という文章、それに比較的近いのが戦前の文章なので、それらを参考にした。また時代により、漢字も正漢字、旧漢字とさまざまだが、今回は、それを統一して新漢字とし、送り仮名も現在のものとした。とはいえ、そのままでは読みづらいところもある。そこで読みやすさを重視して文意をそこねない範囲で直してもいる。それを含めて、句読点や改行、漢字の統一などの作業は、校正とともに飯田祐子氏による。

村野の文体はどれをとってもすぐれている。通俗的ないい方をすれば名文である。そして、そのなかで気づくことの一つは、短い文章に特に表れているが、漢文および漢詩の素養に裏付けられているのではということである。例えば、「坂倉準三先生」「機智と克明の今和次郎学」（第五章に収録）などがそうで、村野自身、気にいっている文章である。

また文意がどちらにもとれるといった感じの文章がある。これについて村野は、「吉田流私見」（本書第四章に収録）を例にあげ、「吉田君をほめなきゃならん。ほめているつもりでしているんですよ。吉田君の追悼文ですよ。それを吉田君を悪くいっているなんてことをいって……」（『建築をつくる者の心』昭和五十六年十月刊）と話している。これなど村野の文章の特徴の一つである。

また村野の文章の書き方にも、少し触れておきたい。全体的にいえることは、村野は建築をつくることと同様に、書くことに異常なほど〝執着〟していることである。

雑誌などに発表した文章の推敲は、多い時には五、六回に及んでいる。与えられたテーマに対して、車中で書いたであろう手の中に入ってしまうメモ帳にまず書く。次が原稿用紙へ書き写しながらの作業、これが多いものでは三回から五回にわたっている。しかも推敲とはいえ、そこへの赤字の書き入れはすさまじいもので、その一端は本書の口絵に掲載した。

また文末に、書いた日付をほとんどの場合入れている。これは戦前から戦後、最晩年の文章になっても変わってはいない。村野は手紙を書くことが好き（？）で、まめに書いたから、もらった人はわかるだろうが、私信にもほとんどの場合、日付は入っている。

このことについて、村野スギ夫人は「筆をもって手紙を書くことが大好きでした。手紙の返事を書くのに、朝の九時から十二時過ぎまでかかりました」（『村野藤吾——和風建築作品／詳細図集・1』昭和六十一年）と話している。

なぜ、村野は書くことに、それほどまで執着したのか。ここは、それを論ずるところではないが、のちの村野藤吾研究者には、避けて通れない主テーマの一つである。しかも新聞紙上での連載、例えば「建築家十話」（本書第五章に収録）など、通常なら新聞記者が聞き書きし、それに村野が手を入れて完成させるが、そうではなく、最初のメモ書きから推敲、そして脱稿までしている。そしてもっと驚くべきことは、それらのほとんどのメモ書きや草稿までを、きちんと保存していることである。

以上のことから、今回収録した文章のうち、村野の自筆原稿でないものは、その時々の編集者によって、例えば（文責／編集者）（談）のように断り書きがついている。ただし、そうなっていても、村野がゲラをチェックしたかどうかはわからない。推測すると、時間のある限り、また晩年、体力的にそれができなかったほかは、村野はそれらに目を通したのではないかと思う。

また対談や座談会などに登場している人たちの肩書きおよび職歴などは、掲載された当時のままである。また後年、村野が補註および註で書いた肩書きおよび職歴も村野の書いた（多くは昭和四十七、八年前後）当時のものである。

文献解題

第一章　建築を語る(1)

様式の上にあれ

『日本建築協会雑誌』（大正八年五月号〜八月号）に（上）、（中）、（下）、（結論）の四回連載で掲載された。ただし（結論）の時のみ、「様式の上にあれ！」となっている。この文章から発表名は、「村野藤吾」である。同文はのちに『建築と社会』六〇〇号記念号（昭和四十七年二月号）に復刻論文として再録された。そして、この復刻論文に対して、次のような解説文がつけられて、同号に同時掲載された。

大正八年の青年建築家としての村野藤吾の思想を知る歴史的文章である。この正月（昭和四十七年一月）に村野先生より「読後感」をいただいたので、復刻のうしろにのせた。

この解説文は、村野の「読後感」の冒頭から岡田孝男の文章と思われる。

また初出の文章の第四項（「様式の上にあれ！」（結論））、「無目的なる現代建築様式の煩悶とその解釈」の冒頭に、次のような註釈がつけられている。

（本項は『建築評論』六月号紙上に発表したものを補訂したものである）

ただし、この註釈が当時の編集者のものか、村野自身のものかは不明だが、文脈からいって村野の註釈と思われる。この『建築評論』六月号のものとは、本書収録の次の文章「無目的なる現代建築様式の煩悶とその解釈」のことである。

この文章についての、村野のコメントは、「この編のカットは、当時のものを使用しては如何？　カットあれば、場所に関係なく、余白や文体の箇所に入れる」とある。しかし各連載時に見出しにつけられていたカットは、今回入れなかった。

同文について、村野は「創立九十周年記念講演会〝近代建築の歩みを聞く〟」（『建築雑誌』昭和五十二年四月号）のなかで、次のようにいっている。

だいたいの中心は現在の私がやっている仕事と同じように、過去も未来もないという考え方、現実こそ真実であるということ。（略）その真実の支えとなるものが倫理観であってこれを建築の上の土台として展開していったのが大体私の結論のようなことであったと思います。（略）明治期に一応定着した様式あるいは様式教育が外部からの影響で変化すべきはずのものが、教育や社会的諸事情から変化することを困難にし、それがあくまでも維持される傾向をとるなら、このような建築上の表現は一種のペダンチックな傾向となり、変化を受け入れない事情は一種の閉鎖的な、またいくらか硬直した様相を呈すると思います。そこで、様式主義的な教育のされ方またそのような傾向の維持され方に対する一つのそれをレジェクトするのではなくて、その中に教えられていた者が学校を出て一年目にぶつかった厳しい現実との桎梏のようなものが「様式の上にあれ」という論旨が浮かんできたもので、学生時代から引き続きの上に現実にふれたのが中心課題のようなものじゃないかと考えます。

同文については、長谷川堯『都市廻廊』（昭和五十年七月刊相模書房）に詳しい。また長谷川は『建築雑誌』（昭和五十二年四月号）の「論文再録」でも、この文章についての解説を書いている。長谷川の建築評論のなかでも『神殿か獄舎か』（昭和四十七年　相模書房）に始まる一連の初期のものは、村野の復権・再評価に大きな役割を果たした。村野復権の動きは、いまにしてみれば大きな時代の流れの必然だったということがわかるが、それにしても長谷川の精力的な評論活動がなければ、村野復権はここまで至ったかどうかはわからない。

掲載誌の『日本建築協会雑誌』は大正六年九月、関西でつくられた建築団体「関西建築協会」の機関誌で、同団体の発足時メンバーは、理事長・片岡安、理事・池田実（主計）、武田吾一（編集）、波江悌夫（主計）、葛野荘一郎（編集）、宗兵蔵（編集）、設楽貞雄などで構成されている。そして大正八年一月から日本建築協会となり、今日に至っている。機関誌名は当初から、大正七年十二月号までが『関西建築協会雑誌』で、大正八年一月号から大正八年十一月号（十二月号は休刊）までが『日本建築協会雑誌』、そして大正九年一月号から今日までが『建築と社会』と三度変わっている。

ちなみに「関西建築協会」の発足に関しては、同号の創刊号（大正六年九月号）に次のような「発刊の辞」がある。

> 我が関西建築協会は、時代の機運に促され、建築技術家の覚醒に由り、大戦乱第四年の春、梅が薫る関西の天に呱々の声を上げたり。思うに、明治維新以来、我が国の文物は其のあらゆる方面に亘りて、空しく苟且主義の上に樹てられ、少しも確固たる基礎を有せず、所謂過渡時代の混沌たる状態にありしが、時は絶え間なく進みて黎明の気は天地に漲りぬ、暁の鐘将に高く鳴らんとす。（略）我が関西在住の建築技術家は茲に結束して起ちぬ

無署名だが、初代理事長に就任した片岡安の文章と思われる。

この建築団体の発足および機関誌の発刊は、大正七年、早稲田大学建築学科を卒業と同時に、大阪の渡辺事務所に入った村野にとっては大事な関係をもってくる。周知のように関西を建築活動の主な場にしたし、戦前および戦後初期に書いた多くの文章の発表の場は、『建築と社会』である。そして、「様式の上にあれ」が、村野がこの雑誌に初めて登場した文章であるとともに、卒業後初めて書いた文章でもある。つまり渡辺節建築事務所に入って、一年目に書いたものである。

渡辺節建築事務所の呼称について触れると、当初は渡辺事務所といっていたのではないかと思われる。あるいは略称で、そう呼んでいたのかも知れない。しかし『早苗会』第五号（大正七年十二月）の卒業生名簿では、勤務先を「大阪市北島堂島浜通り三～三　渡辺事務所」とあるし、村野は後年、「わたくしの建築観」（本書第五章に収録）の中でも渡辺事務所といっている。いつ渡辺節建築事務所となったのかは、不明である。ただし、昭和四十四年八月に大阪府建築士会の渡辺節追悼誌刊行委員会が出した『建築家　渡辺節』によると、「大正五年六月（一九一六）、大阪に建築設計事務所を開設、大阪では四、五番目の民間建築事務所であった。（略）村野藤吾氏は

事務所創設の翌々年に入所、チーフとして活躍された」とあるが、その項目は「渡辺建築事務所創設」であり、この追悼誌の中のいろいろな弔辞でもまちまちで統一されていない。したがって、正式名は不明である。

とはいえ、ここにもあるが、村野が渡辺節建築事務所に入ったのは、卒業と同時の大正七年だから、渡辺節が事務所開設して早々の時（二年目）だったのである。

無目的なる現代建築様式の煩悶とその解釈

『建築評論』（大正八年六月号）に掲載された。原題の「其の」を平仮名に直した。この文章の巻末に（八、五、十六夜）とある。「様式の上にあれ」の三回目の（下）の巻末に（八、七、十五）とあるから、となると、この文章は少なくとも（下）の前に書いており、それを『建築評論』六月号に掲載したものである。しかし比較してみるとわかるが、「様式の上にあれ！」の四回目の（結論）の方が分量的には四・五倍も多い。いってみれば、この文章は四回目をまとめるためのエスキースのようなものだったのかも知れない。

俺の作物よ!!※

『早苗会』第七号（大正十年五月号）に掲載された。この文章は、村野未確認だが、判断して、今回入れた。文章にもあるが、大学卒業後、二年目に書いたもので、学生時代と渡辺事務所で実際にやっていることの違いが、短文の中でよくわかる。

ちなみに早稲田大学建築学科OB会の「早苗会」の会誌『早苗会』は、大正四年三月に発刊されている。村野は、早稲田大学理工科建築学科第六回卒業生（大正七年度）で、この年の卒業生は三十名である。他の卒業生を見ていくと、大正二年が第一回卒業生で十一名、以後、大正三年第二回十六名、大正四年第三回二十七名、大正五年第四回二十九名、大正六年第五回十七名である。

米国における貸金庫見聞記

『建築と社会』（大正十一年五月号、六月号、大正十二年一月号、二月号）に掲載された。原題の「於ける」を平仮名に直した。さらに大正二年一月号では「補遺（一）」となっており、二月号では「補遺（二）」でサブタイトルとして「殊に防火の見地より」となっている。

大正十年八月、渡辺事務所時代に日本興業銀行設計のために渡米した時のものであり、この時の様子については、「建築家十話」の「修業」（本書第五章収録）で書いている。

村野が補註でも書いているように、後年（昭和四十九年）、日本興業銀行本店（東京）を設計している。興銀本店は、村野が解題筆者に語ったところによれば、この建築は五十五年前の早稲田大学の卒業設計作品を実現したものだという。その卒業設計は、本書の口絵にもある「マシーンショップ」だが、そこでは運河を経て運ばれてきたマシーンが、クレーンで吊り上げられていく。村野は、これについて「倉庫を備えた、機械の商店で、河から掘割を倉庫の前迄に引き込んで、船からクレーンで倉庫に機械を入れるという計画でした」（『建築夜話』昭和三十七年九月刊　日刊建設通信社）と話している。

興銀本店の北側の池の上に張り出した十二層分吹抜けの機械室があり、そこからマシーン（設備機器）がクレーンで吊り上げられるようになっている。村野のいった意味は、そうしたことだろうと思われる。

いわゆる大谷石の庇に対する私の見方と帝国ホテルの感じ

『建築と社会』（大正十二年九月号）に掲載された。原題の「所謂」を平仮名に直した。この文章の冒頭には、次のような註釈がつけられている。文脈からいって、編集者のものと思われる。

もし氏の小述をお読みになる方がありますなら、その前に八月号の本野さんのご説を一度読んでいただきたいのです。

その本野さんの文章とは、本野精吾「帝国ホテルの建築に就いての一考察」（「建築と社会」大正十二年八月号）」である。そして村野が補註でいっているように、「私との話相手は本野精吾先生であったと思う」というところからすると、この文章は本野との対談を文章化したものかも知れない。書いた時期は、文末に（大正十二、八、二十六）とあるから、関東大震災（大正十二年九月一日）の四、五日前ということになる。

帝国ホテルについては、これも補註でいっているが、のちにこのホテルが保存問題化した時、村野はもう一度、文章を書いている（本書収録、第二章「編集者への返事」）。

村野はコメントで「この項には帝国ホテルの庇の写真をつけること」としたが、今回、写真は入れなかった。

建築の経済的環境

『建築と社会』（昭和元年一月号）に掲載された。文末には（十四、十二、二〇）とある。同号は「オフィスビル」特集を組んでいて、村野の文章は片岡安「近代都市の発達と事務室建築の勃興」、竹腰健造「事務所建築の経済的考察」とともに掲載されたものだが、量的には竹腰の文章と同程度に長い。そして、同号で特に建築の経済的考察をしているのは、この二編のみである。

現代文化住宅の煩悶

『建築と社会』（昭和二年一月号）に掲載された。

村野は解題筆者への手紙（昭和四十八年二月八日）で、この文章について、次のように書いている。

「いささか若気の至り、いささか暴論とも思わないこともないようなものですが、いかがでしょう。出すにしても、字句を訂正したい。第一「品」がよくない。その他にもそのようなところを訂正したい。しかし「時代を表現する」、その時代のことがよくわかるもので、それは興味深いと思いますので、ご意見をうかがった上にしたいと思います。次に、その「文」また章の「初め」に註記して、この文はいつ頃のものであるかを書いてないと、いきなり読んで錯覚をおこしますので、読む前にあらかじめその時代はこんなことを書いていると思ってから読むようにしてはどうですか。普通は、その章や文のあとに書いているようですが、初めの方に入れていただけませんか」。

村野は補註で、「大正十一、二年頃に書いたもの」とあるが、掲載誌が昭和二年一月号だから、記憶ちがいだと思われる。

同号は住宅特集である。巻頭言の片岡安「我国将来の住宅」に次ぐもので、実質的に同号の主要論文である。

「グラス」に語る

『建築と社会』（昭和四年九月号）に掲載された。同号は商店建築を特集している。

村野の独立は、昭和四年十二月（資料によっては四月あるいは十月としているものもある）だから、この辺りの文章が独立間際か、独立後、最初のものということになる。

ウールウォースの凋落前後

『建築と社会』（昭和五年十一月号）に掲載された。同号は「銀行と事務所」を特集に組んでいる。竹腰健造が「欧米の保護金庫に就て」の連載を同号から始めているが、同テーマのものを、村野は「米国における貸金庫見聞記」（本書第一章収録）で書いており、保護金庫は当時の銀行建築にあっての主要テーマだったことがわかる。

建築一言／商業的一面※

『早稲田建築講義録』第八号（昭和五年）に掲載された。文末に（四月九日　奉天）とある。この文章は、村野未確認だが、判断して、今回入れた。

建築の経済問題

『早稲田建築講義録』（昭和五年）に掲載された。同講義録は、執筆者一人が一テーマを書いていて、計画系・構造系全般にわたっている。例えば、佐藤功一「建築汎論」、伊東忠太「東洋建築」、安井武雄「銀行」、内藤多仲「鉄骨構造」などである。村野の「建築の経済問題」の表題には、「早稲田大学工学士村野藤吾講述」「早稲田大学出版部蔵版」となっているから、講義したものをあとでテキスト用に本の形にまとめたものか、あるいは逆にテキスト用にまとめたかのどちらかだろう。これについて昭和六年三月卒の磯部正男は、「講義録があったということは知っているが、村野先生がそれで講義をしたという記憶はない」といっている。また当時の村野について「当時は大学二年の時に関西旅行があり、田辺泰先生が引率だった。その時、渡辺事務所にいた村野先生がとてもスマートな格好で、事務所の作品、銀行などを二、三、ご案内してくれました」ともいっている。村野のものはB6判七〇頁、四〇〇字詰約一六〇枚で、そのほかに図版、写真が多数入っている。

長文のため、ここでは第一章緒言のみを収録したが、「目次」をあげておくと、第一章緒言、第二章総論、第三章各論、一土地問題、二建築問題、三建築の生命及減価、四機械設備、五土地と建物との関係、第四章建築経営に於ける諸問題、六高層建築、七地域制と建築、八投資となっている。

また、この文章の抄録は、のちに『近代日本建築学発達史』（昭和四十七年十月刊　日本建築学会編著　丸善刊）の「四編　建築経済」第二項「建築経済の変遷」の項に再録され、次のような解説がつけられている。

「建物経営論と維持管理論」

村野藤吾は母校早稲田大学において「建築の経済問題」というテーマで講義を行なったことがある。彼の「建築の経済問題」に対する視点は、「建築家は自己の計画による建物の営利または商業的効果、すなわちその経済価値について、あらかじめその依頼者に採算の基礎と結果とを提出して、建築の完全なる働きについて企業家の同意を得ること」が外国においては一般化している事態を踏まえて、従来、この種の問題は企業家に属するものとしてやや等閑に付せられていた傾向に対し、現在の「建物経営論・維持管理論」、さらに建築企画の必要性をのべることにあった。

村野はこの文章に対し補註を書いているが、当時、講義したことには触れてない。しかし村野は解題筆者への手紙（昭和五十年十一月十二日）で、この文章について「私が早大の講義録に書いた建築の経済問題は、いまから見ればお恥ずかしいところもありますが、学会のなかにある部分を採用してはどうかとも思っています」と書いている。また昭和五十一年二月十四日の手紙では、次のように書いている。「一九三〇年、私が外遊の時、満鉄の車中で書いたものを早稲田建築講義録の巻頭文になったものがあります。五月ですから、たぶんその後、一、二ケ月後に出ているはずですが、その講義録がありませんが、一度探していただけませんでしょうか。私としては当時の新建築運動に対する一種の批評として特徴がありますので、それをぜひのせたいと思います」と書いた。

動きつつ見る（原題　動きつゝ見る）

『建築と社会』（昭和六年一月号）に掲載された。なお同文の筆名は、武羅野淘語となっている。文末に（十二、二十二）とあるのは、昭和五年十二月二十二日の意味だろう。村野はコメントで「動きつつ見る」の題名を変えたいと希望したが、文章全体をよく表しているので、そのまま使った。補註でいっているが、昭和五年の欧米旅行記である。

　村野が補註で「非常に有益な本を、手に入れた（チェルニホフ）」については、「チェルニホフの翻訳出版について」（第一章に収録）を、また「毎日新聞の対談閑話で話した」については、「建築いまむかし」（第五章に収録）を参照のこと。

　この辺りのことは、後年、いろいろなところで書いているが、一番まとまった形となっているのが、佐々木宏編著『近代建築の目撃者』（昭和五十二年刊、新建築社）である。ここで佐々木は、堀口捨己、土浦亀城、今井兼次、藤島亥治郎、前川国男、村野藤吾、山口文象、山脇巖からの聞き書きを行っている。

フリッツ・ヘーゲル氏の近作※

『建築と社会』（昭和六年七月号）に掲載された。この文章は、村野未確認だが、判断して、今回入れた。筆名は、村野生となっている。

　この文章に続いて「新興建築座談会」が、石川純一郎、高橋栄治、中西六郎、本間乙彦、小川安一郎、永沢毅一、長谷部鋭吉、村野藤吾の八人で行われている。そのあとに、ヨーロッパの新興建築が写真で紹介されているが、その中にルドルフ・シュタイナーの第一および第二ゲーテアヌムおよび他の作品がある。

チェルニホフの翻訳出版について（原題　本著の翻訳出版に就いて）

『ソヴェートロシア新興建築学のイデオロギー的原理』（昭和七年一月刊　創生社刊）に掲載された。文末に「一九三一、十二、十五吾が事務所にて」とある。しかしこの文章は、補註および註をつけるため村野のところに届けてあったが、結局、手をつけずじまいだった。この本のことは、後年、何度も書いている。例えば本書の「ソビエト建築を語る」、「私の感銘をうけた本」（以上第二章に収録）、「建築いまむかし」の中の「一冊の薄い本」（第五章に収録）などである。

　村野は解題筆者への手紙（昭和四十九年一月七日）で、「あの文章は文字の誤りもあり、文章もよくないので恥ずかしく存じます。しかし私にとっては、あの小さな本は建築家としての心の革命をもたらしたものとして記念すべきものでした。その後も同氏より、大冊の書物の寄贈を受けており、（略）本当に真似のできない本です」と書いている。

　この本は、目次でもう一つのタイトルとして『現代建築学の基礎』となっている。著者はヤコブ・チェルニホフ、訳者は玉村春夫。村野の文中に「玉水氏の露語については」とあるのは、玉村氏のまちがいと思われる。全体の構成は、訳者のことば、本著及び著者を紹介、推薦の序言、著者のことば、本著の翻訳出版に就いて、とあり、次から本文で、諸論、第一編から、第五編まである。口絵には「化学製品工場」がカラーで、あとの図版はモノクロである。著者のことばは一九二九年、推薦の序言は一九三〇年とあるから、この時期に書かれ、出版されたものだろう。
本著の紹介によると、この本は「ソヴェート連盟レーニングラード市、レーニングラード建築家協会の手に依って出版せられた新興ソヴェート建築学の教程である」とし、チェルニホフについては「ソヴェート建築界の鬼才、ヤコブ・チェルニホフ氏の革命的な理論であり、嶄新な提唱であり、貴重な労作の新鮮な収穫でもある」としている。

チェルニホフについては、佐々木宏『ヤコフ・チェルニホフと建築ファンタジー』(昭和五十七年九月刊　プロセスアーキテクチュア第二十六号)が詳しい。佐々木は、この中の「構成主義の最後の花——チェルニホフとそのデザイン」で、次のように書いている。

日本においては、ソヴィエト構成主義の芸術運動はかなり早くから注目され、一九二〇年代から三〇年代初頭にかけて実際にモスクワやレニングラードを訪れて自らの目で目撃したり芸術家に会った若者たちがいた。帰国後かれらは、さかんにその動向を伝え、当時、日本語に訳された本もいくつかあった。それらの中に建築に関してはギンスブルグやチェルニホフの本が含まれていた。とくに奇妙なことに日本ではチェルニホフの本が二種類も訳されたのである。したがって、チェルニホフの受容という点では、日本は他の西欧諸国よりもかなり早かったといえるだろう。

そして、その中の一冊が村野藤吾が求めてきた「現代建築学の基礎」であり、表題を『ソヴェート新興建築学のイデオロギー的原理』と変えて出され、もう一冊は「建築ファンタジー」(一九三三年)で、これも表題を『最近のソヴェト建築』に変えて出されたと書いている。佐々木が出した先の本は、二冊のうちの後者の復刻である。

建築左右展望

『建築と社会』(昭和八年一月号)に掲載された。この文章に対して村野はコメントで、「文章にわかりにくい点があり、また少し硬すぎるので時代の気持を損ぜぬ範囲で訂正しました」と書いている。文中、村野が「建築世界十一月の巻頭言は興味ある」と書いているのは、『建築世界』昭和七年十一月号に掲載されている「無益なる優越感」のことである。無署名記事だが、概略、次のようなことをいっている。

近頃、青年建築学徒の間にわが建築界への正当な認識は、欧米諸国に比して優るとも劣らないとの自覚が出てきたのは一面喜ぶべき傾向だが、それを無条件でするべきではない。いたずらな自負心こそは、かつて欧米諸国の建築界に盲従していた卑屈な劣等感が、ただ形を変えて生じたにすぎないものだからだ。

また同号は、日本建築協会創立満十五年記念の建築通俗大講演会の速記録を掲載している。

防火か避難か

『建築と社会』(昭和八年二月号)に掲載された。村野はのちにサブタイトルとして「白木屋の大火に思う」をつけた。同号は「百貨店の防火」を特集に組んでいるが、村野は後年、この文章は「白木屋の火災に対し書いたもの」とコメントをつけている。文中にカットとして「東京白木屋災害写真」が一点載っている。

白木屋の火災とは、昭和七年十二月十六日午前九時二十三分、四階のセルロイド玩具売場から出火、五階、六階、七階とすべてを焼きつくし、死者十四名、重傷者四十八名、軽傷者八十名を出した事故のことである。

日本における折衷主義建築の功禍

『建築と社会』（昭和八年六月号）に掲載された。原題の「於ける」を平仮名に直した。同号は「新興建築」の特集を組んでいる。この文章に対して村野はコメントし、「作家は自分のことについて語らない。ましてや人前で講演などということは、非常に苦手であるが、若い頃はやったようである」と書いている。

これはブルーノ・タウト来日を記念して開いた新興建築講演会の内容を載せたもので、次のような解説がついている。

「新興建築講演会」。この大講演会はブルーノ・タウト氏の来朝を機として本会主催の下に五月十日、朝日会館において開催されたもので、聴衆、館に溢れるの盛会であった。

そして、他の講師としては竹腰健造「開会の辞」、中西六郎「映画〝現代フランス〟の解説」、中尾保「日本に帰れ」、瀧沢真弓「神話より空想へ」、ブルーノ・タウト「日本建築と西洋建築との関係に就ての第一印象」、池田実「閉会の辞」であった。

村野の文末に（拍手）とあるのは、その日の講演会記録だからである。また同号には、口絵に「ブルノ・タウト氏夫妻」のほか、タウトの主要作品などが掲載されている。

タウトは、この講演会の中で「私は日本へ参りましてから、まだ数日に過ませぬので」といっている。タウトが初めて天草丸で日本（敦賀）に着いたのが、昭和八年五月三日である。そして京都の桂離宮などをすぐ見て、十日にこの講演会に臨んでいるから、初来日から一週間目ということになる。タウトはこの日の講演会について、『日本　タウトの日記』の中で次のように書いている。

講演者は四人、最後に私が幻灯付きで殿りをつとめる。会場は満員で聴衆は約二千名ぐらい、多数の学生が聴講していた、効果は悪くなさそうだ。司会者松岡氏は開催の辞で、ジュネーブではヨーロッパ人は日本を理解していないが、タウト氏はよくこの国を理解しているといった。

タウトは昭和八年三月、ナチス政権成立の直前ベルリンを脱出。日本インターナショナル建築会の招待により、スイス、フランス、イタリア、ギリシャ、トルコ、ソ連を経由して日本にきた。そして三年半の日本滞留を終えて、昭和十一年十月十五日、関釜連絡船で朝鮮に渡り、中国、ソ連を経てトルコにいき、それから二年後の昭和十三年十二月、そこで客死した。

タウトの生涯および建築的活動は、タウトの日本滞在の半ば以上を過ごした高崎時代の弟子である水原徳言が詳細にまとめている（ただし、まだ刊行されていない）。それは従来あったタウト像を、大きく転換させるものである。

この文章は、のちに『近代建築学発達史』に再録された。それに対する村野の補註は、本書にある通りである。

木とファンタジー

『建築と社会』（昭和九年三月号）に掲載された。文末に（九、二、二十六）とある。同号は「新しい建築の傾向」を特集に組んでいて、新名種夫「新建築様式の完成と堕落」、棚橋諒「新しい建築は空へと伸び行く」などがある。

第二章　建築を語る（2）

建築の場合

『新建築』（昭和二十一年二月号）に掲載された。この文章に対して村野は、次のようにコメントした。

「しかし読んでみて、戦後五年目に書いたことは、今日と多少のくい違いはあっても興味があります。あまり長文なので、書物の性質上、どうかと思いますが、私としては、やはりそれまでに勉強したものとして残したいし、いま読んでも読み応えがあります。一部のカットはよいとして、惜しまれます。また別に註記しておりますので、これは細字でいいから、後段に入れてくだされば幸甚、ご配慮ください。私としては、学問的にも、理念的にも多少の未熟はあるが、今日の都市学の先駆をなすとも思えるし、「様式の上にあれ」、タウトの時の講演（「日本における折衷主義建築の功禍」）にも匹敵するものと思います。最初の部分のカットは相談のうえ、カットしてもよいと思います」。

同文には、冒頭に次のような文章が、村野自身によってつけられている。

下記は、座談会の席上筆者の試みたる談片で、これに多少筆を加え、主として市街地の建築について書いたものである。首尾一貫を欠くが話題の性質上、やむを得ない。

『新建築』は昭和二十一年一月号を戦後復刊第一号として、西山夘三「新日本の住宅建設――都市再建と住宅政策の展開に資する基礎的研究」を全一冊で特集しており、この二月号は復刊第二号である。村野がコメントで書いているように、この文章は村野にとって〝様式の上にあれ」や「日本における折衷主義建築の功禍」にも匹敵するもの〟というだけに、戦時中の逼塞状況からぬけ出し、新たな展開に向け踏み出そうとした、その実感があったのだろう。

その復刊第二号には、村野の文章のほかに棚橋諒「都市・都市計画その他」、吉田信武「戦災都市の復興に資して」、「都市再建を語る座談会」、「大阪市復興計画に対する一試案」があるが、実質的には村野の文章で構成されている。この中の「座談会」を見ると、ここで話された内容が村野および吉田、そして「一試案」としてまとめられたことがわかる。例えば「座談会」の中に「そこで都心の高層化という問題に村野氏が特異の論を進める」とある。この座談会は、昭和二十年十一月六日、竹葉亭で行われたもので、出席者は村野のほかに大阪府建築課長堀井啓次、同都市計画課吉田信武、大阪商大経済研究所平実、同山中謙二、大阪市建築部長伊藤和夫、同都市計画課長高津俊久、京大営繕課長西山夘三、新建築社吉岡保五郎である。

審査

『建築雑誌』（昭和二十三年八月号）に掲載された。同号には「広島平和記念カトリック聖堂競技設計案」が掲載されている。同コンペは、戦後公開コンペの先駆けとなったもので、昭和二十三年三月に募集規定が出された。審査員は、堀口捨己、今井兼次、村野藤吾、吉田鉄郎、ドイツ人建築家グロッパ・イグナチオ神父らである。その結果、二等に井上一典と丹下健三、三等に前川国男、菊竹清訓などが入選したが、一等当選なしということで論議を呼んだ。

近江栄『建築設計競技』（昭和六十一年十二月刊　鹿島出版会）によると、このコンペをプロデュースしたのは「自らカトリックの信者であった早大教授・今井兼次」であった。一等当選該当者なしに対して、岸田日出刀は「一等必選」（『建築雑誌』昭和二十三年七月号）を書いて批判した。

これらの動きに対して近江は「だが不可解なのは、審査員の一人であった村野藤吾が、カトリック教会より単独で指名依頼され、完成させたことである。（略）コンペの審査会が一等該当案なしとし、後に審査員の一人が担当するというのは、やはりコンペ本来の姿ではなく、後味の悪い結果を招くことになった」と書いている。

一等当選案なしについて、村野の「審査」とともに、「審査所感」を書いた今井兼次は「然し審査員は互いに同位のうちから検討と採決により首位を定めようとしたが、最後の総評に於いて実施案として余りにも遠いと云う意見となり教会側の見解も同じ観点に置かれた」と書いている。また堀口捨己は「内輪話」で「この一等案が出来なかったのも、宗教家の好みが、私共と隔たりが有り過ぎたからであった」と書いている。

その後、教会側からの依頼で村野が設計し、昭和三十年度日本建築学会賞を受賞した。それについては、「聖堂の建築」（本書第三章に収録）、「建築家十話」の中の「聖堂の建築」、「建築いまむかし」の中の「広島の平和記念聖堂」（以上、本書第五章に収録）で触れている。

この経緯については、今井兼次が「建築界の光芒」（『建築雑誌』昭和四十三年二月号）で次のように書いている。

広島の記念聖堂の実施設計を担当された先生の心境、それには秘話とも言える経緯の物語りがあります。清純にして高潔な先生の人間像が、そこに浮彫られているからです。広島の原爆にて被災され奇蹟的に死をまぬかれたラサール神父さまが、世界から浄財を集め平和記念聖堂の建設を発願され、コンクール案を募りましたが実施の良案が得られないまま時のすぎゆく頃のことでした。憂慮のあまり、神父さまは村野先生宅に伺い実施設計の依頼を申し出られました。先生は静かに耳を傾けられた後、「神父さまのお言葉を光栄あるものとして頂戴いたしますが、実施設計はひきうけ兼ねます」と固辞されました。困惑する神父さまをお気毒に察せられた先生は「それでは、私が最も尊敬いたしております立派な建築家長谷部鋭吉先生を御紹介推挙申し上げましょう」。直ぐ近くにお住まいの長谷部先生宅に神父さまを同導下さいました。長谷部先生との面接後神父さまは、熟考の末、静養中の長谷部先生をお見うけしたところでは、まだお身体を使うほどの御健康のようでなく、設計上のことで交渉の御足労も叶えず、現場指導もお願いし兼ねますから、更に村野先生の翻意を得たいと再三根気よく交渉が続けられました。悲願達成に燃えたつ神父さまの哀願に先生の胸中が貫かれたのでありましょう。「皆さんの御支援と御指導とにおすがりできますならば、この大業をつとめいたしてみましょう」との先生最後の言葉が神父さまに漸く伝えられたのでありました。

その長谷部鋭吉については、スギ夫人が次のように話している。

よく長谷部先生のお宅でごいっしょに絵を習っていました。日本画でした。あれは戦争後でしたか。長谷部先生の所へ絵の先生に来ていただいて、週に一回墨絵を教わっておりました。春蘭とか竹の絵を好んで画いていたようです。この地に移転してきましたのも、長谷部先生を慕って……ということもございました。静かでとてもいい建築家だから、僕もああいう先生のもとで勉強したいというのが主人の意向でした。

これについて村野は座談会「長谷部鋭吉とその周辺を回顧する」（『建築と社会』昭和三十六年三月号）で「私は長谷部さんと、戦争中南画を交代で自宅にその先生を呼んで習ったんですが、実に楽しかった。ただこちらは戦時中で、先生にご馳走をするものがなくて困った」と話している。

村野を違った角度でみるには、この建築家長谷部の生き方をみていく必要がありそうだ。昭和八年五月、長谷部とともに長谷部竹腰建築事務所を創立し、実務的部分を担当した竹腰健三は、長谷部について「私は、長谷部さんを明治、大正、昭和の三代を通じてのもっとも優れた芸術的な建築家であったと思う。またそれにもまして、もっとも立派な人間であったと敬慕している。神が理想とした完全人をもとめたら、長谷部さんのような人であったろうとさえ思われる」と書いている。長谷部は戦後、カトリック教徒となっている。昭和三十五年十月死去した。

村野が生涯、師と呼んだ建築家は渡辺節と、この長谷部鋭吉ではなかったか。しかし、この二人の建築家の生き方は、大きく異なっているように思える。

晩年、村野は受洗しクリスチャン（洗礼名、アッシジのフランシスコ）となるが、その時の神父がフーゴー・ラサール（後に昭和二十三年、日本に帰化し愛宮真備となる）であり、同聖堂はラサール神父の発想で建設が企画されたものである。

また、この建築の建設経緯については、石丸紀興『世界平和記念聖堂──広島にみる村野藤吾の建築』（昭和六十三年八月刊　相模書房）が詳しい。ここで石丸は、このコンペについて一章を設け（第三章「記念聖堂の設計」）詳しく触れている。と同時に、同書はすぐれた村野藤吾論となっている。

ノイトラ的・ライト的

『建築と社会』（昭和二十七年七月号）に掲載された。なお同文の最後に、村野の次のような註釈がつけられている。

この原稿は旅行中に書き上げたもので、記録、年代、その他について誤りがあるかも知れません。幸いに読者の叱正を得れば幸甚です。

同号は、リヒアルト・ノイトラ来日を特集に近い形で組んでいる。したがって口絵にもノイトラの主要作品が載っている。ノイトラは昭和五年三月に初めて来日した。同号の上野伊三郎「ノイトラ氏を迎えて」によれば、「ノイトラ氏はウィーン生まれでリチ（解題筆者註、上野夫人のこと）と同郷であり、年齢も筆者と同じ」であり、今回の訪日は三度目であり、関西へは二度目だという。

それを記念して昭和二十七年五月九日、朝日新聞大阪本社講堂で講演会を開いたもので、同号にはノイトラの講演要旨「自然に帰れ」が掲載されている。

欧米建築の変遷

『建築と社会』（昭和二十九年七月号）に掲載された。これは鼎談であり、出席者は岡橋作太郎（日建設計工務）、小川正（竹中工務店設計部）、中野順次郎（大阪市教育委員会）、飯田精次郎（編集委員）である。なお冒頭に、次のような解説がつけられている。

（おことわり）上記の見出し（解題筆者註、文中の小見出しのこと）は、編集者で読みやすいようにつけさせていただきました。一連の見事な座談ですから、勝手に目次をつけたことをおことわりいたします。また不行き届きから、掲載のおくれました点、深くお詫びいたします。村野先生がこれだけ建築について語られたこともめずらしいと思いますので、本号は貴重なものとなりました。

これを見ると、村野は当時、あまり話さなかったものと思われる。

ソビエト建築を語る

『建築と社会』（昭和三十年四月号）に掲載された。原題の「ソヴェト」を「ソビエト」に直した。同号は、「劇場」を特集していて、村野の「近鉄会館」や「近畿映画劇場」が口絵で載っている。

この文章は、サブタイトルに「村野藤吾氏を囲んで」とある座談会である。出席者は、笹川季夫（大成建設大阪支店設計課長）、薬袋公明（日建設計工務部設計部）、田中良太郎（大阪市立大学理工学部教授）、小林武夫（大林組設計課長）、角田栄（近畿地方建設局課長）、司会が浦辺鎮太郎（編集委員）である。

冒頭に次のような文章が、つけられている。

ソヴェト建築は種々な問題を内包しているが、この座談会では、それが設計者の立場から取り上げられた。当初は村野、中西両先生の対談の形式で企画されたところ、中西六郎氏のやむをえない急用のため、結果的には村野藤吾氏を囲んでの座談会となった。ここにソヴェト建築の解釈についての方向が、歴史的にも、また現実の問題としても、見出されつつあることを慧眼なる読者は感じられるであろう。

そして、「当日参照した資料名」として、次のものがあげられている。

АРХИТЕКТУР А СССР 1953.1 より 1953.12 まで

СОВЕТСКАЯ А РХИТЕКТУРА 1953.4

Russland

『現代建築学の基礎』ヤコブ・チェルニホフ　玉村春夫訳

『現代建築学の基礎』については、本書「チェルニホフの翻訳出版について」(第一章に収録)で触れられている。

さらに文中の囲みに「余聞」として、浦辺氏が次のような文章を書いている。

村野先生の建築に対する打ち込み振りは、いまさらことあらためて申しあげるまでもないことである。この座談会が終わってしばらくしてから、お葉書をいただいた。「私の古いノートに書いたものを思い出したので、清書してお送りしましょう」との趣のものである。——その後、先生の多忙と風邪のために、これは本号にまにあい兼ねるかも知れないが、またその後、ある会合で次のごときお話があった。

「一九二七、八年頃のソヴェトの状態は、宮本百合子の『道標』に詳しく書かれているからお読みになるといいでしょう。私は先日の座談会で一つ大切なことを忘れておった。この国には商業のないことで、大衆の消費を通じて力が出てこない。それらの表れが、あの建築になるのではないかと感じたから、ちょっと追加しておきます」。

また同号の「編集後記」には「なおソヴェト建築に対する関心が高まっているおりから、村野先生を囲んでの座談会記事も面白いものになった」とあるが、当時、そうした状況があったと思われる。

建築美を探る八章

『国際建築』(昭和三十年四月号)に掲載された。板垣鷹穂との対談である。同号には「世界平和記念聖堂」「近映会館」の作品が、同時に掲載されている。

対談の中に「世界平和記念聖堂への品物による主な寄贈者・製作者一覧」の表組みがあり、村野はこれについて補註で「重要につき、ぜひ入れること」としたが、ここではなく「聖堂の建築」(本書第三章に収録)に入れた。

またこの号には、白井晟一の「原爆堂・案」や大江宏の「法政大学55年館」などがのっている。

色雑観※

『建築雑誌』(昭和三十三年五月号)に掲載された。同文は村野未確認だが、判断して、今回入れた。同号は「色彩」を特集に組んでいて、村野の文章は「色彩雑感」の中に、芦原義信、生田勉、大江宏、岡本太郎、亀倉雄策、桑沢洋子、黒沢涼之助、小坂秀雄、田口三郎、広瀬鎌二、吉田五十八、渡辺紳一郎などの文章とともに入れられている。

村野の「雑観」について触れると、元来、この言葉は辞書にはない。しかし本書二章「都市雑観」にもあるように、村野はこの言葉を使っている。村野のいわんとする意味はわかる。造語と思われるので、今回はそのまま使用した。

しのびよるロマンティシズム

『建築と社会』（昭和三十五年七月号）に掲載された。村野は解題筆者への手紙（昭和四十八年二月八日）で、この文章は「ぜひ採用願いたい」と書いている。

同号は「第七回青年建築家」を特集に組んでいるが、同文は特別寄稿となっている。そして「編集後記」には、次のように書かれている。

「しのびよるロマンティシズム」は村野先生がアメリカで感銘をうけられたハンコックビルについての感想文である。このビルの設計者は三十八歳と聞く。年齢からいっても青年建築家特集にもふさわしかろうということで、とくにこの号にのせていただいたが、その反響やいかに。

都市雑観

『朝日新聞』（昭和四十一年一月十五日、十六日、十八日〜二十日）に掲載された。この文章に対して村野はコメントで、「以下の文章もあまりつめないで、ゆっくり組んで下さい」とある。新聞記者の聞き書きではなく、村野自身の自筆草稿が残っている。

人とふれあう建築

『新建築』（昭和四十一年五月号）に掲載された。同号は「住宅」を特集に組んでいる。この文章は、その中の「住宅を語る」に入っていて、「聞く人　篠原一男」となっており、篠原によるインタビューである。ほかには堀口捨己「住宅における伝統のおもみ」、山口文象「プランニングにおける思想性」、坂倉準三「住宅と都市と環境」が、それぞれ対談形式で掲載されている。

編集者への返事

『国際建築』（昭和四十二年五月号）に掲載された。同文は「帝国ホテル――近代建築の命運」のもとにアンケートされたもので、「私はこう考える」に収録された。

同アンケートには、次のような解説が編集者によってつけられている。

このテーマの意図は巻頭に誌したとおりであり、全体はアンケートおよびその総括としての問題提起から成る。アンケートをお願いした方々は次のとおり（ABC順）。天野太郎、藤井正一郎、樋口清、犬丸徹三、浜口隆一、伊藤ていじ、川添登、神代雄一郎、槇文彦、前川国男、村松貞次郎、村野藤吾、小川正、大原総一郎、A・レイモンド、坂倉準三、平良敬一、坪井善勝、内田祥哉、山本学治の各氏。回答にもとづいて編集者と横山正氏とで話しあった結果、横山正氏に諸見解の整理と、読者とともに考えるうえでの問題提起とを、氏独自の立場でまとめていただいた。限られた範囲の資料であるとしても、これらが差しせまった事態の解明と打開とに、すこしでも役立つことを期待したい。編集者

文中、「巻頭に誌したとおり」とあるのは「帝国ホテル――近代建築の命運」と題された小文で、帝国ホテル取り壊しの動きに対して多くの人たちからの意見を聞き、誌面を通じて読者とともに考える機会をもつ、というものである。

横山のまとめは「近代建築の評価と都市空間の構造的把握――帝国ホテルが提起する問題」として書かれている。回答を通覧すると今回の取り壊しでは全般的にあきらめの姿勢が強いとのべている。

そこで回答を集約して書いているが、この村野の回答自体には触れていない。

数寄屋造り

『ひろば』(昭和四十三年二月号)に掲載された。同文は、西沢文隆との対談で、(特別企画、とき/67・12・18 ところ/クラブ関西)となっていて、次のような解説がつけられている。

昨年、クラブ関西で行われた村野藤吾氏と西沢文隆氏の対談は、その一部を本誌一月号に抄録したが、ここにその全容を収録することになった。両氏の〝数寄屋〟をめぐる対話の妙味をじっくり味わっていただきたい。ひろば編集部

その一月号には、新春対談として当時『ひろば』編集委員長をしていた西沢との対談が抄録されている。

ディテールについて※

『ディテール』(昭和四十九年四月号)に掲載された。同文は、村野未確認だが、判断して、今回入れた。

この文章には、具体的なディテールとして「戎橋プランタン」や「日本ルーテル神学大学」などが掲載されているが、その選択が村野によるものかどうかは不明である。ただ村野は解題筆者への手紙(昭和四十七年十二月二十八日)で、この建物について、次のように書いている。

「小能林氏の評論については、拙作ルーテルの場合に拝読したことがあり、その時の感じとしては、建物自体のこともさることながら、作品を通じて著者の意見がうかがわれたことが感銘深く残っております。評論というより、これは、立派な創作であり、戦後の評論家タイプからは別な型の評論だと思います」。

ここでいわれている小能林の評論とは、「〝意味された〟世界について――ルーテル神学大学を通じて」で、同文は小能林宏城『建築について』(昭和四十七年十一月刊 相模書房)に収録されている。

村野の文章は、特集I「私の好きなディテール」に収録されているもので、(談話。文責・カットの選択/編集部)となっている。ほかには吉阪隆正「〝木〟のマーク」、大江宏「装飾」、谷口吉郎「ミースのディテール」、西沢文隆「息づくもの」などがある。

同号の特集IIは「ディテールの変遷とその背景――明治から現代へ」、特集IIIは「住宅のディテール/清家清+デザインシステム」となっている。

建築をつくること(原題 建築デザインについての証言'76)※

『建築と社会』(昭和五十一年一月号)に掲載された。同文は村野未確認だが、判断して、今回入れた。アンケートに答えたもので、(談・文責編集)とあり、カットとしてベンチに坐っている村野の写真一点(キャプションは、サンフランシスコのキャナリーにて)が添えられている。

タリアセンの印象

『毎日新聞』(昭和五十二年一月四日)に掲載された。サブタイトルが「F・L・ライトの工房を訪ねて」である。文末に(五十一年度毎日芸術賞受賞者 建築家・文化勲章受章者)とある。村野は「小山敬三美術館」で五十一年度毎日芸術賞を受賞しているので、その記念という意味もあると思われる。「小山美術館」については、「人と人とのむすびつき」(本書第四章に収録)で書いている。

建築と装飾※

『伊奈レポート』第十二号（昭和五十二年十月刊）に掲載された。同文は村野未確認だが、判断して、今回入れた。神代雄一郎との対談である。『伊奈レポート』は伊奈製陶のPR誌だが、現在は社名がINAXに変わったため、『INAXレポート』となっている。

私の感銘を受けた本※

『建築雑誌』（昭和五十三年十月号）に掲載された。同文は村野未確認だが、判断して、今回入れた。これは「私の感銘を受けた図書・1」に収録されたものである。執筆依頼のテーマは①感銘を受けた図書・論文について。②現職業における基礎をつくるのに、特に役にたった建築図書・論文について。③専門分野において、後輩にすすめたい図書・論文について――とある。

ここに収録されたのは、ほかには横山不学、海老原一郎、吉阪隆正、大崎順彦、堀口捨己、西沢文隆など、二十八名である。

建築教育考※

『建築雑誌』（昭和五十四年七月号）に掲載された。同文は村野未確認だが、判断して、今回入れた。同号は、主集「建築（家）教育の可能性」を組んでいるが、村野の文章は巻頭言となっている。そのほかには、「座談会　建築家教育はどうあるべきか」磯崎新、宇野英隆、大江宏、近江栄。「建築学科への適性と入学試験」、「建築教育と建築士制度」、「外国における建築教育の実態」などとなっている。

社会的芸術としての建築をつくるために※

『新建築』（昭和五十五年一月号）に掲載された。同文は村野未確認だが、判断して、今回入れた。「巻頭言／状況への直言」に書いたものである。文末に（聞き手・文責／長谷川堯）とある。したがって、文中の（　）は、長谷川の補足と思われる。また文中、村野が「この前『建築雑誌』の中に書いた私の原稿」というのは、「建築教育考」（本書第二章に収録）のことである。

また同号には、ほかに篠原一男と槇文彦の対談「一九七〇年代から一九八〇年代へ」が載っている。

自然との調和が大切※

『日本経済新聞』（昭和五十七年一月十七日、日曜版）に掲載された。同文は村野未確認だが、判断して、今回入れた。このシリーズのサブタイトルは「ズバリ本題」で、ゲスト村野藤吾、ホスト東山魁夷とあり、対談である。

文末に、編集者のものと思われる「サイドテーブル」というコラム欄があり、次のように書いている。

九十歳を超える高齢とはとても思えないかくしゃくさ。物静かな語り口調の中にもき然とした姿勢がのぞく。いまでも建築現場の高いところを登ったり、下りたりするという村野さん。この日も建築中の高輪プリンスホテルからかけつけていただいた。かつて作家の井上靖さんは村野さんに接して初めて「きれい寂び」（さびの中にある若々しさ、おだやかさ）という言語を具体的なイメージとしてつかまえることができたと書いた。その村野さんに東山さんが美しく年を重ねる秘けつを聞いた。「ぜいたくをしないこと、それに毎日二百メートルぐらい走ること、ゴルフのクラブを振ることが私の健康法です」と村野さん。建築界最長老の活躍はまだまだ続くだろう。

豊多摩監獄※

『新建築』（昭和五十八年三月号）「私の建築印象」欄に掲載された。文末に（談）とある。同文は村野未確認だが、判断して、今回入れた。

豊多摩監獄はのちの中野刑務所で、後藤慶二の設計。大正四年竣工。煉瓦造、地上二階建。しかし昭和五十八年三月末、取り壊された。

村野は後藤慶二について、「近代建築の歩みを聞く」のなかで学生時代のことに触れながら、次のようにいっている。

後藤慶二さんに製図をみてもらったこと、内藤先生が留学中は後藤さんが鉄筋コンクリートの講義をされていましたが、非常にむつかしくて応用ができないので、卒業してから阿部美樹志さんの本で勉強しました。本当に風貌も良かったが優しい人柄で、『ホトトギス』の表紙のアザミの美しかったこと、こんな人が鉄筋コンクリートを教えられるとは思えない人でしたが、豊多摩監獄の鉄骨トラスの美しい構造をみてダヴィンチのような人だと思ったことをいまだに覚えています。

これは『建築雑誌』（昭和五十二年四月号）の「創立九十周年記念講演会〝近代建築の歩みを聞く〟」のなかでの村野の発言の一部である。同講演会は山口広、平井聖、長谷川堯の司会で、村野のほかには森田慶一、谷口吉郎、浦辺鎮太郎、大江宏が答えて　いる。

第三章　作品を語る

設計について

『建築と社会』（昭和二十六年七月号）に掲載された。文頭に（談）とある。その経緯は、編集委員が次のような解説を書いていることでわかる。

この月の雑誌はホテル特集で、しかも期せずして村野藤吾氏の近作によってのみ編集されることになった。ついては同氏にご執筆をお願いしたが、ご多忙でいただけないので、私が同氏にお目にかかり、お話をうかがい、沖田編集員がその要点を筆記し、それを私が自由に編集してできたのがこの稿である。なおこの稿は村野氏のご校閲は経てない。したがって文中に村野氏のお考えと違う点があれば、それはすべて筆記ならびに編集した者の責任である。また村野氏のお言葉のニュアンスに遠い文章であるかも知れないが、その点も村野氏および読者諸氏にお許しをお願いする。

（編集委員白石博三）

そのためか、村野は補註を書く第一回目の作業では「この文はやめたい。内容の書き方もあまりパッとしません」としたが第二回目の時は、補註および註を書いたので、今回収録した。

この文章は、村野が戦後、自作について触れて書いた最初のものである。

同号は「ホテル特集」で、「志摩観光ホテル」と「ホテルマルエイ」（註、なぜかカタカナの表記になっている）が口絵に載せられている。文章としては、村野のほかに施主、施工者が書いている。この建築については、後年、「志摩観光ホテル　創建の頃、前後」（本書第三章に収録）に書いている。

志摩観光ホテル　創建の頃、前後※

『浜木綿』（昭和五十四年十二月刊）に掲載された。同文は村野未確認だが、判断して、今回入れた。自筆草稿の題名は「生れいづるよろこび」である。「浜木綿」は、志摩観光ホテル創立三十周年記念号として出された同社の社内報で、佐伯勇会長、七里三郎社長のほか、特別寄稿として村野のほか、山崎豊子「わが作品のふるさと」が載っている。

百貨店・丸栄

『建築雑誌』（昭和二十九年七月号）に掲載された。同文は、昭和二十八年度日本建築学会賞受賞に際して書かれたものである。村野は補註および註の作業で、サブタイトルとして「受賞雑感」とつけた。と同時に「作品について」ともつけたが、今回はそちらはとらなかった。

この建物は村野が建築学会賞を受けた最初の作品である。村野は生涯、この作品のほかに「世界平和記念聖堂」（昭和三十年度）と「日本生命日比谷ビル」（昭和三十九年度）でも学会賞を受賞している。

この時の他の作品賞は「愛媛県民館」（丹下健三）、「大阪厚生年金病院」（山田守）だった。

聖堂の建築

『建築雑誌』（昭和三十一年六月号）に掲載された。「世界平和記念聖堂」により、昭和三十年度日本建築学会賞受賞に際して書かれたものである。村野は補註および註の作業で、サブタイトルとして「受賞雑感」とつけた。

この時の他の受賞作品は「国際文化会館」（坂倉準三・前川国男・吉村順三共同設計）だった。

大阪新歌舞伎座

『国際建築』（昭和三十四年二月号）に掲載された。この文章の掲載にあたって村野は、「作品を入れて説明としてならよいと思う」「外観は良いのがないので出す写真見せて下さい」としたが、今回は写真を入れなかった。また文末にコメントし、「鬼瓦の作者は、あとから知らせます」とあったが、そのままに終わった。

同号には菊竹清訓の「海上都市」が載っている。

日生を語る

『新建築』（昭和三十九年一月号）に掲載された。「日本生命日比谷ビル」設計に際してのもので、浜口隆一との対談である。

同号には、吉村順三の「宮殿基本設計計画」が載っている。

「日生」については、『建築文化』（昭和三十九年一月号）に「村野さんと一問一答」（文責／編集部）があるが、村野はそれに対して「この座談もパッとしない。この座談は浜口さんとの座談にゆずり、割愛して下さい」とコメントしたので、それは今回入れなかった。

日本生命日比谷ビル

『建築雑誌』（昭和四十年八月号）に掲載された。サブタイトルに「地的環境と表現」とある。昭和三十九年度日本建築学会賞受賞に際して書かれたものである。村野は掲載に際して「浜口さんとの座談（解題筆者註、「日生を語る」のこと）と重複しないように離して編集すること」とコメントしたが、今回は続けて入れた。

この時の他の受賞作品は「倉敷国際ホテル」（浦辺鎮太郎）、「大石寺」（横山公男）、「東海道新幹線旅客駅」（福岡博次他）、「南山大学」（アントニン・レーモンド）と、また特別賞として「オリンピック代々木競技場および駒沢公園の企画設計ならびに監理」（岸田日出刀他）だった。

光と肌理

『建築文化』（昭和四十一年八月号）に掲載された。「千代田生命本社ビル」設計に際し、『建築文化』編集部とのインタビュー形式で行われたもので、文末に（文責／編集部）とある。サブタイトル「千代田生命本社ビルの設計について」は、後年、補註および註の作業の時に村野がつけたもの。

この号の「編集後記」には「特にこの作品を一つのエポックとして巷間でいわれている氏へのデザインへのさまざまな評価を、光に象徴される自然と建築との融合と、そこへアプローチするための手法としてのテクスチュアとフォルムの結晶として受けとめた。（略）すべて一つの哲学からアプローチされていることが、この作品を見つめることによってわかる」とある。

宝塚カトリック教会

『建築と社会』（昭和四十二年二月号）に掲載された。村野はコメントで「作品の写真を入れて説明書きとして編集のこと」としたが、今回はスケッチを入れた。

西宮トラピスチヌ修道院

『建築と社会』（昭和四十四年九月号）に掲載された。村野はコメントで、「一般に作品の説明書は、場所や時にこだわらず、一定しないので、文章の点景として小さく入れること」「写真を入れて、その説明として文章を入れること」としたが、今回はスケッチを入れた。

同修道院は、村野の死去に際して密葬が行われたところである。

湖畔の四季

『箱根樹木園』の案内パンフレットに書かれたものである。サブタイトル「箱根樹木園記」は、村野が後年、補註および註の作業のおりにつけた。パンフレットには「開園日　昭和四十六年六月二十九日」とあるので、書いた時期も、その頃かと思われる。同パンフレットには、ほかに茅誠司「箱根の植物」、木原均「樹木園の誘い」が書いている。

建物名は「箱根樹木園休息所」である。ＲＣ造地下一階、地上一階建。この建築については、福田晴虔が『村野藤吾』（「現代日本建築家全集２」　昭和四十七年二月刊　三一書房）の中で、次のように書いている。

これは村野の最近作であるが、この老大家の豊かなファンタジーを伝える佳品ということができる。箱根の原生林のただ中のこの建物は、この樹木園をつくった西武グループの創設者、堤氏を記念する意味も兼ねて、園内の休息施設としてつくられた。ここは自動車は一切アプローチできず、一キロ以上の道のりを歩くか、芦ノ湖から船でいくというようなまったくの自然的な環境で、これ以外には人工的施設もほとんど設けられていない。おそらくこうした自然環境が、このカメルーンの原住民住居を想わせるようなスタイルを村野に思いつかせたものと思われるが、そのなかに、思いもかけないような優雅なイマージュが展開されているのである。

村野は補註で「写真を入れてもよい。よい写真があります」としたが、今回はスケッチのみとした。

迎賓館の改修に思う

『公共建築』（昭和四十七年十二月号）に掲載された。文頭で村野は「付記」として、「以下、私の談話について付記したい」とあるので、この文章は談話をまとめたことがわかる。同号では村野のほかに、建築設計および設備設計担当者が書いている。

附記

以下、私の談話について付記したい。

私は建設当局の指名により、本計画の実施についてお手伝いをしているに過ぎません。設計上の方針については、既に主務省において計画済みであり、また建設委員会において承認されたものであります。

村野が建設省に迎賓館改修を依頼されたのは、昭和四十二年九月二十三日である。この経緯については、田中孝『続 物語・建設省営繕史の群像1』(平成三年三月刊 日刊建設通信新聞社)に詳しい。そこで田中は、次のように書いている。

昭和四十二年九月二十三日。建築家村野藤吾氏にとって、この日は、二重三重に記憶に残る一日だった。その一つは、この日、建築家として、最高の栄誉に輝く文化勲章を授与されたこと。そして、旧赤坂離宮改修による迎賓館建設について、建設省から求められていた、指導協力の依頼に対して正式に承諾の意を伝えたのも、同じこの日のことである。

その依頼について、田中は同書のなかで、小場晴夫建設省営繕局長が村野・森建築事務所を訪ねて突然の申し出をした時、村野は「ためらうことなく、〝承知しました。光栄です〟と答えたと書いている。

したがって、村野のこの文章は、迎賓館改修の依頼を受けて三カ月ほど経った時のものである。

同号は、「記念施設」を特集に組んでいて、ほかに谷口吉郎「藤村記念堂の思い出」、丹下健三「戦没学徒を記念する広場」などがある。

建築的遺産の継承※

『建築雑誌』(昭和四十九年一月号)に掲載された。同文は村野未確認だが、判断して、今回入れた。サブタイトルに「村野藤吾先生にきく」とあり、インタビュー形式で「きき手 長谷川尭・水谷穎介氏」とある。

迎賓館赤坂離宮の改装について※

『銀行倶楽部』(昭和四十九年七月号)に掲載された。同文は村野未確認だが、判断して、今回入れた。同号は『銀行倶楽部』第二百号記念特集で、村野の文章は「談話室」に載った。ほかに稲垣栄三「銀行倶楽部の建築を大切にしよう」などがある。

迎賓館の職人たち※

『出光』(昭和五十年五月号)に掲載された。村野未確認だが、判断して、今回入れた。同号の「心のふるさと②」に載った。

村野は迎賓館についての文章を、談話も含め、七編書いている。「設計期間を通算すれば七年にわたる長期の仕事であった」(「迎賓館改装記」)というだけに、書きたいこと、話したいことが多くあったのだろう。そのなかで、今回は三編のみを収録した。それは少しずつ、文意にダブリがあるため取捨選択したからである。しかし、そうはいっても、そのなかには村野独特のものの見方が出されている。おりがあれば、ぜひ読んでほしいものである。そこで、ここではそれらの主要な点のみを、収録することにした。

本書に収録した文章のほかの三編は、「伝統と現代の調和」(『毎日グラフ』昭和四十九年一月六日号)、「演出をしただけです」(『毎日グラフ』昭和四十九年四月二十八日号)、「迎賓館改装記」(『迎賓館 赤坂離宮』昭和五十年十一月刊 毎日新聞社)である。このうち前二者は、文末に(談)とあるから、談話をあとで編集者がまとめたことがわかる。「伝統と現代の調和」は、筆者名は村野藤吾の自筆サインとなっている。また「演出をしただけです」の文頭には、編集者のものと思われる次の解説がついている。

〝なるべく地味にお願いしますよ、私は演出をやったにすぎませんから〟この言葉を何回もくり返した。工事の六年間、現場での細かい指図に当たり、無事に竣工、ホッとした安堵感と愛着の気持との入りまじる中で淡々と……。

「伝統と現代の調和を」の中では、庭園について次のようにいっている。

> そのほか後ろのほうに流れをつくり、散策の道をつけております。建物は西洋風ですが、そのへんはやや日本風で西洋と日本とのチャンポンみたいですが、私はいわゆるイングリッシュ・ガーデンというようなものを頭に描いているわけです。ベルサイユ宮殿のトリアノンのそばの小トリアノン（マリー・アントワネットで有名な建物）などは樹が茂っていて非常にいい。迎賓館も樹をできるだけ多くし、茂みの中で流れがあればいいのですが、そのへんなかなか思いどおりにはなりませんけど。

また「演出をしただけです」の中では、「この仕事にかかる前、昭和四十三年にベルサイユのトリアノンなど外国の迎賓館を視察にまいりました」とし、出来上がったあとについて次のようにいっている。

> あとは一つ、可愛がってやってほしいと思います。氏より育ちですから。私は建物を生んだだけのことで、あと育ちをよくしてもらわないと品が備わりません。あとほどよくなるように……。少しは生み方が悪かったかもしれませんが、育ちのほうでうまくやってほしいと思っています。まあ建築家なんて乳母みたいなものですね。育てている間は自分の子どものように心配しますが、親元へ渡してしまうとうまくいっているかなとハラハラする。私は乳母に育っていますから乳母の気持はよくわかるのですが、いまは何か放したくないような……。気分はそんなもんですよ。だから乳母の心理と同じことじゃないでしょうか。

さらに「迎賓館改装記」では、次のように書いている。

> 宮殿建築を迎賓館に改装するということは、抽象的には人間的な空間の考え方を変えることを意味し、技術的には昭和時代の改装だから昭和時代が反映されることも自然であろう。とはいえなにぶんにも文化財的な由緒ある建物なので、改装に慎重を期することはもちろんだが、新しい用途のためには昔のままというわけにもいかず、材料や手法などの点からも復元は不可能な面もあり、事実、建築本体はもとより、室内装飾にいたるまで軽重の差はあってもほとんど全面的に補修や改装が行われた部分もあり、外構や庭園なども変更したり新しくなったところもある。なかんずく室内の装飾やたたずまいなどは旧態にこだわらず、材料も色彩などもずっと明るくして、新しい時代と用途にそうような結果となった。

『迎賓館　赤坂離宮』は監修・解説が迎賓館　撮影が渡辺義雄による写真集で、村野のほかには谷口吉郎「和風の意匠」が載っているが、村野は自分の文章の収録については、?をつけた。

ベルサイユ宮殿のトリアノンについては、村野は解題筆者との打合せ（昭和四十八年四月）では、「トリアノン日記（ベルサイユ日記）を書いてあるので、そこから抜粋して使いたい。それは人生のはかなさというものを感ずるからだ」といった。しかし、その後、その作業はやられないままに終わった。ただ、本書四九三頁にトリアノンについての村野の散文詩的なメモを載せた。これを見ると、「人生のはかなさ」とはマリー・アントワネットの人生を通してということがわかる。

迎賓館の設備について、少し触れておく。迎賓館は片山東熊の設計で明治四十一年に竣工した。しかし、その後明治年間につくられた建築の多くは、設備に関しては改修されていて、当時の状況を知ることができないが、迎賓館は宮内庁所管ということもあって、大部分の設備が竣工当時の状態を保っていた。そこで村野による改修にともなって、建築設備機器の多くが撤去されることになった。これを受けて日本建築学会では設備分科会のなかに赤坂離宮建築設備小委員会を設け、調査を行った。調査期間は昭和四十四年七月から十一月までである。その調査結果が『建築雑誌』昭和四十六年十一月号、十二月号に「旧赤坂離宮建築設備調査報告」として掲載されている。設備機器を技術史的にとらえるということでは、興味深い報告書である。また空気調和・衛生工学会編著『空気調和・衛生設備技術史』（平成三年四月刊）もこのことに触れており、いずれも建築デザインとは違った意味で、迎賓館については参考になる。

松寿荘の建築について※

『松寿荘』（昭和五十八年六月刊　新建築社）に掲載された。村野未確認だが、判断して、今回入れた。サブタイトルに「出光佐三記念館」とあり、同館の作品集である。同書は限定本となって四桁まで番号が打てるようになっているが、何部の限定本なのか、その部数は明記してない。

第四章　人を語る――

追憶二つ

『早稲田建築学報』第十八号（昭和十七年八月号）に掲載された。同号は、「佐藤功一先生追悼特集号」となっていて、村野名のところに（第六回卒）とある。

安井先生

『建築と社会』（昭和三十年八月号）に掲載された。村野はコメントで「追憶」とした。

同号は、「安井武雄特集号」を組んでいて、安井の主要作品「大阪ガスビルディング」、「大連税関長官宅」「大阪クラブ」などを載せている。文章としては、長谷部鋭吉「安井君」などがある。安井は昭和三十年五月死去した。

創設期の建築科教室と佐藤武夫博士（原題　ワセダの建築科）

『佐藤武夫作品集』（昭和三十八年三月刊　佐藤武夫作品集刊行委員会編　相模書房）に掲載された。題名変更は、村野による。村野はコメントで「この文は出しても出さなくてもよいと思います」としたが、文章に手を入れたので、今回入れた。

同書の冒頭には「世の慣習にしたがい、建築家佐藤武夫が還暦に達したのを祝福し、その記念に作品集をつくって、これを贈る」とある。村野のほかに岸田日出刀、菊竹清訓、蔵田周忠、斎藤寅郎、武基雄、戸田順之助、山口文象、柳亮、山内壮夫、そして佐藤自身の文章が掲載されている。

佐藤武夫博士

『建築雑誌』（昭和四十七年七月号）に掲載された。村野はコメントで「この文章は創設期の建築科教室と佐藤武夫博士」（本書第四章に収録）および佐藤武夫博士を語っている文章と重複しないように載せるなら、離して編集して下さい」としたが、今回は続けて収録した。

「佐藤武夫先生を悼む」では、村野のほかに石井聖光、近江栄、清家清、武基雄、遠山静雄、村松貞次郎、吉阪隆正、吉武泰水が書いている。

「友」

『新建築』（昭和三十九年十二月号）に掲載された。同号は「朝倉文夫の彫刻」を小特集にしていて、村野の文章にはカットとして「関西大学校庭におかれた〝友〟」が載っている。そのためか村野はコメントで、「関西大学の写真はあります」としたが、今回は載せなかった。ほかに田近憲三「日本が生んだ彫刻の巨匠朝倉文夫」がある。

村野は補註で岡田信一郎夫人となった芸者の萬竜について書いているが、こういった状況については、井上章一『美人論』（平成三年一月刊　リブロポート）が詳しい。

最後の椅子

『中橋武一』（昭和四十一年八月刊）に掲載された。村野は解題筆者への手紙で（昭和四十八年九月十二日）で、この文章について「私としては、わりに〝しっとり〟とした文章になったと思ってあえてご高覧に供しました」と書いている。

同書は、編集兼発行者が大阪建物内中橋武一氏追懐録編纂委員会となっていて、非売品である。「凡例」には「装幀については、村野藤吾先生を煩わしました」とある。村野は補註で「中橋さんとは大阪商船（現在の商船三井）の創立者であり」と書いたが、正確には四代目社長である。村野は昭和十六年に「中橋武一氏邸」を設計している。村野のほかに建築家では、竹腰健造「中橋君を偲ぶ」がある。

渡辺節先生の死（原題　渡辺節氏逝去）

『新建築』（昭和四十二年三月号）に掲載された。題名変更は、村野による。同号の「しんけんちく・にゅうす」欄に載った。

渡辺事務所における修業時代

『建築家　渡辺節』（昭和四十四年八月刊）に掲載された。同書は、大阪府建築士会渡辺節追悼誌刊行実行委員会編になるもので、非売品である。同文の冒頭に「この原稿は当編集委員が村野氏と対談形式で行なったものを編集の都合で整理したものです。対談は三時間近くに及び、この他海外旅行での渡辺先生の配慮のこと、料理のことなど尽きせぬお話が次々と出ましたが、これも編集の都合で割愛しましたことをお断り申しておきます」とある。

このためか村野は同文について最初の補註作業で、「渡辺先生のことについては書けばきりがありませんが、他にも出ていますので、あまり重複するものはやめてはどうでしょうか」とし、次の作業で「この文章は重複するからやめたい」「内容としては若い建築家、建築を勉強しようとする人にはためになるようですが、少し低級な感じなのでやめては？　一度、坂本先生（解題筆者註　坂本勝比古のこと）の意見を聞くことにしたい」としたが、判断し、今回入れた。

また同書には各界からの「弔辞」があり、村野も「渡辺建築事務所旧所員代表　村野藤吾」として読んだものを掲載しているが、村野は後年のチェックで「この文章は、不要？」の指示をしたため、今回は載せなかった。さらに同書の口絵には、「事務所にて　村野藤吾氏と　昭和二年」というキャプションの写真が掲載されている。渡辺が坐って正面を向き、その傍らで村野が立って図面を見ているものである。

追　憶

『内藤多仲博士の業績』（昭和四十二年三月刊　「内藤多仲博士の業績」刊行委員会編　鹿島出版会）に掲載された。村野はコメントで「追憶」とした。

同書の冒頭に「内藤多仲博士が　齢すでに八十を越えられ　今日も矍鑠として活躍されていることを寿ぎかつ記念し　その偉大なる足跡をこの書にまとめて博士に献ずる」とある。巻頭文に、村松貞次郎「内藤多仲——日本近代史上の業績とその人柄」があるほか、「内藤多仲博士を語る」では、村野のほかに森井健介、武藤清、那須信治、大浜信泉、斎藤正直が書いている。

内藤先生の思い出（原題　内藤先生）

『建築雑誌』（昭和四十五年十二月号）に掲載された。題名変更は、村野による。村野はコメントで「〃内藤先生〃（本書第四章に収録）と重複するので、ずっと離して組みたい」としたが、今回は続けて収録した。また文中の「渡辺（節先生のこと）という人は、……」から文章の最後「……だけは安泰であった」までを、「この部分が重要である」とコメントした。逆に内藤は村野について、「その頃(解題筆者註　大正九年頃）事務所には村野藤吾君が在って設計方面は同氏が信頼され専ら我々との折衝にも当たられておった」（『建築家渡辺節』）と書いている。

「内藤多仲先生を悼む」の中には、村野のほかに内田祥哉、森井健介、武藤清、佐藤武夫、鶴田明、村松貞次郎、高杉造酒太郎、小堀鐸二が書いている。

機智と克明の今和次郎学

『今和次郎全集』（昭和四十六年一月刊　今和次郎集刊行会編　ドメス出版）の刊行案内パンフレットに掲載された。村野は、「今和次郎集の出版に寄す」とサブタイトルをつけたが、今回は原題のまとした。また文章の組み方についても「この文章も一ページだけに限って編集して下さい。前後に余白を置く感じ。前掲の文（解題筆者註「坂倉準三先生」のこと）と同じ」とコメントした。

パンフレットには、ほかに有賀喜左衛門、家永三郎、大沼淳、田辺泰、東畑精一、浜田庄一、松本清張、和歌森太郎が書いている。同全集は全九巻である。

坂倉準三先生（原題　無題）

『新建築』（昭和四十四年十月号）に掲載された。同号の「坂倉準三氏を悼む」に載ったもので、題名がなかったので、文中の「先生」をとって「坂倉準三先生」とした。村野はコメントで「この文章は他の文と続けないで、ずっと間（余白）を置いて——例えば一ページ位に一文といった具合にして下さい」と書いた。

このほかには、前川国男、松田軍平、伊藤滋、吉村順三、吉阪隆正、浜口隆一が書いている。坂倉は昭和四十四年九月一日、心筋梗塞で死去。享年六十八歳。

岸田先生

『岸田日出刀』（昭和四十七年三月刊　岸田日出刀先生記念出版事業会編　相模書房）に掲載された。限定五百部、非売品である。同書は（上）（下）の二巻本が一つの箱に入ったもので、（上）は岸田の学位論文「欧州近代建築史論」と「オットー・ワグナー」が、(下)が作品やエッセイ、それに関係者の「追憶」などである。「追憶」には、村野のほかに藤島亥治郎、関野克、浦辺鎮太郎、菊竹清訓などが書いている。また前川国男「動物の顔と人間の顔」もある。

優れた話術、伊藤先生を懐う

『伊藤さんを偲ぶ』（昭和四十七年十二月刊　伊藤滋氏追悼録刊行会編）に掲載された。同書は太田和夫を発行者として出されたもので、芦原義信、前川国男、松本与作、山下寿郎、吉田五十八など、一九八人もの人が追悼を書いている。

“なつめ”吉岡氏を語る※

『新建築』（昭和四十九年十月臨時増刊号）に掲載された。村野未確認だが、判断して、今回入れた。自筆草稿では、題名は「なつめ」だった。同号は、新建築社創業五十周年特別号である。

吉田流

『新建築』（昭和四十九年五月号）に掲載された。同号の「吉田五十八氏逝く」には、ほかに谷口吉郎、前田健二郎、吉村順三、清家清が書いている。吉田は昭和四十九年三月二十四日、結腸癌で死去、享年七十九歳。

吉田五十八氏の作品作風

『建築士』（昭和四十九年十月号）に掲載された。同号は吉田の追悼号ではないが、追悼のために依頼されて書いたものだろう。

吉田流私見

『建築雑誌』（昭和五十年三月号）に掲載された。「吉田五十八先生の一周忌を迎えて」はサブタイトルではなかったが、今回つけた。吉田への追悼文である。同号の「ニュースレター」欄に載ったものである。

温故知新※

『吉田五十八作品集』（昭和五十二年三月刊　吉田五十八作品集編集委員会編　新建築社）に掲載された。村野未確認だが、判断して、今回入れた。サブタイトルの「吉田五十八作品集に寄せて」は、今回つけたもの。村野のほかに、谷口吉郎「生涯を貫く作風」、「解説」山本学治、論文「吉田五十八」（伊藤ていじ）がある。

同書は、非売品（限定三十部）、限定五百部とある。また昭和五十五年には判型を小さくし、写真数を減らして改訂版とし、定価をつけて販売された。吉田の作品集は、昭和二十四年に目黒書店から出されたものがある。

人と人との結びつき※

『小山敬三』（昭和五十二年十一月刊）に掲載された。サブタイトルの「小山敬三先生」は、今回つけたもの。同書は、「アサヒグラフ別冊美術特集　日本編10」である。村野未確認だが、判断して、今回入れた。自筆草稿の題名は「小山先生」である。村野のほかには、谷川徹三、入江相政、井出孫六が書いている。

大沢一郎先生の講義※

『空気調和・衛生工学』（昭和五十三年十一月号）に掲載された。文末に（昭和五十三・八・二　原稿受理）とある。村野未確認だが、判断して、今回入れた。

同号は、特集で「わが国の設備教育の歴史――大沢・桜井両先生を中心として」を組んでおり、村野の文章は「私の受けた設備教育」の中のものである。ほかには、山越邦彦、前田敏男などが書いている。大沢との関係については、村野の文章の通りだが、同号の「大沢一郎先生の足跡」には、次のように書かれている。

大正五年九月、建築学科助教授ならびに早稲田工手学校講師を拝命している。（略）幸いにして、大正七年に建築学科を卒業された村野藤吾先生（早苗会、六回卒業）がその当時の大沢先生の講義ノートを保存されており、これを拝見することができた。これは大沢先生の講義としては第二回目（二年目）に当たるもので、村野先生のノートは極めて克明に筆記されており、大沢先生の口述そのまま筆記されたもののようである。このノートから見ると、大沢先生の最初の講義は英語の使用が極めて多く、術語のみならず演習問題とその解答も全部英語で、またこれが誤りがないスペルで筆記されている。

このノートについて、穂積信夫は「一冊のノート」（『建築雑誌』昭和六十年二月号）で、それが「早稲田大学の教室に大切に保管している」とし、そのノートは「二五〇頁あまり」のものであると書いている。

線に詩趣あり※

『谷口吉郎作品集』（昭和五十六年二月刊　谷口吉郎作品集刊行委員会編　淡交社）に掲載された。村野未確認だが、判断して、今回入れた。サブタイトルの「谷口吉郎作品集に寄せて」は、今回つけたもの。村野の文章は「序文」として書かれた。「あとがき」で谷口の長子、吉生が次のように書いている。「序文を寄せられた村野藤吾氏は、父の先輩にあたる建築家であり、氏からは、今までもいろいろとご助力を受けている」。谷口は昭和五十四年死去、享年七十五歳。

谷口先生※

『建築雑誌』（昭和五十四年四月号）に掲載された。村野未確認だが、判断して、今回入れた。同号は、谷口吉郎を追悼していて、「谷口吉郎先生を偲ぶ」のなかで書かれたものである。村野のほかには、青木志郎「藤村記念堂のころ」、市浦健「谷口君の憶い出」、清家清「小林先生にお茶を差上げなさい」、野田宇太郎「〝茶の書の会〟のころ」がある。

また村野の文中の『雪あかり日記』は、第一版が東京堂（昭和二十二年）、第二版が雪華社（昭和四十二年）、第三版が中央公論美術出版（昭和五十五年）から出ている。

今里さんの建築について思う※

『杉山隆建築作品集』（昭和五十七年八月刊　杉山隆建築設計事務所）に掲載された。村野未確認だが、判断して、今回入れた。今里の旧姓が杉山である。同書には、今里隆「いま、私の仕事をふりかえって」がある。村野が吉田五十八や谷口吉郎などのような建築家以外の建築家の作品集、それも自主出版のものに文章を書いたのは異例である。杉山によると、義父、今里広記を通じて原稿依頼をしてもらったが、村野は逡巡した結果、数年かかって脱稿したという。

第五章　自己を語る

卒業当時のこと（原題　無題）

『建築と社会』（昭和三十二年一月号）に掲載された。村野はコメントで、この文章は「やめることにしたい？」とあったが、判断して、今回入れた。これはアンケートに答えたものである。タイトルは「戦前・戦中・戦後と世代を異にする建築家は学窓を出たときに何を考えていたか」で、戦前前期――竹腰健造、村野藤吾、瀧沢真弓、戦前後期――東畑謙三、鴻池藤一、小川正、戦中――足立孝、光安義光、戦後――菊竹清訓、羽藤文男、薬袋公明が、それぞれが回答している。

アンケートは、①卒業当時、感銘をうけられた建築、その感銘について。②卒業当時、感銘をうけられた書籍、その感銘について。

③当時、お考えになられた将来の抱負・夢などについて、である。

アンケート②の中で、村野は「有島武郎の小説のほとんど全部を愛読」と答えているように、自分の著作集のイメージを「有島武郎の本のように」と解題筆者に語っている。

同号は、特集に「歴史」を組んでいる。

建築家の人間形成（原題　日本の最後のARCHITECT）

『SPACE MODULATOR』（昭和三十五年一月号）に掲載された。今回、題名を変更した。同文は、浦辺鎮太郎によるインタビュー形式で行われたものである。冒頭に、浦辺の次の解説がついている。

人類の最も古い職業であるARCHITECT（建築家）は、資本主義経済に対応して、今日、Director Designer Engineer Draftmanに分解されつつある。ARCHITECTの名誉ある全体性を最後まで失わない人——真の意味で独立している職業人、謙虚に自己を語らなかった人に面接した二時間の記録。一九五九年十二月一日　村野先生の仕事部屋にて　浦辺鎮太郎記

したがって、文末には（文責は従って一切私にあります。浦辺）とある。

長谷川堯とは別の意味で、建築家としていろいろな側面にわたって、つねに村野を敬愛し、際立たせてきた浦辺は、平成三年六月八日、急性心不全で死去、享年八十二歳。

想いだすことども

『新建築』（昭和三十六年一月号）に掲載された。同文は、インタビュー形式で行われたものである。したがって、文末に（文責記者）となっている。村野が補註で、「一九三〇年のロシア旅行について、新建築社発行の佐々木宏博士との対談」というのは、佐々木宏編著『近代建築の目撃者』のことである。

同号には、吉田五十八の「大和文華館」が載っている。

設計態度（原題　鼎談・村野藤吾の設計態度）

『近代建築』（昭和三十九年一月号）に掲載された。題名変更は、村野による。サブタイトルも「空間に生命を——現代建築は創造する」とあったが、それも村野の指示で削除した。村野はコメントで「この座談会のなかにはいく度も出てくるところがありますから、その辺は重複するところを途中で省略したい」「森五の写真は座談会の必要部分に小さく入れてもよいと思います。あまり長いので読む方があきてしまいますので、写真を入れて（よい印刷にしてほしい）、いきつきながら続くようにして下さい。この座談会は長すぎるので、他と重複するところは省略し、また文章のレイアウトにも各章にもいきつけるようにして下さい」としたが、今回は写真は入れなかった。

鼎談の相手は、浦辺鎮太郎と西沢文隆である。ただ、この座談会はよく整理されていないところがあったので、今回、文意を変えずに少し整理した。

文末に（十一月二十七日朝日シンポジウム「空間に生命を——現代建築は創造する」より）とある。十一月とは、昭和三十八年十一月と思われる。

「編集後記」には、大阪朝日生命ホールで行われ、題名は「作家の立場」だったとして「ご承知のように村野藤吾氏がこのように公開の席で物をいうということはいまだかつてないことであり、その内容は教えられるところが多分にある」とし、また「筆者が関西大学の取材のため村野藤吾氏と関大にいったとき、意識して前記のハイコストのことをのべたら、氏曰く〝私は、世間から誤解をうけているようだがローコストの工場をやれといわれれば、十分にそれな

りの自信をもっている〟」とのべている。

同号は「村野藤吾の作品」を特集に組んでいる。

建築家十話

『毎日新聞』(昭和三十九年三月二十一日、二十二日、二十四日、二十六日〜二十九日、三十一日、四月一日、二日)に掲載された。

この十話のうち、一、売り家と二、普請往来は村野自邸に関するものである。自邸については、本書収録の「建築いまむかし」の中の「住宅普請のこと」でも触れている。さらに自邸については、『建築と社会』(昭和二十九年十一月号)に掲載されている。同号は「建築家の住宅」を特集に組んでおり、長谷部鋭吉邸、東畑謙三郎邸、竹腰健造邸、安井武雄邸、村田次郎邸、増田友也邸、佐藤重夫邸が、それぞれ本人によって解説されているが、村野邸だけは浦辺鎮太郎のインタビュー形式の文章になっている。

村野は補註および註の作業で、掲載必要、不要の写真および図面の指示をしたが、今回は平面図のみを掲載した。

また村野はコメントで「この文章も一頁ずつ、また一区切り毎に区切って間をおいて編集して下さい。以下、十話まで同様の編集でゆっくり読めるようにして下さい」としたが、今回、各話とも続けて入れた。十話の次に「日生ビル」を書き加えるかについて解題筆者と打合せたが、結局やめにした。
九、建築への関心の中で、「このほどあるラジオの対談で」とあるが、それがどこかはっきりしない。ただ、村野は昭和三十五年五月にラジオ対談をやっているから、もしかすると、そのことかも知れない。それは「語り手　村野藤吾、聴き手　幸田文　武基雄」となっていて、のちに「明暗と孤独を好む建築家」と題して『建築夜話』(昭和三十七年九月刊　日刊建設通信社)に収録された。
この中で村野は自身の生まれのことから、成長し、早稲田大学建築学科へ、そして渡辺節建築事務所に入り、そして独立。さらには建築のことなどを話している。後年、村野はこういったことをよく話すようになるが、これらについて話したものでは、これが最初ではないかと思われる。村野六十九歳の時で、したがって、ここで話されていることは、かなり正鵠ではないかと思われる。

この時の「村野藤吾氏略歴」によると、早稲田大学建築学科卒業は大正七年六月、渡辺建築事務所入所が大正七年七月、独立して村野建築事務所開設が昭和四年十二月、そして昭和二十四年に村野・森建築事務所に改称となっている。これらの年号については、いろいろな説があるが、ここでのものが正しいのではと思われる。

先にも触れたが、村野が独立した日時はまちまちである。これまで昭和四年四月あるいは十月とする資料がある。どちらが正しいという確証はないが、『建築夜話』での略歴の方が信憑性があるように思われる。となると、昭和四年十二月である。

また卒業日時にも触れておくと、大正七年四月あるいは七月というのがある。しかし、これも『建築夜話』での略歴の方が正しいような気がする。六月に卒業し、七月に渡辺建築事務所に入所という方が自然だからである。ちなみに村野の卒業論文の提出期日は四月二十八日となっている。

わたくしの建築観

『建築年鑑』(昭和四十年十二月刊　宮内嘉久編集事務所　美術出版社)に掲載された。同年鑑「一九六五」の展望欄に載ったもので、巻頭言である。

村野はコメントで「このような長文でやや難解、しかし内容のあるもの以外は、短くして読めるものに編集すること」とした。

この文章の成り立ちについて、編集者は冒頭に次のように書いている。

この文章の成りたちは、はじめに編集者より筆者の村野藤吾氏に意図をお伝えし、まず筆者の口述を記録することにした。そのさい、浜口隆一氏をわずらわして、主たる聞き役になっていただいた。その記録を文章に直す仕事は、ACROの坂野長美氏の努力によるもので、その間、筆者より何回か補足訂正の覚え書きが寄せられた。こうして文章の形に整えられた原稿草案に、浜口氏および編集者が手を入れたものを最終原稿とした。村野藤吾氏は文書体の表現について、その仕上げを編集者に委託されて長期の旅行に赴かれたため、とくに細部に誤りがないかを惧れるとともに、文責はすべて編集者に帰することをお断りする次第である。編集者

これに対して村野はコメントで、「文中の註記およびこの文章（解題筆者註　編集者の文章のこと）を組み込むこと。前文として、また序文として」としたが、今回は、この解題に入れた。また註記について村野は「注意」として、「赤黒インキは両方とも続きます」とした。村野は本書収録の文章に、二度にわたって補註および註をつけたが、それを時に色の違ったインキおよびボールペンで一回目と二回目の違いがわかるように書いた。その違いのことを指していっているのである。

また註1に「三〇年にいよいよ渡辺先生の膝下を離れる」とあるのは、一九二九年（昭和四年）の誤りである。

建築いまむかし

『毎日新聞』（昭和四十二年十一月十一日、十二日、十四日～十九日、二十一日）に掲載された。九回連載で、インタビュー形式で行われたものである。聞き手は、永井正三（大阪本社編集局次長）である。文中、ゴチックのもの（例えば「唯物論的建築」）が、一回のテーマである。村野はコメントで、冒頭の「陛下との対談の部分は割愛のこと」としたが、判断して、今回そのままとした。このことについて村野は、解題筆者への手紙で二度、同様のことを書いている。二回目の「一冊の薄い本」につけた註2「ついに不祥事が起きて、私も責任を感じております」というのは、大学紛争時でのことをさしている。また八回目の「広島の平和記念聖堂」も「この文は〝建築家十話〟と重複するからやめたい？」とあったが、二回目の補註作業で手を入れたので、そのままとした。

註6で「私はなにかで書いたが」といっているのは、「いわゆる大谷石の庇に対する私の見方と帝国ホテルの感じ」（本書第一章に収録）と、「編集者への返事」（本書第二章に収録）だが、ここでの話では後者のものである。

黄菊白菊

『建築雑誌』（昭和四十三年二月号）に掲載された。昭和四十二年度文化勲章受章に際して書かれたものである。文末に（四十二・十二・十八）とある。受章理由は、次のように書かれている。

日本古来の建築美を装飾表現に生かした建築様式に、西欧古典様式を融合し、さらにその建築の中に絵画・彫刻・工芸など、多くの芸術表現を巧に交感させた設計を特徴としてすぐれた作品を発表し、後進の育成にも力をつくし、わが国建築界の発展に寄与した。

現住所　同上

本籍　兵庫県宝塚市米谷蔵座西一～一

同号には、ほかに今井兼次「建築界の光芒」、浦辺鎮太郎「村野先生の底辺」がある。

これに関連したものでは、「村野藤吾氏に聞く」（『新建築』昭和四十二年十月号　聞き手、斎藤寅郎）があるが、村野はコメントで「この文章は尻切れになっています。やめたい」としたので、今回は入れなかった。

受賞有感

『建築雑誌』（昭和四十七年八月号）に掲載された。昭和四十六年度日本建築学会大賞受賞に際して書かれたものである。

推薦理由は、次のようになっている。

村野藤吾君が長年にわたり建築家としてその一作ごとに投じてこられた創作的執念と精進になみなみならぬものがあります。森五ビル（昭和六年）、宇部市民館（同十二年）などで代表される昭和初期の画期的な建築創作にはじまり、ひきつづいて不断の彫琢の上に積み重ねられた作品の一つ一つは、ここ半世紀にわたる日本の建築史の一環を形づくる輝きとして現在にまで連なっている。建築をみつめるその真摯な姿勢は終始変わることなく、その分厚い成果を通じてひろく建築界へ及ぼした影響の幅と深さははかり知れない。

　昭和二十四年学会賞の制度ができてからは、「広島世界平和記念聖堂」その他の同君の作品に対して、二十八年度、三十年度、三十九年度の三回にわたり日本建築学会賞が贈られた。しかし、四十年度以降には、「極力重賞を避ける」建前となったため、あえて賞の対象外として見送らざるをえなかった優れた同君の作品がしばしば含まれたのであった。ことにここ三、四年来相前後して発表された「甲南女子高校」、「西宮トラピスチヌ修道院」、「日本ルーテル神学大学」などのなかに流れる一連の作風には、とくに今日の建築の実情のゆえに、改めて評価さるべき貴重な契機が共通してうかがわれる。最近作（昭和四十七年）「箱根樹木園」に至って、そのきびしい建築的志向とこれを裏付ける高度な建築的熟達は窮極の境地にまでたかめられつつあり、これは現代社会のなかで今後進むべき建築の動向に対し、重要な示唆と激励を与えるものとして高く評価せざるをえない。

　とくにこの点を重視し、この機会を選んで村野藤吾君の創作活動による建築界への長くかつ大いなる貢献に対し、日本建築学会大賞を贈ることにした。

村野はコメントで、この文章とともに掲載された顔写真の本書への掲載について、「ない方がよいと思う」としたので、今回は掲載しなかった。また文章の最後に、

　日暮れて道なお遠しの感深し

とあったが、村野はそれを削除するように指示した。

また、この文中、以下の箇所はやめるように指示した。それは次のような箇所である。

先般、日本建築家協会のお祝いの席上で、武基雄先生は次のように言われた。「村野は、これまで、これといって世評にのぼるような仕事もせず、懸賞などに当選したことも聞かない、ただ、自分の手に合った仕事を続けてきたまでのことである」というような意味の話をされた。まったくそのとおりである。もっとも、懸賞に応募したこともいくつかはあったが、多くは落選したし、世評にのぼるような仕事もいくつかはあった。大阪の新歌舞伎座や有楽町の読売会館（そごう）など悪評さくさくたるものであった。〝有楽町で逢ひましょう〟と映画の主題歌になったような建物なども、思わざる悪評を受けた。私なりに建築家としてのねらいはあったが、理解されなかったことは残念であった。まったく、未熟の致すところであると思う。しかし、何事も時が解決してくれ

るし、すべては過ぎ去ってゆく」。

この中で、「読売会館（そごう）など悪評さくさくたるものであった」と村野は書いているが、この建物の評価については、のちに「新建築問題」が起きることになる。その経緯は、次の通りである。

昭和三十二年八月号の『新建築』は、巻頭に村野の新作「読売会館」を載せた。批評は平良敬一が「まえがき」で、続いて神代雄一郎が、またアンケート「〈そごう〉をどうみる？」では鬼頭梓、林昌二などが書き、最後に「編集後記」で平良が再度書いた。これに対して、当時の「編集兼発行人」だった吉岡保五郎が「批評はするな」「村野大先生の顔に泥を塗るような出すぎた真似は許さん」ということで、当時の編集者四人、川添登（当時、病気休暇中だったという）、平良敬一、宮内嘉久、宮嶋圀雄が解雇となる。それに対して五期会が反対運動をしていくというものである。

ここでは五期会とはなにか、その建築家の集まりはなにをやったのか、そして「新建築問題」は、どのように収拾されていったのかなどについては触れない。この経緯については、宮内嘉久『少数派建築論』（昭和四十九年五月刊　井上書院）が詳しい。しかし大事なことは、そのきっかけが村野の「読売会館」の評価をめぐってだということである。わが国の近代建築はどんな過程を経てきたのか、特に戦後においてはどうであったのか。それは長い間、村野建築の評価をめぐって大きく揺れ動いてきた問題でもある。この「読売会館」での問題点は、丹下健三の、すでに取り壊されてしまった「東京都庁舎」との比較である。工事中で見ると「東京都庁舎」の「ストラクチュアは実に颯爽としていて、それだけでも優れた表現力をもち」、他方の「読売会館」は「全く逆で、見られたものではない」。ところが完成してみると「その姿は典雅とも華麗ともいわれる迫力ある美的統一が成就されている」（平良敬一）といい、この二人の作家の違いを論じている。これは、のちに長谷川尭が『神殿か獄舎か』で展開した一連の村野再評価、復活のテーマである。と同時に、それは戦後わが国建築のあり方を問う問題でもあったのである。また同号の『新建築』は、白井晟一「待庵の二畳」を掲載している。他方で、村野とは違った意味で孤高な建築家として存在した白井の代表的な文章である。

この時の学会賞は、篠原一男「〝未完の家〟以後の一連の住宅」と林昌二・矢野克巳「ポーラ五反田ビル」である。


大阪の建築界のこと（原題　村野藤吾先生と大阪）

『早稲田建築』№９（昭和四十八年五月）に掲載された。題名は、今回変更した。同文はインタビューで、したがって、文末に（文責／猪狩＋森）とある。

村野は解題筆者への手紙（昭和四十八年九月十二日）で、この文章について「文意に赤を加えるところがあり、また長いのでそれを短くしようと思って原稿はできましたが、多忙のため、かれこれ延びております」と書いている。しかし村野は二回目の補註および註の作業の時、全面的に赤および追加の文章を入れた。それが余りにも多いので、今回は一回目のものを定稿とした。

このインタビューの前文に、次のように書かれている。

二月十一日の建国記念日の午後、北大阪の宝塚市清荒神にある村野藤吾先生の閑静なお住居に伺った。民家を改装されたお宅の居間のいろりばたで、約二時間半にわたって、収録しきれぬ先生のエピソードをまじえ、貴重なお話の数々を座談形式でうかがった。インタビュアーは、大熊喜威（早苗34）、山崎泰孝（早苗35）、森英治（早苗37）および猪狩達夫（早苗34、記）の四人である。

八十一歳という高齢も全く感じさせないお元気さ、建築へのたゆまぬ情熱とそのきびしさに私ども一同は打たれ、身の引き締まる思いであった。それは実におだやかな早春の午後のひとときであった。

同号は「関西建築界の動き」を特集している。

建築家への道（原題　村野藤吾先生を囲んで）

『建築と社会』（昭和四十八年八月号）に掲載された。サブタイトルに「建築家に話を聞く会」とあり、出席者＝若い会員の集い小委員会委員　きき手＝福田晴虔　とき＝昭和四十八年二月二十四日ところ＝綿業クラブとある。したがって、文末に（文責・若い会員の集い小委員会）となっている。

仕事と年齢（原題　年をとらないと建築はできません）

『学生サロン』（昭和五十年一月号）に掲載された。題名変更は村野による。サブタイトルは「村野藤吾先生に聞く」である。武田礼仁との対談である。文末に（事務局）として、次のように書かれている。

本会では、かねて、日本建築大学講座にゆかりの深い村野藤吾先生に、親しく後進のご指導をいただく機会を待望していましたが、このたびご快諾を得て、設計製図指導教授武田礼仁先生との対談が実現いたしました。本講座開講十周年に当たる新年号で年頭を飾るにふさわしい記事をお贈りできることを至上の慶びに思います。

『学生サロン』は、企画・編集を日本建築士会連合会が、発行を日本建築文化事業協会が行った通信教育「日本建築大学講座」（昭和四十年十月開講）の機関誌で、昭和四十年に第一号が出た。

教えることは習うこと※

『建築雑誌』（昭和五十年十二月号）に掲載された。村野未確認だが、判断して、今回入れた。同号の主集は「私の受けた建築教育」で、「どのような学科目で学ばれたのか、製図や課題や実習の内容はどのようなものだったのか、卒業して役立ったのはどんな知識・技能だったのかなど、思い出される範囲で具体的に記して頂いた」の主旨で、アンケート形式で行われたものである。村野のほかには山下寿郎、小倉強、松田軍平、浅野清、田上義也など、三十五人が答えている。

ほかの主集記事では、近江栄「建築教育　明治・大正の歩み」、山口広「初等中等建築教育の歩み」などがある。

和風建築について（原題　あとがき）※

『村野藤吾和風建築集』（昭和五十三年五月刊　新建築社）に掲載された。題名は、今回変更した。村野未確認だが、判断して、今回入れた。全体は二回にわたって書かれたため、途中で（五十三・三・二十）とあり、終わりに（五十三・四・二十）とある。巻頭に井上靖「きれい寂び」が載っている。

村野の和風作品集としては、このほかに『松寿荘』（昭和五十八年刊　新建築社）、『村野藤吾——和風建築作品／詳細図集・1』（昭和六十一年刊）、同『詳細図集・2／ホテルの和風建築』（昭和六十一年刊　以上、建築資料研究社）、『三養荘』（平成三年刊　同朋舎）がある。なかでも「詳細図集・1」には、「建築家　村野藤吾／座談会　つれづれなるままに」があり、そこでは村野夫人の村野スギ、長子の村野漾が夫および父を語っている。

作品集および関連図書としては、『村野藤吾』（昭和四十七年刊三一書房）、『村野藤吾——一九二八～一九六三』（昭和五十八年刊）、

『村野藤吾――一九六四～一九七四』（昭和五十九年刊）、『村野藤吾――一九七五～一九八八』（平成三年刊　以上新建築社）、『村野藤吾　イメージと建築』（昭和六十年刊　新建築社）、『村野先生と私』（昭和六十一年刊　村野漾）がある。

わが建築青春記※

『建築雑誌』（昭和五十八年九月号）に掲載された。村野未確認だが、判断して、今回入れた。文末に（談・文責事務局）とある。題名は村野がつけたものでないが、そのままを今回使った。ほかにこの題名で書いているのは、今井兼次、谷重雄、武藤清、太田静六、二見秀雄など、三十七人である。

編集の経緯

「あとがき」を兼ねて、今回、著作集をつくるまでの経緯を、少し書いておくことにする。

解題筆者が村野に対して著作集をつくりたいと申し出たのは、昭和四十七年十二月である。当時、某出版社にいて故小能林宏城の初の建築評論集『建築について』を刊行した。そこに小能林が書いた村野の「日本ルーテル神学大学」の批評を収録したため、村野に寄贈したのである。この小能林の本についての村野の感想は、本書第二章「ディテールについて」の解題で紹介した。その時、村野から手紙でそれに対する返事がきた（以下、手紙は原文のまま）。

「私はあまり言ったり、話をしたりすることになれませんので、はたして御期待に添えるかどうか甚だ心もとなく存じて居ります。而し古いものも加へて、少し位はあるかも知れませんし、手持ちの日記や友人に送った手紙のうちにも幾分かはありませう」（昭和四十七年十二月二十八日）。

以後、昭和五十七年十一月二十八日付けの手紙まで、約三十通を超える封書による手紙と、その他ハガキにより、著作集刊行のための打合せが行われた。そして手紙と合わせて打合せが行われたのが、村野が昭和三十三年頃から常宿としていた赤坂プリンスホテルの旧館（旧李王邸）である。（ここでの生活ぶりは「先生のホテル暮し」『追悼文集　村野先生と私』昭和六十一年刊　村野漾　に詳しい）。

打合せの内容は、まず、これまで書いた文章のなかから収録すべきものを選ぶことだが、この間、村野は驚くべき記憶力を発揮し、以前に書いた文章で、収録のリストアップになかったものまで指摘した。こんな題名で、どこそこに書いたはずだがということで、それを解題筆者が探すと、多少の年代の違いはあっても、ほとんどが見つけることができた。今回の著作集に収録した文章には、これまで村野藤吾に関する著作の巻末につけられている文献目録にはないものが、比較的あるのは、そのためでもある。

この記憶力の確かさが、収録文章全般にわたってつけた村野自身による補註および註に、いかんなく表れている。

しかし著作集刊行の作業が、順調に進んでいったわけではない。手紙のやりとりだけでも、十年もかかっているのを見てもわかるように、この間、村野は著作集を出すことに大いに乗り気になりながら、他方でもっとも慎重を期したのである。

それまで何冊もの作品集を出していながら、著作集の刊行には気持が大きく揺れた。この辺りの状況は、手紙のなかによく出ている。その理由はよくわからないが、推測はできる。しかしその分析はこれから村野藤吾論を書く人にとって大事な課題の一つだから、ここではこれ以上は言及しない。

解題の冒頭にも書いたが、村野と解題筆者との取り決めでは、著作集への収録文章は「迎賓館」に関するものまでである。それは昭和四十九年から五十年にかけてだが、村野が昭和五十七年の手紙のなかでも、まだ著作集全体の構成について言及し、その結果作業が大幅に遅れたのは、この間の村野の事情からである。

一つは、「迎賓館」（昭和四十九年）の仕事が終わっても、翌年の「小山美術館」や「なだ万山茶花荘」（昭和五十一年）、「箱根プリンスホテル」（昭和五十三年）、「松寿荘」（昭和五十四年）、「宝塚市庁舎」（昭和五十五年）、「新高輪プリンスホテル」（昭和五十七年）などの設計に追われていたからである。

もう一つは、体力的なことである。村野は昭和五十七年六月、「新高輪プリンスホテル」の竣工後に白内障手術のために東京・四谷の桑原クリニックスに入院した。そして、その回復もつかのまに、今度は昭和五十八年二月に二度目の手術を神戸市の甲南病院でしている。

村野は手紙のなかで、眼の手術をしたことと仕事の多忙さが作業の遅れとしているが、それと併せて、やはり著作集を出すことに対する逡巡がふっきれなかったのである。

そこで少し煩雑になるが、手紙のなかから村野の気持の推移をみていくことにする。

「元来作家に明け暮れ致して居り不文でもあり全く自信がありませんので出版して御損をかけるようなことはありませんか、心配して居ります」（昭和四十八年一月）。「戦後最初に海外旅行の際、ストックホルムから今井兼次先生に出した手紙のことを覚えて居ります。若しかしたら先生の手元に残っているかも知れませんので、お借出来ないでせうか」（昭和四十八年二月）（解題筆者註　この手紙は『村野先生と私』のなかの今井兼次の文中に収録されている）。「その後忘れて居たところから少しばかり書いたものが雑誌や新聞に出たのが見つかりましたのでお届けして御覧になり然る可くご取捨下さいませんか。尚古いもので読み返して見ると恥ずかしいものがあり、主旨はよくて文章が悪かったりするものは多少手を加へたいと思ひますので宜敷お願いします」（昭和四十八年三月）。「私の方でまだ少し御考慮を願ひたいものがあり目下整理中ですが、多忙と言っても休養も必要で彼是れ遅れて居りますが暫時御猶予下さい。一生のうちに「本」を出すなど全く考へたこともありませんでしたが貴方の御努力で出版出来るのは思ひもうけぬ事ですが、どう考えても本が売れるかどうか、終局には出版元の御迷惑にならぬか心配です。文章も下手だし素人には勿論面白くなく専門家でもどうかと思ひますが如何でせう。次に出版するとしても、私の著作としては少し気が引けますので誰れか（貴方も含めて）第三者の名で出すようなことは如何でせう。お考え下さいませんか」（昭和四十八年三月）。「さて一通り読みました。出るとなれば責任があり、ものを書くことになれませんので文意を失はぬ点を考へて字句を修正したところがあります。此の頃は全く書くことを致しませんが、なかには、吾れながら文意の良否は別として納得の行くところもあり、よく書けたところもあり流石に四、五十年の歳の流れを感じました。尚又文によっては最後に註の形式で今日の私の考へを書き加へましたが。読後感とも申しませうし、又文意を補足したところもありますのでこれは是非細字でよいから採録して下さい。でないと、誤解をうけるところもあるし又書き加へることは読者にも私にも興味があると思ひます。今後書物を書くことはないと思ひます。大向ふ受けの如何を顧みず、書くことは書いて置きたい」（昭和四十八年四月）。「内容にもう一つ恥ずかしいことにならぬかと尻込みして居ります。作品はいくらかありますが書いたものはやはり記念として出したいとは思ひますがこの程度のもので出せるでせうか。それが一つ気になるところです。先日御手紙に添えて私のデュプロマを御送り下され覚えては居りますが、全く恥ずかしいものです。どうしてこんなものが出て居るか、原図は多分学校に保存されている筈だと思ひますが、全く今昔の感にたえません」(昭和四十八年四月)。「別に書きおろしとして〝ある日の村野藤吾〟を考へています」(昭和四十八年七月)。「文中誤字などもありますがあの原稿は所謂一冊の本として前に書いたことのあるもので私としては当時ひたむきに唯物論と建築のことを考へていた頃の思ひ出ともなりますので或いは幾分訂正して見たいとも思ひます。原稿の方ももう少し実のあるもので手元にあるものをさがして居ります」(昭和四十八年十二月)。「あの文章(解題筆者註　「チェルニホフの翻訳出版について」のこと)は文字の誤りもあり文章もよくないので恥ずかしく存じます。而し私に取ってはあの小さな本は建築家としての心の革命をもたらしたものとして記念す可きものでした。(略)むつかしい時代になりましたが、これでいよいよ戦後が終わって吾々にも原点に立ってものごとを考へる時になりその意味ではよかったとも思ひます」(昭和四十九年一月)。「迎賓館や興銀が終わりその後外遊、帰ってから雑用など重なり心ならずも失礼しました。(略)私の方はどんなものになるか恥ずかしいように思って居ります。先般外遊の際、永年に亘って観察して居りましたニューヨークの小さな街区(解題筆者註　ニューヨークのナッソーのことである)の調査資料が手に入りましたので、それを書いて見たいと考へて居ります。一つだけでもしっかりしたものを入れたいと思って居ります」(昭和四十九年九月)「拙書の出版につきては今以て自信なく、出しても御迷惑にならぬかと心配して居ります」(昭和四十九年十二月)。「いよいよとなれば今一度全体を読み直したいし、そのなかから除くものもあるかと思ひます」(昭和五十年二月)。「座談会記など短いものは別としてその他のエッセイ風のものは思考未熟なものや更に研究す可きものなども加へないと、後日悔いを残すことにもなり、出すなら少し考えたものにしたいと思って(略)そこで、私も時間に余裕をつけてと思いながら遂に延び延びになって申訳がありませんので、このままでは申訳ありませんので誰か然る可き人に依頼して貴方の方で集められた資料を整理したり更に訂正したり新しく、私の手元にあるものを纏めたりする人がありますのでその人に依頼して貴方の方と話し合ふことにしたらどうかと考へて居ります。(略)私も作品だけでなく書いたものを残したいと思ひますので何卒暫時御猶予下さい」(昭和五十年五月)。「拙稿取纏めのことで坂本勝比古博士にお願いしましたところ御引受していただくことになりましたので、今後どうしたらよいか、とにかく一応原稿全部先生の目を通し、専門家として、又読者としての立場、更に出版社や私自身の立場から一応の検討分類取捨等の必要があるかと存じますのでその点御打合わせをしたいと思って居ります」(昭和五十年六月)。「今以てあんなつまらないものを出してよいのか御迷惑になるのではないかと思って居ります。そこで戦中に書いたものを入れて見たらどうかと思ひましたが書庫の奥の方に家内が片づけたらしく一部は見つかりましたがあとが見つかりませんので至急見つけてからと思ひながら先日又風邪で寝込んで居ましたので延び延びになっています。どんなものを書いたかまだ読み返して見ませんが少しは内容のあるものではないかと思っていますので至急書庫から引き出して調べその上で、長谷川先生(解題筆者註　長谷川堯のこと)にも又、坂本先生にも御覧に入れて御意見を伺いたいと思ひます。(略)尚、私が早大の講義録に書いた建築の経済問題は(解題筆者註　「建築の経済問題」のこと)、今から見れば恥ずかしいところもありますので学会の論文集のなかにある部分を採用してはどうかとも思って居ります」（昭和五十年十一月）。「出版のことといつも気がかりで頭を去りません。なる可く御本意の如くしたいと思ひますが今一度原稿を一通り読み直して見たいので永くはかかりませんが暫時御猶予下さい」（昭和五十年二月）。「書いたものを公にするのは今度が初めての事とて慎重に考へるあまり坂本先生にも見て貰ったりして大事を取って、折角貴方の御好意が延び延びとなっていて定めし整理上御困りでせう。実は私も今一度目を通しなかには出したくないものもあるように考へられますし、又一般的な読みものとしての興味の点、又いくらか一般的な興味本位のものでなくても学問的に重要だと思わるる点或いは私の作品とのつながりのある思想上の点等大体三様の部類に分けて考へて、出来ればそのような編集方法も如何かと考へ（戦前、戦中、戦後）といふのも大体そうなるかと思ってのことで御座います。ただ戦中のものが私に取っては一番重要なので、それを探し集めていますが何分書庫を家内が整理したので、それを探すのに一仕事の為と興銀や迎賓館が終わり身辺が軽くなったので楽になったものと思ひましたが尚雑事に追われて以上のような事もあって、おくれています。ともかく早くしなければなりませんが今一度全編に目を通し又坂本先生にもお目にかかり御意見を伺いたいと思ひます。永くはかかりませんから暫時お待ち下さい」（昭和五十一年六月）。「小生一月末より入院のところ先月末退院し目下自宅で静養しています」（昭和五十二年三月）。「仕事の都合でその後進んで居りません。毎日原稿の顔を座右に置いて見ています。そんなに長くはかからぬと思ひますので暫時御猶予下さい」（昭和五十三年五月）。「論文の方は今一度通読したい」（昭和五十三年十二月）。「貴方の御手紙をいただくと借金しているような気持がして申しわけありません。彼是れ取紛れ気にかかりながらおくれています。原稿のこと、ほんやくのこと、次回にでも持参したいと思っています」（昭和五十四年九月）。「いつかは世評をうけて反省したく存ずる記事もあり彼是れ時間をかけて読み直した上に致し度く暫時御猶予下さい」（昭和五十六年一月）。「気がかりですがそのままにして有ります。実は自信がないからでもっとよく読んでこれならばと思ふところで御すすめに従ふことにしたいと存じて居ります」（昭和五十六年六月）。「貴方に手紙を出すと気がひけますがいつも念頭を去りません。最近過労の為眼を悪くして目下治療中ですが小日回復の予定です。その時は責めをはたしたいと思って居ります」（昭和五十七年三月）。「貴方の御手紙をいただくとうづ高く積まれた拙稿の資料を見て、頭痛の種です。人の前で話をすることたとえ旧稿でも整理となればそれなりの苦労があって私には苦手です。義理が重なっていますので是非書かせていただきます。他の理由は先頃来眼の手術をいたしまして不自由なことと、仕事の終わり目を見計らってといろいろの理由で遅くなっていることもあります」（昭和五十七年十一月）。

著作集刊行への気力の衰えは、そのことへの逡巡のふっきれなさが大きな原因だが、他方で、村野の作品歴をみるとわかるが、先にあげた昭和五十七年までの作品に次いで、「谷村美術館」（昭和五十八年）などといった最晩年の傑作の仕事に全精力を集中していたこと、そして昭和五十九年十一月二十六日の死去という体力的な限界もあったのである。

とはいえ、村野にとって初めての著作集への思いは熱く、つくるべき著作集へのイメージも、作業が進行するに従い、ほぼ確定していった。解題筆者との間で固まったイメージは、次の通りである。

装丁は白を基調にすること。そして活字を大きく組むこと。それは村野がかつて好きだった有島武郎の著書のようにである。さらに、できるならフランス装でペーパーナイフを使うようなものにすること。そして、もう一種類つくること。それは分冊にして、なるべく薄くし、安い定価の本にすること。それは学生や若い建築家に読んでもらいたいから、という考えからである。

村野のいわんとしたことは、簡潔にして要を得たイメージであり、指示である。本づくりに関わったことのある人ならば、村野のすべての文章を見なくとも、これだけで十分につくるべき著作集のイメージは形成できるだろう。

生いたちその他

最後に、これらは本来、解題筆者の仕事の範囲を少し逸脱することになるが、これまでの作業を通しての感想をいくつか書いておきたい。それは村野藤吾という稀有な、すぐれた建築家をこれまで以上に、理解することのヒントになるかも知れないという思いからである。いうまでもなく、それによって村野の建築の評価が下がるわけではない。むしろ、その逆だと思うし、そのことによって理解がより深められればと思うからでもある。

村野は昭和五十九年十一月二十六日午後八時三十二分、心筋梗塞のため兵庫県宝塚市清荒神の自宅で死去した。明治二十四年五月十五日の生まれだから、九十三歳と六カ月である。密葬は、同月二十八日午後二時から西宮市鷲林寺町の西宮トラピスチヌ修道院で行われた。喪主は長子の漾（よう）である。告別式は十二月十二日、大阪市の大阪カテドラル聖マリア大聖堂玉造教会で、葬儀委員長海老原一郎のもとに行われた。

今回、解題を書くにあたって可能な範囲の文章に目を通したが、村野の死だけに限らないが、わが国の建築ジャーナリズムはすぐれた建築家を悼むことにかけては、あまりにも冷淡すぎる。この無神経ともいえる冷淡さは、すぐれた建築家とともに自分たちが建築ジャーナリズム、あるいは建築ジャーナリストとして、ともに生きてきたという実感が欠如しているからではあるまいか。つまり自分たちのみが、この世界を構成し、指導してきたという思いがあるのではないか。

だとしたら、それは大きな過信だし、誤った自惚れにすぎない。わが国建築ジャーナリズムおよび建築ジャーナリストが、すぐれた建築家およびその建築の存在の前に、すぐれた活動を展開したことは、かつてもいまもない。すぐれた建築家の仕事を通してしか、活動してこれなかったといってよい。これは、わが国建築ジャーナリズムおよび建築ジャーナリストの、いまなおおかれている現実である。にもかかわらず、すぐれた建築家の死を遇するに、あまりにも無神経すぎるという思いが強い。

その建築家がすぐれているのか、そうでないのか。そのこと自体は、そのことを扱う建築ジャーナリズムおよび建築ジャーナリストの見識に関わるから、一概に是非は論じられない。だから、すぐれた建築家の死に関しても、そうだと思わなければ、その死すら黙殺し、あるいは批判していいのである。ところが、わが国の建築界にはその状況はない。つまり、そこに建築ジャーナリズムとしての〝意志〟がないのである。その結果、死者に対する思いのなさが出てくることになる。

すぐれた建築家がすぐれた他の建築家をよく見れたということは、例えば本書に収録した村野の書いた何編かの吉田五十八論がよくそのことを示している。あるいは、このことは他にも例証があるはずである。つまり、すぐれた者にしかすぐれたものは見れないということに尽きてしまう。

村野の死は、十一月二十六日という歳もおしつまった時だから、月刊誌だとすでに十二月号ですら、その死を伝える時間的な余裕はない。したがって、明けて昭和六十年一月号となるが、しかし、そこでの扱いは小さい。特に「二代にわたる厚情の絆」を受けたという『新建築』などは、わずか四頁にすぎない。『建築文化』は一頁である。そして村野にとっても、さまざまな意味で関わりの大きかった『建築と社会』が、一年遅れで（昭和六十年十一月号）村野特集を十数頁で組み追悼している。さらには、その前に『建築雑誌』が昭和六十年二月号で追悼している。ちなみにいえば、どういった基準があるのかわからないが、建築学会が『建築雑誌』を通して行うすぐれた建築家への追悼は、多少パターン化しているとはいえ、きちんとしたものである。

村野の死因は、心筋梗塞である。『建築雑誌』では心不全と書いてもいるが、死去した時に新聞社などに伝えられたのは心筋梗塞である。海老原一郎は村野夫人スギの話によるとして、その日、村野は夕方まで事務所で仕事をし、その帰途宝塚ホテルでスギ夫人と食事後帰宅、ちょっと気分が悪いとベッドに入りそのままに、と追悼文で書いている。また浦辺鎮太郎は、食後、〝少し寒い〟といったと書いている。

＊　＊

村野の九十三年六カ月の生涯をみていくと、わからないことが多いということを実感する。そのことを村野が明かさなかったというのではない。むしろ村野は晩年、さまざまなところで生い立ちについて書き、話している。それらの多くは本書に収録してある。多少の重複がありながらも、そして饒舌とまでいかないが、多くを語っている。本書の構成をみても、第五章「自己を語る」は多くの頁を占めている。

しかし不明なところが多いことの原因は、きちんとした村野の評伝がないことである。それは今後の課題だが、もうあっていい時期である。

現段階でいえば、肝心なところがわからない。この解題は村野論を展開するところではないから、あえて細かな調べはしなかったが、例えば村野を含んだ村野家の出自、早稲田大学に入るまでの過程、学生時代の生活、卒業とともに入った渡辺節建築事務所での仕事振り、そこでの渡辺節との関係、そして独立前後の様子、そこから戦中にかけての日常生活、戦後になっての何度かの欧米行き、晩年にクリスチャンとなった宗教との関わりあい、茶道のことなどである。

いずれも村野自身や周囲の人たちによる断片的なことは、伝えられている。ところが、それがいつのことで、どこのことかと追っていくと、まちまちであったり、不確かになってしまう。肝心なところが、わからないのである。そこで、それらのことで気づいた点をいくつか、メモ風に書いておくことにする。

村野個人については、村野自身の文章があるほか、特に出自については長子、漾の書いた『村野家の人々』がある。B5判三十頁ほどのものだが、貴重な記録である。全体の構成は、「第一章　村野藤吾の手記」「第二章〝手記〟に就いての後記」「第三章　祖父村野文吉と祖母チヨのことなど」「第四章　村野家の過去帳と菩提寺」「第五章　父から聞いた縁者のことなど」となっていて、まとめたのは昭和六十二年五月二十日記となっている。

漾は、その成り立ちを次のように書いている。

「村野家の人々」の記録をまとめることは、私の永年の思いであった。（略）一族の系譜を整える場合、ともすると過去を美化する傾向が見られるが、私は極力わずかな資料を元に、赤裸々に推理を働かせて行くつもりである。事実はそうではなかったかも知れないが、今となれば推理を働かせて語るしかない。

したがって、このメモワールは私的なものである。そのために、これは数人の人しか見ていない。解題筆者は幸いにも漾の好意で見ることができた。しかし推理を働かせて書いた部分があるので、公表されるとそれが定説になってしまう可能性があるため公表は控えるようにいわれた。しかし、なんとしても建築家村野藤吾を知るに、貴重なものである。そこで概略でもと思い、漾の校閲を受けて以下に紹介する。

村野の「手記」は約三千字ほどのもので、昭和五十八年五月七日、糸魚川の沢田美術館現場の帰途、富山の第一ホテルにてスギ同伴とある。村野は明治二十四年五月十五日生まれ（「手記」では、本当の誕生日は同年四月八日と書いている）だが、ここにはそれから十二歳になるまでが書かれている。村野の父、文吉は福岡県粕谷郡新宮村の出身で、永嶋文作、フユの長男として生まれた。永嶋家は代々魚問屋を営んでいた。文吉は長じて、下関の穀物問屋、村野屋に奉公。見込まれて一人娘、村野ユキの養子となり結婚。トク、カツの二女を生む。その後ユキは病気で死亡。後妻として広永チヨ（千代）と結婚する。

広永家は下関で代々庄屋を営み、家業は船問屋ということもあり、維新の動乱の雰囲気のなかにあった。チヨは末娘だが、美人で気位も高く「又山口に長兄が居たこともあって、当時の県令某(後に男爵)にかわいがられて明治十六年には県令一家の食客となって、二、三年は東京に滞在したこともある」。

文吉との間に生まれたのが、仲（ナカ）、トメ、藤吉（後の村野藤吾である）、完爾、米蔵（造）の二女三男だが、トメは生後まもなく亡くなっている。ところがチヨは体が弱く乳が出なかったため、漁師の小島家の長女〝おしめ〟が村野の乳母となった。〝おしめ〟は当時離婚したばかりで、髪結いをしており、子供がなかった。村野は十二歳まで、この〝おしめ〟のもとで育った。「私の人生観は、この満島で貧乏な漁師一家の愛情のうちに幼年期を過ごしたことから来ているように思う」と村野は、そこで書いている。

ところが文吉は商売に「一敗地にまみれ」、当時国立の製鉄所ができることによって一寒村から急に新開地になった八幡に一家は引き払う。ところが村野はもとより、小島家あげて、〝おしめ〟や祖母が村野を手放さない。そこで村野は満島にそのまま残ることになる。だから、村野は「松原やお城や海岸やどこを見ても風光明媚な満島のことが忘れがたいのは当然で」と書いている。

村野の「手記」は、そこで終わっている。その後については、漾が詳細に書いている。その概略も紹介する。

村野はその後、満島村の尋常小学校を卒業し、八幡の両親の元で暮らすことになる。以後、普通の中学（旧制）には進まず、小倉工業学校機械科に入学。卒業後は八幡製鉄所に入り、二年間の兵役義務を終えて再度八幡製鉄所に復職。しかし大学進学の願いはやみがたく、早稲田大学予科（現在の教養課程）に入学する。大学への進学に際しては、父・文吉は最初反対だったが「若い頃、東京暮らしの経験のある祖母（チヨ）はいわゆる進んだ女性で父の進学に賛成してくれ祖母の意志が通って進学がゆるされたという」と、漾は書いている。

予科を終えて本科に進み、そこで最初は電気学科を選ぶが、やがて建築をやってみたくなり、当時の予科長、安部磯雄に相談し、一年間デッサンに通ったあとに建築学科に転科する。卒業後、大林組東京支店に就職が決まっていたが、当時新進気鋭の建築家、渡辺節に請われて、開設二年ほどしか経っていない同事務所に入る。理由は、八幡にいる両親が大阪なら東京よりは少しでも九州に近くなるということで賛成したというが、漾は裏話になるがとして「学生時代父は東京で目白に近い鬼子母神で下宿生活をしており、その下宿の娘と恋仲にあったらしく、そのこともあって父の両親は父を東京から引き離そうという気持があったようだ」と書いている。

以上は、多少の重複、年代の記憶違いはあるが、これまでも村野自身がおりに触れて書いてきている。しかし、ここで気づくのは、東京暮らしの経験のある進んだ祖母（チヨ）、村野にとっては母の存在である。村野が東京にいくということ、つまり後年、建築家村野藤吾が存在するもっとも初期の直接的契機がここにあるからである。後述するが、この祖母の存在は、のちに村野にとって大きく関わってくるように思える。

その祖父文吉、祖母チヨ（村野にとっては両親）についても、漾は一項目をあてて書いている。

文吉は嘉永六年（一八五三）、永嶋文作、フユの長男として生まれ、長じて村野屋の一人娘ユキの婿養子になって結婚。トクとカツの二女をあげたとされているが、戸籍謄本ではカツが長女でトクの名前がない。トクの生年月日は二人が結婚した明治十五年より以前だから、トクはユキの連れ子としてしか考えられない。しかし父（村野）は、最後まで「このカツとトクを自分の異母姉妹と信じていたようである」と書いている。

ユキの死んだのが明治十九年だが、村野家代々の寺である西谷寺の過去帳に一人気になる人物がいるという。俗名は書かれてないが「明治十九年丙戌八月三十一日　霊誉天心恵兆善女　村野藤吉ツマ」となっていて、漾は「藤吉ツマ」がわからない。「藤吉」でなく「文吉」ならわかるが、としている。そして「あるいは当時文吉は藤吉と名乗っていたのかも知れない。自分の長男に藤吉と名付けていることと全く無縁とも思えない」としている。

「自分の長男に」という、その長男は村野藤吾のことである。村野は「手記」のなかでも、自分のことを「藤吉」と書いている。後年、「藤吾」となるのだが、いつ改名したのかがわからない。少なくとも大正七年の早稲田大学建築学科卒業時の卒業論文では「藤吉」だし、第六回卒業生（大正七年度）の記念写真でも「藤吉」である。また大正七年十二月の『早苗会』第五号の手書きの卒業生名簿にも「大阪市北島堂島浜通り三～三　渡辺事務所　村野藤吉」とある。となると卒業時までは「藤吾」ではなく「藤吉」だったことがわかる。しかし改名の理由もわからない。詳しく調べてないが、おそらく戸籍上では現在でも「藤吉」ではあるまいか。となると、いつ「藤吾」という〝ペンネーム〟を使ったのだろうか。卒業の翌年の大正八年に書いた「様式の上にあれ」では、「藤吾」となっている。となると、改名はこの時ということになる。そして改名の意味はなんであったのだろうか。これについて長谷川堯は「『村野藤吾──一九七五～一九八八』のなかで、村野から聞いた話として、大学時代に姓名判断で改めたと書いている。また長谷川は村野がなぜ建築を志望するようになったのかに関連して、同じ唐津の出身で、当時の建築界のリーダーだった辰野金吾や曾禰達蔵の影響を無視できないし、名前の「藤吾」も、もしかしたら辰野金吾の「金吾」からではないかと推測している。それにしても漾が、村野の父文吉も当時は文吉でなく藤吉と名乗っていたのではという推測は、あわせて興味深いところである。

その文吉について漾は、「優等生的な婿養子のイメージは祖父、文吉に描けないのである。もっと生臭い、山っ気の多い、野心満々の、奇麗事にはおよそ無縁の若者のイメージを、当時の祖父の姿の上に描くのである。そのように想像すると、私には祖父は身近な息づいた人物として浮かび上がってくる。ユキとて同様である」と書いている。

村野の母チヨは、広永松兵衛、ハルの次女として安政四年（一八五七）に生まれている。しかし漾は「戸籍上では次女となっているが、姉妹二人いた模様だが」といっている。先にも触れたが生まれ育った下関という環境、それにチヨの生まれた前後の約十五年間は維新の歴史的事件の起きた時代だから、それらが「チヨという一人の市井の町家の娘に何等かの影響をあたえたのではなかったかと想像する」と漾は書く。代々船問屋という裕福な家庭でなに一つ不自由なく育った美人で、気位も高かったという。

その後、山口県令某にかわいがられ二、三年東京に滞在したということも、先に触れた。チヨ、二十四、五歳の頃である。漾は「私は祖母の若かりし過去を誹謗する気持はさらにない。それどころかチヨという一人の女性に女としてきわめて人間臭さを感じ、魅惑を覚えるほどである」という。チヨについても長谷川は『村野藤吾――一九七五〜一九八八』のなかで触れている。

東京に二、三年いてチヨは山口に戻る。そこで広永ハナという女子を産んでいる。広永姓だから、推察して私生児である。過去帳に山口で没すとあるから、おそらく生まれてまもなく死んだのだろうという。文吉と結婚したのが明治二十年頃だから、チヨの東京暮らしが明治十六年から二、三年だとして、それは明治十八、九年頃までのことだろうともいう。

そして結婚後、まもなく下関から佐賀県東松浦郡満島村（現唐津市）に移り住む。そこで約十二、三年住むことになる。その間、チヨは先妻の子供たちのほかに仲、藤吉、完爾、米蔵をもうける。ところが二人のなかは、決して幸せな生活ではなかったようである。文吉がチヨと正式に結婚したのが、明治四十四年、文吉五十七歳、チヨ五十三歳の時である。子供たちはすべて内縁関係の時に生まれたのだが、昔はそうした夫婦もあったのだろう。

ところが、「その後がすさまじい。七年後の大正六年に二人は離婚。その翌年再び二人は再婚。そして一年おいて大正九年に再び協議離婚。その翌年の大正十年三月文吉は亡くなっている。チヨは離婚後、実家の広永家が廃家になっていたので、広永姓として一家を創立、昭和四年十一月一日、七十二歳で亡くなるまで戸籍上は村野チヨではなく広永チヨであった。従って現在南禅寺の墓銘に村野チヨと父（村野のこと）は刻んでいるが、チヨにすれば本意ではないかも知れぬ。この祖父母たちの晩年の離婚騒ぎについては父は私に多くを語らなかったので私もその事実は知らない。（略）いずれにせよ六十歳前後で離婚、再婚、離婚を繰り返すのだから異常というか誠に生々しい二人である。晩年の二人の男女をかくも生々しく相争わせた原因はいったい何だったのか」と、漾は書いている。

大正六年に離婚、七年に再婚、九年に離婚。そして十年に文吉の死。この数字を追っただけでも、この前後の時期は平穏ではなかっただろう。この間、村野は大正七年に早稲田大学を卒業している。そしてただちに渡辺節建築事務所に入所。「様式の上にあれ」を書いたのが大正八年であり、「俺の作物よ!!」が大正十年、さらにスギ夫人との結婚が大正十年頃、貸金庫を見にアメリカにいき「米国における貸金庫見聞記」を書いたのが大正十一年である。そうしたことを併せ考えると、これらの文章はまた一段と違った意味をもってくることに気づく。

村野が過去帳を整理したのは、大正十五年のことだというから、村野にとって父文吉が死んでまもなくである。そして福岡県粕谷郡新宮町の西念寺にある村野家の墓は、村野が若い頃建立したものであり、この寺はもともと村野の父、文吉の生家である永嶋家にゆかりがあったので、あえて村野はここを選んだのだろうという。そして南禅寺、正因庵の墓は昭和三十七、八年頃、西念寺の遺骨を分骨して納めたものである。また村野家の菩提寺は下関の西谷寺にある。その墓所探しについても、漾は詳細に書いている。

村野家先祖代々の墓所を探すことは、村野にとっては積年の念願だったという。それだけに限らず、これまでみてきたように村野が先祖に執着していく様子、そして過去帳を整理したのが大正十五年だということも含め、さらに、そこに両親をめぐる〝家〟の問題をオーバーラップさせていくと、過去に執着していく気持がわかるような気がする。もしかすると、乳母に育てられた自分の過去を、しっかりと確認したかったのではあるまいか。

乳母については、後年、何箇所でいっているが、迎賓館が竣工した時「演出をしただけです」のなかで、(談)として次のようにいっている。

あとは一つ、可愛がってやってほしいと思います。氏より育ちですから。私は建物を生んだだけのことで、あと、育ちをよくしてもらわないと、品が備わりません。あとほどよくなるように……。少しは生み方が悪かったかも知れませんが、育ちのほうでうまくやってほしいと思っています。

まあ建築なんて乳母みたいなものですね。育てている間は自分の子どものように心配しますが、親元へ渡してしまうと、うまくやっているかなと、ハラハラする。私は乳母に育っていますから、乳母の気持はよくわかるのですが、いまは何か、放したくないような……。気分はそんなもんですよ。だから、乳母の心理と同じじゃないでしょうか。

このほかに村野について興味深いのは、スギ夫人が漾などとともに村野について語っているものである(『建築家村野藤吾』座談会つれづれなるままに」)。もっとも村野の身近にいた人だけに、多くはない言葉の端々のなかにも、村野を理解するのに役立つ部分がある。

村野は昭和五十五年八月三日、カトリック信者としてフーゴー・ラサール神父により受洗する。洗礼名は、アッシジのフランシスコである。死に先立つこと、四年前である。同じくカトリック信者として昭和二十三年、洗礼名十字架のヨハネとして受洗した今井兼次は『村野先生と私』のなかで、「尊敬する長年の友人と更に同じ信仰によって結ばれましたことはこの上ない喜びでありました」と書いている。洗礼を受けるということが、どういうことなのか。また洗礼名の意味が、どの程度に受洗者の意志を反映しているのかも、よくわからない。なぜ、アッシジのフランシスコなのか。アッシジのフランシスコについては、イエンス・ヨハンネス・ヨルゲンセン『アシジの聖フランシスコ』(昭和五十二年八月刊　講談社)が詳しい。

宗教について、スギ夫人はいっている。

村野も最初は信仰しておりましたが、途中でどういう風の吹き回しか、僕はやめた、キリスト教の洗礼を受けるというのです。私はここまで信心したのに……と洗礼を受けることを反対したのですが、どうしても、といって死ぬ三年前に洗礼を受けました。あなたが死んでもカトリック教会には祀りませんよというと、それじゃ、仏様の中にでも祀ってくれといっていました。

カトリック信者になった本当の理由は私にもわかりません。広島のラサール神父や、熱心なカトリック信者でいらっしゃった長谷部先生(長谷部鋭吉のこと)などの影響を受けたこともありましょう。カトリック関係の仕事もいくつかしてきましたから、その間に出会った方々の影響もあったでしょう。宗教について村野はどんな宗教に対しても敬虔でした。〝キリスト教も仏教も天理教も宗教はみんな一つだ〟とよく申しておりました。

「村野も最初は信仰しておりました」というのは、天理教のことである。若い頃、スギ夫人と天理教の法被を着て、もっこを担いでいる写真が残っている。村野自身、大阪に天理教の教会を設計している（「天理教高井田分教会」昭和四十二年頃竣工）。漾によると、同分教会の先代会長に若い頃（渡辺節建築事務所時代）より、村野はずいぶん精神的に世話になったという。またスギ夫人は、いまも同分教会に所属している。しかし村野がいつ頃、天理教を信仰し、どんな動機からであったのかはわからない。推測すれば、先にも触れたが、この間（大正五年頃から十年前後）が、村野にとって大きな転機であったことがわかる。いろいろな意味で、村野を解くカギがこの時代にあるのは確かである。渡辺節建築事務所時代は村野にとって両親をめぐる「家」の問題の複雑さがあり、他方で学生時代、様式建築を嫌っていた村野が入った渡辺節建築事務所が、様式建築だけをやっていたところだという事務所での仕事をめぐる葛藤があり、それに対する精神的なよりどころとして宗教を求めたのかも知れない。ちなみに村野がスギ夫人と結婚したのは、大正十年頃だから、あるいは、そうした事柄がそこにいろいろな形で輻輳していたのかも知れない。

しかしスギ夫人がいっているように、〝私はここまで信心したのに……〟という思いに対して、〝どうしても〟ときっぱりいいきっている。その強さが、村野の決意をよく示しているように思える。

スギ夫人は、ラサール神父のことについて、もう少し触れている。それは村野が「建築家十話」のなかで書いている「聖堂の建築」についてだが、建築資材も資金も乏しくなるなかで世界平和記念聖堂はいく度となく工事中断になるが、それを続行させるためラサール神父は募金に出かける。「あの長身の神父が三等車のすみの方で、身体を〝くの字〟に折って眠っておられるのをいく度か見かけた。その姿は痛ましくも哀れで、それを見て私どもは感動のあまりあたまが下がる思いであった」と村野は書いている。

このことを村野はスギ夫人にも語っていたというから、そこで受けた村野の衝撃は大きなものだったろうと想像がつく。となれば、愛と幸福と清貧のキリスト教の聖者の一人といわれるフランシスコによせて、村野がアッシジのフランシスコと洗礼名をつけた理由もわかってくるような気がする。漾は「村野の中に一つ絶対的なるものが厳然とあって、それに対しては、とても敬虔な人であったと思います」という。これにスギ夫人が「村野はどんな宗教にも敬虔でした」という言葉と重ねると、村野の宗教観がみえてくる。

村野は大正七年、早稲田大学建築学科を卒業と同時に渡辺節建築事務所に入り、そして十一年ほどいて、昭和四年十二月（資料によると四月あるいは十月としているものもある）、村野建築事務所を設立する。渡辺節建築事務所では、どんな状況だったのか。これもよくはわかっていない。村野が入ったのは、渡辺節が事務所を開設して二年ほど経ったばかりの時である。

渡辺節建築事務所にいた中村勝郎は、次のように書いている（『建築家　渡辺節』昭和四十四年）。

村野さんはよくスケッチをもって長い時間所長室で打合せをして出てくると、その図面を製図板の上においたまま御自分の机に坐ってむずかしい顔で天井を見ていられることがあった。随分難問なんだろうとよそながら見ていたことがある。

村野は渡辺節に関しての文章を何編か書いており、本書にも収録してあるが、こうした描写を読むと当時の雰囲気がよくわかる。しかし、それも限度があって、実際にはどうであったのかは、今後の研究課題だろう。

そして村野は昭和四年に独立する。だが、独立の直接の経緯は、はっきりしない。ただ村野は、武基雄と幸田文からの、独立については「なにかきっかけでもあったのか」という問いに、次のように答えている（『建築夜話』）。

大阪に中山製鋼所がありますね。そこの、いまはもうなくなりましたけれども、先代の中山さん、此の人は非常に苦労をしてあれだけの事業を残した人ですが、私どもの郷里とおんなじなんです。若い時その人は、八幡で人夫を集める、組の世話役のようなことをやっておられました。そんなわけですから、私の家のことなんかもよく知っておられるばかりか、私のことまでよく知っていてくれたわけです。その方はあるとき、私にこういうことをいってくれたんです。お前はもう十五年もそこにいるが、もしお許しが出るなら一年間お前に費用を出してあげる。その間仕事が出てくるのを待つようにしたらどうだってね。これまで私は渡辺先生の所でとにかくわき目もふらずにやって来たわけでしょう。それが中山さんのような苦労した人だから、私の様な者でもこの男なら見こみがあるとでも思ったんでしょう。しかしお世話にはなりませんでしたが、そんなことも気持の上ではきっかけになったと思います。

さらに村野は、渡辺節のところから「いよいよお暇をいただこうと思ったときの心境」を、次のように話している。

先生（解題筆者註　渡辺節のこと）のところにおりますときは、先生から命ぜられたことを図面にするのに十五年間もスタイリッシュな、様式の建築ばかりしてきたわけです。ところが考えてみると、先生のところは、そういうことで特色をもった事務所だったから、その頃としては経営者という立場におられる先生とすれば、それ以外のものをお許しになれないのも、むしろ当然といっていいでしょう。（略）もちろん私としては、できるだけのことはして来たつもりですが、十五年間も同じ傾向のものをやって居るのだから、種切れになり、行詰まってしまいました。もうこれで自分の力の限界に来たなという感じがして先生のお役にたつのもこれまでという気持だったわけなんです。

当時、村野は渡辺節建築事務所のチーフであり、そこでの主な仕事をほとんど手がけている。となれば時間が経てば経つほど、自分の実力は自他ともに認めるものがあったのだろう。それだけに、いつまでも渡辺の〝影武者〟ではありたくないと思うのは、自然の成りゆきである。ましてや実子のなかった渡辺が、後継者として村野の名前を少しずつでも出していたなら、もしかすると独立はしなかったかも知れない。

このことは後年、旧い所員である森忠一を後継者と決めた時、事務所名を村野、森建築事務所（昭和二十四年）としたのは、もしかすると、この渡辺節建築事務所時代の自分のことを思ってのことではなかったか。

スギ夫人によれば、「渡辺事務所の頃、泉岡さん（泉岡宗助のこと）のとてもいい家があいているから入居しないかということで引っ越しました。ちょうど十年間住みました。昭和四年村野が事務所を開設した時は、そこの炊事場を改造して事務所をつくりました。（略）村野は泉岡さんから随分、可愛がられて、事務所を建てる時も、泉岡さんは自分の土地を無償で提供するとまでおっしゃって下さいました。私達は無償というわけにはいかないので、毎月分割で土地代を納めましたが、納め終えて三年後にお亡くなりました」という。

渡辺節建築事務所にいて、そして村野が独立した時に渡辺節から「君は村野君の弟子だ、村野君の事務所のために全力をつくすように……」といわれて村野建築事務所に移った石原季夫の「村野事務所草創の頃」(『村野先生と私』)によれば、その時は昭和五年八月だったとある。石原はそこで、「村野先生の独立は昭和三年の秋頃から渡辺先生の内々のご了解の許に進められていた」とある。それにしても、昭和五年というのは、記憶違いではあるまいか。

だが続けて書いている。「昭和五年の九月に漸く、村野事務所の形が先生のお宅の二階で書斎のサンルームと云うか、広縁に机三台と図板が三枚、T定規を掛けると通るのに引っかかると云う有様で始まった」「事務所が現在の所へ移ったのはそれから約一年後のことであった」。村野によれば「私は事務所を始めた当初(昭和四年)、四人か五人の人を助手にして四時には家に帰って、内で仕事をするのが理想だと思った」(「建築家の人間形成」)といっている。

そして泉岡宗助については、村野は「和風建築について」のなかで「私にいくらか日本建築について、もし私流という言葉を許していただけるなら、自己流の道を模索する糸口のようなものを与えてくれたのは泉岡さんではなかったかと思う」と書いている。泉岡が住んでいたのは「上町台地の高級住宅地として有名で、その付近一帯を常盤通りと呼んで」おり、そこの敷地のなかにあった家を村野は借家していたことになる。現在の村野、森建築事務所(大阪市阿倍野区阿倍野筋)がある付近と考えていいだろう。同じような主旨のことを、村野は『建築をつくる者の心』のなかでもいっている。

村野の戦時中については、すでに定説めいたことがいわれている。なにも仕事をせず、晴耕雨読をしていたというのである。しかも読んだ本はマルクスの『資本論』であり、または建築も含んだ経済書だったというものである。この辺を、もう少しみていくことにする。

後述するが、村野は戦時中、日記をつけていた。それは「茶道日記」と銘うたれている。むろん、未公開のものだが、この時期の村野を知るには欠かすことのできない貴重な資料である。そのなかに、「昭和十六年五月十日　昨夜十一時長崎出帆長崎丸」という書き出しで、上海から蘇州、南京を経て天津に向う二十日間の記録が書かれている。状況が逼迫しだし、少しずつ設計の仕事がなくなり始めるなかで、上海に仕事を探しにいく、その記録(日記)である。

村野の文字は判読しづらいものが多い。ましてや日記という私的なものになると、なおさらである。そこで長子の漾に判読を願った。それでも判読不可能な箇所がある。そこは○○とした。

この二十日間の日記は、四○○字詰原稿用紙にして約二五枚の長さである。そこで、そのなかから当時の状況を知ることができる部分を紹介する。

昭和十六年五月十日

上海を経て天津に向う予定。天津では設計した大丸洋行の建物を見るのが○○の理由であるが、実は仕事の調査が主である。愈々日本内地の仕事の底○と統制の強化は身辺の寒さを覚え、昨年○○何といってもまだその日の仕事に事欠かぬ状態であったのが、今年に入って急に自分のする仕事に一種の淋しさを覚えて来た。というのは、お先真暗な気持の現われであることは勿論である。こんな状態でどうなるのだろう。(略)

たった五百円の旅費が物々しく私には負担でならない。行く前は是非行って見る気でも、いざとなれば行ったとてそれが何になる。前回の如く何も得るところなく帰ることがわかりきって居る為に旅費が無駄である。家の夏の建具もやめ、三菱の報酬を増してもらうことでこのつぐないをしようと思い、又この金は自分のものでなく事務所の諸君の金であると思うべきであってみれば、一杯のビールも気にして飲むのである。(略)

(仕事の事、将来の事など寸時も脳裏をはなれぬ。十二時過ぎて寝)

五月十三日
来て見れば支那はもう手遅れの感じがしたし、日本以上に統制化されて、〇〇すべき余地がない。何をするにも資本と権力の外吾々の如き者が〇〇生き可き〇〇があるか、芸術も勉強も力がぬけてこのままで行けば頭はすさむ一方だと又しても来たことが後悔される。
五月十五日
上海以来仕事で暗い思いをしながら旅行していたのが天津に来て急に活々とした感じがするし、希望が出た思い。（略）
外地も次第に内地の様に統制が強化で仕事の方も手薄となり、きゅうくつとなりつつあるらしく色々と仕事の将来を考える。
（略）
眼と心をめぐりするどくすることは必要である。だが何もかもめぐり合わせと運命である。（略）
一度が二度、二度が三度と度数を重ねるうちに人を得、智を得、而して〇〇を得るのかも知れない。〇〇に努力する外はない。これ以外に方法はない。ただこれ丈だ。

このなかで村野は、注目すべきことを書いている。例えば「二回の外遊数度の外地旅行」や、船がウースンを過ぎて黄浦に入る時、「二十数年前の学生時代と十年前の記憶が明らかに眼前に現われ出した」とか、「第二回に受けた圧倒的な印象もなく……」、「流石に〇度目上海はさして物珍しくないが……」とか、「一昨年天津や北京に行った時の様な興味を引かない」、「二年前熱河を通って帰った時の沿線の極貧の程度が……」とか、天津では「前回の経験で日本宿の不快さを知って居るので……」といったようなことである。

つまり村野は、何度も中国（当時の支那）にいっているのである。こうしたことは、これまで明らかにされてなかったことである。今回の著作集に関連していえば、「建築一言／商業的一面」（『早稲田建築講義』昭和五年）の文末に（四月九日　奉天）とある。また「建築の経済問題」について、解題筆者への手紙で「一九三〇年、私が外遊の時、満鉄の車中で書いたもの」とあるが、これらは昭和五年シベリア鉄道経由でのヨーロッパ旅行のことと思われる。しかし、いずれにしても、何度も中国にいっていたことがわかる。この辺りのことも、今後の村野藤吾論の課題である。つまり村野は、戦時中、これまでいわれてきたように、晴耕雨読だけをしていたのではない。状況が刻々と逼迫してゆくなかで、〝生き残ること〟に全力をあげていたのである。

また、この日記のなかで、当時上海にいた建築家の山本拙郎などとともに「中支振〇住宅会社の集合住宅を新市街に見学に行った」ことが書かれているが、この時期、多くの建築家は仕事をしに中国に出かけていったのである。例えば前川国男は昭和十四年から十八年まで上海に、十七年から二十年まで奉天（現瀋陽）に、それぞれ分室を開設している。

わが国の建築家は戦時中なにをしたのか。そして、それはどういう意味をもっていたのかについては、井上章一『アート・キッチュ・ジャパネスク』（昭和六十二年八月刊　青土社）に詳しい。

こうした戦時中の状況については、漾は当時の記憶もまじえて、次のように語っている。

「昭和十六年頃はまだ上海に渡れたし、仕事探しにいったようです。軍の仕事や三菱造船の仕事もあったようです。昭和十七年の初秋（九月半ば？）、事務所の慰安旅行に南紀白浜にいきました。私の子供の頃の記憶も残っています。当時は、まだ所員もかなりいました。本当に仕事がなくなったのは、昭和十九年からで、阿倍野の事務所（当時木造二階建）の一階を他に貸して数人の所員と二階だけを使って、なにをしていたのか、とにかく宝塚の自宅から毎日（半日程度）通うのを日課としていました。午前中は畑仕事をしていたと思います。経済学の研究は、毎日夜で、味噌を五百円玉ぐらいの大きさに煎餅風に焼いたのを、お茶受けにしていました。昭和二十年に入ると空襲が激しくなって、出るに出れないありさまでした」。

また、こうした状況をスギ夫人は「戦時中は仕事がありませんでしたから、この居間の机でマルクスの『資本論』をずっと勉強していました。仕事がないから、そのシワ寄せが『資本論』の勉強にいったのだと思います。後になってからのことですが、『資本論』を勉強してよかったといっておりました」と話している。

村野の戦時中の作品の主だったものは、「中橋武一氏邸」「中林仁一郎氏邸」「宇部油化工業工場諸建物」「石原産業本社」「日本製鉄八幡製鉄所内諸工場」「川崎重工業工場」（以上昭和十六年）、「海軍将校倶楽部」（昭和十八年）である。このうち、この時期の代表作は「海軍将校倶楽部」だろう。これについては本書の「志摩観光ホテル 創建の頃、前後」に詳しい。それによると、その頃「航空隊関係の仕事は松山でもやったが、多くは兵舎や格納庫のようなものばかり」とある。となると、軍関係の仕事も多少やったものと思われる。

しかし、その仕事量からすれば、スギ夫人が話しているように「戦争中は仕事がありませんでした」というのが、実際だったのだろう。となると、この時期、村野はなにをしていたのだろうか。

一つは、マルクスの『資本論』を中心とした経済書の読書であり、他方は茶道である。

経済書に関していえば、なにも戦時中から始めたわけではない。村野自身、再三書いているように、早稲田大学の予科に入った時、予科長の安部磯雄から「英語の代わりに〝イリー〟か〝ミル〟の経済学を原書で習って」いる。それが経済に興味をもつようになった動機だとも書いている。

その具体的な成果が「建築の経済的環境」（昭和元年）であり、この時期すでにストラクチュラル・バリュウとコマーシャル・バリュウについて論じている。さらに昭和五年には「建築の経済問題」を、早稲田大学での講義録としてまとめている。四百字詰約一六〇枚という長論文で、そこで村野は、建築家は設計に際して商業的効果、経済価値を施主に提出して同意を得ること、さらに建築の企画の重要性などをのべている。村野はまたボルトン、エバース、フードなどの経済書を参考としたこと、『ビルディングス アンド ビルディング マネージメント』を毎号面白く読んでいることなども書いている。

後年、マルクスの『資本論』へ移行する前に、村野建築の大きな柱でもある建築経済論を確立していたことがわかる。これらの経済書について、村野は解題筆者に対して、この著作集が行き詰まりをみせた時、他方で、これらの経済書の翻訳をしたいと話した。それも翻訳者はすでに決めてありますと話したから、そのことで村野から依頼された人は心当たりがあるはずである。

生前の村野の書斎を見て、まず驚いたのは、この一連の経済書の多さであり、それへの詳細な書き込みであった。村野にとってはなにものにも代えがたいものだったから、戦時中、空襲になるたびに、これらを行李に入れて、なにはなくともそれを庭に放り出したという話を聞いたことがある。

村野が読んだ『資本論』は、向坂逸郎訳の岩波文庫版である。先の経済書と同様、『資本論』への書き込み、書き足しの様子は、村野藤吾展で展覧したことがあるから、すでに目にした人は多いと思う。小さな文庫本に入りきるという量ではない。したがって、付箋を次から次へと貼り足していくことになる。何度も何度も読んでいくために、そのたびに新たな感想がつけ加わっていくのである。

『資本論』は何人かが訳している。そのなかでなんで文庫版かと聞いたことがある。小さいから手のなかに入って、どこでも読めるからだといった。確かにそうかも知れないが、それればかりではないだろう。しかし、戦時中に向坂訳の『資本論』を読んでいたというのは、間違いである。岩波文庫版の向坂訳は、昭和二十二年九月からの刊行である。『資本論』に関していえば、戦前、戦時中では昭和二年に河上肇訳で出ているだけである。そして村野が読んだもので、一番古い『資本論』は、昭和二十二年刊の向坂訳である。

ここで村野が読んだ経済書をあげておく。読んだ時期は、戦前、戦中、そして戦後にかけてである。

『国民経済学原論』(津村秀松　明治四十五年刊　宝文館)、『経済史論考』(黒正巌　大正十二年刊　岩波書店)、『社会経済大系』(昭和二年刊　日本評論社)、『資本論入門』(河上肇　昭和四年刊　弘文堂書房)、『経済学全集』のうち『経済学大綱』(河上肇　昭和四年刊　改造社)、『独占の経済理論』(青山秀夫　昭和十六年刊　日本評論社)、『経済学理論』(柴田敬　昭和十七年刊　弘文堂書房)、『経済学史』(沖中恒幸　昭和二十一年　広文社)、『価値論』(宇野弘蔵　昭和二十二年　河出書房)、『資本論』(向坂逸郎訳　昭和二十二年刊　岩波書店)、『経済理論の数学基礎』(日比野勇夫　昭和二十四年刊　同文館)、『マルクス価値論の研究』(杉山清　昭和二十六年刊　東洋経済新報社)、『資本蓄積論』(ローザ・ルクセンブルグ著、長谷部文雄訳　昭和二十七年　青木書店)。

村野の書斎をもっと仔細に調べれば、まだあると思われる。では、これまで村野は戦時中、『資本論』を読んでいたということについてはどうか。昭和二年刊行の河上肇訳『資本論』は、なにかの都合で昭和五年に三巻まで出して中絶しているし、村野の書斎にはそれは見当らない。しかし昭和四年の河上肇の『資本論入門』を読んでいるのだから、もしかすると河上肇訳『資本論』を読んでいたかも知れない。村野は、戦後になっても『資本論』は読み続けている。

それらの『資本論』も含めて、書斎を見せてもらった時、その保存方法を聞かれた。展覧会で見た人はわかるが、村野の書き込み、書き足しは鉛筆である。だから年月が経ったこともあって、薄くなり出し、ところによれば消えかかっていた。当時、それらを保存するもっともいい方法はマイクロフィルムに撮ることだったから、そうすることをすすめた。必要があれば手伝うことも話したが、その作業はそのままにおかれている。なんとしても膨大なもので作業のかかることだが、早く作業をしておかないと、年数を経るごとに書き込み、書き足しが消えてしまうだろう。

戦時中、設計の機会が次第に減っていく。これは建築家にとって致命的な打撃だったと村野は書いている。その寂しさを癒すためにやったのが、お茶である。スギ夫人は「官休庵のお墨付きまでいただきました」と話している。

長谷川堯は村野への追悼文「ひとりの侍」(『建築雑誌』昭和六十年二月号)のなかで、官休庵宗匠の介添えで村野自身から点前を受けたことを書いている。その時、ひそかにうけた衝撃は、点前がなんと無骨で剛直で、村野の建築からうけるやわらかく繊細で女性的な風姿とは、およそかけはなれたなにかがそこにあったという。もとより、これは長谷川の受けた印象だから、村野の点前をただすべきものではない。村野はただ、「いつまでたっても平点前ばかりで」「相変らず平点前であった」と書いている。

この印象について、漾は次のように語っている。

最近、自宅（解題筆者註　村野邸のこと）の茶室を見ながら感じることですが、村野がよそでやる茶室は繊細で優美ですが、自邸の茶室はもともと田舎家の納屋だったせいか、天井の梁などずいぶん無骨で表現が野太く、私は村野の「茶」は本来、本質的に野太いものではなかったかと感じる昨今です。いつだったか井上靖先生と茶道具について語った時、茶器は「氏より素性」、すなわち生まれよりも、どんな茶会に出て、という由来がその器の価値を高めるもの、という風に思っていたようですが、その茶会とは華やかな名のあるものというより、どんな戦場をくぐったかというようなイメージだったのではないかと思います。

村野とお茶は、どんな関係にあったのだろうか。村野は戦時中にかぎらず、実にこまめに日記をつけていた。時にはきわめてプライベートな身辺に及び、時には紀行文ともなっているが、書き残っている量は中途半端ではない。A5判大学ノートで何十冊にもなる。今後、村野がより広く、かつ深く論じられ理解されるためには、この膨大な日記の解読が必然である。ただ私的な日記という性格上、どこまで公開できるかわからないが、ぜひ可能なかぎり公になることを望みたい。

そのなかに戦時中の日記が三冊ある。村野が解題筆者への手紙のなかで「ただ戦中のものが私に取っては一番重要なので、それを探し集めていますが何分書庫を家内が整理したので」ということと、打合せ時に、戦時中のものについては日記と一緒にするという、その日記である。そしてどういうわけか、戦時中のこの三冊にかぎって「茶道日記」となっていて、それぞれに「茶道日記1」、「茶道日記2」、「茶道日記3」と番号が打たれている。

三冊の時期的な内訳は、昭和十六年、昭和十七年、昭和十八年、昭和十九年というように、文字通りの戦中日記である。内容は毎日の記述ではなく、折目節目にまとめて書かれている。茶道心得、茶席、茶道具、茶会記を書き綴りながら、その多くは日々の生活に触れた私的なものである。それだけに戦時中の村野の内面を知るに貴重な記録（資料）である。その一部分はカットとして本書八一二頁に掲載した。

ここでは昭和十七年一月の年頭、「五十二歳の春を迎ふ」としたなかで、前年（昭和十六年）に勃発した太平洋戦争の開戦時に触れた部分を取り上げる。

十二月八日、ついに米英宣戦布告さる。
その日、日本海軍はハワイに於いて、米国東洋艦隊の主力と空軍の大部分を撃破し、十日には英国東洋艦隊主力プリンスオブウエールズ及びレパルスを撃沈したそうである。香港落ちマレーを扼し吾が国との○主同盟、独伊との対米宣戦など何となく今年の正月は朗らかに歌でも歌いたい気持がする。支那事変の四ケ年の暗澹たる気持の後にこの勝報ともやもやしたものをたち切った米英との関係は吾々に新しい刺激を与えたのである。この頃は毎朝の如く東方日の出を拝し、神社に脱帽したり仏壇に正座する様になったのはあながち年齢の為めばかりではあるまい。世が世なら年がいもなく自由の○○のと容易に人の説を聞くような自分ではないが、特に人生は計りがたく宿命の如くである。ともあれ、自分も余生いくばくもあるまい。生あるうち、無為にして死す可きではないばかりか完成されるものは成しとげなければならない。
（四日伊勢神宮詣の汽車中）

そして、この十二月八日の前には「結局は自分独りである。黙々として人生に徹する外はない」とある。さらに、こうした時局への展開が続くかと思うと、一転して茶会記に移っていく。しかしこの部分を読んでもわかるが、村野は反戦主義者ではない。むしろ逆である。にもかかわらず、卒業論文で「一個の社会改良家でありたい」として自身の方向を定めたように、以後、村野はこうした矛循したた部分をかかえて生きていく。この辺りは、のちの村野藤吾研究の課題である。

村野がお茶をやり始めたのは、先に書いたように戦時中のことである。この間の経緯は「和風建築について」で、詳しく書いている。「五十歳を過ぎての芸事」とあるから、昭和十六年からだろう。そこで大家（おおや）の泉岡宗助に相談する。その結果、愈好斎宗守がいいだろうとなって官休庵のお茶となった。

村野は建築以外のことでは、比較的、お茶のことについて話している。むろん茶室もいくつか設計している。しかし晩年近くなって、お茶について「自分は茶道をいえるほどお茶をやってないが」としながらも話している。お茶は書くことより、話すことの方が表現しやすいのだろうか。それだけお茶への思いは、戦時中なにもやることがなかったこととダブって、感慨深いのだろう。

お茶でいえば、村野は古田織部を高く評価している。「変化ができること、創造ができるということは織部からである」。真行草でいえば、千利休は草（書）ではなくて行（書）であり、草（書）にしたのは織部である。そこには自由な精神がある。それは茶器を見れば一番よくわかる。「ちょっと暖か味が帰ってくる」。だから自分は「織部を納得している」し、「私は織部が自分の隣のような、非常に親しい感じがする」。「しかし、これはへたをすると、こんどは遊びになってくる。それは非常に危険である。勝手に聞いて自分勝手に行なうということになる」ともいう。通常、茶道でいわれている珠光の真の座敷、紹鷗の行の座敷、利休の草の座敷をひっくり返して、利休は行で織部が草だといっているのである。

利休には先妻の子、道安と後妻の連れ子、少庵がいた。その少庵の子が宗旦と宗甫である。そして宗旦には四子がいた。宗拙と宗守、それに後妻の子、宗左と宗室である。この子供の代になって三千家に分立する。宗拙は父宗旦と不和となり家を継がなかったが、宗守が武者小路千家官休庵に、宗左が表千家不審庵に、そして宗室が裏千家今日庵となったのである。村野が習った愈好斎宗守は、武者小路千家官休庵の九世宗守（明治二十二年〜昭和二十八年）で、武者小路流を現代的な様式に編成・再興したといわれる。

古田織部は、利休七哲の一人である。この七人は、いずれも武将である。利休の侘び茶を継いで、武門茶あるいは大名茶を確立していく。利休の草庵茶室を書院へと茶室を移していく。〝デフォルメの古織〟といわれるように、織部の茶碗は「ウス茶ノ時ハ、セト茶碗、ヒツミ候也、ヘウゲモノ也」といわれたほど。それまでの茶器にはない自由な形をつくりあげている。

村野がそうした織部の自由な精神、そしてデザインにも表れている形態や色彩の豊かな、なにものにもとらわれない創造性に魅かれたことは、想像がつく。しかし村野の習った官休庵を含め、江戸初期に再スタートした三千家と、ほぼ同時期に生きた織部の茶は大きく違うように思えるが、この違いを村野は、どのようにとらえていたのだろうか。村野にとって、官休庵のお茶を習うことと、織部を高く評価していたこととは、別のことではなかったろうか。その織部を継いだのが、小堀遠州である。

おわりに

本書刊行の作業を終えて、一番に思うことは、これで村野藤吾先生との約束を果たせたという思いである。このことが、なによりも嬉しい。思うに、先生がお元気な時に出したかったという気持が強いが、しかし考えてみると、それは無理だったかも知れない。その意味では、ご存命中に作業をやっておいてよかったと思う。

村野先生とは私的なことでは、いろいろな思い出がある。そのいずれもが、教えていただいたことばかりである。しかし今度のことは、そのこととは無関係である。なるべく忠実に、村野先生との打合せの意図に沿って作業をした。とはいえ、そこここに、その思いは入っていると思う。

願わくば、この著作集が多くの建築家、それも若い建築家に読んでほしいと思う。建築家とはなにか、建築とはなにか、といったことを書いているように思うからだ。村野先生もそれを望んでいた。いつの時代もそうだが、未来は齢の老若に関係なく〝余生〟を送っているような建築家のうえにはない。

今度の作業を通して強く感じたことは、村野先生の九十三年の生涯は壮絶であり、孤独であったという思いである。生まれてから青年に至り、建築家として大成する。しかし、その間での生き方は、言語に絶するものがある。自己にも、他者にも厳しかったと思う。

村野評価をめぐって、わが国の建築界は大きく揺れ続けてきた。かつて村野先生の建築を厳しく批判した建築家たちが、村野先生の評価が高まるにつれて、手の平を返したように今度は昔からそうであったかのように賛美し始める。近代建築の流れのなかでのことだから、そのことを一方的に責めるわけにはいかないが、そのように〝変身〟するなら、なぜそうするかを表明しなくてはならない。それが建築家とはかぎらずとも、人間の生き方のような気がする。

今回の作業では、多くの人たちのご協力をいただいた。いつも思うが、こうしたことは一人ではできない、むろん村野先生にしても同じである。世の中は、いろいろな関係で成り立っているからだ。

そして今回の著作集でつねに考え、気をつけたことは、それに関連することである。つまり建築家村野藤吾の存在を、私利私欲で〝利用〟しないこと。わかりやすくいえば〝私物化〟しないことである。できる限り、そのままを多くの人たちの前に出すことであった。なぜなら特定の建築家を〝利用〟し、〝私物化〟することによって、結果として、その建築家の正当な評価をさまたげてきた例が、これまで少なからずあるからである。そうあってはならないと、思ったからでもある。

今回の作業では、なんといっても村野先生のご子息で、村野、森建築事務所社長である村野漾氏に多くを負っている。父であり、偉大な建築家でもある村野藤吾を、ここまで多くの人の前に出してくれた。特に私家本『村野家の人々』の一部分を出すことに、寛大なご了解をいただいた。私信で「極めてプライベートなものですし、私の憶測の部分が第三者によって固定化する事を恐れるから」というものをである。むろん、今回、書いた部分は漾氏の校閲をいただいている。

時に、プライベートな部分が出ることによって、従来の村野藤吾像が変わるところがあるかも知れない。しかし村野藤吾の存在は、そのことで減ずることではない。

さらに漾氏には、村野先生の日記類やその他の資料も見せていただいた。漾氏は作業に当たって、「このことは父と貴方とで始めたことだから、一切まかせます」といってくれた。これらのことが、今回の著作集の作業にどれだけ役立ったかは計り知れない。

さらに漾氏は『村野先生と私』の「あとに添えて」で、次のように書いておられる。

父はカトリック信者として亡くなった。晩年になって広島平和記念聖堂の際に知遇を得た神父(ラサール神父)から告別の場となった西宮トラピスチヌ修道院に於いて、曾孫といっしょに受洗した。私は父の信じた〈神〉はカトリック的な〈神〉であったのかとふと考えることがある。本文集で今井兼次先生が書かれている、ストックホルムのヘガリット教会の中で必死に縋った〈神〉もそれであったのだろうか。父はいかなるものに対しても敬虔だった。己の「掟」にも厳粛だった。いったい何に救いを求め、何に安らぎを求めようとしたのだろうか。

ひょっとすると死の瞬間まで、生みの母の肌の温もりを幼な児のように慕い続けていたのだろうか。いつになっても満たされることのない孤独な魂は、それだけに真実を見ようとしていたのかもしれない。

この思いを、私も強くもつ。それだけに村野先生の生き方は、いろいろな意味で感動もし、納得もし、それでいてやはり厳しかったなという思いが強い。

藤森照信氏には、解説を執筆願った。ご覧の通りである。建築家村野藤吾を、従来とはことなる視点で論じていただいた。このことによって、村野藤吾はまた大きく建築家としての地歩を占めることになるように思える。

編集・制作は南風舎の小川格氏にお願いした。また校正は飯田祐子氏による。出版は同朋舎出版の林達三氏が担当してくれた。作業の遅れを、とにかくがまんしてくれた。

また口絵写真は、石元泰博氏による。「新高輪プリンスホテル」(昭和五十七年)竣工の前日、村野先生、九十一歳の時である。最後まで建築家としての矜持をもち続けた姿をとらえている。石元氏にお礼を申しあげる。

以上のほかに、お礼を申しあげねばならない人が多い。村野先生が書いた文章を、快く今回転載許可してくれた各誌紙の出版社、そして対談や座談会の出席者。さらに日本建築学会図書館、早稲田大学理工学部図書館など、その方々にまとめて感謝申しあげることを、ご了承いただきたい。その多くの人たちのご協力で、この著作集はできたのである。また解題中は、敬称を略させていただいた。これもあわせてご了承いただきたい。さらに著作集という性格から、また村野先生はすでに作品集を何冊も出しておられるということからも、今回は作品を写真では掲載しなかった。かわりに、スケッチを入れた。村野先生のスケッチについても、論じられていいことである。

(神子久忠)

新建築社をはじめとする初出掲載誌紙発行の各社、対談者の皆様のご協力により、各文章を転載させていただきました。ここに深謝し厚く御礼申し上げます。

村野藤吾 むらの・とうご

明治二四年 五月一五日佐賀県唐津に生まれる
大正 七年 早稲田大学理工科建築学科卒業
渡辺節建築事務所に入所
昭和 四年 村野建築事務所開設
昭和二四年 村野、森建築事務所と改称
昭和二九年、三一年、四〇年 日本建築学会賞受賞
昭和三〇年 日本芸術院会員
昭和三七年 日本建築家協会会長に就任
昭和三八年 イギリス王立建築家協会名誉会員
昭和四二年 文化勲章受章
昭和四五年 アメリカ建築家協会名誉会員
昭和四七年 日本建築学会建築大賞受賞
昭和五二年 毎日芸術賞受賞
昭和五九年 一一月二六日没、享年九三歳

村野藤吾著作集 全一巻

発行 二〇〇八年一〇月二〇日 第一刷
著者 村野藤吾
編者 神子久忠
発行者 鹿島光一
発行所 鹿島出版会
〒一〇七―〇〇五二
東京都港区赤坂六―二―八
電話：〇三―五五七四―八六〇〇
振替：〇〇一六〇―二―一八〇八八三
製作 南風舎
印刷 三美印刷
製本 牧製本

本書は、一九九一年に同朋舎出版から刊行された同名書籍の再版であり、「都市建築論」を新たに加えて出版するものである。

ISBN 978-4-306-04516-3 C3052
Printed in japan

本書の内容に関するご意見・ご感想は下記までお寄せください。
URL: http://www.kajima-publishing.co.jp
e-mail: info@kajima-publishing.co.jp

資料編

都市建築論

「都市建築論」は、祖父・村野藤吾が1918年に早稲田大学へ提出した卒業論文である。『著作集』の再版を機に、資料編として加えることとした。

本書の初版での収録は、祖父と編者・神子久忠氏との間で決まっていたものの、結果的に実現しなかった。その経緯は、前項の神子氏の解題冒頭で述べられているとおりである。この卒論の重要性は、祖父自身も何度となく語り、研究者からも繰り返し指摘されてきた。

今回の活字化にあたって底本とした原文は、判読が困難な祖父の手稿であり、コピーを重ねられて不鮮明な部分も少なくない。森義純氏を中心として「村野会」が起こしたタイプ清書などを参考にして、あらためて解読を進めてみた。

祖父の承認を得られるわけもなく、完全な解読には至っていないが、村野藤吾の原点のひとつとして、その資料性を重視し、あえて掲載したい。

2008年8月　村野 永／MURANO design

［凡例］

掲載にあたっては、つぎのように整理した。

1 旧字体、旧かな使いは、新字体、新かな使いに直した。

2 難字はルビをふった。また、現在はカタカナで書く外国の地名にもルビをふった。

3 改行、句読点は適宜加えた。

都市建築論

大正7年4月28日

建築科3年　村 野 藤 吉 *1

"Hills, vales, woods, netted in a silver mist,
　　Farms, granges doubled up among the hills.
And Cattle grazing in the watered vales,
　　And Cottage chimneys smoking through the wood,
And Cottage gardens smelling everywhere,
　Confused with smell of orchard." *2

*1　藤吉は村野藤吾の幼名。大学時代に藤吾に改名した。

*2　和訳：
銀色の靄に包まれた丘、谷、森、
その丘の間に折り重なる農場や農家、
水豊かな谷で草を食む家畜、
森から煙を立ち上らせる農家の煙突、
至る所で芳香を漂わす農家の庭園、その香りは
果樹園の香りと混じり合う。

エリザベス・バレット・ブラウニング
『オーローラ・リー』桂文子訳
第一巻 1129 行
晃洋書房 1999 年より

目次

小　序 —— 5

緒　論 —— 7

第1章　建築問題の根本観念 —— 21

第2章　環境と人生 —— 32
（都市生活の雰囲気と自然的要素の感化）

第3章　都市建築の美的観察 —— 43
（美学的観察、様式論、広告）

第4章　都市建築の科学的観察 —— 57
（便利、衛生、防備、建築の科学利用に関する疑問、建築棺桶論、Humanization of Science）

第5章　都市建築の経済的観察 —— 78
（建築投資、Housing Problems）

結　論（The necessity for a high ideal） —— 87

小　序

mastabaの昔よりwoolworthの今日迄で。

文明の進歩と人智の発達とは、共に建築の形態と内容、目的と意義とを限りなく変遷せしめた。

吾等は、今両者を比較対照して、今更の如く其の差異の甚だしきに驚嘆、眼を瞠《みは》るのである。之れ将《まさ》に古今に亘《わた》る一大壮観である。

噫々《ああ》 mastabaより woolworth 迄で！

星霜幾千年、人生悠々の歩みの内に建築の歴史はそも吾等に何を物語らんとして居るのか。

己が刻々の歩みの内に、歩一歩変転漸化窮《きわま》りなき踉跡《こんせき》の上に何を建築は提称せんとして居るか。

そこにも亦《また》、凡《あら》ゆる人類の歴史が、人性の主の深刻が物語られたのである。

Ioniaの哲学者アナクサゴラス出でて雅典《アテネ》の社会を光被して、先づ精神哲学者の端緒を発し、次でソクラテス出で、プラトン、アリストテレスの諸星出でて、アクロポリス山下の精神界を賑わしてより、幾多のトルストイは隠遁した。幾多のニーチェは獅子吼《ししく》して狂死した。

かくて杳《よう》たる小屋mastabaは、遂に現代に於て54層のskyscraperを産し、人は空中生活の奇観を呈するに至ったのである。

人、人を呼んで『足地を離るる能《あた》わずして、而《しこう》して頭は日月の外を照す、将《まさ》に偉大なりと云うべし』と。

今や彼れ『足地を離なるることを得て、而《しか》もよく宇宙の大を包む、将《まさ》に今人更に一段の偉大を加えたるもの』と云うべきか？

然《しか》り、偉大は更に偉大となり、光彩は更に陸離たらんとす。然《しか》れども、順逆は到底調和の道なきか。宇宙及び人類の運命は、凡《あら》ゆる生の存在に、而《しか》も不可抗の否定を以て席巻し、現代は又将《まさ》にそが猛塵の中に渦を巻く。

かくて建築界は、為めに吾人の前に煩悶を展開して、人類懊悩の一面と建築界の反面を示して居るのである。

科学と芸術とは既に己が創造使命を擲《なげう》ちて、暴虐なる資本の為めに併呑せられ、建築は為めに其の本来の使命を棄てて彼等に追従す。かくて人の一面に於

て、其の生存の特権と生命の貴重を掠奪せられて機械と化し去った。之れ実に人類の為めに死を意味するのである。

此の間に建築は何事をはたさんとせしや。否、何事を成さんとせしや。否々、何者の強要に依りて今日とはなりしや。

人間の内に秘めし、或る者の微かな衝動――争闘――不断のしかも久遠に亘る争闘――のまにまに建築の漸化はたどられたのである。かくて建築は又、人類生活の反映であったのである。

godman と mangod とキリストとアポロとが、永劫に向って時間の流れを進みつつ、互いに相争って行くのが世界文明の真理であるとはドストエフスキーの道破した思想であった。そして吾等は又、建築の歴史の上に此の二元の絶えざる争闘の影を認めた。かくて建築は時代の反映であったのである。

人なくして建築なし、故に人生問題を没却して、そこに何等の建築的意味はない。時を経ずして建築は育たない。故に時代を没却してそこに何等の建築問題はない。

彼れを産したるものは人である。而も彼より人類生活の自由を支配す。

彼れを育てたるものは時である。而も彼より時代生活の方式を定む。

人彼れを創りて而《しこう》して人彼れの前に伏す。彼れや真に神の命に背かず、よく空間の神秘は足地を離るる事能《あた》わずして、而《しこう》して頭上日月星辰を頂きて雲際に聳う――これ将《まさ》に人生に於ける一大驚異である。知らず、五十層の雲際城へ今将《まさ》に如何《いか》に変転せんとするか?

頑愚の質敢えて自から揣《はか》らず、茲《ここ》に此の複雑なる造出を拉し来りて此を俎上に盛らんとす。片鱗尚《なお》よく理する事能《あた》わざるは、固《もと》より期する処である。今や杳《よう》たる貧書生、学に工匠の理に志してより四ヶ年有半、即ち茲《ここ》に一篇を草して敢《あ》えて恩師の机下に捧ぐ。おこがましくもこれを論文と謂《い》う、今更の如《ごと》く汗顔入穴の感をなすものである。但し、夫れ恥を知るは之れを良くするの始とか。

我が郷の先哲志学の事に及びて、蘇東坡の史論に驚き、不朽の名著を大成したと云う。知らず、此の貧書生幾何を期せずして其の恥の上に一辱を雪《そそ》がんとするか。

暫《しばら》く記して小序に代え、且つ自から言戒むるものである。

云爾

緒　論

私は一個のBuilderである事よりも、一個の社会改良家でありたい。

私は一個の実際家であることよりも、一個の理想家であることにより多くの名誉を感ずるものである。一つは私の行為の旗示にして、他は私の思想の憧憬である。而《しこう》して、共に小論を通貫する私の躍動である。批判の対象であり、価値の帰向である。されば、傾向として建築夫れ自身の直接の問題よりも、其の内に根在する社会的問題を論議せんとし、又現実の問題よりも理想的問題に触れんとしたことは、蓋《けだ》し当然の成行である。

此の意味に於て、一つの学徒に過ぎない私の取ったStudent likeは、私の好んで撰んだ過程にして、此の内にはよく貴重な時間と真理と妥当性を有して居ると思うのである。

凡《およ》そ現代に於ける国家及び社会上の重大問題として、吾人の最も注意に値するのは都市問題である。時代の近世紀に入るや、都市の発達は、月を累ね年を追って著しく、一国文明の精華繋げて此処《ここ》にありとせられ、泰西の諸国は一時殆《ほとん》ど全力を出して集中したかの観があった。都市は為めに益々《ますます》勃興して其の規模愈々《いよいよ》拡大し、為めに人類の都市集中は驚くべき趨勢を以て増加したのである。之れ全世界を通じ、近代における一大現象として為政者の考量を要する事項であるばかりでなく、広く吾人、人類の消長に関する重大問題たるを失わない。

都市の発達は一面に於て文化の真髄を集めると共に人口積聚ともなり、都市生活の弊も亦益々《ますます》劇甚となった。加之《これにくわえて》、一時の風潮の促がす所、農民等の相率いて、住みなしたる田園を後にし、競って都会に蝟集するが為めに、農村は又特に衰頽の兆を呈せんとして居るのである。

茲《ここ》に於てか、都市に於ては住居問題、或は住宅政策と称する現象を生じ、都市民政上の重大問題となるに至った。殊に、我が国に於ける現欧州大戦乱にともなう都市産業上の勃興は、此の風潮をして愈々《いよいよ》盛んならしめ、吾人の悲しむべき惨禍は、今や将《まさ》に都市の全局面に展開せられんとしつつあるは、過日佐野博士の演講に依るも明かなることである。若《も》し夫れ戦乱修息後における下層階

級の衰退期を想像せんか、如斯《かくのごとく》にして集中窟居せる彼等の困敗、彼等の惨害や実に計り知るべからざる程にも恐ろしきものであろう。聞くが如《ごと》くんば今日我が国主要都市に於て最も不足し、且つ其の需用を満すこと能《あた》わざるものは家屋と電話であると。言少しく誇張に過ぎしも、又此の間の消息を伺うに足るものであろう。

斯《か》くして都市に於ける住宅の欠乏は家屋問題として漸《ようや》く盛んに論議せらるる原因となったのである。然《しか》らば今日此の需用を満さんとする住宅建築なるものが盛《さか》んであるかと云うと、吾人は「然らず」と断言するを遺憾と思うものである。たまたま都市の郊外に建築せられつつある住宅ありとするも、其の構造、又其の外観に於て、はた其の内容に於て、其の貧弱さ加減は吾人の所感の其の懸隔の甚だしきに一驚を喫するものである。是等は到底住宅として何等の価値も見出す事能《あた》わざるものにして、かかる住宅に住居する人、肉体及び精神に及ぼす影響を思えば、誠に憂慮に耐えざるものがある。かくの如《ごと》くんば一家内に多人数同居する此の弊害と其の結果に於て大差なく、実に道徳上、引いては国民思想上の一大問題である。

如斯《かくのごとく》住宅の欠乏と其の貧弱とは、抑《そもそ》も何に原因するかと云うに、住宅建築に要する資本投資の道なきことと、及び資本家の住宅建築に対する手控への為めである。かかる国民経済上の必要なる事業を等閑に付して他の営利事業に投資することは、勿論《もちろん》経済力運用の必要に依るとは云え、又、資本家の道徳的、社会的観念の欠乏にして、吾人は此を非難せんとするものである。然《しか》るに、此の惨禍と苦痛に対する一半の罪は、又、為政者及び国民自身の無自覚に依るものにして、彼等は資本家の鼻息を伺う迄もなく、進んで住宅建築に対する適当なる運用機関を創設し、以て此の欠点を充さねばならなかったのである。

如斯《かくのごとく》住宅問題は独《ひと》り建築界の重大問題であるばかりでなく、広く社会改良家懊悩の焦点たるかの観がある。

都市の勃興にともなう建築上の他の問題として重大なるものは、建築夫れ自身に関する建築家の建築的作為に対する経済上の関係と、科学上の制限に関する裏面の問題と、及び建築を中心思想とする確たる国民の社会生活、都市生活に関する表面の問題である。即ち、之れを約言すれば、建築の意匠に関する問題である。

猫眼なる吾人は、欧米建築の実想は之れを知ることを得ざるる少なりと雖《いえど》も、国における状態について考えるに、明治維新以来今日に至る迄、主要都市に於ける建築の外観は著しく変遷し、内容の改善と相俟《あいま》って旧日本の建築は新日本の建築に向って、其の運動を遮る時流をぬきて突き進まんとして居る。之《こ》れ我が国民の経済及び科学に対する社会生活上思想の反映と見ることが出来る。吾人は現に、彼の三菱ヶ原に於ける建築の新傾向に依りて、我が国経済上の対世界的関係を伺知《しち》し得ると同時に、是等建築を通じて吾人の研究は、併せて世界における建築界の傾向を知るに難くない。

然《しか》るに、我が国建築界の実相を見るに、吾人の所謂《いわゆる》堂々たる時流を築きたる運動は一部愛国なる建築家の運動にして、又其の志向に於ては吾人必らずしも安易なる寛容を許す事が出来ないものがある。而《しこう》して一般国民及び当局者の都市建築築に対する冷淡なる結果、奏効はかばかしからず。日本の建築は軽薄なる表面的粉飾に依りて、貧弱なる現代日本の都市建築より現出し、為めに都市生活の安寧を否定し、弊害は改善せられず、寧《むし》ろ全局より見て不経済なる結果を見て居るものである。

我が東京市に於てさえ、未だ建築統一の法規なき有様である。帝国の首都に於て尚且《なおか》つ然《しか》り。謂《いわ》んや其の他の多くの都市は、これを除くの外、建築上殆《ほと》んど無政府の状態である。如斯《かくのごとく》んば之れを現状に観出して将来を考うるに、到底文明国の都市として進展し得ること能《あた》わざるのみならず、今将《まさ》に当然被るべき都市大火の災厄、震災の大破壊を慮《おもんぱか》るに、其の惨状は蓋《けだ》し安易の事ではあるまい。

今時の戦乱に於て、都市襲撃に対する防備の必要は国防上欠くべからざるものたるを教えた。過般数度に渉るロンドンにおける独機の襲来に際し、市民の惨禍と驚愕は、実に現世に於ける呵鼻叫喚の巷と化し去ったかの観がある。比較的強固なる建築を有するロンドンに於て尚且つ然《しか》り。謂《いわ》んや敵機一過、杳《よう》たる木造建築の我が東京市を灰儘に帰せしむる、真に一択を不要《いらざ》るべし。此の点に関し、我が国都市建築の改造は誠に焦眉の急務なることを感ぜざるを得ない。彼欧米の各都市は、已《すで》に厳正なる建築法規を以て都市の健全なる発展を計りつつあるに、独り我が国のみは之れを個人の放縱に任せ、何等の制限をも加うる事なく其の外観に於ては統一を欠き、その内容に於ては貧弱に都市の安寧と公

衆の衛生を保持することなく、災害防備は実質の不完全を極めて居る有様である。

然《しか》れども吾人は一方に於て、我が国一部論者の如く、専ら形式的整頓の必要を過重せんとする傾向あるは甚《はなは》だ遺憾とする所にして、之れ我が社会に於ける総《あら》ゆる制度機関の実質的運用の方面を軽視せんとする一大根本的時弊である。凡《およ》そ国家公共の事務及至《ないし》社会諸団体の煩雑なる仕事は一定の形式に組織統一されて居る。又、斯《か》くせざれば実効を挙げることが出来ないと云うのが今日の実状であるからなさけない。建築法規の如《ごと》きも、此の根本的時弊に陥らぬ様にしなければならない。

兎《と》に角《かく》、吾人はかかる非科学的の都市に甘んずることは出来ない。吾人は世界の大勢に鑑《かんが》み、都市進展の方針を定めて、百年の計を建てなければならない。如斯《かくのごとく》我が国都市建築が実質上の向上遅々たる所以《ゆえん》は、勿論《もちろん》其の経済上の圧迫に帰因することあるべけんも、同時に其の根本は、我れに我れ特有のScienceなき事、及び其の発達の程度諸外国に及ばざるに依らざるなきか。

外来の科学及び其れに依りて作りたる科学上の生産品を用いて、つとめて西洋式に建築せんとするが為、一般経済力の膨張を来し、今日の如《ごと》く今尚《なお》実質上の向上を見ること困難なる境遇にあるのである。勿論《もちろん》、其の他に建築の意匠上に於ける関係、及び之れに使用せらるる労働者等の影響等枚挙すれば多々あらんも、要之《これをようするに》、我れに我れ特有の科学なく、我れに我れ特有の建築なき所以《ゆえん》である。而《しこう》して、假令《たとえ》実質上の向上を見るも、其の費用の割合に於て到底外国の比ではない。此の傾向は今日の所謂《いわゆる》西洋建築が〔西洋建築〕なる特別の名称の下に、特別なる評価と観念とを以て迎えられる限り、即ち、かかる建築が全然日本化されて、しかも純然たる一の産業組織の下に於て建築せらるるに至る迄では終息すること能《あた》わざるべし。此の点に於て、吾人は一日も早くScienceの日本化と、及び我が国特有の新日本の建築を持たなければならない。

今日、若《も》し木材をして其の耐久に於て、又其の強度に於て何等かの方法を以て鉄材に匹敵せしむることを得ば、恐らく我が国に於ける現代建築界は一大革命を起すであろう。我が国に於ける建築問題、特に様式問題、即ち実質の問題、材料に関する問題を解決して居ないことは甚《はなは》だ遺憾である。何となれば、建築の様式に関する問題は主として材料の制限に依ることが其の根本に在るが為め

にして、又、此の問題は経済上に重大なる関係の有することは上来述べたる所である。

以上は主として意匠に関する形而下的の論なるが、吾人茲《ここ》に進んで意匠上形而上的の問題に触れんとするものである。

現時の大戦乱の結果にして、世界の大勢は大体戦前と大差なからんと云う多くの識者の論議を肯定する時に、今後我が国の経済界に大なる関係を有するものは、恐らく米国であることは一般に称せらるる所である。独《ひと》り経済の問題のみならず、社会的にも国民生活の問題にも、凡《あら》ゆる点に於て米国は我が国に大なる反響を及ぼすことは地理的関係より見るも明なることである。されば、今後に於ける我が国に於ける建築界も、此の経済あるいは社会生活上の反映を受けて益々《ますます》米国的色彩になることと思わるるのである。

而《しか》し此の傾向に対し、吾人は直ちに迎合すべきであろうか。若《も》し建築の任務が経済及び生活力の諸条件に対して絶対的に服従しなければならない――彼等の運用方法をして助長せしむる為めと云う善意の解釈の下に於ても――と云う消極的な無自覚なる従来の見解の下に於ては「迎合」は即ち「モットウ」であるかも知れない。吾人は建築の真の使命と国家的意識を考える時に、建築の移入に関しては深甚の注意を要す。そは即ち、彼我の国民の性、民族精神の差異に関する結果の問題にして、其の究極に就《つ》きて吾人は之れを無条件に看過することは出来ない。

ルボンは其の著「民族発展の心理」に於て大体次の如《ごと》く言って居る。印度《インド》に於ける希臘《ギリシア》芸術の移入に於ける失敗は、全く其の民族精神の差異に帰するものにして、印度《インド》は其の民族を同じくするペルシャを通じ、ペルシャ芸術を移入することより成功した……と述べて居ることは味わうべき言である。独《ひと》り米国のみならず、今後の動向も従来の如《ごと》く、我が国建築界に於ては尚《なお》多く外国様式の移入及至《ないし》焼きなおしは其のあとを断たないであろう。他山の石、又傍観すべからず。大に採長補短の実を挙げることは、先帝陛下の御宣言と共に我が国のモットウたるかの観があるが、吾人は更に日本を顧《かえり》みたい。

従来の日本は精神的にも物質的にも欧州の生徒であった。所謂《いわゆる》ハイカラと云う言葉は、欧州的本質に対する国民的好尚を言い現わしたものである。而《しか》し、日本は永久に生徒であってはならない。批判が必要であるのは此の為である。

批判の根拠は自国文化の究盡に依って確信せらるるのである。

米大統領ウィルソンの同胞主義、人道主義の宣言は、我が国に於ても亦《また》多くの共鳴者を見出した。之れ誠に現代の廃頽せる社会的観念に対する好個の金言である。而《しか》し、ウィルソンの主義を以て直ちに我が国の国民社会に及ぼさんとするは、早計も亦《また》甚だしきものである。米国の建設と其の国民の状態と我が国状とは自《おのず》から其の国家的歴史を異にして居る。雑多なる民族を有する米国に於てこそ、ウィルソンの宣言は実に理想であるが、而《しか》し、吾等は永い日本の歴史と不離なる国民の数千年来の遺伝を如何《いか》にすることも出来ない。人道観念の発達を探究することなくして主張せらるる所謂《いわゆる》人道主義は、その思想の偏倚を矯正する為めに更に史的研究の法を取らなければならない。

又、我が国多くの芸術家に云わるる「芸術に国境なし」「科学に国境なし」の如《ごと》きは、不断に発展しつつある人間生活、人類生活を理解する為めの概念的認識の一形式に外ならぬ。それ故、芸術又は科学は其の個々の場合に於て、国境の制限を顕著に示すことがある。科学的普遍法則の探究に於ても研究者の素質や境遇が重要な意義を有して居る。普遍法則及び一般人間性の見地からして「国境なし」と云い得る如《ごと》く、「芸術に国境あり」「科学に国境あり」とも云い得る。又、現大戦乱は、吾人に民族意識真理と多くの教訓とを与えた。去る一月五日に於けるロイド・ジョウジの民族主義実行に関する宣言は、蓋《けだ》し其の代表的言辞と見られて居る。如斯《かくのごとく》にして心的及び物質文化産物の自給自足主義の重要は、不可抗の威力を以て各国民を覚醒しつつあるのである。

されば吾人は、海を越えて将来せられたる建築の移植は、到底其の第一義程に於て不合理であるとするものである。何等の合理的存在の理由を見出す事能《あた》わざるものである。人は国境を越えて一躍人類へ飛翔することの不可能にして、甚《はなは》だ抽象的なると共に、何等の意義をなさないのと同様である。吾人は吾人として建築を一日も早く持つことは、如何《いか》なる場合にも合理的である。サー・クリストファー・レンが「都市は国民の帰向、国家の標示」であると謂《い》ったことを今更の如《ごと》く思い出す。

玆《ここ》に於てかNational Styleの問題は吾人に重要なる提議をなすものである。西洋に行かば宜《よろ》しく正に西洋の風習に従うを可とす。されど、日本に帰りて迄でも尚且《なおか》つ一にも西洋、二にも西洋、嚊《かかあ》天下の弊風や野合結婚、神聖論など担

ぎまわされては溜ったものではない。世に士魂商才なる語あり。語は誠に変なりと雖《いえど》も、事実に於て之れを併有するもの誠に暁天の星の数だにもしかない。而《しか》も洋装してより、和魂を保ち得るものの幾人かある。殊に、陰険なる独逸《ドイツ》芸術政策は、陰暗の内に其の侵略主義を彼等の崇拝者の心の内にはたさんとすることを思えば、実に油断も隙もあったものにはあらず。

斯《か》く云えばとて、吾人は排他的国家中心主義を把持して、之れを以て直ちに人類社会の理想と為すものと速断されしは甚《はなは》だ迷惑である。維新に殉死せし幾多の憂国志士の開国と攘夷の血は、脈絡として吾人の精神に躍動して居るのである。吾人は国家を以て最高共同とする現代に於ては、国家利益中心主義正当なりと断定すると同様、一制度を以て人類の理想に人類全体を纏《まと》めたる社会共同の下に、人道主義、平和主義に適《かな》いたる生活を為すことに然《しか》りと断言するものである。国家社会政策の実際問題と国際的現実関係を探究すれば、非戦論的平和主義対主義論的軍国主義の如《ごと》き概念上の区別は、全く仮定上、又は口実上の為めのものであることが知られよう。又、或る一部の人によって云われて居るが如《ごと》く、宗教と哲学と芸術とは国境を越えて進むのであるが、国境を越える為めには、先づ第一に国境内で発育せねばならぬ事実の地上に立って居るからである。概念の様に自由に空中を飛翔することは出来ない。

維新以来半世紀を越ゆるも、此の間、我が建築界は海外文明の影響を受けて大に裨益された。而《しか》し顧《かえりみ》れば、又此の間に代償的に失われたる精神的損害も決して少いものではあるまい。藤原、鎌倉における、日本芸術の高潮を、外国文明の中絶の結果であるという事丈《だけ》でも、個人から民族、又、国家という現実的立脚地と、永い遺伝とを飛び越えて一躍人類へ飛翔せんとする抽象論者に取りて、其の極端なる理想主義を空論に帰せしむるに充分であろう。

吾人は、今、此れを我が日本につきて論じた。而《しか》し、此れをより普遍的に、より世界的に見る時、此れを更に、広汎なる重大問題に交渉を有している事に気附くものである。経済、及び、科学の発達進歩により、或は、社会的思潮の変動、道徳観念の転化によりて、建築の内容外観共に、意匠の問題は更に複雑に混沌として、吾人、また、前日の範を取るに大なる益をさえ視ざるが如《ごと》き有様となった。様式の芸術観的問題と云い、Planningの問題と云い、更に進んで、今や建築は単なる建築問題でなく、都市構成上、其の局面にたてる重大なる要

素として社会心理学的問題、民族発展上の問題等、社会問題の重大なる議論の焦点となり、遂に、道徳問題に依りて、此れを解決せんとするに至った事は、誠に前人の夢想だにしなかった事であろう。

如斯《かくのごとく》、建築が、建築それ自身、及び社会政策上の議論の種となった事は、一面において建築の堕落に帰因するのである。而《しこう》して、建築の堕落は其の裏面において、現代文明の欠陥に帰する事ができ、又、現代文明の欠陥は、個人の内在的観念及び其の行為の根禍において見るのである。

都建の問題たるや、決して近世代において誕生したる問題でなく、遠くギリシア、ローマの昔において早く已《すで》に吾人は、其の解決の必要を発見するものである。假令《たとえ》、希臘《ギリシア》の都市国家の光彩陸離が、振古未曾有であったとしても、星の煌《かがや》く空に聳《そび》えて突兀《とっこつ》として薄黒く森厳なる様を示して炬火の閃なり、ユラユラ、と美しく小さき女体の支柱の群に支えられ、其の巨大なる柱廊を照らされし、エペソのアルテミスの典雅な殿堂は、悪魔の殿堂《ミヤ》の罵《ののし》りを受けて、円柱は、礎《いしずえ》から震え、大理石の破片は八方に飛散し、建物は生物の如《ごと》く縮み上りて空に轟く群衆の鯨波《ときのこえ》に葬られ、エペソ人の神聖なるアルテミスは不貞腐の辱めを受けて、紅と燃ゆる焰の中に、讃美歌の声諸共投げ込まれたではないか。ソクラテスは救済を呼び、プラトンは、教えたではないか。

假令《たとえ》、アレキサンドリアの市街が一百万を入るべき一大都市であったにしろ、一日の大祭に2,239タレントを費したにしろ、遂にシラクサ出身の詩人ラオクリトスをしてアレキサンドリアの塵中に隠れながら、優しくも故郷の人民の生活の面影を偲びて田園趣床を謳《うた》い、大に都人の好みを惹いたというではないか。かくてローマに至り乱熟せるHellenismは遂に建築本然の偉大と、其の進化の正向を全くあらぬ方向に転じた罪を負担したのである。

如斯《かくのごとく》して、レサビーは「But there are some element which seem to have disappeared forever such are idea of sacredness and etc. (*architecture* p.14)」と云うに至った。之れ現代における、建築の歴史的結論である。最初必要夫れ自身によりて創造せしられし建築に、人類は不可思議にもmagic instinctを認めて、より建築の当然已が偉大なる本性を、人類の社会生活の高い進化と、生活の安定と幸福の増進に向くべきであったのである。

年々歳々花相似たり、歳々年々人同じからず。人は去り時代は過ぎて近代に

至り、建築問題は更に更に数段の複雑と困難とを人類社会の上に投げ込んだ。時代が如斯《かくのごとく》建築問題の上に欠陥を生じた原因は何であるか。それは、吾人すでに論ぜし如《ごと》く、現代文明の欠陥と、個人の内在的観念及び其の行為上の根禍にある。而《しか》し、其の直接の原因とも做《みな》すべきものは、経済と及び科学上の諸観念の誤まれる活動と及び之れにともなう社会、或は個人道徳上の欠陥にありと思うのである。

近世における産業、及び科学上の傾向は、之れを無条件で是認され、謳歌するにはあまりに欠陥の多いものである。現代生活は、一切の向上心と努力とを、生活過程促進の目的に従属せしめ、あらゆる行為は、之の目的に達する手段として評価される。従って、道徳も人類の幸福の手段としてのみ存在することになる。之れ道徳に対する甚だしい侮辱にして、遂に、道徳の絶亡を意味するに至るものである。

「人、若《も》し、全世界を得るとも其の霊魂を失わば、何の益あらんや」という基督《キリスト》の言や「若《も》し、正義滅亡せんには、人は、此の世に住むの要なからん」というカントの言は、今も尚《なお》、吾人に道徳的行為の絶対的優越性を、教えるのである。律義者と正直者は、馬鹿の組に入れられる如《ごと》きべらぼうな社会が続く限り、吾人の理想は達せられそうにもない。如斯《かくのごとく》にして、都市の堕落という堕落、危険という危険は、誤まれる思想上の所有者に依ってなされたと云うも過言ではあるまい。

要之《これをようするに》、建築上の諸問題は、多く経済及び科学上の問題と心理学上の徹底せる議論に帰することが出来るのである。もっと一般的に言えば、建築が時代生活の反映である限り、それは人生問題の奥底に触れているのである。

されば、吾人は上来述べ来たりし論旨に依り、都市及び都市建築に対する吾人の理想を実現せんとせば、どうしても、其の根本に於て個人の内在的倫理観念の向上と、行為の人道化に俟《ま》たなければならない。而《しこう》して、其の直接の解決策としては、経済組織及び科学上の諸観念の転換と、其の実施運用上の或る程度迄の改造と、其の意義の変更をなさなければならない。

要之《これをようするに》、最近における建築問題は、其の根本において、人生問題の深刻に触れ、表面においての都市の全局面より打算し、人類の本然的生存欲求に対する満足及び、其の安定を確保せんとする社会問題にして、建築家は将《まさ》に其の直接

解決上の鍵Keyを握り、之れを握ることに依りて、人類の消長に対する興奪の権を、左右するものと言うべきである。

然《しか》るに、従来、我が国、建築家としての状態如何《いかに》。その多くは、あまりに建築問題に対し、また、一般社会上の問題に対しても、甚《はなは》だしき消極的態度をとり、都市の局面は、建築に対し、全く無脳なる市政家に委《まか》し、又、放縦なる個人の建築的我利のなすがままにし、遂に今日の如《ごと》き有様となって居るのである。故に、其の一半の罪は、又、建築夫れ自身の対社会的怠慢に依るものと言うべきである。建築は、宜敷《よろし》く、建築を通じて、総《すべ》ての都市問題、社会的問題に対して、積極的でなければならない。建築は、只《ただ》、かかる建築家に依りてのみ、其の本然の優越的積極能力を、人類の幸福の上に投げ込み得るものである。之れ吾人が、小論を一貫して、大呼せんと欲せし処である。

永く漆黒の文字を以て、20世紀の罪悪史の出典から満すべき現下の欧州戦乱の一面において、吾人に多くの教訓を与えた、米大統領ウィルソンの対独宣戦における宣言において、広く人類同胞の義心を教え、正義の意を高潮し、ロイド・ジョウジは民族と国家を愛して、而《しこう》して世界人類への帰向を獅子吼《ししく》した。Democracyとなり、Humanismの高潮となり、少数権力者の貪欲は、為めに広く其の本質として、民衆の手に帰せんとし、個々の真価は、為めに、発揚の機会を得たのである。此の時にあたり、従来の経済と、科学上の組識と運用とは、其の主向を転じて民衆の尊重となりしことは、蓋《けだ》し、当然の成行きである。誤てる少数尊重主義の組織が、都市の根禍を醸成せしことを指弾せる吾人は、かかる思想の高潮に依りて、将来に於ける都市問題に対する吾人の理想に一導の光明を認めんとするものである。

而《しか》し!! 神人と人神との永遠の争闘。キリスト人とアポロの永却に渉る争闘が、禍を巻いて居る人間の性情と文明の進転とを如何《いか》にせん。昨是今非は、永遠に繰り返えさるべき運命にあるを如何《いか》にせん。54層のskyscraper woolworthよ! 汝《なんじ》の再生は、そも如何《いか》なる姿を吾に見せんとするや。汝《なんじ》よ! 希《こいねがわ》くば、汝《なんじ》の再来を。サイプライスの並木の群に紫の衣の床《ゆか》しく、雪の如く清浄に、海の如《ごと》く厳粛に、ほがらかな蒼空に懐かしくあれよ。実に微笑は我が永久の恋人であれよ!

嗚呼《ああ》もしチタンの真理と、ガリラア人の真理を一つにすることが出来たなら

ば、我等は――此の世は女の産めるものの内、神の生めるものの中、最も偉大なるものとなるのだ。知らず吾人の歩調を如何《いかん》せんとするや否や。

振古未曾有の世界の変局において、永世中立を保証せられたる少なる民族白耳義《ベルギー》はいかに悲惨なる運命を齎《もたら》したか。普仏戦争当時3千6百万の人口を包容したりし仏蘭西《フランス》は、今漸《ようや》く4千万に達し、同時に4千万の人口を有せし独逸《ドイツ》は今日6千8百万の民族を擁して居た。独仏の状況。独の右腕に英、白、印度《インド》、加奈陀《カナダ》、アルゼリアと共に全力を傾注せる仏国の状況は、此の単純なる人口問題のみに依りて尚《なお》、之れが解釈をなし得るのでないか。而《しか》も今時の大戦乱は更に困難なる人口問題を提起したのである。

今や欧州何《いず》れの国も文明の進歩と共に人口の増加率の減少を来しつつあるのである。俄然此の文明の餘弊は将《まさ》に我が国を襲わんとして居るのである。去る1月11日、新聞紙は我が国に於ける生産率の激減を報じている。而《しか》も其の減少率中男子の死亡率は依然として大なるを知るに及び、吾人は国家に取りて実に重大なる現象となすものである。而《しこう》して、其の原因する処、都市生活の不健全に多くその根禍を見るに至りては、更に吾人は国家の現況と之れの将来を思考して実に憂慮に耐えざるものがある。

殊に今後の我が国情は生産工業に依りて、其の発展を期せざる可からざることは、一般識者に依りて称導せらるる処である。はたして然《しか》らば、今後の我が国に於ける人口の都市集中は更に増大すべく、而《しか》も現戦乱の刺激を受けて、我が産業の勃興は実に空前の盛況を呈し、為めに都市の勢力興隆せんとしつつあることを思えば、単に人口問題によるも、都市問題、殊に吾人に取りて、都市建築問題の解決は、将《まさ》に、緊急の重大事件にして、吾人は、将《まさ》に必然来るべき人口減退の大勢を未然に防遏《ぼうあつ》し、而《しこう》して、同時に、国民各自の心身の向上により、其の実質上の発達を期し、新時代の教育を新世紀の実用に適応せしむる工夫を要し、もって国利民福と世界共同の実を挙げねばなるまい。

工業の発達、都市の集中正に先進国のかつて踏み来り踏みつつある径路を又、我が国において等しくこれを踏まねばなるまい。又、近時都市青年の体格劣下は、実に一大痛恨事である。之れ、もとより一般経済上の関係、生活上の圧迫に帰因せしも又、都市生活の不健全に帰する所大なるものがある。故に単なる運動機関の設置の如《ごと》き姑息なる手段に待たず、此の際、一大英断を以って都市

の一大改造を行なわざれば、其の効果を到底挙げることは出来ない。然《しか》れども彼の一般論の如《ごと》く其の多くは、公約数的均一論、整済主義的改造論に依りて、そして深い人性や運行人生に関する問題もなく、又、個々の価値的向上を認めんとすることもなく、従って、そこに何等根的理想もなく、而《しこう》して又、そこに達すべき何らの目的もなき、只《ただ》一律に其の目標の計画論の如《ごと》きは吾人の極力排せんとする所である。

又、現今盛んに称導せらるEugenicsの問題と云い、国民の思想上の問題と云い、省みれば都市問題特に建築問題上に深き関係あることを見出すものである。

如斯《かくのごとく》論じ来たれば、都市建築問題は一般的都市計画と深甚の関係あることを知るものである。単なる都市建築の問題の研究に依りて其の解決を得ることは至難の事にして、同時に計画上の問題を研究し、両々相俟《あいま》って初めて真の効果を得るものである。

而《しこう》して、此の問題の解決たるや、凡《およ》そ現代においてなされつつある凡《あら》ゆる学理上の応用を要するのであるが、先づ吾人の観る所に依れば、其の直接の関係を有するものは、既に前述せる如《ごと》く社会心理学的、又、民族心理学的問題と及び経済自然科学上の問題に其の直接の解決を求めて居ると思う。故にそれは、深い思想上の問題に根底して人性の自然を考え、民族の遺伝と国情に深甚の注意を払い、併せて民族発展上の礎地と取引を敏活にし、物資の集散を便にすること等、経済上、交通上の問題を考えねばならない。故に泰西に於ける幾多の実例を直ちに移植すること能《あた》わざるも、その事業と実例とを参酌し、民育に、経済に、各方面に亘りて其の効果を挙げることを得れば、此れ寔《まこと》に邦家民人の至慶である。

尚《なお》、翻《ひるがえ》って考えれば都市問題は、もとより、都市夫れ自身の研究を要するも、其の根本的の解決を得んとすれば、同時に農村の研究を怠《おこた》りてはならない。之れ欧米の所謂《いわゆる》Rural Improvementとして盛なる所以《ゆえん》である。都市を重んぜんか、農村を主とせんか、二者共に、一得一失あることを免れずして其の一に禍せんか、即ち、その一を曠廃せしむる所以《ゆえん》である。

泰西の諸国は、爾来幾多の実験をへてこの問題を講究すること既に多年、最近に及びては、遂に二者の複本位論を生じ、中央と地方とを通じて、一斉に全局の進暢と相互の調和とを完うすることを一国興新の第一の要素と為すに至り、

その善美の国体を作らんとするの精神と之れを実行せんとしたる苦心に至っては、就いて吾人大いに参考とすべきを疑わない。特に独に於ける都市計画、都市建築上の事業は、誠に吾人の一驚に価すべきものがある。鉄血宰相ビスマルクが「吾々、独逸《ドイツ》人は、世界において神の外何人も恐るるものなし。」と揚言したことは、其の思想上にはもとより非難あるべけんも、之れ独逸《ドイツ》の国民性を表白して遺憾なきものにして、又、彼等の都市改良に対する熱誠は、誠に此の国民的自覚及び其の原動力を有していることを吾人又、他山の石とすることが出来よう。

吾人は、先きに現今に於ける都市建築の堕落と不振の根禍を人の内在的観念の後退に帰し、これをその直接の原因として経済及び科学上の誤まれる思想にありとし、これを将来に革正せんとすれば、どうしても個人の道徳的観念の向上及び、経済、科学上の諸観念の矯正に俟《ま》ち漸《ようや》く追って建築問題の解決をしなければならないことを述べた。吾人は、此の主旨を布衍《ふえん》する為めに別項の如《ごと》き目次を作製したのである。即ち、

第1章に於いて先づ現代の思想を述べて其の倫理観念の向上を絶叫せんとし、尚《なお》人対建築、建築対建築、建築対建築家の精神及び物質上の道徳観念の問題を研究し、之れに依りて建築問題の根本に触れんとした。

第2章に於いて吾人は、都市生活の状況を写して、市民の精神、肉体及び性格上に及ぼす主として、心理学的影響を研究し、以って都市生活と農村生活に於ける自然的生活との差異、即ち、自然の力の感化を研究して人性の自然を考え、之れを以って一般的都市改良計画上の問題に考慮せんとするの意を示し、而《しこう》して、都市建築をして真に人類の生活及び欲求に投合せしめんことを期した。

第3章に於て吾人は、都市の美的観念を考慮し、先づ純然たる美学的問題より漸《ようや》く進んで建築美の実際に触れ、最後に様式上の問題につき意見を陳述せんと試みた。

以上は主として抽象的議論をなすべくよぎなくせしられたのであるが、

第4章以後は、主として建築の実用的問題に触れんとし、本項においては先づ従来の科学的観念の誤りを指摘し、かかる誤りによって如何《いか》に建築が其の本来の優越性を傷けられ、かえって人類のため其の幸福を害し

つつあるかを見、最後に科学における誤りを打破してその真の目的を主張し、よって健全なる共同を建築の上に齎《もた》らしめ其の能力をして全からしめんことを期した。

第5章に於ては殆《ほと》んど都市建築の実際的現況を描写し、其の直接の原因を探ね、殆《ほと》んど都市建築の現況と及び将来に於ける実用的実際的問題を研究せんとし、以下結論に及んだのである。

此の間全ての事項に亘《わた》って吾人は、つとめて不必要なる、ある時は、必要となる事もそのDetailの問題を避けて、主として根本に触れんとしたことは、一面に於て遺憾とする所であるが、それは、かかる小論に於ては、到底期求すること能《あた》わざるものである。不文にして不用意なる吾人は、冗長と不徹底はもとより吾人の期する所である。只憾《ただうら》むらくは、査察尚《なお》甚だ完きを得ずして而《しか》も限りある紙数に資料の十分の一も悉《ことごとく》すること能《あた》わず。従ってこれが叙説も亦頗《すこぶ》る粗笨《そほん》を免れざることを吾人の遺憾とするところである。然《しか》れども吾人は、只一つの使命——権と義——とを知るものである。而《しこう》してこれを知ることに依りて終始したことを小論議構成上の原動力にして、又吾人の意気の一斑である。若《も》し夫れ冗長と不徹底と誤解と粗笨とは、たまたまこの使命遂行上のnegligibleな迸散《へいさん》に過ぎないものとして敢えて弁明したい。

惟《おも》うに整える自治は、美しき人格をつくり、活ける自治は又能《よ》く新たなる民風を興す、冀《ねがわ》くばわれ人共に能《よ》く此に鑑《かんが》みる所ありて、採長補短、互いに精励力行して等しく其の事に当るを得ば小論の望みや已《すで》に足り、又、吾人の至慶とする所である。

第1章　建築問題の根本観念

混沌たる現代の事態は吾等をして思索せしめでは止まぬ。

吾等は吾等の生活を一個の全体として考察しなければならぬ。又、而《しこう》して人類の生活には色々な階級と種類とがある者かどうか、従って全人の努力を傾注すべき事業であるかどうかを研究しなければならぬ。人生は決して単なる一方面に制限されるものではない。即ち各種の努力は容易に一致合体するものではなく、部分には異なった諸要素が雑然として共存しているのである。

人は始め自然即ち感官の世界の一部分で感情の法則の衝動に支配されて居る。朦朧たる且つ非理性的なる本能が人心に貫通し且つ支配して居る、吾等の観念は官能的印象から生じ、始めは連想即ち純然たる器械的連鎖を形造る事は、吾等が屡々《しばしば》先賢の書に散見する処である。而《しこう》して吾等の全努力は唯個人的自己保存を目的とする。此の点に於いて人間は全く自然の制約を脱する事を得ぬ。但し此の種の自然的生活が勢力を有するのは、最初から吾人の全生活を掩《おお》うものでは無い。吾等は新方面即ち吾等が「精神的」だと名づける方面を発見するのである。

個人を離れて目を全人類に転ずれば、文明及び教化なるものは単なる自然的生活に対して新しき生活形式を形成している。何となれば、最早外部より迫るものに支配されずして、寧《むし》ろ新目的及び新理想を以て其の外的勢力に対するからである。人は自ずから判断し思量する。人は自から嘉納し拒絶する。人は国家組織及び科学というが如《ごと》き新しき複合体を形成する。かくして総《すべ》ての組織及び科学は人類の幸福増進を人類に向けて約束する何をか人生の幸福と云う——満足——絶えず満足を求めて活動する。人は此の意識を建築にも導延して「生の肯定」を追求す。此の点に於いて人は新たなる且つ特殊なる生命の表現である。

斯《か》くして偉大なる複合体が出来ても、それは決して真の結合ではない。基本として何ら内部的全体がない。且つかかる内的実体から生ずる何らの生命も存在せぬ。一切の生命は外界との接触に依りて生長する。而《しこう》して行為の本能的衝動の力に依り独立する事を得、又此処《ここ》に於いて一切の内部的価値は外界より来

れる者の附属、及び回想たるに過ぎぬ。然《しか》るに精神的生命が発展すると言うと全然別様のものが顕れて来る。此処《ここ》において生命は個々の分子の群に分解せざるを得ない。各人の全活動は内部的統一作用に依りて支配されるのである。而《しこう》して此の人間の思想が真理を憧憬する場合、自家特有の諸の連想を有するけれども、自分自身の真理なるものは所有しない。一切の真理探求は、何物か善人を、普通でかつ善人を支配するものを得なければならぬ、との信仰に基づいて居る様である。

此処《ここ》には雑然として幾多の主張とドグマとが存在するのではない。凡《およ》そ秩序正しく結合し、且つ一切の個人的努力が全体の進歩を齎《もた》らすものである。知的努力は働けそうである、即ち善も美も個々人に限られたる価値ではない。各個人が善と美とを追及する、単に共同事案に対する貢献たるに過ぎない。故に真の個人の善と美とに対する追求と満足とは、それが社会全般の幸福増進と共通し、尚《なお》利己の目的の為めに建築の設置に対し、全て対社会の幸福を無視するが如《ごと》き行為は甚だ敷き不道徳、寧《むし》ろ反利己的結果として獲らるるのである。而《しこう》して個人が真実に自己の為めに立脚する時にのみ、それが全体と合体する自己の為めにしたる建築は同時に社会全体、全人類の幸福を約束するものである！
吾等の理想は一定数の個別的約束を以て約束せぬ。吾等は実に偉大なる全体の発展を要求する、即ち広大無辺なる善と美の国土を追求するものである。

斯《か》くして一転、吾等の心意が社会全体の上に集中される時、必然的に一層偉大なる精神的努力が起ってくる。何となれば全体より全体の理想が立派に発展せられんが為めには、官能的印象を超越し、且つ不断に心霊の自律性を主張しなければならない。かくして心霊は、単なる附属物ではなくして凡《すべ》ての点に於てそれ自身を主張し独立生活の源泉となる。

科学上の諸観念は官能的印象をはなれてそれ自身の意義を得る。それはそれ自身の法則を発揮し、且つそれが摂取せる所のもの、変形する力を顕わすに至る。かくて吾等の幸福の増進を約束したる科学は、その真実なるの使命に依りて其の目的を推行し、吾等は自己の心意が供給する形式に依って、世界を形成する事が出来るのである。

人生は常に外的関係に対する内的関係の適応なりとは第一義的意味に於て真実である。而《しか》し人は単なる外部的所有に満足するものではない。遙《はる》かにそれ以

上の者を理想とする能力を有する事は最早疑う可からざる事である、とは多くの哲人に依って提称せらるる処である。而《しか》しながら件《くだん》の内部的生命及び其が一切の顕然たる表現作用は、自主独立なる内部的領土を開拓する事に依ってのみ、能《よ》く外界及び之れが猛烈なる侵入に対抗し得るものであるが、人体が精神及び官感的諸作用と不離である限り、外的影響は内部的究極と並行して、而《しか》し相反対の方向に人の精神及び諸官感を通じて肉体に影響を及ぼすものである、とは已《すで》に精神科学の証明する処である。吾等の内部的生命の究極と肉体的関係は必ずしもproportionalのものと思わない。人類の幸福の最大部分が人の肉体の健全を保存する意味に於て、即ち健全なる精神は健全なる身体に宿る事が真理である限り、外的状態の快適は人類の神への生活の手段であり且つ目的である。即ち此の手段の推行及び適用に依ってのみ吾等の肉体的究極の真の理想を実現し得るものである。

而《しこう》して現代人の外部的状件の最も多くの部分を有する都市建築及び其の環境が、現代人のあらゆる生活意義に重大なる関係を有する事となるのである。今吾等は如何《いか》に実行するかにつきては論ずるものでないが、只《ただ》吾等対建築問題につき有す可《べ》き行為の真正の意義を究明せんとするものである。

今吾等は内部的価値を人生の唯一に於きて、之れに適応する外部的価値の重大なる事を論じた。更に一歩を進めて内的価値と外部的価値の対峙につきて論究しなければ、吾等の建築問題の根本的意義を究める事は出来ない。オイケンに依れば「内部的価値及び外部的価値の対峙を始め、命を解体せしめるかと思わる精神的努力が対象物を摂取して、精神との間に相互作用をなさしめるに至れば、件《くだん》の対峙は消滅して精神的発展の其の絶頂に達する時は、生命は主観と客観との間に動揺せずして、寧《むし》ろ両者を自己の内に結合し、互いに他に作用せしめ且つ互いに他の力によって発展せしめたる」と云って居る。故に真に偉大なる建築は此の両要素を包含し且つ完全に両者を一致せしめなければならぬ。生命をして内部に膨脹せしめ、且つ全く新らしき実在たらしむる真個の建築物は斯如《かくのごとく》にして創造される。

都市に於ける集団的建築の場合に於ても、人と建築の場合に於けると同様に真個の建築は其の本随即ち精神的要求に依って消失するかと言うと決して左様ではないと思う。寧《むし》ろ精神的要求は個々の建築をして差別相を起させしめ且つ

一切の差別相より、高き見地に立ちしむる。個々の建築は其の型態状の問題を超越して相互の中に共通を見出す。かくて都市全体は其の形似下的の統一を得、個々の建築は同時に都市全体の世界を形造るものである。而《しこう》して又科学も主観と客観との対峙を破壊せられ、建築は中に調和ある適用を受けて互いに他の力に依りて発展せしめつゝ、同時に両者を包含せんとしつゝ人道生活に参加する。

人は自由活動に依りて、宇宙的生命に向上し、且つ全心の力を以て其の「種」の生命を開展し得る能力を有すと云う事は倫理体系の根本原理である。此の事は又建築の方面にも適用が出来る。吾等の精神的生命は自律的のものであって此れが、吾等の動物の状態より人間の状態に向上せしむるのであるが、建築はそれ自身の性質上、其の精神的生命は人間の作為に依りて附加せらる処の他律的のもので、若し人道的な人間に依りて他律的作為を附加せらるや否や、その作為のまにまに、それ自身の偉大なる本質を発揮（此の事は後の節に依りて詳論するつもりである）する。

即ち、神――宇宙の本源に体顕して、外界を支配するから豊かにするものである。此処に於てか建築の人生に対する積極的能力（吾等の建築の此の偉大なる対人的能力を、神への交捗――もっと神秘的に宇宙の本源への交捗と認め、段々にその能力を積極的能力と名づく）現実に対する真の任務の労働力を発揮するのである。而《しこう》して此の力は建築本然の目的を推行する手段となるのである。此の能力に依りて建築の唯一目的たる健全なる環境雰囲をなし得て、建築本然の意義を明かにし得るものである。而《しこう》して建築を吾等建築家の修養を通じて随所に宇宙の本源と融合し合体して、其の偉大なる効果と救済とを人類生活の上に体顕し得るものである。吾等が真の健全なる建築の要望は、やがて此の偉大なる積極義の観念となり思索とならなければならぬ。人間の建築に対する精神的生命の活動は、建築の本質として顕示せられ、徹底せられ愈々《いよいよ》徹底して、人生の幸福は増進せられ、其処に対し新建築の新らしき世界を発見するのである。

如斯《かくのごとく》、建築の本質が人間の野鄙なるエゴイズムに妨げられる事なくして完全に生長し得る時にそれは、最も豊かにそれが有する一切の価置を発揮するであろう。即ちそれは新しき世界を啓示し、且つ実在の新しき深さを開拓するであろ。斯《か》くして吾等は個々の建築的事情を超越して、茲《ここ》に一大都市の所有者となるであろう。

如斯《かくのごとく》にして此の部分の全体は吾人に取って他人でもなく、初対面でもなく、寧《むし》ろ吾等自身の根本生命の反映となるのである。

吾等の精神生命の自律性は、実在の新らしき相を表わし得るものなるが故に、そは一個の包括的〔全体〕を形成しなければならぬ。従って建築の個々の問題に於ても、単に〔全体〕の異なれる表現たらしめなければならぬ。都市全体の考察に依りて其の地位と意義とを見つめなければならぬ。斯《か》くして別々の方面に於ける建築的活動は源と魂とを得る、且つ各方面とも益々《ますます》相接近し、補充せんことを論ずるに至る。而《しか》し今日、市中多く見るが如《ごと》き、甚《はなは》だしき個人的建築即ち利己的——排他的建築の如《ごと》き全体の統一を破壊するが如《ごと》きものは大に忌むべきものでなければならぬ。

何となれば「今や全体の運動より、全体の或る最高理想への到達より分離しては、個人の努力は無効である。而《しこう》して此の全体の運動に参加すると云う所に人生は明瞭なる倫理的——人道的性質を帯びて居るからである。吾等はもっと全体に対する「愛」の真義を理解しなければならない。此の事は人、特に建築家に取りては、大事業である。吾等は不完全な未成品で、且つ矛盾に満ちて居るけれども、須《すべか》らく真生活を獲らなければならぬ。結果の世界から原因の世界に徹底しなければならぬ。且つ偉大なる宇宙的運動を以て自分自身の事件となし、従って自己の生活と理想とに意義と価値とを与えなければならぬ。

吾等は新しき世界を認識し獲得すべきのみならず、全人類の生活を寄るべき建築——全人類の有する文明の容護たるべき建築新秩序を創造して、全然相違せる秩序に打ち克たなければならぬ。古い社会に於ても歴史に於ても内部的結合を作らなければならない。全人類は其の束縛を受けつゝある外見の世界を補うに、不可見の世界を以て努力しなければならない。かくて吾等建築家は日常の不断なる往行及びその一切の向上と努力とを内部から支持すべき、永久の真理と価値とを発見しなければならぬ。吾等は与えられたる自然状態の内に一層高等なる生活を実現しなければならぬ。之れが為めには先づ現実世界内に、建築の新秩序を創造し建設しなければならぬ。斯《か》くて吾等の生活は永遠に終る事なき事業に変じ且つ無上の偉大性を得る。又個々の建築は既述せる如《ごと》く全体を所有し、且つ確定しなければならぬ。吾等建築家の修養を通じて示顕せられたる建築の精神的個々の本質は、其の目的及び標準の泉たる吾等建築家及び之に

関係すべき一切人類の精神的生命の基礎上にのみ其の神来の偉力を発展し得る。

今吾等は人対建築及び建築対建築、更に進んで建築対建築家に必須なる倫理感念の内部的統一及び作為其の他の根本の問題を論議した。かくて得たる倫理的根本の観念を以って都会の巷へ出た。そして其所に配列されたる建築の実状を見る時に、吾等はかの熱狂児ロマン・ローランの絶叫を想起せずには居られなかった。「真実か愛か社会は絶えずDilemmaに面して居る。そしていつも真と愛とを二つながら、ともに犠牲にしながら其のDilemmaを解決する」現代社会の腐爛と頽廃とはすべて斯《かく》の如《ごと》き無意義なる特性により行われた解決の所産にすぎない。吾等は次章に於て此の所産たる建築の現状を暴露して其の根禍を追究せんとす。

吾等は互いに他を妨害する事に依ってのみ、自己の特色を完全に発揮し得る如《ごと》き諸徳即ち絶対的に相違せる諸道徳の間に彷徨して居る様である。かくて全人生に対する道徳の勢力は必然的に滅亡されざるを得ない。従って反道徳的運動に対する攻撃は減退し、且つ其の運動は浅薄なるにもかかわらず地歩を得て居る。是に於てや曾《かつ》ては人類の疑問なく所有たりし道徳も、一個の難問題たるざるを得ぬ。今や道徳は其の高所より人生を支配せずして、却って人間の意見と選択とに服するに至った。如斯《かくのごとく》にして都市に表われ来る事態は益々《ますます》堪《た》え難きものとなる。総《すべ》ては厚かましき金儲《かねもうけ》主義の為めに虐げられ、辱しめられた。目前の成効を追い求める作物の群の歓喜の嗜好を窮うことのみに心を痛め、総《すべ》ての聖なるもの、総《すべ》ての真なるもの、総《すべ》ての愛なるものの表現が惜し気もなく脱捨てられて――時代の精神を開き導くべき芸術の、根本の使命は全て没交渉の姿である。

かくて自己広告に執拗なる人ばかりが、清い天才の名をかち得るばかりで、真に芸術としての天分なり技能なりを有った人々は〔只そーしないでは食って行けぬ〕と云う一句の為めに、総《すべ》ては貪慾なる資本家の為めに圧迫せられて居るのである。如何《いか》に現代が人道的に腐敗して居るかは敢て吾等が喋々《ちょうちょう》する迄でもない。最近に於ける押川前製鉄所長官の変死に導火して暴露せられたる疑獄事件の如き、総《すべ》てが其の天分を忘れて不正の欲望をたくましくしたからである。之れを大にしては今次の欧州大戦である英独の宣戦に依りて拡大せられたる戦乱は各自相応なる主張と弁解からでも其の主とする所は、両国間の資本投資の

競走嫉視が原因なりとは普《あまね》く称せらる処である。之れ皆将《まさ》に其の根本を究索すれば、皆今日に於ける資本家の心情に於ける頽廃と増長と不徳より来れるものであって、正に資本主義の欠陥である。かかる裏面を有つ現代都市建築の多くが其の根本に於て堕落して居るのは、別に怪むに足らない。

吾等は眼を挙げて都市の現状を見る時に、そこにも又虚偽と妥協と無気力と及び残酷なる黒い血潮にまじって居るのである。現代文明否人間の内に微動する二元的争闘の戦場が展発せられて居るのである。

実に獅子心中の虫は其の蠢動《しゅんどう》と侵食とに依りて、総《すべ》ての健全なるものは破壊せられて居るのである。而《しか》しながら、吾等は近世の文明速進に都市を齎《もた》らせる重大なる意義を忘れんとするものではない。即ち吾等は都市の有する物質上の長所と、真正なる意義を肯定するに躊躇してはならない。否、更に進んで之れを健全に増長して、共に共に全人類の運動に参加しなければならない。従って吾等は都市の長所及び短所を挙げ、前人の残せる誤れる遺嘱を究明し、以て長所は此れを増長し発達せしめ、短所は此れを更新せんとする事は必らずしも徒労ではあるまい。之れ都市建築の背面を流れる実在にて、同時に理想的都市建築構成の前提であるからである。

都市の膨脹は近代文明の産出したる一大特産物にして、又、現代の世界的特長である。かかる膨脹の原因を以て都市自身の地理上及び経済上の関係に帰し、或は物質繁栄の趨勢と自由精神の振起に依る近代的民主思想の発展であると云い、又或る人は都市の膨脹は、交通機関の発達に正比例すると云って居る。

今や此の近代的思潮は膨洋たる波濤をあげて人類の頭上に迫りつゝ人々は都市へ!!　都市へ!! と相寄せて行く、此の傾向が窮極は果して何物を齎《もた》らすであろうか。

無制限なる人口集中に、恐るべき弊害を認めたる欧州諸国は、法律に依って都市の膨脹を廃止せんとすることに就いて、長年月の経験を累ねたのであるが、今其の結果は何物をも得る処のなきを語って居ると云われて居る。都市集中の思想は独《ひと》り近代のみではなかった。已《すで》に古代に於て英雄伝で有名なる希臘《ギリシア》のプルターク（50 ～ 120）は大都市の勃興を抑制せんと試した事があった。又、羅馬《ローマ》に於ては有名なる政治家シセロ（B.C.106 ～ 43）が多数の農民が田舎より都市に移住する事を防遏《ぼうあつ》せんとした事がある。其の後にビザンチン大帝（452

～562）が法律を以て国民の都市集中を禁止した事があった。

而《しか》し夫れ等は悉《ことごと》く失敗の歴史を繰り返えしたるのみにて、国民は益々《ますます》都市に集中した。かくて此の傾向は世界改革時代により益々甚《ますますはなは》だしく近代に至り、遂に其の停止する処の測り知る事能《あた》わざるに至った。

此の結果として住居問題の行き詰り、及び此れにともなう道徳問題、人口問題、保健問題等の所謂《いわゆる》都市問題を生じた。かくて心あるものをして、文明は常に暗黒面に富んで居ると呪わしむるに至った。是れあらゆる罪悪の源泉は醇朴の田舎よりも寧《むし》ろ蜂巣的密集の都会に起り得るのである。貧富の懸隔は如何《いか》にして資本家と労働者との調和と両立とを齎《もた》らすべきや。今日欧州各国の苦しみつつあるところの労働問題、社会改良慈善貧救事業等、亦《また》今日都市経営家が文明の謳歌よりも呪咀、事業の嘆美よりも破壊に進まんとしつつある都市下層民の貧救、病弱、生活難を如何《いか》に解決せんとしつつあるか。顧《かえり》みれば都市問題の前途雲烟渺茫の感なき能《あた》わずである。特に戦後に起る都市問題は更に新たなる困難を生じ一難は更に一難を加えたのである。

都市をして発達せしめたるものは、其の一面に於て科学の進歩即ち物質支配の発展に背う処甚大なるものである事は論ずる迄もないが、同時に甚《はなは》だしき個人主義の暴逆と一部の人に依りて、科学の誤まれる適用に依りて、都市集中を誘い遂に今日の都市をして、あらゆる罪悪と呪咀の根源と化さしめたる事は前述の通りであるが、此れ皆人口集中の結果である、所謂《いわゆる》過群住居の産物である。かくて都市は自然的要素を変じて極端なる人間的要求の地域と化さしめ、遂に感傷詩人をして〔都市は人間の墓場なり〕との定義を与えしむるに至ったのも亦宜《またむべ》なりと云うべきである。如斯《かくのごとく》都市の人為化に依りて、与えらるる処の結果が、人間に対する影響は如何《いか》なる状態にあるか、吾等の都市建築の根本的解決を得んとすれば、勢い、都市に雰在する罪悪の根禍を探究し、之れに伴う肉体上、精神上、並びに道徳上の変化を闡明《せんめい》する事は決して無用好事の閑問題にあらずして、寧《むし》ろ焦眉の急務と信ずるものである。

人性は外的関係に対する内的関係の不断の適応であるとは已《すで》に述べたるが如《ごと》し、此の定義を一個の重要なる真理即ち環境の偉大なる感化力に重きを置く点に於て、頗《すこぶ》る吾人の意を得るものである。何となれば吾人は都市問題の論議に当たり、外的関係の一大要素なる建築の対人的Influenceを道徳的に（or人本

的に）変化する事に依りて人類の内的関係の向上を誘導し得べしと云う自信を有するからである。建築の対人的、外的Influenceは分れて二様の立場より作用するものである。即ち一つは客観的で建築が人間に齎《もた》らす生活条件の影響である。他は主観的で人間の心情に及ぼす建築の影響が全精神生活に加うる感化である。国民性や地方性を解釈するに、建築のかかる影響を説く事は少くないのである。

人は、万有の中心に安坐し、其の内心の意識より世界各般事物を織りだすこと、蜘蛛の如きものではない。彼れの生存せる間外界に於ける一事一物は悉《ことごと》く彼れに影響を及ぼし、何等か之れに相応する行為を求めざる時はなく、常に暗黙の裡に感得し得べき一大秩序に応照せずと云う時はない。之れ恰《あたか》も風のまにまに西に東に揺られ吹かれる廬の如く儼乎《げんこ》として犯すべからざる一大主人の指揮に服従して、揺籃《ゆりかご》より墳墓に至るまで左顧右眄《さこうべん》、是れ実に人生の運命である。之れ人生否人間の内部に存在する一大矛盾である。深く深く自己の内部に食い入って自我の本性を探知する時に、暗然として己が両頬に涙を知るは又之れに外ならない。真人ロマン・ローランをして「人間の清らかな自然性の曇りとなって居る、一切の仮面を剥ぎ取らんが為め」と叫ばしめたのも、亦《また》之あるが為めである。かつて吾等に暗い人生の戦いに剣を取らしむるのも、亦《また》之の一大矛盾の産物に他ならない。

此の軛《くびき》は常に懸って人の双肩にあれども、人は概して此の奴隷の状態にある事を悟らない。諸の種の外界の事情は環境という一定の型框内に収められて、人は反復又反復、之れに適応する事頻繁にして、遂に化して習癖となり、習癖はやがて其の性格の一大部分を形成するものである。

如斯《かくのごとく》人は此の事実を殆《ほと》んど意識しないけれども、人の性格は其の遺伝を除いては悉《ことごと》く其の境遇の色彩を反映しないものはない。実に環境の意義の重大なる、誠に一驚に値するものと云うべきである。偉大なる環境の駆逐に抵抗するには偉大なる努力を要す。而《しか》し之れ吾等凡人に望む事は出来ない。多くの人は諸事悉《ことごと》く彼れに向って排列せらるるものを追って、此れに投づるのである。如斯《かくのごとく》は、只、即ち最少の抵抗に向って進むものである。

人の眼界愈々《いよいよ》制限せられ、其の経験の範囲益々《ますます》狭隘なるに従い、彼れの習慣が其の境遇の色彩を反映する事更に極端となる。彼れが住居する地は、彼れに

取って唯一の理解し得べき地であって、又之れを除きて他に望ましき処はない。吾等は絶海の畔にある淋しい燈台守の、その世離れた孤独の生を羨む。それにもかかわらず、燈台守の主人は、却而《かえって》吾等の都会生活を羨んで、荒涼とした海や波の音などを佗しがる。又休暇を地方に過ごして、再び黄塵万丈の巷に帰り来るや、心怡然《いぜん》として喜ぶ。凡《およ》そかゝる吾等の心理は何を教えて居るか。否何が吾等の心の奥深くに根在し須置されて居るのであるか?! 一定の境遇の下に生活するは一種抜くべからざる感化の標章を受くるものである。殊に人類の大多数は狭隘なる一区域内に籠居するが故に、其の環境は彼等に取って何物よりも重大となり、彼等の有する一般特質も亦《また》必らずや都会の一般環境が大に其の特質に責任ある事は勿論である。

世人は今日迄幾分か既に心を此の方面に傾注し、都会生活の体育に及ぼす悪影響を論じ、従って之れが国民全体の活力に及ぼす損害の甚大なるを痛歎し来った。而《しか》し尚《なお》一歩を進めて更に復雑なる心理状態を観察せるものは、吾等のあまり耳にせない処である。都市改良と云い、市区改正と云い、乃至都市計画と云い其の多くは街区の整備、交通機関の問題、衛生問題等表面的にして更に深く人類の興亡に関する心霊的問題に接触する事の少なきは、吾人の頗《すこぶ》る遺憾とする所である。

都市問題は帰向する処、吾人の深奥に復活して、もっと内的関係の深刻なる交渉を有するものであらねばならぬ。吾人は人生を以て、外的関係に対する内的関係の不断の適応であると考える事に依りて、都市の問題に就て吾等の都市と云う環境が人生に及ぼすInfluenceの範囲及び、性質を商量する事を以て自然の順序と思う。而《しか》し此の定義は第二義的に於て真理である事は、吾等は前述した通りである。即ち二ヶの点に於て不充分である。

第一、此の定義は、人間を以て偏《ひとえ》に一定の環境の圧迫に従って受働的に行動するものと為す嫌がある。然《しか》し人は更に微妙なる取捨選択の権能を有し、遭遇せし全環境の僅かに一部分たるに過ぎない。此の主観的選択はジェムス・ウォードの研究に依って明かにされた処のものである。

地方人が初めて都会を見物するや、其の観る所は都会の人と異なり、此処《ここ》に永住する人の思い附かなかったものを観察するものである。又、貧民窟に居住する者は、外来者が一見を以て戦慄する様な悲惨の状態も多くは意識しない。

盲人は都会の醜を見ず、聾者は其の喧燥を聞かず。而《しこう》して吾人は皆或る意味に於て半ば盲目に半ば聾に過して居るのである。疑もなく吾人は此の地上に棲息する間、此の世界より何物をも奪い行う事がない。然《しか》し、吾人は確かに多くのものを之れに齎《もた》らし又更に多くのものを選択して居る。かくて吾人は主観的選択をなし自から進んで事を成形するものである。

若し吾等の努力が、少なくとも現在よりも更に光明ある将来を形成せんとすれば、此の選択的要求を度外視する事は出来ない。

第二、人は自からが現に外的関係即ち外界の一部分である。此れ前定義を補完する第二のものである。都市に於ては外的事情の大部分の構成は人に依りてなされたもの即ち人及び人為のものである。

人は一介孤独の個人としてはもとより、環境の攻撃に降伏するの外はないが、組織のある社会の一員として彼の衆合的能力は、其の周囲の苛酷なる自然に対して耐え、之れに抵抗して却而《かえって》勝ちを制する事がある。故に吾人は此の人と環境との争闘に於て人間の作れる社会的軍勢をも算入する事を要す。即ち人自からの環境に及ぼす影響をも解決しなければならない。

かくて吾等は初めて真に改良的道程に入る事が出来るものである。

吾等は久しく各都市に於て不思議にも同一状況を呈出する現象の諸種の弊害を意識し、其の表面上に現われ来るに従い、一々之れを剪除せんと試みた。而《しか》し吾人は将来に於て、都会と云うものの衆合的Influenceの偉大なるを悟り、吾人が今日迄何等之れを指導する事なく、或は又、其の真の意義をも顧みずして、徒《いたず》らに其の発達するに任せたる事実を承認するにあらざる限り、吾人は決して都会の改良に於て、更に善良なる効果の実らん事を期待する事は出来ないのである。

第2章　環境と人生　(都市の真相と自然的要素の感化)

20世紀の教育機関完備の時代に於て、吾人は動《やや》ともすれば昔日の精巧を極めたる教育機関を一掃し去ったとき、吾等の身体は畸形となり諸種の機能は発育を止め品性は全々陶冶せられざるに至るべしと憂う。如斯《かくのごとく》は畢竟《ひっきょう》人工を以て自然に優れりとなすのもの甚《はなは》だしきものである。吾等は自然の偉大なる感化力を軽んじ、吾等が或る物を手中に取り上げし時、既に其の物は殆んど完備に近かりしことを認め得ざるものである。些末なる小事の加減乃至《ないし》改良に依って、吾等自からの新宇宙を創造し得たりと思うは甚《はなは》だしき間違いである。

米国の或る女史は其の著「地的環境と人生」に於て述べて曰く。「文明の進歩は人間と自然的条件の支配から層一層解放し直ちに其の活動の基礎と環境とを形成するものであると云う考えは誤りであって、文明が進歩すればする程、人間は却って自然に対する依頼を増すものである。」と云って居る如く、自然的要素の感化は蓋《けだ》し要人委り受くる所の課程にして人生の一般的訓練とも称する事が出来る。

自然と人間的要素

環境の立脚地より見るに、人間の訓練は全く二人の教師の感化に依るものである。

其の一つは〔自然〕と呼ばれ、此の世界に於ける更に永久的にして、又神秘的なる部分にして、其の意義は容易に窺知する事が出来ない部分である。而《しこう》して其の環境はこれが人類の内に生起せしむる表象と感情とに依って、又表象と感情とが其の絶えず反覆する事に依って生ずる、恒久的の心情及び性格を通じて人類に美的効果を及ぼすものである。

第二には(人)及び(人の事業)、人の芸術と知巧とを暗示する人間的要素である。此の両教師は各々其の特質を以て、人の脳裏に印象する点に於ては同一なれども、而《しか》も其の結果より見れば其の課程は著しく相違し、半ば相反し半ば相補充する性質なる事後述するが如し。

都会の問題を論ずるに当り、此の区別の重要なるは一見して明瞭である。蓋《けだ》し都会と田舎との相違は、一つは人間的要素多く、他の自然的要素優勢なる点に於て特色がある。都市生活の此の両要素は各々何れか一方にては決して完全でないと思う。互いに適当なる比例を以て相混和せなければ、其の発達は必らずや偏狭なるものに終るべき事は明かである。地方人の剛健蠢愚にして、都会人の虚弱秀優なることを比較して吾等は環境のInfluenceの甚《はなは》だしきに驚かざるを得ないのである。然《しか》れども多数の人は其の一生を、又或るものは少なくとも其の青春期を僅々数哩《マイル》内の都会に送るを以て、彼らに及ぼす都会的環境の影響は到底看過する事が出来ない問題である。

今吾人は之れを三段に分けて論究すべし。

身体の訓練

自然と人間的要素との身体に及ぼす影響の相違につきては、今更事々しく研究する要を見ず。昔ローマの入口は墓であったと云うが、現代の都市は即ち人生の墳墓である。田舎で生産したる人間は都会で消費されるのである。百の智識も巨万の富も夫れは皆人間の消費を先約しないでは更に価値がない。世人は動《やや》もすれば都会人が田舎人より長命であると云う統計を見ては、近代医学の進歩と都市衛生の完備として安心す。而《しか》しそれは全く温室の花に過ぎない。寒風凛烈の荒地に巖然たるには何等の権威もない。生存の権力なき人間を生かして居るに過ぎない有様である。

此の人間的要素に対して、害毒と平衡とを保ちて治療的作用をなすものは自然である。之れ吾等が博物学の初歩に於て既に知る処である。如斯《かくのごとく》健康と疫病との間の平衡は、常に此の二ヶの相争える力の一進一退に依って推移して居る。されば人の住居すること稀有であった時代には、自然は容易に力を伸ばして、其の特長を発揮する事が出来た。而《しか》し都市が益々《ますます》発展し、人間は日々に稠密となるや茲《ここ》にBalanceを破って恐る可き危険を醸成する様になった。空気は愈々《いよいよ》腐敗して人の双頬は蒼白となり、胸隔は狭少に、神経は益々《ますます》過敏となって背骨徒《いたず》らに高きを見る有様である。

自然の回修は益々《ますます》不可となり、百般の学問も生死の秤に於て、よく其の中間を保持するの力なく、又之れを成さんと試みられた事はない。かくて吾人は死

の最後の一撃を暫《しばら》く避くる事を得れども、未だに死の羈絆を脱する事態《あた》わざる状態にある。吾等の家庭は重からざるといえども、常に吾人をして陰鬱不快ならしむる病源の根絶した事がない。死と生とを区別するが如き統計表は、記述如何に精粗なくとも、真の戦慄すべき結果を示す事が出来ない。若《も》し吾等を何等かの方法に依り、個々の人につきて、其の平均精力を計算する事が出来たなれば、或いは都会と村落との、真に相対照せる相違を明らかに指示する事が出来るかもしれない。

精神の訓練

自然は多くの点に於て一ヶの教師の如く、適当なる思慮と熟練とを用いて、次第に成育せんとする人の精神に、或る真理を印象せんことを努むるものである。先づ第一に、自然の描ける図案は頗《すこぶ》る大規模にして、空と野と山とに豊かな成長に富み、決して急がず、又徐々に展開して足れりとなす事、草木の生活に見る通りである。次で自然は誠に巧妙なる設計を用いて、断えず原因結果の実例を指示し変化不同の間、常に類似のものを示す事吾人が自然の諸現象に依りて知る処である。

要之《これをようするに》、学校教育以外、人を自然の教育に一任する時は、彼れは自然の教師より秩序整然として、又精確なる点に於て、直ちに真の知識と称し得べきものを修得すること、決して僅少ではない。如斯《かくのごとく》村落に一生を送る人は自然を以て最も手近かなる仁慈の教師として、之れに学ぶ所甚だ多いのであるが、都会に於ては人の経験世界を形成するものは屡々《しばしば》人間的要素である。勿論《もちろん》市井の間と雖《いえど》も、四季循環に春到れば、草萌え、葉芽ぶくこと疑もなし。然《しか》れども如斯《かくのごとく》都会に於ける自然は、単なる一ヶの興味であって、一ヶの残存物に過ぎない。都会の全風致を支配し、人に最も親しめるのは、人と其の事業の外何物もない。要之《これをようするに》、都会の光景は無限の変化を生ずるのも、そは無関係、無秩序にして唯偶然の変化のみである。人と車とは変化すれども、其の変化したる人と車とは、又同じ人と車とにはあらず。家と観る人とは断えず止まるとも、彼等は更に変化する事なく、徒《いたず》らに推移する光景を黙々として観察するのみ。永久的分子は変化せず、変化するものは永久持続の分子なし。即ち原因結果の関係とは、即ち相連結せる現象世界の観念を与うる事なく、決して有益と云うべ

からざる雑物を以て、徒《いたず》らに頭脳に充満するのである。

実に都会の人は凡百の事件を以て断えず詰め込まるるも、其の事件たるや悉《ことごと》く狭隘なる範囲に限られ、其の間幾万の変化あるとも、之れを一貫するものは唯人間的要素のみである。誠に彼の脳裡には漠然たる思想を驚くばかり多量に貯蔵するとも、其の限界は限定せられ、其の思想は固陋にして、其の経験界の狭隘なる這般《しゃはん》の状況に習わざる人には奇怪にして又一種拗念たるの観がある。都会に成長したる児童の過度に慧敏なるが如きは、周囲の所産にして又都人の特長とも云うべきものである。

惟《おも》うに興のままに生動せる活事実に接触して始めて、之れを得べきものである。之れ即ち、根本的実際的経験の所産にして、興味の裕かなる、或は貧しき偏《ひとえ》に其の範囲の広狭に依りて変化す宇宙の一半――人に取って最も興奮せしむる価値ある一半に配列して、而《しか》も何等の損失を蒙らざらんことを欲するは不可能である。要之《これをようするに》、都会は其の訓練の方法に於て誤まり、其の課目は偏狭にして、以て教師としての資格を失えるものと云うべきである。其の結果都会は変化あり活躍あり而《しか》も其の間に統一ある記憶を人の心の裡に貯えしむること能《あた》わず。此の記憶なくんば、到底彼らに最も精選せられ、且つ最も久しきに耐うる興味を惹起せしむる事は到底出来ないのである。

性格の訓練

「ルボン」は性格の事に関し、次の如く云えり。「性格の影響は国民の生活に取って至大なるものなれども、智識の影響は之れに引きかえて真に甚だ微弱なるものである」（民族発展の心理）と。実に衰世のRome《ローマ》人はその粗朴なる祖先よりも遥《はる》かに巧妙なる智識を有したれども、性格の特長は乱熟せるHerenistic Civilizationの都会生活の内に跡型もなく失せ去ったのである。又六万の英人が二億四千万の印度人を屈服せるは、全く此の性格の為めである。故に吾人の性格の問題を論述する事は、国家と民族を愛する人間本然の進化の為めに須要の事である。

人が此の世界に対する一種の態度、主として情緒的態度の如何《いか》なる境遇の影響の最も分明に曝露《ばくろ》せらる所にして、若《も》し吾人が人間の種々の一般特質を説明せんとせば、吾人の特に探究せざる可からざるは、此の態度の中にあるのである。

吾等若《も》し、機械の響、鉄槌の音轟々《ごうごう》たる工場の傍らに住居して、或る組織的研究に従事せりと想像すれば、習久しくして此の喧噪なる環境も、遂には吾人全く其の響に対し無意識となり、一見吾人の研究は最も満足に進捗し、又何等の影響をも蒙《こうむ》らざる如くなれるも、実際に於て吾人の神経細胞は断えず此の喧噪なる境遇の影響を蒙《こうむ》りて、決して脱却する事の出来ない印象を其処《そこ》に留むるものである。如斯《かくのごとき》現象が都市近代生活状態と関係し、人の精神は常に緊張して心に落ちつきなく、癲狂者と自殺者は益々《ますます》社会に増加するのである。

肉体に及ぼす影響にして、如斯《かくのごとく》顕著なる諸点を示せば、吾人は他方面の問題より精神に及ぼす影響を全く不問に附す事は出来ない。一度受けたる印象は吾人が其の存在を明瞭に認知すると否とに関わらず、吾人の精神上の一部分を占有するものである。之れ近代心理学の立証する所である。例えば工場の場合の如く響は外へ出して耳にせずとも、吾人は或る意味に於て断えず其の音を意識して居るのである。だから音響に何等かの変化を生じ、又は突然中止する時は直ちに人の注意を呼ぶのである。又、環境は常に吾人を囲周して存在するが故に、其の音響は絶えず連続し、且つ次第に其の力を加え来り、遂に吾等の感情に一種特別なる調子を与えずには休まず。されば、若《も》し吾人にして苟《いやしく》も事の真随を明らかにせんとすれば、村落と都会との環境の間に何等か特殊なる旋律の、此の両者を載然と区別するものありや否やを、探究しなければならない。

自然的要素の優勢なる環境、即ち村落よりみての特質ありて、之れを他と区別する事が出来る。即ち休息、沈黙、及び美である。此の勢力は互いに相調和して協力し、人類の上に強く亡びざる感化を及ぼし、深く人間の組織中に浸入して、人の心に活力と確心と忍耐と沈着とを与うるの端緒をなす。其の弾ずる旋律は緩漫にして重く、人の感情は此の調べに和して静かに合奏す。此の三者は自然的要素の著しき特徴にして、興奮喧噪及び一種孤独なる絶望的醜悪は、人間的要素に必らず随侍する従者である。自然的要素の成せし人間は起ちて新らしき方面に住むこと困難にして、又旧習慣を拋棄することも容易でない。然《しか》れども其の一度起つや、断乎たる決意を以て事に当るが故に、其の為す処必らず貫かずんば休まざらんとす。此れに反し、人間的要素は性急不安の権化《ごんげ》とも謂《い》うべく、浅薄にして奥行なき気質を増々助長し、此の間に哺育せられたる人間は時に神経麻痺したるが如く、無為茫然たる状態にあるかと思えば、直

ちに此の状態より泡の沸騰するが如く、狂奔せる活気に移り、常に変化を好み、而《しか》も其の変化の齎《もた》らせしものに満足もせず、閑を憎めども同時に寛容なる能《あた》わざるものである。

上来吾人の研究せし所は、環境を以て人に一典型の気分を与え、一種の気質を起生せしめるものとして見たるものなるが、今や吾人は環境を以て観念又は思想を生ぜしむる根源として之れを考え、其の源根及び意義に論及せざるを得ぬ。換言すれば吾人は情の方面より知的方面に接せんとするものである。之れ人類の性格構成上更に深重なる意義を有するものであると思うからである。

惟《おも》うに吾人人類は皆意識せざれども、一個の論理家にして其の醒めたる間に刻々一種の不分或いは不可分の高き哲学系統を構成して休む時はない。其の結論中にはもとより賢愚あり、又全然真理なるものなけれども、同時に又悉《ことごと》く錯誤なりと謂《い》うべきものなし。而して其の賢なりと、はた愚なると、誠なると、はた偽なるとを問わず、此等は皆吾人が世界になき、或は世界に行くるる事物につきて懐く吾人の観念を代表するものである。

如何《いか》に低調なる行為も、無意味なるが如き言葉も、鎖末なる一顧一眄も、皆吾人の精神内の深奥に不可思議の隠家《かくれが》に蟄し、而《しこう》して吾人が日常行為の根底となるものである。唯《ただ》吾人、其の由て斯く成り来れる複雑なる過程や、又は発動の様を探り見るを得ざるのみ。恰《あたか》も外界より来る凡百の印象は一々吾人の注意を換起するに足らずとするも、尚《なお》相結んで吾人の意識の調子或は色彩を生ずるが如く、種々の事実の、一旦吾人の思想圏内に入り来り、或は其の周囲に近づける時は、久しからずして吾人の普通の記憶外に遁れ去るとも、尚《なお》長く吾人の知的宝庫の中に保存せしが、所謂《いわゆる》、潜在意識の一部分として、吾人の性格成形に参与するものである。此れ即ち副意識の研究に依りて了解する事が出来る。蓋《けだ》し感情即ち知識の情緒的方面は、常に最高の位置を占め、吾人の行動の多くは此れに支配せらるるものである。

然《しか》らば人が環境の攻撃に逢い之に環元する方法として、彼れの取らんとする計画は何なのかを吾人は考究せざる可からず。

都会に於ては如何なる事業も皆之れを完成するは、人力に依頼せざる可からず。即ち人間的要素万能にて、人の全存在、或は一歩を進めて人の全能を証明し反復之れを力説して、悉《ことごと》くその反證を破らんとせざるものはない有様である。

勿論《もちろん》事実に於ては人の全行為は単に物欲の配列に過ぎずして、爾餘は皆自然の力に依りて完成さるものである。蓋《けだ》し自然力の事をなすや一定不変なれば、往々全体として看却せられ易く、其の不則の部分のみ之れを完成するに人の技巧を要し、少し人力を加うれば、最後の目的は過またずして、達せらるるものである。而《しこう》して一歩を出でて村落に到れば、吾人は其の森林を見、原野を見て、人間以外のもの若《も》しくは、或る力の存在する事を感知せらるのである。人は誠に此の自然の全景に一点一劃を加える事ができるかも知れないが、全景及び其の微妙の点に至れば、超人間なる或る物体の創造的偉力を語らざるものはない。

要之《これをようするに》、都会に於ては人提出し神按排するにあらずして、人提出して人按排す。而《しこう》して最後の如何《いか》に之れを超人間なる或るものの力に俟《ま》たざる可からざること、独り村落に於て之れを見るのみである。

又一方に於て、自然は人間の必要に備え、其の生存を全からしむるを以て目的とする一種の力の現示を有す。又他方に於て、人間は人間自から事を創造し得ると云う意識がある。此の両者に依り茲《ここ》に始めて、自然に対する単なる恐怖は、遂に進んで敬虔と云うが如き、威厳ある情緒を生ずるに至るものである。如斯《かくのごとく》自然の感化の最も高潮に達したる時は、かかる敬虔の念を生ず。村落の環境のよく教え得て、而《しこう》して都会に於ては寸影だに授けて得ざる教訓である。勿論《もちろん》都会に於ても仔細に事を観察する人は、能《よ》く其の区域内に不可思議にして無限なる力の存在することを認め得るも、普通人民皮想なる観察は、都会は一個の劃然と限定せられたる処にして、家は家と相接し、家の尽くる処市街あり、市街の尽くる処又市街あるのみ。煉瓦の障壁は高く其の限界を遮断し、其の見る処には隣人の窓にして、総て整然と完備とを欲し、皆小さくして、無意義なる虚飾を以て覆われざるものはない。又都会は人の事業であると雖《いえど》も、その多数の人の事業にして決して一人の業にあらず。多数の労力を抽象したるものにして、其の間何等統一的要素を表わす事がない、此の間にあって、如何にして人は畏敬或は敬虔の情緒を喚起する事が出来様か。

如斯《かくのごとく》人間的要素の奥底には、心霊生活の名残《なごり》を意味して、遂に人間なるものも自他の日常平凡の物体と何等異なるなき神秘も敬虔もあらゆる人間の高等なる霊能も斉《ひと》しく鎖末なる思想平凡のものと倣《みな》さるるのである。

然《しか》るに村落にありては、各階級のものなく区域内に集合するが故に、此処《ここ》に

も変化なく、変化を時として発達せる一定の風儀を生じ、此の風儀は此れに相応する情緒を人心に起さしむるものである。

吾人は自然を見ること、吾人の競走者たるが如き感はないか、却而《かえって》吾人は仁慈にして、有力なる同盟者として、其の助けを得る事こそすれ、自然の行動を如何《いか》に吾人に対して不快なることがあるとも、吾等は之れに反撥せんとする個人的欲望を押えることが出来ない。丘浅次郎博士の言にして誤りなくんば、人類の現在が自然に対する智的発達に於て、何等原始人と大差なきものとすれば、人類の自然観念は今尚《な》お偉大である。幽明である之れ人類の自然的憧仰を由来につきて観れば了解する処である。玆《ここ》に救済がある。安心があるのである。然《しか》るに都会に於ては人は単に普通平凡である。競走は競走を生じ、以て戦う可く、以て克服すべし、争闘は争闘を生じ、吾人の羨望は一つに物質に限られんとす。本末は転倒し、生は否定せられんとす。

然《しか》れども此の競争と不安との大なる渦巻きの内に、尚且《なおかつ》一種の感情を養生し、端《はし》なくも最後に述べたる人間的要素の感化、即ち猥《みだ》りに競争嫉妬するの念を少しく和らぐるものがある。実に人間の心平ならずして、怒を生じ怨を養う対照物は屢々《しばしば》人間其のものなれども、而《しか》も同時に人間より彼れの最も理解し得るものとなる。彼れの感情は即ち我れの感情にして、其の苦と楽と皆見るべく、皆悟るべし。彼れは屢々《しばしば》我の競走者なれども、又常に我が同胞である。或は悲しみ、或は愛し、或は喜び、或は泣き、我れと共に人生の重荷を擔いて、遠き旅に旅行する同行者である。此の同胞と云う思想苦楽を分配すると云う意識は、都会が地方よりも遙かに力強く人心に教うる所の教訓である。都会人は小児と大人とを不問にし、同じく群集と云う不可思議力の強迫的感化に服従せざるを得ないのである。一度此の群集的渦巻に捲き込まれれば、到底再び彼れが平常の狭き軌道に帰り、日々生活の隠和なる調子を繰り返す事が出来ない。而《しこう》して其の性格に及ぼす結果や、誠に知る可きのみである。此の群集的生活の習慣を、個人生活の日課を以て甚《はなは》だ平凡にして、趣味なきものとなし、益々《ますます》喧噪放縦となり、少しの制裁も忍ぶこと能《あた》わず、再び静穏平和の生活を享楽する力なきものに至るものである。

如 斯《かくのごとく》此れ実に人間的要素を集積し、赤裸々の儘にして曝露し、一点に集中したるものにして、行く処不安の種子を蒔かざる処のなき有様である。萬事皆

如斯《かくのごとく》、総て善となり悪となり個人の力は殆んど都会の事にて何等の勢力をも有せず、個人の行為の跡には、決して永久持続する一定の結果を伴うことなし。物来りて物去り、止まる処事なき変化は窺りなく不変と恒久との影は一つもなし。そこに罪を悔ゆべき教会もない。祈り棒ぐる尖塔もない。デカダンと乱熟とは都会の全面を掩い、人は其の行為の具体化せるものを求めんと願えども不可能である。斯《かく》して祈る念は頑強にも吾人が教うる教訓は、吾等は単に都会と云う一少集合と云う一大集合力の間に潜して、全く無意義なるものと謂《い》うことである。

如斯《かくのごとく》総ての行為が悉《ことごと》く滅ぶと云う意識は、必然の結集として、将来を予想するが如《ごと》きは徒労となる。単に虚栄にして心を痛ましむるに過ぎず、との感を懐かしむるものとなる。偏《ひと》えに現在の儚き影を追い、其の眩惑する光彩の飛び行く瞬間とを求め、今日を以て明日と云ふ収穫の播種時となす心を、覚醒せしむることも出来ない。かくて彼れの一生には、恒久・有意議・理想などと云う高貴なる分子を加味するの時季は永久に失わる。

かの都会の児童を見よ!!

目的もなく市街を彷徨して倦まざる。正しく人間の全生涯の有様を写し得て遺感なきものと云うべきである。甲の車に尾行するかと思えば、怒て車に去り。喧嘩の人集りに走るよと思えば、次の瞬間には街燈の柱によりて行人を漫察す。或は歩み、或は走せ、時に笑い、時に叫び、何処を当てともなく大通りを足の向くがままに東奔西走す。達すべき目的地あるにあらず、横ぎるべき特殊の路あるにあらず、終るべき一塊の事務あるにあらず。従ってそこに達すべき何等最後の目的だにないのである。

要之《これをようするに》、吾人は叙上の研究に依りて、現在に於ける都会の人為萬能人為即全。否寧《むし》ろ現代文明の潮流が吾人人類の幸福、生の肯定に対し実に憂う可き状態にあることを究明した。人類は曽《かつ》て幸福の将来を約束して、現代文明と云う長途に旅立った。而《しか》しそれは自搏自棄の破滅の門出であったのか？　かくて宇宙及び人類は遂に滅び行く運命の軌道を急いで居るのであるか？

如斯《かくのごとく》論じ来れば、都会は実に争闘と殺戮の戦場である。累々たる死体とあ

らゆる罪悪の根源は、吾人の眼前にすさまじき勢いを以て顕示せられた。あらゆる社会政策も、尊い思想も、此の慚逆の前には熱石の水か。釈伽、菩薩の大慈も此の洪洋たる大洋の高き深き波の如く席捲する人類の運命には、抗すべくもないのであるか？！

吾人は都会の活画を描くにあたりて、好んで陰鬱なる色彩を乱用し、又此れと対照の効果を作らんが為めに、村落を写生するにあたり、絢爛陸離なる彩色を惜まなかったのではない。此正に実在である。現在の悲しむべき事実であるを如何にせん。我等は只現在の表面に浮游する浅薄なる楽天地であることを欲しない。人生の実在の根底に触れて、そこに徹底せる意義と根強きや救済を、人生の深奥に求めんとするものである。そこに人生の真面目なる真の現実享受の意義と目的とがあるのである。真実を窮めんとする心と愛せんとする心の伸長発展こそ生活の一切である。吾人が生活の愛は悲しみと喜びとをひとしく愛するところに成立たなければならない。そしてまた同時に人生は事実を在るがままに見、そしてそれを愛する心にやがて生甲斐ある生の経営がある。然り吾人の追求すべきヘロイズムがある。

精神より物質へ———物質より精神へ———、復活だ‼　復活だ‼

人も吾れも、建築家も、機械家も、政治家も、実業家も、復活を求めて、運命の流れ　に抗して行く。——そこに人類共通の生活意義がある。同じ問題に向って人類は生きるのだ、否闘って行くのだ。

かくて建築は単なる建築問題ではない。広い深い人類全体への帰向でなければならない。今日迄、建築問題が人生一般の問題に対して negative に考えられて居たことは、誠に遺憾である。今日の如く建築が社会組織の重要なる部分をなし、人生問題の極面に立つ以上、吾人は到底在来の如く、建築のみを切りはなして論ずることは出来ない。吾人は一個のビルダーであってはならない。更に進んで、社会改良家たる責任と使命と、而して実行を要求すべき特権を有するものである。

此の復雑なる有機体——死せる煉瓦細工の中におかれたる生ける生霊——カントの所謂《いわゆる》精神物質的有機体の大聚団たる都会の個々の人に及ぼす影響を決定したる吾人は必然に進軍をよぎなくせられた。人類の運命への反抗に対するマーチの宣誓——真の意味に於ける生の戦いを宣言しなければならなかった。

現代文明の一大矛盾に対し大反旗をひるがえすものである。

今や都会は日々膨張し、自然の偉大なる環境はあとかたもなく破壊し去られ、かくて自然の環境はやがて建築の負担する処となった。

自然の責任は移って建築の負う処となった。知らず人は建築に依り此の有機体の上に尚幾何《なおいくばく》の支配力を有するや。彼れは如何《いか》なる程度迄建築に依りて其の既に失える支配権を恢復し得んとするや。人類の運命への花ばなしき抗争を如何にせんとするや否や？

如斯《かくのごとく》論じ来れば、建築問題は又、全人類への興亡国家の盛衰の問題に関する深甚なる使命を有するものである。

此れ吾人が後章、漸を追って考究せんとする処である。

第3章　都市建築の美的観察

吾人は前章に於て、建築を以て吾人の精神の反映として認めた此の説！

因って来る処の源は、勿論スピノザの主張したものであるが、吾人は之れを吾等が心の奥底より滾々《こんこん》として湧き出ずる真意の原動として——本能として直感し、これを論断したものであった。而《しこう》して如斯《かくのごとく》にして成立したる建築を、同時に宇宙の源泉と交渉し、其の偉大なる力の体顕として、そこに健全なる環境を雰囲することに因って人生の幸福・人類の健全なる生の肯定を推行すべき積極作用をなすものであると云った。而《しこう》して吾等がここに論ぜんとする美的観察は、当然此の根本問題より論究評論したものである。

吾人の所謂《いわゆる》建全なる環境雰囲の為の建築は当然建築の道徳的正の立場にあらねばならぬ事を要求した。建築の健全は必然的に建築家作為の及び素質の健全なる道義心に訴えなければならなかった。而《しこう》して、端的建築の集団たる都市建築の多様は、個体の内容が即全体の内容であることに依って統一と整備を保つことを論じた。吾人は一貫して形態を超越し精神への帰向を以て道徳問題の根底と携帯し、触揚すべく主張して之れを主座とした。何となれば、吾人は建築をして一つの精神的反映、一個のクリエーチュアーであることを是認して居るからである。而《しこう》して、そこに建築的意義の重さと永久に対する生命の流れに積極能力の継続を認めんとするものである。而《しこう》して、吾人の美的観察は幸にも此の観念を否実在をば把握することによって活気と内容とを豊富にするものである。

吾人は都市建築の一団を、一個の芸術的作品と認める。

シェークスピアの「ロメオとジュリエット」を読むとき、我等は第一にこの若き恋人達の恋の、歓喜や、恋の苦しみや、彼等の憧憬や渇望や恐れなどを追感する。これは所謂《いわゆる》美学上の対象感情と名づけらるゝものであって、吾人は此の恋に燃ゆる二人の人に対して、喜びと恐れと優しき憂慮との打ち交りたる愛を感ぜずには居られない。これ即ち美学上の雰囲の感情である。そして最後に吾人は、此のdramaを読み、その実演を見ることに依って震撼と高揚と恐怖と

憂悲と並びに釈放上の感情を経験するのである。如斯《かくのごとく》対象の感情に即して経験することは、已《すで》にフォルケルトの区別せる処である。此の状態は又、同時に建築の問題に提起することが出来るのである。

吾人が幼時、鎮守の社に嬉々として遊びたる時、又、村はずれの質素な而《しか》しなつかしい。神々しい迄でに果敢《はか》ない校舎で、親とも兄とも思った先生から温かい教えを聴くときに、又、我等が快き楽堂の美しい聴集の中にあって演奏を聴くときに。

吾等が力強き、しかも秋霜烈日なる兵舎の前に練兵するときに、其他総《すべ》て我等の前に展開せられたる、又吾等を雰囲するあらゆる建築に即するときに、誰れか夫れ等の建築の有する内容即対象の統覚に即して経験する、心的活動の美醜の感と、及び感化力の圧迫とを与えざることを否認するものがあろうか。

之れを都市建築、即ち集団的建築の上に見るときに、以上の場合の如《ご》く吾等の美的評価の対象となるものは「ロミオ」とか「ジュリエット」と云うが如《ごと》き二、三の劇中の人物でないと丁度同じ様に、只《ただ》二、三の建物につきてではない。それは、“Romeo & Juliet” と云う一篇のDramaである。即ち都市と云う一つの集団的都市建築である。此のdramaの内に開展せる一つの世界である如《ごと》く此の都会の中に雰在し、又雰囲する一つの環境である世界である。

而《しこう》して、吾等は、恋や、歓びや、恋の苦しみや、恋する者に対する愛や、恐れや、人間の運命に就きての、恐怖や憂愁や震撼、高揚され釈放さるる心持ちを詩人に依って此の世界の中に表現されたと同様に、此の都会の中に建築家に依って表現せられた。偏狭な物質的刺激や下層階級家屋のみじめな気持や、其他あらゆる美しきもの、醜きものの総てを、芸術家の内容として心持ちとして経験するのである。

吾等は所謂《いわゆる》、フォルケントの対象感情も分囲の感情も快適も凡《およ》そeconomical activityと「住む」為に建物の集団中に漂うあらゆる感情と心的変容とを経験して居る。而《しか》しそれが対象の美的価値を構成する為には、其処《そこ》に必らず充されなければならぬ条件がある。それは一個の芸術品たる都市建築の中に表現され、内包されなければならぬものである。それは建物を基点として市民の内に喚起されたるもので、固《もと》より美的対象は凡《およ》その顕《いちじる》しき経験に於けるが如く、都市建築の集団上に来る余響や活動的気分を、吾等の主観の内に惹起さるゝであ

ろう。建物に依って新たに惹起さるゝ諸多《あまた》の活動感情は、それ自身の価値と否価値とを持って居るであろう。そして、美的価値及其のものの体験と共鳴して建物の享受を豊富にする。尚吾人は建物の美的対象としての意味を明瞭に理解しておくことを必要とする。美的対象とは其の美的価値を疑うものの全体でない。従而《したがって》都市の如き集団建築に於ては多くの場合、部分と部分との関係に依って構成さるる一つの複雑なる世界である。それはその世界の一部分を構成する個々の物象ではない。故に、吾人は個々の建築に対して経験する種々の位置的感情をも尚《なお》美的対象の内容とすることが出来る。何となれば、吾人は端的建築は即全体であらねばならぬことを前提して居る。かくてRomeoやJulietと云う劇中人物に対する哀悼はdramaの内容をなすが如く、吾人が都市建築のelementとしての個々の建物から出発して之れが又集団として位置する場合の美的論点と内容を明瞭にし、同時に全体としての都市の美的内容を論述したものである。如斯《かくのごとく》、論究し来れば、吾等が市中散見するが如き、甚《はなは》だしき個人主義的建築及び全体の調和と安正とを破って、独り物質的刺激、利己心とを満足したるが如きは、其の道徳上又美的価値の上に全市の健全を破壊したるものとして、取払いの責任を負うものである。吾等の論旨は、醜悪なる附近の建物に追従せしめんと主張するにあらざることは当然である。

凡《およ》そ総《すべ》ての人は皆多少の芸術家である。善を内容とする真の美的享受者——少くとも可能者である。されば建築家の内容如何《いかん》は直ちに市民の享楽的感情の内容に変容を加え得るものであることを思う時に、吾人の責任の重、且つ大なるものがあることを感ぜずには居られない。

吾人は前に美的価値は建築即物象固有の価値であることを云って居る。併しながら如斯《かくのごとく》云うはそれが建物の建物であるとしての価値であると云う意味ではない。吾等の美的態度にとって建物は単なる感覚的存在でなくて一つの世界を——感情を、心を、生命を表出する象徴である、建物は、此の世界の象徴として始めて其の美的価値を獲得する。美なるものはもとより物象たる建物にある。併し、建物を美にする所以《ゆえん》は、建物が一つの物象として我等に与うる官能的快感ではなくて建物の内に表現さるる「生命」である心である。

故に、我等は美的価値を担う建物の美的価値の内容は、建物の内に表現さるる心的生命の価値——換言すれば人格的価値であると云う事が出来る。従って、

美的価値は単に固有価値たるに止まらずして、又無条件的な価値である。而《しか》し、此の価値は勿論《もちろん》或純一の理想へ帰納を意味するものでなくてはならぬ。かくて都市の全局面に掩《おお》いかぶさるものは此の価値の一つのResultantとして一個の都市としての代表的（表現的）美に外ならない。

吾等は已《すで》に美的価値は人格的価値と云った。人格的価値は即ち「善」であらねばならぬ。故に、建物の美的価値の内容は常に善であると云うことも亦《また》出来るのである。此の善美一致は已《すで》にプラトンに依って提唱された所のものである。

吾人は只《ただ》単に美たらんが為にのみ心掛けることよりも、先づ美の内容をなせる「善」につきて、より多くの考察をなす要がある。此処《ここ》に初めて科学と美との一致を発見し（or 実用と美との一致）時代と様式美の推移に解決の端緒を得るものである。而《しこう》して、善を内容とする美は其の結果として、道徳的価値を有することは美学上の定論である。

要之《これをようするに》、如何《いか》に善たらんかが吾人の研究問題である。

人性の自然と人間が生活上の必要条件たる実用の二者を満足に体得したるものは善であると云える。故に、此の善の表現たる建築は又美なりと云い得るのである。若《も》し、夫《そ》れ実用の満足に不完全であり、且つ人性の健全に反逆する現代建築の多くは醜である。此の点より真の建築は又立派なる芸術品たることを失なわない。

建物の内容が善であるときにのみ、之れを観る人の観念に道徳的価値を有する好感を意識せしめ、之れに住む人に人格上道徳的価値を有する新たなる変容を与え得ることは、心理学上可能の事である。

故に、個々の建築の集団たる都建の内容が個々の善的内容の集積である時にのみ、ここに集まれる人々に、個人的、次で民衆的に道徳的価値を有する好感を与え、遂に都市全体の雰囲気が善的内容の、真の美が漂うのである。故に、吾等は都建の研究に当り、如何《いかに》美的たらんかと考えることよりも、此の論旨の当然の順序として、先づ其の構成が如何《いか》に善たらんかと云うことを考慮する時に、其の必然の結果として美的真髄が光輝さるるものである。

故に、吾等は最初に都建全局面の構成上の善的意義を確かめる必要がある。如斯《かくのごとく》考え来る時に、吾等は建築の対社会的意義を覚醒さるるのである。かくて、建築家は、又、一面に於て社会改良家でなくてはならない。

凡《およ》そ総《すべ》ての建築は、それが善を体顕して居る限りに於て美であって、悪を体顕して居る限りに於て、それは常に醜であらねばならぬ事は已《すで》に屡々《しばしば》述べたる如くである。換言すれば、美とは建物の内に体顕されたる善であって、醜とは建物の中に体顕されたる悪である。かくて、吾人は此処に善悪と美醜との——吾人の今迄主張し来りたる倫理思想と建築の美的観念との一致と交渉とを発見するものである。

而《しこう》して此の倫理的観照は、換言すれば、絶対理想に照らして、個々の心情や意志を評価する態度として、常により高き善を追求する実利的態度の喚起を要求しなければならぬ。

要するに、建築の全生命を支配するものは、倫理の根本に触れたる観念的美である。生の肯定、人格の肯定である。此処《ここ》に建築の実用的方面、科学的方面が当然、美化さるべき事を芸術家に要求して居る。此の意味に於て、吾等は健全なる工場建築及び如何《いか》なる建築と雖《いえど》も凡《およ》そそれが健全である限り、美を体顕し得るものであると云える。

吾人の所謂《いわゆる》人格的価値とは、都市自身に於《お》ける建物に関係したる個人的人格価値の謂《いい》である。之れは国家自身に取りては都市、所謂《いわゆる》法律上の自治体としての人格価値であり、之れを世界に取りては国民精神の統合的飛躍価値——もっと理想的に云えば、世界人類に対する共同的価値——である。此処《ここ》に始めてNational Styleの問題が、吾人の国家意識的建築の美的問題と交渉を生ずるのである。

かくて吾等は都市の雰感に依りて、其の奥底に流るる生命に依って意識的にor無意識的に、たえず心理及び生理的正康or本能の純化を助けられては本然生活の増長を得、民族的精神に養われては国家を意識し、道徳の順応に導かれては、世界人類への帰向となり得るものである。如斯《かくのごとく》にして吾人は健全なる住の満足となり、建築は又健全なる住の提供となる。

上来吾人は主として美の本質につきてのみ論究した。然るに問題の徹底、更に進んで吾人は如何《いか》にすれば美的体顕をなし得るかの問題を提起しなければならない。

吾等は建築につきて唯其の色と形とを見、そして其の内に住むことが出来るばかりである。如斯《かくのごとく》建築は如何《いか》にして生命の象徴となる事が出来るか。如何《いか》

にして美を体顕することが出来るか、吾等は此の問に答える為に美学上の所謂《いわゆる》感情移入の概念を以てするものである。吾等が直接に経験する事が出来るものは唯自己の生命、自己の活動、自己の感情のみである。故に、吾等が色を見、形を意識し「住」の囲繞《いにょう》の内に在りて、そこに発見する観喜や健全さもそれが単なる象徴に止まらずして、真実の体験である限り、それは自身の経験でなければならぬ。而《しか》し吾等はそれら建物自身の実感の如く思うのである。如斯《かくのごとく》にして建物は有情化されて、玆《ここ》に初て生命の象徴となる。此の住に依って、善は始めて善の内容となる事が出来るのである。故に、美的価値は又感情移入にして、吾人は叙上の抽象論をはなれて、実際的細部の規矩を探究することは出来ない。それは人間の複雑なる能力の鋭さを鈍らして、意外なる反対的結論の縷々《るる》に過ぎないのである。

要するに建築家及び其の背後にある需用者の本然的生活――人生の運命、文明の推移に対する自覚と絶えざる努力に俟《ま》つより外はない。それは或る意味に於て民衆芸術論であり、広義の様式問題であり、同時に又Scienceの範囲に軌跡を標す。若《も》し夫《そ》れ都市全体の大体論より論議する時は、吾人又多少の意見なき能わず。こは勿論一般的都市計画と密接なる関係を有するものであって、単独に建築そのものの美化策に依りて都市の美観を得る事は極めて困難である。前述に於て吾人は都市全体を一個の芸術的作品として論旨を進めたる、其の根底には、勿論《もちろん》一般的City planningの完成を前提として居るのである。

吾人は美学上及び交通其の他の諸点より帰納して、最も合理的なるZone System及び此のprincipleを応用したるCity planningの如《ごと》きは若《も》し吾人の都建美化策上の理想に近きものと思考するのである。而《しこう》して尚《なお》吾等は都市計画が自然的要素の移入を前提として、此の環境の内にmelt upすべき建築を以て、現代建築の努力の傾向として、最も緊要にして且つ最も理想的、否寧《むし》ろ救済的にして人類の本然的生活性状に適合するものと思考するものである。蓋《けだ》し吾等は吾等の性情の奥底に潜在して居る衝動又は要求を探究して、そこに流る人性の健全なる生活状態に依る、自然的生活に対する憧憬の由来を考え、これを考える事に依りて今日の如《ごと》き傲奢と権力の横暴と規律の過酷と組織の過雑等、凡《およ》そ実利と云う実利の過度なる牽制に反抗して、鑑賞の権能を主張する事を人性の本然にして又目下の急務であると思考するものである。若《も》しかかる思想がCity

planning及び之れに醇化する都建に体験せらるるなれば、所謂《いわゆる》現代の主として経済的思潮の関係より極めて不経済なものと做《みな》されるかも知れない。而《しか》し何《いず》れにしても、今日の如き密に変体的に発達せる社会状態に取りては、吾人の主張は極めて重要なる社会生活に対する貢献であらねばならぬ。又、若《も》し今日の思潮より見て、吾人の主張の中に欠陥あるとしても、それはScienceの助力に俟《ま》たねばならぬ。Scienceは之れを助長することに依って其の本来の使命を全《まっと》うするのである。Scienceは人間のかかる生活を統一し助長する以外何等の意義も目的もない。(此の事Scienceの章にて詳述すべし)

吾人の主張としての、自然的要素の移入は、之れに依りて現代の不自然なる、そして極めて不自由なる、撓《たわ》められ曲げられたる現代生活の実利の専制に反抗せんとするのみならず、更に進んで吾々の自然が強烈に吾々の生きる事を要求するものに外ならない。……断えずより高き理想を健全に追求しながら…………。

今や都市は日々に膨張して、村落は月々に衰微し行くは、争う可からざる趨勢である。若《も》し此の大勢力の趨《おもむ》くがままに一任せんか、久しからずして世界は截然として二部に分れ、一方に自然的要素独り勢を逞しくし、他方には人間的要素の遍在するに至るであろう。此の時村落に残存せる人々は全く盲目にして、其の眼前に展開したる天と其の啓示とを見ず、都会に群居する者は眼明《めあき》なれども、以て見るべきものなきこととならん。此の悲惨なる最後に到達することを防がんが為に、此の両教師の課程を統一することは、目下の急務と思考するものである。近来米国建築界の活動は所謂《いわゆる》Rural planning or Rural implovementに於て吾人に会心の問題を以て建築界の福音を齎《もた》らして居る。それは農家の内部装飾（Inner decoration）と道路及び庭園を改善して、以て健全なる都会的心的多様（Mental variety）を考え、而《しこう》して農民の無制限なる都市集中を防ぎ、従って農村の振興を来さんとする運動にして、こは即ち自然的要素内に人間的要素の融合を企てたる運動に外ならない。如斯《かくのごとく》都市問題の改善は、独り都市夫れ自身を改良する事勿論なるが、同時に農村問題の改善と相俟《あいまっ》て其の真の効果を得るものであると思考するのである。

吾人が「環境と人生」に於て、人為対自然の両要素に関する研究の、此の結論に逢着せんが為の努力に外ならない。

吾人の所謂《いわゆる》都会の人為的要素内へ自然的要素の融合を企てんとする主張とは相俟《あいまつ》て等しく人間を訓練するものにして、之れ吾人の建築的社会改良の最終の目的である。

様式論

吾人は建築の美的観察の上に二個の重大なる要素を見る。

一本の石を二個の石の上にBalanceしたる原始民族は、彼等の手になれる此の創作の上に驚嘆の眼を瞭《みひら》いたのである。かくて此の合理的建築は崇神の対象として神への捧供として彼等の感情の深奥への導きであった。之れ実に人類の一大驚異である。神の奇跡である。かくて総ての真の建築は蒙昧の時代に於て誠により人類の深い深い感覚へのtouchとなり不可思議の扉は開かれたのである。此の合理的構造上の真髄は（勿論《もちろん》proportionの均衡をも意味して居る。何となればproportionの均衡とdynamical ideaとは一致すべきものであることは近世美学の定論であるからである。）同時に神の体顕であり、宇宙の本源への交渉である。かくてあらゆる原始芸術は同時に、或は偉大なるものの体顕であったのである。

此処《ここ》に建築の本質的構成美と其の尊さを発見するのである。吾等は之れを建築の美と解すべき一切の建築美は、此の合理的構造の真の内に産れるのであると断言するものである。此の神の体顕であり、宇宙の偉大への交渉であり得たる建築は、此処《ここ》に人類の文明的生存向上の容護を約束し、同時に内容を明かにしたのである。此の内容は即ち建築の「力」である。此の不滅の力に依って建築は人類救済の目的と能力とを資格附けられたのである。誠に真の建築美は即ち「力」の象徴であり、同時に人類に対する神の嚏声《ていせい》である。

吾人は此の構造的美を神為美と名づける。

然るに吾人は一方に於て、人類の美的本能性を、あらゆる原始人の作品の上に発見するのである。穴居の原始人は、彼等が一定の住的安定を得ると同時に、其の周壁にdecorationを始めたる事は注意すべき出来事である。又Stonehengeに驚きたる原始人は一定の建築的満足を得ると共に、其の装飾的本能性を表わしたのである。而《しこう》して如斯《かくのごとく》本能来の彼等の装飾美は、単に劣等なる本能をそのものの享楽的目的であったか？　否！

彼等は其の装飾に因って本能の醇化を企てたのである。彼等は自己の本能的満足と神への献身――神への恐怖に対する人類の供捧であったのである。即ち其の背面には必らず或る実要的意義を有して居たのである。かくて原始芸術の「大」きさと「深」さとを吾人は意識し、嘆賞するのである。吾人は之れを人為美と名づける。

茲《ここ》に始めて神為と人為の混然融和の醇なる作物となりて、古代の作物の真価を吾人の前に提供するのである。故に人為美は只《ただ》人間本能の醇化を約束する時に始めて有意義にして、それが僅《わず》かの程度に於てさえも享楽を意味する時は、人類への反逆となるのである。此の意味に於て、吾人はHerenisticな建築がローマ時代の爛熟《らんじゅく》と滅亡の反映として其の当時の社会状態に迎合し得た事は、当然の成行きであった。此の潮流を掬《きく》したる建築が、人類の健全なる進化の方向に対して、或る種の危険分子を含有することを吾人は感知するものである。

神為と人為――構造と装飾の伸長開展こそ一切の建築問題であった。此の二個の要素の円満なる提携こそ建築の絶大なる実力の表示であった。

要之《これをようするに》、建築は建築夫れ自身が独自の美であり得る。そしてそこに建築の美を左右せしむる何等の副意義もない。実利と美とを調和する必要もない。吾人は建築其のものの究明から人道に復帰する時に、無差別不適 即 差別普遍の実質的根元に触れ、而《しこう》して時代の真様相への透徹に依って、最も合理的な時代の要求として又反映としての美が生ずるのであると思考するものである。

凡《およ》そ建築をして堕落せしむるものは実用と享楽である。一つは建築を駆って汽関車と同一視した。他は建築を駆ってローマの爛熟せる社会と迎合せしむ、而して共に人類をして導き進化と理想の生活より離間せしむるのである。建築の目的は実用でもなければ享楽でもない。及至《ないし》此の両者を建築目的の旗示とすることは甚《はなは》だしき危険である。建築の目的は延然進んで人類及び其の特権を救済し容護するものでなくてはならぬ。人類をしてより高き進化と生存欲求の満足と安定とを支えるものでなくてはならぬ。吾人は建築に対して厳粛であらねばならぬ。茲《ここ》に建築の積極的意義が生ずるのである。而《しこう》して建築の救済的能力は建築それ自身――吾人が上来論じ来りたる「即美」――此の偉大なる建築美力に依りて生ずるのである。

建築の内容は美である。踏感、触感、住的包蔵感等一切の環境的美である。

建築の内容は美を除きては何物もない。建築は独り美に依って凡《およ》そ建築に関する一切の問題を光被し、之《こ》れに依って人類の容護と救済の目的を達し得るものである。建築が芸術であるか、否芸術であるかは、吾人に取っては大した問題でない。如斯《かくのごとく》定義の分類は図書館の「カード」内にこそ閑人の意義があるのみである。吾人は只建築其のものの究明に専心であればよいのである。

ヴィクトル・ユゴオは云った「美は実利と同等に有用である——多分其れ以上に」と。是れは確かに人間に在っては、美の要求は独自であり無上である、という真理を道破したものである。吾人は斯《か》く云う吾人の真意を正解されんことを望まざるを得ない。吾人として何人に取っても生存は彼に取って最高である。そして生存するに第一条件となるものは衣食である位は知って居る。然《しか》し今日不幸にして衣食の窮乏に居るものは人類の大半である。彼等はすでに生存の第一資料を歓《よろこん》で居るのである。如何《いか》にして（たとえ其れが彼に取って永遠にはどれだけの価値があるにしても）此の他の何物に対して、尠《すこ》しでも興味を有つ余裕が彼にある筈はない。斯《か》かる状態にある彼等に対して、衣食に依憑することが多過ぎる、彼等はもっと美に信頼しなければならない、と説くことは余りに世態に迂《う》にして、人情に疎なるものの如く思考されるに相違ない。然《しか》し吾人は尚《なお》吾人の所見を徹底しなければならない。

成《な》る程《ほど》、美と実利との起源を較べれば、美は反《かえ》って実利の先にあるかも知れない。然《しか》し実際の問題として、一般人に取って美よりも衣食を先にするのは定まった話である。それにもかかわらず吾人は美を先にし、衣食を後にせよと云う様な不通の論を建築の上に応用せんとするのではない。吾人は人間の根本性情に関する間違った解繹よりして、単に想像の上で実際にあるよりも以上に食衣に対する要求を過重視し、美に対する要求を軽視せるとすることがないとは限らない。否確かにあると思って居る。吾人は此の迷信を去れと勧《すす》めたい。衣食の充実は確かに幸福の重大条件である。然《しか》し決して唯一の条件ではない。吾人は幸福の保障を得んが為に、先づ衣食の保障を得ねばならぬ。吾人は天然の風致を保存する為に如何《いか》なる不便を忍んでもトンネルを穿ち橋梁を架してはならぬとは思わぬ。又毎年火災の為に、多額の国家的損失を招いて居る木造建築が、国粋的美観の為め、保存の為め、それが如何《いか》なる損失と危害とを市民に与えても、厭うべきではないとは信じない。只《ただ》吾人は美に対する人間の要求の権

威を認めることの無いが為に、浅薄なる道徳観念若《も》しくは狭隘なる経済思想よりして民衆より無益に不必要に僅《わず》かの美の崩芽までも褫《うば》い去ろうとする無謀の挙を非難するものである。Arts is long, life is short. 是《これ》は古《いにし》えの哲人が吾人に与えた言葉である。美は目的であり、生命は方便である。又、美は理想であり、生命は現実である。然《しか》し吾人は現実たり、方便たる生命の外に美を理想とし、目的として求むべきではない。現実たり方便たる生命を美と化するところに、目的があり理想があるのである。

ここに美と実利とは最も正しき関係に置かれて居ると吾人は思う。何故ならば、ここに美と実利とは識別されて分別されず、混合されずして融合されて居るからである。兎に角理想としての建築の窮極は美でなくてはならぬけれども、吾人は美に真の目的と理想をして与える為に、現実たり方便たる生命を忘れてはならない。玆《ここ》に美と時代との関係があり、美と人類の生存意義との交渉があるのである。即ち建築に取っては建築美と時代の交渉あり、建築の美的進化を周知しなければならない事になるのである。

レザビーに依れば

This element of wonder lasted long through the ages and it will persisted while works is done in the old way by keeping close to nature and necessity.

But there are some elements which seem to have disappeared forever, such are, idea of sacredness and sacrifice of ritual rightness of magic stability and correspondence with the universe, of perfection of form and proportion.

と云って居る。建築を汽関車と同一視するが如《ごと》き極端な、而《しか》し頗《すこぶ》る平面的な議論はかかる建築の表面的な情況を速断しうる結果から生じるのである。而《しか》し吾人はもっと深い建築の真相、建築の流れの中に沈面して居るものに向って考察を怠ってはならない。

成《な》る程《ほど》、吾々の生活を大勢と云う不可抗力に順応して行けば、絶えず新しい或るものを得ると同時に、古き或る物を失わねばならぬ事は勿論《もちろん》である。

而《しか》し吾々の生活に於て、新しい意義と要求とを以て、古いものを取り入れ、そして其れを利用して居る時に、其の生活は決して回顧の生活でもない擬古の生活でもなく、改造の生活応用の生活である。無より有を生じない如く、過去の衝動は新しき要求の作用に依って、現在に其の反響を伝えるのである。かく

て吾人は吾人の眼に映ずる或る型態の内容に、或る者の転動を認めなければならないのである。而《しこう》して玆《ここ》に吾人の根本の要求からして、此の旧いものを無下《むげ》に失うということが、吾人に取って損害となるならば、吾人現在の生活の当の要求と矛盾しない様に其れの様式を変化し、其れの意義を醇化した上に、保存し様と努力することとなり、又、現在の根本要求から過去の内的勢力の遺伝を実際に型の上に表わさんとすることになる。而《しか》し其の立場として常に只《ただ》現在にのみ立脚しなければならないことは勿論《もちろん》である。故に吾人はレサビーの言った言葉の真意は知らないが、其の深奥には、まだ伺わなければならない残されたる或るものがある。element of wonderは決して永久に永続を拒否されたるものでないと思う。太陽が東に没せざる限り、又人間の性格に、アダムとイブとの血が脈絡として遺伝されて居る限り、開かれたる驚異の扉は悠久の旅路に出発する建築の生命に、或る唯一の恒久的エネルギーを与えたのであると思う。

故に吾等は時代の生活と要求、即ち大勢に順応しなければならない為に如何《いか》に此の唯一の勢力を現実化し、現実に生かすかが問題でなくてはならない。萱葺と丸木を鉄骨と鉄筋の中に生かす為に、如何《いか》に矛盾しない現代の建築を作らなければならないかが問題である。

stonehengeとsingle columnへの跪拝を如何《いか》に現在の巷に残すかが問題である。

如何《いか》に現代否時代の反映としての建築を創作しなければならないかが問題である。神為と人為の発展、構造と装飾の伸長とを如何《いか》に矛盾しない人類の満足に充てるかが問題である。

姿と形とは擬古であってはならない。けれども脈絡として驚異の流れは伝えられて居る。総《あら》ゆるものは其の本質に対する神聖を度外視する時に堕落が胚胎するのである。吾人は建築に対してもっと厳粛でなければならないと云うのは此の為である。

公平に判断して、建築は近世文明に入って以来、建築へ損失を招いて居るよりも、或る利益を受けて居る方が多いかもしれない。構造が自由になったこと、危害に対して安全になったこと等は、今吾人が之等を挙示して、無条件で近代建築が前世紀の建築に優れた諸点であるとしても、此の判断に対し反対するのは恐らく一人もあるまい。然《しか》し同じく公平に観察して、吾人が近世建築に入る

が為に吾人の蒙《こうむ》った損失も又決して尠《すくな》くない。寧《むし》ろ一面に於て所謂《いわゆる》現代建築の多くは、神聖への反逆として作られたかの観がある。鉄骨と鉄筋と石と煉瓦の現代式建築に認め得べき、体顕し得べき此の精神は盲目と個人主義と眼前の享楽と趣味の為に掩《おお》われた。否所謂《いわゆる》disappearしたかの観がある。

かくて世界の多くの都市には至る処の此の反逆の無惨なる修羅場が現出した。昼尚《なお》暗き貧民窟や、じめじめした場末の工場や、又、総《あら》ゆる誇張と誘惑とを以て、人類の安静なる生活を害せんとするものや、労働者や気の弱い者を蔑視して、其の骨迄でも吸い取らんとして居る商業的の営利的の建築や、隠倹と冷酷と暴威を誇って居る様な官僚式の建築が出来た。人はこれ等の建築に依って救われたか。人類の高い進化への到造を意味したか。建築は其の創造の使命を傷けられなかったか、否や。

人はかかる建築に依って心身の衰退と病源を増加した。肺病と神経衰弱とはかかる建築の為に興進した。人はかかる建築に依って同盟罷工をよぎなくせられ、労働の能率は害せられた。人はかかる建築に依って犯罪の数を増加したのである。

実用と安定とを主眼（目的にあらず）とする現代建築は、又当然、現代社会状態の真相の所産としての建築でなくてはならない。理想を追って絶えざる現在の創造は総《すべ》てに合理的である。されば建築の窮極は美の外何物もないと断言したる吾人は、過去の復興、擬古、過去の憧憬の所産であってはならない。茲《ここ》に於てか吾人は建築に於ける美的自由の主張が生ずるのである。

吾人の所謂《いわゆる》、美的自由とは最高種類の自由である。それは知性の自由と同種のものである。更に最も直接に倫理的自由と近似のものである。知性の自由は思考の任意に存するのではなくして、現実の要求と思考との自由なる一致に於て成立するものである。而《しこう》して倫理的自由とは倫理的法則との自由なる一致である、意欲と美欲との自由な共鳴である。mouldingsを用いなければ建築の美は生じないと思って居る人々には吾人の思想は徹底しないだろう。

吾等は希臘《ギリシア》建築の研究に依って、それが吾人の本能をして醇化せしめ、美の本源への誘導としての感省の価値を存した。而《しか》し現代に於て之れを此の型を実現する時に、吾等はパラドックスを感ぜずには居られない。非常なる罪悪から敢行しなければならない。貴族の享楽と奴隷の酷使に依りて、鞭と定規と鉄

鎖の苦しみが歓楽の過程であった希臘《ギリシア》建築のmouldingから吾人は耐えがたい悲哀を感ぜずには居られない。希臘《ギリシア》のmouldingは三千年の昔に光って見える。個人の趣味と享楽の満足は遠い過去に葬らなければならない。今や人は人類共通の目的に向って進まなければならない時となった。同じ目的への帰納に歩まなければならなくなった。勿論《もちろん》そこに個人の犠牲がある。而《しか》し夫れは共同の霊泉への沐浴である。かくて吾等の本能は向上し醇化され。神の御前に跪座する尊い生の経営となる。

若《も》しmouldingを作る時間と費用があるなれば、夫れで労働者を幸福にするが良い。いい芝居を見せ、いい音楽を聴かせるがよい。此の意味から構造を主として建築の美を表わさんとする人々の運動に真理を見出す。stonehengeの合理と神美は、鉄骨作りの工場や、鉄筋の倉庫にも見出すことが出来る。

然《しか》り而《しこう》して装飾を単に人間本能の醇化の為にのみ用うべきものにして、そこに何等個人の享楽と趣味と娯楽的気分を許さない。吾等はより厳粛に神の御旨に応えなければならない。

吾等の個々の対立は、同時に全体への共鳴でなくてはならない。此処《ここ》に吾人は美と経済と美とhumanismとの関係を見出すものである。

都市建築の美化策としての広告物

広告は単に積極的に取締る可きものではない、若《も》し政府の力に依り、又適当なる建築法規に依り、或は個人的団体の力に依って、積極的に良き広告法を奨励することが出来るなれば、都市の修飾上に大なる効果のあることであろう。特に我が国の如《ごと》き経済組織の下に於て、吾人は一層其の必要を感ずるものである。然《しか》し今日、現に行れつつある或る種の、或は大部分の広告は寧《むし》ろ都市の修飾の為め大に非難するものである。かかる広告は一日も早く改造しなければならない。今や欧米都市の運動盛なると共に、美観的広告を奨励するの方法も、漸次行われる様になった。特に戦前の白耳義《ベルギー》の如きは、此の点に於ける先進国と云われて居る。広告を以て建物装飾の一部となし得べきことを主張し、美術的ならざる看板は断然禁止すべきは吾人又同感の至りである。

第４章　都市建築の科学的観察

私は現代文明の是認者である、謳歌者である。私は真の現代文明を愛する、尊敬する。然《しか》し吾人が斯《か》く謂《い》うは、其れの志向に対してであって、其の現状に対してではなく、吾人がそうするのは、其れを未来に偉業を前徴する青年としてであって、現状に功績を誇る壮年としてではない。其れの主流は順当な方向に進んで居ると信ずるが、其れは流れ至っては邪致と傍径とに逸することあるを吾人は否まない。

如何《いか》なる理由で吾人は現代文明を是認し謳歌するか。其れは他でもない彼は其れに於て前代未聞の程度に自己の尊貴を覚悟し、自己の力量を駆使して前代未聞の様式に賢くなり強くなったのである。この結果として彼は彼の生活を統一する方便としてHumanismとScienceとを其れの二大支柱とすることを工夫した。それら此の二大支柱は、一つの理性より出たる二つの分派であった。如斯《かくのごとく》にしてHumanismとScienceとは現代文明の二大支柱として、吾人の幸福増進と其の確保を約束した。然《しか》るに一方に於て現代社会は、又大なる矛盾をもって居るのである。吾人の幸福を約したる人道と科学とは其の作用を別々にして、其の活動の方向は全て反対に向って走った。そして此の現代文明の一大矛盾の所産とも謂《い》うてよい、人口の無制限なる都市集中が行われ、其の生活の安定と増進の上に一大危機を胚胎し、愈々《いよいよ》吾人は以上二つの要求に対する依頼を強くしなければならなくなった。

今、吾人は今暫《しばら》く多くの矛盾と欠陥ある現代文明の中に、都市建築に於ては科学の定義を求めて次の如《ごと》く謂《い》わんとす。即ち科学は吾人の都市生活に於ける幸福と其の安定とを確保し、進んでこれを増進するものである。而《しか》し吾人は是れを直接建築問題に布衍《ふえん》する時に三つの重要なる事項を見る。⑴便利、⑵衛生、⑶防備の三点は、蓋《けだ》し建築上に於ける絶大なる要素であろう。今吾人はこれを順次に研究しよう。

便利：……　主として経済上の要求。能率増進の関係より要求せらるるもの

にして、此の点にて於て近代建築が前代の夫れと異なる一大特長である。今後の此の種の問題は建築界が経済発達・国民生活・都会生活の複雑なると共に主要なる研究項目として吾人の刮目する処である。而《しこう》して今日の処、此の目的を達せんとして研究せらるるものは、建築の本体的意匠としてはPlanningの問題、次に附帯的意匠、即ち設置上の問題としては機械力に依る問題で、共に之れ近代生活の産める建築の一大特長にして当然、益々《ますます》否寧《むし》ろ複雑ならんとしつつあり。

今吾は今日に於ける此の問題のDetailに渉りて研究すること能《あた》わざるも、吾人は其の今日に於ける異状なる発達に対しては、一面に於て非常なる驚異尊敬を惜むものにはあらざるも、其の根本的志向及び此れを意匠せんとする建築家及び建築的機械家の観念につきては、吾人又一面に於て大に疑義を挿むものである。

衛生：……　為政者及び建築家は、現代は現代都市建築が現代に於て最も誇りとする所は、其の衛生設備の発達にあると揚言して居るのは、吾人も共に至慶とし、又同感するものである。而《しこう》して此の問題も今後更に大なる都市集中と都市生活の不安と共に、建築相互間及び建築夫れ自身の上に、殊に経済的建築、例えば今日米国に於て建築せらるる如《ごと》き多人数が一家内に住居し、又は労働する如《ごと》くなれば、益々《ますます》其の必要と其の発達完成を期せなければならない事は勿論《もちろん》である。

然《しか》し此の問題を吾人が都市建築として研究する以上、端的に建築上に於る衛生設備の発達のみに依り、其の目的を達することは頗《すこぶ》る困難にして、此の問題は一般的都市衛生、即ち衛生行政上の施設、即ち上下水道の完備、道路の清潔、或は公園の設置、塵介の処理、其の他食料検査、屠殺場公営を始め防疫事業、衛生試験所、済生病院の経営等、積極的にも又消極的にも凡《およ》そ現代衛生学の教う処に従い、其の至善を尽さねばならない。

今日都市に於ける住宅不足の結果、又不当なる高価の為に、多人数の家内に同居は又単に風紀上の問題たるのみならず、衛生上甚《はなは》だ危険であって、又貧民窟の如《ごと》きかかる危険を有する上に、更に採光不足の状態にあるは、吾人の尤《もっと》も悲しむ可き事実にして、かかる危険なる状態は一日も早く改善せねければなら

ないことは勿論《もちろん》である。一般に都市改良家及び有志団体の活動が、独《ひと》り為政者の施設に俟《ま》たず、之れを改善することは焦眉の急である。今吾人は都市建築の衛生問題を大別して、大体次の如《ごと》くに見ることが出来る。即ち、

(a) 家屋内汚れ排除、(b) 清良水の供給、(c) 採光及び通風

(a)――汚れの排除は、之れを細かく見る時は、糞便の処置、料理物の汚水、沈殿下水、洗面所の排水にして、是等を完全に公共下水道に連結せしめ、時々刻々水洗法によりて、之れを流し去るの設備とするのである。是等の衛生工事は鉛工の進歩と共に殆《ほと》んど理想的に設備の完成を期することが出来ると謂《い》われて居る。

即ち此の方法に依れば、排除より生ずる総《すべ》ての黴菌や不潔物は全然家屋内に滞留することなく、且つ室外に於ても空気中に飛散せず、最新の大下水屋の薬品消毒を受けて全く無害となるのである。即ち家屋の内外は吾人の排除より生ずる有害の一分子をも留めざることを理想とするのである。汚水排除工事の完備は鉛工発達の外、陶器、セメント、其の他、耐水材料使用法の発達に負う処多いのである。

其の技術上の進歩は日に月に新たなるものあるも、其の効果益々《ますます》大ならしむるものがある故に、吾等建築に従事するものは、此の問題に対して可なり大なる注意を払わなければならない。而《しか》し我が国に於ては、大都市たる東京も大阪も未だ公共下水道を有せざれば、此等の努力も一半を減殺されて居ることは悲しむべき事にして、現に工事中の東京に於ては、下水工事の如《ごと》き一日も早く完成されんことを希望してやまない。

(b)――給水の方法は大都市はもとより、地方の小都市に至るまで、其の実施と完成を期せんとしつつある我が国の現状は、誠に涙ぐましき傾向である。唯《ただ》憾《うら》むらくは、住民が未だ之れを充分に利用することを知らないことであって、市は之れ等の住民のあらゆる階級に渉《わた》り、全部之を利用するの方法を講じなければならない。更に注意すべきは、給水工事は之れを飲料水に使用するのみに限らず、凡《すべ》ての清潔法に使用せしむることを理想として、家屋のあらゆる部分に之を利用せねばならぬ。只《ただ》木造建築の低級なるものには之を利用することの困難なること遺憾とす。而《しか》し、東京の如《ごと》く夏の時、時として waterless day を有する有様にては、水を以て道路を洗うが如《ごと》き余裕はおろか、家屋内の給水も亦《また》

吾人の設備を利用するの機会を支えないことは更に遺憾とする所である。

(c)――日光の人類否一般の生物に必要なることは敢えて云う迄もない。而《しか》し此の問題は現代の都市問題には、実に重大なる研究を要する事項となった。之れを生理的に見て、今日一般の都市住民の体質の繊弱なる事――その重大なる原因は採光少なき家屋内に住居する為である。都市に於ける土地投資に依る地価の高騰は、家屋の稠密と下級住宅の巣居を来し、此の問題の解決は益々《ますます》困難となった。吾人は普通建築の意匠に際し、採光の目的を達せんとして床面或は立方積に対する窓割比を以てするも、かかる積極的方法は今日の如《ごと》き都市建築状態に於ては此の目的を達することは、多くの場合益々《ますます》困難となりつつあるものにして、此の目的を積極的に達せんとせば、根本的にcity planning又は一部市区改正の実施を期し、又一方建築夫れ自身の型態的意匠を今日より転換しなければならない。

次に通風の良好なることは新鮮なる空気を呼吸せしむる為であって、人体の新陳代謝の原則として必須の要件である。今日衛生工学上の通風工事の理想としてheatingとventilationの二様の目的を達し得るheating air processは蓋《けだ》し最も理想的であろう。

而《しか》し此の設備は勿論《もちろん》、大なる公館又は大建築に応用さるべきものにして、小家屋又は住宅に応用し能《あた》わざるは、其の費用の点より見て勿論《もちろん》である。然《しか》るに之れを小建築及び住宅に其の完全を期せんとすれば、大体に於てplanningの問題に帰することが出来、又、之れを設備の上より見るときは、室内の構造及びmechanical ventilationに依る外に良策はないと思う。而《しか》し貧民窟の如《ごと》き、又密居せる建築の如《ごと》き、家屋全体として通風良好ならざる状態にあるものは、どうしても地区の改正に依る外に良策なかるべし。

極端なる過度通気を原則とする林間学校又は田園都市、村荘、別荘等が近来殊に社会の耳目を傾かしむる如《ごと》くなりしことは、其の精神的思想上の問題は別として、一面に於て家屋設備及び配置の状態が、必らず採光通気を十分ならしむる根本とすべき理由あるが為にして、其の実際上の効果に原因するものである。茲《ここ》に採光上の意匠として建物の位置、aspect及び建築の構造材料に依って、実際上種々の差異を生ずることは勿論《もちろん》にして、之れを考察して採光の分量方位等の事項に甚深の注意を払うべきこと必要である。其の他衛生上の設備として

以上の三大問題の外に、防鼠法の完全を期することは、実際上又技術上の必要にして、又、最も困難なることと謂《い》われて居る。

防備：……　今これを大別して次の如《ごと》く分類する。(a)火災、(b)震災、(c)敵襲、に対する防備、とす。

(a)——火災防備は都市建築上の最も重要なる事項であるが、実際上の防火建築は近代までは容易に出来なかった。防火建築の如《ごと》き複雑なる構造物が、果して絶対的防火に出来るものであるかどうかは最近迄は疑問であった故に、防火構造に対する定義は是までは少しも一定しなかった訳で、鉄材の如《ごと》きものを防火構造の主体であると思って居たことは近頃迄の事である。

従来一般社会より防火的の構造と見做されて居たものは多くは、緩慢燃焼の構造たるに過ぎずして、大火の際にはそれ自身矢張《やは》り非常なる被害を受くるのみならず、近隣の建築へ累を及ぼすことは、今日は最早《もはや》明瞭の事実となって来たのである。

防火構造の建築を以て、都市の中枢を形成することは、近代都市の第一の条件である故に、各国の都市は建築条例の内容に於て、防火構造の定義を稍《やや》詳細に説明して居る。

大火の際に於ける火焔の熱度が大体に於て二千度前後のものとして、それを考えれば、吾々は現在我が国都市建築の殆《ほと》んど凡《すべ》てが其の火焔のために焼尽さるることを承認せざるを得ない。然《しか》るに吾人の見る処に依れば、我が国一般人士が防火構造の建築に対する考えは実に杜撰《ずさん》にして貧弱なる構造を以て、より延焼を免かるる如《ごと》く理解し居るが故に、現在の状態は容易に改良せられないのである。又、絶対的防火構造として、我が国にては古来土蔵造りを用い来れるも、それは往々火災の折りに其の家財を安全に保護することあるも、それ等は僅《わず》かに物品の一部を始末し得るに過ぎない。又、土蔵造の住居に於ても、多少緩慢の燃焼の利宜あるのみである。

要之《これをようするに》、火災其のものの破壊力は、それに対する防備の科学的研究を積み、都市建築に是れを応用するを現在の大問題とせねばならぬ。欧米各国の大都市には、大抵建築局の中に火災防備に関する調査所を設け、一般標準の取締りを励行すると共に、各種の構造物と材料との耐火試験を間断なく実施して、其の

成績を発表して居る有様である。今防火構造を大体に於て次の如《ごと》く分類する。

甲・絶対防火構造……　壁床、屋根、及階段を全部絶対防火構造となす。

乙・比較的の防火構造……　wall & floorを絶対防火となせどもroof、ceiling、stair等は十分なる防備なもの。

丙・緩慢燃焼構造……　wall、brickなれども、floor、stair等は木造のもの。

丁・燃焼質構造……　木骨家屋。

[甲]:……　は今日の科学にて之れを造り得るや否や、現在迄では疑問であった。尚《なお》未だ疑問として残って居る部分である。

十分に焼かれたる粘土とCement Concreteを最も適当なる材料として、各種の主要構造物は凡《すべ》てそれを以て被覆すれば、火災の破壊に耐え得る為、殆《ほと》んど絶対的防火構造として認めて居ることは、NYやChicagoの建築条件に見ることが出来る。故に鉄骨煉瓦造りも此の程度の構造に適合する様に設計し得ると謂《い》われて居る。但し薄き石板の外壁に多く広く用うることは避けなければならない。又、人造石も防火構造として大に利用すべき必要があることは、原理的にも又実際的にも証明せらるゝ処であって、特に経済上有利である。我が国の如《ごと》き建築工費の高価にして経済力小なる処にては、将来都市建築の改良は鉄筋コンクリート及び人造石築の応用による外に良案はないとさえ言われている。而《しか》しそれを如何《いか》なる様式に計画するかゞ今後の問題である。

[乙]：……　甲乙間に明瞭なる区別なく、大体に於て絶対的防火構造を採用するも、火災の危険の小なる部分のみ不燃質材料にて防備さるゝものである。我が国の大都市に於ける西洋風建築の大部分は、此のClassに属せず、丙Classの部に属するものである。但し最近、大規模に計画さるものは此の限りにあらず。現代の科学応用の進歩より見れば、都市の建築は主として甲Classの建築を利用するを得策とするのである。而《しか》し建築の種類に依り、又其の価値の程度に依り、乙級の建築にてもそれを採用して支障なき場合が多いと思う。それ建築自身の損害に止まり近隣に延焼の害少なき為めである。

[丙]：……　我が国に於ける西洋建築は吾人の知る範囲内にては大部分此の階級に属し、火災の時には大抵全滅の止むなきに至るのである。

都市建築として或る部分に限りては、丙級の家屋は必ずしもそれを排斥すべきものではない。が、唯《ただ》産業中枢区域にはそれを禁じなければならない。

［丁］：……　我が国建築の大部分は殆《ほと》んど此の階級に属すと言うも過言ではあるまい。其の一朝火災に際して、其の罹災の危険率の大なる、到底欧米都市と比較することは出来ない。吾人今かゝる低級の日本木造建築を直ちに改めんとすることは困難なりしも、防火的見地よりせば、かゝる薪炭的建築は一日も早く改善することが必要である。

要之《これをようするに》、都市建築は防火構造なるは勿論《もちろん》、他に消防機関の完成を充分にすること必要である。特に我が国の如《ごと》き欧米都市と異なり木造及びこれに類する丙級建築に対する趣味は永い歴史を有して、これを一朝に改むること能《あた》わざる事情の下に於て、特に其の必要を感ずるのである。而《しこう》して此の問題も亦《また》一般的都市計画と共同して始めて其の効果を発するものである。例えば、大都市の商業中心地又主要なる市街に面する建築の如《ごと》き大なる資本を投下せられたる建築は甲級建築に改め、又都市全体として防火区域を設定し、或は道路の幅員を拡大する事等は蓋《けだ》し其の主要なる点であろう。

(b)——震災……　此の問題は特に我が国建築界には勿論《もちろん》重大なる意義を有することは明瞭である。大体に於て火災の防禦と震災に対する防備とは其の趣意こそ異なる、終局は同一建築物の講造に関するものなれば、構造物としては同時に考えなければならぬ。詳言すれば都市の構造物は防火的にして、又、同時に耐震構造のものなること必要とするものである。

元来耐震構造の絶対的のものを得ることは疑問である。何となれば耐火構造は実際的経済的及び火力の極値を知り得るが、震災の如《ごと》く所謂《いわゆる》天災に帰因する災害力は其の極値の破壊力は、到底推測し得べからざる事であって、従て其の防備力の算定にも、其のaltimateを知ることが出来ない為めである。而《しか》しそれが為めに勿論《もちろん》防備を怠ることは愚の至りであるが、故に我が国の如《ごと》き明治26年濃尾地方大震災後の予防調査会の創建以来、孜々《しし》として各種の調査を進めて居る次第である。

火災と震災とは同時に其の目的を達し得べきは、大体に於いて明かであることは前述せるが、其の反対の例として木造建築の比較的耐震的なることである。而《しか》し吾人は在来の日本風建築の如《ごと》き其の構造の薄弱なるものを言うではないことは、学理及び実際の証明する所であるにつけ、構造物全体がRigidにある時にのみ此の目的を達し得るものである。故に此の点に於て、在来の和様木造構

造は大に改善しなければならない。否、現に改善されつゝあるのである。それ又風災防備としても有効である。

(c)――敵襲に対する防備……　今時の大戦乱に対し、都市襲撃が作戦上の重大なる意義をなしたることは、最近に於ける一大事件として、又、建築界に一新事件を附加したるものと認ることが出来る。故に都防問題は、又、今後の研究問題として建築界の他の問題と同じく、研究上重大なる意義をなす一事であろう。而《しか》し此の結果建築様式及び構造上の一大改造、少なくとも大なる変化を見ることと思わる。此の防備策として未熟にして不用意なる、吾人これを軽々に論じ、又、論ずる資格なきも、今日以後、材料及び構造体に大なる発明なき限り、耐火、耐震構造と共に其の発達、完成は同時に又此の目的を達し得ることと思う。而《しか》しかゝる重大問題に対し、又は建築上特別に意匠することを必要とするものがあると思う。例えば構造堅固にして比較的高層なる建物の如《ごと》き、其の例である。而《しか》し此の問題も単にこれを建築のみに依頼することは出来ない。防禦《ぼうぎょ》的意味を有する以上、一方、市民の生命財産と及び都市の有する歴史及び文明を容護するものなれば、軍隊の掩護《えんご》及び建築以外他に堅固なる地下避難場、及びこれを目的としたる地下鉄道等の設備を要し、建築と相俟って都防の目的を達せなければならない。

要之《これをようするに》、衛生、及び防備に対して、都市生活の安全を期せんとせば、扁《ひと》えにかゝる問題を包める建築法規の設定に依り、建築上の発達を期せなければならない。吾人はこの都市の外、何等有力なる建築行政の権能なき我が日本の都市及び一般国民に対し、其の覚醒を絶叫するものである。

以上吾人は科学の現状を肯定して、都市の科学的見解を極めて、粗笨《そほん》に見極めて平面的に研究した。吾人は是れ以上かゝる小論に於て布衍《ふえん》するの要を認めない。何となれば此の問題は次第に研究の歩を進め、機会ある毎に直ちに実施さるべき運命にあるからである。而《しか》し吾人は建築上かゝる設備を施せるを、これが異常に発達せる現状に於ては、一般建築家と共に至慶とする所であると共に、又一面に於て、其の発達せし、又発達せんとする志向に対しては、真から吾人をして疑義と及び探究とを要し、全々其の流れに対して平然たることは出来ない。

吾人は科学が建築意匠上如何《いか》なる根本的意義を以て、如何《いか》に適用されている

か、科学は吾人の生活の根本を幸福にし、これを其の根本に於て支持しつゝ、発達を助けるところに意義があることは吾人已《すで》に研究した。而《しか》し現在の科学は其の根本に於てこれを助長して居るか、人の幸福の大部分は健康の快愉と生命の延長にある。山県公の摂生も大隈候の百十五万も共に其の反映である。而《しか》し今日の建築を通じて人は生命の上に更に幸福を享けて居るか。吾人は次項に於てこれを考え、其の根禍の根ざす所を研究したい。これ吾人が本章に於て最も重大なる興味と必要とを感ぜし所である。

建築上の科学応用に関する疑問

最も偏陰にして且つ最も偏見あるものでなければ、近代生活の害悪と矛盾とに盲目であることは出来ないだろう。巨万の富は至大なる貧と相接し、一方には小児なき広き遊戯場がある。而《しか》し他方には遊戯場もなき数多の小児がある。人は自然を征服し得たけれども、又小数人の暴虐を助長した。宇宙は恰《あたか》も山海の珍味を列べた食卓の様である。招かれたる客は飽食し消化不良となって、復《ま》た食に耐えず、招かれなかった客は堂外に溢れて、饑餓を叫べども食うに由ない有様である。

或は英国の一著述家が人口問題に関して一小冊子を書いた。彼れは其の書物の内で、生活の資料は人口の増加に伴って増加しない、と言う仮想的な法則を発明した。著者はそれに対して数学的衣裳をつけてこれを発表した。而《しこう》して著者は一躍して科学のオーソリティーとなった。マルサス説。人口の幾何級数的増加の時、生活の資料の算術級数的増加の法則。そして人口増加の自然的及人為的制限法、凡《およ》そそれは決して証明されたことのない、併《しか》し公理として承認せられた。更に進んで演繹の為めに疑うべからざる科学的真理となった。

かくて学者及び教養ある人々はこれを無条件的に信じ、マルサスによって発見された大法則に対する盲目的な宗教的信任があった。どうしてこれが起ったか。これ等の論議は一見群集の本能とは何等の共通点なき科学的演繹である様に見える。併《しか》しこれは只《ただ》科学を教育の様に何等誤謬なき何者かであるように信ずる人々に取りてのみ神聖なのである。そして夫れは只《ただ》重要なるが為めに彼自身の思想や言葉と（Scienee）と言う陸離たる言葉を以て呼ぶ弱者の陥りやすい思想である。此の議論が甚《はなは》だ決定的な目的をもって居る人間的な議論である

と言うことを見んが為めには、只《ただ》マルサス説から実際的な結論を引き出せばよいのである。此の説に従えば労働者の悲惨なる境遇は、富者権者の冷酷や利己主義や不法から来るのではなくて、人には用のない不変の法則に依ってである。若《も》し誰れかが非難さるゝとしたならば、夫れは飢えたる労働者夫れ自身である。

一体何故に是等の愚なるもの。十分食う事の出来ないのを知りながら、此の世に生れて来たのか。夫れ故に富者及び権者は、何者に対しても毫《ごう》も非難するべきでない。彼等は平静に其の生活を今日迄通り続行して行って宜敷《よろし》いと言う事になる。而《しこう》して此の結論に対して其の演繹に対して純然たるdogmaに陥って居ることを看過せしむるに至り、そして教養ある人々は本能的に此の演繹の導き行く処を是認し、迎合し、其の上に真理の印象を施して約半世紀間もそれを愛撫した。凡《すべ》て是等の理由は、是等の数理が人々の不良なる生活を其のまゝ是認したからである。又、ダアウィン自身の素朴な告白に従えば、カントの第一断定を検探して我々の時代の啓示となり、一切の科学の根底となるところの哲学史や宗教史の根底をさえも持たなかったと謂《い》われて居る進化論の断定は、又、マルサスの思想から思いついたものであると言うことである。

かくて、夫れ自からの脚にて立つことの出来ない、二個の不安定なる学説が、相互に支持し合いて、欺《か》くすることに依って安定なるかの如《ごと》く見せかけた、両方共其の中に人は今現に人類の社会に存在して居る害悪に対して何等の責めを負うて居ない、現存せる制度はかくあるべき筈のものである、と言った様な民衆には貴重意味をなさないものを包蔵して居るのである。而《しこう》して此の学説は信任と疑心とを以て、群象の要求せる意味に於て採用された。かくて此の二つの我が儘《まま》な命題の上に建てられた新らしい科学的教理は、最高なる確信を以て「吾等は只事実をのみ研究する」と言う近代科学となって、信仰の教理が採用されたと同様の方法で採用された。而《しか》し事実をのみ研究することは全く不可能ではあるまいか？

何となれば吾等の研究の対象となるべき事実の教は、厳密なる意味で無数だからである。トルストイが言って居る様に、科学に於ける観察は、丁度《ちょうど》神学に於ける天啓と同様である。そうして神の罠は此の中にあると言って居る。即ち科学は理性及び良心の何《いず》れに対する人々の確信をも破壊し、科学者は彼等の言葉を科学的理論の衣を以て覆隠し、而《しこう》して外的な印象を研究することに依りて、

人生の生活方則を啓示すべき不可抗の事実を、攻究するのであると人々に保証する。理性及び良心の圏内に来るべき事物も、今や只《ただ》観察に依りてのみ発見されるのである。かくて是等の人々は、善悪の概念を失ってしまっては居ないだろうか？　そして斯《か》くすることに依りて、凡《すべ》て今迄は人類の間に行われたる善悪の表白や定義を、了解することが出来なくされたのではあるまいか？　かくて学生は此の研究を進むれば、進むる程人生問題から遠ざかるのではあるまいか？

成る程、科学は吾人が今日見るが如《ごと》き異常なる発達をとげた。そして吾人は此の成功を致さしめたるものは、吾人をしてパンを儲《もう》ける必要からのがれしめたる分業制度であるとして居る。自然の上に人間の力を拡げたる此の驚く可き成功。人心をかくも激動せしめた航海業を発達せしめ、天文学や汽船も鉄道も橋梁もSteam Engineも電信も電話も皆夫れを持つことは現代の誇りとして居る。而《しか》し此の進歩は未だ労働者の境遇を改善せずして、寧《むし》ろ一層悪くして居るのではあるまいか？

仮令《たとえ》、労働者が鉄道汽車に乗りて移動を安易にすることが出来ても、彼の森を焼き、彼の口からパンを奪い、そして鉄道所有者の為めに殆《ほと》んど奴隷たるが如《ごと》き境遇に置かしめたるものは此の鉄道ではあるまいか？　若《も》し労働者が安価に彼の衣服の料を買うことが出来るとしても、彼れから彼れの生活の料を奪い、而《しこう》して彼れを全く製造業者の奴隷の様にならしめるものは、此のSteam Engineと器械ではないか？

たとえ労働者には使用することが出来る電信があるとしても、彼れの製造した物品の価格が騰貴して居るにもかゝわらず、且つ彼れが其の物品の需要が増加して居ると言うことを知らない間に、彼れの見て居る其の眼の前で、資本家の為めに非常なる安い価格で買占められるのではないか。経済の刺激と科学の此の異常なる発達は、遂に所謂《いわゆる》現代式建築と言うものを産んだ。鉄と煉瓦とConcreteは遂に古人の空想を実現した。それを54層の突ぴょうしもない、気まぐれな怪物を産んで、人が空中生活と言う前代未聞の奇観を呈するに至った。人はこれを建築上に於ける異常の発達として、驚異或は賞讃する人さえも見受ける。成る程其の形とか便利とか言う点から言えばPyramidの偉大も到底今日の論でないかもしれない。

Pyramidが古代Egyptの驚異であったならば、ウールウォースは将《まさ》に現代の一大驚異である。而《しか》し此の魁偉《かいい》にして奇抜なる、寧《むし》ろ理性と良心とを失って居る此の建物に依って、幾万乃至《ないし》幾十万の人々の健全なる生存能力と及び生活の安定が強迫せられ、それが只《ただ》僅か一部の人の利益の為めであるとしたなれば、我等はかゝる建築の真の意向及び良心に対して不審をいだく必要はないであろうか。そしてそれが皆経済と科学に依りて、如何《いか》様にても建てられることを思って、其の経済特に此の場合科学の適用に対しての不問に附すべきであろうか？

産業の勃興にともなう無制限なる都市集中は、一面に於て社会改良家に深い悩みの種を蒔いた。便利衛生防備の更に増進して、それが道徳的解決に専門家のみならず彼れ等の思考は深さを増した。こうした結果として建築はウールウォースの場合の如《ごと》く其の型態や便利の外に、防備の問題も又衛生の問題も総《すべ》て建築上に応用すべきScienceの問題は経済計算の要求の下に盛《さかん》に実行せられた。其の傾向は寧《むし》ろ極端迄実行せられるとして居るのが今日の傾向である。科学は経済力の要求に追従して滔々《とうとう》建築界を風靡した。而《しか》して吾人の見るところに依れば殆《ほとん》ど総《すべ》ての人は此の傾向に対して何等の不安も、又何等の矛盾も考えて居ないらしい。否そう考えて見ることが、常規をはづれたる好事家の愚想と思わるゝのが今日の状態であるかもしれない。

けれども吾人はそうして安心して、又不問に付して置くことは出来ない。憐むべき無自覚なる建築家達は此の滔々《とうとう》たる傾向に対して、其の底に沈湎して居る何者に対しても警戒して居ることを聞かない。彼等は盛に其の尻馬に乗った。而《しこう》して科学的建築家、此の意味に於ける実際的建築家は建築界の権威となった。其の間に彼等は重い神経衰弱に陥って、正邪本末をわきまえることが出来なくなった様である。かくて「人間」と言う二字は彼れ等に取って全く無関心のものとなってしまった。保健事業も、衛生設備も、防備の問題も、便利も、総《あら》ゆる科学的意匠は何を窮極に実現し如何《いか》なる課程と力と目的とを以て建築の使命を人生の上に生かさるかと言うことを忘れ、総《すべ》ては皆其の情趣を失って、当てもなく理想もなく、只《ただ》単に目前の刺激と圧迫のまにまに、応用せられるのに過ぎない有様となった。

かゝる状態で進み来った建築が、其の志向の道徳的価値を失遂して、あらぬ道に混迷して居るのは当然である。已《すで》に吾人が研究せる如《ごと》く建築の使命は只《ただ》唯

一絶対なる人間をより健全に生かす為めに、宇宙界の方則と自然界の指令を担い来って、それを時代の推移と共に擁護するところになくてはならない。もっと厳密に謂《い》えば、彼れは只《ただ》人間のより健全なる生活生存を助ける事の外、何物にも利用さるべきでない。

而《しか》し已《すで》に已《すで》に建築は其の本来の使命を放棄しおわり、人も我れも其の尊貴の生存意識を擲《なげう》ちて全く一個の機械となりはてた。吾人はそれを智的頽廃と称するに過言であろうか？　而《しこう》して現代の建築は———科学を意匠したる建築———建築に何等独自の理想と主張と及び良心なき建築は———鈍いメスを以て隠暗の内に都会の人間の生命を断ち、彼れを傷け、彼れを衰弱せしめて居るのではあるまいか？

或る建築家は便利と能率増進の為めに、縦に通ずる暗いトンネルを工夫した elevator———新進の名称がそれに附けられた。成る程それに依って表面上人間を運搬する数は増加した。而《しこう》して彼れは能率の増進を表わすに一日幾千人を運搬し得るとして誇って居る。けれ共も元来能率増進は人間の精神力の円満な行使にあると言うことは全然問題とならないことであろうか？　elevatorに依って昇降の時間は兎《と》も角《かく》軽減せられた。

而《しか》し人は美しい気持の良いstairを、シガーを薫《くゆ》らしながら、悠々として昇り行く紳士の後姿を、想像することは決して容れられない運命にあるのであろうか？　彼れは神が人間に与えた貴重な身体の一部を正当に使用しないことに依りて、健康の衰退を来たすことの購需者に対する責めを負わないものであるか。

又、或る人は便利と言う文字を直訳した。そして直接的な、Simpleな平凡なPlanningをすることに依りて、其の目的を達し得ると思って居る。而《しか》し彼れはDelicateな人間の感情が迂回した通路でさえも、時として愉悦を感ずることを知らない。そして斯《か》くすることに依りて、経費を節減し得ると言う只《ただ》表面的な観察の理由の下に断行する。全く彼れに取りては心理学的考察や、精神科学と幾何学や、又は能率増進の真髄などの関係は別種の問題の様に思われて居ないのではないか？

或る建築美術家は通路のpavementに美しいtileや模様を施したConcrete製の敷物を撰ぶ。そして彼れは経済と恒久と美観を兼ねたる現代の要求としての廊下を誇示して居る。而《しか》し人間が健全に生きる為め、自然的条件の下に於て足

に感ずるelasticityに対して無頓着であることは、不都合にして決して許されないものであろうか。只《ただ》彼れは経済と恒久と表面的な美の外に何物もない。若《も》し此の際或る他の人が、tileを撰定するよりもキルク板を撰定する人があったら、吾人は其の人の行為の真意に共鳴する。如斯《かくのごとく》にして彼等は建築の美は只《ただ》眼に映ずることのみを知って、其の包蔵的感じや踏感の快適が美であることにはあまり頓着しない。

彼等は鉄のframeworkを高等数学に依りて計算することを知って居る。併し彼等は普通の労働者の簡単明瞭なる要求には答えることには失敗する。そして又彼等は予算の多い建築には、不必要なる自己の欲望を満足して作品の優秀を誇るけれども、予算の少ない建築や貧民の住宅には振り向いても見なければ、又、常に失敗し勝ちである。彼等は如何《いか》にして長屋や貧民窟や安貸屋を改善すべきにつきては頗《すこぶ》る無頓着である。若《も》しくは人の性情の健全なる発達や労働者や事務員の生活状態や、生理的考察や心理的の工夫を勘定のうちに入れて建築物を建てるには如何《いか》にしたら良いかを知らない様である。又、資本主義の要求として建築の天井の高さを定むるに、只《ただ》侠い経済上の打算より始める。そして科学は何時《いつ》も如何《いか》なる罪悪が其の結果に齎《もたら》され様とも、無制限にそれを成就することが出来る。十二尺を要すべきものも七尺に切りつめる。成る程一往経済的に建築は出来た様である。而《しか》しそれが為めに事務員はより早く疲労し、従って彼等はより早く身体とのdecayを来す。此の結果として能率は減退して経済的の打算は結果に於て破壊されることを勘定のうちに入ることは少ない。如何《いか》にして…。

建築棺桶論：……　は吾等が尊敬する人の口から発せられるのである。彼等は実に最も貧しい労働者達が知り且つ了解する程度にも、凡《すべ》て是等のことを知りもしなければ了解もして居ない様である。彼等に有り余る程の鉄材とConcreteとを与えよ。有難すぎる位立派な大理石の柱に蛇腹を設計せしめよ。彼等はより是等のことをなし得る。併《しか》しながら彼等は幾百万の労働者の今日の如《ごと》き状態に於ける労働を如何《いか》にして軽減すべきかを発見することを知らない。又、幾千万の人間が蔭暗の内に身心の破滅を急いで居るかを勘定の内に入れない。夫れ故に彼等は、智識から言っても、要求から言っても、仕事や習慣から言って

も、彼等は毫も仕事に適しないと謂《い》うことは過言に類するものであろうか？

如斯《かくのごとく》彼等の有する便利主義経済主義や、能率増進主義や、美観主義に対しては、一往焼きなおす必要はあるまいか。もっと深く人間の性情を研究する必要はあるまいか。平面的よりも立体的に、表面的よりもより内面的に喰い入る必要はないか。吾人は是れ以上例を求めて建築上に於ける科学の意義を問う必要はない。が、兎《と》に角《かく》建築をして真に人間活力の容物、社会活動の容護を目的とするなれば、近代生活の二大支柱の一つとして生じたる科学を、何如《いか》に建築上に意匠しなければならないか、それ吾人が求めんとする答えである。

惟《おも》うに都市建築中誤まれる狭偏なる経済中心主義、科学万能主義の所産としての建築程、都市の衰亡と人類の廃滅とを早めるものはあるまい。都市生活の寿命的な原因の一つは確かに此の点に其の根禍を有するのである。熱心なる社会改良家は貧民窟の改善と保健事業や衛生設備を完備して、表面的に都会は健全になって居ると思って居る。而《しか》し人の幸福が只《ただ》単に生存年限の延長を統計上知り得たとしても、それを直ちに以て都人の健康増進と言うことは出来ない。単に生命の保持なら、寒風凛烈たる前では何等の抵抗力もない温室の花もある。而《しこう》して彼等は表面美派に見せる建築夫れ自身の根禍に気附かない。

而《しか》し或る楽天家、都市享楽者は謂《い》わん。今日経済的活動に立脚する生活の為めには、建築上多少の幣害あるとも止むを得ない。それは物質文明にともなう避けがたき余罪である。故に、都市計画や、公園や、運動機関や、住宅区の設定や、田園都市に依りて補救せらるゝと言うかも知れない。而《しか》し、人は一日中の大部分を此の現代建築と言う機械の内に暮さねばならないことを思えば、其の影響の恐るべきを知るであろう。彼れは更に言葉を換えて、其の根本に経済力の原動と及びそれに附帯する科学とを無視することが出来ない限り、建築を単独に考えることは出来ない、と言うであろう。私の考える処では此の説に対して答える為めに二様の方法を提起するものである。即ち、一つはHumanization of Scienceと他は在来の誤まりたる経済力の適用をもっと倫理的に移動せしむることである。吾人は後者に対しては重大なる問題なれば別に章を更《あ》らためて研究せんと欲するものである。

Humanization of Science

吾人は科学に対して排斥するものでもなければ、又人々をして再び野蛮な状態に迄引き返えそうとして居るのでもない。吾人は常に科学や——人類の合理的な活動——芸術——此の合理的活動の表白——を拒まないばかりでなく、人類をして彼等が今吾等の時代の誤まれる教訓に依りて、その方に急ぎ走って居る悲惨なる、寧《むし》ろこれこそ野蛮なる状態から脱せしめんが為めに、吾人は此の合理的な活動とその表白とに於て研究せんとするものである。殊《こと》に現代の産業組織の下に於て、機械力応用の労働者多き肉体的退嬰の事実に見るも、肉の権威は科学の権威に或る点に於ては譲らねばならない現在の状態に於て、科学の向上は政策上重大なる意義と価値とを有するものである。

科学及び芸術は人に取りては飲食物や衣服の如《ごと》く必要である、否寧《むし》ろこれ等よりも更に必要である。併《しか》し彼等がそんなものとなったのは、吾等が科学や芸術を必要なるものであると決定したからではなく、彼等が真に人間に取りて必要であるからである。ベーコンが「多くのものは過ぎ去らん、されど科学は生きん」と言った言葉は味うべきである。扨《さ》て、吾人は上述せる如《ごと》き、現代建築の諸種の幣害の原因につきて考えるに、我々自ら相集合して其の原因となったことは何人も異存はなかろう。吾人は相集合して近代建築と言う一大ウールウォース城を築いた。蓋《けだ》し築くことが拙劣ならば、難ずべきは吾人人類の全体である。且文明とは元来人工的産物である。人間の作業である。蓋《けだ》し其の生ぜし実が口に苦いなれば、其の原因を人間以外に遠く不可思議の境に求むる謂《いい》はない。

過去に於て岐路に迷ったなれば、将来に於て正路に立ち帰ることも得様。業は必らずしも容易でないかも知れない。而《しか》し極端なる悲観論者でない限り、何人も帰正し得べからずと言うものがあろう。

今一歩を進めて、如何《いか》なる方向に迷ったかを尋ねるを見るに、之れ又真の解答を得るに難くはない。吾人は吾人の作らんとせし文明の、人生に及ぼすinfluence如何《いかん》を十分に考察する所なく、それを造ったのである。吾人が身体を彩って裸体の儘《まま》森林の中を馳駆した無邪気な自由の黄金時代に於てこそ、吾人の隣人対人間関係につきては頗《すこぶ》る無邪気であり得た。而《しか》し今や森林時代は遠い過去の物語りとなりて、人は都会と言う一定区域内に縦に横に、はては空中や地中に迄でも、無慮数十万数百万の数を以て充満せるが故に、無責任なる乃至《ないし》

独善的個人の横暴的自由の時代は既に過ぎ去った。隣人の一挙一動。科学者の一顰一笑《いっぴんいっしょう》。資本家の一挙手一投足は此ら各人々の日常生活に影響する様になった。而《しか》も今迄吾人は過去の遺物たる無束縛なる自由の破壊的威力や競走を抑制せんとしたこともなく、多くはそれを不問に付して以て足れりとして居たのである。或る社会改良家こそが改善の方法として或は社会を全体として拘束するか、或は隣家互いに友情を以て交るが、将《は》た又個々人に自制の徳を求むるかと提議した。而《しか》し人が科学に万能の栄冠を——無制限なる信仰を奉持して居る限り、人は手を空しくして帰らざるを得なかった。而《しか》し此の欠陥の多い現代文明の内から、苟《いやしく》も其の意向を諦察し得るものに在りては、其れの長所を助成すると同時に其の短所を匡正《きょうせい》し、若《も》しくは填補することに努めなければならない。然《しか》らば如何《いか》にして其の短所を匡正し填補するか。其の方法としては別にない。其れは只《ただ》近世文明の創始者開発者の、感得しながら彼等の会得しなかったところのもの——することの出来なかったところのものを実現することである。

科学を生活に関連するとしても、便利とか実用とかよりも、もっと尚《なお》一層内部的精神上の欲求と言うことに結び附けて考えなければならない。科学と実利との関係に於て人道主義（人本主義）が科学中心主義を痛撃するは、それが唯《ただ》唯物《ゆいぶつ》的巧利的思想に導くが故である。其の根本に於て科学は多く生活上の便利や又は一部資本家の無自覚に依る、一般民衆の労力の浪費或は単に奢侈《しゃし》の増長にのみ役立ちて、真に一般人類の健全なる発達にはあまり役に立ちて居ないからである。恰《あたか》も16, 7世紀にガリレーやベーコンやデカルトに現われたRenaissanceのSpiritが近世科学を起したので、其れが今日の科学の根本的精神を成すのであるが、先づそれを高調し体得するのが、科学を真に理解する所以《ゆえん》で、即ち夫が科学の人道化となるのであろう。

Renaissanceは宗教や政治に拘束されぬ自由な態度を以て起ったもので、科学に於て実験に証明を求むる虚心、数理に演繹を辿《たど》る安全、真理に対する殉教的な熱愛、科学に完成を求むる芸術心などと言うが如《ごと》きもの、是《これ》等は科学的認識の起源ではないが、科学の体を形成し、形成せしむるものである。ダヴィンチだの、ガリレーだのがそれを体験し今日の科学に及んで居る。それ等は寧《むし》ろ偶然的な実利などよりも、科学夫れ自身には重大なる意味をなして居る。

ウォルター・ペーターに依れば、15世紀の思潮運動は、二重の意義を有する。

一つは文芸復興で他は近代精神と言うべきものが、其の実在主義即ち経験への訴えを伴って起ったと言うことである。此には意義は古《いにし》えに帰ることゝ自然に還ることとを意味して居る。ラファエルは古《いにし》えに還る方面を代表し、レオナルドは自然に還る方面を代表して居た。如斯《かくのごとく》自然に還ることで彼れは自然の絶えざる驚異に依り好奇心を満足させ、ベーコンが特に注目した自然の幽妙な活動に依りて、表現綿密な観念を満足せしめて居た。故に吾人は屡々《しばしば》彼れは科学者と文通したのを見出す……。之れは有名なるペーターの著Renaissance中の一句である。以て近代精神に於ける科学の内容を吾人の前に示して居ると思う。而《しこう》して吾人は此の内容———此の科学の根本観念を体得して建築上の意匠をなさんと欲するものである。

先に吾人は人類の自然的条件に対する性情を研究して、此の精神を都市計画の上に実施することを前堤として、此の環境の内にmelt upすべき建築の表現に論究し、そして如斯《かくのごとく》することが人生の健全を意味することを研究した。然《しか》るに吾人は更に進んで建築夫れ自体（———内容外観共に）自然的条件の摂取———自然条件の人間化———自然条件の建築化を実行しなければならない。そして勿論《もちろん》此の方法手段とては此の近代精神の根本に解したるScienceの助力に依るのである。

如斯《かくのごとく》することに依りて吾人は始めて健全なる建築を有し、人生は健全を意味し、Scienceは真に人生の二大支柱の一方を負担すべき真実なる使命を遂行し得るものである。然《しか》し如斯《かくのごとく》論じたのみでは、まだ問題は徹底しない。即ち然《しか》らばScienceをして此の建築上に於ける使命を全《まっと》うせしめんとすれば、如何《いか》なる手段を選ばなければならないか。

又、近世文明の他の主柱として生じたるHumanismとの関係はどうなるか。又、如何《いか》なる手段を取りてScience Humanizationをしなければならないかを追究しなければならない。そしてそれを研究する為めにはもっと事実を、吾人は吾人の有する智恵と智識と科学とHumanismとが現在如何《いか》なる関係にあるか、又、如何《いか》にして今日となったと言うことから思索しなければならない。

どう考えても人間は唯一つの目的しかない。其れは生きること。善く生きること。幸福を確保するように生きることである。惟《おも》うに如何《いか》なる時代に於ても如何《いか》なる機関を用いても人間は大古から今日に至る迄で、是れ以外のものを目

的としたことは一度もなかった。彼れは東洋に於ても亦《また》西洋に於ても神話を用いても、又憲法を用いても Art, Moral, Science, 其の他の機関を用いても彼れの実現しようとしたことは只《ただ》此の一事であった。然《しか》し真に彼れが完全に幸福な生活を実現しようとするには（概して言うと）生活を組織する境遇と性情との二成分の改善に、等分の努力を持つことが必須であった。そして彼れが遺憾なくそうするには、彼れの叡智を二つに分化して性情の陶冶を主とする智慧と、境遇の整頓を司る智識とになりて現われねばならなかった。

而《しか》し近世に至る迄叡智は分化ぜずして、其れの作用は僅かに性情の陶冶だけに限らることになって居た。そして其れは知慧と称せられて居た。然《しか》し智慧は知識の存在を仮定して始めて正当に動き得るものであるから、智慧と知識とに分化しない叡智を智慧と呼ぶのは全くの誤称に過ぎない。今日に於ては想像力は智慧を翼賛し、知識を填補して、叡智と協同してはたらくが、此の時代に於ては想像力は叡智と対立してしばしば擬似智識として働いたのである。

性情の陶冶は相応に出来ても境遇の整頓の大して出来なかったのに何の不思議もない。近世文明は一方に智慧と知識と、他の一方に Humanism と Science と、甲は乙の存在を仮定しては、甲の作用へ信頼して居ると見て始めて理解することは、前述の Renaissance 運動の一節に於て、吾人の暗示せんとせしが如《ごと》くである。

Humanism と智慧と知識と科学とが互いに窒塞し合い、圧迫し合って居る今日の弊を矯《た》める実際上の手段として二つある。それは一方に作用を附与する為めに他の一方の作用を制限するのと、一方の意義を敷衍《ふえん》することに依り、其の中より他の一方の義意を顕現せしむることである。そして吾人は後者の前者に勝って有効である場合の多いことを認めんとするものである。

今、知識と科学とは建築界の全面に、もっと広く吾等の生活の中に跋扈《ばっこ》して何一つ憚《はばか》るところなく総《すべ》ての善きもの、総《すべ》ての美しきもの、総《すべ》ての聖なるものを迫害し、虐遇して居ると言われて居る。此の場合に於て、悠久に最も有効な方法は、知識と科学との作用を制限することではなくして、其の意義を敷衍《ふえん》することの一事であると思われる。で、吾人は茲《ここ》で科学の現代に於ける真実の志向を伺いたい。科学は個々人の果すべき事業の道程及び方法を命じ、問題を提供し、且つ其の解決の手段を示す。「今や全体の運動から分離して個人の努力は無効である。而《しこう》して全体の運動に参加すると言う処に人生は明瞭なる倫理的

性質を帯びる」と言ったオイケンの言は、取りて以て科学の志向を指示して居るのではあるまいか。独《ひと》り科学のみならず、一切の道徳問題は皆全体への参加に於て、始めて有意義となるのである。それ明かに現代に於ける真実の使命にして玆《ここ》にHumanismの運動がoriginateするのである。若《も》し全体が真実の標示の下に於ては、個人は自己を全体の要求に服従して、個人は自己の無制限なる意志及び欲望に関する一切の撰制をしなければならない。吾人は意志及び欲望の抑圧の美しい意味を、現代科学及び産業の悪い傾向に従わしめんとする意味ではないことは勿論である。

カアライルやトルストイやニィチェ等が、科学と産業との作り出した現今の人生観と社会制度とに対して不満を感ずるのは大なる疑問がある。然《しか》し是等を開展し解放することに依って、是等を一層完全なる人生観と社会制度とに変化せしめ様とせずして、彼等が異なる時代と境遇とから取った人生観と社会制度とを用いて、其等に対立せしめ、反抗せしめ様とすることには、吾人は全々同意することが出来ない。彼等の従事した戦闘は壮烈であった。高貴なものであった。然《しか》し彼等の労苦は其の効果に依って半ばを酬いられて居ない。

「過ちに陥いるものは人間である。其れを赦《ゆる》すものは神である」

嘗《かつ》て人間の手に成ったもので過ちに陥らず、罪を犯さなかったものが一つでも有ったか。宗教でも芸術でも道徳でも悉《ことごと》く過ちに陥って来た。罪を犯して来た。さらば科学と産業とが此の点に於て其れ等の足跡を追って居るからと言って、吾人は夫れに対して苛酷であってはならない。寛容でなくてはならない。然《しか》し前に研究せし如《ごと》く科学と産業との現在の存体は吾等が無条件で是認し、歎美するのには余りに欠陥の多いものである。人間のあらゆる作為、あらゆる努力は善く生きること、幸福を保持する様に生きること、との一事に限られて居る。して見ると此の目的を達するに、科学と産業とが如何《いか》なる方便を用いるも、其れは勝手であるが、是等のものの最高級の目的は幸福を獲得するの方便たることでなければならぬ。然《しか》し事実はどうなって居るか。即ち前章に於て吾等は縷々《るる》述べた通りの状態である。

幸福の必要条件は満足と安定との二つであらねばならない。如何《いか》なる刺激も活動も努力もはた奮闘も、その最後の成果として満足と安定とを齎《もた》らさぬものはどう言う意味にでも合理のものであると言われない。近世に到って科学と産

業との力に依って我等の境遇は整頓された。そして生活の方便が豊富となったこと、多種多様になったことは事実である。然《しか》し斯《か》くして得られた方便は幸福を増進したことよりも、其れを揺蕩《ようとう》し攪拌《かくはん》した事が多かったのではなかろうか。是れは主として科学と産業とが軽挙にも無謀にも智慧とHumanismとから分離し、生活の中枢たる性情の陶冶を懈《おこた》って徒《いたず》らに夫れの末梢に過ぎない境遇整頓だけに偏執した結果である。

かくて近代の建築も亦《また》此の渦中に投ぜられたのである。殊《こと》に後進国文明国として、又、永い伝統的努力と新思潮との争闘に混沌として居る我が国建築は其の建築上の装飾に偏執しなければならなかった不可避的な事実の故に、吾等の真の意味に於ける幸福の攪拌《かくはん》と揺蕩《ようとう》は一層激しかった。かくて喧騒と不満と軽薄とは一代の風尚たらんとして居るのである。「吾人は美を愛するも奢に流れず、学を好んで弱に陥らず」とは哲人ペリクレスがアテネの文化の優秀を誇った演説の一句である。吾等にして人類の一部分が四千年の前に実現したこの事実、少なくも彼れが懐抱した此の標識を取って夫れを以て今日吾等の生活の状態と理想とを測定する尺度とするとき、吾等の当然催す感慨は如何《いか》なるものであろうか。

吾人は美を愛するも奢に流れず、学を好んで弱に陥らず！

何と立派な健気な覚悟であることよ。畢竟《ひっきょう》するに知識も科学も産業も吾等をして此の理想を持たしめないならば、持たしめることに貢献することがないならば、吾等に取って大して価値あるものとは謂《い》われないであろう。其れならばどうしたら宜いか。それは知識を智慧化し、科学と産業とをHumanizeする他に策はない。そしてそうする場合には、それが動力となり同時に批判となるものは、自然生活の名称の下に、人間の根本性情と根本欲求とを陶冶することであらねばならぬ。

それ吾人の建築上に於けるScienceの意義に対する最後の断にして、且つ自然的要素の建築化に対する純一の答えである。吾人はそれを単なる科学上の問題として研究して来た。而《しか》し、此の研究は今日科学の適用に於て、其の運動の潮流を支配して居る資本家——事業家と言う群の人達に対してより以上の反省をうながしたい。何となれば建築の堕落は一面に於て彼等の事業道徳——絶えず全体の幸福に参加し、それを確保する運動に服従すると言う倫理的内部的制限に耳を貸さなかった結果であると観察し得るからである。

第5章　都市建築の経済的観察

経済上の観察より都市建築を大体二様に分けることが出来る。一は公館にして建築自身直接投資上の収益を考えざるもの。他は一般営業的建築及び住宅にして、其れ自身投資上の収益を計算し、若《も》しくは顧慮するものである。本章に於ては主として後者を研究することとしたのである。

建築も一種の資本である以上、其の建設改築等総《すべ》ての点に於て経済上の原則に依らざる可からざることは勿論である。而《しこう》して此の問題も亦《また》一般的都市計画殊《こと》に地価との関係に於て、重大なる交渉を有するものである。

従来我が国に於ける建築工業は、表面上の観察に依れば、経済上には間接のものの如く做《みな》されたるかの観あるが、かゝる状態は既に遠き以前の事に属し、今は全く直接収益上の打算より投資せらるに至ったのである。而《しこう》して茲《ここ》に現代都市の一大特徴として、大胆なる建築投資が行わるに至ったのである。今や世界各国共其の投資は実に莫大なる額に達して居る。特に米国の如《ごと》き其の最たるものである。かのWoolwortheやSinger Buildingの如《ごと》き宛然《さながら》空中に一都市を構成して居るが如《ごと》き其の精神的批判は別として、其の放胆なる投資は一驚を喫すべきものがある。殊にWoolwortheの如《ごと》きWoolworthe一個人の投資に依ることを知る時に、吾人は真に驚歎の眼を瞠《みは》るものである。而《しこう》してそれ全て建築投資の有利なる事を反照する好個の例証である。我が国の如《ごと》き経済上貧弱なる状態にありながら、尚《なお》且つ毎年少なくとも3,000万～5,000万円を投資して居ると言うことである。然《しか》し此建築上の投資の、其の額の巨大なる割合に、其の収益が他の営利事業に比し高率ならざる傾向がある。故に建築投資、殊に一般に住宅投資は、一面に於て寛大なる資本家の、対社会的一種の公共事業として投資する様にしなければならない。

公館建築が直接に収益を得ざる為めに、経済上不利のものとなすは誤まれる観察であって、是れ建築の特質上、公共的責任を尽すが目的である以上、金銭上の打算よりも更に重大なる手段は、其の位置と建築の内容を充実することにあるのであって、そは寧《むし》ろ有形上の問題よりも、無形上間接的に社会全般の幸

福をはたす処に、其の本来の面目があるのである。

然《しか》るに一般的営業的建築及び住宅建築の経済観につきては、現代の都市建築に従事するものの、最も考慮を要する問題である。建築を以て一つの広告、又は信用の基礎を表現せんが為めに利用せんとするが如《ごと》き傾向を排する人もあるが、かゝる表現上の問題は、経済上の観察よりも、寧《むし》ろ対社会道徳的観念より批判するのが至当であって、一概に排すべきものでもなく、又、其の表現の如何《いかん》に依りては、建築の投資に対する実収の間接的収益を誘導するものにして、玆《ここ》に建築の意匠と経済との別義な関係を見出すものである。然《しか》し我が国に於ける事業家の傾向が、建築を利用して自《おの》れの独我的誇張的観念を示さんとする傾向あることは、いなむべからざる事実にして、かゝる悪傾向は独《ひと》り経済的見地を踏み倒して居るばかりでなく、社会道徳上の一問題である。近頃或る建築家は或る成金の放縦なる趣味を満さんとする建築の依頼を拒絶したことを聞いた時に、吾人は真の建築はかゝる尊い建築家達の努力に依りて生ずるものと思ったのである。

「美観よりも経済」と言う言葉は、よく建築上の実際問題の上で吾人の聞く処である。何ぞ其の言の無意味にして、当を得ざるの甚《はなは》だしきや。かくの如《ごと》きは其の観念に於て、美と経済とを全然separateして考えたるものにして、吾は已《すで》に都市建築の美的観察に於て研究せし如《ごと》く、美と経済とは同じ程度の状態の下に於て調和すべきもの、否調和せしむべきものにして、玆《ここ》に建築家の脳力を働かせる重大なる意義を見出すものであって、又、真に時代の真相と共同する所以《ゆえん》である。若《も》し美と経済とをseparableのものとすれば、経済的建築は美的には欠陥を生じなければならない訳になる。然《しか》し建築の本来を考えれば、絶対にunhappyなる建築は許すことは出来ない。社会的に見て不道徳である。只《ただ》不経済なる建築は、時代の真相を無視したる作為の発露にして、美と経済とは時代と共に相協同し、其の不離分なる処に、其の調和ある表現をしなければならないものである。

但し、吾人の主張は欠陥ある経済組織、及び、社会観乃至《ないし》道徳的観念が、其の時代の主流であるとしても、それに調和し、それに追従せんとの意味でないことは勿論にして、吾人寧《むし》ろよく聖なるものを認めながら、人道の高所に立ちて、調和ある時代の建築に努力せんとの意に外ならない。数に美を無視したる

経済思想中心主義の建築は、已《すで》に建築でなく機械である。建築をして機関車と同一視せしむる思想はかゝる偏見より出ずるのである。尊い霊魂を有する人間を住ましける——否生かしける——に機械を以てせんとするは、非常識も是亦《これまた》甚だしと言うべきである。而《しか》し又、それと正反対に、経済上の原則を無視して単に美——此の場合は恐らく誇張でなくmake believeならんが——を専念したる建築は享楽の対象にして、それ又真の建築でなく寧《むし》ろ骨董であって、共に真の建築を得る所以《ゆえん》ではない。要するに美と中庸の問題である。

都市の貸事務所又は住宅建築が、経済的見地に一致することは、今日は已《すで》に充分に成算ある時代となった。此の成算はもとより前述せる如《ごと》く建物夫れ自身と地価との経済と相俟《ま》ちて一個の経済関係をなす事の計算の結果である。此の事実に依り、貸事務所又は其の他権益を主眼とする都市建築を、少なくとも3階以上5、6階に達せざれば、床坪に対して工費を平均して低下する訳に行かないと言われて居る。又、面積も地坪200坪以上に達せざれば、工費に無駄多き憾《うら》みあると言われて居る。

如斯《かくのごとく》一般に都市建築経済上の打算より、建築を立体的に増大せんとする傾向を生ずるのである。New York & Chicago, high office buildingは皆是れ経済上の必要から起ったものであるから、其の建築工費も地所の高価をも、矢張《やは》り階数の増加に依りてそれを低減して居るものと見るべきである。近く三菱ヶ原に於ける新建築は、皆かゝる打算より建築せられたる例証と思う。而《しか》し米国に於けるが如《ごと》く、極端なるtall buildingと、又、平面的建築とは其の根本の志向に於て何《いず》れを採用すべきかは、都市一般計画上、我が国に於ては重大なる問題である。又、科学的見地に立ちし都市建築の経済的観察をなすに、もとより耐震耐火の永久的建築は、経済上最も有利なる地位にあるものにして、此の点に於て鉄筋コンクリート構造は、現在の建築材料及び構造法に於て、大なる変化なき限り最も多望なる現在及び将来を有するものである。

それ又同時に、我が国将来の建築界の為めにも緊要なる問題にして、絶対的耐火耐震の永久建築が、我が国本来の建築に於けるが如《ごと》き、燃焼質建築に対して、経済上有利なる結果を齎《もた》らす事は数字の明かに示す処である。但し此の見解は、一面日本に於ける経済力の状態如何《いかん》に依りて大に考慮すべきものなるが少なくとも已《すで》に吾人の研究せし如《ごと》く、大都市の中枢区域は絶対的耐火耐震の構

造物を以て構成されなければならぬと言う断案に立脚せるものである。されば、我が建築も永く燃焼質建築に、浮薄なる誇張や散満なる稚気を彩飾してconstructiveに虚偽なることは、一面に於て人情の陥りやすき欠点にして、又、建築を以て一種の広告と做《みな》し、信用の基礎をmake bilieveせしめんとする考えなるが、かゝる傾向は何等かの解決に依りて早晩改革しなければならない。

以上、吾人は在来経済的規準に立脚して、都市建築を研究したのであるが、かゝる問題を論ずるに当り、余り在来の経済的規準を偏重することを好むものでもなく、又在来の経済的建築の志向に対して、吾人は全々同感することが出来ない。吾人後節に於て研究するが如《ごと》く、現戦乱の影響に依りて、吾人の経済組織上により幸福なる予見をなすものである。大都市の将来や一般の社会改良の公道に則《のっと》り、先見ある寛容の資本家が建築の真価を理解して、それに投資せんことを切に希望する次第である。上述の貸事務所又は一般営業的建築は、都市の中枢区域の肝要なる部分の問題なれば、急要の事業として論ずべきものなれ共、又一方都市中流以下の住民の家屋建設も、市民の健康風紀等より見て重大なる問題である。

現代生活の行き詰りの所産の一つとして現われたるものは、所謂《いわゆる》Housing problemである。其の結果として考案せられたるものが、Tenement or apartment houseとGarden Cityである。前者はCityが所謂《いわゆる》Metropolitan proportionsに到達したる時に出現するものにして、住宅中尤《もっと》も経済的打算をなし、又都市の利便を極度に利用せんとする考えよりして作られたるものなれば、他の住宅に比し、比較的都市の中枢区域に接近し得る運命にあるのである。其の大体の経済的観察は、一般営業的建築の場合と大差なし。又、Garden Cityは字義の示す如《ごと》く生活の安静と健康の保全、及び風紀上の正康を主眼としたるものなるが、こは本論文の研究とは別種の問題として玆《ここ》に論ずるの要を見ない。Tenement houseとGarden Cityとの中間に位するが如《ごと》きものを吾人が普通に呼ぶ所の住宅と做《みな》すことが出来る。

Housing Problemと言うのは一言に尽せば、国民の健康と活動能率とを高める為めに不良住宅を改築すると言う社会問題である。元来此の問題は各家族が各戸に普通Gardenを有しながら在居し、又はSmall townには起らなかったのである。然《しか》るに人々の都市集中と及び地価の騰貴に依るrentのunreasonable

balance等に依り、又は他に営利的なる事業あるが為めに、住宅建設に要する資本を得る道が無くなりたる結果、住宅の欠乏と及び其の実質の低下と言う現象を来たしたのである。更に適切に謂《い》えば小住宅に対する投資へ算盤《そろばん》上引き合わないが、然《しか》し小住宅の建築其のものは、国民経済上必要なる事業かもしれないが、寧《むし》ろ他の営利的の事業に投資する様になるのである。

又、住宅投資は資本家に取りて良好なる事業でないばかりでなく、反対に住宅に投資しないで居れば自働的に利益を得ると言う反対の作用が起るのである。此の結果として借家人は何《ど》うしても粗悪な家に住まざるを得ざるに至り、又は多人数一家内に住居する様になるのである。かゝる状態の窮極は即ち貧民窟が市中各所に出現する様になるのである。かくて一般に市民の住宅程度が落ち、衛生状態は危険となり、為めに精神の不安と興奮とは、安静に復帰することを得ずして悪習に染り易く、家庭は為めに倍々荒廃せざるを得ない状態になるのである。故に此の問題の最も緊要なる解決策は、住宅を多く供給することである。然《しか》るに一方資本家は其の投資に手控をなし、若《も》しくは他の営利事業と同率ならしめんが為めに、住宅の実質を低下せしむるのである。

我が国に於ける下等社会の惨状は、とても倫敦《ロンドン》や伯林《ベルリン》の比ではないとの事である。故に我が国の如《ごと》き流行病伝染病の多い国では、如何《いか》なる結果を見るであろうか、実に想像するだに恐怖の至りである。日本では昔より衣食住と言われて居るが、実際に於ては食衣住であるのであって、単衣《ひとえ》を袷《あわせ》物にめし代えるより外、融通がきかぬのである。故に今日の如《ごと》く物価が騰貴し、生活が困難になれば、差し当り家賃を節約する外、致し方がない。若《も》し家賃騰貴の場合には、殊に然《しか》りで、益々劣等なる家屋に引き越すことになる。それが下等社会では割合に容易に行わるゝが故に、結局劣等家屋より生ずる害は劣等食物より生ずる害に勝ることになるのである。

家屋問題につきて、最も痛切に困難を感ずるものは労働者ではなくて、下級官吏若《も》しくは其の他一般に小額の奉給に衣食する所謂《いわゆる》勤め人である。それは勤め人は労働者よりも体面を重ずると言う事より生ずる現象であって、一般に労働者は食費に於て負担多く、勤め人は住宅費に於て負担多く、少なくも月給の25%～30%位に相当するのであるから、今日の如《ごと》き物価騰貴の時節に於ける彼れ等の困憊や実に同情に耐えないのである。特に家屋の内で暴騰率最も高き

は、是等下層階級の住宅であることを思えば、吾人は如何《いか》にしても在来の経済組織の志向につきては深甚の注意を払わなければならない。されば一部の識者は此の状態を見たので、住宅と言うものは、他の工業の様に其の需要供給を自由競走の成行きに放任して置くべきでないことを覚るに至ったのである。

然《しか》し在来の経済組織が強固なる根底の上にある以上、吾人は此の状態の下に於て何等かの方法に依て住宅の供給を多くして、実に目も当てられぬ家屋状態にある大都市過半数の住民を、此の悲惨なる境遇より救済しなければならない。こは実に国家的意義の上より見、更に人道的見地より見て、実に緊急要義の重大問題である。此の解決策として吾人は大体次の如《ごと》き四通りの提案を撰定したのである。

1. 市の内外に市区設計事業を起こし、極力細民窟の出現を防止すること。
2. 市又は公共団体は効外に田園都市を設け、市自ら住宅を建築し、又建築組合等に依りて住宅の建築を安易にし、或は他のものの建築に便宜を与えること。
3. 何等私用せずして遊ばして居る空地、特に市内枢要の地にある空地に高率の地税を課すること、然《しか》る時は地主は勢い住宅を建てるか又は何か他の道に利用せざるを得ざるに至るのである。
4. 交通機関に依りて市民を郊外に誘い出すこと。在来の日本家屋では高くすることが出来ない為めに、自然に平面的に拡がる傾向が多い、それが為めに、同じ戸数の都市でも欧米の都市に比しareaは非常に拡大するのである。それ我が国に於ける交通機関の問題及び道路の修築上、非常に重大なる問題を提起し、又割合に其の費用の増大を来す所以《ゆえん》である。

要之《これをようするに》、営業的建築と言わず、住宅建築と言わず、其の発達が他の産業に比し遅れたる所以《ゆえん》は、経済上の不利にあるが為めである。即ち其の投資額に対し収益が割合に高率ならざるに在るのであるから、此の状態を何等の方法に依りて調和することを得づ、建築の振興発達は期して俟《ま》つべきである。更に吾人適切に吾人の理想を言えば、此の調和の一策として、在来の経済力運用上に於ける意味及び観念の改造と、建築の各部を出来る限り製産的に製造すること、即ち可成的《なるべく》market formを使用し、又は工事進行上可成的《なるべく》機械力の応用を盛《さか》んにして、工費の節減を企計しなければならない。

而《しこう》して是等は共に人道的倫理上の高所から打算して、其の運行上の正康を期せなければならない。吾人は先に科学の人道化を絶叫した。而《しこう》して吾人は今又、現戦乱の齎《もた》らせる悦ぶべき経済上の現象を記して本章を終らんとするものである。夫れは即ち経済力適用の中心的移動である。経済上の大混乱を動機として欧州各交戦国に施行せられ、最近米国に於ても其の実施を見んとする、否既に実施せられつゝある国家社会主義的政策に至りては、其の手段の多く新機軸に属し、且つ其の規模の極めて雄大なる点に於て、寔《まこと》に驚心駭目に値し、経済史上一新時代を画するの感ありとさえ論ぜられて居るのである。

此等の戦時社会政策は勿論、直接人民の利益幸福を目的としたるには非らずして、寧《むし》ろ主として国家の危急存亡に応ぜしが為めに施設せられたる国家自衛の方策に外ならずと雖《いえど》も、戦時に於て斯《か》かる社会主義的色彩に富める政策を断行せざるを得ざりし所以《ゆえん》のものは、偏《ひと》えに現今の個人本位的自由競走的経済制度が、最早《もはや》国家or社会の一般的必要に応ずること能《あた》わざることを語るものと言うべく、即ち一国の生産機関・交通機関を少数の個人に壟断《ろうだん》せしむるは、決して国家の最高目的に一致するものにあらざるを暗示する様に見える。

而《しこう》して今時の大戦乱に於ける各国の経験は、確かに個人本位の富が国家の目的と背馳するものあることを示したものであって、其の解決策として爰《ここ》に戦時社会政策が立案せられたのである。従来の社会主義は現今の資本制度の経済組織を目して、其の生産の方法は社会的にして、其の分配を個人的にする資本制度は、最早《もはや》時代の進運に伴わずに、結局行き詰まるの外なきものと論じて居たのであるが、不幸にして此の批判の一部を痛切に適用した様な観がある。少なくとも今日、個人を中心とする経済組織は、何等かの修正削補を施さなければ、国家の目的に合致せず、社会一般の利福に適合せざるもの、引いて人類の理想の境地より遠ざかるものであることを雄弁に立証せられたのである。此の傾向の反面として、民主的傾向及び人本的社会観が高潮せらるに至ったのであって、一般社会の幸福と一般人民への道徳的本質の帰向を裏書するものである。

吾人は経済論を上下する資格なきものなるが、飜《ひるがえ》って思うに、戦時に於て実施せらたる諸般の国家社会政策的制度は固《もと》より一時的のもので、平和克復後は大体撤廃せらるゝと見るを妥当とすると言われて居るが、戦時中に於て斯《か》かる破天荒の政策が、能《よ》く実現するを得たるに就《つ》きては、全然突然的偶然的とのみ

見ることは出来ない。必ずや多少共の国民の其の社会に思想的準備があった結果ではあるまいか。

然《しか》らば此の戦時政策、換言すれば共有主義は戦争終結と共に一消するであろうか。蓋《けだ》し有形上の施設は大体に於て復旧する事は想像するに困難ではない。而《しか》し一時的乍《なが》らも已《すで》に試験済みとなり、特に国家非常の場合に於てはそれに拠るに非《あら》ざれば公衆の利福を保全し、社会の存在を維持し難いと言う証明を得た此の精神は、戦後と雖《いえど》も永久に死滅することなく、否益々《ますます》其の光輝を発揚する様になるであろう。況《いわ》んや今日の如《ごと》き無政府的無統一的経済組織の害は頗《すこぶ》る滋《しげ》くして、国家は当然一般社会公衆に代りて、それに何等かの統制を加うるの必要あるに於ておや。

今後産業の集中合同の趨勢益々《ますます》顕著なる時に当り、調摂を施すにあらざれば、金権の圧迫愈々《いよいよ》大なるべき時に於て特に然《しか》り。特に戦時に於ける労働問題の重大を加うるに従い、一層然《しか》る所以《ゆえん》の道を感ずるものである。或る人は独逸《ドイツ》に忽然として国家社会主義の出現したりて、以て決して驚くに足らないと言って居る。独国民の大多数は一方団体の公営に依り、或は産業組合又労働組合に拠りて已《すで》に久しく団体主義公共主義協同主義の経済生活に慣熟せる当然必置の帰結であるとさえ謂《い》われて居る。

フランクフルトの商業会議所の報告中其の巻頭に吾人は次の如《ごと》き文句を見た。

「マンチェスター学派の全盛時代は既に過去に属せり。嘗《かつ》て其の全盛を極めたる以後の文明国には重大なる変化を見、今や政府は或る程度に於て個人主義を抑圧して自から或る種の施設をなさゞるものなきなり。自由放任の教義が社会を荼毒《とどく》するものなることを看破する容易の業にあらざりしも、一度其の自覚を得て以来、ダーウィンの適者生存の教理は少なくとも人類社会には無制限に適用すべきものに非《あ》らざることを自覚するに至れり」と。

強者は或る程度迄弱者の為めに力添えをしなくてはならぬことを自覚し、それを実行したる独逸《ドイツ》にして始めて今吾人の讃賞すべき都市改良をなし得たのである。然《しか》るに飜《ひるがえ》って我が国の都市現状や何如《いかに》。到底同日の論ではない。勿論そこに時間の差異、経済上の関係あらんも、国民全体に今少しく公共的観念があったなれば、蓋《けだ》し今日の如《ごと》き惨禍は軽減せられたのであろう。

而《しか》しながら、過般来、現内閣は社会政策的実施上の問答が大臣と議員との間

に取りかわされ、又多く国民生活上の問題に触れたものが多かったことを見て、吾人は甚《はなは》だ心強く感ずるものである。こは慥《たし》かに時勢の変遷を語るものにして、既往に於ては社会政策などと言う文字が、無智なる官僚に依りて社会主義と混同せられた時代もあったが、今日に於ては内閣率先して、立法上社会政策を云云《うんぬん》する様になった。それと同様に過去に於てはdemocracyの主張は言論界の危険区域であったが、現今に於ては或る範囲迄では安全にそれをなすことが出来る様になった。官僚の根気も強かったが、時勢の流れの力はそれよりもより強かった。よし落陽の脚を止むるの力ある清盛の扇はあったとしても、世界の進運の滲入を堰《せ》く防波堤はないのである。吾人は今茲《ここ》に此の社会政策的公共精神の実現を記述したる所以《ゆえん》は、若《も》し当局者に於て深く一般社会の幸福を念とする人を得るに於ては、吾人の理想とする建築問題、殊にHousing problemの上に行手の光明を認め得べしと予想（presentiment）したるが為めである。

結　論

要之《これをようするに》、都市建築の死命を制するものは人間の有する人道的観念、社会道徳的観念である。故に都市建築の堕落はかゝる観念の廃退を意味し、都建の振興は此の観念の勇躍を意味するものである。此処に建築家の活動がoriginateするのである。

朴訥《ぼくとつ》なる無言の有弁家アブラハム・リンカーンは吾等に何を教えたか。「吾等は義即ち権を信じ、それを信ずることに依りて終始し、義務の存ずる処を知りて一貫せん」呼嗚《ああ》何ぞ其の言の吐血的なるや。言や何ぞ熱烈なる。彼れは此の確信に依りて、憐れむべき無辜《むこ》の奴隷を鉄鎖の惨虐より自由の天地に解放したではないか。彼れは此の不羈《ふき》の精神に依りて、南北戦争に勝利の栄冠を獲たではないか。

我が憐れむべき同胞の暗蔭なる生活より彼等を救うものは、吾々建築家の義務である。我が呪われたる市民の不安なる都市生活より彼等を解放するものは吾々建築家の権利である。吾等は此の義務と権利を確信し、これを確信することに依り、終始することは又吾々建築家の天職である。真に都建utopiaはかゝる尊き建築の努力に依りて出現するものである。然《しか》るに吾人の観る処に依れば、我が建築家はあまりにTechnicalであった。あまりにScholarshipであった。もとより建築の発達は両者の深さを増すことに依りて、遂行せられること甚大なるは言うまでもないが、又此の間他の無自覚なる者に依りて乗ぜられ、利用せられ、制せられたることも亦《また》多かったのである。

かくて今や、我が国は住的一大疾患にかゝって居るのである。而《しこう》してそれを正康なる状態に復帰せしむるものは吾々建築家である。吾々は此の一大疾患をして、今に於て断然一大手術を加えざれば、只《ただ》近き将来に死を見るのである。然《しか》らばそれを治療するの方法や如何《いかに》。吾人は冗長にもそれを已《すで》に大体研究したのであるが、今吾人は此の研究せる資料を以てそれを内外より治療せんと欲するものである。即ち内は建築其のものの研究と、其の依って起る病理を探究し、其の健康の保全と発達を期しつゝ、或は服薬し、或は滋養食物を摂取しつゝ、

同時に一方建築の健康を害せんとするあらゆる行為を制限し、或は悪毒の侵入を防止せなければならない。

之れが為めには吾々建築家は社会的に積極的に活動することを要するのである。蓋《けだ》し今日の場合、一日も早く建築条例の実施を当局者に迫まることは就中《なかんずく》最も危急を要することたるは勿論ではあるまいか。然《しか》れども元来条例の実施は一面に於て永い間の国民的、地方的風習と及び経済力等の事情に依り、非常なる困難ある以上、此処に建築家は進んでpublic opinionの喚起を計ることの必要を生ずるのである。それが為めには或は筆に、或は口に、或は更に進んで市政、国政に寄与して愕々《がくがく》の議論と抱負とを披瀝《ひれき》して、当局者を動かし、或はこれと協力して、広く市民のCity sence or Patriotismを振起せしめ、都市主義の理想に帰らしめなければならない。如何《いか》なる下級の労働者にても都市的観念が拡充して来なければならない。

然《しか》るに我が国の情況や如何《いかに》。下級階級は勿論、中流以上に於てさえも市政に対し不熱心にて、無自覚でなくば悪感や反抗心を懐いて居る様な有様である。これは勿論選挙権の関係に原因すること多大なる事情の下に於て、又やむを得ざることなるが、少なくとも今日我が国の現状としては、有権者、有産階級、及び智識階級に向って、彼等が有する観念思想及び資本等をHumanizeして、もっとCity senceに関する反省をうながしたいのである。

歴史の証明する処に依れば、自由なる都市には市民の愛都心は油然《ゆうぜん》として湧いて居るのである。市民の努力は実に嘆賞すべきものであったのである。ギリシアの都市国家の自由精神は、遂に市民の団体的生活を享楽せしめ、かくて、アテネ、コリント、シラクサの文学芸術の精華を萬世に伝えて、以てHerenismの思潮をして、世界の主流となさしめたではないか。

アレキサンドリアの隆興と謂《い》い、降りてフローレンス、ゼノア、ヴェニス等の伊太利《イタリア》都市は、遂に中世欧文化の中心となりて、Renaissanceの運動を起してアテネ以後に於ける文化の花を咲かせて、以て現代文明の萠芽の地となったではないか。それ皆市民のCity SenceとPatriotismの反映であって、市政が此の間如何《いか》に市民に対して影響したかを慮《おもんぱか》る時に、吾人は我が国都市町村の自治政治に対して、深き注意と反省とを喚起せしめられるものである。吾人は此の意味に於て、我が東京、大阪の如《ごと》き主要都市が、府庁の管轄の下より分離して、

名実共に不覊独立の真正なる自治体として、市民の幸福に施設し、画策し、もっと市民の生活に対して familiar になって貰いたいことを切望してやまない。

吾人は再言す。

我が建築家はあまりに technical であった。又あまりに scholarship であった。而《しか》し吾等が一半の任務は其の有する権利と義務の聖い天職を提げて、筆に口に市政に国政に、広く社会の極面に愕々《がくがく》の議論と抱負とを披瀝して、以て市民の都的観念を喚起せしむることは、焦眉の急であることを敢えて揚言したい。而《しか》して此の運動の主流を躍動せしめ、憤起せしめ、人をして彼れが所有の総てを捧持して、尚《なお》且つ快然自若、生の経営に立命の地を見出さしむるものは何ぞ

曰く　　人道！

曰く　　人道に帰れ！

——— : The necessity for a high ideal : ———

"Whate'er the senses take or may refuse,
The Mind's internal heaven shall shed her dews
Of inspiration on the humblest lay"*

＊ 和訳：
感覚がそを受け容《い》るるとも、拒《こば》むとも、
思想と愛とをわれら途上の友とするあいだ、
わが心の霊の天国は霊感の露を、
いとも貧しき詩の上にもそそがん。

日本語訳の2行目は原文では、引用文の1行前にあるが、訳文では行が逆転しているので、そのまま転記した。

ワーズワース作「空想の作用」"Most Sweet it is" より
『ワーズワーズ詩集』田部重治選訳
岩波文庫 1938 年刊より